U0581472

全 世 界 无 产 者，联 合 起 来！

列宁全集

第二版增订版

第十九卷

1909年6月—1910年10月

中共中央 马克思 恩格斯 著作编译局编译
列 宁 斯大林

人民出版社

《列宁全集》第二版是根据中国共产党中央委员会的决定，由中共中央马克思恩格斯列宁斯大林著作编译局编译的。

凡　例

1. 正文和附录中的文献分别按写作或发表时间编排。在个别情况下，为了保持一部著作或一组文献的完整性和有机联系，编排顺序则作变通处理。

2. 每篇文献标题下括号内的写作或发表日期是编者加的。文献本身在开头已注明日期的，标题下不另列日期。

3. 1918 年 2 月 14 日以前俄国通用俄历，这以后改用公历。两种历法所标日期，在 1900 年 2 月以前相差 12 天(如俄历为 1 日，公历为 13 日)，从 1900 年 3 月起相差 13 天。编者加的日期，公历和俄历并用时，俄历在前，公历在后。

4. 目录中凡标有星花 * 的标题，都是编者加的。

5. 在引文中尖括号〈　〉内的文字和标点符号是列宁加的。

6. 未说明是编者加的脚注为列宁的原注。

7.《人名索引》、《文献索引》条目按汉语拼音字母顺序排列。在《人名索引》条头括号内用黑体字排的是真姓名；在《文献索引》中，带方括号［　］的作者名、篇名、日期、地点等等，是编者加的。

目　　录

1910 年

附　录

插　　图

前　言

本卷收载列宁在 1909 年 6 月至 1910 年 10 月期间的著作。

自 1907 年六三政变以来，在俄国工人运动和俄国社会民主工党的发展过程中发生了急剧转变和严重危机。俄国社会民主工党内的斗争日趋激烈。孟什维克的队伍中出现了取消派。取消派认为，在反动时期，不需要秘密的社会民主党，社会民主党活动的重心应该完全或者几乎完全放在合法机会上。他们放弃革命，宣布不必争取无产阶级在俄国革命中的领导权。他们中的一些人离开社会民主党，完全转到各种合法组织中去进行活动，力图使这些组织脱离党、同党对立。与此同时，布尔什维克的队伍中出现了召回派。召回派主张从国家杜马（议会）中召回工人代表，号召党拒绝利用一切合法的组织和工作方式。他们在革命处于低潮、国内不存在直接的革命形势的情况下，要立即采取冒险的革命行动，而不愿对广大的工人群众进行日常的组织工作和教育工作。在俄国社会民主工党内，取消主义代表了半自由主义倾向，召回主义代表了半无政府主义倾向。取消派和召回派形成俄国社会民主工党队伍中的两个极端，但它们却有着明显的相似之处。取消派直接建议取消秘密的社会民主党，而召回派则在暗中威胁党的存在，割断党和群众的联系，使党变成宗派组织。无论是取消派还是召回派，都散布不相信劳动人民会起来革命和工人阶级能够取得胜利的思想,都对党起着瓦解作用。列宁认为取消主义和召回主义所造成的党内危机是无法避免的,是俄国由农奴制国家转变为资产阶级国家这一经济发展和政治发展的特殊阶段的产物。这种危机是由革命时期加入工人运动的小资产阶级分子的动摇性引起的,取消派和召回派是俄国社会民主工党内两个彼此对立而又相互补充、并且同样具有小资产阶级倾向的代表。为了保存和巩固秘密的社会民主党、扩大党对群众的影响,使群众作好迎接革命新高潮的准备,列宁坚持不懈地进行两条战线的斗争,既反对取消派,又反对召回派,反对它们对党的马克思主义的斗争策略的歪曲。列宁阐述这个阶段的党内斗争问题的文献占了本卷的大部分篇幅。

本卷开头刊载了列宁的一组有关《无产者报》扩大编辑部会议的文献。《无产者报》是由列宁编辑出版的布尔什维克中央的机关报。1909 年 6 月 21—30 日(公历)在列宁主持下召开的这次扩大编辑部会议,实际上是一次有地方组织代表参加的、布尔什维克中央的全体会议。这次会议主要讨论了召回派、最后通牒派的派别活动问题。会议的这一主要内容体现在列宁为会议所写的公报、他在会议上的多次讲话和发言、他为会议草拟的多项决议中。会议不仅谴责了召回主义、最后通牒主义,而且采取组织措施,同召回派、最后通牒派划清界限。

关于《无产者报》扩大编辑部会议的公报在揭露召回主义的实质时,把召回主义和取消主义作了比较,称后者为"右的取消主义",称前者为"左的取消主义"。列宁同以亚·波格丹诺夫、格·阿列克辛斯基、安·索柯洛夫、阿·卢那察尔斯基、马·利亚多夫等为代表的召回派进行的斗争从 1908 年春就开始了。列宁指出,在召回派看来,党的活动中并不存在合法机会,千方百计进行秘密活动——这就是他们的一切；而召回派不了解合法机会对社会民主党、对党的利益有什么意义。列宁认为，利用合法机会对于社会民主党是一件非常重要的事情。但社会民主党并不把利用合法机会看做独立存在的目的，而是处处把这项工作同秘密活动密切联系起来。在斯托雷平反动体制下，不把合法的和秘密的工作有计划地适当结合起来，要保存和巩固俄国社会民主工党是根本不可能的。列宁在为阐述扩大编辑部会议的精神而写的《取消取消主义》一文指出：不坚决取消取消主义，俄国社会民主工党就不能前进，取消主义不仅包括孟什维克的公开的取消主义，还包括变相的孟什维主义即召回主义以及最后通牒主义、造神说等。

　　扩大编辑部会议的公报以及《关于召回主义和最后通牒主义》的决议专门对最后通牒主义进行了揭露。列宁认为：要在最后通牒主义和召回主义之间划出界限是不可能的，共同的冒险主义思想把它们紧紧地系在一起；"从政治上看，最后通牒主义现在同召回主义毫无区别，不过最后通牒主义是一种隐蔽的召回主义，所以它造成的混乱和所起的涣散作用就更大。"（见本卷第 34 页）第一、二、三届国家杜马的社会民主党党团中孟什维克占多数，党团在其活动中犯了严重错误。它企图使自己独立于俄国社会民主工党中央委员会，它拒绝中央委员会的指示，自行其是。布尔什维克批评并纠正党团的错误，尽力帮助党团改进工作。而最后通牒派在原则上反对利用第三届杜马讲坛，不主张用革命精神教育党团，不去做细致工作帮助党团纠正错误；它主张向党团提出要绝对服从中央委员会决议的最后通牒，否则立即把社会民主党的代表从杜马中召回。最后通牒派还把他们的做法同布尔什维克过去对布里根杜马和第一届国家杜马的抵制联系起来。列宁认为这是对当时进行的抵制的真正含义和性质的歪曲。列宁说:"最后通牒派和召回派企图根据在革命的某个时期曾对代表机关进行抵制的个别事实,得出结论说,抵制路线是布尔什维主义策略的特点,甚至在反革命得势时期也是如此,这表明,它们实质上是孟什维主义的另一面,因为孟什维克鼓吹,凡是代表机关统统都要参加,不管革命处在什么发展阶段,不管有无革命高潮。"(见本卷第34页)收入本卷的《寄语彼得堡布尔什维克》一文还专门论述了布尔什维克同最后通牒派的斗争过程。

　　列宁在批判取消派和召回派-最后通牒派对待国家杜马的错误态度时,阐述了革命社会民主党人如何利用资产阶级议会问题。他在扩大编辑部会议文献《讨论关于布尔什维克在杜马活动方面的任务时的第二次讲话和决议草案》中指出,革命社会民主党人利用杜马与机会主义者利用杜马的区别在于:社会民主党人不是像资产阶级社会中的议员那样把议会活动推崇为一种主要的、基本的、独立存在的活动,而是尽力使自己的工作服从于整个工人运动的利益,同党保持经常的联系,贯彻党的观点,执行党的指示;社会民主党人参加议会活动"不是徒劳地对农奴主和资产阶级的反革命专政制度修修补补,而是要用各种办法提高工人群众的阶级觉悟、使他们具有明确的社会主义思想、坚定他们的革命决心并增强他们在各方面的组织性";社会民主党人应当利用杜马讲坛宣传科学社会主义思想,同反革命思潮作斗争;"社会民主党的杜马党团应当高举革命的旗帜,高举领导俄国资产阶级民主革命的先进阶级的旗帜。"(见本卷第23页)列宁还指出,俄国社会民主党杜马党团还要积极干预所有劳工法的制定,揭露社会改良主义的虚伪性和欺骗性,吸引群众参加独立的群众性的经济斗争和政治斗争。

列宁在扩大编辑部会议之后所写的《论拥护召回主义和造神说的派别》、《关于八小时工作制法令主要根据的草案说明书》等文献指出,在反动势力加强的条件下,在社会民主党同群众的联系被破坏、党遭到削弱的情况下,掌握议会的斗争武器就成了党的特殊任务。

扩大编辑部会议文献也对造神派进行了抨击。造神派是俄国社会民主工党内一部分知识分子中出现的企图把马克思主义和宗教调和起来,鼓吹科学社会主义是新宗教的哲学流派,其代表人物为卢那察尔斯基、弗·巴扎罗夫等人。列宁在收入本卷的论述党内斗争的文章中多次抨击这个流派。列宁在《论拥护召回主义和造神说的派别》一文中指出,在反动时期,俄国资产阶级为了反革命的目的,需要复活宗教,制造宗教,用新的方法在人民中间巩固宗教。造神派靠几个资产阶级出版社的帮助,在俄国的合法书刊上大肆宣扬造神说,在客观上起了与资产阶级相呼应的作用。

扩大编辑部会议《关于在国外某地创办的党校》这一决议是就卡普里党校的问题而作的。这所所谓党校是召回派、最后通牒派和造神派的领袖波格丹诺夫、阿列克辛斯基、卢那察尔斯基等人于1909年春在意大利的卡普里岛创建的。这些人以从工人中培养社会民主主义运动的实际工作和思想工作的领导者为名义,把这所党校办成了自己的派别组织中心。列宁说明这所党校是反对布尔什维克的。列宁说,"他们所追求的不是作为党内的一个思想派别的布尔什维克派的目标,而是自己小集团的特殊的思想政治目标。""布尔什维克派对这个党校不能负任何责任。"(见本卷第39页)载入本卷的《可耻的失败》一文专门介绍了该校非法创办的经过。

　　无产阶级的文学家阿·高尔基一度接近召回派和造神派,并参加了卡普里党校的教学工作。本卷所载《资产阶级报界关于高尔基被开除的无稽之谈》一文专为高尔基被开除俄国社会民主工党一事辟谣。列宁说,高尔基通过自己的伟大的艺术作品同俄国和全世界的工人运动建立了非常牢固的联系,因此只能以鄙视回敬这些报纸。在《政论家札记》中,列宁揭露波格丹诺夫一伙人为了他们的小集团的利益对高尔基加以利用的行为。列宁指出:"高尔基无疑是无产阶级艺术的最杰出的代表,他对无产阶级艺术作出了许多贡献,而且还会作出更多贡献,社会民主党的任何一个派别都可以因高尔基参加自己这一派而理所当然地引以自豪",而波格丹诺夫等人"利用的恰恰是他的弱点,恰恰是在他对无产阶级所作的巨大贡献中的一个负数"(见本卷第 246 页)。

　　本卷中的《论"前进"集团(大纲)》、《政论家札记》、《论"前进派分子"的派别组织》等文评述了"前进"集团。前进集团是召回派、最后通牒派和造神派在卡普里党校解散后于 1909 年 12 月由波格丹诺夫和阿列克辛斯基倡议建立的。该派曾在国外出版同名刊物。"前进"集团在政治上否认社会民主党参加第三届国家杜马的必要性,否认建立新型的秘密党组织的必要性;它宣布召回主义"合理",为召回主义打掩护。"前进"集团提出了所谓"无产阶级的文化"的思想,认为无产阶级必须制造和旧文化完全对立的"自己的"文化,首先是创造"自己的"哲学。列宁指出,"前进"集团的所有关于"无产阶级的文化"的词句,所掩饰的正是同马克思主义的斗争。列宁说,当时在科学、哲学和艺术领域,马克思主义者同马赫主义者的斗争问题已经提出来了,而"前进"集团中最有影响的著作家核心就是马赫主义者,在他们看来,非马赫主义的哲学就是

"非无产阶级的"哲学。

　　列宁在《关于〈无产者报〉扩大编辑部会议公报》、《取消取消主义》、《被揭穿了的取消派》、《论拥护召回主义和造神说的派别》、《取消派的手法和布尔什维克的护党任务》、《党在国外的统一》、《党的统一的障碍之一》等一系列文献中，阐述了布尔什维克如何与以格·普列汉诺夫为代表的孟什维克护党派结成联盟的问题。普列汉诺夫于1908年12月退出了取消派的《社会民主党人呼声报》，为了同取消派作斗争又于1909年重新出版《社会民主党人日志》。他虽然仍持孟什维主义的立场，却主张保存和巩固党的秘密组织，并为此和布尔什维克结成联盟。列宁指出：孟什维克护党派，即孟什维克正统马克思主义者，在开始分化出来；布尔什维克的任务就是要理解这种形势，千方百计地处处尽量把取消派和孟什维克护党派分子分开，同后者接近；普列汉诺夫宣布了护党路线，反对取消派的分裂主义，这意味着布尔什维主义的巨大胜利。列宁提出同孟什维克护党派达成协议的基础是："保卫党和党性，反对取消主义，不能有任何思想上的妥协，在符合党的路线这个范围内决不掩饰策略分歧和其他分歧。"(见本卷第149页)

　　列宁在《政论家札记》中批判了列·托洛茨基在当时的党内斗争中表现的调和主义，指出："托洛茨基之流的'调和主义'实际上是在忠心耿耿地替取消派和召回派效劳，因此，它愈是狡猾、愈是巧妙、愈是动听地用所谓护党的和所谓反派别主义的辞藻作掩护，它对党的危害也就愈大，而真正的党性却在于清除党内的取消主义和召回主义。"(见本卷第250页)调和派空喊"统一"，把注意力主要集中于掩盖意见分歧的根源，使对立的派别保持中立。列宁在《俄国党内斗争的历史意义》一文中揭露了托洛茨基在党内斗争中使用的手法：他今天从这一派的思想里剽窃一点，明天又从那一派的思想里剽窃一点，于是就宣布自己比两派都高明。

　　本卷的许多文献都论述了在党内斗争中保持和巩固独立的布尔什维克组织的必要性。在《关于巩固党和党的统一的决议草案》、《关于出版〈工人报〉的通告》等文献中，列宁指出：布尔什维主义和孟什维主义的产生有其很深的根源，采取只消灭两种倾向中的一种的办法是不可能实现俄国社会民主党的统一的；两个派别实际接近的基础，不在于呼吁统一和呼吁消灭派别等等，而在于这两个派别的内在发展。列宁说：党是自愿的联盟，只有当实行统一的人们愿意并且能够抱有一点诚意来执行党的总路线的时候，统一才是可能的和有益的；当统一是企图混淆和模糊对这条路线的认识的时候，统一就是不可能的，就会带来危害。列宁又说，"无论党内斗争怎样严重，有时又是那样困难，而且又总是使人不快，我们都不应该看到现象的**形式**就忘掉现象的**实质**。谁要是看不见在这个斗争（在当时党所处的情况下这个斗争不可避免地表现为派别斗争）的基础上社会民主党的觉悟工人所形成的党的基本核心的团结过程，谁就是只见树木不见森林。"（见本卷第404页）

　　《论统一》、《反党的取消派的〈呼声报〉》，还有上述《政论家札记》、《论"前进派分子"的派别组织》、《关于出版〈工人报〉的通告》等文献，都评述了1910年1月举行的俄国社会民主工党中央委员会全体会议，即著名的"统一"全会。这是一次充满激烈斗争的会议。各个派别和集团的代表参加了这次会议，调和派在会上占多数。在会上列宁谴责了取消主义和召回主义。孟什维克呼声派同布尔什维克前进派结成联盟并得到了托洛茨基派的支持，他们竭力袒护取消主义和召回主义，而调和派实际站在他们一边。在这次会上，孟什维克呼声派（取消派）被选进党的中央机关，托洛茨基的《真理报》为全会所支持，"前进"集团被承认为党的出版集团；布尔什维克的中央被解散，《无产者报》停刊，而呼声派（取消派）和前进派则只是口头上答应解散他们的派别和停办其派别机关报。列宁和格·叶·季诺维也夫为这次会议起草的《俄国社会民主工党中央全会关于派别中心的决议草案》也未获通过。

　　载入本卷的《谈谈某些社会民主党人是如何向国际介绍俄国社会民主工党的情况的》一文评述了对俄国社会民主工党的党内斗争的歪曲报导。文中提到，由于德国社会民主党的中央机关报《前进报》在第二国际第八次代表大会于哥本哈根开幕那一天发表了托洛茨基歪曲介绍俄国党内情况的匿名文章，为此，列宁及俄国社会民主工党出席哥本哈根代表大会的其他代表向德国党中央提出了抗议。另外，德国社会民主党的《新时代》杂志也发表托洛茨基的文章和马尔托夫的文章，歪曲布尔什维克和孟什维克之间的争论和分歧的实质，列宁写了《俄国党内斗争的历史意义》这一长文予以驳斥，但《新时代》杂志的领导人卡·考茨基等拒绝刊登列宁的文章。马尔托夫、托洛茨基说什么布尔什维主义同孟什维主义的斗争是发生在马克思主义的知识分子中的一场"为影响政治上不成熟的无产阶级而进行的斗争"。列宁指出：布尔什维克和孟什维克的分歧的根子是在俄国革命的经济内容之中，布尔什维克在1905—1907年的革命中提出了"无产阶级和农民的革命专政"的口号，认为只有这种专政才能够彻底肃清一切封建残余、保证生产力的最迅速发展，而孟什维克却认为这两个阶级的专政"会与经济发展的总进程相矛盾"，孟什维克的观点是根本错误的。列宁也批驳了托洛茨基和马尔托夫关于俄国无产阶级落后和不成熟的论调,指出马尔托夫、托洛茨基歪曲俄国的党内斗争,从而也歪曲了俄国革命的历史。

《俄国党内斗争的历史意义》以及《为什么而斗争?》、《论俄国罢工统计》、《革命的教训》等文对俄国第一次资产阶级革命的经验进行了总结。《论俄国罢工统计》一文指出,在1905—1907年这三年中,俄国罢工人数的最低数超过了世界上最发达的资本主义国家任何一个时期曾达到过的最高数;尽管这并不说明俄国工人比西方工人更强大,但这说明,人类迄今尚不清楚,工业无产阶级在这一领域中能够发挥出何等巨大的力量,而这样巨大的力量却第一次在一个正面临资产阶级革命的落后的国家里显示出来了。列宁还说明了经济罢工和政治罢工的相互依存关系。指出在运动初期和在吸引新的阶层参加运动的时候,纯粹经济罢工起主要的作用,而政治罢工唤醒并推动落后者,把运动提高到更高阶段。《革命的教训》一文总结了1905—1907年俄国革命的三点主要教训:一、只有群众的革命斗争才能使工人生活和国家管理真正有所改善,只要这一斗争一减弱,工人所争得的成果立刻就会被夺走。二、仅仅摧毁或限制沙皇政权是不够的,必须把它消灭。沙皇政权不消灭,沙皇的让步总是不可靠的。三、我们看清了俄国人民中的各阶级对争取自由的斗争所持的态度和它们所争取的自由是各不相同的,只有工人阶级认识到必须彻底改造社会,彻底消灭一切贫困和压迫,他们奋不顾身地反对沙皇政权和农奴主地主。

在《评沙皇的欧洲之行和黑帮杜马某些代表的英国之行》、《俄国自由主义的新发明》等文章中,列宁揭露俄国自由派资产阶级彻底背叛民主事业,在反动时期同沙皇政府结成联盟,揭穿俄国资产阶级的主要政党立宪民主党所标榜的"民主主义"的虚伪性。1909

年,立宪民主党的著名思想家们出版了《路标》文集,列宁在《论〈路标〉》一文中指出《路标》反映了现代立宪民主主义的无可置疑的本质,是自由派叛变活动的百科全书。《路标》的作者在哲学方面攻击唯物主义和用唯物主义解释的实证论,恢复神秘主义和神秘主义的世界观;在政论方面,他们攻击代表俄国民主运动的知识分子,实际上是攻击群众的民主运动。列宁说:"目前俄国自由派资产阶级害怕和仇恨的,与其说是俄国工人阶级的社会主义运动,倒不如说是工人和农民的民主运动,也就是民粹主义和马克思主义共同的方面——通过诉诸群众来保卫民主。"(见本卷第 172 页)

列宁在《沙皇对芬兰人民的进攻》和《对芬兰的进攻》两文中指出,受到芬兰人民支持的俄国革命曾迫使沙皇放松对芬兰的控制,使芬兰扩大了民主权利,而当沙皇镇压了俄国 1905—1907 年的革命后,又重新向芬兰人民发动了进攻。列宁指出:芬兰不自由,俄国就不可能自由;芬兰无产阶级的斗争必将用新的团结的纽带把芬兰工人阶级和俄国工人阶级联结起来;芬兰工人只有通过联合俄国群众进行革命斗争才能免除沙皇的进犯。

列宁《在社会党国际局会议上关于荷兰社会民主工党分裂问题的发言》和《社会党国际局第十一次常会》一文论述了荷兰社会民主工党内部马克思主义者和机会主义者的斗争,阐明了该党分裂的原因,抨击了社会党国际局执行委员会因支持荷兰党内的机会主义者而拒绝荷兰马克思主义者成立的新党提出的加入国际的请求。

列宁是第二国际哥本哈根代表大会合作社委员会的成员。列宁拟定的《哥本哈根代表大会俄国社会民主党代表团关于合作社的决议草案》和他所写的《哥本哈根国际社会党代表大会关于合作社问题的讨论》一文,阐明了无产阶级合作社的性质及其在无产阶级解放事业中的地位和作用。列宁指出:无产阶级的合作社通过减少中间剥削、通过影响供货人那里的劳动条件和改善职员的生活状况等使工人阶级有可能改善自己的生活状况;无产阶级的合作社由于能在罢工、同盟歇业、政治迫害等期间提供帮助,因而在群众性的经济斗争和政治斗争中具有愈来愈大的作用;无产阶级的合作社把工人群众组织起来,训练他们独立管理事务和组织消费,并把他们培养成未来社会主义社会的经济生活的组织者。列宁同时指出,只要社会主义的主要目的——对掌握生产资料和交换手段的阶级实行剥夺还没有实现,合作社所争得的一些改善就极为有限;在资本主义社会里,合作社是纯粹商业性的机构,并且要承受竞争的压力,因此有蜕变为资产阶级股份公司的趋势;它不是同资本直接作斗争的组织,有可能造成一种错觉,似乎它是解决社会问题的手段。因此列宁要求在合作社组织中加强社会主义思想的宣传,加强合作社同社会主义政党和工会的有机联系。列宁评述了国际社会党代表大会上关于合作社问题的争论,指出在合作社问题上存在两条主要路线:一条是无产阶级阶级斗争的路线,认为合作社就是进行这个斗争的工具,是进行这个斗争的辅助手段之一。另一条是小资产阶级的路线,它搞乱了合作社在无产阶级阶级斗争中的作用问题,把无产阶级的合作社观和小业主的合作社观混为一谈,把合作社的目的规定得连资产阶级改良主义者都能接受。

《现代农业的资本主义制度》是列宁的一篇没有完整保留下来的长文的一部分。列宁根据1907年德国的农业统计资料来研究德国农业的资本主义制度,对德国农民的状况作了分析。他以图式表示,德国当时的农户呈"金字塔"状,底层是几乎占农户总数五分之三的无产者农户,顶端是占农户总数二十分之一的资本主义农户。只是极少数的资本主义农户所占有的土地却超过全部土地和耕地的一半,占有五分之一的从事农业的工人和一半以上的雇佣工人。德国当时的无产者农户体现了农奴制的社会经济体系和资本主义的社会经济体系的血缘关系,是农奴制在资本主义下的直接残余。大批的无产者农户占有数量微乎其微的土地,靠这些土地维持不了生活,成了整个资本主义制度的失业后备军的一部分。他们使资本主义无须增加任何开支而随时可以得到大批廉价劳动力。介于资本主义农户和无产者农户之间的是小农户,即小农。在商品经济的环境下,小农如果不巩固和扩大自己的农场,就无法生存下去;在资本主义国家,小农成为真正的资本家的情况是很少的。小农由于耕作技术十分落后,使用着简陋的、只适于小规模经营的农具,只能靠拼命干活以勉强维持生活。而资本主义必然用使广大小生产者破产的办法来提高农业技术和推动农业向前发展。

在《列宁全集》第2版中,本卷文献比第1版相应时期的文献增加17篇。在《无产者报》扩大编辑部会议文献中,有14件为新文献。《附录》所载全为新文献。

在本增订版中,本卷新增一篇反映列宁在革命低潮时期为恢复党的真正统一所作的不懈努力的文献《俄国社会民主工党中央全会关于派别中心的决议草案》。

弗·伊·列宁

（1910 年）

《无产者报》扩大编辑部会议文献[1]

（1909 年 6—7 月）

1

关于《无产者报》扩大编辑部会议公报

（7 月 3 日〔16 日〕）

读者在下面可以看到最近一次《无产者报》扩大编辑部会议所通过的几项决议的全文。参加会议的有：《无产者报》编辑部成员4 人，在彼得堡、莫斯科区域（俄国中部）和乌拉尔的地方组织中工作的布尔什维克代表 3 人，中央委员（布尔什维克）5 人。

会上展开的辩论无疑对全党具有重大意义。通过这次辩论，布尔什维克派的领导机关近来坚持执行的、但是最近受到一部分自命为布尔什维克的同志不少攻击的政治路线，就变得十分明确并且相当完整了。在这次会议上，有两位同志代表反对派参加，双方都作了必要的说明。

鉴于上述情况，《无产者报》编辑部将尽一切力量整理并出版一份尽可能完整的会议记录。在这个公报中，我们只想谈几个问题，因为这几个问题如经某种解释可能引起误会，而且已经在国外同志中间引起误会。其实，这些详尽而又十分明确的会议决议本身就已经足以说明问题；会议记录将为透彻了解这些决议提供充分的材料。发表这个公报的目的，主要是指出这些决定和决议**对于布尔什维克派别内部**的意义。

我们就从《关于召回主义和最后通牒主义》这个决议谈起。

对于这个决议中直接反对召回主义的那一部分，反对派的代表在会上其实并未表示重大异议。反对派的两个代表都认为：既然召回主义形成一定的派别，那么它就愈来愈背离社会民主党；召回主义的某些代表，尤其是公认的召回派领袖斯坦·同志，甚至还沾染了"某种无政府主义气味"。会议**一致**认为，必须同召回主义这一派别进行坚持不懈的斗争。最后通牒主义则是另一回事。

出席会议的反对派的两个代表都自称是最后通牒派。他们两人在决议付诸表决时，提交了一份书面声明，说他们是最后通牒派，决议提出要同最后通牒主义划清界限，这就是说，他们要同自己划清界限，对此他们不能同意。后来，在反对派反对的情况下又通过了几项决议，于是反对派的两个代表发表书面声明说，他们认为会议的决议是不合法的，会议通过这些决议，就等于宣布布尔什维克派分裂，他们将不服从也不执行这些决议。这件事情，我们下面还要详细谈到，因为发生了这件事，反对派代表之一马克西莫夫同志正式从《无产者报》扩大编辑部分裂出去了。在这里，我们想从另一方面来谈谈这件事。

很遗憾，评价最后通牒主义，也同评价那个叫做召回主义的彻底最后通牒主义一样，我们只能根据口头传闻，而无法取得书面材料。无论是最后通牒主义还是召回主义，至今都没有表现为一个稍微完整一点的"纲领"。因此，观察最后通牒主义只好根据它的唯一具体的表现，这就是它要求向社会民主党杜马党团发出**最后**

通牒,要社会民主党杜马党团必须有严格的党性,服从党的中央机关的一切指示,否则就必须放弃代表资格。但是,事实上还不能断言,对最后通牒主义的这种说明是**完全**确切的。不能这样断言的原因如下:参加会议的两个最后通牒派之一,马拉同志声称,这种说明与他的情况不符。马拉同志认为,近来社会民主党杜马党团的活动改进显著,因此,他并不主张现在就立即向它发出最后通牒。他只是认为,党应当用一切办法对杜马党团施加压力,包括向它发出上述最后通牒。

同**这样的**最后通牒派当然可以在一个派别内共处。**这样的**最后通牒派会随着杜马党团活动的改进而完全克服自己的最后通牒主义。**这样的**最后通牒主义不是不要党进行长期工作,帮助杜马党团,改进杜马党团的活动,不是不要党进行长期的顽强的工作,巧妙地利用杜马活动来进行宣传和组织工作,恰恰相反,它正是意味着要求党这样做。既然杜马党团活动有了显著的改进趋势,那就应该继续坚定不移地朝这个方向努力工作。**这样**,最后通牒主义也就会渐渐失去它客观存在的意义。同**这样的**最后通牒派-布尔什维克是谈不上分裂的。《关于召回主义和最后通牒主义》和《布尔什维克在党内的任务》这两个决议所说的划清界限,对他们也未必适用。**这样的**最后通牒主义只不过是对某一实际问题的提法和解决方法持略有不同的意见而已;这里并没有什么比较明显的原则分歧。

决议认为布尔什维主义必须与之划清界限的最后通牒主义这一党内思想派别,却是另外一回事。这种最后通牒主义(目前它无疑是存在的)不要党及其中央机关进行改进杜马党团活动的长期工作,也不要党巧妙地利用第三届杜马提供的丰富宣传材料在工人中进行长期的耐心的工作。这种最后通牒主义不要党进行**积极的、创造性的**工作,改进杜马党团的活动。这样的最后通牒主义的唯一手段就是**最后通牒**,要党把最后通牒当做达摩克利斯剑[2],悬挂在杜马党团的头顶上,要俄国社会民主工党用最后通牒来代替西欧社会民主党经过长期顽强的**学习**而积累起来的、真正根据革命的精神利用议会活动的全部经验。要在**这样的**最后通牒主义和召回主义之间划一条界限,是不可能的。共同的**冒险主义**思想把他们紧紧地系在一起了。因此,俄国社会民主党内的革命派别布尔什维主义,必须同这两者划清界限。

但是,对这种"划界限",我们是如何理解的,而会议又是怎么说的呢? 反对派的某些代表硬说,会议宣布了**布尔什维克派的分裂**,这是否有任何材料可以证明呢? 没有材料可以证明。会议的决议声明,在布尔什维克派内部正在萌生同布尔什维主义及其明确的策略相对立的派别。代表布尔什维主义的是我们党内的布尔什维克**派**。派别并不等于政党。政党可以包括许许多多不同色彩的派别,其中极端派相互之间甚至会有尖锐的矛盾。在德国党内,有考茨基的鲜明的革命派,还有伯恩施坦的极端修正主义派。派别则不同。政党内的派别是由**思想一致**的人组成的集团,其目的首先是从某个方面影响党,以便在党内尽可能一丝不差地贯彻自己的原则。要做到这一点,就必须有真正的**思想一致**。任何想要弄清布尔什维克派内部冲突问题的真相的人,都应当懂得我们对**党的统一**和对**派别的统一**的要求的这一差别。**会议并没有宣布派别的分裂**。如果地方工作者认为,会议的决议号召我们把**有召回主义情绪**的工人从各个组织中驱逐出去,甚至把有召回派分子的地方的组织立即解散,那就会犯严重错误。我们提醒地方工作者,千万不要采取这种办法。召回主义在工人**群众**中间还没有形成**独立的派别**。召回派企图独立自决,蛮干到底,这样他们就注定会走向工团主义和无政府主义。对工团主义和无政府主义稍微表示坚决拥护,就是既自绝于派别,也自绝于党。如果把有召回主义**情绪**的**大批工人**(可能很多)都算成这一类人,那是很荒唐的。产生这种召回主义的主要原因是不了解杜马党团的活动。同**这样的**召回主义斗争的最好办法就是:一方面,广泛地全面地向工人介绍党团活动,另一方面,向工人提出接触党团和影响党团的方法。例如,在彼得堡,只要杜马代表同志同彼得堡的工人举行一些座谈会,就可以大大削弱那里的召回主义情绪。因此,必须尽力避免同召回派**在组织上分裂**。只要对召回主义和同它一脉相承的工团主义进行稍微坚决彻底的**思想**斗争,很快就会使各种关于组织上分裂的议论完全落空,在最坏的情况下,也不过是使召回派的个人和团体**脱离**布尔什维克派,**脱离**党而已。

　　《无产者报》扩大编辑部会议上的情形也正是如此。马克西莫夫同志的最后通牒主义,同会议再一次表明的布尔什维主义立场是完全不相容的。在各项基本的原则性的决议通过以后,他声明说,他认为这些决议是不合法的,尽管这些决议是十票赞成两票反对通过的,而有些决议则是十票赞成一票反对(马克西莫夫)、一票弃权通过的(例如,《关于召回主义和最后通牒主义》的整个决议)。当时,会议就通过一项决议,声明会议对马克西莫夫同志的一切政治活动不负任何责任。问题很清楚,马克西莫夫同志既然坚决反对会上绝大多数人通过的一切原则性的决议,他就应该知道,他和与会的其他人之间已经失去了**思想上的一致**,而思想上的一致是**党内派别**存在的起码条件。但是,马克西莫夫同志并不就此止步。

他坚决声明说，他不仅不打算执行这些决议，**而且也不服从这些决议**。因此，会议也不能对马克西莫夫同志的政治活动负任何责任，会议还声明（见圣彼得堡代表米·托·等人的声明）："这里的问题不是派别的分裂，而是马克西莫夫同志从《无产者报》扩大编辑部分裂出去了。"①

我们认为，还必须使同志们特别注意会议的下列决议：《布尔什维克在党内的任务》和《关于在党的其他方面的工作中对杜马活动的态度》。这里重要的是：应正确理解为什么提出关于布尔什维克的"党的路线"的问题以及对待一般合法机会，特别是对待杜马讲坛的态度问题。

我们当前的任务就是保存和巩固俄国社会民主工党。完成这项重大任务的一个极其重要的因素，就是同两种**取消主义**，即右的取消主义和左的取消主义进行斗争。右的取消派说：不需要秘密的俄国社会民主工党，社会民主党活动的重心应该完全或者几乎完全放在合法机会上。左的取消派则走向另一极端，在他们看来，党的活动中并不存在合法机会，千方百计进行秘密活动——这就是他们的一切。这两派不相上下，都是俄国社会民主工党的取消派，因为在目前历史所造成的情况下，不把合法的和秘密的工作有计划地适当**结合起来**，要"保存和巩固俄国社会民主工党"是根本不可能的。大家知道，右的取消派在孟什维克派当中特别猖狂，在

---

① 马拉同志也曾经声明：他将不**执行**会议的决议，但是要**服从这些决议**。马拉同志还特别声明：他认为，同召回主义进行同志式的思想斗争是必要的，但是他认为，既不必同召回主义进行组织上的斗争，也不要使布尔什维克派分裂。至于谈到**组织上分裂**的**整个问题**，那么从会议《关于在国外某地创办的党校》的决议³中可以看出，这是召回派和造神派⁴搞的分裂活动，因为创办这所党校无疑就是企图建立一个新派别的**思想上和组织上**的**新中心**。

崩得⁵当中多多少少也是这样。但是,近来在孟什维克中有一种回到党的原则上来的值得注意的现象,这不能不受到欢迎,正如会议决议所说的,"该派别的少数人"⁶(孟什维克中的)"在彻底看清了取消主义的道路以后,已经毅然决然地声明反对这条道路,正在为自己的活动重新寻找党的基础"①。

目前反对右的取消主义的孟什维克为数不多,对这部分人布尔什维克应当采取什么态度呢? 毫无疑问,布尔什维克应当竭力接近这一部分护党派,接近这一部分马克思主义的、有党的原则的人。这决不是说要一笔勾销我们同孟什维克在策略上的分歧。对于孟什维克背离革命社会民主党路线的行为,我们现在和将来都要进行最坚决的斗争。显然,这决不是说把布尔什维克派融化在党内。布尔什维克在夺取党的阵地方面做了许多工作,但是在这方面今后还有许多工作要做。作为党内的一个思想派别的布尔什维克派,应当照旧存在。但是,有一点应当牢牢记住:会议决议谈到的"保存和巩固"俄国社会民主工党的责任,现在主要落在甚至完全落在布尔什维克派的肩上。目前,**党的**全部工作或者几乎全部工作(特别是在各地)都是布尔什维克担负的。他们这些坚定彻底的党的原则的保卫者,现在担负着一个非常重大的任务,就是吸引一切对党的建设有用的人参加**党的建设**工作。在目前这个困难时期,如果我们不向其他派别中的维护马克思主义和党的原则,即反对取消主义的护党派伸出手来,那真是一种犯罪行为。

这种立场,会上绝大多数人,包括所有来自地方组织的布尔什

---

① 决议所说的《社会民主党人呼声报》⁷"编辑部的分裂"是指普列汉诺夫同志退出该报编辑部,从普列汉诺夫本人的声明看来,他退出《社会民主党人呼声报》编辑部是迫不得已的,完全是这个编辑部的取消主义倾向造成的。

维克代表在内,都认为是正确的。反对派却摇摆不定,不明确表示赞成我们或者反对我们的立场。尽管如此,马克西莫夫同志却因为会议采取了这条路线而责备会议"背叛布尔什维主义",责备会议转到孟什维主义的立场,等等。我们对此只回答了一点:请你尽快在报刊上把这些话向全党和整个布尔什维克派公开,这样我们就能够再一次揭穿你的"革命性"的真正含义和你"维护"布尔什维主义的行为的真正性质。

我们建议同志们注意会议《关于……对杜马活动的态度》这一决议。前面我们已经指出了"合法机会"的问题同各种色彩的取消主义的密切联系。现在,反对左的取消主义,同反对右的取消主义一样,也是必要的。议会迷同召回主义一样,都是革命的社会民主党所深恶痛绝的,在议会迷看来,整个党的组织工作应该归结为使工人围绕着"合法机会",特别是围绕着杜马活动集合起来,召回主义则不了解合法机会**对党**,对党的利益有什么意义。会议的各项决议认为利用合法机会**对党**是一件非常重要的事情。但是在这些决议中,没有一处说合法机会和利用合法机会是独立存在的目的。而是处处把它们同秘密活动的任务和方法密切**联系起来**。这种**联系**现在特别值得注意。决议本身对这一点已经作了一些**实际的**指示。但是,这仅仅是**指示**而已。一般说来,现在应该谈的主要不是"合法机会"在**党的**其他方面的工作中占什么地位的问题,而是**如何**利用现有的"合法机会"对党最有利的问题。党在多年的地下工作中积累了丰富的秘密工作经验。但是,在另一方面,在利用合法机会方面,就不能这样说了。这方面,党,**尤其是布尔什维克**做得还不够,今后必须比过去更重视、更主动、更努力。我们应当**学习**利用合法机会,并且要**像**过去和现在我们学习进行秘密活动的方法那样,顽强地学习。会议正是号召一切珍视俄国社会民主工党利益的人,都要这样**顽强地进行工作**,为党的利益而利用合法机会。

我们对党的秘密工作的态度依然不变,当然也不应该变。保存和巩固俄国社会民主工党是压倒一切的根本任务。只有巩固了党,我们才能利用那些合法机会为党谋利益。现在应该特别注意正在工业中心形成的工人团体,党的工作的总的领导应该转到(而且正在逐渐转到)这些工人团体手中。我们在各方面的活动中应当全力以赴,促使这些团体造就真正党的原则性强的社会民主党的骨干。只有在这个基础上,才能确实保存和巩固俄国社会民主工党。

载于1909年7月3日(16日)
《无产者报》第46号附刊

译自《列宁全集》俄文第5版
第19卷第1—12页

2

讨论《关于离开党单独召开
布尔什维克代表大会或布尔什维克
代表会议的鼓动》决议时的讲话

（6月8日〔21日〕）

（1）

　　一方面，声称没有原则分歧，拒绝公开发表意见，而另一方面，又在谈论布尔什维克派内的原则分歧。这不是两面派行为吗？唐恩在全党代表会议上说过：谁不知道列宁因为搞孟什维主义受到指责？我回答他说：请读一读《无产者报》，根据它去作判断吧，不要搜集谣言了。那时马克西莫夫默不作声。没有什么比不进行公开斗争更糟糕的了。我说原则上的统一被破坏了，你们说的是另一回事，可同时又把列宁称为马尔托夫…… 为什么这次会议从党的观点来看是不合法的呢？布尔什维克中央的成员是在代表大会上选出的，他们谈论的是怎样更好地贯彻布尔什维克的观点。这有什么不可以的呢？你们宣传单独召开布尔什维克代表大会，这表明你们对党已经完全绝望了。第二次代表大会以来，我们始终维护党性，现在我们继续执行的也只有这条路线，可是你们却在基层鼓吹分裂。在孟什维克中也有维护党性的派别。我们坚信党并且捍卫党。

<h1 style="text-align:center">（2）</h1>

　　马克西莫夫说未曾进行过关于召开代表大会的宣传。利亚多夫、斯坦尼斯拉夫、弗谢沃洛德的发言已经够清楚了。从1908年5月起,利亚多夫和斯坦尼斯拉夫就在俄国进行了宣传。我们这儿有斯坦尼斯拉夫写的决议案,他要的是什么,决议案中说得相当清楚。[8]这是对派别的侮辱。孟什维克中有正统的马克思主义派,即普列汉诺夫派,布尔什维克中也有正统的马克思主义派。孟什维克和我们中间都有瓦连廷诺夫—马克西莫夫之类的取消派。鉴于马克西莫夫同志发表了声明,我重申:我的话是对马克西莫夫所说的"列宁—普列汉诺夫派别的轮廓已经清楚了"的**回答**。

载于1934年《〈无产者报〉扩大编辑部会议记录》一书

译自《列宁全集》俄文第5版
第19卷第13—14页

3

讨论关于召回主义和
最后通牒主义问题时的讲话

（6月9日〔22日〕）

我想谈谈"中心的思想"。关于科特卡代表会议[9]马克西莫夫
弄错了；事情是这样的：如果波兰人赞成抵制，我的一票又是决定
性的，我曾声明过，那时我宁愿和布尔什维克投一样的票。这是我
在对待波兰人问题上提出的条件。那时整个布尔什维克中央反对
抵制，而派别却赞成抵制，但并没有分裂，因为不存在希望分裂的
集团。一年以后，派别站到了我们这边。有些"布尔什维克"，不敢
抨击召回派，害怕和孟什维克站在一起。在代表会议上我是和"孟
什维克"一起反对召回派的。这就是你们对中心的想法。

马克西莫夫所讲的分裂事件是可笑的。在马克西莫夫写的东
西里丝毫没有提到中心，但米哈的信现在已被证实了。这封信说，
列宁正在执行一条右派崩得路线。文件中就有这样的话。米哈所
写的，正是马克西莫夫现在所讲的。这就是中心的思想。而这封
信是我们的高加索朋友给我们送来的，是他们把委托书给了右倾
分子伊里奇。这是米哈于 1908 年 7 月在集团的参与下玩弄的手
腕。马克西莫夫说我们将和普列汉诺夫一起开会。当然，我们将
这样做，就像在中央机关报[10]内和唐恩、马尔托夫一起开会一样。

召回派在代表会议[11]上态度老实,这是经过激烈斗争的结果。我们多次向他们发出最后通牒。阿克雪里罗得读完了关于军事作战任务的那一条后说:"和这样的'布尔什维克'不难共事"。我们不让召回派进入我们曾和唐恩一起待过的杜马委员会。是的! 我们将和普列汉诺夫一起开会,就像和唐恩、马尔托夫一起开会一样。关于这一点,请你们在报刊上公布吧。

我和马拉在中央委员会一起开会。您,马拉,是通神的召回派成员。我讲的不是关于善良的意图,而是政治路线。同志们,请你们想一想有关普列汉诺夫的一些议论。当普列汉诺夫谈他在对待工会方面的错误[12]时,有人指责我们,说我们没有把他从我们这一边推开。当他准备放弃自己的错误时,就产生了一个问题,是我们用反对卢那察尔斯基的文章[13]吸引他,还是你们为了进行波格丹诺夫—卢那察尔斯基的反马克思主义的宣传而推开少数"孟什维克"护党派和"孟什维克"正统派马克思主义者? 我们没有串通普列汉诺夫反对卢那察尔斯基,但是我们要指出,是谁在和谁调情。当普列汉诺夫把波特列索夫赶走的时候,我准备向普列汉诺夫伸过手去。这不是新的中心,而是新的、不伦不类的布尔什维主义。有人在向我们重提罗莎·卢森堡的旧事。[14]但在这里重提旧事,是不伦不类的,"布尔什维主义"不应该这么干。

"布尔什维主义"现在应该成为严格的马克思主义的布尔什维主义。

载于1934年《〈无产者报〉扩大编辑部会议记录》一书

译自《列宁全集》俄文第5版第19卷第15—16页

4

讨论关于卡普里党校问题时的讲话

（6 月 10 日〔23 日〕）

　　我感到奇怪，这怎么还没有使我们厌烦。马克西莫夫同志激动得没有道理，因为每一次闹分裂必然有过头的指责，而且人们总是把分裂事件和人格问题搅在一起。我记得 1901 年同克里切夫斯基、1905 年同马尔托夫、1907 年同普列汉诺夫的争执，他们都向我进攻，大喊大叫人格问题。问题不在于人格，而在于在斗争过程中有人瓦解本派而另立新派。例如利亚多夫就是如此。他还不是一个坏同志，但他在瓦解我们的派别并在建立自己的派别。我想，马克西莫夫是在瓦解那些他认为是孟什维克的人。这是他的完全合法的权利，可是他却对我们说邀请列宁去党校。关于监督的问题也是可笑的。这样行不通。显然，党校是新的中心，新的派别。马拉说他不放弃自己的职务[15]。马拉同志，您受到派别狂热的影响了，而这种狂热是由"通神的"召回派的政治斗争所决定的。

　　什么是派别？这是政党内思想一致的人结成的联盟。在杜马里，政党是杜马内思想一致的人结成的联盟。作为一个杜马代表，例如霍米亚科夫，并不会由于转入另一个政党而不再担任杜马主席。派别对政党的关系也是如此。党委派你担任的职务，只有党才能撤销。我们现在吵架，这是因为我们没有结成思想一致的人

的联盟。谁也不想抢你的党内职务，没有必要和这扯在一起。我
们之间是派别的分裂，并不是党的分裂。党内职务并不属于我们
这次会议处理的范围。关于人格，在这里没有什么好说的。对此
我已习以为常，因为我已第四次挨骂了。应该承认客观存在：两个
中心，两个派别还有党校都是事实。当我们散伙时，一切都将更加
清楚。

载于 1934 年《〈无产者报〉扩大编辑 　　　译自《列宁全集》俄文第 5 版
部会议记录》一书 　　　　　　　　　　　第 19 卷第 17—18 页

5

讨论关于布尔什维克
在党内的任务问题时的讲话

（6 月 11 日〔24 日〕）

我认为,用不着一百次一千次地向马克西莫夫同志指出问题的实质,就是说,用不着反复向他说:他在同我们闹分裂,在建立一个不伦不类的布尔什维克派或者通神的召回派。这一切《无产者报》已经谈过,发表过,反复解释过,着重指出过。我现在要说的只有一点,就是请你把你在这间屋子里说的一切刊印出来,——这样,也只有这样,我们才能够停止这场进行了三天多的不体面的争吵,才好进行思想斗争。请把下面这些话都印出来吧:我们是"新布尔什维克","是新《火星报》[16] 所说的""新无产者报派"(实际上是孟什维克),我们"倒退了两步",我们"在破坏俄国革命最珍贵的遗产——布尔什维主义",请你把我从你的发言中记录下来的这些东西刊印出来,这样,我们就好让大家一次又一次地看出,你就是一个不伦不类的布尔什维克。请你把你下面这些话刊印出来:我们——我又引用你的话——"如果当了普列汉诺夫的俘虏,就会在新的高潮中毁灭政治生命",我们"将在长期反动的情况下取得胜利",请你把这些话刊印出来,我们好再一次就布尔什维主义同"通神的召回主义"的区别作出对党有益的说明。既然你拒绝这样做

1909 年 6 月 11 日（24 日）列宁在《无产者报》扩大编辑部会议上
《讨论关于布尔什维克在党内的任务问题时的讲话》手稿第 1 页
（按原稿缩小）

（**从** 1908 年 **8 月起**，我们就在编辑部的会议上正式建议你出一本
小册子来阐述自己的观点，你却对我们的公开挑战置之不理），拒
绝**公开**斗争，继续在内部争吵，那我们就**不得不**设法把你从我们的
派别内（不是从党内，而是从派别内）直接**划出去**，使你公开发表意
见，以便进行对党大有教益的思想斗争。

载于 1934 年《〈无产者报〉扩大编辑   译自《列宁全集》俄文第 5 版
部会议记录》一书   第 19 卷第 19—20 页

6

讨论关于派别统一问题时的讲话

（6 月 12 日〔25 日〕）

　　我不打算回答马克西莫夫，大家都会得出结论：这是我们最后一次和他一起开会。这最后一次就不要相互责骂了，这是不体面的。马拉说人家建议他自行退出。当马拉声明他认为与其和召回派一起工作，还不如和反召回派一起工作时，大家对这个声明喝采：好！谁也没有指责他在卡普里组织了分裂中心，关于造神说他发表了十分明确的意见。他确实错了。从我们这方面来说，除了思想一致的人已经形成的各个中心，没有再作过其他的划分。

载于 1934 年《〈无产者报〉扩大编辑部会议记录》一书

译自《列宁全集》俄文第 5 版第 19 卷第 21 页

7

讨论关于布尔什维克
在杜马活动方面的任务时的第一次讲话

（6 月 12 日〔25 日〕）

维什涅夫斯基的报告是我们在这里听到的第一个好报告。

至于不派代表参加全党代表会议，看来维什涅夫斯基弄错了。波列塔耶夫说过，如果唐恩发电报的话，代表们是会来的。唐恩拒绝了。代表会议因那位代表缺席[17]损失很大。

关于内行人[18]，你们说不能驱逐他们。和他们斗争的方法就是要走公开性的道路。应该更多地报道他们的情况。对他们分类加以评述。

关于《无产者报》编辑部在党团中的秘书问题。秘书不称职，他写的东西很浮泛；斯切克洛夫不是所需要的那种人物，需要的是一个埋头于平凡工作的人。必须尽可能详尽地报道情况，否则所有的协助小组就用不着了。

建立巴黎协助小组[19]是件很微妙的事。我们将支持普列汉诺夫的路线，其他的孟什维克对此十分神经过敏。要接近唐恩型的孟什维克是困难的。怎样组成这个小组呢？孟什维克会塞进去很多人。除了吵架之外，不会有什么别的结果。为了避免吵架，可否建立一个直属中央机关报的相应的小组？

党团没有代表布尔什维克的内行人就将一事无成。在这件事上我们应该让两三个人取得合法地位。预定是瓦季姆，也可能有加米涅夫。

关于地方组织参加杜马党团的活动问题。必须广泛使用传单展开宣传。关于杜马活动的传单应当提供一个样子。没有地方组织的影响，革命的社会民主党人对杜马的利用就既不会是革命的，也不会是社会民主主义的。必须**以杜马演说为内容的传单**。这种东西会吸引地方组织参加这一工作并给以推动。杜马代表们的会议至今还没有被充分利用。他们的大部分时间都花在同召回派争论上了。也必须有**传单介绍杜马中党派的组合情况**，有**传单介绍整个杜马的工作**。杜马党团不仅应该由中央委员会的代表指导，而且还应该由地方组织指导。必须有**传单对杜马中的某些演说的意义进行评述**。例如，关于对外政策的问题。只有我们的杜马代表发表了演说。这件事并没有得到应有的重视。需要有**摘要发表演说的传单**。地方组织除了印发传单，我想象不出还有什么参加活动的其他形式。局面混乱到了极点，应该尽力展开印发传单的活动。国外报纸的评论不及时。议会演说往往不能尽意，传单则能畅所欲言。

由地方组织派遣代表有时是难以实现的。

说到报纸，唯一的条件是要保证我们拥有大多数，但我并不相信能够办成这样的报纸[20]。

载于1934年《〈无产者报〉扩大编辑部会议记录》一书

译自《列宁全集》俄文第5版第19卷第22—23页

8

讨论关于布尔什维克在杜马活动方面的
任务时的第二次讲话和决议草案[21]

（6月12—13日〔25—26日〕）

　　我们的辩论就要结束了，我认为，不必专门就这些辩论作出决议，因为作决议应该慎重。关键在于把问题互相解释清楚。为了回答弗拉索夫关于利用合法机会的问题，我现在把决议草案读一下：

　　"布尔什维克中央决定：布尔什维克派为了**真正实现**——就是根据**革命**社会民主主义的精神和方针来实现——目前已经为全体布尔什维克所公认的目标，即利用一切'合法机会'，利用一切合法的和半合法的工人阶级组织，特别是利用杜马讲坛，就一定要明确提出培养有经验的、精通自己业务的、能够在自己的特殊的**合法**岗位（工会、俱乐部、杜马委员会等等）上牢牢站住的布尔什维克干部这一任务，并且要千方百计地完成这个任务。"

　　弗拉索夫说，这是领袖们的事情。这话不对。问题是：我们布尔什维克派普遍认为不需要这种专家。我们人力不足，因此必须使用和分配他们担任合法的职务，委托他们以派别的名义担任这些职务。既然我们说要建立党的支部，那就应当设法把它建立起来。我草拟了一个关于用传单进行鼓动的决议：

"布尔什维克中央讨论了布尔什维克在杜马活动方面的任务的问题,特决定:应该使所有的地方组织重视使用传单(除了地方的和省的机关刊物以外)向群众宣传社会民主党在杜马中的工作情况并且指导这一工作。这些传单的内容可以是:指出应在杜马讲坛上阐明的问题,总结社会民主党在杜马中的活动和党派的组合情况,刊登有关这些问题的宣传演说提纲,分析社会民主党在杜马中发表的一些特别重要演说的政治意义,指出社会民主党在杜马演说中说得不透彻不确切的地方,最后,也可以摘录这些演说中对宣传和鼓动工作有重要意义的实际结论,等等。"

对在非正式会议[22]上谈到的关于对待杜马活动的态度问题的几点意见,我也拟了一个决议草案:

"二、革命社会民主党人利用杜马同改良主义者(或者更广泛一点说:机会主义者)利用杜马的区别可以用下列几点(不能说很全面)来表明。

从社会民主党杜马党团的所谓外部关系来看,革命社会民主党人利用杜马与机会主义者利用杜马的区别,就在于前者必须反对在任何资产阶级社会中(特别是在反动时期的俄国)都会自然产生的意图,即反对议员和经常聚集在议员周围的资产阶级知识分子把议会活动推崇为一种主要的、基本的、独立存在的活动。尤其是必须尽力使党团确实把自己的工作当做服从于整个工人运动的利益的职能之一,并且使党团同党保持经常的联系,不是向党闹独立,而是贯彻党的观点,贯彻党代表大会和党中央机关的指示。

从党团活动的内容来看,必须指出:社会民主党议会党团活动的目的与其他**一切**政党活动的目的根本不同。无产阶级政党所追求的不是同当权派勾勾搭搭,讨价还价,不是徒劳地对农奴主和资产阶级的反革命专政制度修修补补,而是要用各种办法提高工人群众的阶级觉悟,使他们具有明确的社会主义思想、坚定他们的革命决心并增强他们在各方面的组织性。党团活动的每个步骤都应该服从这个根本目的。因此,应当更加重视在杜马讲坛上坚持社会主义革命的任务。应当尽力更经常地在杜马讲坛上发表演说,宣传社会主义的,而且是科学社会主义的基本概念和目标。其次,在资产阶级民主革命继续进行的情况下,极为重要的是要使杜马党团坚持经常同攻击'解放运动'的反革命潮流作斗争,同斥责革命、诋毁革命以及革命的目的和方法等等的各种思潮(公开的反动派、自由派,特别是立宪民主党人的思潮)作斗争。社会民主党的杜马党团应当高举革命的旗帜,高举领导俄国资产阶级民主革命的先进阶级的旗帜。

其次,必须指出,当前社会民主党杜马党团极其重要的任务是积极干预所有劳工法的问题。党团应该利用西欧社会民主党人的丰富的议会斗争经验,同时要特别防范机会主义分子歪曲这方面活动的作用。党团不应该降低自己的反映我党最低纲领的口号和要求,而应当拟定并提出社会民主党自己的法案(以及对政府和其他党派的法案的修正案),以便向群众揭露社会改良主义的虚伪性和欺骗性,吸引群众参加独立的群众性的经济斗争和政治斗争,只有这种斗争才能使工人取得真正的成果或者把那些在当前制度的基础上提出的不彻底的和骗人的'改良',变为前进的工人运动在通向无产阶级彻底解放的道路上的据点。

社会民主党杜马党团和整个社会民主党对于党内的改良主义这种机会主义者所表现出的动摇的最新产物也应当采取这种立场。

　　最后,革命的社会民主党人利用杜马与机会主义者利用杜马的区别还应当在于:社会民主党党团和社会民主党必须全面地向群众说明所有资产阶级政党的阶级性质,不仅要攻击政府和公开的反动派,而且要揭露自由派的反革命性和小资产阶级农民民主派的动摇。"

载于1934年《〈无产者报〉扩大编辑   译自《列宁全集》俄文第5版
部会议记录》一书   第19卷第24—27页

9

对《关于在党的其他方面的工作中
对杜马活动的态度》的决议的补充[23]

(6月13日和15日〔26日和28日〕之间)

对于利用合法机会这一点(在这方面已经取得了某些成就),应当比过去更加重视、更加主动和更加努力。

载于1934年《〈无产者报〉扩大编辑部会议记录》一书

译自《列宁全集》俄文第5版第19卷第28页

10

讨论关于党的刊物问题时的发言

（6月15日〔28日〕）

　　取消《无产者报》当然是办不到的。需要办一份通俗的机关报，但是这个问题取决于其他各种条件的配合，例如取决于经费。不能像弗拉索夫那样断然禁止帮助合法刊物。我想，出版一份不大的杂志，即使在篇幅上和孟什维克取消派出版的《远方》杂志[24]差不多，也是有益的。

载于1934年《〈无产者报〉扩大编辑部会议记录》一书　　　　　　　译自《列宁全集》俄文第5版第19卷第29页

11

讨论关于在中央机关报上
发表哲学文章问题时的发言

(6 月 15 日〔28 日〕)

哲学方面的辩论将怎样发展下去是无法预料的,因此不能像马拉同志那样提出问题[25]。所以中央机关报在这方面的任何禁令应该一律取消。马拉同志说在合法的文集里必须刊登哲学文章,对此我表示欢迎。

载于 1934 年《〈无产者报〉扩大编辑
部会议记录》一书

译自《列宁全集》俄文第 5 版
第 19 卷第 30 页

12

关于拨款给杜马党团报纸的建议[26]

（6 月 16 日〔29 日〕）

鉴于梅什科夫斯基同志声明的重要性，我建议从给合法出版物的 1 500 卢布中拨 1 000 卢布作为杜马报纸的经费。

载于 1934 年《〈无产者报〉扩大编辑部会议记录》一书

译自《列宁全集》俄文第 5 版第 19 卷第 31 页

13

讨论关于改组布尔什维克中央
问题时的发言和建议

（6 月 17 日〔30 日〕）

（1）

我同意梅什科夫斯基的意见。全党投票涉及所有的党员，而这是不可能实现的。最好是协商，但是这不必在章程中作规定。我认为，应该只采纳定期协商的意见。[27]

（2）

应该写上：一般说来，由布尔什维克中央俄国国内的成员组成一个委员会，其数量不以三人为限。[28]

（3）

在全会闭会期间，如《无产者报》编辑和总务委员会成员出缺，执行委员会可以指定人代替。[29]

（4）

布尔什维克中央国外书记处由全会任命二人组成。

载于1934年《〈无产者报〉扩大编辑　　　　　译自《列宁全集》俄文第5版
部会议记录》一书　　　　　　　　　　　　第19卷第32页

14

《无产者报》扩大编辑部会议决议

（7月3日〔16日〕）

1. 关于召回主义和最后通牒主义

我们党内的革命派提出的抵制布里根杜马和第一届国家杜马的口号，在当时起了巨大的革命作用，带动了工人阶级中一切最积极和最革命的阶层。

随后，广大群众的直接的革命斗争时期为艰难的反革命得势时期所代替；社会民主党人必须针对这种新的政治局势采取自己的革命策略，因此，利用公开的杜马讲坛来帮助社会民主党进行鼓动工作和组织工作，就成了最重要的任务之一。

可是，一部分参加过直接革命斗争的工人在局势急转直下时，未能立即转而采取革命的社会民主党在反革命得势的新情况下所应采取的策略，却依然简单地重复公开的国内战争时期的那些口号，这些口号**在当时**固然是革命的，但是现在一味重复，就会阻碍无产阶级在新的斗争条件下团结起来。

另一方面，由于发生这种艰难的转变，革命斗争处于低潮，甚至一部分工人也情绪低落、不知所措，工人组织遭到破坏，没有足够的力量来抵挡腐蚀性的影响，在这样的时期，工人阶级中就有一部分人对整个政治斗争漠不关心，对社会民主党的杜马工作尤其冷淡。

在这种情况下，所谓召回主义和最后通牒主义就能在无产阶级的这些人当中暂时得逞。

第三届杜马公开嘲笑工人的困境，它的所作所为使得这部分工人的召回主义情绪变本加厉，这些工人受社会民主主义的教育不够，还不能够弄懂，正是第三届杜马的这种活动使社会民主党人有可能根据革命的精神来利用这个剥削阶级的代表机关向广大人民群众说明专制制度和一切反革命势力的真正性质，说明革命斗争的必要性。

这部分工人之所以会有召回主义情绪，除上述原因外，还由于社会民主党杜马党团在过去，特别是在第一年的活动中犯了极端严重的错误。

鉴于这种召回主义情绪在对工人阶级进行社会主义的和革命的教育方面起着消极作用，布尔什维克派认为：

（1）**对于这些阶层的工人**，必须进行长期的社会民主主义教育工作和组织工作，坚持不懈地说明召回主义和最后通牒主义在政治上徒劳无益，说明在反革命得势时期社会民主党的议会活动的真正意义和杜马讲坛对社会民主党的作用；

（2）**关于社会民主党杜马党团和整个杜马工作**，必须使杜马党团同先进工人建立密切联系，全面帮助杜马党团，全党有组织地对它进行监督，并且采用公开说明它的错误的办法来对它施加压力，党必须切实对杜马党团这一党的机构的活动进行领导，布尔什维克必须贯彻最近一次全党代表会议的有关决议，因为只有使工人重视社会民主党杜马党团的活动，有组织地参加社会民主党的杜马活动，才能真正纠正我们杜马党团的策略；

（3）**对于党内右派**，由于它把杜马党团引上反党道路，从而使党团脱离工人先锋队，必须坚持不断地进行不调和的斗争，揭穿这种危害党的策略。

＊　　　＊　　　＊

在资产阶级民主革命的进程中，许多人加入了我们的党，并不纯粹是由于拥护我们党的无产阶级纲领，而主要是因为看到我们党在为争取民主进行光辉而有力的斗争，他们接受了无产阶级政党的革命民主主义的口号，但是并没有把这些口号同社会主义无产阶级的整个斗争联系起来。

这些对无产阶级观点还不够了解的分子，在我们布尔什维克派里也有。这些分子在艰苦的情况下，愈来愈暴露出缺乏社会民主党人的坚韧精神，最近一年来，由于他们对革命的社会民主党的策略原则的抵触情绪愈来愈强烈，一直在建立一种企图形成召回主义和最后通牒主义的理论的派别，其实，这一派别只不过是把一些关于社会民主党的议会活动和社会民主党的杜马工作的错误观念奉为原则，使之更加悖谬。

为了把召回主义情绪变成一整套召回主义政策所作的这些尝试，导致出现这样一种理论，它实际上一方面反映对政治漠不关心的思想，另一方面又反映无政府主义的迷惘。召回主义和最后通牒主义的理论尽管充满革命的词句，其实在很大程度上是由于指望国家杜马本身能够满足人民这种或那种迫切的要求而产生的立宪幻想的另一面，这种理论实质上是用小资产阶级的倾向来偷换无产阶级的思想。

所谓最后通牒主义（就是这样一种派别，它在原则上反对利用第三届杜马讲坛，或者企图用各种实际的理由来为自己不履行这个义务进行辩护,它不是对杜马党团进行长期的教育,和纠正党团的错误,而是立即向它发出最后通牒,力图召回社会民主党杜马党团)给社会民主党工作带来的危害并不亚于公开的召回主义带来的危害。从政治上看,最后通牒主义现在同召回主义毫无区别,不过最后通牒主义是一种隐蔽的召回主义,所以它造成的混乱和所起的涣散作用就更大。最后通牒派企图把自己同我们这个派别在革命某一时期实行过的抵制主义直接联系起来,这只不过是在歪曲我们党的大多数人十分正确地运用过的对布里根杜马和第一届国家杜马的抵制的真正含义和性质。最后通牒派和召回派企图根据在革命的某个时期曾对代表机关进行抵制的个别事实,得出结论说,抵制路线是布尔什维主义策略的特点,甚至在反革命得势时期也是如此,这表明,它们实质上是孟什维主义的另一面,因为孟什维克鼓吹,凡是代表机关统统都要参加,不管革命处在什么发展阶段,不管有无革命高潮。

召回派和最后通牒派迄今为止从原则上为自己的理论寻找根据所作的一切尝试,不可避免地要使他们否定革命马克思主义的原理。他们提出的策略不可避免地同运用于俄国当前条件下的国际社会民主党左派的策略彻底决裂,而产生无政府主义倾向。

召回派和最后通牒派的鼓动已经很明显地开始给工人运动和社会民主党的工作带来危害。这种鼓动如果继续下去,就会危害党的统一,因为这种鼓动已经造成了一些怪现象:例如,召回派同社会革命党人[30](在圣彼得堡)联合起来拒绝帮助我们党的杜马代表,并且同某些明显的工团主义分子一起向工人发表公开演说。

鉴于上述一切,《无产者报》扩大编辑部声明:布尔什维主义作为俄国社会民主工党中的一个派别,同召回主义和最后通牒主义毫无共同之处,布尔什维克派必须同这些背离革命马克思主义道路的倾向作最坚决的斗争。

2. 布尔什维克在党内的任务

第二届杜马被解散以后,反革命获得了大胜利,这种客观形势向整个党的活动提出了这样一个任务:不管反动派如何猖獗,在无产阶级阶级斗争的浪潮十分低落的情况下,要把在无产阶级斗争最高潮的时期建立的党组织保存下来,即要把自觉地坚持正统的马克思主义立场、联合一切"民族的"社会民主主义组织以实行革命的社会民主党的统一策略的组织保存下来。

这两年的保卫党和党的原则的斗争十分清楚地表明,一方面党同那些在资产阶级民主革命的特殊条件下混入党内来的分子划清了界限,另一方面革命的社会民主党人进一步团结起来了。一方面,可以明显看出,社会民主党过去的那些同路人离开了党,完全转到各种合法组织(合作社、工会、教育团体、杜马党团所属委员会)中去进行自己的活动了,在那里,他们不但不执行党的政策,反而同党斗争,力图使这些组织脱离党,同党对立。这些人——党内公开的取消派——把合法活动奉为偶像,把工人运动暂时受压和分散所造成的狭隘活动形式当成原则,他们现在毫不掩饰地在理论上和策略上站到修正主义立场上去了。为我们杜马党团出主意的知识分子谋士们把机会主义路线强加于我们党团的前后经过,取消派同护党派在合法的工人组织里、在四个代表大会(国民大学代表大会[31]、合作社代表大会[32]、妇女代表大会[33]、工厂医生代表大会[34])的工人代表团里的全部斗争,现在十分清楚地表明并证明,组织上的取消主义(反对党的机关)同反对马克思主义的理论和反对俄国社会民主工党纲领原理的原则斗争,是有极为密切的联系的。

另一方面,在这反革命大胜利的时期,担负党的领导工作的党内左派不仅在理论上承认把党的秘密工作同合法工作适当结合的策略,而且实际上也实行了这个策略。这些工作包括党为杜马党团所做的一切工作和党在无产阶级的合法和半合法的组织中所做的一切工作。当前历史时期的特殊条件提出的,作为对党的主要的工作形式补充的,正是这些工作形式,即秘密的党影响比较广泛的群众的形式。事实上,党实际正是在这些工作形式上同取消主义进行交锋,狠狠地打击取消主义。过去和现在党内各派社会民主党人实际上也是在这个基础上接近起来的①。最后,正是在这里,在关于党在第三届杜马时期的策略和组织这些问题上,布尔什维克派公开同那些假革命的、不坚定的、非马克思主义的分子划清界限,因为他们打着所谓"召回主义"的旗帜来反对党的新的活动形式。

目前,《无产者报》扩大编辑部在规定布尔什维克的基本任务时,应当指出:

(1)布尔什维克派仍然应当是保卫党性和党的革命社会民主主义路线的先进战士,它在今后保卫党和党性的斗争中的任务是全面地、有效地支持党的中央委员会和中央机关报。在目前党内力量重新组合的时期,只有全党的中央机关才能成为党的路线的

---

① 如中央委员会一致通过关于工会、合作社的决议和若干关于杜马工作的决定,在最近这次全国代表会议上绝大多数人拥护党的路线,办中央机关报的经验,前面所提到的各种代表大会上的工人代表团等等。

有威信、有力量的代表者,而只有通过党的路线才能把一切真正保护党的和真正社会民主主义的分子团结起来;

(2)在党内孟什维克的营垒中,在该派别的正式机关报《社会民主党人呼声报》完全成了孟什维克取消派的俘虏的情况下,该派别的少数人在彻底看清了取消主义的道路以后,已经毅然决然地声明反对这条道路,正在为自己的活动重新寻找党的基础(如圣彼得堡"维堡区"孟什维克的信[35],莫斯科孟什维克的分裂,《社会民主党人呼声报》编辑部的分裂,崩得内部的相应分化等等);

(3)在这种情况下,布尔什维克仍然是党的团结一致的先锋队,它不仅必须继续同取消主义和各种修正主义作斗争,而且必须同其他派别中的马克思主义的和护党派的分子接近,这是为保存和巩固俄国社会民主工党而斗争的共同目标所要求的。

3. 关于离开党单独召开布尔什维克代表大会 或布尔什维克代表会议的鼓动

鉴于:——恢复党的统一以来,布尔什维克派一贯通过那些引起全党争论的问题,一贯通过在全党范围内为争取按布尔什维克的办法解决这些问题而进行的思想斗争(在党的支部和全党代表大会上提出平行的纲领和进行争论)来划分和团结拥护布尔什维克的政治路线的人;

——只有这种办法才能保证团结真正思想一致的同志,把所有实质上同布尔什维克派观点接近的分子吸引到布尔什维克派方面来;

——为了实现我们的基本目的,为了影响党,使革命社会民主

主义的路线在党内取得彻底胜利,只有在全党范围内划分布尔什维克,才是唯一正确和唯一合适的办法;

——另一种办法,即召开布尔什维克单独的代表会议和代表大会的办法,必然会使党发生自上而下的分裂,会使带头造成俄国社会民主工党这种彻底分裂的派别遭到致命打击;

鉴于这一切,《无产者报》扩大编辑部决定:

(1)提醒全体思想一致的同志,不要鼓动专门召开布尔什维克代表大会,这种鼓动客观上会造成党的分裂,使革命的社会民主派在党内取得的阵地遭到沉重打击。

(2)下一次布尔什维克代表会议预定在例行党代表会议期间举行,而在下一次党代表大会上,思想一致的同志的会议,将是整个派别的最高会议。

(3)由于面临许多使党和布尔什维克派不安的重要问题,特委托中央委员会中的布尔什维克坚持尽快召开全党代表会议(在两三个月内),然后坚持尽快召开党代表大会。

4. 关于在国外某地创办的党校

《无产者报》扩大编辑部在研究了关于某地党校的问题以后,认为党校的发起人(包括《无产者报》扩大编辑部成员之一马克西莫夫同志)从创办这个党校开始就撇开《无产者报》编辑部,同时还进行反对编辑部的鼓动。这些发起人迄今为止的所作所为已经非常清楚地表明:他们以办这个党校为名,在建立一个脱离布尔什维克的派别的新的中心。这个党校的发起人背着共同的中央机关,同俄国的许多委员会取得了联系,设立了独立的会计处,筹集了经费,甚至不向《无产者报》编辑部和全党的中央报告,就建立了自己的代办处。

扩大编辑部认为,由于目前缺少有经验的党的工作者,如果办好一所真正的党校,哪怕是办在国外,也会在一定程度上有助于地方组织从工人中培养合格的党的工作者,并且认为,扩大编辑部本身也必须在我们组织的情况所允许的范围内,尽力在这方面帮助地方组织,但是,扩大编辑部根据某地党校的发起人的整个做法,断定这些发起人所追求的不是整个派别的目标,也就是说,他们所追求的不是作为党内的一个思想派别的布尔什维克派的目标,而是自己小集团的特殊的思想政治目标。鉴于我们派别内部在关于召回主义、最后通牒主义、对造神说宣传的态度以及整个布尔什维克在党内的任务等等问题上所发生的意见分歧,鉴于某地党校的发起人和组织者都是召回主义、最后通牒主义和造神说的代表人物这一情况,《无产者报》扩大编辑部认为,这个新中心的思想政治面貌就昭然若揭了。

鉴于上述一切,《无产者报》扩大编辑部声明,布尔什维克派对这个党校不能负任何责任。

5. 关于马克西莫夫同志分裂出去的问题

鉴于《无产者报》扩大编辑部的十个成员为一方同马克西莫夫同志为另一方之间在有关议程的全部问题上,显然缺乏原则上和策略上的一致,其次,鉴于马克西莫夫同志近来的行动,仍然是在破坏布尔什维克派组织上的统一,最后,鉴于马克西莫夫同志对是否服从和执行《无产者报》扩大编辑部决定的问题作了否定的回答,因此,《无产者报》扩大编辑部今后对马克西莫夫同志的一切政治活动概不负责。

载于 1909 年 7 月 3 日(16 日)　　　　译自《列宁全集》俄文第 5 版
《无产者报》第 46 号附刊　　　　　　　第 19 卷第 33——42 页

取消取消主义

（1909 年 7 月 11 日〔24 日〕）

读者在这一号《无产者报》的特别附刊中，可以看到关于布尔什维克会议的报道和会议通过的决议全文①。在这篇文章中，我们打算从我们派别的角度和整个俄国社会民主工党的角度来谈一谈如何估计这次会议的意义和会上发生的一小部分布尔什维克分裂出去的问题。

大约从 1907 年六三政变³⁶起到现在为止的最近两年，是俄国革命史上以及俄国工人运动和俄国社会民主工党发展中发生急剧转变和严重危机的时期。1908 年 12 月俄国社会民主工党的全国代表会议，对目前的政治形势、革命运动的状况及其前途、工人阶级政党当前的任务等问题作了总结。这次代表会议的决议是党的可靠的财富，孟什维克机会主义者拼命想批评这些决议，只不过特别明显地暴露了他们的"批评"是软弱无力的，对在这些决议中剖析过的问题根本提不出任何有道理的、完整的和有系统的东西。

但是，党的代表会议给予我们的还不止这一点。这次代表会议在党的生活中起了极重要的作用：它指出在孟什维克和布尔什维克这两派中都产生了新的思想派别。可以毫不夸大地说，不管

---

① 见本卷第 1—9、31—40 页。——编者注

是在革命到来以前，还是在革命期间，整个党的历史中充满了这些派别的斗争。因此，新的思想派别是党内生活中一种非常重要的现象，所有社会民主党人都应当仔细思考，理解和领会这种现象，以便能自觉地对待新形势下的新问题。

这些新的思想派别的出现，简单说来，就是在党的两个处于两极的派别中都出现了取消主义，都出现了反对取消主义的斗争。孟什维克中的取消主义在1908年12月以前就十分明显地暴露出来了，但是当时同它进行斗争的差不多都是其他的派别（布尔什维克、波兰和拉脱维亚的社会民主党人以及一部分崩得分子）。孟什维克护党派，即孟什维克反取消主义派，作为一个派别当时刚开始形成，还没有比较一致的和公开的行动。而在布尔什维克里面，两部分人面目分明并且公开行动了：一部分是占绝大多数的正统布尔什维克，他们坚决反对召回主义，并且把自己的主张贯彻到代表会议的全部决议中，另一部分是占少数的"召回派"，他们作为一个单独的集团来为自己的观点辩护，不止一次地得到摇摆于他们和正统布尔什维克之间的"最后通牒派"的支持。召回派（还有最后通牒派，因为他们正在滚向召回派）是变相的孟什维克，是新型的取消派，关于这一点，在《无产者报》上已经不止一次地谈过和说明过了（着重参看第39、42、44号①）。总之，在孟什维克方面，取消派占绝大多数，而护党派分子对他们的抗议和斗争刚刚开始；在布尔什维克方面，少数召回派公开活动，正统派则占完全的优势，这就是俄国社会民主工党十二月全国代表会议上所表明的党内状况。

---

① 见本版全集第17卷第266—282、340—343、367—379页。——编者注

什么是取消主义？为什么会产生取消主义？为什么召回派（和造神派，关于他们，我们下面再来谈谈）也是取消派，是变相的孟什维克？一句话，我们党内出现新的思想派别有什么社会意义，有什么社会作用呢？

狭义的取消主义，孟什维克的取消主义，从思想上来说就是否认社会主义无产阶级的革命阶级斗争，特别是否认无产阶级在我国资产阶级民主革命中的领导权。这种否认采取的形式当然各种各样，其自觉、激烈、彻底的程度各有不同。可以拿切列万宁和波特列索夫来作例子。前者对无产阶级在革命中的作用所作的估计，使得《社会民主党人呼声报》**整个**编辑部还在内部（也就是普列汉诺夫和马尔托夫、唐恩、阿克雪里罗得、马尔丁诺夫）发生分裂以前，就不得不同切列万宁脱离了关系，虽然这件事该报编辑部做得极不体面：这就是它在《前进报》上向德国人宣布同这位彻底的取消派脱离关系[37]，**而不在《社会民主党人呼声报》上向俄国读者发表自己的声明！**波特列索夫在《20世纪初俄国的社会运动》[38]中写过一篇文章，非常成功地取消了关于无产阶级在俄国革命中的领导权的思想，以致普列汉诺夫退出了取消派的编辑委员会。

在组织上，取消主义就是否认秘密社会民主党的必要性，因而要脱离俄国社会民主工党，退出党，在合法的报刊上，在合法的工人组织、工会、合作社和有工人代表参加的代表大会上反对党，等等。近两年来，俄国任何一个党组织的历史上这样的孟什维克取消主义的例子是不胜枚举的。我们曾经指出过（刊登在《无产者报》第42号上，后来《1908年12月俄国社会民主工党全国代表会议》这本小册子作了转载），担任中央委员的孟什维克企图直接**破坏党中央委员会**，使这个机构不起作用，这就是一个特别明显的取消主义的例子。参加最近这次党代表会议的"高加索代表团"[39]完全是由侨居国外的人组成的,党中央委员会确认(1908年初)《社会民主党人呼声报》编辑部是一个独立的著作家团体,同目前在俄国活动的一切组织没有任何关系,这可以说是在俄国的孟什维克秘密组织几乎完全瓦解的标志。

所有这些取消主义的表现,孟什维克都没有加以总结。一方面是他们有意隐瞒这些表现,另一方面是他们自己也糊里糊涂,不清楚某些事实的意义,被一些琐碎小事、意外事件和人身攻击弄得不知所措,不会概括也不懂得当前所发生的事情的意义。

这个意义就在于,在资产阶级革命时期,在发生危机、瓦解和崩溃的情况下,工人政党中的机会主义派不可避免地不是完全成为取消派,便是做取消派的俘虏。在资产阶级革命时期,**不可避免地**有一些小资产阶级**同路人**(德语称为 Mitläufer)参加无产阶级政党,他们最不能领会无产阶级的理论和策略,最不能在发生崩溃的时期坚持下去,最倾向于彻底推行机会主义。瓦解一发生,大批孟什维克知识分子和孟什维克著作家实际上就投向了自由派。知识分子脱党而去,**所以**孟什维克的组织垮得最厉害。那些真心同情无产阶级和无产阶级的阶级斗争、赞同无产阶级的革命理论的孟什维克(而这样的孟什维克总是有的,他们为自己在革命中的机会主义辩解,理由是他们希望能估计到一切形势的变动和一切复杂的历史道路的曲折),"又一次成了少数",成了孟什维克派中的少数,他们没有决心同取消派进行斗争,没有力量卓有成效地进行这场斗争。可是,机会主义同路人愈来愈走向自由主义,以致普列汉诺夫无法容忍波特列索夫,《社会民主党人呼声报》无法容忍切列万宁,莫斯科的孟什维克工人无法容忍孟什维克知识分子,**等**

等。孟什维克护党派，即孟什维克正统马克思主义者开始分化出来，既然他们走**向党**，那就势必走向布尔什维克。我们的任务就是要理解这种形势，千方百计地处处尽量把取消派和孟什维克护党派分子分开，同后者接近，不过这不是要抹杀原则分歧，而是为了使真正统一的工人政党团结起来，党内的意见分歧不应该妨碍共同的工作、共同的冲击、共同的斗争。

但是，无产阶级的小资产阶级同路人是不是仅仅孟什维克派才有呢？不是的。我们在《**无产者报**》第39号①上已经指出，这种同路人在布尔什维克中也有，彻底的召回派的整个论证方法，他们论证"新的"策略的尝试的整个性质就证明了这一点。在群众性的工人政党中，无论哪一个比较大的派别，实际上在资产阶级革命时期都不能避免或多或少要吸收一些各种色彩的"同路人"。这种现象甚至在彻底完成了资产阶级革命的最发达的资本主义国家中，也是不可避免的，因为无产阶级总是同各式各样的小资产阶级阶层接触，总是不断从这些阶层中补充兵员。这种现象毫不反常，毫不可怕，**只是**无产阶级政党要善于改造这些异己分子，制服他们，而不是被他们制服，善于及时认识到谁是真正的异己分子，而且认识到在某种条件下，必须同他们明确地和公开地划清界限。俄国社会民主工党的两派在这方面的区别正是在于：孟什维克成了取消派（即"同路人"）的俘虏（在孟什维克自己的队伍中，俄国国内的莫斯科孟什维克拥护者以及国外同波特列索夫和《社会民主党人呼声报》分道扬镳的普列汉诺夫，都证明了这一点），而在布尔什维克当中，主张召回主义和造神说的取消派分子一开始就是极少数，

① 见本版全集第17卷第266—282页。——编者注

一开始就不能为害,随后也就被抛开了。

　　召回主义是变相的孟什维主义,它也必然导致取消主义,只是形式略有不同,这一点是不容怀疑的。当然,这里谈的不是个人,也不是个别集团,而是这个派别的客观趋势,因为这个派别不再仅仅是反映一种情绪,而是企图形成一个特殊派别。布尔什维克在革命前就十分明确地声明过,第一,他们并不想在社会主义运动中建立一个特殊派别,而是想把整个国际的、革命的、正统马克思主义的社会民主党的基本原则运用于我国革命的新情况;第二,即使在斗争以后,在现有的一切革命的可能性已不再存在以后,历史迫使我们沿着“专制立宪”的道路缓步而行,布尔什维克也能在最艰难、最缓慢、最平淡的日常工作中尽到自己的职责。任何一个细心一点的读者都能在1905年出版的社会民主党人的文献中找到这些声明。这些声明有重大的意义,因为这是整个布尔什维克派作出的保证,是自觉选择的道路。为了履行对无产阶级的保证,必须对在自由时期(甚至出现了一种“自由时期的社会民主党人”)加入社会民主党的人,对主要是被口号的坚决性、革命性和“引人注目”所吸引的人,对缺乏坚毅精神,只能在革命节日,不能在反革命得势时期坚持斗争的人,不断进行锤炼和教育。其中一部分人已经逐渐习惯了无产阶级的工作,掌握了马克思主义世界观。另一部分人只是死记了几个口号,却没有领会,他们一味重复陈词滥调,而不善于根据变化了的情况运用革命社会民主党策略的旧原则。那些想抵制第三届杜马的人的演变鲜明而生动地说明了这两部分人的命运。1907年6月,主张抵制第三届杜马的人在布尔什维克派中占多数。但是,《无产者报》坚定不移地执行了反对抵制的路线。生活检验了这条路线,一年之后,“召回派”在从前的“抵制主义"的堡垒莫斯科组织的布尔什维克中变成了**少数**(1908年夏是14票对18票)。又过一年,布尔什维克派在全面和反复地讲清了召回主义的错误以后(最近召开的布尔什维克会议①的意义就在于此),终于彻底取消了召回主义和滚向召回主义的最后通牒主义,彻底取消了这种特殊形式的取消主义。

但愿人们不要因此责备我们制造"新的分裂"。在关于我们的会议的报道中,我们详尽地说明了我们的任务和我们的态度。我们用尽了一切可能和一切办法去说服有不同意见的同志,我们花了一年半以上的时间做这方面的工作。但是,我们作为一个派别,即作为党内思想一致者的团体,在基本问题上如果不一致,是不能进行工作的。从派别分裂出去并不等于从党分裂出去。从我们派别分裂出去的人丝毫没有丧失在党内工作的可能性。或者他们仍旧是"野的",即处于派别之外,那党的整个工作情况会把他们卷进来;或者他们企图建立一个新的派别(如果他们想坚持和发展自己的具有特殊色彩的观点和策略,那是他们的权利),**全党**很快就会清楚地看到这些**趋势**的实际表现,对于这些趋势的思想意义,我们在上面已经尽力作了估价。

布尔什维克必须领导党。要领导,就要知道路,就不要再动摇,不要再花费时间去说服动摇分子,去同有不同意见的人进行派别内的斗争。召回主义和滚向召回主义的最后通牒主义同当前形势要求革命的社会民主党人去做的工作是不相容的。我们在革命时期学会了"讲法语",就是说,学会尽量向运动提出一切能推动人们前进的口号,加强群众直接斗争的威力,扩大这一斗争的规模。

---

① 见本卷第1—40页。——编者注

现在,在出现停滞、反动和瓦解的时候,我们必须学会"讲德语",就是说,学会缓慢地(在新的高涨没有到来以前非这样做不可)、不断地和顽强地行动,一步一步地前进,一点一点地争取胜利。谁感到这种工作枯燥乏味,谁不懂得**在这条道路上、在这条道路的拐弯处也**必须坚持和发展社会民主党策略的革命原则,谁就是徒具马克思主义者的虚名。

　　不坚决取消取消主义,我们党就不能前进。但是,取消主义不只是包括孟什维克的公开的取消主义和他们的机会主义的策略。它还包括变相的孟什维主义。它还包括召回主义和最后通牒主义,因为它们反对党执行反映时局特点的当前任务,这个任务就是利用杜马讲坛并把工人阶级的各种各样的半合法组织和合法组织建成据点。它包括造神说和为根本脱离马克思主义原理的造神说倾向所作的辩护。它还包括不了解布尔什维克在党内的任务——在1906—1907年,任务是**推翻**那个**不依靠**党的多数的孟什维克中央委员会(不仅波兰人和拉脱维亚人,甚至崩得分子当时也没有支持清一色孟什维克的中央委员会),而现在,任务是耐心教育护党派分子,团结他们,建立一个真正统一的巩固的无产阶级政党。布尔什维克在1903—1905年和1906—1907年,已经同反党分子进行了不调和的斗争,为党扫清基地。布尔什维克现在应该**建设成党**,把派别建设成党,利用经过派别斗争所取得的阵地来建设党。

　　这就是我们派别根据当前政治局势和整个俄国社会民主工党的总的情况提出的任务。最近的布尔什维克会议的决议又一次特别详细地重申并阐发了这些任务。为了进行新的斗争,队伍已经整顿好了。对变化了的情况已经考虑到了。道路已经选定了。沿着这条道路前进,革命的俄国社会民主工党很快就会成为任何反动势力也不能动摇的力量,成为我国下一次革命运动中参加斗争的各阶级人民的领导力量①。

载于 1909 年 7 月 11 日(24 日)　　译自《列宁全集》俄文第 5 版
《无产者报》第 46 号　　　　　　第 19 卷第 43—51 页

---

① 　不久以前,《社会民主党人呼声报》第 15 号和《崩得评论》**40** 第 2 期出版了。上面又是一大堆取消主义的精彩例子,这些例子需要在下一号《无产者报》上用专文来分析和评价。

评沙皇的欧洲之行和
黑帮杜马某些代表的英国之行

（1909 年 7 月 11 日〔24 日〕）

半个世纪以前，俄国就牢牢地博得了国际宪兵的声誉。我国专制政府在上个世纪做了不少事情来支持欧洲的一切反动派，甚至直接用武力镇压邻国的革命运动。只要回忆一下尼古拉一世出兵匈牙利[41]和多次镇压波兰这些事件，就会懂得，为什么国际社会主义无产阶级的领袖们从 40 年代起一再向欧洲的工人和欧洲的民主派指出，沙皇政府是整个文明世界中反动势力的主要堡垒。

从 19 世纪的后 30 多年起，俄国的革命运动使这种情况渐渐发生了变化。沙皇政府在本国日益高涨的革命的打击下愈不稳固，它充当欧洲自由的敌人就愈力不从心。但是到这时欧洲各国资产阶级政府中的国际反动势力已经完全形成，这些政府看到了无产阶级的起义，意识到劳动同资本之间你死我活的斗争是不可避免的，它们为了共同对付无产阶级，准备对任何居于王位的冒险家和强盗表示欢迎。因此，当 20 世纪初沙皇政府遭到对日战争和1905 年革命的极其沉重的打击的时候，国际资产阶级就跑来帮助它，用数十亿贷款支持它，竭尽全力扑灭革命烈火，恢复俄国的"秩序"。你帮我，我帮你。在欧洲各国反革命的资产阶级政府打击民主派的时候，沙皇政府曾经不止一次地帮助过这些政府。现在，对无产阶级来说已经成为反革命的欧洲资产阶级，则帮助沙皇政府打击革命。

盟国都在庆祝胜利。血腥的尼古拉到欧洲向君主们和法兰西共和国的总统致贺去了[42]。君主们和总统欣喜若狂，准备欢迎这个俄国黑帮反革命势力的领袖。但是，这些黑帮和资产阶级反动派的高贵骑士所以能取得胜利，并不是由于他们消灭了自己的敌人，而是由于他们敌人的力量四分五裂，由于各个国家的无产阶级没有同时成熟。工人阶级的联合起来的敌人取得了胜利，付出的代价是推迟决战日期，是扩大和加深源泉，这个源泉不断地（虽然可能比我们所希望的要缓慢一些）增加无产者的人数，加强他们的团结，在斗争中锻炼他们，使他们习惯于同联合起来的敌人作战。这个源泉就是资本主义，它曾经唤醒了罗曼诺夫王朝贵族的宗法制的"世袭领地"，现在正在一个接一个地唤醒亚洲的国家。

盟国都在庆祝胜利。但是，血腥的尼古拉和欧洲各国资产阶级政府的领袖们的每次庆祝活动，都有革命工人群众的呼声，像回声一样伴随着。尼古拉和威廉、爱德华以及法利埃，在密密层层的士兵或一长列军舰的保护下握手致意，大声欢呼：我们把革命镇压下去了。而革命通过各国觉悟的无产阶级的领袖之口，像回声一样回答说：我们要把你们一起打倒。

血腥的尼古拉离俄出访，临行前，黑帮杜马中的社会民主党代表为他送行，向他宣布了俄国全体觉悟工人的共和信念，提醒他君主制必然要崩溃[43]。尼古拉抵达瑞典。他受到宫廷的祝贺，受到士兵和密探的欢迎。为了迎接他的到来，瑞典工人群众的领袖社会民主党人布兰亭发表讲话，抗议刽子手的访问使瑞典蒙受耻辱。尼古拉前往英国、法国和意大利。国王和宫廷显贵、大臣和警官都在准备欢迎他。工人群众也在准备迎接他：英国将举行群众抗议集会；法国将举行表达人民愤怒的示威游行；意大利将在他到达的不祥日子举行总罢工。所有这三个国家的社会党议员——英国的索恩、法国的饶勒斯、意大利的莫尔加利都已经响应了社会党国际局[44]的号召，向全世界宣布，工人阶级憎恨和鄙视暴徒尼古拉、绞刑手尼古拉，憎恨和鄙视正在镇压波斯人民并且正在向法国派遣大批俄国间谍和奸细的尼古拉。

所有这些国家的"正派的"资产阶级报纸暴跳如雷，不知该对社会党人的行动怎么漫骂，不知还应替打断社会党人讲话的大臣们和议长们怎么帮腔。但是暴跳如雷无济于事，因为在真正立宪的国家里，封不住无产阶级议员的嘴，也禁不了群众集会，因为俄国沙皇既不敢在伦敦，也不敢在巴黎和罗马露面，这一点无论对国内和国外都是瞒不住的。

国际反动派的领袖们趁俄国和波斯的革命被镇压之际举行的隆重庆祝活动，在欧洲各国社会主义无产阶级的一致英勇抗议之下**被破坏了**。

从彼得堡到巴黎，从斯德哥尔摩到罗马，社会党人到处都在以革命和革命口号的名义对沙皇专制制度表示抗议，这种抗议把我们的俄国自由派向沙皇政府卑躬屈节的那副可耻的奴才相衬托得分外清楚。以黑帮杜马主席为首的几个杜马代表，其中包括温和的右派和立宪民主党人[45]，现在正在英国访问。他们引以为荣的是他们代表了杜马的多数，代表了杜马中真正的中派——他们中没有极右派和极左派。他们装成"立宪"俄国的代表，他们吹捧"革新后的"制度和"赐给人民"以杜马的敬爱的君主。他们活像克雷洛夫寓言中的青蛙[46]，一个劲儿地憋气，鼓肚子，装成是击败据说希望废除俄国"宪制"的黑帮反动派的胜利者。"立宪民主"（别开玩笑了!）党的领袖米留可夫先生在市长举行的便宴上致词时宣称："在俄国存在着监督预算的立法的时候,俄国反对派始终是陛下的反对派,而不是反对陛下的反对派。"（圣彼得堡通讯社俄历6月19日电）十月党机关报《莫斯科呼声报》[47]在6月21日发表了一篇社论,用了一个赫列斯塔科夫[48]式的标题,叫做《欧洲和革新后的俄国》,社论热烈欢迎立宪民主党人首领的讲话并且指出,他的"温和立宪主义"的言论"可能标志着立宪民主党政策的一个转折点,标志着放弃为反对而反对这种不妥当的策略"。

警方办的《俄国报》[49]于6月23日也就米留可夫的讲话发表了一篇社论,社论在转述了陛下的反对派这句"名"言以后说:"米留可夫先生在英国为俄国反对派承担了某种义务,如果他能履行这一义务,他就会对祖国作出贡献,他过去的不少罪过因此就可以得到宽恕。"立宪民主党人先生们,你们混出头了:整个"路标"派[50],特别是司徒卢威得到了黑帮暴徒的"大主教"安东尼·沃伦斯基的赞许;党的领袖米留可夫则得到了卖身求荣的警方小报的赞许。你们算混出头了!

有一点我们要指出,就是我们从1906年起就揭露了立宪民主党人实质上就是十月党人,因为当时杜马的有名无实的"胜利"冲昏了许许多多自私而幼稚和无私而幼稚的人们的头脑。

我们还要指出,我们在**20多个月**以前,在《无产者报》第19—20号(1907年11月)上评第三届杜马的选举结果时,就揭露了现在暴露得尤其明显的沙皇政府在第三届杜马玩弄花招的**实质**。1907年11月,我们和俄国社会民主工党全国代表会议[51]的决议都指出,在第三届杜马中可能有**两个多数**:黑帮-十月党人多数和

立宪民主党人—十月党人多数，这**两个**多数都是反革命的。当时
俄国社会民主工党圣彼得堡组织的决议（《**无产者报**》第 19 号）和
俄国社会民主工党第三次全国代表会议的决议（《**无产者报**》第 20
号）都指出："杜马中的这种情况特别有利于政府和立宪民主党人
玩弄两面的政治把戏。"①

对形势的这种评述现在已经**完全**得到证实，从而暴露出那些
准备一而再，再而三宣布社会民主党人会"支持"立宪民主党人的
人目光多么短浅。

立宪民主党人同十月党人斗，并不是把十月党人当做原则上
的对手，而是当做**竞争者**。要"争取"选民的时候，我们就宣布自己
是"人民自由"党。要证明自己的"正派"的时候，我们就在第三届
杜马中把马克拉柯夫之流捧出来，我们通过米留可夫向欧洲宣布，
我们是"陛下的反对派"。黑帮沙皇政府的忠实奴仆斯托雷平所需
要的也就是这一点。让黑帮沙皇匪徒**在事实上**主宰全国一切，让
他们而且只让他们去决定一切真正重要的政治问题。"我们"需要
十月党人—立宪民主党人多数是为了玩弄花招，为了在欧洲"有面
子"，为了更容易借债，为了"纠正"黑帮的偏激，为了用国务会议⁵²
修改过的……"改革"来欺骗傻瓜。

陛下了解**自己的**反对派。立宪民主党人反对派也了解**自己的**
斯托雷平和**自己的**尼古拉。我们的自由派和我们的大臣们不费什
么劲就都学会了欧洲议会那套并不深奥的虚伪和欺骗的学问。两
者都卓有成效地学来了欧洲资产阶级反动派的手法。

俄国的社会主义无产阶级在不断加强同全世界社会主义无产

---

① 见本版全集第 16 卷第 125、166 页。——编者注

阶级的团结，它要同我们的自由派和我们的大臣们进行坚持不懈的革命战争。

载于 1909 年 7 月 11 日（24 日）　　译自《列宁全集》俄文第 5 版
《无产者报》第 46 号　　　　　　第 19 卷第 52—57 页

为《无产者报》编辑部发表
马·利亚多夫的信加的按语[53]

(1909 年 7 月 11 日〔24 日〕)

我们很乐意发表利亚多夫同志的公开信,仅向他提出以下几点意见:

利亚多夫同志,维护俄国社会民主工党内正统的马克思主义思潮布尔什维主义的传统,当然是件大好事。但是,维护这个传统,就是要不让布尔什维主义变得面目全非。而召回主义和造神说的挣扎,正好使布尔什维主义变得面目全非,这一点我们在一系列文章中已经详尽地证明了,而且现在已经被布尔什维克派所正式肯定。

至于利亚多夫同志诉诸"革命伦理",那我们尽可以放心地听其自便,利亚多夫同志及其志同道合者早就应当向全党公开说明自己的"原则立场"了,不然,人们还一直对他们的话信以为真,以为他们除了召回主义和造神说之外还有什么别的东西。

最后,我们相信,在革命的社会民主党队伍里工作多年的利亚多夫同志,不会长久地留在造神派-召回派或简称"通神的召回派"这一新派别里,而是会回到布尔什维克派中来的。

载于 1909 年 7 月 11 日(24 日)   译自《列宁全集》俄文第 5 版
《无产者报》第 46 号   第 19 卷第 58 页

被揭穿了的取消派

一年来我们党不得不同社会民主党内的所谓取消派打交道，读者当然是知道的。取消派是一些最胆大妄为的机会主义者，他们宣扬在目前的俄国不需要秘密的社会民主党，不需要俄国社会民主工党。读者也知道，布尔什维克一直在同这个取消派作斗争，而且至少可以说斗争进行得相当彻底，1908 年 12 月党的全国代表会议[54]不顾孟什维克和部分崩得分子（有一部分崩得分子是反对取消主义的）的反对，最坚决最彻底地谴责了取消主义。

然而孟什维克派的正式机关报《社会民主党人呼声报》，不仅不承认自己是取消派的报纸，反而总是摆出一副非常“高傲的”面孔，否认自己同取消主义的一切联系。事实摆在面前，但是《社会民主党人呼声报》却大模大样地不顾事实。最近出版的普列汉诺夫的《社会民主党人日志》第 9 期（1909 年 8 月）之所以特别有价值，是因为在这本刊物里一位孟什维主义的领袖彻底揭穿了取消主义。[55]《日志》的意义还不限于这一点，但是首先应该谈谈问题的这个方面。

《无产者报》第 45 号刊载了维堡区（圣彼得堡的）孟什维克的一封抗议孟什维克取消派的信。《呼声报》第 14 号（1909 年 5 月）转载了这封信，并且加了**编辑部**的评语：“《无产者报》编辑部装模作样,它好像从维堡区人同志们的信中看到了**摆脱**《社会民主党人呼声报》而迈出的一步……"

普列汉诺夫的《日志》出版了。《日志》的编者指出了《呼声报》编辑部不加任何说明就刊登在该报第15号上的那篇文章(而且该文所表达的观点同编辑部的观点完全相同)所包含的取消主义思想的**全部内容**。普列汉诺夫在这里引用了维堡区人来信的话,他说:"这封信向我们表明,那些以进行'新'工作为借口而离开我们党的人有时是怎样影响广大工人组织的。"(《日志》第10页)这正是《呼声报》经常提出的"借口"!普列汉诺夫接着说:"这种影响决不是社会民主主义的影响;从实质来看,这是同社会民主党完全敌对的一种影响。"(第11页)

这样,普列汉诺夫是在引用维堡区人的来信来**反对**《社会民主党人呼声报》第15号的。我们要请问读者,**实际上是谁"装模作样"**?是《无产者报》"装模作样",指责《呼声报》是取消派的报纸呢?还是《呼声报》**装模作样**,否认自己同取消派的一切联系?

《呼声报》编辑部的**写作态度不老实**被揭穿了,被这个编辑部昨天的一位成员普列汉诺夫揭穿了。

不过问题还远不止于此。

我们在《呼声报》第15号(1909年6月)署名费·唐恩的文章中看到这样一句话:《真理报》[56]的非派别声誉使它"不致被人荒谬地、显然也是不负责任地指责为取消派的报纸"(第12页)。说得够厉害的。在听到指责《呼声报》是取消派的报纸的时候,很难在自己脸上表示出比这更高傲、更体面的愤怒神情了。

普列汉诺夫的《日志》出版了。《日志》的编者指出了《呼声报》第15号上一篇文章所包含的取消主义思想的**全部内容**,并且对赞同这种思想的孟什维克说:"既然确实犯有极严重的取消主义罪过,那么遭受这种指责又何必感到委屈呢?"(第5页)"不仅可以而且应当指责西·同志〈普列汉诺夫所分析的《呼声报》第15号上那篇文章的作者〉是取消派,因为他在自己的信中所叙述和捍卫的计划,确实就是取消我们党的计划。"(《日志》第6页)而这位西·同志在自己的文章中直截了当地说他拥护**"高加索代表团"**,也就是拥护**《呼声报》编辑部**,因为大家知道,这个代表团的三个代表中有两个是该报的编辑。

普列汉诺夫接着说:

> "在这里必须作出抉择:**或者是**拥护取消主义,**或者是**反对取消主义。第三条出路是没有的。当然我这样说是指那些不是追求个人利益而是追求我们共同事业的利益的同志。对于那些追求个人利益的人,对于那些只考虑自己在革命中飞黄腾达的人(的确有这样的飞黄腾达!),对于他们当然存在着第三条出路。这号人,不论大人物或小人物,在目前可能会甚至一定会在取消派和反取消主义派之间见风使舵;他们在目前的条件下一定会竭力回避正面回答要不要同取消主义作斗争的问题;他们一定会提出'一些隐晦曲折的说法和空洞的假设'来避开作这样的回答,因为还不知道究竟哪一派(是取消派还是反取消主义派?)会占上风,而这些英明的外交家总想分享胜利果实,也就是希望不管怎样都要站在胜利者那一边。我再说一遍:对于这些人是有第三条出路的。但是,如果我说他们不是正直的人,只不过是些'玩偶小人',想必西·同志会同意的。这种人不值得一谈,他们是天生的机会主义者;他们的座右铭是:'有何吩咐?'。"(《日志》第7—8页)

这就是……对严峻的事实所作的所谓明显的暗示。第五幕也就是最后一幕,第一场。出场人物是《呼声报》全体编辑,只缺一位。某某编辑带着特别高贵的神情对观众说:"说我们是取消派,这种指责不仅是荒谬的,而且**显然是不负责任的**。"

第二场。人物同上,加上"他",一位刚刚顺利退出《呼声报》编辑部的编辑[57]（假装没有看到其他编辑，冲着一位拥护编辑部的撰稿人西·说）："或者是拥护取消主义，或者是反对取消主义。只有在革命中追求飞黄腾达的人才有第三条出路，而这些人总是见风使舵，回避正面回答问题，观望谁会占上风。我说他们不是正直的人，而是一些玩偶小人[58]，想必西·同志是会同意的。这种人不值得一谈，他们是天生的机会主义者；他们的座右铭是'有何吩咐？'[59]。"

"西·同志"即象征孟什维克集体的西·同志是真的同意普列汉诺夫的话呢，还是他宁愿照旧把某些玩偶小人和天生的机会主义者当做领导者，这过些时候就会见分晓。但是有一点我们现在就敢于指出：如果普列汉诺夫、波特列索夫（按普列汉诺夫的评语是"坚定的取消派分子"，见《日志》第19页）和以"有何吩咐？"为座右铭的"玩偶小人"，把自己的观点向孟什维克**工人**和盘托出，那么在100个孟什维克**工人**中间，**拥护**波特列索夫和**拥护**"有何吩咐？"的人**加在一起**也不会到10个。这一点是可以担保的。普列汉诺夫发表的意见，就足以使孟什维克**工人**离开波特列索夫和"有何吩咐？"的人了。我们的任务是，竭力使孟什维克工人，特别是那些难于接受布尔什维克宣传的人充分**了解**普列汉诺夫的《日志》第9期的内容。我们的任务是，竭力使孟什维克工人现在认真地弄清普列汉诺夫同波特列索夫和"有何吩咐？"的人之间的分歧的**思想基础**。

普列汉诺夫在《日志》第9期上对这个特别重要的问题提供的材料，也极有价值，但远远不够充分。普列汉诺夫在欢迎布尔什维克同无政府工团主义者（这是普列汉诺夫对我们的召回派、最后通牒派和造神派的称呼）划清界限时高呼："'彻底划清界限'万岁！"接着说："我们孟什维克应该同取消派划清界限。"（《日志》第18

页）我们布尔什维克在自己内部已经**彻底划清了界限**，当然会真心诚意地赞同这种要在孟什维克派别内部彻底划清界限的要求。我们将急切地等待孟什维克彻底划清界限的行动。我们要看一看，他们是**在什么地方**彻底划清界限的。我们要看一看，这是不是真正的**彻底**划清界限。

普列汉诺夫说孟什维克内部由于取消主义而引起的分裂是组织问题上的分裂。但是，他所提供的材料表明，事情远不限于组织问题。普列汉诺夫**目前**划的两条界限，**没有一条**称得上是主要的。第一条界限把普列汉诺夫同波特列索夫断然划分开来，第二条界限却没有断然把他同"派别外交家"、玩偶小人和天生的机会主义者划分开来。普列汉诺夫讲到波特列索夫的时候，说波特列索夫早在1907年秋天"就是作为坚定的取消派分子发表意见的"。不过这还不够。普列汉诺夫除了提到波特列索夫就组织问题所作的这个口头声明外，还提到了孟什维克的一部著名的集体著作《20世纪初俄国的社会运动》，并且说，他普列汉诺夫退出了这部文集的编辑部，因为他不能同意波特列索夫的文章（甚至在按照普列汉诺夫的要求并且通过唐恩和马尔托夫加以修改和加工之后）。"我肯定，波特列索夫的文章是修改不好的。"（第20页）他在《日志》上写道："我已经看到，波特列索夫在曼海姆发表的取消主义思想在他头脑中已经根深蒂固了，他完全丧失了用革命者的眼光来观察现在和过去的社会生活的能力。"（第19—20页）"我和波特列索夫不是同志……我和波特列索夫走的不是一条路。"（第20页）

这里所说的已经根本不是当前的组织问题，这些问题波特列索夫在自己的文章中没有谈到，也不可能谈到。这里说的是被一部孟什维克**马尔托夫、马斯洛夫和波特列索夫集体**编辑出版的孟什维克的**集体**"**著作**""**所取消的**"社会民主党**在纲领方面和策略方面的基本思想**。

要**在这里**真正彻底划清界限,光同波特列索夫决裂和对"有何吩咐?"的英雄们作"明显的"暗示是不够的。为此,就必须**把情况揭示出来**,"波特列索夫"究竟是在什么地方、在什么时候、为什么以及如何"丧失了用革命者的眼光来观察社会生活的能力"。普列汉诺夫说:取消主义把人们引入"最可耻的机会主义泥潭"(第12页)。"他们(取消派)的新酒已成了酸汤,只能用来制造小资产阶级的醋。"(第12页)取消主义"为小资产阶级倾向侵入无产阶级队伍大开方便之门"(第14页)。"我曾经不止一次向有影响的孟什维克同志证明,他们有时表示愿意同那些或多或少带有机会主义色彩的先生携手合作是犯了大错。"(第15页)"取消主义径直走向机会主义和敌视社会民主党的小资产阶级倾向的难以拔脚的泥潭。"(第16页)请把普列汉诺夫所有这些评论同认为波特列索夫是坚定的取消派分子的意见对照一下吧。十分清楚,波特列索夫被普列汉诺夫描绘成(更确切地说,现在被普列汉诺夫认为是)**小资产阶级民主派机会主义者**。十分清楚,因为孟什维克派是以该派全部最有影响的著作家(普列汉诺夫除外)为代表**加入了这个波特列索夫派**(**加入了**《社会运动》)的,**所以**普列汉诺夫现在认为孟什维克派是**小资产阶级机会主义派别**。因为作为一个派别的孟什维克派纵容和包庇波特列索夫,所以普列汉诺夫现在认为孟什维克派是**小资产阶级机会主义派别**。

结论很清楚:如果普列汉诺夫将仍旧是单枪匹马,如果他不能把一大批或者哪怕是相当一部分孟什维克团结在自己的周围,如果他不能向全体孟什维克工人揭露这种小资产阶级机会主义的一切根源和表现,那么我们对孟什维主义的估计就被这位理论修养最高,而 1906—1907 年在策略上使孟什维克派走得最远的孟什维克证实了。

普列汉诺夫宣扬的"革命的孟什维主义"**能不能**同产生波特列索夫和产生取消主义的各种思想作斗争,这过些时候就会见分晓。

普列汉诺夫谈到布尔什维克彻底划清界限时,把布尔什维克派的马克思主义者社会民主党人比做果戈理笔下拾各种破烂、各种小绳子(包括经验批判主义和造神说)的奥西普[60]。普列汉诺夫开玩笑说:现在,布尔什维克的奥西普已经开始"在自己周围扩充地盘",驱逐反马克思主义者,抛掉"小绳子"和其他破烂了。

普列汉诺夫的玩笑所涉及的不是俄国社会民主党的无关紧要的问题,而是基本的和最严肃的问题:俄国社会民主党内**哪一个派别**对破烂、"小绳子"**更为**有利,也就是**哪一个派别**对无产阶级队伍中的**资产阶级民主主义**影响**更为**有利。一切"微妙的"派别争论,一切由各种决议、口号等引起的长期错综复杂的斗争,——所有这些"派别活动"(现在它常常受到那些空喊反对"派别活动"的人的指责,这是对**非原则性的大力鼓励**)都是围绕着俄国社会民主党这样一个基本的和最严肃的问题进行的:它内部的哪一个派别最容易接受资产阶级民主主义影响(在俄国也像在一切资本主义国家一样,这种影响在资产阶级革命的某个时期在某种程度上是不可避免的)。社会民主党的任何一个派别中,不可避免地会有或多或少并非纯粹的无产阶级分子,而是半无产阶级半小资产阶级的分子参加进来,问题在于**哪一个派别**受他们的影响比较少,摆脱他们的影响比较快,同他们作斗争比较有成效。这也就是社会主义的、无产阶级的、马克思主义的"奥西普"如何对待自由主义的或无政府主义的、小资产阶级的、反马克思主义的"小绳子"的问题。

　　普列汉诺夫说，布尔什维克所理解的马克思主义是"比较狭隘、比较粗浅的马克思主义"。那显然是说，孟什维克所理解的马克思主义是"比较广泛、比较精深的"马克思主义了。请看一看革命的成绩，看一看社会民主主义运动**6**年(1903—1909年)的成绩吧，这是怎样的6年啊！布尔什维克的"奥西普"已经"彻底划清界限"，把布尔什维克的小资产阶级"小绳子""扔出门外"，现在这些"小绳子"正在哭诉，说他们"被驱逐了"，"被清洗了"。

　　孟什维克的"奥西普"已经是单枪匹马，既退出了孟什维克的正式编辑部，也退出了孟什维克最重要的著作的编辑部集体，单枪匹马反对**既**统治着这个编辑部**也**统治着那个编辑部的"小资产阶级机会主义"和取消主义。孟什维克的"奥西普"被孟什维克的"小绳子"缠得**糊里糊涂**。不是他把"小绳子"拾起来，而是"小绳子"把他套住了。不是他制服了"小绳子"，而是"小绳子"制服了他。

　　读者们，请你们说吧，你们宁愿当布尔什维克的"奥西普"呢，还是宁愿当孟什维克的"奥西普"？读者们，请你们说吧，在工人运动史上同无产阶级的组织结合得更紧的、并且更有效地制服小资产阶级"小绳子"的马克思主义，是"狭隘的和粗浅的"吗？

载于1909年9月5日(18日)　　　　译自《列宁全集》俄文第5版
《无产者报》第47—48号合刊　　　　第19卷第59—66页

关于莫斯科郊区委员会
执行委员会的公开信[61]

(1909 年 9 月 5 日〔18 日〕)

关于臭名远扬的"党校"的这一决议,我们必须指出,我们对那些满心欢喜自己有机会到国外学习的工人没有任何非难。这些工人无论同我们还是同中央委员会都"有过联系"(在刚刚收到的一封信中,莫斯科郊区委员会执行委员会也说,有一个学员已经寄给它一份报告),我们也向他们说明了这个所谓党校的作用。顺便提一下,下面就是从我们收到的这个党校的胶印《报告书》中摘下来的几句话。"根据现有的学员人数(9 位同志)和讲课人人数(6 位同志),现已决定开课。"在这 6 位讲课人中,全党闻名的有马克西莫夫、卢那察尔斯基、利亚多夫、阿列克辛斯基。阿列克辛斯基同志"指出"(在党校开学时):"党校选定那个地方,是因为那里有许多讲课人。"阿列克辛斯基同志说得太谦虚了,"那里"有的不是"许多"讲课人,而是**新派别组织的所有的讲课人**(有些人甚至说:是所有的发起人,既有组织者,又有鼓动家和活动家)。最后:"阿列克辛斯基同志开始讲授关于组织问题的实践课。"我们估计,在这些"实践"课上,会对马克西莫夫在《报告书》中所暗示的关于《**无产者**

报》编辑部企图独吞整个派别财产的意义详加说明……

载于 1909 年 9 月 5 日（18 日）　　译自《列宁全集》俄文第 5 版
《无产者报》第 47—48 号合刊　　　　第 19 卷第 67 页

谈谈彼得堡的选举[62]

（短　　评）

（1909 年 9 月 5 日〔18 日〕）

圣彼得堡的选举定于 9 月 21 日举行。工人的政党是在特别困难的条件下进行这次选举的。而这次选举的意义非常大，全体社会民主党人都应当把全部力量投入这次即将到来的——部分已经开始进行的——选举运动。

选举是在反动势力十分猖狂和沙皇政府匪帮反革命气焰极端嚣张的情况下进行的，这就更加需要社会民主党提出候选人来同这种反动势力相抗衡，因为只有社会民主党能够从第三届黑帮杜马的讲坛上大声讲话，宣布自己坚定不移的社会主义信念，重提光荣的革命斗争的口号，在十月党-黑帮反革命英雄们的面前，在自由派（立宪民主党）思想家和反革命的辩护士的面前高举共和的旗帜。

选举是在完全排除广大工人阶级群众的情况下进行的：工人被排除在选民之外，成批选民被发动了 1907 年六三政变的气焰嚣张的贵族匪帮砍掉了，——因此，对这些一般很难赞同社会民主党的思想的听众，党就更加需要发表演说，把争取社会主义的斗争同争取在资产阶级国家中实行坚决的彻底的民主革命的斗争结合起来。不管社会民主党最近时期在工人群众中的工作规模怎样狭小,不管这种工作受到怎样的限制,这个工作还是一直不断地在进行。数以百计的工人团体和工人小组继承社会民主党的传统,继续它的事业,培养新的无产阶级战士。工人社会民主党人现在将通过自己的代表、自己的鼓动员和自己的初选人对小资产阶级选民群众发表演说,向他们讲解被资产阶级民主派的政党和小集团忘记了的那些真正的民主主义任务。

选举是在社会民主党和所有一切工人阶级的组织被完全剥夺了合法权利的情况下进行的:工人大会根本不能召开,工人报刊完全被禁止,立宪民主党完全垄断了(靠警察措施)"反对党"的地位。立宪民主党在黑帮杜马中通过一系列罕见的奴颜婢膝的行为来出卖自己的节操,帮助专制制度在欧洲捞钱来建造监狱和绞架,帮助专制制度在欧洲资本家面前演出专制立宪的闹剧。因此,就更加需要**打破**并且需要坚决打破立宪民主党的这种在林立的绞架保护下的和由于自由派在沙皇制度面前没完没了的摇尾乞怜才"挣得的"垄断地位。必须在全神贯注着候选人命运和选举结果的广大群众面前打破它的这种垄断地位。如果对于一切国家的资产阶级政客,从俄国的立宪民主党人到德国的"自由思想党人"[63]或法国的资产阶级民主主义"激进派"[64]来说,最重要的是直接的胜利,最重要的是争得代表席位,那么对社会主义政党来说,最重要的则是在群众中进行宣传鼓动,最重要的是宣传社会主义思想和号召为争取完全的民主进行坚持不懈的忘我斗争。这种宣传决不能只用根据贵族老爷们制定的六三法令特别选定的代表的人数来衡量。

请看一看我们的立宪民主党的报刊吧,请看它多么厚颜无耻地利用它那靠米留可夫的卑躬屈膝挣得的,并且得到斯托雷平保护的垄断地位。《言语报》[65]8月1日的社论中写道:"圣彼得堡选举的结果，是谁也不会怀疑的……　如果候选人库特列尔这位最有威信的第二届杜马代表之一能够当选，那么选举的胜利必将更为辉煌。"当然啰！有什么能比击败被黑帮政变"排除了"的"左派"的胜利"更为辉煌"呢？有什么能比击败在秘密报刊上和秘密工人组织中宣传自己历来的理想的社会主义运动的胜利更为辉煌呢？有什么能比把自己的民主主义自由自在地装在斯托雷平宪法框框里的"民主派"的胜利更为辉煌呢？在小市民的心目中，在庸人的心目中，在胆小怕事的俄国人的心目中，有什么能比**前大臣**库特列尔先生"更有威信"呢？对"人民自由"党来说，杜马代表的**威信**是要用他在罗曼诺夫、斯托雷平之流的心目中的威信来衡量的。

《**言语报**》大模大样地接着说道："看来，这次在进步的候选人之间选票也不会无益地分散。瓦·瓦·沃多沃佐夫这位'左派联盟'的代表之一发表的正是这样的意见。"

这一小段话反映出了我们的立宪民主党人的全部本质，就像一滴水珠反映出整个太阳一样。分散选票是"无益的"（立宪民主党人已经不提目前的黑帮危险了，因为自由派关于黑帮危险的愚蠢的无稽之谈已被革命的社会民主党人驳得体无完肤，并且被事变所驳倒），先生们，为什么是"无益的"呢？因为这样就**选不上**，这就是立宪民主党人的第一个也是最后一个理由。但是，反对十月党的亲爱的勇士们，你们应当知道，这正是**十月党人的**理由。这个理由就是**服从**六三法令。但是十月党人心悦诚服地服从六三法令是受到过你们指责的！你们的实质就在于：在选举之前，在选民面前，在群众面前，你们揭露十月党人不善于贯彻原则路线，揭露他们所谓"无益的"话是机会主义，而**在选举时**，**在长官面前**，在沙皇和斯托雷平面前，你们实行的正是十月党人的政策。投票反对预算是"无益的",因此我们要投票赞成预算。捍卫革命和自由的理想是"无益的",因此我们要辱骂这种理想,要出版《路标》文集,诋毁革命,雇用更多的伊兹哥耶夫之流、加利奇之流和司徒卢威之流的叛徒以表明我们脱离革命。反对外国资本支持专制制度是"无益的",因此我们要帮助专制政府签订借款协定,派米留可夫去充当血腥的尼古拉銮驾的扈从。

　　如果说选举中进行思想斗争是"无益的"这句话真实地表达了立宪民主党人的"思想"实质,那么后面一句话则完全是选举中玩弄欺骗的典型。《言语报》利用"陛下的反对派"的垄断地位,首先是诬蔑了社会民主党人,因为他们在任何时候和任何地方都没有反对过分散选票(而且,下面一点很重要,他们在著名的左派联盟中**领着**劳动派分子**66**走,**千方百计**力争提出社会民主党的候选人),其次,它也诬蔑了劳动派分子沃多沃佐夫。

　　8月1日这天的报上除社论外,还登了一篇短评,在短评中硬说沃多沃佐夫说了下面这些话:似乎选民已经表示拥护立宪民主党人,而劳动派分子不得不或者投立宪民主党的票,或者弃权。"人民自由"党的机关报只是在8月6日才在报纸上一个极不醒目的地方(在"别墅生活"后面)登载了沃多沃佐夫先生的信,在信中沃多沃佐夫声明说,硬加在他身上的这些话,他"从来没有讲过"。而《言语报》丝毫也没有因此感到不好意思,它同沃多沃佐夫辩论了起来。事情已经做了,读者已经受骗了,斯托雷平先生们准许的报刊垄断权已经应用了,其他一切就无所谓了。最后,在8月9日的报上又出现了短短的一条关于社会民主党候选人索柯洛夫的消息和许多劳动派分子打算投他的票的消息。原来,8月1日社论中关于左派的那些话完全是捏造……

　　彼得堡社会民主党人所面临的困难任务,不但没有把他们吓倒,反而使他们的力量倍增。不仅所有的党组织,每一个工人小组,每一个社会民主党同情者小组(不管属于哪个社会阶层),即使这样的小组只有两三个人,即使它脱离了实际的政治工作(只有斯托雷平立宪时代的俄国公民才能这样脱离政治),——而且所有的人都能够并且应当参加社会民主党的选举运动。一批人要起草和散发社会民主党的竞选宣言;另一批人要帮助散发社会民主党在杜马中的演说;第三批人要组织对选民的访问,向他们宣传社会民主主义思想和讲解社会民主党在选举运动中的任务;第四批人要在选民会议上或一些非正式会议上讲话;第五批人要从立宪民主党的书刊和言论中摘出一些精华,用它们来打消任何一个比较正直的民主主义者想投立宪民主党人的票的念头;第六批人要……我们不必在国外的报纸上列举各种进行鼓动的方式和方法了,在当地,在彼得堡,是会找到丰富得多的、生动得多的、各种各样的鼓动方式和方法的。社会民主党杜马党团的代表,由于自己的地位,能够为圣彼得堡的选举运动作出特别有价值的贡献;社会民主党代表在这方面应当起特别有益、特别重要的作用。无论是行政当局的严令禁止,无论是警察的狡猾手段,无论是没收社会民主党的书刊,也无论是逮捕社会民主党的鼓动员,都不能阻止工人的政党履行自己的义务:充分而又全面地利用选举运动在群众中宣传俄国民主革命的先进战士社会主义无产阶级完整无缺的纲领。

　　附言:在我们的短评付印之后,我们在8月13日的《**言语报**》上读到下面这条非常重要的消息:"劳动派分子于8月11日就国家杜马的选举问题举行了第一次会议……　一致决定支持社会民

主党的候选人索柯洛夫**，并且决定这一支持不以任何政治义务为
条件。**"不用说，在其他条件下，社会民主党也是不会接受支持的。

载于 1909 年 9 月 5 日（18 日）　　　　译自《列宁全集》俄文第 5 版
《无产者报》第 47—48 号合刊　　　　　　第 19 卷第 68—73 页

论拥护召回主义和
造神说的派别

(1909 年 9 月 11 日〔24 日〕)

马克西莫夫同志和尼古拉耶夫同志特地印发了一份传单,标题是:《〈无产者报〉扩大编辑部被撤职的成员给布尔什维克同志们的报告书》。这些被撤职的成员向公众哭诉编辑部怎样委屈了他们,怎样撤了他们的职。

为了向工人阶级的政党说明,这些由于被撤职而诉苦的究竟是些什么人,我们首先来研究一下这份传单的基本内容。从《无产者报》第 46 号及其附刊中,读者可以知道,《无产者报》扩大编辑部会议认为马克西莫夫同志是我们党内的一个新派别的组织者之一,这个派别与布尔什维主义毫无共同之处,因此会议"对马克西莫夫同志的一切政治活动概不负责"。从会议的决议中可以看出,我们同从布尔什维克中间分裂出去的新派别(更确切些说,我们同分裂出去的马克西莫夫及其伙伴)的主要分歧点,首先是召回主义和最后通牒主义;其次是造神说。三个详细的决议阐述了布尔什维克派对这两个派别的看法。

这些因被撤职而诉苦的人又是怎样回答的呢?

一

我们从召回主义谈起。这些被撤职的人总结了几年来进行议会活动即杜马活动的经验，认为抵制布里根杜马和维特杜马以及参加第二届杜马是正确的，他们接着说：

"……在反动势力加强和上升的情况下，所有这一切又发生了变化。这样党就不可能进行大张旗鼓和引人注目的选举运动，不可能得到自己应有的议会代表席位……"

这第一句话是独立的推论，不是从布尔什维克过去的出版物中抄来的，而这一句话就把召回派在政治上极端轻率的本性说清楚了。最可爱的先生们，你们不妨想一想，在反动势力加强和上升的情况下，党能够"大张旗鼓和引人注目地"建立你们在这篇文章的同一页和同一栏中所说的那种战斗队的"指导员小组和指导员学校"吗？最可爱的先生们，请你们想一想，在这样的学校中，党能够获得"自己应有的代表席位"吗？被不公平地撤职的人们呀，你们若是善于动动脑筋，或者多少能够从政治上来进行推断，那你们就会发觉，你们的见解是极其荒谬的。你们不从政治上**考虑问题**，只抓住一块"**引人注目的**"招牌，这样你们就成了党内的伊万努什卡[67]。你们所以又空谈什么建立"指导员学校"和"加强〈！〉军队中的宣传"（同上），是因为你们同召回派和最后通牒派营垒中的一切政治上的纨袴少年一样，认为这种活动是特别"引人注目的"活动，但是对于真正（而不是口头）运用这些活动形式的条件，你们却不会思考思考。你们把布尔什维克的片言只语和口号**死记硬背**，但是根本不**懂得**它们的意思。"在反动势力加强和上升的情况下"，党要进行任何工作都**很困难**，但是不管困难有多大，获得党所应有的议会代表席位毕竟是**可能的**。例如，德国社会民主党在"反动势力加强和上升"时期的经验即在非常法[68]施行时期的经验就证实了这一点。马克西莫夫之流否认这种可能性就只能表明他们在政治上无知到了极点。又要建议在"反动势力加强和上升的情况下"建立"指导员学校"和"**加强**军队中的宣传"，又要否认党**有可能**获得自己应有的议会代表席位，这明明是自相矛盾，这种说法应当收入供中学低年级学生用的逻辑谬误汇编。无论是建立指导员学校，还是加强军队中的宣传，首先必须破坏旧的法律，摧毁旧的法律，而议会活动则根本不要求，至少是极少要求借助新的社会力量来摧毁旧的法律。亲爱的先生们，请你们想一下吧，在什么时候摧毁旧的法律更容易些呢？是在反动势力加强和上升的时期呢，还是在运动高涨的时期？被不公平地撤职的人们呀，请你们想一想你们在为你们心爱的召回派辩护时所说的一派胡言，你们就会感到难为情。

其次，什么样的活动才要求群众发挥更大的干劲并对直接的政治生活发生更大的影响呢？是根据旧政权制定的法律所进行的议会活动呢，还是那种马上就可以直接破坏这个政权物质力量的工具的军事宣传？亲爱的先生们，你们想一想，你们就会看到，在这一方面议会活动就排在后面了。由此可以得出什么结论呢？由此得出的结论是：群众的直接运动愈强大，群众的干劲愈大，换句话说，人民的革命冲击愈"加强和上升"，而不是"反动势力"愈"加强和上升"，——那么无论是军队中的宣传，还是战斗行动（与群众运动有真正联系的战斗行动，而不是狂妄的战斗队的冒险主义行径)就会**愈**有可能进行,愈不可避免,愈有成效。被不公平地撤职的人们呀,正因为如此,布尔什维主义才能在革命高潮"加强和上升"发展的时期特别有力地推动军队中的战斗活动和宣传;正因为如此,布尔什维主义从1907年起就同战斗主义实行决裂,到1909年就彻底同它决裂了,而战斗主义"在反动势力加强和上升的情况下"**成了**而且是不可避免地成了冒险主义。

我们那些把布尔什维克的片言只语背得烂熟的英雄们把问题搞颠倒了,这就是:把斗争的高级形式,这种没有群众的直接冲击世界上无论何时何地都未能成功的形式,在反动势力加强的时期作为"可行的"形式提到首要地位;而把斗争的低级形式,这种不要求通过群众斗争来直接破坏法律,而主要是**利用**法律来进行宣传鼓动以**培养**群众的斗争**意识**的形式,宣布为"不可行的"形式!!

布尔什维主义认为,群众的直接斗争甚至会使军队(就是居民中最顽固、最不活跃、最少受到宣传的一部分人)投入运动,并且会使战斗行动变成起义的实际开端,这是运动的高级形式,而没有群众直接运动的议会活动则是运动的低级形式。召回派及其"被撤职的"应声虫们听到过,还背熟了布尔什维克的这种看法。召回派及其应声虫们,如马克西莫夫,听到过、还背熟了布尔什维克的这种看法,可是不解其意,因此丑态百出。召回派分子和马克西莫夫同志以为,所谓高级的东西,也就是"引人注目的东西",那就让我喊得"更引人注目些吧",也许这样会显得比任何人都更革命些,至于要弄清究竟是怎么回事,那都是鬼话!

请再往下听听马克西莫夫的推论吧(我们从前面中断了的地方继续引证):

"……反动派的机械力量正在破坏已经建立的杜马党团同群众的联系，严重地妨碍了党对杜马党团的影响，这就使得这样一个代表机关不能为党进行相当广泛、相当深入的组织宣传工作。在党的本身被削弱的情况下，杜马党团甚至可能有蜕化和背离社会民主党的主要道路的危险……"

这些话听起来不是非常悦耳吗？当谈到法律许可的斗争的低级形式时，便用"反动派的机械力量"、"不能进行相当广泛的工作"、"蜕化的危险"等等说法来吓唬我们。可是当谈到摧毁旧的法律的阶级斗争的最高形式时，"反动派的机械力量"便无影无踪了，在军队中根本"不能"进行"相当广泛的"工作的说法也听不见了，指导员小组和指导员学校据说也根本不会有什么"蜕化的危险"了！

《无产者报》编辑部为什么一定要**把**向群众散布**这种**思想的政治活动家们**撤职**，这就是最好的说明。

被不公平地撤职的人们呀，你们要牢牢记住：当确实存在反动势力加强和上升的条件时，当这个反动派的机械力量确实在破坏杜马党团同群众的联系，妨碍进行相当广泛的工作，并且削弱党的时候，正是在这个时候，掌握议会的斗争武器就成了党的特殊任务；被不公平地撤职的人们呀，要知道这并不是因为议会斗争形式高于其他斗争形式；不是的，这恰恰是因为它**低于**其他斗争形式，例如低于那种**甚至**会使军队都投入群众运动、会引起群众性的罢工、起义等等的斗争形式。掌握这种斗争的低级形式为什么能成为党的特殊的（即使当前时期不同于其他时期的）任务呢？因为，反动派的机械力量愈强大，党同群众的联系愈被削弱，培养群众意识的任务（而不是直接行动的任务）就愈需要提上日程，**利用旧政权所创造的**宣传鼓动的方法（而不是群众对这个旧政权本身的直接冲击）就愈需要提上日程。

二

任何一个马克思主义者，只要他对马克思和恩格斯的世界观稍加考虑，任何一个社会民主党人，只要他对国际社会主义运动的历史略有了解，那么，在特殊历史关头一种低级斗争形式转化为特殊斗争工具，这在他们看来根本不值得大惊小怪。这件简单的事情无政府主义者从来就是绝对无法理解的。现在我们的召回派及其被撤职的应声虫们企图把无政府主义的思想方法搬到俄国社会民主党里来，他们（如马克西莫夫之流）叫喊说，**"在任何情况下都要进行议会活动"**这个理论把《无产者报》控制住了。

为了说明马克西莫夫之流的这种叫喊多么糊涂，多么缺乏社会民主主义的气味，我们还得从最起码的道理谈起。被不公平地撤职的人们呀，请你们想一想，德国社会民主党同其他国家的社会主义工人政党相比，在政策上和策略上的特点是什么呢？这就是利用议会活动，把资产阶级-容克的（大致等于俄语中的"十月党-黑帮的"）议会活动转化为对工人群众进行社会主义教育和组织的工具。这是不是说，议会活动就是社会主义无产阶级的高级斗争形式呢？全世界的无政府主义者认为是的。这是不是说，德国社会民主党人主张在任何情况下都要进行议会活动呢？全世界的无政府主义者认为是的，因此他们同德国社会民主党不共戴天，德国社会民主党人就是他们最中意的攻击靶子。在俄国也是这样，当我们的社会革命党人向无政府主义者讨好而吹嘘自己的"革命性"

的时候,他们总是企图把德国社会民主党人的这样那样的失误,确实存在的也好,似是而非的也好,都搬出来,并由此作出反对社会民主党的结论。

现在我们再往下谈。无政府主义者的论断的错误何在呢?错误在于他们对社会发展进程的理解根本不对,因此他们就不善于估计各个国家具体的政治状况(和经济状况)的特点,不善于看到这些特点**在某个时期**有时会使这一种斗争方式具有特殊意义,有时会使另一种斗争方式具有特殊意义。事实上德国社会民主党不仅不主张在任何情况下都要进行议会活动,不仅不使一切都服从于议会活动,相反,在无产阶级的国际大军中,正是德国社会民主党最出色地运用了议会以外的斗争工具,如社会主义报刊、工会、经常性的人民集会、对青年的社会主义思想教育,等等,等等。

问题的实质何在呢?问题的实质在于:许多历史条件的总和使议会活动成了德国**某个时期特殊的**斗争工具,与其他斗争工具相比,这个斗争工具不是主要的、不是高级的、不是强大的、不是十分重要的斗争工具,而只是与其他国家相比最有自己的特点的特殊的斗争工具。因此是否有利用议会活动的本领,**就成了**能不能出色地组织**整个**社会主义事业(我们前面已列举了它的**各个方面**)的**征兆**(不是条件,而是征兆)。

现在我们不谈德国,来谈俄国。谁要是想把这两个国家的条件完全等同看待,谁就要犯一系列的重大错误。但是请按照一个马克思主义者所应该的那样来提出问题吧:俄国社会民主党人当前的政策和策略的特点是什么呢?这就是我们必须像在革命以前那样来保持和巩固秘密的党。我们必须像在1897—1903年间那样毫不懈怠地帮助群众作好准备,去迎接新的革命转机。我们必须像一切社会民主党那样时时处处千方百计地巩固党同群众的联系，发展和利用各种各样的工人组织以达到社会主义的目的。时局的特点正是旧的专制制度企图（不能实现的企图）借助十月党人-黑帮杜马来完成新的历史任务。因此利用这届杜马**以达到自己的目的**，即传播革命思想和社会主义思想，就是社会民主党人的特殊策略任务。问题的实质不在于这个特殊任务特别高级，能开辟广阔的前景，也不在于它的意义和1905—1906年无产阶级所面临的那些任务不相上下或者相接近。不是的，问题的实质在于这是当前时期策略的特点，它既不同于过去时期，也不同于将来时期（因为这个将来时期**也许**给我们带来的是比利用第三届杜马的任务更复杂、更高级、更有意思的特殊任务）。不完成当前时期的这个特殊任务，不把黑帮-十月党人杜马转变成为社会民主党进行鼓动的**工具**，就不能掌握时局，就不能完成社会民主党所面临的一切任务。

例如，布尔什维克要估计革命经验，召回派的空谈家们也跟着高谈阔论。但是他们却不了解他们说的是什么。他们不了解估计革命经验**就包括从杜马内部来**坚持革命理想、革命任务和革命方法。不能从杜马内部即通过可以进入而且已经进入这届杜马的我们党的工人来**坚持**这些理想、任务和方法，也就是不善于在政治上估计革命经验时迈开**第一**步（因为这里谈的当然不是写在书本和文章里的理论上的经验估计）。但是我们的任务无论如何绝不是只限于迈开这第一步。比第一步重要得多的将是第二步和第三步，也就是把群众所估计到的经验转变成为新的历史行动的思想。但是如果这些召回派的空谈家们谈的是关于"两次革命之间的"时期，他们就应当了解（如果他们善于像社会民主党人那样思考和推论的话），所谓"两次革命之间的"时期恰恰就是**把最基本最起码的**

任务提上日程的时期。"两次革命之间"是形容动荡不定的局势，是说旧政权已经深信不可能单靠旧的工具来维持统治而**尝试**在旧秩序的总的范围内使用**新的**工具。这是充满内在矛盾的实现不了的尝试，它把专制制度又引向而且必然引向崩溃，要使我们再次经历1905年的光荣时期，再一次进行1905年的光荣搏斗。但是专制制度走向崩溃**不是按**1897—1903年的**那种方式**，它**引导**人民走向革命**不是按**1905年以前的**那种方式**。对这里所说的"不是按那种方式"的意思要善于理解，要善于改变自己的策略，除了革命社会民主党的一切基本的、总的、第一位的、最重要的任务以外，还要**加上**一个不很大的、然而是当前这个新时期的特殊的任务，这就是革命社会民主党利用黑帮杜马的任务。

如同一切新任务一样，这个任务看起来似乎要比其他任务更困难些，因为它要求人们不只是简单地重复背熟了的口号（召回派和马克西莫夫除了重复口号，没有别的本事），而是要求人们有某种首创精神，头脑灵活，有创见，能够独立研究**独特的**历史任务。事实上，只有那些不善于独立思考和独立工作的人们才会感到这个任务特别困难，其实这个任务同目前一切特殊任务一样，要比别的任务更容易一些，因为正是在目前条件下才有可能完成这个任务。在"反动势力加强和上升的"时期，认真办好"指导员学校和指导员小组"，也就是要求它们真正同群众运动保持联系，真正服从于群众运动，这个任务**是根本不可能完成的**，因为这个任务提得很愚蠢，提出这个任务的人，只是从一本写得很好的小册子中**抄录了**这一项任务的提法，但是这本小册子所谈的是**另一个**时期的条件。而要使社会民主党人在第三届杜马中的演讲、发言和政策都服从于群众性的政党和群众的利益，要完成这样一个任务则**是可能的**。

完成这个任务是不容易的(如果认为重复背得烂熟的东西是"容易的"事情的话),但是**可以办到的**。现在不管我们怎样发挥党的全部力量,我们还是不能完成由社会民主党人(不是无政府主义者)在目前这个"两次革命之间的"时期建立"指导员学校"的任务,因为这个任务要在完全另外的历史条件下才能完成。相反,我们现在全力以赴,就一定可以完成(而且我们已经**开始完成**)革命社会民主党利用第三届杜马的任务,由于被撤职而感到委屈的、不走运的召回派和最后通牒派呀,我们完成这个任务不是为了抬高议会活动的地位,不是为了宣布"在任何情况下都要进行议会活动",而是为了**在**完成适应于目前这个"两次革命之间的"时期的"两次革命之间的"任务**之后**,**进而**完成适应于今后更高即更革命的时期的更高的革命任务。

三

从召回主义的实际历史来看,马克西莫夫之流愚蠢地叫喊什么布尔什维克"在任何情况下都要进行议会活动",是特别可笑的。之所以可笑,就在于大喊大叫夸大了议会活动的意义的,**恰恰**是那些过去和现在**总是**在自己对待议会活动的问题上建立特殊派别的人!最可爱的马克西莫夫之流呀,你们是怎样称呼自己的呢?你们称呼自己是"召回派"、"最后通牒派"、"抵制派"。马克西莫夫直到现在还很欣赏自己是第三届杜马的抵制者,他把仅有的几篇就党内问题发表的文章一律加上这样的署名:"1907年七月代表会议上抵制派的报告人"。古时候有一位作家常常这样署名:"四等文官兼骑士"。而马克西莫夫的署名是:"抵制派的报告人"——他也是一个骑士呀!

在1907年6月的政治形势下,马克西莫夫坚持抵制,这个错误还根本算不得什么。但是1909年7月,马克西莫夫发表了那么个宣言,仍然欣赏自己对第三届杜马所采取的"抵制主义",这就非常愚蠢了。抵制主义也罢,召回主义也罢,最后通牒主义也罢,这些说法本身就已经表明了,由于对待议会活动的问题而且**仅仅**是由于这个问题就已经建立了**派别**。在这个问题上突出并继续突出(在党从原则上解决了问题两年之后!)自己,这是极端狭隘的标志。正是这种人,即"抵制派"(1909年)、召回派、最后通牒派,**恰恰**证明他们不是按照社会民主党的精神来思考问题,是他们把议会活动抬高到特殊的地位上,他们和无政府主义者一模一样,靠某种妙方来建立**派别**,即抵制某个杜马,或者从某个杜马中召回自己的代表,或者向某个杜马党团提出最后通牒。这样做也就成了一个面目全非的布尔什维克。而布尔什维克派的形成,是由于他们对俄国革命的看法**一致**,布尔什维克已经一千次地着重指出(简直像对一些政治上的纨绔少年预先提出警告),把布尔什维主义同抵制主义或战斗主义混为一谈,就是对革命社会民主党的观点进行荒谬的歪曲并使之庸俗化。例如,我们认为当前专制制度试图在建立资产阶级君主制度的道路上前进一步,而杜马在全国性代表机关中起反革命阶级组织的作用,基于我们对时局的这种看法,**必然**产生社会民主党人必须参加第三届杜马这种看法。无政府主义者在关于一般资产阶级社会的整个问题中**过分强调**议会问题,企图靠一些反对资产阶级议会活动的叫喊(虽然对资产阶级议会活动的批评同对资产阶级刊物和资产阶级工团主义等等的批评在原则上是等同的)来建立派别,这就暴露了自己是变相的议会迷,我们的召回派、最后通牒派、抵制派在对待杜马的问题上,在同社会民主党杜马党团的偏向进行斗争(不是同那些顺路跑到社会民主党里来的资产阶级著作家们的偏向等进行斗争)的方式问题上也**单独形成**一个派别,这就同样完全暴露出变相的孟什维主义。

这种变相的议会迷在一位得到马克西莫夫掩护的莫斯科召回派的领袖的一句有名的论断中发展到了登峰造极的地步,他说:召回党团本身就是**突出说明**,革命并没有被葬送[69]!而马克西莫夫则不假思索大言不惭地当众宣称:"召回派从来没有(是呀,自然是**从来**没有!)发表过反议会制度的意见。"

马克西莫夫之流这样替召回派打掩护是新派别最突出的特点之一,对于这个特点我们应当特别详细地谈一谈,因为不了解情况的公众特别容易落入这些因被撤职而大叫冤屈的人的圈套。第一,这种掩护表现在,马克西莫夫之流拍着自己的胸脯不停地表白说:我们不是召回派,我们根本不同意召回派的意见!第二,马克西莫夫之流责备布尔什维克**夸大了**同召回派的斗争,这恰好是工人事业派同工人思想派[70]的关系的历史(1897—1901年)的重演。当时工人事业派拍着自己的胸脯叫喊说:我们不是"经济派",我们不同意《**工人思想报**》的观点,我们同它有争论(这和马克西莫夫同召回派的"争论"一模一样!),完全是可恶的火星派使我们蒙受了不白之冤,他们诽谤我们,并且"煽起了""经济主义",如此等等,不一而足。因此在一些工人思想派分子中,即在一些公开和诚实的"经济派分子"中,有不少人就老老实实误入歧途,他们不怕维护自己的见解,对于这样的人还是不能不尊敬的;而《工人事业》杂志在国外的一伙人却大搞不可告人的阴谋诡计,消痕灭迹、玩捉迷藏、欺骗公众等勾当。现在彻底的和公开的召回派（如在党内大家所熟知的弗谢沃·和斯坦尼·）同马克西莫夫国外一伙人的关系恰好也是这样。

这伙人叫喊道：我们不是召回派。但是，如果叫他们当中的任何人就当前政治局势和党的任务说几句话，你们就会听到那全是些召回派的论调，只不过被狡猾的说明、补充、缄默、缓和、混乱等许许多多手法略为淡化罢了（我们在马克西莫夫的言论中所看到的情况也是如此）。被不公平地撤职的人们呀，这种狡猾手腕不但不能使你们摆脱人们的指责，说你们犯了召回主义的轻率错误，反而十倍地加重了你们的罪过，因为隐蔽的思想混乱更会百倍地腐蚀无产阶级，百倍地危害党。①

马克西莫夫之流叫喊道：我们不是召回派。但是，马克西莫夫从1908年6月脱离《无产者报》编辑部核心以后，就在编委会内组织了一个正式的反对派，要求给予这个反对派以辩论的自由，结果如愿以偿了，要求在与发行报纸有关的本组织的最重要的执行机关中给予这个反对派特别代表权，结果也如愿以偿了。不言而喻，从那时起，一年多以来，所有的召回派分子都经常出没于这个反对派的行列之间，他们共同组织了一个俄国代办处，为进行联络共同建立了一所国外党校（关于这个党校下面再谈），如此等等。

马克西莫夫之流叫喊道，我们不是召回派。但是，在1908年

① 马克西莫夫曾经说：只有《无产者报》才恶意诬蔑最后通牒派。有一个小小的例子可以说明马克西莫夫这句话是很武断的。1908年秋阿列克辛斯基出席了波兰社会民主党人的代表大会，他在代表大会上提出了一项最后通牒主义的决议案。这是在《无产者报》内部开展坚决反对新派别的运动以前的事。结果怎样呢？波兰社会民主党人嘲笑了阿列克辛斯基和他的决议案，对他说："你只不过是一个胆怯的召回派分子罢了，如此而已。"

12月党的全国代表会议上,这个反对派中比较诚实的召回派分子当着全党的面结成了一个单独的集团即单独的思想派别,并且以这个派别的资格获得了推举自己的发言人的权利(代表会议曾决定:鉴于时间短促,只有单独的思想派别或单独的组织才能单独推举发言人),于是**马克西莫夫同志**就成了召回派的**发言人**(由于纯粹偶然的原因! 由于完全偶然的原因!)……

马克西莫夫的国外集团一贯用掩盖召回主义的方法来欺骗党。1908年5月,召回主义在公开的斗争中遭到失败:莫斯科市代表会议以18票对14票否决了它(1907年7月在这个区几乎所有社会民主党人无例外地都是抵制派,不过他们和马克西莫夫不同,到1908年6月他们就了解到,坚持"抵制"第三届杜马是不可容忍的蠢事)。**在此以后**,马克西莫夫同志在国外便组织了一个与《无产者报》相对立的正式反对派,并在布尔什维克的定期机关刊物上展开了一场过去从未进行过的辩论。而当1908年**秋季**选举出席全国代表会议的代表,**整个**彼得堡组织分成了召回派和非召回派(工人们的说法)的时候;当彼得堡**所有的**区和分区不是就布尔什维克和孟什维克的纲领而是就召回派和非召回派的纲领进行辩论的时候,**召回派的纲领竟然隐藏起来,不公之于众。**这个纲领没有通知《无产者报》,也没有刊印出来。在1908年12月全国代表会上,也没有向党报告。**只是在代表会议以后**,由于编辑部的坚决要求,我们才得到这个纲领,并在《无产者报》第44号上刊印出来(《彼得堡召回派的决议》)。

莫斯科区域一位众所周知的召回派领袖"校订了"一篇刊登在《工人旗帜报》[71]第5号上的一个工人召回派分子写的文章。但是这位领袖自己的纲领直到现在我们还没有收到。我们很清楚,早在 1909 年春季,在中部工业区区域代表会议筹备期间,这位召回派领袖的纲领就在一些人中传阅并且扩散开来。根据一些布尔什维克所谈的情况,我们了解到,这个纲领中违反社会民主主义原则的谬论要比彼得堡的纲领多得多。**但是纲领的原文我们仍然没有得到**,大概也像马克西莫夫代表召回派在代表会议上发言一样,是由于完全偶然的原因吧。

对于利用合法机会的问题,马克西莫夫之流也用一种"圆滑的"词句加以掩饰,说什么这是"不言而喻的"。我们很想知道,现在马克西莫夫派的实际领袖**利亚多夫同志和斯坦尼斯拉夫同志**是否也认为这个问题"是不言而喻的",**3 个月以前他们早就**在当时自己掌握的中部工业区区域局(就是批准建立臭名昭彰的"党校"的那个区域局;现在该区域局的构成有变动)**通过了一项反对社会民主党人参加工厂医生代表大会**的决议。大家知道,这是革命的社会民主党人居多数的第一次代表大会。而所有最有名的召回派分子和最后通牒派分子都鼓动不要参加这次代表大会,声称参加这次代表大会就是"背叛无产阶级的事业"。马克西莫夫则进行消痕灭迹,说什么"不言而喻"。"不言而喻"的倒是:更为露骨的召回派分子和最后通牒派分子都公开破坏俄国的实际工作,而马克西莫夫之流则很羡慕克里切夫斯基和马尔丁诺夫的荣誉,他们掩盖问题的本质,说什么没有任何分歧,没有任何人反对利用合法机会。

国外党的机关报和国外联络小组等的恢复,必然会使旧的徇私舞弊行为再度发生,对这种行为是必须毫不留情地进行斗争的。"经济派"当年在俄国国内鼓吹反对政治斗争,在国外则有《工人事业》杂志作掩护,现在这种情景又在全部重演。资产阶级民主的

"кредо"（кредо＝credo，即信条[72]）当年在俄国被普罗柯波维奇之流宣扬过，然而**与作者们的意愿相违**，竟被革命的社会民主党人在报刊上公布出来，现在这种情景又在全部重演。马克西莫夫之流**在各方面**都与召回派**完全**携手并肩前进，协同一致，他们写文章拍着自己的胸脯硬说整个召回主义都是《无产者报》故意煽动起来的，这种捉迷藏游戏，这样利用秘密工作的困难来反对党的公开性，这种狡猾手腕，败坏党比什么都厉害。

我们不是故意刁难人的人，也不是形式主义者，而是干革命工作的人。对于我们说来，重要的不是从字面上去划分召回主义、最后通牒主义，"抵制主义"（抵制第三届杜马）三者的区别。对于我们说来，重要的是社会民主党宣传鼓动的实际内容。既然有人披着布尔什维主义的外衣在俄国的秘密小组内宣扬一些与布尔什维主义和一般社会民主主义毫无共同之处的观点，那么不让我们在全党面前充分揭露这些观点和充分说明这些观点的错误，就是同无产阶级为敌。

四

在造神说的问题上这些人也作了自我表现。《无产者报》扩大编辑部就这个问题通过并公布了两项决议：一项谈的是问题本身，另一项是专门谈马克西莫夫的抗议的。请问：这位马克西莫夫现在在自己的《报告书》中究竟说的是什么呢？他写这个《报告书》为的是消痕灭迹，这和一位外交家说什么人有舌头是为了隐瞒自己的思想[73]是一路货色。现在流传着一些说马克西莫夫一伙人结成了"所谓造神主义的"派别的"不可靠的消息",仅此而已。

"不可靠的消息",是您说的吗？啊,最亲爱的,不对,正因为您明明知道,《无产者报》掌握的关于造神说的"消息"是完全可靠的,你才在这里消痕灭迹。你明明知道,正如已经公布的决议所述,这些"消息"首先涉及的是**你们一伙著作家所写的一些文学作品**。我们的决议非常明确地**指出了**这些作品,只是没有补充说明(在决议中也不可能补充说明),近一年半以来,布尔什维克的一些领导人对您的战友们的"造神说"极为不满,正是由于这一原因(除了前面所说的那个原因以外),那些面目全非的布尔什维克的新派别便支吾搪塞、施展伎俩、吹毛求疵、愤愤不平、造谣中伤,使我们根本无法进行工作。在最突出的造谣中伤事件中有一件马克西莫夫是特别清楚的,这就是那篇正式送交《无产者报》编辑部的反对登载《走的不是一条路》一文(《无产者报》第42号)的书面**抗议**。被不公平地撤职的人呀,也许这也是"不可靠的消息"吧？也许这也是"所谓抗议"吧？

不,要知道消痕灭迹的政策并不是任何时候都奏效的,而在我们党内你们的这种政策永远也不会奏效。在所有关注俄国书刊和俄国社会民主主义运动的人所熟悉的问题上,是用不着捉迷藏,用不着装腔作势地去保守秘密的。有一伙著作家,他们靠几个资产阶级出版社的帮助在我国合法的书刊上经常大肆宣扬造神说。这伙人当中就有马克西莫夫。这种宣扬恰恰是在最近一年半以来经常化起来的,在这个期间,俄国资产阶级为了反革命的目的,**需要**复活宗教,唤起对宗教的需求,制造宗教,向人民灌输宗教或用新的方法在人民中间巩固宗教。因此宣扬造神说就具有了社会性和政治性。在革命时期,资产阶级报刊因最热心的孟什维克酷爱立宪民主党而对他们吻了又吻,在反革命得势时期,资产阶级报刊对马克思主义者中间(决不是开玩笑!)甚至"也是布尔什维克"中间的造神派也同样是吻了又吻。当布尔什维主义的正式机关报在编辑部文章中声明,布尔什维主义和这种宣扬**走的不是一条路**时(这个声明是在布尔什维克无数次试图通过书信和个别交谈来制止这种可耻的宣扬遭到失败以后发表的),马克西莫夫同志便向《无产者报》编辑部提出了正式的书面抗议。他,马克西莫夫是由伦敦代表大会[74]选出来的,因此他"所得到的权利"就被敢于公然与宣扬造神说的可耻行为决裂的人破坏了。"难道我们的派别在受造神派著作家的奴役!"这句话是编辑部里闹得最凶的时候**马拉同志**脱口说出的。是的,不错,就是这位马拉同志,他未免太谦虚,太慈善,太忍让,太好心肠了,以至于到现在还不能拿定主意:是跟布尔什维克走呢,还是跟通神的召回派走。

被不公平地撤职的马克西莫夫呀,或许这一切也是"不可靠的消息"吧? 难道现在不存在一伙造神派著作家吗? 难道您没有为这些著作家作过任何辩护吗? 难道您对《走的不是一条路》一文没有提出过抗议吗? 是这样吗?

关于涉及造神派的"不可靠的消息"是马克西莫夫同志在自己的《报告书》中谈新派别开办的**国外党校**时所说的。马克西莫夫同志极力强调这个"开办在国外的**第一所**〈黑体是马克西莫夫用的〉党校",极力在这个问题上牵着公众的鼻子走,因此我们不得不比较详细地谈谈这所臭名远扬的"党校"。

马克西莫夫同志诉苦说:

"编辑部(《无产者报》)根本没有打算协助这所党校,甚至也根本没有打算掌握对党校的监督权,编辑部散布一些来路不明的关于党校的不真实消息,而根本不找党校的组织者核实一下这些消息。这就是编辑部对整个这件事的态度。"

是的,是的。"甚至也根本没有打算掌握对党校的监督权……"马克西莫夫在这句话中所玩弄的狡猾手腕已经把他自己揭穿了。

读者不妨回想一下第一届杜马时期的叶罗金旅馆吧。退职的地方官(或者说诸如此类的一个官僚骑士)叶罗金在彼得堡为外地农民代表开设了一个旅馆,以此支持"政府的意向"。没有经验的乡下人,一到首都就被叶罗金的走狗们截住,带到叶罗金的旅馆,不言而喻,那里是**一所学校**,在那里"左派"的邪说遭到驳斥,劳动派分子等遭到诬蔑,新的杜马代表们也学到了"真正俄罗斯的"治国之道。幸而国家杜马的所在地是彼得堡,叶罗金也只好把他的旅馆开设在彼得堡,而由于彼得堡是一个思想生活和政治生活相当广泛而自由的中心,所以叶罗金的代表们自然很快就离开了叶罗金的旅馆而搬到了劳动派的所在地或独立代表们的所在地。结果叶罗金耍的花招只是使他自己和政府都丢脸。

现在请读者设想一下,一个同样的叶罗金旅馆不是开设在某个国外的彼得堡,而是开设在某个国外的察廖沃科克沙伊斯克[75]。如果你们这么想,你们一定会同意下面的看法:召回派和造神派的叶罗金们利用自己熟悉欧洲之便而做得比真正俄罗斯的叶罗金更加狡猾。一些自称为布尔什维克的人单独筹集了一笔经费(这与我们知道的全体布尔什维克的唯一的一笔经费无关,这后一笔经费是用来支付出版和发行《无产者报》方面的费用的),建立了自己的代办处,把"自己的"几个鼓动家调集到察廖沃科克沙伊斯克,把护党派社会民主党工人运送到那里,然后宣布这个(瞒着党开设在察廖沃科克沙伊斯克的)叶罗金旅馆是"在国外的**第一所党校**"(所以叫党校,因为这个旅馆是瞒着党开设的)。

由于被撤职的马克西莫夫同志特别热心地提出了他被撤职是合法还是非法的问题(这个问题后面再谈),我们得赶快预先说明一下,在召回派-造神派的叶罗金们的行动方式中根本没有什么"非法的东西"。绝对没有。这方面一切都是完全合法的。党内的一些志同道合的人聚集在一起是合法的。志同道合的人筹集经费举办一项共同的宣传鼓动事业是合法的。他们愿意在目前选择"党校"而比如说不是报纸作为这项事业的形式,这也是合法的。他们把这个学校看做正式的党校也是合法的,因为这个党校总还是由一些党员举办的,因为不管怎么说,总还是由一个党的组织在政治上和思想上对这项事业负责。这里一切都是完全合法的,而且都会是很好的,如果……如果不要狡猾手腕,如果不搞两面派,如果不欺骗自己的党的话。

既然你们公开强调学校是党办的,只谈这个学校形式上合法的问题,而**不说出**党校发起人和举办人的**名字**,也就是说,你们闭口不谈我们党内**新派别**的机构即党校的思想政治倾向,难道这不是欺骗党吗?在《无产者报》编辑部有两个关于这所党校的"文件"(编辑部同马克西莫夫的联系一年多以来正是靠"文件"和外交照会进行的)。第一个文件上根本没有人署名,绝对没有任何人署名,这个文件纯粹是谈教育的好处和叫做党校的这种机构的启蒙作用的。第二个文件上的署名是假的。现在,马克西莫夫同志发表文章向公众称赞"在国外的第一所党校",却仍旧**闭口不谈**党校是什么**派别**的。

这种玩弄狡猾手腕的政策危害着党。我们一定要揭露这种"政策"。党校的发起人和举办人**实际上**是"叶尔"(我们这样来称呼党内都知道的莫斯科召回派的领袖,他曾作过关于党校的专题演讲,参加过党校的组织工作,并被几个工人小组选为讲课人)、马克西莫夫、卢那察尔斯基、利亚多夫、阿列克辛斯基等同志**以及其他一些人**。我们不知道也不想知道,在这些同志中谁起什么作用,在党校的各个正式机构,如党校"理事会"、党校"执行委员会"、党校讲师委员会等机构中,他们这几个人是怎样安插的。我们不知道,哪些"非派别的"同志在何种情况下可以补充到这伙人当中去。所有这些都不重要。我们可以断言:**决定**这个学校即新的派别中心的**真正**思想政治倾向的**正是**上面提到名字的那些人;而马克西莫夫玩弄狡猾手腕的政策,向党隐瞒了这种情况。党内出现一个新的派别中心,这并不是坏事(我们绝不是那种靠反对派别活动的廉价叫喊来捞取政治资本的人),相反,既然党内存在一个单独的派别,这个派别又获得了单独表现的机会,这倒是好事。而党受欺骗,工人们受欺骗(不言而喻,工人们总是像对任何教育机构一样同情任何**学校**的),这才是坏事。

马克西莫夫同志向公众诉苦说,《无产者报》编辑部"甚至"("**甚至**"!)不愿意"掌握对党校的监督权",难道这不是搞两面派吗? 不妨想想:马克西莫夫同志 **1908** 年 6 月离开了《无产者报》小型编辑部,从那时起,在布尔什维克派中,内部斗争有**上千种**形式,几乎没有间断过;阿列克辛斯基在国外,"叶尔"之流既在国外又在国内,他们都追随马克西莫夫,用千百种调子重复着召回派-造神派反对《无产者报》的一切蠢话。马克西莫夫对《走的不是一条路》一文提出书面的正式抗议;所有的人都在说布尔什维克必然要分裂,即使是根据道听途说知道一些党内情况的人也在这样说(例如,出席 1908 年 12 月全国代表会议的**孟什维克唐恩**在一次正式会议上大声宣称:"谁不知道,现在布尔什维克谴责列宁背叛了布尔什维主义"!),而马克西莫夫同志则扮演成天真的、天真无邪的毛孩子的角色,向最可尊敬的公众发问:为什么《无产者报》编辑部"甚至"不愿意在造神派的察廖沃科克沙伊斯克掌握对党校的监督权呢?要我们"监督"党校!要《无产者报》的拥护者以**"督学"**身份旁听马克西莫夫、卢那察尔斯基、阿列克辛斯基之流的课!!干什么要玩弄这种卑鄙可耻的骗人把戏呢?这是干什么呢?干什么要分发一些不能说明问题的"党校的""教学大纲"和"报告书"来蒙蔽公众,而不直截了当地承认新派别中心的思想领导者和鼓动者呢!

　　这是干什么呢?让我们暂且把党校问题作个结束,再来回答这个问题。彼得堡可以容纳下察廖沃科克沙伊斯克,它可以迁到(至少它的大部分可以迁到)彼得堡,但是察廖沃科克沙伊斯克却容纳不下彼得堡,彼得堡也不能迁到察廖沃科克沙伊斯克。新党校的学员当中稍微有点干劲,稍微能够独立思考的,都能找到一条从狭小的新派别通往广阔的党的道路,从召回派和造神派的"科学"通往社会民主主义特别是布尔什维主义的科学的道路。谁甘心受叶罗金的开导,那对他也无可奈何。《无产者报》编辑部准备给予而且一定给予*所有*工人**一切**帮助,不管他们的观点怎样,只要他们愿意从国外的察廖沃科克沙伊斯克迁到(或者去一趟)国外的彼得堡,并且愿意了解布尔什维主义的观点。对于"在国外的**第一所党校**"的发起人和举办人的虚伪政策,我们要向全党彻底揭露。

五

干什么马克西莫夫要玩弄这些两面派手段，——我们提出了这个问题，在结束关于党校问题的讨论之前却没有回答这个问题。不过，严格讲来，在这里应该加以阐明的不是"干什么？"的问题，而是"为什么？"的问题。如果认为是新派别的全体成员为了一定的目的而有意识地玩弄这种两面派政策，那是不对的。情况并非如此。问题是这样：在这个派别本身，在它发表言论和进行活动的条件中，就存在着产生两面派政策的原因（这些原因是很多召回派分子和造神派分子都没有认识到的）。

常言道，虚伪是邪恶送给美德的礼品。但是这句名言是就个人品德方面而言的。对于思想政治派别应当说：虚伪是一种烟幕，那些由成分复杂、偶然凑合在一起、不敢直言不讳的分子组成的内部性质不纯的集团，总是施放这种烟幕。

新派别的成分决定它要施放这种烟幕。通神的召回派司令部的成员有：未被承认的哲学家、遭到嘲笑的造神派、由于无政府主义的胡说八道和信口开河的空谈革命而被揭穿的召回派、糊里糊涂的最后通牒派，最后还有那些战斗队员们（幸而在布尔什维克派中为数不多），他们认为，从事不显眼的、平凡的、缺乏光彩而"引人注目的"外表的革命的社会民主党的工作，虽然符合"两次革命之间"时期的条件和任务，却有损于他们的尊严，他们在1909年对马克西莫夫关于指导员学校和指导员小组……的"引人注目的"词句感到很满意。目前唯一能够使这些形形色色的分子紧密地团结起来的东西，就是他们对《无产者报》的刻骨仇恨，而《无产者报》遭到他们的仇恨也是理所当然的，因为这些分子要《无产者报》反映他们的观点，哪怕是间接地承认他们的观点，或者对他们稍加保护和掩饰，他们这方面的**每个尝试，从来都不会不遭到最坚决的反击。**

"死了这条心吧"——每一号《无产者报》，它的每一次编辑会议，它每一次就党内生活的任何一个迫切问题所发表的意见都这样告诉这些分子。

造神说和马克思主义理论基础（由于我国革命和我国反革命发展的客观情况）成了著作界的迫切问题，而社会民主党如何利用第三届杜马和第三届杜马讲坛成了政治工作方面的迫切问题，就是在这个时候，这些分子便团结起来了，自然而然又不可避免的爆发发生了。

和任何一次爆发一样，这次爆发是突然发生的，这不是说这些倾向以前没有流露，也不是说这些倾向过去没有一点表现，而是说形形色色的倾向包括与政治相距很远很远的倾向，几乎突然间在政治上结合起来了。因此广大公众一开始总是最易于接受对这种新的分裂所作的**庸俗**解释，比如认为分裂是由某个领导者的某些不良品质以及国外的影响和小组习气的影响等等造成的。毫无疑问，由于客观条件，国外不可避免地成了一切中央革命组织的作战根据地，因而在分裂的**形式**上打上了自己的烙印。毫无疑问，那种**只有半个身子**加入社会民主党的著作家小组的特点也对这种**形式**有影响。我们所说的庸俗解释，指的不是估计那些只能说明分裂的形式、缘由和"外部历史"的情况，而是不愿意或不能够理解分歧的**思想政治**基础、原因和根源。

新派别不理解这些基础，这也就是它照旧施放烟幕、消痕灭迹、否认同召回主义有**割不断的联系**等等的根源。新派别由于不理解这些基础，就利用对分裂的**庸俗解释和利用庸俗的同情来进行投机**。

事实上，马克西莫夫之流现在向公众哭诉，说他们"被赶走"、"被撤职"了，这不正是利用庸俗的同情来进行投机吗？看在基督的份上，请你们向无辜被赶走的人，向被不公平地撤职的人施舍一点同情吧……　用这种手法准保可以指望得到**庸俗的**同情，这已为下面这件奇异的事实证明了：**甚至**普列汉诺夫同志这个反对任何造神说、反对任何"新"哲学、反对任何召回主义和最后通牒主义等等的人，也被马克西莫夫的诉苦所感动而看在基督的份上作了施舍，并且一再骂布尔什维克是"冷酷无情的人"（见普列汉诺夫的1909年8月《社会民主党人日志》）。既然马克西莫夫甚至向普列汉诺夫都央求到了同情的施舍，读者自然也就不难设想，那些社会民主党内和社会民主党周围的庸人们，由于善良的、忠厚的、谦虚的召回派和造神派"被赶走"和"被撤职"，为马克西莫夫将流下多少同情的眼泪。

关于"被赶走"和"被撤职"的问题，马克西莫夫同志从形式方面和问题的实质方面都**作了分析**。现在我们来考察一下他的分析。

被撤职的人们向我们说：从形式方面来看，撤马克西莫夫的职是"非法的"，因此"我们不能承认这种撤职的决定"，因为马克西莫夫"是由布尔什维克代表大会，即党代表大会上的布尔什维克部分选举出来的"。公众读到马克西莫夫和尼古拉耶夫的传单，看到的是严厉的责难（"非法撤职"），却看不到对责难所作的确切说明，也得不到判断问题的材料。而这正是每逢国外发生分裂时某一方面惯用的手法：抹杀和掩盖原则上的分歧，回避思想上的争论，隐藏自己思想上的朋友,对于公众不能确切弄清楚也无权详细弄清楚的组织上的冲突则大肆喧嚷。1899 年,工人事业派就是这样干的,他们叫喊道,没有任何"经济主义",倒是普列汉诺夫窃据了印刷所。1903 年,孟什维克也是这样干的,他们叫喊道,他们根本没有转向工人事业派,倒是列宁把波特列索夫、阿克雪里罗得、查苏利奇和其他等人"赶走了"或"撤了职"。现在那些利用国外瞎起哄和乱造谣的爱好者来进行投机的人又在这样干。他们说,既没有召回主义,也没有造神说,只是"编辑部的多数"把马克西莫夫"非法撤了职",这个多数打算把"**整个派别的财产**""**完全留给自己支配**",——先生们,请进我们的小铺子里来吧,听我们讲讲这非常有趣味的事情……

马克西莫夫同志和尼古拉耶夫同志,这种手法过时了! 使用这种手法的政治家们不能**不**碰得头破血流。

我们的"被撤职的人"之所以要谈论什么"非法性",是因为他们认为《无产者报》编辑部无权决定布尔什维克派的命运和它的分裂的问题。先生们,好得很。如果说《无产者报》编辑部和伦敦代表大会选举出来的 15 个布尔什维克中央委员和候补中央委员无权代表布尔什维克派,那你们就完全可以大声宣布这一点,并且可以掀起一个运动,推翻或改选这个无用的代表机关。**你们也确实掀起了这样一个运动**,直到你们遭到了一连串的失败之后,你们这才认为还是抱怨和哭诉更好一些。马克西莫夫同志和尼古拉耶夫同志,既然你们提出了布尔什维克代表大会和代表会议的问题,那你们为什么不向公众讲一讲,"叶尔"同志**在几个月以前**就向莫斯科委员会提出了一项关于不信任《无产者报》和关于召开布尔什维克代表会议选举布尔什维克新的思想中心的决议草案呢?

被不公平地撤职的人们呀,为什么你们闭口不谈这件事呢?

为什么你们闭口不谈"叶尔"的决议遭到了全体一致的反对呢?

为什么你们闭口不谈1908年秋季,在整个彼得堡组织内,包括基层组织,就布尔什维克中的两个派别——召回派和反召回主义派的纲领展开了斗争,而且召回派遭到了失败呢?

马克西莫夫和尼古拉耶夫所以要在公众面前哭哭啼啼,是因为他们在俄国不止一次地遭到失败。无论是"叶尔"或是彼得堡的召回派,都有权既不等待任何代表会议的召开也**不向**全党**公布**自己的纲领,就来反对布尔什维主义包括它的基层组织。

但是,《无产者报》编辑部从1908年6月起就已公开和召回主义宣战,其间,经过一年的斗争,一年的辩论,一年的摩擦和冲突等等,如今,在邀集了没有参加任何一次国外冲突的3个俄国区域代表和扩大编辑部的几个俄国国内成员之后,这个编辑部要说明**真情实况**,要声明**马克西莫夫已经从编辑部分裂出去**,声明布尔什维主义同召回主义、最后通牒主义和造神说毫无共同之处,它连这点权利都没有吗?

先生们,别再搞两面派了!你们在自以为自己的力量特别强的地方斗争,结果你们仍然失败了。你们违背布尔什维克正式中央的决定,也不等待任何特别代表会议的召开,就向群众灌输召回主义。现在你们却因为在扩大编辑部里,在有区域代表参加的会议上成了少得可笑的少数而哭诉和抱怨!

现在我们又看到了国外分子玩弄十足是工人事业派式的手法:不存在实现彻底民主制的条件,偏要玩弄"民主制";利用"国外"所煽起的各种不满来进行投机,同时却从这个国外(通过"党校")来进行召回主义-造神说的宣传；先在布尔什维克中制造分裂，再为分裂痛哭流涕；在"党校"的掩护下建立自己的派别，同时却为《无产者报》的"分裂"政策假惺惺地流眼泪。

算了吧，这种乏味的纠纷已经闹够了！**派别就是党内志同道合的人**的自由联盟，经过一年多的国内外的斗争，我们完全有权利而且也有义务作出明确的结论。而这样的结论我们已作出来了。你们也完全有权利来反对这个结论，提出自己的纲领，为自己的纲领争取多数。如果你们不这样做，如果你们不同召回派实行公开的联盟，不提出自己的一般纲领，而继续捉迷藏并利用廉价的国外"民主主义"来投机，那么对你们的回答就只能是你们自己找的蔑视。

你们是在玩弄两面派手法。一方面，你们宣称，《无产者报》整整一年来"一直"执行着非布尔什维克的路线（你们在**俄国国内**的拥护者也**不止一次地**试图在彼得堡委员会和莫斯科委员会的决议中贯彻这种观点）；另一方面，你们又为分裂痛哭流涕，并且拒绝承认"撤职"。一方面，你们**确实**同召回派和造神派在各方面携手并肩前进；另一方面，你们又宣布同他们脱离关系，假装成调和派，希望布尔什维克同召回派、造神派和解。

"你们死了这条心吧"！你们可以为自己争取多数。你们可以在一部分不成熟的布尔什维克中获得一些什么胜利。但是任何调和我们都不接受。你们建立自己的派别吧，更确切些说，你们照你们已经开始做的那样，继续建立自己的派别吧，但是你们不要欺骗党，不要欺骗布尔什维克。现在世界上任何代表会议，任何代表大会都不能使布尔什维克同召回派、最后通牒派、造神派调和。我们说过，现在再说一遍：每一个社会民主党人布尔什维克和每一个觉悟工人都必须坚决作出最后抉择。

六

新派别掩饰自己的思想渊源，害怕拿出自己的真正纲领，它竭力抄袭过去闹分裂时用过的**词句**，借以弥补自己思想的贫乏。马克西莫夫和尼古拉耶夫模仿过去反对新《火星报》的斗争，叫喊什么《新无产者报》，"新无产者报路线"。

这种手法能糊弄一下政治上的毛孩子。

但是先生们，即使重复旧的词句你们也没有这个本领。"反对新《火星报》"这个口号的"要害"在于：孟什维克夺取了《火星报》，自己**就应该**实行新的路线，而代表大会（1903 年俄国社会民主工党第二次代表大会）赞同的却正是旧《火星报》[76]的路线。"要害"在于孟什维克不得不在 1903—1904 年通过托洛茨基之口宣布在旧《火星报》和新《火星报》之间横着一道鸿沟。直到现在波特列索夫之流还在竭力从自己身上抹掉他们受旧《火星报》领导的那个时期的"痕迹"。

现在，《无产者报》已出到了第 47 号。它的第 1 号正好是在 3 年前，即在 1906 年 8 月间出版的。就在 1906 年 8 月 21 日出版的**第 1 号**上刊载了一篇题为《**论抵制**》的**编辑部**文章，在这篇文章中白纸黑字写得清清楚楚："**现在恰恰到了革命的社会民主党人应该不再成为抵制派的时候了**。"①从那时起，在任何一号《无产者报》

---

① 见本版全集第 13 卷第 340 页。——编者注

上**没有一句话**是赞成"抵制主义"(在 1906 年以后)、召回主义和最后通牒主义,而不是驳斥这种**面目全非的布尔什维主义的**。而现在那些面目全非的布尔什维克却摆出一副架子,企图把自己同那些**起初**进行了旧《火星报》的三年运动、召开了第二次党代表大会来巩固它的路线、**后来**又指出了新《火星报》的转变的人们作比较!

"通俗工人报纸《前进报》前任编辑"——马克西莫夫同志现在用这样的署名是希望读者能够想起"鹅拯救过罗马"[77]。我们对马克西莫夫这种做法的回答是:你对待《前进报》[78]路线的态度和波特列索夫对待旧《火星报》的态度是完全一样的。波特列索夫曾经是旧《火星报》的编辑,但是并不是他领导旧《火星报》,而是旧《火星报》领导他。他刚想要改变路线的时候,旧火星派便不理他了。现在甚至波特列索夫本人也在拼命洗刷"幼年的罪孽"[79],后悔当年不该参加旧《火星报》的编辑工作。

不是马克西莫夫领导《前进报》,而是《前进报》领导马克西莫夫。证据是:对抵制第三届杜马,《前进报》没有讲过**一句**赞成的话,而且也不可能讲。过去马克西莫夫让《前进报》来领导他,他做得很明智,很好。而现在马克西莫夫却在臆想出(或者说帮助召回派臆想出,反正一样)这样**一条路线**必然陷入泥潭,就像使波特列索夫陷入泥潭一样。

马克西莫夫同志,请你记住:应当把思想政治派别这个整体,而不是把某些人**背得烂熟**却不解其意的"词句"和"口号"拿来作为比较的基础。布尔什维主义在 1900—1903 年这三年间领导了旧《火星报》,并作为一个完整的派别同孟什维主义进行了斗争。孟什维克还没有把波特列索夫(只波特列索夫一个人吗?)抛给普罗柯波维奇之前,他们老早就同他们的新联盟,即同反火星派、同工人事业派鬼混在一起了。布尔什维主义本着同"抵制主义"等等进行坚决斗争的精神领导了旧《无产者报》(1906—1909年)，它作为一个完整的派别，同现在这些臆想出"召回主义"、"最后通牒主义"、"造神说"等等的人们进行了斗争。孟什维克想按照马尔丁诺夫和"经济派"的精神来纠正旧《火星报》，他们这样做碰得头破血流。现在你们想按照"叶尔"、召回派和造神派的精神来纠正旧《无产者报》，你们这样做也会碰得头破血流。

可是"转向普列汉诺夫"是怎么回事呢？马克西莫夫扬扬得意地这样说。建立"新的核心派别"又是怎么回事呢？我们这位"也是布尔什维克"认为"否认"所谓"要实现'核心'的思想"就是要"外交手腕"！

对马克西莫夫这种反对"外交手腕"和反对"同普列汉诺夫联合"的叫喊，只好一笑置之。面目全非的布尔什维克在这方面也是始终如一的：他们**记得**很牢，普列汉诺夫在1906—1907年间曾经执行了极端机会主义的政策。他们认为，只要老是把这一点说了又说，即使不去研究正在发生的变化，这也意味着最大的"革命性"。

事实上，《无产者报》的"外交家们"从伦敦代表大会以来就始终公开执行并贯彻的是反对不伦不类地夸大派别活动这种具有党性的政策，即捍卫马克思主义反对批评马克思主义的政策。目前马克西莫夫的叫喊来自两方面：一方面，从伦敦代表大会以来，总是有个别布尔什维克(如阿列克辛斯基)唠叨什么布尔什维主义路线被"调和主义"路线、"波兰—拉脱维亚"路线等等取代了。对这些只能证明是思想不开化的蠢话，布尔什维克是不大介意的。另一方面，有马克西莫夫参加的那一伙著作家，即向来就是只有半个身子靠近社会民主党的那一伙著作家,长期以来一直把普列汉诺夫看做是反对他们的造神派等倾向的主要敌人。对于这伙人来说,没有什么比普列汉诺夫更可怕的了。这伙人希望把自己的思想灌输给工人政党,再没有什么比"同普列汉诺夫联合"更能破坏**他们的**这个希望了。

这里有两种人:一种人只会搞些顽固的派别活动,不懂得布尔什维克派在建党方面的任务,还有一种人是造神派和包庇造神说的人中的著作家小组,这两种人现在在**反对**"同普列汉诺夫联合",反对《无产者报》执行"调和主义"路线、"波兰—拉脱维亚"路线等等的"纲领"下团结起来了。

现在普列汉诺夫的《日志》第9期出版了,我们就可以不必再特别详细地向读者阐明面目全非的布尔什维克的这个"纲领"的全部不伦不类之处。普列汉诺夫揭穿了《社会民主党人呼声报》的取消主义和该报编辑们的外交手腕,并宣布他和波特列索夫"走的不是一条路",因为后者已经不再是革命者了。现在任何一个社会民主党人都清楚,孟什维克**工人**是会拥护普列汉诺夫而反对波特列索夫的。任何人都清楚,在孟什维克中发生的分裂证实了布尔什维克的路线。任何人都清楚,普列汉诺夫宣布了**护党的**路线,反对取消派的分裂主义,这意味着布尔什维主义的**巨大**胜利,布尔什维主义目前在党内已取得了主导地位。

布尔什维主义所以获得了这个巨大的胜利,是由于它**不顾**那些"左派"纨袴少年和造神派著作家们的叫喊而执行了自己的护党的政策。只有这些人才害怕同普列汉诺夫接近,因为普列汉诺夫揭露了波特列索夫之流,并且把他们赶出了工人政党。"反对同普列汉诺夫联合",**即**反对同护党派孟什维克接近以便同取消主义作斗争，反对同正统的马克思主义者接近(这对叶罗金式一伙著作家不利)，反对党为执行革命的社会民主主义的政策和策略而进一步做争取工作——这个"纲领"只有在造神派小组或死背词句的英雄们的一潭死水中才能奏效。

我们布尔什维克能够指出在这种争取工作中取得的伟大成就。罗莎·卢森堡和卡尔·考茨基这些社会民主党人，经常为俄国人写文章，在这个意义上他们加入了我们党，他们在思想上被我们争取过来了，尽管在分裂初期(1903年)他们完全同情孟什维克。他们所以被争取过来，是因为布尔什维克没有容忍对马克思主义的"批评"，布尔什维克所捍卫的不是**自己的**，绝不是**自己的**派别的理论的字句，而是革命的社会民主党策略的总的精神和思想。我们将沿着这条道路继续走下去，我们将继续作战，更无情地反对咬文嚼字的胡说八道，反对肆无忌惮地玩弄背得烂熟的词句，反对造神派著作家小组在理论上的修正主义。

现在俄国社会民主党人中的两个取消派派别已经完全暴露无遗了，一个是波特列索夫派，一个是马克西莫夫派。波特列索夫不得不害怕社会民主党，因为今后要在社会民主党内实行**他的**路线是没有指望的。马克西莫夫也不得不害怕社会民主党，因为现在要在社会民主党内实行**他的**路线，也是没有指望的。波特列索夫也好，马克西莫夫也好，都会不择手段地支持并掩护特殊的著作家小组所作的种种独特的修正马克思主义的勾当。波特列索夫也好，马克西莫夫也好，都会像抓住最后一线希望那样死死抓住小组习气而反对党性，因为波特列索夫有时候在一伙最最顽固的孟什维克中还可以获得胜利，马克西莫夫有时候还可以被一些最最顽固的布尔什维克戴上桂冠，但是，波特列索夫也好，马克西莫夫也好，不管是在马克思主义者中间，还是在真正的社会民主工党内，都永远不能站稳脚跟。波特列索夫也好，马克西莫夫也好，都代表社会民主党内两个彼此对立而又相互补充并且同样具有局限性的小资产阶级倾向。

七

我们说明了新派别司令部的情况。它的队伍是从哪里征集来的呢？是从革命时期加入过工人政党的资产阶级民主主义分子中征集来的。无产阶级无论何时何地都在从小资产阶级中征集人员，无论何时何地都同小资产阶级有联系，只是这种联系在程度、界限和色彩上存在着千差万别。当工人政党发展得特别迅速的时候（如1905—1906年我国的情形），大批满脑子小资产阶级思想的分子进入工人政党是不可避免的。这并不是什么坏事。无产阶级的历史任务就是要使旧社会给无产阶级留下的所有小资产阶级出身的人得到再锻炼、再教育和再改造。但是要做到这一点就需要使无产阶级去再改造这种出身的人，就需要无产阶级去影响他们，而不是让他们来影响无产阶级。很多"自由时期的社会民主党人"是在狂热的、节日般的日子里、在革命口号引人注目的日子里、在无产阶级获得胜利、连纯粹资产阶级知识分子也被这一胜利冲昏了头脑的日子里第一次成为社会民主党人的，他们开始**认真地学习**，学习马克思主义，学习不屈不挠的无产阶级的工作精神，他们将永远是社会民主党人和马克思主义者。另外一些人，除了熟背一些词句，死记几个"引人注目的"口号，对"抵制主义"、"战斗主义"等等发表几句议论而外,则没有来得及或者没有本事从无产阶级政党那里学到任何东西。如果这样的人企图把自己的"理论"、自己的世界观,即自己的狭隘观点强加于工人政党,那么,同他们分裂就是不可避免的。

第三届杜马抵制派的命运以活生生的例子清楚地表明了这两种人的区别。

大多数真正醉心于马上就直接同六三英雄们进行斗争的布尔什维克,曾经倾向于抵制第三届杜马,但是他们很快就适应了新的局势。他们不是重复背得烂熟的词句,而是细心观察新的历史情况,反复思考为什么现实生活是这样而不是那样,他们工作靠的是头脑,而不是舌头,他们进行了严肃认真不屈不挠的无产阶级的工作,他们很快就理解,"召回主义"是极其愚蠢和极其贫乏的。另外一些人则抓住片言只语,用一些自己不懂的话来编制"自己的路线",空喊什么"抵制主义、召回主义、最后通牒主义",并用这种空喊来代替当前历史条件所规定的无产阶级的革命工作,他们还从布尔什维克中搜罗形形色色思想不成熟的人来建立新的派别。可爱的人们呀,请便吧!我们已经做了我们所能做到的一切来教你们学会马克思主义,学会社会民主主义的工作。我们现在要向右的取消派和左的取消派宣战,同他们作最坚决最无情的斗争,因为他们正在用理论上的修正主义,用政策上和策略上的市侩方法腐蚀工人政党。

载于1909年9月11日(24日)　　　　　译自《列宁全集》俄文第5版
《无产者报》第47—48号合刊附刊　　　第19卷第74—108页

再论党性和非党性

（1909 年 9 月 14 日〔27 日〕）

毫无疑问，在当前进行的杜马的选举中，关于党的和非党的、必要的和"不必要的"候选人的问题，即使不是最重要的问题，至少也是重要的问题之一。选民和关心选举的广大群众，首先和主要应当弄清楚的是，**为什么**要进行选举，杜马代表面临的任务是**什么**，彼得堡代表在第三届杜马中的策略应该是**什么**。而只有在整个选举运动有党参加的条件下，才有可能把这一切真正彻底确切地弄清楚。

对那些希望在选举中捍卫真正最最广大的居民群众的利益的人来说，提高群众的政治觉悟是摆在第一位的任务。而居民群众根据各个阶级的真正利益更明确地组合是同这一觉悟的提高分不开的。一切非党性，即使在最好的情况下也总是表明，候选人也好，支持他的集团或政党也好，选举他的群众也好，他们的政治觉悟都是模糊的和不高的。

一切乱七八糟的政党参加选举是为了满足有产者居民中这些或那些小团体的利益，对它们来说，提高群众的觉悟永远是第二位的，而群众的明确的阶级组合，在它们看来，几乎总是不合心意和危险的事情。但是，对那些不愿意捍卫资产阶级政党的人来说，明确的政治觉悟和明确的阶级组合则是高于一切的。这当然并不排斥在某些特定情况下不同政党的暂时合作，但是，任何非党性表现，任何削弱或模糊党性的做法，都是绝对不允许的。

而正因为我们维护党性是有原则的，是为了广大群众的利益，是为了使他们摆脱资产阶级的各种影响，是为了最最明确地进行阶级组合，——正因为如此，我们必须竭尽全力并密切注意使党性**不仅仅停留在口头上，而且要见诸行动**。

绰号叫"不必要的"候选人的非党候选人库兹明-卡拉瓦耶夫说，严格地讲，在彼得堡选举中党的候选人是没有的。这种说法十分荒谬，根本不值一驳。不容置疑，库特列尔和尼·德·索柯洛夫是党的候选人。提出这两个候选人的两个政党都没有完全公开的党的生活，这种情况有点把库兹明-卡拉瓦耶夫搞糊涂了。但是这种情况只是增加了党参加选举的困难，而没有消除党参加选举的必要性。向**这种**困难低头，向这种困难屈服，那就完全等于向斯托雷平先生低头，满足他从"反对派"（所谓的"反对派"）口里听到承认他的"宪制"的愿望。

对参加彼得堡选举的群众来说，现在特别重要的是进行考查，看看**哪些**党向这些困难**屈服**，哪些党把自己的纲领和自己的口号完整地保存了下来；哪些党为了"适应"反动制度，企图把自己在杜马中的活动、自己的报刊、自己的组织削减压缩到反动制度所允许的范围以内，哪些党为了适应反动制度，只是改变某些活动形式，而决不删改自己在杜马中的口号，决不把自己的报刊、组织等等压缩到反动制度所允许的范围以内。根据各个政党的历史，根据它们在杜马中和杜马外活动的事实进行的全面考查，这就是选举运动的主要内容。群众应在民主派更困难的新的情况下再一次看清自称为民主党的那些**政党**的面目。群众将一次又一次了解资产阶级民主派同这次提出尼·德·索柯洛夫的这个民主派的区别，了解他们的世界观、他们的最终目标、他们对伟大的国际解放运动的任务的态度、他们维护俄国解放运动的理想和方法的能力的区别。群众经过这次选举运动将变得更有党的观念，将更明确地认清各个不同的阶级的利益、任务、口号、观点和行动方法，——这就是尼·德·索柯洛夫所代表的政治派别认为最有价值的不朽的成果，这个派别是能通过最顽强的、坚持不懈的全面工作来取得这个成果的。

载于 1909 年 9 月 14 日（27 日）　　　译自《列宁全集》俄文第 5 版
《新的一日报》第 9 号　　　　　　　　第 19 卷第 109—111 页

寄语彼得堡布尔什维克

(1909 年 10 月 3 日〔16 日〕)

当这一号《无产者报》到达俄国的时候,圣彼得堡的选举运动也该结束了。因此,现在完全可以同彼得堡的布尔什维克(以及全体俄国社会民主党人)谈谈同最后通牒派的斗争,这个斗争在圣彼得堡选举时期激烈到几乎导致彻底分裂的地步,这个斗争对整个俄国社会民主工党来说意义巨大。

首先应当明确这个斗争的四个阶段,然后我们再详细谈谈斗争的意义和我们与部分彼得堡布尔什维克之间的某些分歧。这四个阶段是:(1)在国外举行的《无产者报》扩大编辑部会议,最后确定了布尔什维克对待召回主义和最后通牒主义的态度,并正式肯定马克西莫夫同志已经分裂出去(《无产者报》第 46 号及其附刊①)。(2)曾得到马拉同志和多莫夫同志有条件的部分支持的马克西莫夫同志和尼古拉耶夫同志,在一份也是在国外特地刊印和散发的标题为《〈无产者报〉扩大编辑部被撤职的成员给布尔什维克同志们的报告书》的传单上,叙述了他们认为《无产者报》的路线是"孟什维主义的"路线的看法等等,并且为自己的最后通牒主义进行辩护。《无产者报》第 47—48 号合刊的特别附刊对这份传单

---

① 见本卷第 1—9、31—40、41—49 页。——编者注

作了分析①。(3)圣彼得堡选举运动刚刚开始的时候,我们党的彼得堡委员会执行委员会就选举问题通过了最后通牒派的决议。下面将引述这项决议的原文。(4)这项决议的通过,在彼得堡布尔什维克护党分子中掀起了一场大风暴。这场风暴可以说既是从上面,也是从下面掀起的,所谓"从上面",是说中央委员会的代表和《无产者报》扩大编辑部成员们群情激愤,纷纷提出抗议;所谓"从下面",是说彼得堡社会民主党的工人和工作人员举行了区际非正式联席会议。会议通过了一项决议(原文附后),表示支持《无产者报》编辑部,但是对**这个编辑部**和召回派-最后通牒派所采取的"分裂主义步骤"却进行了尖锐的指责。后来,圣彼得堡委员会和执行委员会又召开了一次会议,**撤销**了最后通牒派的决议,并且通过了一项符合《无产者报》路线的新决议。这项决议的全文刊登在这一号《无产者报》的新闻栏里。

事件的基本过程就是这样。现在,我们党内臭名远扬的"最后通牒主义"的作用**在实践中**已经表现得十分清楚,全体俄国社会民主党人都应该认真思考一下所争论的问题了。其次,我们的一部分彼得堡同志对我们的所谓"分裂主义"路线进行了指责,这给我们提供了一个好机会,以便把这个重要问题向全体布尔什维克彻底**讲清楚**。现在彻底"讲清楚",总比在实际工作中每走一步都要发生争执和"误解"强些。

首先,我们要**明确**的是,在《无产者报》扩大编辑部会议召开之后,对分裂问题我们立即采取的是什么立场。在关于这个会议的《公报》中(《无产者报》第46号附刊②)一开头就谈到,最后通牒主

---

①　见本卷第73—107页。——编者注
②　见本卷第1—9页。——编者注

义这个派别是主张向社会民主党杜马党团提出最后通牒的,它动摇于召回主义和布尔什维主义之间。《公报》中提到,我们有个国外的最后通牒派分子"认为,近来社会民主党杜马党团的活动改进显著,因此,他并不主张现在就立即向它发出最后通牒"。

接着《公报》的原话是:"**同这样的**最后通牒派当然可以在一个派别内共处…… **同这样的**最后通牒派-布尔什维克是谈不上分裂的。"甚至提出这个问题也是可笑的。

再下面,《公报》的第2页上又说:

"如果地方工作者认为,会议的决议号召我们把有召回主义情绪的工人从各个组织中驱逐出去,甚至把有召回派分子的地方的组织立即解散,那就会犯严重的错误。我们提醒地方工作者,千万不要采取这种办法。"

看来说的再明白不过了。马克西莫夫同志**拒绝服从**会议决议,他分裂出去是不可避免的。我们不仅没有宣布过同动摇的、不坚定的召回派-最后通牒派分子分裂,而且还坚决防止这种分裂的发生。

现在请看斗争的第二阶段。马克西莫夫同志一伙在国外印发了一份传单,一方面责备我们搞分裂,一方面又宣布,新《无产者报》(好像它背叛了旧《无产者报》、旧布尔什维主义)的路线是孟什维主义路线、"杜马主义"路线等等。既然认为没有共同的思想,却又抱怨本派(**即党内志同道合者的联盟**)不该分裂,这岂不可笑吗?马克西莫夫同志一伙还为自己的最后通牒主义辩护,他们在这份传单上写道,"这样〈即在目前反动势力加强和上升的情况下〉党就不可能进行大张旗鼓和引人注目的选举运动,不可能得到自己应有的议会代表席位";"那么,关于参加假议会机关有益的问题就是值得怀疑和争论的了"；又说，《无产者报》"实质上"是"转向孟什维克的在任何情况下都要进行议会活动的观点"。除了这些话外，他们还转弯抹角地为召回主义辩护（说"召回派从来〈！！！〉没有发表过笼统反对议会活动的意见"），转弯抹角地表示和召回主义没有关系（说他们不是召回派；党目前不应当取消社会民主党的杜马党团；"党应当""决定整个这种做法即参加第三届杜马最终是否对党有利的问题"，好像党还**没有决定**这个问题似的！）。

马克西莫夫一伙这种转弯抹角的手法过去和现在都骗了很多人，有人说，他们根本不是拒绝执行党的决议，他们只不过小心翼翼地为自己对策略作出的稍微不同的评价进行辩护，他们究竟会给党甚至给本派带来什么危害呢？

这种对马克西莫夫一伙的说教的看法，在那些不动脑筋的公众中散播很广，他们听信**空话**，而不去考虑这些转弯抹角的、小心翼翼的、外交式的辞令在党内**当前的**情况下有什么**具体的政治内容**。现在这些公众已经得到了一个极好的教训。

马克西莫夫一伙的传单是 1909 年 7 月 3 日（16 日）印发的。**8 月**，圣彼得堡委员会执行委员会以三票（最后通牒派）对两票就即将开展的（现在已经结束的）彼得堡选举运动通过了如下的决议：

> "关于选举问题，执行委员会决定：对国家杜马和我们党的杜马党团不用特别重视，但是选举工作仍应根据全党共同的决定来开展，不过也不用投入现有的全部力量，只需提出自己的候选人来吸引社会民主党的选票并成立一个选举委员会，由彼得堡委员会执行委员会通过自己的代表进行领导。"

读者可把这项决议同马克西莫夫在国外印发的传单对比一下。把这两个文件加以对比，是使公众认清马克西莫夫国外集团的**真正**作用的最好的和最可靠的方法。这项决议和马克西莫夫的传单一模一样，表示要服从党，而且也和马克西莫夫一模一样，**在原则上**为最后通牒主义辩护。我们决不是想说，彼得堡的最后通牒派是直接受马克西莫夫的传单指导的，关于这一点我们并没有任何材料，而且这一点也无关紧要。但是我们断言，这两个文件的政治立场的**思想基础**无疑是一致的。我们断言，这项决议特别明显地揭示了那种"小心翼翼的"、"外交式的"、玩弄手腕的、转弯抹角的(任你怎样形容)最后通牒主义是怎样**在实际中得到运用**的，这种运用是任何一个熟悉党的工作的人都知道的，因为类似的例子有**上百个**，它们不那么"引人注目"，未写进正式文件，涉及的问题社会民主党人出于保密考虑是不能向公众透露的。当然，彼得堡的决议在文字技巧方面比不上马克西莫夫的传单高明，因为在地方组织中实际运用马克西莫夫的观点的从来(或1 000回中有999回)不会是马克西莫夫本人，而是他的不大"高明的"拥护者。但是党所关心的不是谁消痕灭迹的手法"更高明"，而是党的工作的**实际**内容，这些或那些领导人在工作中所采取的**实际**方针。

　　试问任何一个公正的人，《无产者报》的拥护者和诸如此类的决议作者能够在一个派别里，即在党内志同道合者的联盟里共事吗？既然地方委员会的最高机关通过了这样的决议，那么还能**认真**来谈贯彻党关于利用杜马和杜马讲坛的决定吗？

　　执行委员会的决议**实际上**是要阻挠业已开始的选举运动，这个决议实际上是**破坏**选举运动，这一点，所有的人(除了这项决议的作者，除了对马克西莫夫消痕灭迹的手法的"高明"赞叹不已的最后通牒派)都马上就明白了。关于圣彼得堡的布尔什维克对这个决议的反应，我们已经谈了并且在下面还要谈。至于我们，当时我们立即写了一篇题为《召回主义-最后通牒主义的工贼》的文章[80]（把最后通牒派叫做工贼，是因为他们采取了把社会民主党的选举运动公然**出卖给立宪民主党**的立场），我们在文章中说明了社会民主党人作出这种决议是十分可耻的，并请求那个通过这种决议的执行委员会（如果该执行委员会希望代表彼得堡社会民主党人的观点的话）立刻把"圣彼得堡委员会机关报"这个报头从《无产者报》上**去掉**，因为我们在这篇文章中说，我们不想口是心非，我们的报纸不是**这一类**……也是布尔什维克的人的机关报，**过去不是，将来也不是**。

当我们接到彼得堡寄来的信，获悉臭名远扬的决议已经**撤销**了的时候，这篇文章已经付排，而且甚至拼好版了。这一号报纸不得不推迟出版（第47—48号合刊因此就晚出了几天）。好在现在来谈最后通牒派的决议，已不是谈正在进行的选举运动，而是概述一下已经过去的事情……如能做到"往事如烟"，那倒未尝不是好事。

现在我们来看看彼得堡布尔什维克非正式会议所通过的决议原文，这次会议是在臭名远扬的决议通过以后召开的。

"社会民主党的工人和工作人员区际非正式联席会议讨论了《无产者报》扩大编辑部会议的各项决议，表示完全支持《关于布尔什维克在党内的任务》、《关于……对杜马活动的态度》和《关于最后通牒主义和召回主义》的决议中所表述的政治路线。

但是，会议断然不同意编辑部在上述决议中采取的同最后通牒派同志斗争的方法，认为这些方法妨碍完成《无产者报》编辑部所规定的重建党的主要任务。

会议同样反对最后通牒派和召回派同志所采取的分裂主义步骤。"

这个决议通过之后，彼得堡委员会又召开了一次会议，撤销了最后通牒派的决议,通过了一项新决议(见新闻栏)。这个新决议最后说:"彼得堡委员会认为利用即将到来的选举运动非常重要非常必要,因此决定积极参加这一运动。"

在答复那些不同意我们的所谓分裂政策的同志之前,我们先摘录一段他们中的一位同志的来信:[81]

"……但是会议(区际非正式联席会议)的参加者⅔是工人,他们对于怎样估计时局以及采取相应的策略步骤问题的看法是一致的,而另一方面,他们对《无产者报》编辑部提出的同反对我们的策略的最后通牒派作斗争的方法也是一致反对的。会议不同意《无产者报》的决议中所说的必须和这些同志划清派别界限的做法,认为这是一种威胁党本身生存的措施…… **我们不允许分裂**,——我相信我这样说是正确地表达了会议的意见和情绪的。同志们! 你们在国外为自己勾画出一个实际上并不存在的可怕的最后通牒派魔鬼。彼得堡委员会和执行委员会的人员构成上的**偶然性**,使最后通牒派成了多数,结果就通过了一项文理不通的荒谬决议,这项决议已经使最后通牒派在道义上遭到了严重打击而很难再抬头了…… 在通过这项决议的彼得堡委员会的会议上,有三个区的代表没有出席;现在又得知,第四个区的一位代表是没有表决权的。这样,就是说四个区都没有代表,而使最后通牒派获得多数的那一票又是'加了说明的'。可见,就在彼得堡委员会的会议人数不足的情况下,最后通牒派也没有获得多数…… 对于彼得堡委员会关于选举问题的决议,区际联席会议决定在彼得堡委员会下一次会议上就设法加以修改,因为那时候我们将占多数(现在看来正是这样),将另外通过一项决议。最后通牒派也为自己的决议感到羞愧,同意加以修改。所有的人,看来连决议的作者也在内,都一致认为该决议是完全荒谬的,可是,我要强调指出,它并没有犯罪。曾经投票赞成这项决议的最后通牒派同志们,都宣布不同意决议作者的看法,都说他确实是遵循'既保持清白,又得到金钱'这条谚语行事的……"

这样,我们这位同志是在责备我们,说我们在国外勾画了一个可怕的最后通牒派魔鬼,说我们由于同最后通牒派进行分裂性斗争而妨碍了(或者毁掉了)重建党的事业。

对这种"责备"的最好答复,就是彼得堡发生的事件的经过。

因此我们才这样详细地叙述了这段经过。事实本身是最说明问题的。

我们肯定马克西莫夫同志已经从本派分裂出去，因为他拒绝服从扩大编辑部的决议，并且在臭名远扬的"党校"的幌子下建立了一个国外新组织的思想和组织中心。尽管我们的某些同志为此责备我们，但是他们自己在彼得堡却不能不**采取最紧急措施**（专门召开有影响的工人的非正式会议并修改已经通过的决议！）**设法撤销"完全错误的"**、反映马克西莫夫观点的决议！！

不对，同志们。尽管你们责备我们搞分裂和"画魔鬼"，然而你们一次又一次向我们证明了确实必须肯定马克西莫夫已经从本派分裂出去，你们无非是证明：如果我们在彼得堡选举前夕没有同马克西莫夫划清界限，那我们就要大大败坏布尔什维主义的声誉，就要使党的事业遭到致命的打击。责备我们搞分裂的同志们，你们的**行动**驳倒了你们的**言论**。

你们"**仅仅不同意**"**我们**同最后通牒派斗争的方法。而我们则完全同意**你们**同最后通牒派斗争的方法，我们对于你们的斗争方法和你们的胜利都完全和绝对地表示欢迎，可是我们坚决相信**你们的**方法不是别的，正是将"**我们的**"方法**实际运用于**党内的一定场合。

我们的"坏"方法是什么呢？这就是我们号召同马克西莫夫一伙划清界限。你们的好方法又是什么呢？这就是你们承认纯粹贯彻马克西莫夫观点的决议是"完全荒谬的"，就是你们专门召开会议，声讨这项决议，结果你们使决议的作者对决议也感到羞愧，结果你们就撤销了这个决议，并且**不是**用最后通牒派的决议**而是**用布尔什维克派的决议代替了它。

同志们,你们的"声讨"正是我们的声讨的**继续**,而不是对我们的声讨的否定。

你们一定会说:可是我们并没有认为任何人分裂出去呀! 好得很。那么,要"否定"我们的坏的方法,就请你们试一试把在彼得堡做过的事情拿到国外再做一下,试一试能不能使马克西莫夫和他的拥护者(即使是在有名的叶罗金式的"学校"所在地)承认马克西莫夫的传单(《给布尔什维克同志们的报告书》)的整个思想内容"是完全荒谬的",能不能叫马克西莫夫和他的伙伴们为这份传单"感到羞愧",叫这个臭名远扬的"党校"印发一份思想内容**完全相反**的传单。① 如果你们能做到这些,你们就是真正**否定了**我们的斗争方法,我们甘愿承认"你们的"方法更好一些。

在彼得堡,摆着一项实际的、刻不容缓的全党共同的工作,这就是选举。彼得堡的社会民主主义无产阶级马上就**要求**最后通牒派必须**守规矩**,而且要求很**强烈**,使他们马上就服帖了。这说明党

---

① 顺便介绍一下马克西莫夫和臭名远扬的"党校"消痕灭迹的一个实例。这个学校印发了一份注明 1909 年 8 月 26 日出版的传单,内容有学校的规划,考茨基的信(考茨基非常委婉地劝他们"不要"把哲学方面的分歧"提到第一位",并且说他"不认为尖锐批评社会民主党杜马党团是公正的",再不用说"最后通牒主义"了!)、列宁的信(见本版全集第 45 卷《致卡普里学校组织者》。——编者注)和学校委员会的决议。这个可笑的学校委员会声称:"派别之争和它的(党校的)纯粹全党共同的目标和任务毫无关系。"传单上署名的是:讲课人马克西莫夫、高尔基、利亚多夫、卢那察尔斯基、米哈伊尔、阿列克辛斯基。很难想象,由**这样一些**人担任讲课人的学校竟然和"派别之争""毫无关系"! 亲爱的同志们,请你们听着:……捏造也要有个限度! 当然,他们会对我们说,学校也"聘请了"其他一些讲课人。第一,学校聘请是聘请了,但明知他们根本不能前来。第二,学校聘请是聘请了,但是……"但是学校不能供给他们(其他一些讲课人)旅费和讲课期间的生活费"(1909 年 8 月 26 日的传单)。说得真妙啊! 我们绝不是派别分子,但是,除"自己人"以外,"我们不能提供"任何人旅费……

的观念占了优势,无产阶级群众的接近起了好作用;大家马上就明
白了,靠最后通牒派的决议办事是不行的,马上就向最后通牒派提
出了**最后通牒**,彼得堡的最后通牒派(**应当说他们很体面**)接到布
尔什维克的最后通牒以后就表示服从党,服从布尔什维克,而不是
同布尔什维克进行斗争(至少在选举时是这样,至于选举以后他们
是否停止斗争,我们还不知道)。

马克西莫夫一伙不仅在思想上是最后通牒派,他们还力图使
最后通牒主义成为一整条路线。他们正在建立一整套最后通牒主
义政策(我们且不谈他们同造神派的交情,看来彼得堡的最后通牒
派在这方面是没有责任的),并在此基础上建立一个新的派别,他
们已经开始有步骤地进攻布尔什维主义了。当然,这些召回派的
鼓舞者一定会失败(而且现在已在不断失败),但是为了尽快治好
我们这派和我们的党的召回主义-最后通牒主义病症,**这方面**需要
采取更坚决的措施;而我们对公开的和隐蔽的召回派斗争得愈坚
决,我们就能愈快治好党的这个病症。

彼得堡人说,最后通牒派得到"多数是偶然的"。同志们,你们
大错特错了。你们目前在**全部**现象中只看到自己眼前的小小的一
部分,就说它是"偶然的",可是它和整体有什么联系你们还没有搞
清楚。请回忆一下事实吧。1908年春天,召回主义在中央区开始
露脸,在莫斯科市代表会议上还凑集了(32票中的)14票。1908
年夏天和秋天,在莫斯科掀起召回主义运动,《工人旗帜报》展开讨
论,驳斥了召回主义。从1908年8月起,在《无产者报》上也开始
讨论。1908年秋天,召回派在党的全国代表会议上形成单独的
"流派"。1909年春天,在莫斯科掀起召回派运动(见《无产者报》
第47—48号合刊的《莫斯科郊区组织代表会议》一文)。1909年

夏天,彼得堡委员会执行委员会通过了最后通牒派的决议。

面对这些事实,再说最后通牒派得到多数是"偶然的",简直就太天真了。只要反动势力还像现在这样强大,只要社会民主党组织的成员还像现在这样弱,某些地区的组织成员发生极大的动摇就是不可避免的。今天布尔什维克宣布甲地的最后通牒派得到多数是"偶然的",明天最后通牒派就会宣布乙地的布尔什维克得到多数是"偶然的"。很多人爱在这个问题上相互攻击,我们可不是这样的人。必须理解,这些相互攻击和对骂是深刻的思想分歧的**产物**。只有理解了这一点,我们才能帮助社会民主党人不再进行无效而有失体面的相互攻击(要么为了"偶然的"多数,要么为了组织方面这样那样的矛盾,要么为了经费,要么为了各种人事关系等等),而去**弄清发生分歧的思想上的原因**。我们非常清楚,最后通牒派同布尔什维克的斗争在许多城市里已经波及到各方面的工作,使我们在合法的工会、社团、代表大会和各种会议中的活动也发生分歧和混乱。我们掌握了好些叙述这种分歧和混乱的"战地"来信。可惜由于保密的需要,我们**在这方面**所能发表的最多也不过是其中的 $\frac{1}{10}$,甚至是 $\frac{1}{100}$。我们敢十分肯定地说,在圣彼得堡选举中同最后通牒派的斗争**不是偶然的**,而是总的病症的无数次发作中的一次。

所以我们要向全体布尔什维克同志,向一切珍视革命的社会民主党的事业的工人一次又一次地说:没有什么东西比企图掩盖这种病症更错误更有害的了。必须毫不含糊地揭发我们同召回派、最后通牒派和造神派的分歧的原因、性质和意义。必须把布尔什维克派同新派别区别开来,划清这两个派别的界限,前者是布尔什维克志同道合者的联盟,希望**引导党沿着尽人皆知的《无产者**

报》路线前进;后者必不可免地使他们的拥护者今天会"偶然地"在莫斯科和彼得堡的召回主义纲领上发表一些无政府主义论调,明天会"偶然地"在马克西莫夫的传单上宣传面目全非的布尔什维克主义,后天又会"偶然地"在彼得堡作出"错误的"决议。必须弄清这种病症,同心协力地去治疗它。在那些能够用彼得堡同志的方法即立刻而有效地求助于先进工人的社会民主主义思想觉悟来进行治疗的地方,这种治疗方法就是最好的方法,那里**从来没有人**鼓吹过分裂和提出非划清界限不可。但是在那些由于各种不同的条件而形成了相当固定的中心和小组,宣传新派别的思想的地方,就必须划清界限。在那里,同新**派别**划清界限就是使**党的**队伍中的工作达到实际一致的**保证**,因为,在最后通牒派的旗帜下不可能进行这种工作,这一点是彼得堡做实际工作的同志刚刚肯定了的。

载于1909年10月3日(16日)　　译自《列宁全集》俄文第5版
《无产者报》第49号　　　　　　第19卷第112—123页

《彼得堡选举》一文的按语⁸²

(1909 年 10 月 3 日〔16 日〕)

反对肆意歪曲布尔什维克的这个思想的只有布尔什维克。《新的一日报》⁸³上竟然出现一种不从原则上同劳动派分子和人民社会党人划清界限的不正确的论调,这时,三个布尔什维克著作家曾试图纠正这种抹杀纲领性分歧的主张,并试图把报纸上和选举会上的鼓动引导到较彻底的**阶级**道路上去,即**社会主义**道路上去。这种尝试没有奏效,据我们所知,**过错不在布尔什维克**。有个布尔什维克也曾试图驳斥《新的一日报》上约尔丹斯基针对社会民主党对合法性和秩序的看法所发表的议论,但也同样没有奏效。约尔丹斯基同许多机会主义者一样,把恩格斯关于社会民主党人在"合法性"的土壤上养得"容光焕发"的那句有名的话①庸俗化了。恩格斯本人曾坚决反对引申解释他的这个看法(见登载在《新时代》杂志上的恩格斯的信件⁸⁴),因为,他的这个看法指的是德国发展的一定的时期(即在实行普遍……的选举制时期)。约尔丹斯基却认为在六三"合法性"的条件下这么说也是适宜的。

载于 1909 年 10 月 3 日(16 日)
《无产者报》第 49 号

译自《列宁全集》俄文第 5 版
第 19 卷第 124 页

---

① 见《马克思恩格斯文集》第 4 卷第 552 页。——编者注

关于巩固党和党的统一的决议草案[85]

(1909 年 10 月 21 日〔11 月 3 日〕)

中央机关报编辑部认为,目前巩固我们党和党的统一的唯一方法,就是使实际工人运动中某些强大的和有影响的**派别接近起来**(这种接近已经表现出来了),而不是用苦苦哀求的办法来谈论消灭这些派别;而且这种接近应当在革命的社会民主党的**策略**和组织政策的基础上进行和发展,这个组织政策就是既同"左的"也同"右的",特别是同右的取消主义作坚决的斗争,因为已被粉碎的"左的"取消主义的危险性比较小。

载于 1929—1930 年《列宁全集》 俄文第 2、3 版第 14 卷

译自《列宁全集》俄文第 5 版 第 19 卷第 125 页

在社会党国际局会议上
关于荷兰社会民主工党
分裂问题的发言[86]

(1909 年 10 月 25 日〔11 月 7 日〕)

　　辛格尔也好,阿德勒也好,都是从一系列事实出发的,我在这里想再对这些事实更为准确地作一说明。第一,分裂是既成事实,对此必须重视。第二,按照阿德勒本人的声明,社会民主党是社会主义的政党。第三,该党有不容争辩的权利参加国际代表大会。社会民主党自己甚至不要求在国际局作决定的时候有参加的权利;否则是可以给该党发言权的,对某些俄国政党就是这么处理的。第四,阿德勒同志提议,在哥本哈根代表大会荷兰支部中分配两党出席国际代表大会的人数,同时社会民主党仍有权向国际局上诉。在这次会议上应当就上述四个问题作出一致的决定。这里我只指出,特鲁尔斯特拉所提到的**罗兰-霍尔斯特**同志已表示**赞成**接纳社会民主党。

载于 1909 年 11 月 13 日《莱比锡人民报》(德文)第 264 号附刊 4

译自《列宁全集》俄文第 5 版第 19 卷第 126 页

沙皇对芬兰人民的进攻

（1909 年 10 月 31 日〔11 月 13 日〕）

　　冬宫的黑帮强盗和第三届杜马中的十月党人骗子手们开始向芬兰发动新的进攻。废除芬兰人借以保护自己的权利免受俄国专制君主蹂躏的宪法，使芬兰同俄国其他地区处于同样无权的非常状态，——这就是这次进攻的目的。这次进攻是以沙皇不通过芬兰议会而颁布关于兵役问题的命令并从俄国官吏中任命一批新的参议员这两件事作为开端的。强盗和骗子手们企图用各种论据来证明他们向处在百万大军的威胁下的芬兰提出的那些要求是合理的和正当的。对这些论据进行分析是没有意义的。问题的实质不在于这些论据，而在于所追求的目的。沙皇政府及其帮凶们想通过对民主自由的芬兰的进攻把 1905 年**人民的**胜利果实消灭得一干二净。因此，这些天哥萨克团队和炮兵营加紧占据芬兰的一些中心城市，这是关系到全俄国人民的事件。

　　受到芬兰人支持的俄国革命，曾经迫使沙皇松开了他若干年来紧紧扼住芬兰人民喉咙的魔爪。当时，想把自己的专制制度扩展到芬兰去的沙皇（虽然他的祖先和他本人都曾对芬兰的宪法宣过誓），不仅被迫承认刽子手博勃里科夫分子[87]被从芬兰土地上赶走这一事实，被迫同意废除他自己颁布的一切非法命令，而且被迫同意在芬兰实行普遍的和平等的选举制。现在，沙皇在镇压了俄国革命之后,又干起了老一套,不过所不同的是,现在他感到支持他的不仅有他所雇用的暗探和贪官污吏这些老班底,而且还有以克鲁平斯基之流和古契柯夫之流为首的、在第三届杜马中共同以俄国人民的名义行事的有产者这班狐群狗党。

　　现在情况对于强盗的这种勾当十分有利。俄国革命运动大大削弱了,因此,戴王冠的恶棍全神贯注的已经不是革命运动,而是他看中的猎物。曾经一再致函沙皇,要求他不再侵扰芬兰的西欧资产阶级,现在对于强盗们的行为将会采取袖手旁观的态度,不加阻止。这是因为那些曾经呼吁欧洲谴责沙皇对芬兰的政策的人们刚刚向他们**担保**,说沙皇的意愿是诚挚的,是"符合宪制"的。那些自命为"俄国知识分子的代表"和"俄国人民的代表"的立宪民主党的领袖,郑重其事地向欧洲资产阶级保证说,他们以及和他们一起的俄国人民,**是支持沙皇的**。俄国的自由派想尽一切办法要欧洲对双头凶鹰向芬兰的新进攻持不介入态度,就像对双头凶鹰向自由波斯的讨伐持不介入态度一样。

　　自由的波斯用自己的力量抗击了沙皇政府。芬兰人民首先是芬兰无产阶级也正在准备给博勃里科夫的徒子徒孙们以坚决的回击。

　　芬兰无产阶级认识到,他们必须在极端艰苦的条件下进行斗争。他们知道:向俄国专制政府献媚的西欧资产阶级是不会出面干涉的;俄国的有产者阶层一部分被斯托雷平的政策所收买,一部分被立宪民主党的谎言所迷惑,是不会像在1905年以前那样给予芬兰以道义上的支持的;同时,俄国政府在俄国国内打击了革命队伍之后,它的专横暴虐更是变本加厉了。

　　但是芬兰无产阶级也知道:政治斗争并不取决于一次战斗,有时候它要求作出坚持不懈的长期努力，而最终取得胜利的必将是顺应历史发展力量的人。芬兰的自由一定会获得胜利，因为芬兰不自由，俄国就不可能自由，而俄国自由事业不胜利，俄国的经济就不可能发展。

芬兰无产阶级根据自己的光荣经验也知道如何为争取自由而进行长期顽强的革命斗争，以便在情况允许给无耻的敌人以决定性打击以前，消耗、瓦解这个敌人，揭露他的罪恶。

同时芬兰无产阶级也知道，它一开始进行新的斗争，就会得到整个俄国社会主义无产阶级的支持。不管当前的条件如何困难，俄国无产阶级都决心履行自己的义务，履行**自己的全部义务**。

芬兰议会中的社会民主党党团派了一个代表团来同第三届杜马中的社会民主党党团共同讨论反对暴力者的斗争计划。我们的代表将像去年一样在高高的杜马讲坛上大声疾呼，痛斥沙皇政府，并撕下沙皇政府在杜马中的那些伪善的同盟者的假面具。所有社会民主党组织和全体工人都应当全力以赴，一致响应我们代表在塔夫利达宫里发出的呼声，使俄国和芬兰的自由的敌人们看到，整个俄国无产阶级是同芬兰人民站在一起的。各地同志们的责任是利用现有的一切可能来表明俄国无产阶级对芬兰问题的态度。党将找到足够的方法，例如，对俄国和芬兰的社会民主党党团发出呼吁，采用各种更有效的抗议方式，来打破现在的这种可耻的沉默，因为俄国的反革命正是利用这种可耻的沉默来蹂躏芬兰人民。

芬兰的斗争是为了全俄国的自由的事业。不管新的斗争会使英勇无畏的芬兰无产阶级经受多大的痛苦，这个斗争必将用新的团结的纽带把芬兰工人阶级和俄国工人阶级联结起来，使他们得到锻炼，将来能够完成他们在1905年10月的日子里所开创的、并且在喀琅施塔得和斯维亚堡的那些光辉的日子里⁸⁸试图继续进行的事业。

载于 1909 年 10 月 31 日(11 月 13 日)　　　译自《列宁全集》俄文第 5 版
《社会民主党人报》第 9 号　　　　　　　　第 19 卷第 127—130 页

可耻的失败

(1909 年 11 月 28 日〔12 月 11 日〕)

读者还记得某地"党"校的一段短暂的但是颇有教益的历史吧。下面谈的就是这段历史。布尔什维克派经过一年的内部斗争之后,毅然决然地同召回主义、最后通牒主义和造神说这三个"新"流派决裂了。布尔什维克会议在一项专门决议中宣布某地党校是这些流派的拥护者结成的**新派别的中心**①。靠着这三条鲸鱼支撑的新派别组织的国外领袖们,已经在组织上从布尔什维克派分裂出去了。可是,新派别的英雄们尽管在政治上非常勇敢,立场非常坚定,却不敢在自己的机关报上或其他方面公开地出头露面,而选择了一条纯粹是**欺骗党、欺骗**布尔什维克派的道路:他们在国外办了一所他们叫做"党"校的学校,但是这个学校的真正思想面貌,他们却周密地加以掩盖。他们费了九牛二虎之力,为这个冒牌的党校收罗到 13 个工人,然后由马克西莫夫、阿列克辛斯基、利亚多夫和卢那察尔斯基这些人开始给他们"讲课"。这一伙人不仅一直把这所"党校"就是新派别的中心这一事实对外保密,并且还竭力强调这所"党校"同任何派别都没有联系,说它是一个全党共同的事业。马克西莫夫、阿列克辛斯基、利亚多夫这伙人当上了"无派别

---

① 见本卷第 38—39 页。——编者注

的"同志啦！……①

　　然而现在终于到了最后阶段。在来到冒牌党校的工人中，将近一半人已经开始起来造那些"坏牧师"的反了。下面我们刊登了这所臭名远扬的"学校"的学员的两封来信，以及来自莫斯科的一些报道，它们彻底揭露了马克西莫夫、阿列克辛斯基、利亚多夫之流的冒险行为。这些信件和报道的内容就很能说明问题。这里一切都好：既有"真正的战斗"，又有"每天都在进行最激烈的辩论"，还有教员阿列克辛斯基向工人学员伸舌头，等等。在党校的自吹自擂的报告书中，这一切也许都成了宣传鼓动的"实践课"，成了"讲授社会世界观"的课程等等。不过可惜的是，现在已经没有人对这一出可怜而可耻的滑稽剧信以为真了！

　　新派别的领袖们两个月来对工人们絮絮叨叨，大讲召回主义和造神说比革命的马克思主义优越。后来他们却按捺不住了，公开把召回主义和最后通牒主义的"纲领"硬塞给工人。而那些最先进、最有独立见解的工人当然是不买账的。工人同志们在他们的来信中写道：我们不愿意替这个召回派和造神派的新的思想中心当幌子；学校既没有受到"下面的"监督，也没有受到"上面的"监督。这就准保使玩捉迷藏和蛊惑人心的"民主主义"的政策在工人**党员**中非遭到破产不可。马克西莫夫之流曾经对工人们说，地方组织本身会来管理某地学校的。可是现在这套把戏却被那些过去相信这一伙人的工人揭穿了。

----

　　① 这里顺便请托洛茨基看看下面刊登的工人来信，然后请他决定一下，现在是不是该他履行自己的诺言到某地"党校"任教（如果"党校"的一个报告书正确地传达了他这个诺言的话）的时候了。看来现在正是他一手拿着和平的棕榈枝，一手拿着"无派别的"橄榄油上"战场"的时候了。

　　通神的召回派先生们，最后对你们有个请求。这就是当你们
在神灵保佑的察廖沃科克沙伊斯克制定——我们相信你们会制定
出的——自己的纲领时，请你们不要像过去那么干，把它瞒着我
们。迟早我们都会弄到它并且会把它在党的报刊上公布出来的。
不过，你们最好还是不要再丢脸了。

载于1909年11月28日（12月11日）　　　译自《列宁全集》俄文第5版
《无产者报》第50号的抽印本　　　　　　　第19卷第131—133页

论目前思想混乱的某些根源

（1909 年 11 月 28 日〔12 月 11 日〕）

这一号《无产者报》上登载了一封来信，这是指出社会民主党人中存在严重的思想混乱的大批来信中的一封。关于"德国式轨道"（也就是说我国要走 1848 年以后德国的发展道路）的论调特别值得注意。不弄清这个极端重要的问题，工人政党就不能制定正确的策略，而为了分析清楚在这个问题上所产生的错误观点的根源，我们既要看看孟什维克和《社会民主党人呼声报》，也要看看波兰报刊上发表的托洛茨基的文章。[89]

一

布尔什维克在 1905—1907 年革命中的策略基础是这样一个原理：只有实行无产阶级和农民的专政，这次革命才算是获得完全的胜利。怎样从**经济**上来论证这个观点呢？我们一向（起初是在 1905 年的《两种策略》①中，后来又在 1906 年和 1907 年间的报纸和文集的许多文章中）都是这样来论证的：俄国的资产阶级发展是

---

① 见本版全集第 11 卷第 1—124 页。——编者注

已经完全决定了的,是不可避免的,但是这种发展有两种形式——
一种是所谓"普鲁士的"形式(保存君主制和地主土地占有制,在当
前的历史条件下培植殷实农民,即资产阶级农民,等等),另一种形
式是所谓"美国的"形式(建立资产阶级共和国,废除地主土地占有
制,通过当前历史局势的急剧转变来培植农场主,即自由的资产阶
级农民)。无产阶级应当为实现第二条道路而斗争,因为这条道路
可以保证最自由和最迅速地发展资本主义俄国的生产力,而这样
的斗争只有在无产阶级和农民实行革命联盟的情况下才能获得
胜利。

　　伦敦代表大会就民粹派政党或劳动派政党问题,以及就社会
民主党人对待这些政党的态度问题所通过的决议[90],正是贯彻了
这个观点。大家知道,孟什维克正是对我们就这里专门讨论的问
题所通过的这个决议最为反感。但是,他们对自己的立场所作的
经济上的论证是站不住脚的,这可以从孟什维克一位最有权威的
俄国土地问题著作家马斯洛夫同志的下面一段话中看出来。马斯
洛夫在他1908年出版的《土地问题》(序言的日期是1907年12月
15日)第2卷中写道:"**只要**〈黑体是马斯洛夫用的〉农村中的纯粹
资本主义关系还没有形成,**只要**粮食租佃〈马斯洛夫用这个不恰当
的术语来代替盘剥式农奴制租佃这一术语是没有道理的〉还存在,
那么用对民主派最有利的方法来解决土地问题的可能性也就不会
消失。在世界历史上建立资本主义制度有两种类型:一种是在西
欧(除了瑞士和其他欧洲国家中的一些个别地方之外)占统治地位
的类型,它是贵族阶级和资产阶级实行妥协的产物;另一种类型是
在瑞士、北美合众国以及在英国殖民地和其他一些殖民地中形成
的土地关系。我们所引用的关于俄国土地问题状况的材料没有为

我们提供足够的论据来断定,在我国将确立哪种类型的土地关系,而'科学的良心'又不允许我们作出主观主义的武断结论……"(第457页)

这话讲得对。而这也就是完全承认从经济上对布尔什维克的策略所作的论证。问题不在于"革命狂热"(如路标派和切列万宁之流所认为的那样),而在于为俄国资本主义的"美国式的"发展道路提供可能性的客观经济条件。马斯洛夫在叙述1905—1907年的农民运动的历史时,不得不承认我们的基本前提。他在上述著作中写道:"立宪民主党人的"土地"纲领是一个十足的空想,因为按照他们的愿望来解决下面这个问题:或者是将来在政治上作出让步的情况下土地占有者的利益获得胜利〈马斯洛夫的意思是,对占有土地的资产阶级作出让步是不可避免的〉,或者是民主派的利益获得胜利,——这种解决办法对任何一个广大的社会阶级都没有好处"(第456页)。

这话讲得也很对。而由此得出的结论是,在革命中无产阶级支持立宪民主党的策略是一种"空想"。由此得出的结论是,"民主派的"即民主革命的力量也就是无产阶级和农民的力量。由此得出的结论是,资产阶级的发展有两条道路:一条是"向资产阶级作出让步的土地占有者"指引的道路;另一条是工人和农民想要指引而且也能够指引的道路(参看马斯洛夫的书第446页上的一句话:"即使全部地主的土地无偿地交给农民使用,那时……也会发生农民经济资本化的过程,不过那是一个痛苦比较少的过程……")。

我们看到,当马斯洛夫用马克思主义者的观点来作推论的时候,他的说法就和布尔什维克一样。而下面一个例子说明,当他责

骂布尔什维克的时候,他的说法就和自由派相差无几了。不用
说,这个例子在马尔托夫、马斯洛夫和波特列索夫所编辑的《20
世纪初俄国的社会运动》这部取消主义的书中就有;在该书的
《总结》部分(第1卷)有马斯洛夫的一篇文章:《19世纪国民经
济的发展及其对阶级斗争的影响》。在这篇文章中有这样一段
话(第661页):

> "……有些社会民主党人把资产阶级看做是一个彻头彻尾的、微不足道
> 的反动阶级。他们对资产阶级的力量和作用不仅估计不足,而且对这个阶级
> 的历史作用也没有从历史的前景上加以考察,他们忽视了中小资产阶级会参
> 加革命运动,忽视了大资产阶级在运动初期也会同情革命运动,而预先断定
> 资产阶级将来也是反动的,如此等等。"("如此等等"——原文就是这样写
> 的!)"由此就作出关于实行无产阶级和农民的专政的必然性的结论,而这个
> 专政是与经济发展的总进程相矛盾的。"

整个这段话是彻头彻尾的路标派言论。这完全是布伦坦诺
式、桑巴特式或司徒卢威式的"马克思主义"[91]。作者在这段话中
的立场正是与资产阶级民主派不同的资产阶级自由派的立场。自
由派之所以为自由派,就是因为他们心目中除了对资产阶级作出
"让步"的土地占有者所指引的这条道路之外,就没有资产阶级发
展的另外的道路了。民主派之所以为民主派,正是因为他们看到
了另一条道路,并且为实现这条道路而斗争,这条道路就是"人民"
即小资产阶级、农民和无产阶级指引的道路;但是,他们看不到即
使这条道路也带有资产阶级性。马斯洛夫在这部取消主义的书的
《总结》中,把有关资产阶级发展的**两条**道路的一切都忘记了。他
忘记了美国的资产阶级(在俄国,相当于**在**用革命方法消灭了地主
土地占有制的**基础上从**农民**中**发展起来的资产阶级)的**力量**,忘记
了普鲁士的资产阶级(受"土地占有者"盘剥的资产阶级)的**软弱**

性,忘记了布尔什维克从未讲过"**专政**"的"必然性",而只是讲过专政**对于**美国式的道路取得胜利是必要的,忘记了布尔什维克关于"专政"的结论不是根据资产阶级的软弱性,而是根据为资产阶级提供两种发展可能性的**客观**经济条件而得出的。从理论方面来看,上面这段话可以说是乱成一团(连马斯洛夫自己在《土地问题》第 2 卷中也放弃了这种混乱的说法);从政治实践方面来看,这段话是自由主义论调,是从思想上为极端的取消主义辩护。

　　现在请看一下,在这个基本**经济**问题上的立场的动摇如何导致政治结论的动摇。下面是从马尔托夫的《向何处去?》(《社会民主党人呼声报》第 13 号)一文中摘引的一段话:"在现代俄国,目前谁也不能够确定,在新的政治危机发生时,是否会形成有利于实现彻底的民主革命的客观条件;我们只能指出那些使这种革命成为不可避免的具体条件。只要历史没有像 1871 年的德国那样解决这个问题,社会民主党就不应当拒绝下面这一任务:用革命的办法解决政治问题、土地问题和民族问题(民主共和国、没收地主土地、完全的自决自由),以迎接不可避免的政治危机的到来。但是它恰恰应当**迎接**这个危机的到来,而不应当**坐**待危机的到来,因为这种危机能彻底解决按照'德国方式'或'法国方式'来完成革命这个问题。"

　　说得对。这些话说得好,恰恰是转述了 1908 年 12 月党代表会议的决议。这个提法同马斯洛夫在《**土地问题**》第 **2 卷**中所讲的话,同布尔什维克的策略完全一致。这个提法和下述有名的感叹——"布尔什维克在 1908 年 12 月代表会议上居然决定向已经被击败过一次的地方硬闯"[92]——所表明的立场则截然不同。只能同资产阶级民主派中的**革命**阶层,即只能同农民一道,而不是同满足于"土地占有者的让步"的自由派一道"用革命的办法解决土地问题"。同农民一道去没收地主土地,这种说法同实行无产阶级和农民的专政的论点,除了字面上有差别之外,没有任何不同。但是,在《呼声报》第13号上曾经同我们党的立场很接近的马尔托夫,却不能彻底坚持这个立场,他无论在《社会运动》这本取消主义的书中,或者在同一天的《呼声报》(第13号)上,都不断倒向波特列索夫和切列万宁一边。比如,他在同一篇文章中竟把当前任务确定为"争取**公开的**工人运动的斗争,其中包括争取本身〈社会民主党〉的公开存在的斗争"。这样讲就是向取消派让步,因为我们要巩固能够利用一切合法机会和一切公开活动机会的社会民主党,取消派则要把党的存在限定在合法的和公开的(在斯托雷平的统治下)范围内。我们争取用革命的方法推翻斯托雷平的专制制度,**为了进行这一斗争**,要利用一切公开活动的机会,扩大争取这一目标的运动的无产阶级基础。取消派则争取使工人运动……在斯托雷平统治下获得公开的存在。马尔托夫说我们应当为建立共和国和没收土地而斗争,这话的意思是**排斥**取消主义的;可是他说要为党的公开存在而斗争,这话的意思就**不排斥**取消主义了。马斯洛夫在政治上的动摇同他在经济上所表现出的动摇是一样的。①

这种动摇性在马尔丁诺夫论述土地问题的文章(第10—11号合刊)中达到了登峰造极的地步。马尔丁诺夫企图用尖刻的言词同《无产者报》论战,但是由于他不会**提**问题,结果前言不搭后语,理屈词穷,窘态百出。他说,《无产者报》的结论和特卡乔夫的

---

① 这里我们只是举出马尔托夫在政治上动摇表现之一作为例子,此外,他在第13号上同一篇文章中还说未来的危机是"立宪"危机,等等。

结论一样:"要么现在或是稍微再过一些时候,要么就永远不!"[93]
亲爱的马尔丁诺夫同志,无论是马斯洛夫或者是马尔托夫,也都会
得出这样的"结论";任何一个马克思主义者都一定会得出这样的
结论,因为这里谈的不是**社会主义**革命(像特卡乔夫所说的那样),
而是完成**资产阶级**革命的两种方法之一。马尔丁诺夫同志,请您
考虑一下,马克思主义者能否在任何情况下都必须支持没收大地
产的措施,还是说只有在资产阶级制度"还"("现在或是稍微再过
一些时候",或者还要经过相当长的时期,这我们大家都不知道)没
有最终"建立起来"的时候,他们才必须这样做呢? 再举一个例子。
1906 年 11 月 9 日法令[94]"在农村引起了巨大的混乱和真正的内
讧,有时候甚至达到了动刀子斗殴的地步",——马尔丁诺夫讲得
对。他的结论是:"由于这种内讧,根本不可能指望在不久的将来
农民会有比较齐心协力的、强有力的革命行动,会爆发农民起义。"
亲爱的马尔丁诺夫同志,把起义即国内战争同"内讧"对立起来是
可笑的,而关于不久的将来的问题,这里根本不谈,因为这里谈的
不是实际的指示问题,而是整个农业发展的**路线**问题。再举一个
例子。"退出村社的情况正在急剧发展"。情况是这样。可是你的
结论怎样呢? ……"显然,地主的改革会取得成效,要不了几年,正
是在俄国那些不久以前土地运动还进行得极其激烈的广大地区,
村社将被破坏,劳动派思想的老巢也将随之覆灭。这样一来,《无
产者报》的两种发展前景之一,即'美好的'前景就破灭了。"

亲爱的马尔丁诺夫同志,要知道问题不在于村社,因为 1905
年的农民协会[95]和 1906—1907 年的劳动派分子并没有要求把土
地交给村社,而是要求把它交给个人或自由协作社。破坏村社的,
既有斯托雷平对旧的土地占有制实行的地主改革,**也有**农民的改

革,即没收地主土地建立新的土地制度。与《无产者报》的"美好的"前景相联系的不是村社,也不是像这样的劳动派团体,而是"美国式的"发展,即培植自由的农场的**可能性**。因此,马尔丁诺夫同志一方面说,美好的前景正在破灭,一方面又说,"剥夺大土地占有者的口号是不会过时的",这就是信口开河。如果能确立"普鲁士式的"发展,那么这个口号就要成为过时的口号,在这种情况下,马克思主义者就要说:为了实现痛苦较少的资本主义的发展,我们已经尽了最大的努力,现在我们只要为消灭资本主义本身而斗争了。如果这个口号不会过时,那就是说,还会有可以把"列车"转到美国式的"轨道"上去的**客观**条件。这时马克思主义者如果不愿意变成司徒卢威分子,他们就会在小资产者的那种反映出他们主观主义观点的反动的"社会主义的"美丽辞藻中,看到群众为争取更好的资本主义发展条件而进行的客观的现实斗争。

综上所述,关于策略的争论如果不以对经济条件进行的明确分析为依据,那就是空话。1905—1907年的斗争提出了俄国农业按普鲁士类型还是按美国类型演进的问题,它表明了这个问题具有现实性。斯托雷平在普鲁士的道路上又前进了一步,——不敢正视这个痛苦的真理是可笑的。我们应当善于挺过这新的一步所造成的独特的历史阶段。但是斯托雷平**目前**只是把旧的状态弄得更加错综复杂,更加尖锐化,而并没有建立起新的秩序。看不到这一点,那就不仅是可笑的,而且是有罪的。斯托雷平"寄希望于强者"[96],要求有"20年的和平和安宁",由地主来"改革"(应读做:"掠夺")俄国。无产阶级则应当寄希望于民主派,但是,不夸大它的力量,不只是单纯地"指望"它,而要坚持不懈地开展宣传工作、鼓动工作、组织工作,发动民主派的一切力量——首先和主要是发动农民群众——号召他们同先进阶级结成联盟，建立"无产阶级和农民的专政"，以便取得民主主义的完全胜利，保证创造最有利的条件，使资本主义得到最迅速、最自由的发展。无产阶级如果拒绝履行自己的这个民主主义的义务，就必然会导致动摇，**客观上**就只会帮助工人运动外部的反革命自由派和工人运动内部的取消派。

载于 1909 年 11 月 28 日（12 月 11 日）   译自《列宁全集》俄文第 5 版
《无产者报》第 50 号   第 19 卷第 134—141 页

取消派的手法和
布尔什维克的护党任务

(1909 年 11 月 28 日〔12 月 11 日〕)

我们已经不止一次地讲过,目前我们党所经历的危机是小资产阶级分子的动摇性引起的,他们在革命时期加入了工人阶级的运动,现在则在党的一翼形成了孟什维克取消派,在另一翼形成了召回派-最后通牒派。因此在这两翼进行斗争,是捍卫革命的社会民主党的正确策略和建设党的必要任务。布尔什维克派也确实在坚持不懈地进行这个斗争,从而锻炼和团结了一切真正忠于党的、真正忠于马克思主义的社会民主主义分子。

党在 1908 年十二月代表会议上曾经坚决地谴责了取消主义,在同一次会议上也坚决地跟召回主义-最后通牒主义划清了界限。现在要胜利地进行这场保卫党的斗争,就应该清楚地了解目前社会民主党内进行这一斗争所处的形势。《社会民主党人呼声报》第16—17 号合刊和召回派-最后通牒派新出版的一份近似报纸的传单(由马克西莫夫同志和卢那察尔斯基同志执笔,题目是:《致全体同志》,共 8 页)之所以最值得大家注意,是因为它们清楚地描绘了这个形势。无论是《呼声报》或者是马克西莫夫之流,都在掩护取消派。右的和左的取消派玩弄同样的手法是一目了然的,这也证明两者的立场同样都是动摇的。

《呼声报》的一位社论撰稿人武断地说，取消主义是一个"存心弄得很含糊和蓄意弄得不明确的字眼"。马克西莫夫则武断地说，《无产者报》把它同最后通牒派的实际分歧夸大成原则分歧。可怜的《呼声报》！过去它可以把"蓄意捏造"这个罪名完全加到布尔什维克头上，即加到"派别的对手"头上。而现在，它只好责难普列汉诺夫和崩得，说他们蓄意捏造了（见《崩得评论》第3期，关于崩得中的取消主义）。是普列汉诺夫和崩得分子"蓄意"闪烁其词呢，还是《呼声报》"蓄意"闪烁其词？哪一种情形更属实呢？

《呼声报》硬说：我们不是取消派，我们只是对党员资格作了另一种解释；我们在**斯德哥尔摩**通过的党章第1条是**布尔什维主义的**[97]，但是这并不是什么糟糕的事；正是现在，在普列汉诺夫责难我们是取消派以后，我们要把第1条搬出来，要说明一下，我们只不过希望扩大党的概念，这就成了被大肆渲染的我们的全部取消主义。要知道，党不只是各个党组织的总和（这是我们自己**在斯德哥尔摩**会议上对布尔什维克的让步），而且还包括在党的监督和领导下一切**在党的组织以外**进行工作的人！

决没有取消主义，只有过去的那些关于第1条的争论，——多么漂亮的遁词，多么天才的捏造！亲爱的呼声派，糟糕的只是你们这么说恰好**证实了**普列汉诺夫对你们的责难**是正确的**，因为**事实上**，任何一个护党的社会民主党人和任何一个工人社会民主党人，一看就明白，你们端出关于第1条的旧破烂来**正是为了保护**取消主义（＝用"不定型的"合法组织来代替党组织。见1908年十二月代表会议的决议）。**事实上**，你们这样做恰恰为取消派敞开大门，尽管你们**在口头上**竭力保证。你们是"想"为社会民主主义的工人敞开大门。

　　同样,马克西莫夫也硬说,他并不是捍卫召回主义,他只是(只是!)认为参加杜马的问题"争论很大"。第1条有争论,参加杜马有争论,怎么说是"蓄意"捏造召回主义和取消主义呢?

　　《呼声报》硬说:我们不是取消派,我们只是认为普列汉诺夫"顺利地回避了如果支部的构成恰恰妨碍了支部的改造时将怎么办的问题"。事实上,普列汉诺夫没有回避,而是公开地、直截了当地解决了这个问题:他号召坚持党性,谴责分裂行为和取消主义,对布尔什维克撤掉召回派-最后通牒派的职表了态。支部是党的秘密组织形式,在党的这个组织中,照例是布尔什维克占优势,召回派**妨碍**了这个组织的改造(便于参加杜马、参加合法团体等等的改造)。护党派孟什维克对布尔什维克撤召回派的职,只能像普列汉诺夫表态那样表态。《呼声报》则闪烁其词,实际上**支持**取消派,在国外的秘密出版物上**重复自由派**散布的流言蜚语,说布尔什维克组织是阴谋组织,说布尔什维克不愿意建立广泛的工人组织,不愿意参加各种代表大会等等(因为支部**参加**新的合法"机会",也就是按参加的要求来进行改造,也就是实际地学习如何改造)。说支部的**"构成"**妨碍支部的改造,这**事实上**就是宣扬分裂,为取消派的**反党**分裂行为辩护,而这个党正是以现在的方式建立起来的所有的支部的总和。

　　我们不是取消派,不是合法派,我们只是想通过"党的"(这是招牌!)"秘密的"(然而是受到库斯柯娃女士赞许的!)出版物肯定地说,支部(以及支部的总和——党)的构成**妨碍**党的改造。我们不是召回派,不是社会民主党杜马工作的破坏者,我们只是肯定地说(1909年),参加杜马的问题"争论非常之大","杜马主义"使我们的党什么都看不清。这两种取消派中,哪一种对党的危害更大呢?

　　普列汉诺夫退出了《社会运动》文集编辑部,他声称,波特列索夫已经不再是革命者了。波特列索夫写信问马尔托夫:我不知道,为什么要使我难堪? 马尔托夫回信说:我也不知道。于是两位编辑便"寻找"(《呼声报》的说法!)普列汉诺夫不满的原因。他们写信问第三位编辑马斯洛夫,但是看来马斯洛夫也不知道普列汉诺夫为什么要退出。他们同普列汉诺夫多年在一块工作,他们曾试图**按照普列汉诺夫的意见**来修改波特列索夫的文章,可是当他们在报刊上受到公开指责时,他们竟忽然感到不理解,普列汉诺夫为什么要指责波特列索夫,于是他们便"寻找"起原因来! 在这个不幸的事件发生以前,他们都是相当高明、相当老练的著作家,而现在他们又都变成了小孩子,"不知道"切列万宁的文章、波特列索夫本人以及整个《社会运动》文集散发出什么样的背离革命的气味。罗兰-霍尔斯特指出切列万宁身上有这种气味,大概这也是蓄意的吧! 然而**和波特列索夫一起仍旧本着那种精神从事写作的切列万宁就在那里作了一点小小的说明**……这同取消主义有什么相干呢?[98]立宪民主党人=作了附带说明的路标派。切列万宁、波特列索夫和《社会运动》文集=作了附带说明的背离革命的一伙人。是呀,是呀,"取消主义"是一个存心弄得多么含混和蓄意弄得多么不明确的字眼啊!

　　"造神说"同样也是一个存心弄得很含混和蓄意弄得不明确的字眼,——马克西莫夫和卢那察尔斯基也叫喊起来。既然只要作一点**小小的说明**,就可以为切列万宁打掩护,那卢那察尔斯基什么地方不如切列万宁和波特列索夫呢? 于是卢那察尔斯基和马克西莫夫也编出了一点**小小的说明**。卢那察尔斯基的那篇文章中主要的一节的标题是:《为什么我要拒绝这个术语?》。我们就把那些不恰当的术语换掉,既不提什么宗教,也不提什么造神说……可以多谈谈"文化"……那时候,你再去分辨一下,我们用新的、真正新的、真正社会主义的"文化"的形式所奉献给你们的是什么。党是这样吹毛求疵,这样不能容忍(卢那察尔斯基有一节论"不容忍"),我们就把这个"术语"换掉好了,因为他们不是反对思想,而是反对"术语"……

那么你们,亲爱的呼声派,是不是打算在《呼声报》第18—19号上声明拒绝……比如说拒绝取消主义这个术语呢?那么你们,《社会运动》文集的编辑们,你们是不是打算在文集第3—10卷中**作一番说明**,说"别人不了解你们",说你们没有反对任何"领导权思想",说你们一点没有取消主义气味……根本没有! ……你们不赞成这样做吗?

彼得堡的召回派–最后通牒派早就**破坏了彼得堡委员会的全部工作**,他们在杜马选举前夕(1909年9月间)通过了一项实际上是破坏选举的决议。工人们为了维护党而起来造反,**迫使**左的取消派撤销了这项荒谬的决议。马克西莫夫现在却闪烁其词:说什么决议"是极端错误的",不过同志们"自己已经放弃了这个决议"。马克西莫夫写道:"很明显,最后通牒主义本身同这个错误毫不相干。"马克西莫夫同志,明显的不是这个,明显的是你在为**危害党的**左的取消主义打掩护。圣彼得堡维堡区的孟什维克也起来反对取消主义(想必这也完全是他们蓄意的吧?)。《呼声报》起初赞许他们(在《无产者报》之后)。现在孟什维克取消派分子**格一格**在《呼声报》第16—17号合刊上竟破口大骂维堡区人,而且是用最难听的话来骂,——你们能够设想吗?在孟什维克的机关刊物上,他居然骂孟什维克是**布尔什维克!**《呼声报》的编辑部则变得特别特别

谦虚,特别特别清白无辜,它像马克西莫夫那样表明与自己无关:
"我们不负责任"(《呼声报》第16—17号合刊的附刊第2页第2
栏),"这是事实问题……"

　　……说《呼声报》掩护取消派,帮助取消派;这样的"奇闻"(马
尔托夫在《前进报》上的说法)是蓄意已久的诽谤者的捏造!说那
些在秘密机关刊物上嘲笑中央委员会的杜马工作的人给取消派帮
了忙,说他们诬蔑杜马工作是"从大多数中央委员会委员侨居国外
时起"(同上)才开展起来的(而要反驳这些诬蔑,也就是**讲清楚**秘
密的中央委员会进行杜马工作的真相,又是**不可能的**……),难道
这还不是诽谤吗?

　　马克西莫夫硬说,**党**有没有可能领导杜马党团是争论非常之
大的问题(经过两年的实践之后)。《呼声报》硬说,**党**的这种领导
是一句空话("从大多数中央委员会委员侨居国外时起")。无论马
克西莫夫或呼声派都拍着自己的胸脯担保说,只有诽谤者造谣说
右的和左的取消派干的是**反党**工作。

　　无论马克西莫夫或者呼声派,都说同取消主义的全部斗争是
由某些人和某些集团有"把人撵走"的癖好所引起的。马克西莫夫
使用的就是这个字眼。《呼声报》愤怒地把普列汉诺夫关于彻底划
清界限的号召说成是"外科手术","先剃后刮再放血"的方法,"索
巴开维奇-列宁"的手法[99],"打手"普·(普·=孟什维克普列汉诺
夫分子,他不怕公开地讲出切列万宁之流、拉林之流和波特列索夫
之流搞取消主义的真相)的手法。《无产者报》在玩弄外交手腕,迎
合普列汉诺夫(马克西莫夫语),《无产者报》在向普列汉诺夫献媚
(《呼声报》的说法是:向普列汉诺夫"献殷勤"的《无产者报》"小品
文作者")。大家看得很清楚:马克西莫夫分子和呼声派对新的分

裂和新的组合所作的解释完全一样。

让玩偶小人去作这样的解释吧，我们来谈谈本题。

取消主义是一种深刻的社会现象，它同自由派资产阶级的反革命情绪、同民主派小资产阶级中的涣散和瓦解是分不开的。自由派和小资产阶级民主派千方百计地想瓦解、破坏和搞垮革命的社会民主党，为那些欢迎他们的合法的工人团体奠定基础。就在这样的时候，取消派却从思想上和组织上来反对昨天的革命的最重要的遗产和明天的革命的最重要的堡垒。呼声派（党只要求他们**同取消派**进行老老实实的、面对面的、毫不留情的斗争，此外别无他求）闪烁其词，**为取消派效劳**。孟什维主义被反革命历史逼得走投无路：要么同取消主义开战，要么成为它的帮凶。变相的孟什维主义，即召回主义–最后通牒主义，事实上也在助长取消主义。如果继续"争论"杜马工作和合法工作，如果企图保持旧的组织而又不使它适应新的历史时期和已经改变了的情况，这**事实上**就等于推行对革命怠工和破坏秘密组织的政策。

布尔什维克面临在两翼进行斗争的任务，这是一项"中心"任务（马克西莫夫不了解这项任务的实质，他在这里只看到缺乏诚意和玩弄外交手腕）。不对社会民主党的秘密组织进行系统的、坚定的、逐步的改造，**使之能**适应当前的困难处境，**使之能**通过所有合法机会中的"据点"来进行长期的工作，就不能够保存和巩固社会民主党的秘密组织。

客观条件给党规定了这项任务。谁来执行这项任务呢？就是这些客观条件又规定了党的各派别的和各部分中的**护党派分子**要**接近起来**，首先是布尔什维克同护党派孟什维克、同圣彼得堡维堡区人那样的孟什维克以及同国外的普列汉诺夫分子那样的孟什维克应接近起来。布尔什维克自己已公开宣布了这种接近是必要的。我们号召**凡是**能够公开反对取消主义、公开支持普列汉诺夫的**孟什维克**，当然首先是和主要是工人孟什维克，都来作这种努力。如果能够同普列汉诺夫分子**达成协议**，这种接近是会迅速而广泛地实现的。但协议必须建立在这样的基础上：保卫党和党性，反对取消主义，不能有任何思想上的妥协，**在**符合党的路线这个**范围内**决不掩饰策略分歧和其他分歧。所有的布尔什维克特别是各地工人布尔什维克，应该尽一切努力来达成这样的协议。

如果普列汉诺夫分子的力量太小，或者组织程度太差，或者根本不愿意达成协议，我们就要通过更为漫长的道路来实现这一目的，但我们无论如何要实现这一目的，而且一定能实现这一目的。到那时，布尔什维克派就会立即在实际工作方面成为党的唯一建设者（因为普列汉诺夫只是写文章帮助党）。我们将全力以赴来推进这一建设，我们将毫不留情地对待呼声派和马克西莫夫分子的各种卑鄙的诡计和花招，对这两种人的反党行为，我们将在党的每一步实际工作中向无产阶级进行揭露并加以痛斥。

俄国工人阶级已经给俄国整个的资产阶级革命打上了自己的、无产阶级的、革命社会民主党的策略的印记。自由派、取消派和取消派的帮凶们无论怎样费尽心机，都抹杀不了这个事实。先进的工人们将**撇开**不愿意或不能够帮助他们的人而同愿意帮助他们的人**一道**，来建立革命的社会民主党，而且一定能建成这样的党。

载于1909年11月28日（12月11日）　　　译自《列宁全集》俄文第5版
《无产者报》第50号　　　　　　　　　　第19卷第142—149页

《社会民主党人呼声报》与
切列万宁[100]

(1909 年 11 月 28 日〔12 月 11 日〕)

切列万宁同志是孟什维克中取消派思想的典型和样板。这在他那部名著《……无产阶级》中表现得最充分。这本书中的取消主义极其严重,甚至该书德文版序言的作者荷兰的著名女作家,马克思主义者罗兰-霍尔斯特,对于切列万宁歪曲马克思主义、用修正主义来代替马克思主义的做法,也禁不住要提出抗议。**于是**《社会民主党人呼声报》编辑部便在《前进报》上发表了一个同切列万宁脱离关系的声明,说一些最有名的孟什维克都不同意他的观点。《无产者报》指出,这个脱离关系的声明是在玩弄诡计,因为《呼声报》并**没有**加以转载,俄国的报刊对于切列万宁的"错误"也没有相应地加以系统的说明①。而资产阶级的大臣们,从斯托雷平到白里安,哪一个不是如此行事呢? 对于野心勃勃的同谋者和热心过头的同道者,他们提出保留、提出修正、声明脱离关系,而在这一切的掩护下继续实行旧的路线。

在第 16—17 号合刊的《呼声报》上公布了切列万宁给编辑部的一封信和编者按,说《无产者报》犯有"诽谤罪"。他们说我们对

---

① 见本卷第 41—49 页。——编者注

公众"隐瞒了"一件事,这就是切列万宁本人在他的《当前的形势和未来的展望》(1908年莫斯科版)一书中"已经纠正了错误"。

我们一定要反复地向读者指出,呼声派玩弄的是**一些什么样的手法**,他们谴责《无产者报》"诽谤"他们是取消派意味着什么。

我们只从上面提到的切列万宁新出版的那本书中引几段话来看看。第173页:"一般说来,我决不放弃我在《革命中的无产阶级》这本书中所作的分析。无产阶级和社会民主党无疑犯了一系列错误,**就算革命在过去有可能胜利**〈黑体是切列万宁用的〉,这些错误也不能不给它造成困难。但是现在已经需要提出这样的问题:这种胜利在当时是不是真有可能? 无产阶级和社会民主党的错误是不是革命失败的唯一原因? 这个问题的提法本身自然地提示了问题的答案。革命的失败异常惨重,反动势力的统治异常牢固(至少在今后几年中),要把造成这种局面的原因说成是无产阶级犯了某些错误,那是根本说不通的。显然这里的问题不在于错误,而在于某些更深刻的原因。"

这就是《呼声报》所说的切列万宁"纠正了错误"! 切列万宁不是放弃自己的"分析",而是**加深了**分析,最后得出了一系列新的高论(如用统计办法确定"革命力量"为全体居民的¼,即21.5%—28%;这个高论我们将另作研究!)。切列万宁在提出了革命无产阶级犯了错误这个看法后又补充说:当时革命并未拥有超过居民的¼这种**"可能拥有的"**力量(第197页,黑体是切列万宁用的),——而呼声派竟把这说成是"纠正"错误,并叫喊说《无产者报》进行了诽谤。

第176页:"我们知道,孟什维克始终坚持孟什维主义的立场,并没有在革命高潮的影响下变成布尔什维克,虽然他们参加了彼得堡十一月罢工,参加了强制实行八小时工作制,参加了抵制第一届杜马的运动。"(结论是:即使无产阶级的策略改进了,最后还是会失败。)

第138页:"革命的和反政府的〈你们听!〉党派在暴风雨般的1905年为了实现用激进手段改革土地关系和政治关系的远景,可能做得过头了。"

已经足够了,是吧?《社会民主党人呼声报》竟把老调重弹而且愈走愈远的取消主义和叛徒行为叫做纠正错误。明天,《当前的形势》一书的德文译本就要出版了——呼声派将再**向德国人**发表一个脱离关系的声明——切列万宁将再公布一项"说明"——取消主义的说教将要变本加厉——《呼声报》将装腔作势地对诽谤它是取消派的人表示愤慨。这是一个老的但又万古常新的故事。

马斯洛夫、马尔托夫和波特列索夫根本不能理解,绝对不能理解,在波特列索夫写的东西中,是什么"精神"使(终于使!)甚至曾经对立宪民主党人过分迁就的马克思主义者普列汉诺夫也大发雷霆了。亲爱的呼声派,你们就是不理解吗?读了切列万宁那本"已经纠正了错误的"书的几段话之后,你们仍然不理解吗?呆头呆脑有时候真是大有好处!

载于1909年11月28日(12月11日)
《无产者报》第50号

译自《列宁全集》俄文第5版
第19卷第150—152页

资产阶级报界关于
高尔基被开除的无稽之谈[101]

(1909 年 11 月 28 日〔12 月 11 日〕)

已经有好几天了,许多资产阶级报纸,如法国的《闪电报》、《激进报》,德国的《柏林每日小报》[102],俄国的《俄国晨报》、《言语报》、《俄罗斯言论报》、《新时报》[103],都在津津有味地品评一条最耸人听闻的新闻:高尔基被开除出社会民主党。《前进报》已经对这种胡说发表辟谣文章。《无产者报》编辑部也给几家报纸送去了辟谣声明,但是资产阶级报纸置之不理,继续渲染这个谣言。

这个谣言的来源是很明显的:有个蹩脚记者,听到了一点关于召回主义和造神说引起意见分歧的风声(这个问题在党内,特别是在《无产者报》上公开讨论已经快一年了),就无耻地瞎编一些支离破碎的消息,并且拿杜撰的"访问记"等等"捞了一笔大钱"。

发动谣言攻势的目的也是同样明显的。资产阶级政党**想要**高尔基脱离社会民主党。资产阶级报纸拼命想扩大社会民主党内的分歧,拼命丑化这种分歧。

资产阶级报纸是白费气力的。高尔基同志通过自己的伟大的艺术作品同俄国和全世界的工人运动建立了非常牢固的联系,因此只能以鄙视回敬这些报纸。

载于 1909 年 11 月 28 日(12 月 11 日)　　　译自《列宁全集》俄文第 5 版
《无产者报》第 50 号　　　　　　　　　　第 19 卷第 153 页

论俄国社会民主党内
思想上的涣散和混乱[104]

（1909 年 11 月末〔12 月初〕）

反对召回主义和取消主义的斗争在我们党内的真正马克思主义和社会民主主义分子的任务中，自然是占首要地位的，但是我们不应当因此就看不到一种更严重的祸患，实质上这种祸患既产生了召回主义，又产生了取消主义，而且就整个情况看来，它还会产生出不少新的策略上的谬误。这种祸患就是思想上的涣散和混乱。它不仅已经完全控制了自由派，而且正从四面八方向我们党内袭来。

现在就从说明这种思想混乱的大量事实中举一个例子。有一位曾经在党内做过长时期工作的同志，一位旧火星派分子和老布尔什维克，他很久以来——差不多从 1906 年初以来——由于监禁和流放一直没有参加过运动。不久以前，他又重新开始工作了，当他接触到召回主义-最后通牒主义时，他义愤填膺地加以痛斥，认为召回主义-最后通牒主义是对革命的社会民主党策略的肆意歪曲。这位同志在了解了敖德萨和彼得堡的工作情况后，得出如下的结论或者说是自己观察后得出的"不成熟的看法"："……我觉得，最艰苦的时刻已经过去了，剩下来的任务就是要肃清瓦解和涣散时期的余毒。"而这种余毒却实在不轻。

　　他在这封信中还写道:"在整个彼得堡的工作中,使人感到缺乏一个统一的领导中心,没有纪律,没有秩序,各个部分之间没有联系,在工作中缺乏统一安排和计划。每个人在工作中都各自为政。秘密组织中的召回主义倾向很厉害,甚至把一些反对召回派的人也拉过去了……"(显然这是指那些违背《无产者报》一再重申的坚决主张的布尔什维克,这些布尔什维克不同召回派一刀两断,也不同他们进行无情的斗争,而是企图同他们和解,徒然拖延必然的结局的到来,实际上却丝毫也不能使召回派-最后通牒派放弃他们的荒谬策略)"……在这种条件下就出现了一种非常突出的现象,这种现象在敖德萨也完全自发地表现出来了,这就是对革命消极怠工。凡是召回主义精神占上风的地方,都出现了特别引人注目的秘密组织无所事事的现象。搞一两个宣传员小组,反对利用合法机会,——这就是全部工作。这种工作多半带有破坏的性质,这在我从敖德萨寄给你们的大批材料中就可以看出……"(在……①一文中引用了这些材料)"……至于谈到合法机会,那么在利用合法机会方面也缺乏坚定不移的社会民主主义的路线。在反动势力的黑暗统治下,社会民主党内的机会主义者趾高气扬,'敢于'反对社会民主党的基本原则,他们知道这样做现在是没有危险的。于是你们可以看到,他们对革命的社会民主党,对它的纲领和策略广为修正,伯恩施坦的修正与之相比,那真是小巫见大巫。他们说,俄国社会民主工党不懂得马克思,它对俄国经济发展的趋势所作的分析不正确,俄国从来没有过农奴制,而只有农奴制-商业制度,在资产阶级和领地贵族之间,过去和现在都不存在

　　① 手稿上,这里留了一个空白地方准备写文章的题目。——俄文版编者注

利益上的矛盾,它们之间也没有什么联盟,因为俄国社会民主党臆造的这两个阶级,只是一个资产阶级(这是俄国独有的特点),专制制度就是这个阶级的组织。俄国资产阶级的软弱性是臆造的,根据这种臆造提出了'无产阶级和农民专政'这个口号(?? ——这两个问号是该信的作者打的),而这个口号过去是空想,现在仍然是空想。应当把它连同民主共和国一起扔掉,因为俄国的火车已经开上了德国式轨道……"

显然,这只是对滚滚而来的思想混乱这股浊流中的一个小小支流所作的速写。这股思想混乱的洪流产生召回主义和取消主义,有时竟然把极右和极"左"的荒谬倾向的前提离奇地混合在一起,甚至糅合在一起。这些前提的前一半(在资产阶级和农奴主土地占有制之间没有矛盾等等)真是毫无道理,荒谬透顶,简直很难信以为真。不值得……①

载于1933年《列宁文集》俄文版　　　　译自《列宁全集》俄文第5版
第25卷　　　　　　　　　　　　　　第19卷第154—156页

---

① 文章的结束部分尚未找到。——俄文版编者注

关于八小时工作制法令
主要根据的草案说明书

(1909 年秋)

一①

在说明书的这一部分即第二部分里,我们要谈的问题是:社会民主党提交第三届杜马的八小时工作制法案属于哪一种**类型**,用哪些**理由**说明这个法案的**基本特点**。

社会民主党杜马党团原有的那个草案初稿已交到我们分委员会,它可以作为基础,但必须进行若干修改。

社会民主党人向第三届杜马提交的法案的主要目的,应该是就社会民主党的纲领和策略**进行宣传和鼓动**。对第三届杜马实行的"改革"抱任何希望,不仅是可笑的,而且有可能完全歪曲社会民主党的革命策略的性质,使它变成机会主义的、自由主义的社会改良派的策略。不待说,这样歪曲社会民主党对杜马的策略,势必直接违背和完全违背我们全党共同遵守的俄国社会民主工党伦敦代

---

① 说明书的第 1 部分或第 1 章,应该从劳动生产率、无产阶级的卫生和文明方面的利益以至无产阶级解放斗争的总的利益的角度来阐述八小时工作制的主张,要写得通俗,并且尽量带鼓动性。

表大会的决议、经中央委员会批准的1907年11月和1908年12月两次党的全国代表会议的决议。

要使社会民主党杜马党团提出的法案符合自己的任务,就必须具备下列条件:

(1)法案必须极其明确地陈述社会民主党最低纲领中明文规定的、或根据这个纲领必然得出的具体要求;

(2)法案决不应当过多地涉及法律的细则;法案应当阐明所拟定的法令的**主要根据**是什么,而不是提出附有详尽细则的法规;

(3)法案不应当完全孤立地陈述社会改革和民主改革各个方面的问题,尽管从狭隘法律观点、行政观点或"纯粹议会"观点来看这样做是必要的;相反,法案的目的是进行社会民主党的宣传和鼓动,所以应当尽可能使工人阶级比较明确地认识到工厂改革(以至社会改革)同**民主政治改革必须联系起来**,认识到如果没有民主政治改革,斯托雷平专制制度的任何"改革"都必然变成"祖巴托夫式的"不像样的东西[105],都必然成为一纸空文。不言而喻,要把经济改革同政治联系起来,并不是要把彻底民主制的一切要求全部写进法案,而是要根据每一项具体的改革提出民主主义的和纯粹无产阶级民主主义的设施;同时必须在法案的说明书中强调指出,如果没有根本的政治改革,这些设施就不可能实现;

(4)鉴于在目前条件下社会民主党在群众中进行合法的宣传和鼓动极为困难,拟定法案时必须考虑到,一份法案和一份法案说明书一旦到了群众手里(通过非社会民主党报纸的转载,或印发载有法案条文的传单或用其他方法),**就能够达到自己的目的**,就是说,使普通工人、不开展的工人能够读完,使他们的阶级觉悟得到提高；为了达到这个目的，**整个**法案必须贯穿无产阶级对企业主、对国家这个为企业主服务的机关不信任的精神；换句话说，阶级斗争的精神必须渗透全部法案，必须体现在各项具体的决定中；

最后，(5)在目前俄国的条件下，即在没有社会民主党报刊和不能举行社会民主党集会的条件下，法案应当十分**具体地**说明社会民主党人提出的改革要求，不能只是一般地**宣布一下**原则；一定要使普通工人、文化水平很低的工人对社会民主党的法案感到兴趣，被改革的具体情景所吸引，然后才从这种个别的情景进而领会作为整体的社会民主党的整个世界观。

根据这些基本前提来看，应当说八小时工作制法案初稿的起草人所选择的法案类型，较之法国和德国社会党人提交他们各自的议会的关于缩短工作日的法案**更适合**俄国情况。例如，1894年5月22日茹尔·盖得提交法国众议院的八小时工作制法案有两条，第1条是：禁止一昼夜工作超过8小时，禁止一周工作超过6天；第2条是：允许几班制工作，但一周工作总时数不得超过48小时①。1890年德国社会民主党的法案共14行字，提议立即实行十小时工作制，从1894年1月1日起实行九小时工作制，从1898年1月1日起实行八小时工作制。在1900—1902年的帝国国会常会上，德国社会民主党人提出了一个更加简短的提案，主张立即把工作日限为一昼夜10小时，然后在特别规定的期限内限为一昼夜8小时②。

当然，从社会民主党的观点看来，这种法案无论如何要比为了

---

① 茹尔·盖得《问题及其解决。众议院里的八小时工作制》里尔版，年份不详。
② 麦·席佩耳《社会民主党帝国国会问题手册》1902年柏林版第882页和第886页。

反动政府或资产阶级政府**通得过**而采取的"迁就"办法合理十倍。但是，如果说在法国和德国有新闻和集会自由的情况下，法案只**宣布原则**就够了，那么在我们俄国目前情况下，法案**本身**就必须再加上**具体的鼓动**材料。

因此，我们认为草案初稿起草人所采用的那种**类型**是比较适当的，但是对这个草案必须作若干修改，因为我们认为，起草人有几处犯了极其严重的、极其危险的错误，即毫无必要地降低了我们党的最低纲领的要求（例如，规定每周的休息时间为36小时，而不是42小时，没有提到开夜班必须征得工人组织的同意）。在某些地方，起草人似乎想使法案"通得过"而采取迁就的办法，例如，提出由**大臣**批准关于例外情况的申请（并把问题提交立法机关），而丝毫没有提到工人的行业组织在实现八小时工作制法令中的作用。

我们分委员会拟定的法案在上述方面对草案初稿作了若干修改。对草案初稿的下列几处修改，我们在这里作一些特别说明。

关于法案对哪些企业适用的问题，这个适用范围必须扩大，工业、商业和运输业的各部门、各种机关（包括官方机关，如邮局等）和家庭劳动都应适用。社会民主党人在提交杜马的法案说明书中应该特别强调必须扩大法案适用范围，消除工厂、商业部门、服务部门、运输部门以及其他部门中的无产阶级之间的任何界限和区别（在这个问题上的）。

由于我们的最低纲领要求"对一切雇佣工人"实行八小时工作制，就可能产生关于农业的问题。但我们认为，俄国社会民主党**目前**就倡议在农业中实行八小时工作制未必适当。最好是在说明书中附上一句，党有权进一步提出有关农业的法案、有关家庭仆役的法案等等。

其次,法案中凡出现按法律可作例外处理时,我们均要求每一处例外都必须征得工会的同意。这是必要的,这样做可以清楚地向工人们表明:没有工人组织的主动关心,真正缩短工作日是办不到的。

下面应当谈谈**逐步**实行八小时工作制的问题。草案初稿的起草人对这一点只字未提,只是像茹·盖得的法案那样仅仅提出实行八小时工作制的要求。相反,我们的草案规定**逐步**实行八小时工作制(即在法律生效3个月后立即实行十小时工作制,以后逐年减少1小时),和帕尔乌斯的法案[①]、德国社会民主党帝国国会党团的法案属于同一类型。当然,这两个法案没有什么根本不同。但是由于俄国工业技术极为落后,由于俄国无产阶级的组织程度太差,由于大批工人群众(手工业者等等)还没有参加过任何一个大规模的争取缩短工作日的运动,由于所有这些条件,最好**就**由法案**本身**来回答不可避免的反对意见,指出说变就变不行,这样变工人的工资势必降低等等。[②] 规定逐步实行八小时工作制(德国人规定的期限长达8年;帕尔乌斯是4年;我们主张2年),立即就回答了这种反对意见,因为一昼夜工作超过10小时从经济上看是绝对不合理的,从卫生和文明的角度看是不能允许的。而在一年里,把工作日缩短1小时,那么在这一年里技术落后的企业完全有可能赶上去,实行改革,工人改行新的制度,劳动生产率也不会有显

[①] **帕尔乌斯**《商业危机与工会。附:八小时标准工作制法案》1901年慕尼黑版。

[②] 关于**逐步**实行八小时工作制的问题,我们认为帕尔乌斯说得很对,他说,他的法案所以要规定逐步实行,"并不是想照顾企业主,而是想照顾工人。我们应当根据工会的策略办事,工会缩短工作日完全是一步一步地进行的,因为工会很清楚,这样最易于**防止减少工资**"(黑体是帕尔乌斯用的。上引小册子第62—63页)。

著的差别。

　　规定逐步实行八小时工作制决不是为了使草案"迁就"资本家或政府的尺度(这一点根本谈不到,假如有这种想法,当然我们就宁愿完全不提逐步实行的问题),而是为了明确地向大家表明:即使在一个最落后的国家,社会民主党的纲领从技术、文明和经济各方面来看都是行得通的。

　　对**俄国**社会民主党法案中的逐步实行八小时工作制的重要反对意见,可能是说这样一来似乎就否定了(哪怕是间接地)1905年决定**立即**实行八小时工作制的革命的工人代表苏维埃。我们认为这种反对意见很重要,因为**在这方面**对工人代表苏维埃稍加否定就是公然的叛变行为,或者至少是对那些由于这种否定而臭名远扬的叛徒和反革命自由派的支持。

　　因此我们认为,不管社会民主党杜马党团的法案写不写逐步实行的问题,**无论如何都**一定要**既**在提交杜马的说明书中,**也**在社会民主党代表的杜马演说中十分明确地表示,绝对没有稍加否定的意思,要绝对**肯定地表示**,我们认为工人代表苏维埃的行动原则上是正确的,是完全合法的和必要的。

　　社会民主党代表的声明或他们的说明书大致应当是这样的:"社会民主党决不放弃**立即**实行八小时工作制的主张;恰恰相反,在**一定的**历史条件下,当斗争日益尖锐、群众运动的力量和主动性十分高涨、旧社会与新事物的冲突采取激烈的形式、**必须**不惜一切去争取工人阶级斗争(例如同中世纪制度的斗争)的胜利的时候,总而言之,在类似1905年11月那样的情况下,社会民主党认为**立即**实行八小时工作制不仅是合法的,而且是**必要的**。社会民主党现在把逐步实行八小时工作制的问题写进法案,只是想以此表明:

甚至在最差的历史条件下，甚至在经济、社会和文化发展最慢的条件下，俄国社会民主工党的纲领要求也是完全可能实现的。"

再说一遍：从社会民主党人在杜马和他们关于八小时工作制法案的说明书的角度来看，我们认为**这一类**声明无论如何是**绝对**必要的，至于是否把逐步实行八小时工作制的问题写进法案，相比起来就不那么重要了。——

——我们对法案草稿所作的其他修改，都是涉及个别细节的，无需特别加以说明。

载于1924年《无产阶级革命》杂志第4期

译自《列宁全集》俄文第5版第19卷第157—164页

Въ Пятницу, 26-го Ноября 1909 года

въ залѣ „des Sociétés Savantes"

8, Rue Danton, 8

Н. ЛЕНИНЪ

прочтетъ рефератъ на тему:

„Идеологія контръ - революціоннаго либерализма".

(Успѣхъ „Вѣхъ" и его общественное значеніе)

СОДЕРЖАНІЕ:

I. Съ какой философіей воюютъ „Вѣхи" и думскія рѣчи кадета Караулова.

II. Бѣлинскій и Чернышевскій, уничтоженные „Вѣхами".

III. За что ненавидятъ либералы „интеллигентскую" русскую революцію и ея французскій „достаточно продолжительный" образчикъ?

IV. „Вѣхи" и „лѣвые" въ Россіи. Кадеты и октябристы. „Святое дѣло" русской буржуазіи.

V. Что выиграла демократическая революція въ Россіи, потерявъ своихъ либерально-буржуазныхъ „союзниковъ".

VI. „Вѣхи" и рѣчи Милюкова на предвыборныхъ собраніяхъ въ Петербургѣ. Какъ критиковалъ Милюковъ на этихъ собраніяхъ нелегальную революціонную газету.

Начало въ 8½ час. веч.

Плата за входъ 5, 3, 2 и 1 фр. галлерея 50 сант.

Рабочая Типографія, 17, Rue des Fr.-Bourgeois Paris.

1909 年 11 月 13 日（26 日）列宁作
《反革命自由派的意识形态》报告的海报
（按原版缩小）

论《路标》¹⁰⁶

（1909 年 12 月 13 日〔26 日〕）

　　立宪民主党的最有影响的政论家所撰写的著名《路标》文集，是时代的真正标志，短短的时间内一版再版，所有反动报刊无不为之喝彩叫好。不管立宪民主党报纸怎样对《路标》中某些太露骨的地方进行"更正"，不管某些立宪民主党人怎样对《路标》表示唾弃（有的人是由于完全无力影响整个立宪民主党的政策，有的人是故意欺骗群众，不让他们了解这个政策的真正意义），然而《路标》**反映了现代立宪民主主义的无可置疑的本质**，这却仍然是一个无可置疑的事实。立宪民主党就是《路标》党。

　　一向最重视提高群众政治觉悟和阶级觉悟的工人民主派，应当对《路标》表示欢迎，因为在这个文集中立宪民主党的思想领袖们出色地揭示了立宪民主党政治倾向的实质。《路标》是别尔嘉耶夫、布尔加柯夫、格尔申宗、基斯嘉科夫斯基、司徒卢威、弗兰克和伊兹哥耶夫等先生撰写的。仅仅这些著名的杜马代表、著名的叛徒、著名的立宪民主党人的大名就足以说明问题了。《路标》的作者们以整个社会流派的真正思想领袖的身份，提纲挈领地草拟了一部关于哲学、宗教、政治、政论以及对整个解放运动和俄国民主派的全部历史的评价等问题的百科全书。作者们把《路标》叫做"关于俄国知识分子的论文集"，他们用这个副标题缩小了他们的言论的真正主题,因为他们所说的"知识分子",实际上是指整个俄国民主派和整个俄国解放运动的精神领袖、鼓舞者和代表者。《路标》是俄国立宪民主主义和整个俄国自由主义同俄国解放运动及其一切基本任务和一切根本传统实行**彻底决裂**的道路上的最醒目的路标。

一

自由派叛变活动的百科全书包含三个主题:(1)反对俄国(和国际)民主派整个世界观的思想基础;(2)宣布同近年来的解放运动决裂,并对它大肆诬蔑;(3)公开宣布自己对十月党人资产阶级、对旧政权、对整个旧俄国怀有"奴仆"感情(和宣布实行相应的"奴仆"政策)。

《路标》的作者首先谈的是"知识分子"世界观的哲学基础。对唯物主义的坚决斗争像一根红线贯穿全书,唯物主义被宣布为教条主义、形而上学和"最简单最低级的空论"(第 4 页;引自《路标》第 1 版,下同)。实证论受到批判,是因为"我们"(即被《路标》批判了的俄国"知识分子")曾经把它"同唯物主义的形而上学混为一谈",或者是因为我们"纯粹用唯物主义"(第 15 页)对它作解释,而"任何一个神秘主义者,任何一个信教者,都不会否认科学的实证论和科学"(第 11 页)。请不要开玩笑了!"敌视唯心主义倾向和宗教神秘主义倾向"(第 6 页),这就是《路标》攻击"知识分子"的原因。"不管怎么说,尤尔凯维奇与车尔尼雪夫斯基相比,是一位真正的哲学家"(第 4 页)。

从这个观点出发，《路标》拼命攻击"知识分子"的无神论，同时又非常坚决、非常彻底地力图恢复宗教的世界观，这是十分自然的。《路标》把哲学家车尔尼雪夫斯基批倒之后，又把政论家别林斯基批倒了，这也是十分自然的。别林斯基、杜勃罗留波夫、车尔尼雪夫斯基，都是"知识分子"的领袖（第134、56、32、17页及其他各页）。恰达耶夫、弗拉基米尔·索洛维约夫、陀思妥耶夫斯基"根本不是知识分子"。前面几个人是《路标》与之进行你死我活的斗争的那一派别的领袖。后面几个人过去"不厌其烦地反复讲"的也正是《路标》现在反复地讲的那些东西，不过"当时没有人听他们的，知识分子也没有重视他们"（见《路标》序言）。

读者从这里已经可以看出，《路标》所攻击的并不是"知识分子"，这种说法只是故意混淆视听。它全线攻击的是民主派，是民主派的世界观。不过，那个标榜自己为"立宪民主的"政党的思想领袖们不便直言不讳，所以他们便从《**莫斯科新闻**》[107]那里抄来一个字眼，说什么他们唾弃的不是民主派——（多么不应该的诽谤呀！）——而只是"知识分子习气"。

《路标》一本正经地说，别林斯基给果戈理的信"热烈而精彩地表达了知识分子的情绪"（第56页）。"别林斯基以后的我国政论历史，就对生活的理解而言，简直是糟糕透了。"（第82页）

不错，不错。农奴反对农奴制度的情绪显然是一种"知识分子的"情绪。最广大的人民群众1861—1905年反对整个俄国生活制度中农奴制残余的历史，显然是"糟糕透了"。照我们那些聪明而又有教养的作者们看来，别林斯基在给果戈理的信中所表达的情绪也许不取决于农奴的情绪吧？我国的政论历史不取决于农奴制压迫的残余所激起的人民群众的愤怒吧？

《莫斯科新闻》一向认为,俄国民主派哪怕就从别林斯基开始,都根本不代表最广大人民群众为争取自身最起码的权利(这种权利遭到农奴制度的破坏)而斗争的利益,他们只代表"知识分子的情绪"。

《路标》和《莫斯科新闻》的纲领无论在哲学方面还是在政论方面都一样。不过在哲学方面,自由派叛徒们敢于说出全部真相,敢于摊开自己的**全部**纲领(攻击唯物主义和用唯物主义解释的实证论;恢复神秘主义和神秘主义的世界观);而在政论方面,他们则躲躲闪闪,转弯抹角进行诡辩。他们已经同民主派的最基本思想、同最起码的民主倾向决裂了,可是却装出只是同"知识分子习气"决裂的样子。自由派资产阶级已经不再保护人民的权利,而是坚决掉过头来保护反对人民的制度。可是自由派的政客们还希望保持"民主主义者"的称号。

他们对近年来运动的历史所玩弄的把戏,同他们对别林斯基给果戈理的信和对俄国政论的历史所玩弄的把戏,是一模一样的。

二

实际上,《路标》所攻击的只是代表民主运动的知识分子,而且仅仅因为他们真正参加了这个运动。《路标》疯狂地攻击知识分子,正是因为这"一小股地下派别公开露了面,获得了众多的追随者,并且一时成了思想权威,甚至成了现实的巨大力量"(第176页)。当"知识分子"只不过是一小股地下派别,还没有获得众多的追随者,还没有成为现实的巨大力量的时候,自由派曾经同情过他们,有时还暗中帮助过他们;这就是说,当民主派还没有使真正的群众行动起来的时候,自由派是同情民主派的,因为不发动群众,民主派就只能为自由派的自私目的效劳,只能帮助自由派资产阶级的上层人物去逐步掌握政权。当民主派把业已开始实现**自己的任务**,捍卫**自己的**利益的群众吸引过来时,自由派就同民主派分道扬镳了。在反对民主派"知识分子"的叫嚣的掩护下,**立宪民主党所攻击的实际上是群众的民主运动**。《路标》中明显地揭露这一点的地方不胜枚举,其中一处就是:他们宣布法国18世纪末伟大的社会运动是"相当持久的知识分子革命的典范,而且这种革命精神的潜力充分表现出来了"(第57页)。

说得真好啊,不是吗? 请看,法国18世纪末的运动不是最深刻最广泛的群众民主运动的样板,而是"知识分子"革命的样板! 世界上无论什么地方和什么时候实现民主任务从来都离不开与之**相同类型的运动**,因此十分明显,自由派的思想领袖正是在同民主派决裂。

《路标》骂俄国知识分子,正是骂的**一切**民主运动**必然**产生和表现出来的东西。"知识分子思想的政治激进主义以骇人听闻的速度注入人民本能的社会激进主义①中去了"(第141页),这里就"不单纯是政治上的错误,不单纯是策略上的失误。这里也有道义上的错误"。没有痛苦不堪的人民群众的地方,是不可能有民主运动的。而民主运动跟普通的"造反"不同的地方恰恰在于,民主运动是在一定的激进的政治思想的旗帜下进行的。所以《路标》的真实思想是:民主运动和民主思想不仅在政治上是错误的,不仅在策

———————————

① 在同一页下面隔两行说:"痛苦不堪的人民群众。"

略上是不适宜的,而且在道义上是犯罪的。《路标》的这种思想同波别多诺斯采夫的真实思想毫无区别。波别多诺斯采夫只不过说得比司徒卢威、伊兹哥耶夫、弗兰克之流说得更坦率些更露骨些罢了。

《路标》在给可恨的"知识分子"思想的内容比较准确地下定义时,自然他们所指的是整个"左派"思想,尤其是民粹主义思想和马克思主义思想。民粹派的罪名是"对农民的爱是虚伪的",马克思主义者的罪名是"对无产阶级的爱是虚伪的"(第9页)。无论前者或后者的"拜民主义"(第59、59—60页),都被批驳得体无完肤。在可恨的"知识分子"看来,"人民就是上帝,多数人的幸福就是唯一的目的"(第159页)。"无神论的左派联盟的狂热演说"(第29页),——这就是立宪民主党人布尔加柯夫在第二届杜马里记得最清楚的事情,这就是使他恨之人骨的事情。毫无疑问,布尔加柯夫在这里对立宪民主党人通常的心理比别人表达得更清楚些,他表达了整个立宪民主党的珍藏心头的想法。

在这个自由派分子看来,民粹主义和马克思主义之间不存在区别,这并不是偶然的,而是必然的;这并不是这位著作家"耍手腕"(他很了解这方面的区别),而是现代自由主义本质的合乎规律的表现。这是因为**目前**俄国自由派资产阶级害怕和仇恨的与其说是俄国工人阶级的社会主义运动,倒不如说是工人和农民的民主运动,也就是说,他们害怕和仇恨的是民粹主义和马克思主义共同的方面——通过诉诸群众来保卫民主。当代的一个特点是,俄国自由派坚决掉过头来反对民主派;他们既不注意民主派内部的区别,也不注意实现民主之后展现出的进一步的目标、前途和远景,也就是十分自然的事了。

在《路标》中,"拜民主义"一类字眼简直触目皆是,这是不足为奇的。因为被人民吓得魂不附体的自由派资产阶级除了大喊大叫民主派是"拜民主义"以外就无话可说了。退却是不能不用特别响亮的鼓声来掩护的。事实上也无法公然否认,头两届杜马正是通过工农代表来表达工农群众的真正利益、要求和看法的。而且,正是因为这些"知识分子"代表①揭露了立宪民主党一贯背离民主运动,所以立宪民主党人才**对"左派"**极端**仇视**。事实上,连"四条"**108**也是无法公然加以否认的;而且,在现代俄国只要按照"四条"进行真正民主的选举,劳动派的代表同工人政党的代表一定会同时获得压倒的多数,对这一点任何一个比较诚实的政治活动家都不曾怀疑过。

向后倒退的自由派资产阶级已经走投无路,他们只好用《**莫斯科新闻**》和《**新时报**》的词典中的一些字眼来掩盖他们同民主派决裂的事实;这些字眼在全部《路标》文集中俯拾即是。

《路标》从头到尾整卷都是对民主派的反动诬蔑。无怪乎《**新时报**》的政论家罗扎诺夫、缅施科夫、亚·斯托雷平等人跑过来亲吻《路标》,无怪乎安东尼·沃伦斯基读了自由主义领袖们的这部作品而欢欣若狂。

《路标》写道:"知识分子在考虑自己对人民的义务的时候,他们从来没有想到,这个义务的第一条所反映的个人责任的思想,不仅应当要求知识分子有,而且应当要求人民有。"(第 139 页)民主主义者所考虑的扩大人民的权利和自由,换句话说就是上层阶级

---

① 《路标》把"知识分子"一词通常的意思歪曲得简直太可笑了。只要翻一翻头两届杜马的代表名单,立刻就可以看到,劳动派绝大多数是农民,社会民主党人是工人居多,立宪民主党人则集中了大批资产阶级知识分子。

对人民负有"义务"的意思。民主主义者根本不可能想到,而且也根本不会想到,在改革前的国家或者在实行六三"宪制"的国家,竟然去谈人民对统治阶级负有"责任"。除非民主主义者或所谓的民主主义者完全变成反革命的自由派,才能"想到"这一点。

我们在《路标》中读到:"利己主义,自我肯定,这是一种伟大的力量,正是这种力量才使西方资产阶级成为实现上帝的人间事业的强大而不自觉的工具。"(第95页)这不是别的,而是"Enrich-issezvous!(发财吧!)"[109]这句名言或者我们俄国的"我们指靠有钱的强者"这种口号的转述,不过抹上圣像前的灯油以作点缀罢了。资产阶级在帮助人民进行争取自由的斗争时,就宣布这个斗争是上帝的事业。在它被人民吓倒而掉过头来支持一切中世纪制度对付人民时,它就把"利己主义"、发财致富、沙文主义的对外政策等等宣布为上帝的事业,在欧洲过去到处都是这样。在俄国现在也屡见不鲜。

"10月17日法令在实质上和形式上应当看成是革命的完成。"(第136页)这就是十月主义的全部货色,即反革命资产阶级的纲领的全部货色。十月党人一向都是这样说的,他们的公开活动也以此为依据。立宪民主党人的**暗中**活动也照此办理(从10月17日起),同时却想装成民主派。彻底、清楚、公开地划清民主派和叛徒之间的界限,对于争取民主事业的胜利是最有益、最必要的事情。应当利用《路标》来进行这项必要的工作。叛徒伊兹哥耶夫写道:"此外,应当有勇气承认,在我们几届国家杜马中,除了三四十个立宪民主党人和十月党人以外,大多数代表都没有显示出能够着手管理和改造俄国的知识。"(第208页)不言而喻,劳动派的庄稼汉代表或什么工人代表哪里谈得上担负这项重任。要做到这一点,立宪民主党人和十月党人就必须占多数,而为了实现这个多数,就必须有第三届杜马……

为了使人民和拜民主义者懂得自己对第三届杜马和第三届杜马的俄国的主宰者所负的"责任",必须同安东尼·沃伦斯基一道向人民宣扬"忏悔"(《路标》第26页),宣扬"谦恭"(第49页),宣扬同"知识分子的高傲"作斗争(第52页);宣扬"顺从"(第55页),宣扬"古代摩西十诫这种简单粗糙的精神食粮"(第51页),宣扬同"钻进俄国巨人般躯体的群魔"作斗争(第68页)。如果农民选举劳动派分子,工人选举社会民主党人,那当然正是受了这些恶魔的迷惑,因为人民按其本性来说,正像卡特柯夫、波别多诺斯采夫早已发现的那样,其实是"仇恨知识分子"(第87页;应读做:民主派)的。

《路标》教导我们,俄国公民因此应该"为这个政权祝福,因为只有它才用刺刀和牢狱为我们〈"知识分子"〉挡开人民的狂暴"(第88页)。

这段独白好就好在它直言不讳,这段独白也很有益,因为它如实地揭示了整个立宪民主党在1905—1909年整个时期内所实行的政策的真正本质。这段独白好就好在它扼要而清楚地揭示了《路标》的整个精神。而《路标》好就好在它暴露了俄国自由派和俄国立宪民主党人的**真正政策**的整个精神。因此,立宪民主党人同《路标》论战,立宪民主党人对《路标》表示唾弃,纯粹是要两面派,纯粹是无休止地放空炮。这是因为实际上,立宪民主党作为一个集体,作为一个政党,作为一种社会力量,过去和现在所实行的**正是**《路标》的政策。1905年8月和9月号召参加布里根杜马,同年末背叛民主事业,一贯害怕人民和人民运动,在前两届杜马中一贯和工农代表作对,投票赞成预算,在第三届杜马卡拉乌洛夫发表关于宗教的演说和别列佐夫斯基发表关于土地问题的演说,伦敦之行,——所有这些恰恰都是数不清的**路标**,恰恰都是《路标》从思想上加以宣扬的**那种**政策的**路标**。

当俄国民主派还不了解这种政策的本质,还不了解这种政策的阶级根源的时候,它是无法前进一步的。

载于1909年12月13日《新的一日报》第15号

译自《列宁全集》俄文第5版第19卷第167—175页

俄国自由主义的新发明

（1909 年 12 月 24 日〔1910 年 1 月 6 日〕）

俄国社会民主党在关于非无产阶级政党的伦敦决议①中总结了革命的基本教训。在这个决议中，社会民主主义的无产阶级对各阶级在革命中的相互关系作了明确的估计，确定了各个主要政党的社会基础和工人运动在民主斗争中的总任务。1908 年党的十二月代表会议的决议②又进一步阐发了社会民主党的这些基本观点。

现在，在这次代表会议开过一年以后，在伦敦代表大会开过两年半以后，来看一看俄国自由派的最有影响的代表人物对目前形势和民主派的任务持什么见解，是大有教益的。在这方面，特别引人注目的是不久前举行的立宪民主党活动家"会议"。"会议"对党的领袖米留可夫先生的报告表示赞同，米留可夫先生已经在《**言语报**》上发表了这个报告，标题是：《国内和杜马内的政党》。这个报告是一份极其重要的政治文件。从今以后，这个文件就是立宪民主党的正式纲领。此外，这个文件还回答了社会民主党早就提出

---

① 即俄国社会民主工党第五次（伦敦）代表大会《关于对非无产阶级政党的态度的决议》，参看《苏联共产党代表大会、代表会议和中央全会决议汇编》1964 年人民出版社版第 1 分册第 206—207 页。——编者注

② 参看《苏联共产党代表大会、代表会议和中央全会决议汇编》1964 年人民出版社版第 1 分册第 247—249 页。——编者注

并且已经解决了的一些问题,作答案的人是一位最老练的自由派外交家和政客,同时也是一位最博学的历史学家,想当初他还是一个历史学家的时候,曾经学过一点历史唯物主义,显然受过它的影响……

历史学家米留可夫试图完全科学地,也就是唯物主义地提出问题。党的策略要有"牢固的基础",就必须"对国内所发生的事情有一致的了解"。而要了解,就必须看一看各个主要政党或"政治派别"是怎样竭力在"广大居民中间""为自己寻求依靠力量"的。

方法是很好的。但是这种方法一开始运用就使我们看到,这位博学的历史学家变成了一个平庸的自由派诽谤家。请看,立宪民主党人和比他们右的一切都属于"三个主要的政治派别",而比立宪民主党人"左"的一切则是"政治痉挛"。谢谢您的直率,自由派先生!但是,让我们还是来看看您这位历史学家要向我们说的一切吧。三个主要的派别,第一个是"笼络人心的君主派"。它的"宗旨"是:"保护旧的社会生活基础","使不受限制的专制制度〈这位自由派,立宪民主党人不知不觉转向保护受限制的专制制度的十月党人的观点〉同农民在宗法制关系的基础上联合起来,在这种关系中贵族是两者的当然中间人……" 把自由派的语言译成俄文,意思就是农奴主("宗法制度")地主和黑帮沙皇制度的统治。米留可夫先生正确地指出,这个沙皇制度已经成为"笼络人心的",它"放弃了昔日人为的非党或超党的立场,而积极地介入国内组织政党的过程"。顺便指出,这正是1908年社会民主党十二月代表会议决议中谈到的专制制度转向资产阶级君主制迈出的一步。这正是构成当前时局**独特**的特征的新动向,并且也是我们党在**目前**提出自己的策略任务时所估计到的新动向。但是米留可夫先生在正确指出这个过程的某些特点时，第一，对这个过程的经济基础没有深入考虑，第二，对农奴主-地主为什么有力量这个问题他**害怕**作出必然的结论。他们有力量就在于：在欧俄，据1905年的官方统计，1 000万个贫苦农民总共有7 500万俄亩土地，而3万个大地主（包括皇族即尼古拉·罗曼诺夫家族的领地在内）却有7 000万俄亩土地。历史学家先生，如果**不彻底消灭**这3万个上层农奴主的大地产，您认为俄国能摆脱"宗法制"关系吗？

第二个派别是"资产阶级立宪派"。米留可夫先生是这样称呼十月党人的。他写道："在大资产阶级看来，这个派别可能是因为同官僚和贵族联系密切而显得太保守了。"把他们联合起来的是"一个消极的任务：共同防御比较激进的社会派别或政治派别"。"6月3日和11月9日的资产阶级立宪派"在寻求依靠力量时试图"至少能同化农民群众的上层〈即斯托雷平先生所说的"强者"〉。但是这样的社会基础现在还根本不存在。""因此在寻找社会基础对这个派别来说也许是最没有把握的……"

在我国，有人喜欢——遗憾的是，甚至一些想当社会民主党人的人也是如此——诋毁"革命的幻想"。有人认为反革命的资产阶级和地主的社会基础（"共同防御"）"很薄弱"，用不着群众最坚决最无情的革命冲击即群众起义就能把他们彻底打垮，难道还有什么比这种**自由主义**的幻想更幼稚的吗？严肃的历史学家又给平庸的自由派让位了。

第三个派别是立宪民主党。米留可夫先生称它为"民主的立宪派"，并且解释说，"它的立场的实质就是激进的政治纲领和激进的社会纲领的结合"。历史学家完全让位给外交家兼政客而不见踪影了。事实上，立宪民主党的整个政策都是反对群众的激进主义的。可是在口头上——特别是在一些有比较能体察群众情绪的地方立宪民主党人参加的"会议"上——却说自己是激进主义者，是关心民主，关心群众的。

米留可夫先生（看来特别是由于受"会议"的影响）并没有对群众产生误解。"近几年来觉悟大大提高了"，"引起普遍不满的因素并没有消失；它们在数量上甚至还可能有所增加，随着觉悟的提高，它们的影响也更大了"，这一切他都承认是无可争辩的事实。尽管历史学家不得不承认这一切，但是自由派还是占了上风："……在群众当中，不幸的是，〈在革命中〉只有更大胆的秘密蛊惑宣传才是可行的，因为这种蛊惑宣传迎合了群众传统的看法和习惯的期待。这种蛊惑宣传把'土地'这个群众明白易懂的正当的口号同'自由'这个不易弄懂并且解释得不确切的口号，纯粹人为地联在一起。在这种情况下，即使人民弄懂了这两个口号之间的自然联系，这也只能造成新的误解，并且产生同样的幻想"，如此等等，包括既不要革命，也不要反动，而只要"合法的立宪斗争"的"原则"。因此，对于恢复"1905年的旧策略"的问题，"必须斩钉截铁地给以否定"。

读者看到，历史学家米留可夫打算在广大居民中替各个政党的策略寻求依靠力量的好意，一考虑到农民和无产阶级就全部烟消云散了。对于无产阶级，米留可夫先生已经不再抱什么希望了，他认为**"除了依靠工人阶级的社会民主党以外**，在城市的民主派中，立宪民主党比其他任何政党都有更广泛、更有组织和更有觉悟的社会基础"。而对于农民，米留可夫先生还没有失去希望。他写道，"尽管存在着这样的一些障碍"，如"蛊惑宣传"等等，"但是，又搞民主立宪主义，又直接表达人民群众的愿望，这种**平行**〈黑体是米留可夫用的〉活动的可能性还是存在的"。

平行活动！——这是旧自由主义策略的新字眼。平行线是永远不会相交的。资产阶级知识分子自由派懂得，它**永远**不会同群众相交在一起，也就是说，它在俄国永远不会成为**他们的**代表者和领袖，其所以"永远不会"，是因为1905年以后群众的觉悟提高了。但是立宪民主党人类型的自由派仍然指望着群众，想把他们当做自己取得胜利和实行统治的**垫脚石**。"平行地前进"，把这句话译成明白易懂的语言，意思就是在政治上剥削群众，用民主主义的言论来诱惑群众，而在实际上出卖群众。"在立宪问题上有步骤地支持他们〈十月党人〉"——米留可夫先生报告中的这句话表明了立宪民主党人的政策的**实质**。立宪民主党人实际上就是十月党的帮凶，就是资产阶级立宪派的一翼。司徒卢威以及其他路标派对这一点都是毫不掩饰、直认不讳的，他们要求立宪民主党人不要再"朝左斜看，不要再去巴结那些鄙视他们的革命者"（这是著名的叛徒伊兹哥耶夫先生在《莫斯科周刊》**110**上所说的话，见该刊1909年第46期第10页）。米留可夫之流不满的，**只是**路标派的直率，不加掩饰，**只是**路标派破坏了他们的外交手腕，妨碍了他们牵着群众中的落后分子的鼻子走。米留可夫是个实际的政治家，司徒卢威是个自由派的空谈家，但他们能够在一个党内和睦相处并不是偶然的而是必然的事，因为资产阶级知识分子**实际上**总是在指靠群众（群众能帮他们火中取栗）和指靠十月党资产阶级这二者之间摇摆不定。

米留可夫先生写道："现政权是不可能让民主派有政治觉悟的分子同民主主义的群众自由交往的，因此10月17日宣言所许下的主要诺言也不会实现。"在这里，他无意中说出了比他所想要说的更深刻的真情。这是因为,第一,如果现政权真的**不可能允许群众同民主派交往**(真情无疑就是这样),那么从这里就应当得出结论:必须实行**革命的策略**,而不是搞"立宪"斗争;必须领导人民去**推翻**这个政权,而不是去对它进行改良。第二,无论是1905年10—12月,无论是第一届杜马和第二届杜马,**都证明了**,不仅"现政权",而且**俄国的自由派、俄国的立宪民主党人都**"不可能允许民主主义的群众"同社会民主党人甚至同各种色彩的民粹派"自由交往"。立宪民主党人在1905年10—12月的自由时期不仅没有能够领导工人民主派,而且也没有能够领导农民民主派;即使在哥列梅金分子和斯托雷平分子保护下的杜马时期,民主派对占首要地位的立宪民主党人也是不服从的。

1909年底的立宪民主党的"会议"和米留可夫先生的报告的政治意义在于:这些有教养的自由派代表,革命的社会民主党的最凶恶的敌人,有力地证明了革命的社会民主党对时局的估计和它的策略是正确的。我们的基本论点是:专制制度在转向资产阶级君主制的道路上迈进了一步是目前时局的主要特点。报告中有价值和正确的地方,不过是在铺陈和重复我们的这个论点。这正是目前的时局与昨天的和明天的时局的区别之所在。这也是社会民主党人的特殊策略的基础;这种策略应当根据形势的变化来**运用**革命的马克思主义原则,而不是简单地**重复**这些或那些口号。

自由派承认大资产阶级是反革命的,承认群众的觉悟程度和不满情绪在增长。既然他们排斥革命,排斥1905年,排斥"土地和自由"的"蛊惑宣传",既然他们认为十月主义对大资产阶级来说是太保守了,那他们为什么不坚决地去为大资产阶级服务呢?这是因为地方立宪民主党人"会议"特别清楚地向他们表明:专制制度的新的、斯托雷平的、资产阶级的政策遭到了**失败**。君主制的新的社会基础"**目前还根本不存在**"，——这就是自由派的最宝贵的招供。以君主制为主导的、有秩序的资产阶级立宪主义，是最好的东西，但如果**没有新的群众运动，它现在不会出现，将来也不会出现的**，——这就是立宪民主党"会议"所作的**总结**。我们憎恨群众运动，憎恨"土地和自由"的"蛊惑宣传"，憎恨"政治痉挛"，但我们是现实的政治家，我们应当考虑事实，既然群众运动是不可避免的，那我们就应当规定自己的政策能够同群众运动**平行地**前进。争取对农民群众和城市（工人除外）群众的领导权成功的"**可能性仍然存在**"，我们不妨宣传我们的"**激进主义**"，以便在人民运动中替自己争得一席之地，就像我们曾经宣传陛下的反对派而在伦敦替自己争得一席之地一样。

立宪民主党会议无意中有力地证实了我们党的策略的正确性。现在专制制度正企图**以新的方式**来挽救自己，而且显然正沿着这条新的道路**重新**走向崩溃，我们应当挺过这个新的历史时期。我们应当挺过这个时期，有步骤地、顽强地、耐心地把有更高觉悟的社会主义的无产阶级群众和民主主义的农民群众更加广泛更加巩固地组织起来。我们应当在黑帮杜马和君主制都不得不走上组织政党的道路的时候，利用一切条件和可能开展党的活动。我们应当利用这个时期，在这个时期，在新的基础上，在新的条件下培养新的群众为实现我们过去提出的要求而进行更坚决的革命斗争。革命和反革命实际上都表明了君主制同民主、同人民的统治、同人民的自由是根本不相容的，——我们应当向群众宣传，消灭君主制，宣传建立共和制是人民胜利的**条件**，——我们应当把"打倒君主制"的口号变成家喻户晓的"民间俗语"，就像在 1895 — 1904

年社会民主党经过多年的顽强工作而使"打倒专制制度"的口号成了家喻户晓的"民间俗语"那样。革命和反革命实际上都显示了地主阶级的全部力量和全部作用，——我们应当向农民群众宣传彻底消灭这个阶级，彻底摧毁地主土地占有制。革命和反革命实际上都显示了自由派和资产阶级知识分子的本性，——我们应当使农民群众清楚地懂得：让自由派来领导就等于葬送农民的事业；没有群众的独立的革命斗争，即使立宪民主党搞各种各样的"改良"，群众必然照旧会受地主的奴役。革命和反革命都向我们表明了专制制度和资产阶级结成了联盟，显示了俄国资产阶级和国际资产阶级结成了联盟，——我们应当教育、团结和组织数量比1905年多两倍的无产阶级群众，而唯有无产阶级，在独立的社会民主党领导下并且同各先进国家的无产阶级携手前进，才能够为俄国争得自由。

载于1909年12月24日(1910年1月6日)《社会民主党人报》第10号

译自《列宁全集》俄文第5版第19卷第176—183页

社会党国际局第十一次常会

（1909 年 12 月 24 日〔1910 年 1 月 6 日〕）

公历 11 月 7 日在布鲁塞尔举行了社会党国际局第十一次会议。在国际局会议召开前按照近几年来形成的惯例先举行了各国社会党新闻工作者会议。新闻工作者会议讨论了有关各国社会党报纸之间建立更经常的联系的一些实际问题。

社会党国际局会议议程，除了一些日常的小问题外，有两个大问题：第一是关于 1910 年在哥本哈根召开国际社会党代表大会的问题，第二是关于荷兰党的分裂问题。

关于第一个问题，会议首先确定公历 8 月 28 日—9 月 3 日为召开代表大会的日期。关于代表大会地点，曾经提出俄国社会党人能否自由进入哥本哈根的问题。丹麦社会党人代表克努森回答说，根据他们的情报以及他们所掌握的有关丹麦政府意图的一切材料来看，警察是不会刁难参加代表大会的俄国代表的。如果代表大会前夕情况发生逆转，社会党国际局无疑会设法改变大会地点。

哥本哈根代表大会的议程确定如下：(1)合作社运动；(2)组织对大罢工的国际性声援；(3)失业；(4)裁军和调解国际冲突；(5)各国劳工法总结和关于在国际范围内制定劳工法的问题，特别是关于八小时工作制的问题；(6)改善各国党同社会党国际局的关系；

（7）废除死刑。

原先打算把土地问题列入议程。瓦扬和莫尔肯布尔表示反对，他们认为，这个问题如果不事先在各国党代表大会上作好比较充分的准备，那么在国际代表大会上就很难进行讨论。希望各国党代表大会对这个问题进行专门讨论，充分酝酿，以便提交1913年的国际代表大会。

社会党国际局通过了声援瑞典工人（他们举行了最近时期规模最大的一次总罢工）和西班牙工人（他们同本国政府的军事冒险进行了英勇的斗争）的决议，以及抗议俄国沙皇政府和西班牙、罗马尼亚、墨西哥等国政府的暴行和大屠杀的决议，然后就转入讨论大会议程的下一个大问题——荷兰党的分裂问题。

荷兰社会党内机会主义者和马克思主义者之间的斗争很早就已经开始了。在土地问题上，机会主义者拥护纲领中要求把土地分给农业工人的条文。马克思主义者则竭力反对机会主义者的领袖特鲁尔斯特拉所坚持的这一条文，而终于在1905年把它取消了。此后，机会主义者迎合部分荷兰工人的宗教情绪，竟主张给学校内的传教活动发国家补助金。马克思主义者对此进行了激烈的斗争。以特鲁尔斯特拉为首的机会主义者把社会民主党的议会党团同党对立起来，并且抗拒中央委员会的决定。机会主义者实行同自由派接近的政策，实行社会党人支持自由派的政策（当然，他们是把争取实现自由派过去答应办到而……没有实现的社会改良作为这样做的"论据"的）。机会主义者动手修改荷兰社会民主党的旧的、马克思主义的纲领，并且提出了修改提纲，如放弃"崩溃论"（伯恩施坦的著名主张），或者要求党员承认纲领就必须承认**"马克思的"**政治经济观点、**"但不是"**承认他的**"哲学观点"**。马克思主义者同这条路线的斗争愈来愈激烈。被排挤出党中央机关报的马克思主义者(其中包括著名的女作家罗兰-霍尔斯特以及哥尔特、潘涅库克等人)创办了自己的报纸《论坛报》[111]。特鲁尔斯特拉不择手段地对这家报纸施加压力,他指责马克思主义者是企图把他个人"赶走",他唆使小市民情绪严重的部分荷兰工人去反对"好斗的"、喜欢论战和破坏和平的马克思主义者。结果在达范特举行的、特鲁尔斯特拉的拥护者占多数的党的紧急代表大会(1909年2月13—14日),决定**停办《论坛报》**而创办一个附属于机会主义的党中央机关报的"附刊"来代替它!《论坛报》的编辑们当然对此不能同意(罗兰-霍尔斯特除外,很遗憾,她采取了无可救药的调和主义立场),**于是就被开除出党。**

结果造成了分裂。以特鲁尔斯特拉和万科尔(他在斯图加特[112]就殖民地问题发表了机会主义的演说以后就"出名"了)为首的原先那个机会主义的党,沿用了"社会民主工党"(S.D.A.P.)的名称。新成立的马克思主义的党(它的人数少得多)则采用了"社会民主党"(S.D.P.)的名称。

社会党国际局执行委员会曾经试图就恢复荷兰党的统一问题进行调解,但是这种调解完全失败了,因为它采取了形式主义立场,并且显然支持机会主义者,而指责马克思主义者搞分裂。马克思主义者提出的吸收新党加入国际的请求,也因此遭到社会党国际局执行委员会的拒绝。

正是在1909年11月7日社会党国际局的这次会议上提出了关于是否让荷兰的马克思主义者加入国际的问题。显然,尽管国际局的大多数委员并不是不清楚事情的**实质**——荷兰党内两派斗争的**实质**,然而大家都想避开本质问题的讨论,而仅限于提出程序即按这种或那种方式处理问题、提出冲突的解决办法。

　　最后,两派提出了两个决议案:辛格尔提出了支持马克思主义者的决议案,阿德勒提出了反对马克思主义者的决议案。辛格尔的决议案说:

　　"社会党国际局决定:应当允许在荷兰成立的名称为新社会民主党〈名称错了,应当是:"社会民主党"〉的党出席国际社会党代表大会,因为它符合国际章程所规定的条件。至于它的代表是否参加国际局和它在代表大会上票数多少的问题,如果荷兰同志自己不能取得妥善解决的话,则应由哥本哈根代表大会决定。"

　　从这个决议中可以看出,辛格尔并没有脱离正式的立场,他一方面把问题提交国际代表大会荷兰支部去作最后决定,但同时也明确地强调国际应当承认荷兰的马克思主义的党。阿德勒不敢说反对的话,不敢说他不承认荷兰的马克思主义者是国际的成员,不敢说他赞同执行委员会直接拒绝马克思主义者的立场。阿德勒提出的决议案说:"社会民主党的请求交由荷兰支部处理,如果该支部内部不能取得协议,那就再向国际局上诉。"正式的立场是同辛格尔的立场相同的,但是从决议案中看得很清楚,这个决议案是同情机会主义者的,因为关于承认马克思主义者是国际的成员的问题它丝毫没有谈到。而决议案的投票结果立刻表明,国际局的全体成员是完全理解这两个决议案的**精神**的。赞成辛格尔的有 11票:法国 2 票,德国 2 票,英国 1 票(社会民主党[113]),阿根廷 2 票,保加利亚 1 票,俄国 1 票(社会民主党),波兰 1 票(社会民主党),美国 1 票(社会主义工人党[114])。赞成阿德勒的有 16 票:英国 1票("独立"工党[115]),丹麦 2 票,比利时 2 票,奥地利 2 票,匈牙利 2票,波兰 1 票(波兰社会党[116]),俄国 1 票(社会革命党),美国 1 票

（社会党[117]），荷兰 2 票（范科尔和特鲁尔斯特拉!），瑞典 2 票。

德国革命的社会民主党的机关报《莱比锡人民报》（第 259 号）公正地指出，社会党国际局的这个决定是很令人遗憾的。这家报纸的结论很有分量：“哥本哈根的无产阶级国际应当修改这个决定。”该党的另一家报纸《不来梅市民报》(«Bremer Bürgerzeitung»)1909 年 11 月 11 日写道：“阿德勒同志充当了五光十色的国际机会主义的辩护律师。”他的决议被通过，“是因为得到了机会主义的大杂烩（Sammelsurium）的支持”。

对于这些公正的话，我们俄国社会民主党人只能补充说，我国的社会革命党显然是迫不及待地同波兰社会党一起与机会主义者为伍了。

————

社会党国际局常会结束后，1909 年 11 月 8 日在布鲁塞尔举行了各国社会党议会委员会（即各国社会党议会党团代表会议）第四次会议。各国党团参加会议的代表都很少（俄国社会民主党杜马党团根本没有代表参加）。代表们分别就工人的养老保险、各国立法状况和工人代表的草案等问题交换了情况。其中最好的报告是莫尔肯布尔根据自己在《新时代》杂志上发表的文章所作的报告。

载于 1909 年 12 月 24 日（1910 年 1 月 6 日）《社会民主党人报》第 10 号　　　译自《列宁全集》俄文第 5 版第 19 卷第 184—189 页

论"前进"集团[118]

大　纲

（1909 年 12 月底）

我给**"前进"**集团的同志们讲了许多次话，并且就党的任务和**"前进"**集团在党内的地位同他们作了总结性的讨论，现在，我认为有必要用书面形式来说明自己对争论的问题的看法，以免引起误会和曲解。

我认为，**"前进"**集团的纲领从头到尾充斥了同党的决议（1908年十二月代表会议的决议）不相容、甚至同这些决议相抵触的观点。

"前进"集团的纲领对目前形势的看法是错误的，因为这种看法没有估计到俄国经济和政治的变化，这种变化的表现就是专制制度在转向资产阶级君主制的道路上迈出新的一步。因此根据**"前进"**集团纲领的观点所得出的**实际上**是召回主义策略的结论。

所以，贯穿**"前进"**集团整个纲领的，是否认社会民主党参加第三届杜马的绝对必要性的观点，是否认建立新型的秘密党组织（它以合法组织网作外围，并且必定要利用一切合法机会）的绝对必要性的观点。

"前进"集团在自己的纲领中提出研究所谓"无产阶级的哲学"、"无产阶级的文化"等等任务，实际上它是要维护在上述领域散布反马克思主义观点的著作家集团。

"**前进**"集团的纲领宣布召回主义是"一种合理的色彩",这是替给党带来极大危害的召回主义打掩护和作辩解。

因此,尽管"**前进**"集团多数同志个人所作的声明都说,他们将给中央机关报写真实的通讯,将同召回派展开同志式的思想斗争,将真心诚意地协助利用各种合法机会,将同破坏合法的工人组织和活动的一切尝试作斗争,但是这些声明都是不足信的,而且令人担心,"**前进**"集团将会在地方工作和代表会议的筹备工作中反对党的路线。

至于我对"**前进**"集团的地方工作者采取什么态度,那就要根据这些工作者在俄国怎么行事和怎样实现自己的声明而定了。

列　宁

载于 1933 年《列宁文集》俄文版
第 25 卷

译自《列宁全集》俄文第 5 版
第 19 卷第 190—191 页

俄国社会民主工党中央全会
关于派别中心的决议草案[119]

(1910 年 1 月 2 日〔15 日〕和 1 月 23 日
〔2 月 5 日〕之间)

关于派别中心

鉴于:(1)广大党员,无论属于什么派别,都越来越希望实现党的**真正统一**并争取取消现有组织的派别;(2)中央委员会**一致**通过了一系列决定党目前工作性质的重要决议;(3)布尔什维克派代表表示他们将解散自己的派别组织,因此中央委员会呼吁孟什维克派代表也坚决走上恢复党的**真正统一**并停止派别斗争的道路。

在党内目前的情况下,中央派别报纸(出现这样的报纸无疑是因为存在着与全党会计处竞争的派别会计处)是派别组织**最重要的**组成部分;因此,中央委员会认为,在国外存在数份或一份派别报纸与真正消除派别斗争是**不相容的**。

消除存在于国外的分裂是恢复**真正统一**的进一步条件。

中央委员会认为,马尔托夫同志和马尔丁诺夫同志以《社会民主党人呼声报》编辑部的名义就取消派别中心的问题所作的声明并没有直接回答孟什维克派领导层是否准备走上党的真正统一的道路这一问题，——**中央委员会认为，孟什维克在国外出版派别报纸《社会民主党人呼声报》与实现党的真正统一是不相容的**，建议孟什维克同志将自己的写作活动转到中央机关报和争论专集上。

中央委员会完全相信，只有这条道路能确保党的真正统一并能使各派别进行正常的思想斗争而不出现组织分裂。

译自 1999 年《不为人知的列宁文献(1891—1922)》俄文版第 40 页

论 统 一

（1910 年 1 月 23 日和 2 月 1 日
〔2 月 5 日和 14 日〕之间）

正是一年前，我们在 1909 年 2 月《社会民主党人报》第 2 号上说，俄国社会民主工党党代表会议所做的工作，使党在经过"瓦解的一年，思想上政治上混乱的一年，路途艰难的一年"之后"走上大路"（见《走上大路》一文）①。我们在那里指出，我们党所经历的严重危机显然不仅是组织上的危机，而且也是思想上政治上的危机。我们认为，党的机体战胜反革命时期的腐蚀作用的保证，首先在于代表会议关于策略问题的决议正确地解决了一个基本课题：工人政党完全肯定了代表会议在不久前的狂飙突进时期所提出的革命目标和经过群众直接斗争检验的革命的社会民主党的策略，同时也估计到目前经济和政治方面发生的巨大变化，估计到专制制度企图适应当代的资产阶级环境，搞资产阶级君主制，并且企图公开、广泛、有步骤地同农村资产阶级上层分子和工商业资本主义巨头结成联盟来维护沙皇制度和黑帮地主的利益。我们提出了适应新的历史时期的党的组织任务，即秘密的党必须利用包括社会民主党杜马党团在内的各种各样的合法机构，来建立革命的社会民主党在群众中进行工作的据点。我们指出，这个组织任务与我们

---

① 参看本版全集第 17 卷第 329—339 页。——编者注

的德国同志在实施非常法时期所完成的任务有相似之处，同时，我们也指出了"逃避坚持不懈的无产阶级工作的可悲倾向"，如否定社会民主党在杜马中的工作，或拒绝直接公开批评我们杜马党团的**路线**，否定或贬低秘密的社会民主党而企图用不定型的合法组织来取代它，企图削弱我们的革命口号，等等。

在作了一番回顾后，我们就能对不久前举行的我们党的中央全会[120]的意义作出更正确的评价。读者可以在本报这一号的另一处看到全会所通过的重要决议的原文①。这些决议的意义在于，它们是全党为实现实际上的统一、团结党内一切力量而迈出的重大的一步，是全党在关于党的策略和组织的基本论点方面**统一**认识而迈出的重大的一步，因为这些基本论点是确定社会民主党在我们困难时期的**道路**的依据。一年前指出的这条道路**是正确的**，现在**全**党都走上了这条道路，党内的**一切**派别都确信这条道路是正确的。过去的一年是出现新的派别分裂、新的派别斗争的一年，是党内**瓦解**的危险加剧的一年。但是各地的工作条件，社会民主党组织的困难处境，无产阶级的经济斗争和政治斗争的迫切任务，——这一切也推动着各个派别去团结社会民主主义的力量。反革命势力愈强大、愈嚣张、愈猖狂，自由派和小资产阶级民主派各阶层中可耻背叛和放弃革命的行为愈普遍，**党对**一切社会民主党人的吸引力也就愈大。特别值得注意的是，1909年下半年，在所有这些情况的影响下，我们党内彼此之间分歧很大的人，如孟什维克普列汉诺夫同志为一方，"前进"集团（即脱离正统的布尔什维主义的布尔什维克集团）为另一方，也都表示要维护党的原则。前

---

① 参看《苏联共产党代表大会、代表会议和中央全会决议汇编》1964年人民出版社版第1分册第296—311页。——编者注

者在 1909 年 8 月提出了"为争取在党内的影响而斗争"的口号,坚决反对分裂,反对分裂党的路线。后者发表了一个纲领,这个纲领虽然在开头谈到了"为恢复布尔什维主义的统一而斗争",但是最后又对派别活动、"党内有党"、"派别分立互不通气"严加斥责,坚决要求派别"溶解"在党内,要求派别"合流",把派别中心变成"确实仅仅是思想和著作"的中心(《目前形势和党的任务》小册子第 18 页和第 19 页)。

党内多数人清楚地指出的道路,现在已经为一切派别一致承认,当然,不是所有细节都承认,而是在**基本方面**承认。一年来的尖锐的派别斗争对于消灭**一切**派别和**任何**派别活动,对于党的统一是一个有力的促进。关于团结一切力量去完成无产阶级的经济斗争和政治斗争的迫切任务已经作了决定;宣布了停办布尔什维克派的机关报;一致通过了关于必须停办《社会民主党人呼声报》即孟什维克派的机关报的决定。一致通过了一系列的决议。在这里,我们要特别强调其中最重要的两个决议,即关于党内状况的决议和关于召开下次党代表会议的决议。第一个决议可以说是各派别大联合的纲领,所以应当特别详细地谈谈。

决议的开头写道:"为了阐发 1908 年党代表会议各项决议的基本论点……" 我们在上面援引了 1908 年十二月代表会议三个主要决议(即关于对时局的估计和无产阶级的政治任务,关于党的组织政策和关于党对待社会民主党杜马党团的态度)的这些基本论点。毫无疑问,党内对这些决议的每一点、每一条并不是都意见一致,因此,党的刊物应当敞开大门,以便根据日益复杂的经济斗争和政治斗争的经验教训,对这些决议进行批评,进行修改。毫无疑问,今后党内的**一切**派别,正确些说,党内的一切**流派**,都应当把进行这种批评、应用和改善的工作,看做是表明自己的态度和阐明自己的路线的事情。但是批评和纠正党的路线的工作,不应当妨碍党采取一致的**行动**;党的行动一分钟也不能中断,不能动摇,它必须在**一切方面**都符合上述决议的基本论点。

中央委员会决定的第1条在阐发这些论点时提及社会民主党的策略的"原则基础",认为根据整个国际社会民主主义运动的方法,社会民主党的策略不能"只"适用于"目前的具体环境"——这在我们所处的时代尤其如此,而应当适用于各种不同的道路,适用于各种可能的情况,既适用于"大变动"时期,也适用于"较稳定"时期。现在无产阶级第一次可以有计划地运用这一策略方法并且将其贯彻始终。在目前这个时候,在目前无产阶级的这一行动中,在目前这一有组织的支部网内,我们党的策略就应当"使无产阶级作好准备去迎接新的公开的革命斗争"(否则我们就会丧失作为革命的社会民主党人的权利,我们就不能完成1905年那个时代留下的、为当前经济和政治形势的每一特点所规定的我们的基本事业),并"使无产阶级有可能**为了达到自己的目的**而利用动摇不定的反革命制度的一切矛盾"(否则我们的革命性就会变成说空话,变成**重复**革命词句,而不是**应用**国际社会民主主义运动的全部革命经验、知识和教训去指导**每一个**实际行动,去利用沙皇政府、它的同盟者以及一切资产阶级政党的**每一个矛盾和每一次**动摇)。

决议的第2条说明了俄国工人运动面临的转折时期。我们要团结起来去帮助社会民主主义工人新一代,使他们能够完成自己的历史任务,革新党的组织,创造新的斗争方式,丝毫不拒绝"革命的任务和革命的方法",而是要捍卫它们,为在将来的新的革命中更有成效地应用这些方法打下更广泛、更坚实的基础。

决议的第 3 条叙述了促使各地觉悟工人"迫切要求集中社会民主党内护党的力量和巩固党的统一"的种种原因。其中广泛的反革命思潮是主要的原因。敌人已经团结起来向我们进攻。沙皇政府、横行霸道的官吏、无恶不作的地主=农奴主,除了这些原来的敌人之外,又增加了资产阶级,这个新的敌人根据亲身经验对无产阶级恨之入骨,因而愈来愈团结一致。革命家惨遭前所未见的残杀、拷打和折磨。有人对革命百般辱骂诋毁,竭力想从人民的心中抹掉革命。但是,任何一个国家的工人阶级,从来都不曾让敌人夺走过任何一次革命(包括任何一次多少是名副其实的革命在内)的主要成果,即群众斗争的经验和千百万被剥削劳动者对革命的信念,——要使自己的状况真正有所改善就必须进行革命的信念。俄国的工人阶级经过一切考验之后,也一定会表现出他们夺取1905 年胜利的那种革命斗争的决心和群众的英勇精神,并且在今后不止一次地取得胜利。

促使我们团结起来的不仅是反革命势力的压迫和嚣张的反革命气焰。促使我们团结起来的还有一点一滴的平凡的日常实际工作。社会民主党坚持在杜马中不懈地进行工作,不断纠正初期不可避免的错误,克服怀疑情绪和漠不关心的态度,锻造了全体社会民主党人所珍惜的工具——进行革命的宣传鼓动和有组织的阶级斗争。而任何一个有工人参加的合法大会,任何一个合法机构,只要无产阶级能够打进去,传播无产阶级的阶级意识,公开维护劳动者的利益和民主要求,都能促使力量团结起来,促进整个运动的发展。无论政府进行什么样的迫害,无论它的同盟者黑帮分子和资产阶级施展什么样的阴谋诡计,都不能扼杀多种形式的并且有时是意想不到的形式的无产阶级斗争,因为资本主义本身的发展,每一步都在训练资本主义的掘墓人，促使他们团结起来，扩大他们的队伍，激起他们更大的义愤。

社会民主党集团的分散现象和工作中的"手工业方式"也在这方面(维护党的原则)有影响，这种分散现象和手工业方式在最近一年半到两年的时间里给我们的运动带来很大的损失。如果不集中力量，不建立一个领导核心，就不可能开展实际工作。中央委员会通过了一系列的决定，如建立这样的核心并发挥它的作用，用从事实际工作的人员来扩充这个核心，使它的工作同各地工作取得更紧密的联系，等等。在停滞时期必然会提到重要地位的理论工作，也同样要求我们团结一致地捍卫社会主义，捍卫马克思主义这个唯一科学的社会主义，在资产阶级反革命派动员一切力量与革命的社会民主党的思想作斗争的时候更应如此。

此外，决议的最后一条谈到社会民主运动的思想政治任务。由于1908—1909年社会民主运动内部变化急剧，在过去的这一时期中，这些任务也非常尖锐地被提出来了，并且是通过十分激烈的派别斗争来完成的。这在各地党组织面临危机和瓦解的情况下并不是偶然的现象，而是必然的现象。但这只是**在当时是**必然的现象。而我们所谈到的这个决议的一致通过，则清楚地表明了要求前进的共同愿望，结束对基本论点的争论，承认这些论点是不可争辩的，并且在这种认识的基础上齐心协力地加紧工作。

决议指出，由于目前的历史环境和资产阶级对无产阶级的影响，必然出现两种偏离正确道路的倾向。第一种倾向，从本质来看有如下的特点："否定秘密的社会民主党，贬低它的作用和意义，企图削弱革命社会民主党在纲领和策略方面的任务和口号等等。"社会民主党内部的这些错误显然是同社会民主党外部的资产阶级反革命潮流有联系的。资产阶级和沙皇政府最恨秘密的社会民主党,因为它用行动表明自己忠于革命的未竟之业,坚决同斯托雷平"合法性"原则作无情的斗争。资产阶级和沙皇政府的奴仆们最恨社会民主党的革命任务和口号。而捍卫革命的任务和口号则是我们当然的任务。所以,要把秘密工作同合法工作结合起来,就特别需要我们同一切"贬低"秘密政党的"作用和意义"的行为作斗争。所以,有必要在较小的问题上,在规模不大的地方,根据具体情况,在合法范围内维护党的观点,这就特别需要注意不能**削弱**这些任务和口号,斗争形式的改变不能取消斗争的内容,不能缓和不调和的斗争,不能歪曲无产阶级的历史前景和历史目标:领导所有被剥削劳动者,领导全体人民群众,通过一系列资产阶级革命建立民主共和国,走向推翻资本主义本身的无产阶级革命。

但是另一方面——现在我们来谈另一种倾向的特点——如果不学会改变工作方式,使之适应每个新的历史时期的特点,那就不能实际进行革命的社会民主党的日常工作。"否定社会民主党在杜马中的工作,否定利用合法机会,不懂得这两者的重要性",这种倾向实际上是一种使社会民主党的阶级政策难以实现的倾向。俄国历史发展的新阶段向我们提出了新的任务。这并不意味着旧的任务已经完成,已经可以抛开不管了,不,这意味着,必须考虑这些新的任务,寻求新的斗争形式,制定相适应的策略和组织形式。

既然党内对这些基本问题,对"**克服**"(主要通过扩大和深入进行社会民主党的工作)上述两种倾向的必要性开始取得一致意见,那么对于正确规定"社会民主运动的思想政治任务"来说,最主要的东西已经获得了。现在应当有步骤地贯彻已经获得的东西,要使全党上下,所有地方工作者都充分了解这些任务,讲透这两种倾向对**一切**工作部门的危害性，搞好工作，**防止产生**这两种摇摆不定的倾向。为实现已通过的决定而采取的实际措施以及经济斗争和政治斗争所提出的种种要求，它们日后将会自然表明在这方面还有什么要做和应当怎样做。

在这些要求中，有一项要求已是党的生活中的一种惯例（如果存在这种"惯例"的话）。我们说的就是把**各地从事实际工作的**全国的社会民主党组织和集团的代表召集在一起的党代表会议。尽管这项工作很平常，但是目前的瓦解状态使这项工作很难进行。中央委员会的决议考虑到新的困难（如果不可能召开省的代表会议，各省的代表可以由各地支部选举产生，而不必由省代表会议选举产生）和新的任务（吸收合法运动中的党的活动分子参加，给他们以发言权）。

客观情况要求把那些规模较小、从目前的工作形式来看是秘密组织的工人支部，作为党组织的基础。但是在目前的困难条件下，为了学会有步骤地、坚持不懈地、有计划地进行革命的社会民主党的工作，就要求它们发挥比过去大得多的首创精神和主动精神，在它们往往得不到有经验的老同志帮助的情况下，更有必要这样做。这些支部之间如果一不建立牢固的联系，二不建立各种各样的合法机构作为据点，那就不能完成经常影响群众以及同群众互相影响的任务。因此，必须召开由这些秘密支部代表出席的代表会议，——无论如何必须首先、立即这样做。因此，必须吸收合法运动中的社会民主党的**护党派分子**参加，吸收"合法运动中那些愿意同各地党的中心建立**牢固的组织上的**联系的社会民主党团体的"代表参加。至于在我们的合法的社会民主党人中谁真正在行动上而不只是在口头上是护党的，谁真正懂得上述的新的工作条件并懂得把革命的社会民主党的旧的任务同这些新的工作条件结合起来,谁真心愿意为实现这些任务而努力,哪些集团真正愿意同党建立牢固的组织上的联系,——这只能在各地进行的日常秘密工作的过程中来断定。

我们相信,目前社会民主党的全部力量都会通过这项工作团结起来,中央和各地的党的工作者将全力以赴筹备代表会议,这次代表会议必将有助于彻底巩固我们党的统一,必将有助于齐心协力地进一步为今后的革命斗争建立更广泛、更牢固、更富有适应性的无产阶级基础。

载于 1910 年 2 月 13 日(26 日)　　　　译自《列宁全集》俄文第 5 版
《社会民主党人报》第 11 号　　　　　　　第 19 卷第 192—201 页

反党的取消派的《呼声报》

（答《社会民主党人呼声报》）[121]

（1910年3月11日〔24日〕）

《社会民主党人呼声报》第19—20号合刊和阿克雪里罗得、唐恩、马尔托夫、马尔丁诺夫等同志以《给同志们的信》为题单独印发的宣言，是他们要在统一的全会刚一闭幕就用来炸毁党的一枚炸弹，因此我们不得不立即向全体社会民主党人发出警告，尽管警告很简短，很不充分。

我们先指出，《社会民主党人呼声报》是在向我们，向中央机关报的编辑部开火。它借马尔托夫同志之口责备我们把他的文章登在《争论专页》[122]上。马尔托夫同志强调说，"我的文章绝对不是就全会的各项决定**进行争论**"；《给同志们的信》也一字不差地重复了这句话。

任何一个愿意读一遍马尔托夫同志题为《在正确的道路上》的文章的人都会看到，这篇文章是**直接**就全会的各项决定**进行争论**的，它直接**反对**关于中央机关报的构成的决定，对各派别权利平等、各派别"**中立**"的理论详加论证。马尔托夫同志和整个《呼声报》编辑部说这篇引起争论的文章"不是"要就全会的各项决定"进行争论"，这种令人发指的谎言简直是对党的决定的嘲弄。

如果谁不明白就全会的决定进行争论同在中央机关报内认真

执行全会的**路线**两者之间的区别，那我们就请这些人，**特别是孟什维克**，研究一下这一号中央机关报上普列汉诺夫同志的一篇大有教益的文章，同时也研究一下该作者发表在《社会民主党人日志》第11期上的另一篇同样大有教益的文章。任何一个无意于嘲弄党的决定和党的统一的孟什维克，都不能否认普列汉诺夫同志在《日志》上是在就全会的各项决定**进行争论**，而在《维护地下活动》一文中是在维护**党的路线**。如果不是别有用心地想要**破坏**全会的决定，会不懂得这种区别吗？

但是，马尔托夫同志和整个《呼声报》编辑部都说《在正确的道路上》这篇文章并不是要就全会的各项决定进行争论，这是令人发指的谎言。不仅如此，在这篇文章中还有一些更为恶劣的东西。整篇文章的基础是秘密党即俄国社会民主工党为一方和已经脱离了党、但仍想把自己称做社会民主党人的**合法派为另一方的权利平等论**。整篇文章的基础是工人先锋队的这**"两个部分"**即**"社会民主党的两个部分"**分裂论，它主张这两个部分应当根据"权利平等和中立"的原则联合起来，因为一个整体中分裂出来的所有部分总是要按这些原则联合起来的！

限于篇幅，我们不可能用更多的引文来证实我们对于马尔托夫的观点所作的这个评语。如果确有必要，以后在别的文章中再谈，因为马尔托夫的"权利平等论"未必有人会下决心去否定。

这个新理论是直接反对全会的各项决定的，不仅如此，它是对于这些决定的**直接嘲弄**。一切认真执行全会决定的人，对于这些决定的含义都是清楚的，这就是应当避免护党派孟什维克和护党派布尔什维克的分裂，避免这些旧**派别**的分裂，而根本不是指**一切**合法派同我们秘密的俄国社会民主工党之间的"分裂"。根本不能把脱离了党的合法派看成是同党一样或者可以同党享有平等权利的"社会民主党的一部分"。相反，要号召他们**回到党里来**，明确地向他们提出**条件**：同取消主义（即同最彻底的合法主义）决裂，站到党的立场上来，接受"党的生活方式"。中央委员会关于代表会议的信是对全会决议的**正式解释**，是全党必须接受的。这封信说得非常清楚，合法派**事实上**是不是**护党的**，这应当由**秘密组织**加以**甄别**①，这就是说，这封信正是驳斥"权利平等论"的！

中央委员会的这封信是根据全会的专门决定由格里戈里、英诺森和马尔托夫等同志组成的一个特别委员会草拟的，这封信经该委员会的**全体**成员**一致**同意后获得批准。现在马尔托夫同志却鬼迷心窍，掉转枪口，写了一篇文章，从头到尾贯穿着一种**完全相反的理论**，而且别人说这篇文章是供讨论的，他还发牢骚，简直是在嘲笑党！

不言而喻，这种权利平等论（**在《呼声报》的所有其他文章中**，比在马尔托夫的文章中，表现得明显得多，露骨得多）**事实上**是要**党服从取消派**，因为把自己摆到秘密的党的对立面，认为自己可以同党权利平等的合法派，无非就是取消派。受到警察迫害的秘密的社会民主党人同脱离了党进行合法活动因而安全有保障的合法派"权利平等"，事实上就是工人同资本家"权利平等"。

所有这一切都非常清楚，《呼声报》嘲弄全会的决定和中央委员会信件中对决定的解释，这也是非常明白的，因此，马尔托夫的

---

① 见中央机关报第11号第11—12页："只有各地方组织能够保证仅限于在**真正的**〈黑体是《信》中原有的〉护党派中补选代表；我们各地的工作者在甄别这些合法运动的活动家的时候，不仅要根据他们的言论，而且要根据**他们的行动**，竭力做到只吸收那些确实在目前仍然是我们党的组成部分，那些愿意加入我们党的组织，真正为党工作，巩固党，服从党，为党服务的人"，等等。

文章正好可以说是一篇为取消派指出战胜党的**"正确的道路"**……的文章。

　　护党派孟什维克已经看出了这种危险。《社会民主党人日志》第11期就是明证。孟什维克普列汉诺夫刚刚读了全会的决议,还没有看到中央委员会的《信》,就**特地**指出,如果"**'取消派'忽略**"决议所说的关于合法派"愿意同各地党的中心建立牢固的组织上的联系"这句话,"**就可能在这里给自己找到可乘之隙**"(第20页)。

　　普列汉诺夫对自己的呼声派非常了解,不是很清楚吗? 他所指出的**取消派的可乘之隙**,正是《社会民主党人呼声报》第19—20号合刊在几乎所有的文章中,从第一行到最末一行,极力在"开凿"的。我们不是完全有理由把这张《社会民主党人呼声报》叫做**取消派的**《呼声报》吗?

　　呼声派替取消派辩护达到何等地步,这可以从《给同志们的信》中的下面一段话看出:

　　"……中央机关报……既应取得旧的地下组织的有生命力的分子的信任……〈地下党组织无论对中央委员会或对中央机关报都是完全信任的;这里谈什么"取得"信任是很可笑的〉……也应取得新的公开组织的信任,因为公开组织是目前社会民主党工作的主要中心〈原来如此!〉。"就是说,脱离了党的合法派是**主要中心**。不是他们应当取得党的信任,做名副其实的党员,回到党里来,回到党的原则上来,而是以中央机关报为代表的党应当"取得他们的信任"——很明显,这种信任是要用我们在《呼声报》上所见到的暗中替取消派辩护、替取消派制造可乘之隙的办法来取得!!

　　费·唐恩同志的《为合法性而斗争》这篇文章,取消主义精神贯穿始终,简直达到改良主义地步。唐恩同志竟然说"为合法性而斗争"是"革命的基本任务之一",是"一面旗帜"等等。他所维护的并不是社会民主党的观点,而是立宪民主党的观点。唐恩同志宣称:"不合法的团结是争取合法性的必要工具。"这是立宪民主党的说法。对立宪民主党人来说,党是不合法的,但是他们的不合法性只是"争取合法性的必要工具"。而对社会民主党来说,**合法的**团结则是目前**秘密的党**的必要工具之一。

"……只有从它〈争取合法性的斗争〉出发,而且只有为了它,无产阶级才能在目前进行旨在……推翻专制制度的斗争……"

这话也必须倒过来说,才能符合**社会民主党**的观点。只有从推翻专制制度的斗争出发,而且只有为了这个斗争,才能在合法组织中进行真正社会民主党的工作。只有为实现不折不扣的无产阶级的革命要求而斗争,只有从革命的马克思主义的纲领和策略出发,社会民主党才有可能真正卓有成效地利用所有一切合法机会,才有可能而且有必要最坚决地捍卫这些合法机会,把它们变成我们党的工作的据点。

但是,不仅如此。呼声派还直接违反全会的决定,他们不顾中央委员会的决定,在自己的信中和自己的报纸上为**继续出版《呼声报》**进行鼓动。我们不准备在这里分析那种为破坏党的决定的行为辩护的既可笑又可怜的诡辩了。我们最好是只限于——至少在这篇短文中这么办——引证一下**护党派孟什维克的呼声**,引证一下《日志》第11期。普列汉诺夫同志在第18页上写道:"鼓动**反对**停办《呼声报》"就是"鼓动反对消灭派别组织,也就是要**使**中央全会可能取得的最主要成绩**化为乌有**。"他对这个取消派可乘之隙也预见到了,直截了当、清清楚楚地说出了任何一个忠诚的社会民主党人都不会怀疑的事实。对于某一派孟什维克来说,《社会民主党人呼声报》是什么呢？这是他们实际上的派别的（并且是一个不负责任的）中心。

正是这样。**使统一化为乌有**——这就是《呼声报》第19—20号合刊和《呼声报》的四个编辑反对全会决定的宣言所要达到的目的。在统一的全会闭幕后，他们为取消主义辩护比在全会前更加露骨和更加放肆。他们在宣言中告诉孟什维克，说中央委员会国外局呼吁建立真正的统一给各小组的信[123]已通过，**但中央委员会国外局中的孟什维克委员和崩得委员投的是反对票**，任何人都懂得这几乎是明目张胆地在**号召我们不服从这封信**，号召破坏国外的统一。谴责呼声派的护党派孟什维克，如果要想坚决维护党的统一，就应当从谴责**转到行动**。目前这种统一取决于护党派孟什维克，取决于他们是否有**决心和能力直接**同国外的和国内的呼声派-取消派的"实际中央"作斗争。

这个俄国国内中央，俄国**孟什维克中央**，在《呼声报》第19—20号合刊上公然发表了一封《公开信》，宣布普列汉诺夫是"取消孟什维主义思想的取消派分子"。这个俄国孟什维克中央用"各党支部陷于瘫痪状态这种人所共知的现象"来为孟什维克退出党作解释（更正确些说，是作辩护）！！孟什维克中央的宣言告诉我们说，退党的人"被诬蔑为取消派"（《呼声报》第24页）。

我们要问问任何一个稍微能够主持公道的社会民主党人，特别要问问工人社会民主党人（不管他们属于哪个派别），孟什维克中央在全会闭幕后的第二天就发表了这样一个宣言，这是不是意味着要**使统一事业化为乌有**呢？

我们认为我们有责任把所有在这份出名的文件（我们相信它将像赫罗斯特拉特[124]那样出名）上签名的人通报全党[125]：（1）奥

古斯托夫斯基；(2)安东；(3)瓦季姆；(4)弗·彼得罗娃；(5)格奥尔吉；(6)格奥尔格；(7)叶夫根·哈—阿兹；(8)克拉莫尔尼科夫；(9)德·柯尔佐夫；(10)纳塔·米哈伊洛娃；(11)**罗曼**；(12)罗慕尔；(13)索洛蒙诺夫；(14)切列万宁(当然不能没有他!)；(15)**尤里**；(16)**Я.**皮—基。

《呼声报》编辑部写道:"这里签名的都是编辑部非常熟悉的、老的党的工作者;其中有些人在党内担任过负责的工作。"

我们要回答说,一切有觉悟的社会民主主义工人,要是读了《社会民主党人呼声报》第19—20号合刊,了解了全会的决定,知道了下面这件事实,他们就会把这些人钉在耻辱柱上。

这件事实就是,中央委员会俄国局**126**最近给中央委员会国外局(即中央委员会的国外执行机关)发了一封正式信件。现将信中的一段话照抄如下:

"……**我们曾经向米哈伊尔、罗曼和尤里同志**"(后面两个人的名字我们在前面用黑体标出)"**提出建议,希望他们参加工作,但他们回答说,他们不仅认为全会的决定是有害的,而且认为中央委员会的存在本身也是有害的。根据这个理由,他们甚至拒绝出席一次增补委员的会议……**"①

(我们说明一下自己的看法:孟什维克中央的首脑们不仅自己拒绝支持中央委员会,而且还拒绝参加增补其他的孟什维克、增补

①　现在我们把中央委员会俄国局和一个在俄国进行活动的中央委员会委员**127**的一些信件中**所有**涉及在俄国召开的中央委员会会议的地方补充如下:
　　"……我们要求马尔托夫同志和孟什维克中的中央委员立即把他们建议增补为委员的同志的姓名和地址通知我们(彼得堡的孟什维克拒绝了这个要求)……""俄国委员会**128**暂时还不能召开,因为几乎没有一个人同意增补为委员,目前只有一个布尔什维克表示同意,但也是有条件的同意。**孟什维克**

孟什维克工人委员的会议,虽然他们明明知道,拒绝出席增补委员的会议**就会妨碍**中央委员会的工作,**就会妨碍它的组成**,就会迫使中央委员会有可能好几个月**迟迟**不能着手做中央委员会应该做的工作。)

可见,那些在阿克雪里罗得、唐恩、马尔托夫和马尔丁诺夫的支持和赞同下,在报刊上说普列汉诺夫把他们"诬蔑为'取消派'"的人,正是他们在直接破坏中央委员会的存在,在扬言中央委员会的存在是有害的。

那些在秘密刊物(通过《呼声报》)和合法刊物(通过自由派)上叫嚣"各党支部陷于瘫痪状态这种人所共知的现象"的人,正是他**们自己在破坏**对这些支部,甚至像中央委员会这样的支部进行调整、恢复并使它们运转起来的**尝试**。

现在应当让所有的社会民主党人都知道,阿克雪里罗得、唐恩、马尔托夫和马尔丁诺夫等同志的宣言中所说的"目前站在斗争着的无产阶级的主要前哨的那些公开运动的活动家"指谁。现在应当让所有的社会民主党人都知道,《呼声报》编辑部的下面这段话是对谁说的:"实际上非使党组织瘫痪不可的官方教条,目前已被打开一个缺口,我们希望同志们〈米哈伊尔、罗曼、尤里之流〉重视这个缺口的意义,并且竭力去占领这个缺口为他们〈米哈伊尔、罗曼、尤里之流〉开辟出来的阵地。"

(米哈伊尔、罗曼和尤里)已经断然拒绝,认为中央委员会的工作是有害的。全会的各项决议在米哈伊尔等人看来同样是有害的。他们认为,中央委员会对目前合法组织中社会民主党力量的自发组合过程进行干预,就好像硬要把两个月的胎儿从娘肚子里拖出来一样。请立即告诉我们,还有哪些同志我们可以建议他们接受增补为委员。并且希望能把同志们对米哈伊尔等人的这种行为的看法公布出来。"

　　我们向我们党的所有组织、所有小组呼吁，我们要问问它们，能够容忍对社会民主党的这种嘲弄吗？对于正在发生的事情现在是继续消极观望呢，还是应当同破坏党的存在的派别进行坚决的斗争？

　　我们要问问所有的俄国社会民主党人，对于各派"权利平等论"、对于合法派和秘密党的权利平等的理论、以及"为争取合法性而斗争"的理论等等的实际的现实政治意义，他们现在还怀疑吗？

　　这些理论，这些论断，这些可乘之隙，都是**遁词**，**社会民主党的敌人**米哈伊尔、罗曼、尤里之流，这些人的政治上的帮凶16个赫罗斯特拉特式的孟什维克和这些人的思想上的领袖领导《**取消派**呼声报》的著作家们，他们就是用这些遁词来掩护自己的。

　　总之，《社会民主党人呼声报》第19—20号合刊和《呼声报》的四个编辑分裂党的宣言《给同志们的信》是直接鼓动：

　　要派别机关报，反对统一，

　　反对国外的团结一致，

　　维护公开的取消主义，

　　维护公然反对中央委员会本身的存在的分子，

　　　　　　　　　　　　　　　反对党！

　　反党阴谋已经败露。一切珍视俄国社会民主工党的存在的人，起来保卫党吧！

载于1910年3月12—14日(25—27日)之间出版的《社会民主党人报》第12号的抽印本　　　译自《列宁全集》俄文第5版第19卷第202—210页

为什么而斗争？

（1910年3月23日〔4月5日〕）

在杜马中占统治地位的十月党人不久前的演说，结合右派立宪民主党人在杜马中和杜马外的言论来看，无疑具有巨大的征兆性的意义。反革命资本家政党的头子古契柯夫先生抱怨说："我们在国内和在杜马中都孤立了。"路标派分子布尔加柯夫先生在《莫斯科周刊》上仿佛跟着附和说："……反动派也好，革命派也好，都否认'人身不受侵犯'；相反，他们都坚信人身'可受侵犯'，马尔柯夫第二和社会民主党人格格奇柯利如出一辙，尽管前者主张整治少数民族并宣扬施以大暴行，而后者为人身不受侵犯而呼吁进行'第二次俄国大革命'。"（1910年2月20日第8期第25页）

古契柯夫先生在杜马中对沙皇政府声称，"我们在期待"，这说明了完全屈服于反革命派的资产阶级直到现在还不能认为自己的利益得到了保障，还不能认为建立了臭名昭著的"革新"制度就有什么真正牢固可靠的保障。

路标派分子布尔加柯夫附和说："……我痛苦不堪地思念着令人心酸的往事，本来这都是一回事〈即反动和革命都是一回事，也就是——〉……都是靠暴力来实现的极端主义……　而近来又有**人开始为新的革命发愁**，认为现在已经有了经验，似乎新的革命除了使俄国遭到彻底瓦解外，还会带来别的什么。"（第32页）

一个杜马中最大的资产阶级政党首领和一个自由派"人士"中颇有声望的右翼立宪民主党政论家(《路标》已出了 **5** 版),他们两人都在抱怨,都在哭诉,都认定**他们孤立了**。他们在反动的极端派和革命的"极端派"当中,在黑帮英雄和"为新的革命发愁"的英雄(自由派?)当中,思想上孤立了,因而"在杜马中和在国内都孤立了"。

"中派"的这种孤立,资产阶级的这种孤立,资产阶级希望改变旧制度,但又不希望同旧制度作斗争,希望"革新"沙皇制度,但又害怕推翻沙皇制度,这种现象在俄国革命史上并不新鲜。1905 年群众革命运动蓬勃发展,给予沙皇制度接连不断的打击,当时感到自己是"孤立的",既有立宪民主党人,也有十月党人。立宪民主党人(当时是"解放派"**129**)1905 年 8 月 6 日以后就开始停步不前,反对抵制布里根杜马。十月党人 10 月 17 日以后,完全"停步不前了"。1906—1907 年立宪民主党人在两届杜马中"孤立了",无法利用自己的多数,在沙皇制度和革命之间、在黑帮地主势力和无产阶级、农民的冲击之间晕头转向,束手无策。尽管立宪民主党人在两届杜马中占多数,但他们始终是孤立的,受到特列波夫和真正的革命运动两面夹攻,一次也没有取得胜利,很不光彩地退出了舞台。1908—1909 年十月党人在第三届杜马中占多数,他们同政府亲密合作,诚心诚意拥护政府,而现在他们也不得不承认,实际上发号施令的不是他们,而是黑帮分子。他们不得不承认十月党资产阶级**孤立了**。

这就是关于资产阶级在俄国资产阶级革命中的历史作用的总结。在这五年(1905—1909 年)间,事变层出不穷,群众斗争即俄国各个阶级的斗争蓬勃开展,这一经验**事实上**证明了,立宪民主党和十月党,我国资产阶级的两翼,**实际上**是由于革命和反革命的斗争而中立化了,他们成了在两个敌对阵营之间晕头转向的、软弱无力的、束手无策的可怜虫。

资产阶级不断背叛革命,他们长期遭到黑帮沙皇政府和沙皇地主黑帮的粗暴的咒骂、凌辱和唾弃,这完全是罪有应得。当然,资产阶级的背叛行为和他们所受到的历史惩罚,并不是某种特殊的精神特性引起的,而是资本家阶级在我国革命中的矛盾的经济地位引起的。这个阶级害怕革命甚于害怕反动势力,害怕人民的胜利甚于害怕保持沙皇制度,害怕没收地主的土地甚于害怕保持农奴主的政权。资产阶级不属于那些在伟大的革命战斗中一无所失的人。在我国资产阶级革命中,只有无产阶级才是这样的人,其次就是千百万破产的农民。

俄国革命证实了恩格斯从西方伟大的资产阶级革命史中得出的结论:为了得到即使只是资产阶级直接需要的东西,革命也必须**远远地超出**资产阶级的要求[130]。俄国无产阶级始终引导,也**必将引导**我国革命前进,而不顾资本家和自由派的任何阻拦,推动事件的发展。

在1904年的宴会运动[131]中,自由派千方百计地阻拦社会民主党人,怕他们进行激烈干涉。工人并没有被胆战心惊的自由派的幽灵吓倒,他们引导运动前进,把运动引向1月9日,引向汹涌澎湃的全俄罢工浪潮。

自由派资产阶级,包括当时"非法的""解放派",号召无产阶级参加布里根杜马。无产阶级并没有被胆战心惊的自由派的幽灵吓倒,它引导运动前进,把运动引向伟大的十月罢工,引向人民的第一次胜利。

10月17日以后,资产阶级分裂了。十月党人坚决站到反革命一边。立宪民主党人避开人民,投靠了维特。而无产阶级前进了。无产阶级站在人民的最前列,动员了千百万群众去进行具有历史意义的独立活动,真正自由的几个星期就在旧俄国和新俄国之间划了一道永不磨灭的分界线。无产阶级把运动发展到最高斗争形式——1905年12月的武装起义。无产阶级在这一斗争中遭到失败,但并没有被击溃。无产阶级的起义遭到镇压,但在战斗中无产阶级团结了人民中的一切革命力量,并没有因为退却而灰心丧气,它向群众指出——在俄国现代史上第一个向群众指出——把斗争进行到底是可能的和必要的。无产阶级被迫退却,但它并没有丢掉手中的伟大革命旗帜。当第一届和第二届杜马中占多数的立宪民主党人背离革命,力图扼杀革命并向特列波夫和斯托雷平之流保证他们有决心和有能力扼杀革命的时候,无产阶级公开举起这面革命的旗帜,继续号召参加斗争,并教育、团结和组织一切力量来进行斗争。

俄国一切大工业中心的工人代表苏维埃、从资本家手中夺得的许多经济成果、军队中的士兵代表苏维埃、古里亚和其他地方的农民委员会以及某些城市中昙花一现的"共和国",——这一切都是无产阶级依靠革命的小资产阶级,特别是依靠农民夺取政权的**开始**。

1905年的十二月运动之所以伟大,是因为这一运动第一次把"可怜的民族,奴隶的民族"(像尼·加·车尔尼雪夫斯基在60年代初所讲的)[132]变成**能够**在无产阶级领导下同万恶的专制制度斗争到底并吸引**群众**参加这一斗争的民族。这一运动之所以伟大,是因为无产阶级用斗争实践表明了民主主义群众夺取政权**是可能的**,在俄国建立共和国是可能的,指出了"**怎么办**",指出了群众实

际着手去具体完成这一任务的办法。无产阶级的十二月斗争给人
民留下了一份遗产,这份遗产可以成为思想上、政治上照耀后几代
人的工作的灯塔。

现在,疯狂的反动势力乌云滚滚,反革命沙皇黑帮气焰嚣张,
甚至十月党人也频频摇头说,"他们在期待"改革,而且迫不及待,
自由派和民主派也常常"为新的革命发愁",而路标派分子卑鄙无
耻的言论有增无减("应当自觉地**不要革命**"——布尔加柯夫语,同
上,第32页),在这个时候,工人政党就应该加倍有力地提醒人民:
为什么而斗争。

我们已经不止一次地谈过,由于条件变了,由于当前历史时期
的情况不同了,现在必须采取另外的斗争形式来实现1905年提出
的目标和当时的运动很快就要实现的任务。专制制度要按照资产
阶级君主制类型来改造的尝试,专制制度同地主和资产阶级在第
三届杜马中的长期勾结,新的资产阶级土地政策等等,——所有这
一切把俄国引向一个特殊的发展阶段,同时向工人阶级提出培养
新的无产阶级大军即新的革命大军的长期任务——教育和组织力
量的任务,利用杜马讲坛和利用各种半公开合法活动的机会的
任务。

必须善于贯彻**我们的**策略路线,必须善于建设我们的组织,既
要估计到已经变化了的客观情况,又**不缩小**、不削弱斗争任务,不
贬低那些即使乍看起来是极平凡、极不显眼、极其琐碎的工作的思
想政治内容。假如我们向社会民主党提出,比如说,为公开的工人
运动而斗争的口号,那就恰恰是缩小斗争任务和阉割斗争的思想
政治内容。

作为一个独立的口号,这不是社会民主党人的口号,而是立宪

民主党人的口号,因为只有自由派才幻想没有新的革命就可以有公开的工人运动(他们不仅抱有这种幻想,而且向人民鼓吹骗人的教义)。只有自由派才用这种次要目的来限制自己的任务,他们像西欧的自由派一样,指望无产阶级去适应"经过改良的"、经过清理的、"经过改善的"资产阶级社会。

社会民主主义的无产阶级不仅不害怕这种结局,而且相反,它相信,任何一种名副其实的改革,任何对无产阶级的活动范围、组织基础和运动自由的扩大,都会十倍增强无产阶级的力量并扩大无产阶级的革命斗争规模。但是,正是为了真正扩大运动的范围,正是为了达到局部的改善,就应该向无产阶级群众提出不加删削、不加缩小的斗争口号。局部的改善只能是革命的阶级斗争的副产物(这是历史上常有的情形)。只有向工人群众提出1905年留给我们这一代的广泛的、宏伟的任务,我们才能够真正扩大运动的基础,吸引更多的群众参加这一运动,鼓舞他们忘我的革命斗争情绪,因为这种情绪过去一直引导着被压迫阶级去克敌制胜。

在进行公开行动、公开活动、扩大运动基础、吸引愈来愈多的无产阶级阶层参加这一运动、利用资本家阵地的一切弱点来向这个阵地进攻以及争取改善生活的时候,不要放过任何一个最小的机会;同时要将革命斗争精神贯彻到这一切活动中去,要在运动的**每一**步和每一个转折关头阐明我们在1905年已经面临而我们当时没有完成的**全部**任务,——这就是俄国社会民主工党应该采取的政策和策略。

载于1910年3月23日(4月5日)　　　　译自《列宁全集》俄文第5版
《社会民主党人报》第12号　　　　　　第19卷第211—217页

对芬兰的进攻

（1910 年 4 月 26 日〔5 月 9 日〕）

1910 年 3 月 17 日，斯托雷平向国家杜马提出了"关于颁布有关芬兰的全国性法令和决定的程序"的草案。这个官腔十足的标题掩盖了专制制度对芬兰的自由和独立发动的最无耻的进攻。

斯托雷平的法令草案规定，芬兰的一切事务，凡是"非纯属这个边疆区的内部事务"，一律交给国家杜马、国务会议和尼古拉二世处理。芬兰议会只能就这些事务发表"最后意见"，而且这些最后意见对谁都没有约束力，因为芬兰议会对帝国而言已落到了布里根杜马的地位。

那么，所谓"非纯属"芬兰"内部事务的法令和决定"指什么呢？我们不全部列举斯托雷平草案中所提出的 17 条，我们仅指出，芬兰同帝国其他地区之间的关税关系、芬兰刑法例外条款、铁路事业、芬兰的货币制度、群众集会条例、芬兰的出版法，等等，均属此列。

这一类问题一律交给黑帮-十月党人杜马处理！**彻底摧毁芬兰的自由**，——这就是专制制度打算依靠根据六三宪制联合起来的地主代表和商界上层代表来实现的计划。

这个计划当然是无可指责的，因为这里指的都是被这一"宪制"认为合法的人：50 名极右分子，100 名民族主义分子和"右派十月党人"，125 名十月党人，——这就是已经在杜马中集合起来的、接受了政府报刊长期恶毒宣传而随时可以对芬兰采取任何暴力措施的一支反动队伍。

现在,压迫一切"少数民族"的专制制度的旧民族主义变本加厉,首先是由于一切反革命分子都仇恨人民,因为人民利用俄国无产阶级十月的短暂胜利在黑帮沙皇身边创造了一部世界上最民主的宪法,创造了把坚决站在社会民主党一边的芬兰工人群众组织起来的自由条件。芬兰曾利用俄国革命的机会赢得了几年的自由和和平发展。俄国的反革命势力现在正迫不及待地趁"家中"完全沉寂之机来拼命掠夺芬兰的成果。

历史似乎在用芬兰的例子表明,被一切庸人当做偶像膜拜的名震一时的"和平"进步,不过是一种短暂的、不稳定的、昙花一现的例外,这种例外完全证实了一条常规。而这条常规就是:只有群众和领导群众的无产阶级所进行的革命运动,只有胜利的革命,才能使各族人民的生活发生巩固持久的变化,才能根本摧毁中世纪制度的统治和半亚细亚式的资本主义。

芬兰过去松了一口气,完全是因为俄国工人阶级广泛地发动起来了,动摇了俄国的专制制度。现在,芬兰工人只有通过联合俄国群众进行革命斗争,求得出路,免遭黑帮强盗的进犯。

芬兰这个和平的国家是靠俄国的十月罢工而进行了革命、靠俄国的十二月斗争和两届反政府的杜马而捍卫了自由的,可是即使这样一个国家,它的资产阶级也暴露了自己的反革命特性。芬兰的资产阶级攻讦芬兰工人赤卫队,指责他们搞革命主义;它千方百计不让芬兰的社会主义组织获得充分的自由;它企图讨好沙皇政府(像1907年出卖政治活动家那样),以逃避沙皇政府对它施加的暴力行为;它指责本国的社会主义者,说他们被俄国社会主义者

带坏了，感染上了他们的革命性。

现在，甚至芬兰的资产阶级也可以看出，执行让步、讨好、"献媚"的政策，执行直接或间接出卖社会主义的政策，会得到怎样的后果。离开接受过社会主义思想训练并由社会主义者组织起来的群众的斗争，芬兰人民就不能找到摆脱自己目前状况的出路；离开无产阶级革命，就无法反击尼古拉二世。

由于我们俄国资产阶级的阶级意识和自觉的反革命性的增强，我国专制制度的旧民族主义政策也加强了。由于资产阶级对无产阶级这支国际力量仇恨的加深，资产阶级沙文主义也随之而增长。资产阶级沙文主义的变本加厉，是同国际资本竞争的加剧和尖锐化相辅相成的。沙文主义的出现就是由于在日俄战争中遭到失败和无力制服特权地主而产生的报复行动。沙文主义从地道的俄国企业主和商人的贪欲中得到了支持，因为俄国企业主和商人没能在巴尔干捞一把，所以是很乐于"夺取"芬兰的。因此，地主和大资产阶级的代表机关的组成，使沙皇政府得到了**镇压**自由芬兰的忠实伙伴。

但是，侵犯自由的边疆地区的反革命"战役"的基地扩大了，**反击**这些反革命战役的基地也扩大了。如果说，芬兰的敌人不仅仅有官僚和一小撮权贵，而且还有第三届杜马代表机关中有组织的领地贵族和最富有的商人，那么芬兰的朋友，就是千百万的群众，他们开创了1905年的运动，推出了第一届和第二届杜马中的革命派。无论**目前**政治气氛多么沉寂，这些群众也仍然在照样生活和成长。要为俄国革命的新的失败报仇的新的**复仇者**也正在成长起来，因为芬兰的自由受到的挫折就是俄国革命受到的挫折。

我们俄国的自由派资产阶级的怯弱和没有气节现在也一而

再,再而三地表现出来了。立宪民主党人当然**反对**进攻芬兰。他们当然不会同十月党人投一样的票。但是,**千方百计**进行破坏,使"公众"不再同情**唯一**给芬兰以自由、使芬兰的自由已经持续四年有余的直接革命斗争和10—12月的"策略"的,难道不正是他们吗? 联合俄国的资产阶级知识分子一同背弃了这一斗争和这种策略的,难道不正是立宪民主党人吗? 拼命在俄国的整个文明"社会"里激发民族主义感情和民族主义情绪的,难道不正是立宪民主党人吗?

社会民主党的决议(1908年12月)说,立宪民主党人鼓吹民族主义,**实际上正是在为沙皇政府效劳!**[①] 事实证明,这句话讲得多么正确! 当俄国在巴尔干遭到外交上的失败时立宪民主党人要采取的"反对"专制制度的"立场",果然不出所料,是一种可怜的、无原则的、奴颜婢膝的反对派立场,是**讨好**黑帮分子、**刺激**黑帮分子的贪欲、因黑帮沙皇力量还不够强而对他**责怪**的立场。

"人道的"立宪民主党先生们,你们现在来自食其果吧。你们曾向沙皇政府指出,它坚持"民族"任务不力,现在沙皇政府向你们表明,它对少数民族实行**民族**迫害很得力。你们的民族主义、新斯拉夫主义等等,是自私的、有阶级局限性的资产阶级实质加上响亮的自由主义空话。空话始终是空话,实质却**在为专制制度仇视人**类的政策**效劳**。

自由主义空话过去一直是这样,将来也永远是这样。这些空话只能**装饰**资产阶级狭隘的自私和粗野的暴力;它们只是用虚幻的花朵来装饰人民的锁链;它们只是麻醉人民的意识,**使他们不能**

---

① 见俄国社会民主工党第五次全国代表会议的决议《关于目前形势和党的任务》(《苏联共产党代表大会、代表会议和中央全会决议汇编》1964年人民出版社版第1分册第247页)。——编者注

认清自己的真正敌人。

但是,沙皇政策采取的每一个步骤,第三届杜马存在的每一个月,都会愈来愈无情地打破自由主义的幻想,愈来愈明显地暴露出自由主义的软弱和腐朽,愈来愈广泛和愈来愈多地播下无产阶级新的革命的种子。

总有一天,俄国无产阶级会奋起争取芬兰的自由,争取在俄国建立民主共和国。

载于1910年4月26日(5月9日)　　译自《列宁全集》俄文第5版
《社会民主党人报》第13号　　　　第19卷第218—222页

他们在为军队担忧

（1910 年 4 月 26 日〔5 月 9 日〕）

杜马中就社会民主党人和劳动派分子对沙皇政府破坏根本法第 96 条提出的质询展开的讨论还没有结束。但是，讨论已经把情况摆得很清楚，各报已经就声名狼藉的斯托雷平"3 月 31 日声明"[133]叫嚷得很厉害，所以现在谈一谈六三制度史上这个颇有教益的事件是完全适宜的。

我们的杜马党团做得完全正确，它对政府破坏根本法第 96 条提出了质询，**掌握的分寸是**，它好像在"维护"合法性，"维护法律"，"维护六三合法性"等等。我们说"掌握分寸"，是因为社会民主党人此时所面临的为一项复杂的任务，无疑**必须处理得当**；他们使用的一个武器无疑两面带刃，如果使用这种武器的人稍微出点差错或者甚至不够灵活，就会伤害拿武器的人自己。直截了当地说，这个武器会不知不觉地使社会民主党人离开阶级斗争的立场而滑到自由主义的立场上去。

如果社会民主党人只是单纯讲"维护"根本法，而对这种"维护"的**特殊**性不加说明，那就会犯这样的错误。如果他们把维护根本法以至整个合法性变成"为合法性而斗争"之类的口号，那就会犯更大的错误，因为这是立宪民主党人的提法。

幸而我们在杜马中的同志这两种错误都没有犯。质询时第一个发言人格格奇柯利一开始就**专门**阐明了社会民主党人**维护**根本法的**特殊**性。格格奇柯利非常得体地从鲍勃凌斯基伯爵的告发谈起，这位伯爵在贵族联合会代表大会上气急败坏地叫嚷必须"从国家杜马内部清除这帮捣乱分子"[134]，这明明是暗指社会民主党人。格格奇柯利回答说："我声明，无论是告发也罢，暴力和威胁也罢，我们这个在会议厅开会的党团丝毫都不会因此背弃它既定的捍卫工人阶级利益的任务和目标。"

鲍勃凌斯基请求政府把一贯鼓动反对六三合法性的人赶出杜马。格格奇柯利则一开始就声明，无论是暴力或威胁都不能使社会民主党人放弃自己的活动。

格格奇柯利特别着重指出："同其他人相比，我们当然是不大关心维护第三届国家杜马的威信的，如果它还有所谓威信的话……""我们是根本反对现行政治制度的，但是每当反动派为了自己的利益力图削减人民代表机关的权利的时候，提出抗议的正是我们……""虽然我们是根本反对根本法的，但是当有人公然破坏根本法的时候，我们就不得不起来保护根本法"。格格奇柯利在结束演说时为了同那些迷信合法性的人划清界限，他说："……我们提出这种质询，并且离开本题从法律上作一番说明，这样做只不过是为了再一次揭露政府的虚伪……"(速记记录第1988页)

格格奇柯利表达了社会党人一贯的民主共和观点，他说："我们的法律只有**由人民的直接意志**来决定，才符合大众的利益和需要"，速记记录在这里记下的**"右面哗然"**这几个字，特别突出地表明这句话打中了要害。

另一个社会民主党发言人波克罗夫斯基在谈到质询的政治意义时说得更加明确，他说："他们〈十月党人〉尽可以直接公开地这样做,尽可以毫无顾忌地接过右派的'打倒人民代表机关的权利,内阁万岁'的口号。毫无疑问,多数人正在努力争取有一天在俄国使立宪幻想完全破灭,那时,黑暗的现实照旧原封不动,俄国人民会从中作出相应的结论。"(引自4月1日《言语报》的报道)

整个问题通过揭露政府和十月党人的虚伪,通过打破立宪幻想而提出来,这是社会民主党向第三届杜马提出的关于根本法第96条被破坏的唯一正确的质询。我们党的鼓动工作,在工人会议上,在小组里,以及在同不参加任何组织的工人个别交谈中,谈到杜马的事情时首先必须提出的正是问题的这个方面,必须说明工人政党的作用就是在资产阶级黑帮杜马中**揭穿**资产阶级黑帮分子的骗局。由于在**这样的**杜马中问题不可能提得**十分**明确,革命的社会民主党人的观点不可能讲得非常透彻,所以我们的任务就是对我们的同志在塔夫利达宫讲坛上的发言加以补充,向群众作通俗的说明,使他们讲的易于为群众所理解和接受。

破坏根本法第96条这一事件的**实质**是什么呢?这一条是第9章《关于法律》中的一条,其中对例外情况作了规定,即陆海军机关的条例和命令可以**直接**呈送沙皇批准,而**不经过**国家杜马和国务会议;新的开支要根据国家杜马的决定拨给,——这一条的基本内容就是这些。

一年前,国家杜马讨论了海军总参谋部的编制问题。关于该机关编制是否应由杜马批准的问题争论很激烈。右派(黑帮分子)断言,**不应**由杜马批准,杜马无权干预这个问题,杜马不得侵犯军队"最高首领"即沙皇的权利,只有沙皇才有权批准陆海军编制,**不用经过任何杜马**。

十月党人、立宪民主党人和左派则断言,这是杜马的权利。可见问题就是：以尼古拉二世为首的黑帮分子想把杜马权利说成是有限的，想把本来已被削减得不像样的杜马权利再**削减**。黑帮地主和他们的头子，最有钱最反动的黑帮地主尼古拉·罗曼诺夫把一个局部性的小问题变成了原则问题，即关于沙皇权利的问题，关于专制制度的权利的问题，并且指责资产阶级（甚至指责十月党人资产阶级）蓄谋削减沙皇权利，限制沙皇权力，"把军队首领和军队分隔开来"等等。

怎样解释沙皇权力，它仍然是过去的完全不受限制的专制制度呢，还是沙皇权力也要**加以限制**，哪怕是最起码的**限制**，——这就是争论焦点之所在。一年前这种争论之激烈几乎达到"政治危机"的程度，险些要赶走斯托雷平（黑帮分子指责他搞"立宪主义"），险些要解散十月党人的杜马（黑帮分子把十月党人叫做"青年土耳其党人"[135]）。

于是国家杜马和国务会议批准了海军总参谋部的编制，也就是说认为这个问题是属于自己**职权范围以内**的事。大家都等着看尼古拉二世是否批准国家杜马和国务会议的决定。1909 年 4 月27 日，尼古拉二世下圣谕给斯托雷平，**拒绝**批准编制，并责成大臣们拟定一个第 96 条的实施"细则"。

换句话说，沙皇一次又一次公开坚决站到黑帮分子一边，反对限制他的权力的任何尝试。他责成大臣们拟出新的细则，这是用无耻的命令来**破坏法律**，把法律解释成无足轻重的东西，按照臭名昭著的俄国参议院的"说明"来"说明"法律。此外，当然还提到细则应"不超出根本法的范围"，但这些话都是最虚伪不过的表面文章。大臣们拟定了这样的"细则"，于是沙皇尼古拉二世批准了这些细则（因为是 1909 年 8 月 24 日批准的，所以就称之为 1909 年 8

月24日细则),所以法律就被抛开了！根据对这个未经任何杜马而被批准的"细则"的说明,根本法第96条被一笔勾销了！根据这个"细则",陆海军编制的问题杜马**无权**过问。

这就非常清楚地勾画出俄国的"宪制"是多么虚假,黑帮分子是多么无耻,沙皇同黑帮分子的关系是多么密切,专制制度对根本法的戏弄是多么放肆。当然,1907年六三政变已经把这种情况暴露得清清楚楚,明明白白,广大民众对此也了如指掌了。如果说我们在杜马中的社会民主党人未能对六三法令破坏根本法一事提出质询(其所以未能提出,只是因为包括劳动派分子在内的资产阶级民主派在上面签名的人数不够,没有达到提出质询要有30人签名的要求),那么,这表明纯杜马式的宣传鼓动受到多么大的限制。尽管不能对六三法令提出质询,但是并没有妨碍社会民主党人经常通过自己的发言说明这个法令的性质是国家政变。所以不言而喻,即使在比较次要的问题上,社会民主党人不能够而且也不应该拒绝揭露专制制度是怎样戏弄根本法和人民代表机关的权利的。

像海军总参谋部编制这种并不重要、微不足道的小问题,却特别突出地说明了我国反革命势力是多么敏感,说明了**他们在为军队担忧**。杜马中的十月党报告人舒宾斯科伊先生在他3月26日的第二次发言中就非常明确地转到黑帮分子一边,从而暴露了反革命势力正是由于在**为军队担忧**,才对代表机关可否稍加干预陆海军编制的批准问题这样敏感。血腥的尼古拉的这个资产阶级奴仆喊道:"……大俄罗斯军队首领的名字是真正伟大的名字……""……不管你们〈国家杜马代表〉在这里提出些什么主张,不管你们怎样说要取消某种人的某种权利,但是对于军队,你们是取消不了它的最高首领的。"

同时,斯托雷平在他3月31日的"声明"中,虽然极力使自己的答复含糊其词,用一些十分空洞、毫无内容、显然虚假的词句大谈其"安抚"和所谓放松镇压,但是仍然十分明确地站到了黑帮分子一方来**反对**杜马的权利。如果说十月党人终于同斯托雷平取得了一致意见,那并不是新鲜事。但是,如果米留可夫先生之流的《言语报》说斯托雷平的答复"更像是对国家杜马的权利的迁就"(4月1日《言语报》第89号紧接着社论的一篇编辑部文章),那我们就又一次看到立宪民主党已经堕落到什么地步了。斯托雷平说:"最近几年的历史表明,革命不能锈蚀掉我们的军队……" 说不能锈蚀掉是不符合实际情况的,因为众所周知的1905—1906年陆海军士兵起义事件、众所周知的这一时期反动派报刊的反应,证明革命**曾锈蚀过**军队,就是说,革命是**能够锈蚀掉**军队的。军队没有被彻底锈蚀掉,这是事实。但是,在反革命势力盛极一时的1910年,即在军队发生最后一次"骚动"几年以后,斯托雷平(在上述声明中)说他"**听了前面几个发言人的讲话非常担心**",这种"担心"就在于"**不同的国家要素对待我们的武装力量有某种不一致使人感到不安**",这就把斯托雷平和同他一起的尼古拉二世皇室的整个黑帮匪徒暴露无遗了!这证明沙皇匪徒不仅仍在为军队担忧,简直是**在为军队提心吊胆**。这证明反革命势力至今继续坚决主张国内战争,认为需要用军事镇压手段平息人民的骚乱是当务之急。现在再看看斯托雷平下面这一段话吧:

"历史……教导说,军队一旦不再是服从一个神圣意志的统一的军队,就会瓦解。如果对此原则采取有害的怀疑态度,**如果向军队灌输以为军队的整饬取决于集体意志的想法,即使只有一点这种想法**,那么军队的威力就会不再以不可动摇的力量即最高当局作基础。"在另一个地方又说："我知道,有很多人想……挑起**对我们军队有致命的危险的关于权利问题的争论**"(即关于国家杜马权利问题、"集体意志"权利问题的争论)。

就像杀人犯觉得冤魂索命一样,反革命的英雄们想到了"集体意志"对军队有"致命的"影响。黑帮分子的忠实奴仆斯托雷平觉得十月党人是"青年土耳其党人",他们正在用使军队服从集体意志的办法,用使军队产生服从集体意志的"一点想法"的办法来"**瓦解军队**"!

如果六三君主制的刽子手和杀人犯们把十月党人看成青年土耳其党人,那他们是在大白天说梦话,精神完全错乱了。这种梦呓,这种精神错乱是由于感到自己的地位不稳,感到军队非常令人担忧而产生的一种政治病。如果斯托雷平之流,罗曼诺夫之流以及他们那一伙先生们对待"集体意志"和军队的关系问题多少能够稍微冷静一点,那么他们马上就会发现,由沙皇不声不响批准杜马和国务会议关于海军编制问题的决定,比起让**杜马就杜马权利的问题**、就有可能"**瓦解军队**"的问题**展开讨论**,引起军队的注意的可能性要小得多。然而,这正是我国反革命派的特点:他们本身的恐惧心理暴露了他们自己,同时他们也**根本无法**平静地对待瓦解军队的问题,正像杀人犯听人说起凶杀案的同谋犯和凶杀案的情况时不能平静一样。

把海军编制这个相对来说不重要的小问题当做原则问题提出来的人正是黑帮分子,正是尼古拉二世,正是斯托雷平先生,看见他们由于感到恐惧而显得很狼狈,我们只觉得很高兴。我们只要拿波克罗夫斯基同志关于"立宪幻想"破灭,关于必须由人民自己根据无可置疑的"黑暗现实"作出结论的出色谈话同《莫斯科新闻》对"3月31日声明"所作的坦率极了的议论对比一下。

4月3日该报的社论写道：

"……我们去年已经说明，这一事件本身很简单。皇帝陛下没有批准按立法程序提出的编制，而是通过最高当局把编制定了下来，这个决定权，甚至现行法律（更不必谈最高当局的当然权利的问题）也规定得清清楚楚……"

是的，是的。俄国君主制的"当然权利"——就是破坏根本法。整个关键就在这里。

"……然而杜马中的反对派竟敢对此提出质询，涉及最高当局的行动……"

正是这样！《莫斯科新闻》准确地说清楚了社会民主党人在杜马中不能说清楚的话。这次质询正是认定沙皇（和沙皇属下的大臣斯托雷平）的行动就是破坏根本法。

接着，《莫斯科新闻》便攻击"革命反对派"和"革命刊物"，攻击它们坚持通过革命**夺取**人民权利的理论，并且驳斥了关于"3月31日声明"中可能有某些"诺言"的说法。

"……关于'诺言'的说法是荒谬可笑的，这种说法表明，甚至那些没有正式名列革命营垒的人的头脑也被革命思想搞得多么糊涂。内阁会许下什么样的'诺言'呢？……忠实于最高当局领导的内阁将执行自己的法定职责……　所以只希望杜马能够**更深刻地**领会这个声明的全部意义，从而使这个声明有助于治愈革命'命令'传染给诸位代表先生们的痼疾。"

确实应该这样：**更深刻地**领会政府的声明（和立场），用它来"治愈"**立宪幻想**，——这恰好正是社会民主党人对于破坏第96条所提出质询的政治教训。

载于1910年4月26日（5月9日）　　　译自《列宁全集》俄文第5版
《社会民主党人报》第13号　　　　　　第19卷第223—231页

党在国外的统一

(1910 年 4 月 26 日〔5 月 9 日〕)

在我们这样的条件下进行活动的党,它必须有而且必定要有一个国外基地。任何人只要考虑一下党的处境就会承认这一点。国内的同志们对"国外"的看法不管多么悲观,但是**了解**一下此间发生的情况,特别是最近一次全会以后发生的情况,对他们是会大有好处的。

国外是否已经实现了统一呢?没有。原因很简单:呼声派那一方丝毫无意于响应中央委员会一致通过的号召,来消除国外的分裂局面。派别性的《呼声报》无视中央委员会的一致决定,仍然没有停刊,尽管该报的编辑之一马尔托夫同志在全会上正式声明说(见全会记录),他至少要让该报暂停出版①。中央委员会国外局还没有来得及采取任何实行统一的步骤,《呼声报》的四个编辑(其中两个已进入中央机关报编辑部!!)就发表了宣言,几乎不加掩饰地号召不同意统一。国外的"国外小组中央局"("国外小组中央局"是一年半前在巴塞尔孟什维克**派**代表大会上选出的)也是这

---

① 这一声明的原文如下:

"马尔托夫同志声明说,虽然他不能**正式**代表《社会民主党人呼声报》编辑部说话,但他以个人名义声明,如果要《社会民主党人呼声报》出版了最近一号后暂时试行**停刊**(一两个月或者更长的时间),再看看中央机关报新的编辑部工作的结果,那么该报编辑部是不会产生阻力的。"

么干的。这个"国外小组中央局"甚至现在也不能代表全体孟什维克，而只能代表孟什维克中呼声派那一部分了。但国外小组中央局在《呼声报》的支持下能量相当大，足以破坏统一。中央委员会国外局只能向各小组，向护党派分子呼吁，首先是向工人呼吁。但是由于下面将谈到的一些原因而没有这样做，或者说做得非常不能令人满意。现在中央委员会在国外仍然像过去一样，暂时只能指望布尔什维克的各个小组的支持。不过最近又增加了孟什维克护党派，即取消派的反对者（大部分是普列汉诺夫同志的《日志》的支持者）。

国外孟什维克原则上的分化，无疑具有重大意义，因为这是一个征兆，从这里面可以窥见目前国内所发生的（也许不那么明显）事情。孟什维克护党派已经就这个问题通过了一系列决议。下面请看从这些决议中摘录的几段话。巴黎的孟什维克反呼声派（约20人）写道："……在该机关报（《呼声报》）第19—20号合刊上，例如在唐恩同志《为合法性而斗争》这篇文章中，可以清楚地看到一个新的方针，这篇文章不要社会民主党人的口号而提出了一个特殊的、至少是模棱两可的、同'经济主义'时期**争取权利**这个口号一模一样的口号……《呼声报》编辑部至今一直否认的取消主义思想，在该报最近一号上公开地表露出来了。"日内瓦的孟什维克护党派（14人）认为，"停办派别性的《社会民主党人呼声报》是巩固党的统一的必要条件"。

尼斯的孟什维克护党派小组（一致）认为，"该机关报（《呼声报》）第19—20号合刊上的一系列文章，已经公开表露了取消主义思想。小组认为《社会民主党人呼声报》的立场是有害的，决不给予支持。小组对于米哈伊尔、罗曼和尤里的所作所为表示愤慨，因为他们辜负了最近一次党代表大会的信任,使取消主义倾向实际上已经表现得淋漓尽致"。圣雷莫的孟什维克护党派小组"一致表示决不支持该报(《呼声报》)的出版,因为他们不同意该报的取消主义倾向。米哈伊尔、罗曼和尤里的所作所为,使小组怒不可遏"。列日的孟什维克护党派在自己的决议中写道:"斯季瓦·诺维奇的信和费·唐恩《为合法性而斗争》这篇文章〈载于《呼声报》第19—20号合刊〉,充分说明了该报的反党倾向……　以《社会民主党人呼声报》为中心,聚集了各种取消主义的流派。"苏黎世的孟什维克小组中的相当一部分人和伯尔尼小组中的多数人都持有同样的看法。在其他城市也有孟什维克护党派的支持者。

中央委员会国外局只有把这些**护党派**孟什维克同布尔什维克和无派别的**护党派分子**即反对取消主义的人团结在一起,才能取得成效,才能有助于俄国国内的工作。国外的布尔什维克正是号召全体同志这样做的(见巴黎第二小组的决议[136])。为了团结全体真正的护党派分子,不可避免地要同破坏统一的呼声派,同退出《争论专页》编辑部和党校委员会并且也破坏党的统一的召回派-最后通牒派进行斗争。这一项工作暂时要由护党派分子个人主动承担,因为中央委员会国外局**暂时**还没有能力承担相应的职务。根据新章程的规定,中央委员会国外局的5个委员中有3个指定由"少数民族党员"担任,这样一来,中央委员会国外局的多数委员**不是**由党的中央委员会决定,因此,往往会发生出乎意料的事情。例如,在最近一次中央委员会国外局的常会上,形成了**反对**中央委员会路线的多数。由一个呼声派分子和两个所谓的"无派别的"少数民族党员形成的新的多数,拒绝批准在中央全会以后就立即制定的把各小组统一起来的"方法"(根据全会决议的精神来统一,即要求把所有的经费交给中央委员会,而**不是**交给派别性的机关报)。这个多数拒绝了(一个布尔什维克和一个波兰社会民主党人的)建议,即拒绝在信中向各小组提出以下口号:把所有的经费交给全党性的机关,而不交给派别性的报纸(**即**《社会民主党人呼声报》)。这个决定遭到了中央委员会国外局两个委员(一个布尔什维克和一个波兰社会民主党人)的坚决抗议,他们已把自己的抗议书转给了中央委员会。

载于1910年4月26日(5月9日)
《社会民主党人报》第13号

译自《列宁全集》俄文第5版
第19卷第232—235页

党的统一的障碍之一

(1910年4月26日〔5月9日〕)

当许多国外小组的**护党派**孟什维克团结起来,愈来愈坚决地反对《社会民主党人呼声报》的露骨的取消主义倾向的时候,维也纳出版的《真理报》的态度仍然暧昧不明。我们在该报第12号上看到一篇题为《扫除一切障碍,走向统一》的文章。对于这篇文章第一次(虽然是羞羞答答和很不全面地)着手执行中央委员会关于**阐明**取消主义的危险的决议,不能不表示赞赏。但这篇文章的整个第一部分却是一个样板,它说明,在维护党的原则这一点上,某些所谓无派别的社会民主党人远远不如**护党派**孟什维克。

《真理报》说什么中央机关报编辑部在《反党的取消派的〈呼声报〉》①一文中宣布"整个协议已撕毁",这是公然撒谎。凡是读过中央机关报第12号的人都知道,我们根本没有说过类似这样的话。当时同孟什维克间的协议是**在**他们承认党的原则和真诚地彻底放弃取消主义的**条件下**达成的。是《社会民主党人呼声报》和该报在俄国的一批同伙**撕毁了**这个协议:在俄国的是米哈伊尔、罗曼、尤里等一伙人,他们公开说这个决议本身是有害的("中央委员会的决议是有害的";中央委员会的存在本身也是有害的;党用不

---

① 见本卷第201—209页。——编者注

着取消,因为它已经被取消了),还有《呼声报》,它替前者的言论辩护。以普列汉诺夫为首的孟什维克护党派则坚决反对呼声派这种破坏协议的行为。不过,《真理报》在提到"一般的"孟什维克时,如果仍然只指呼声派,避而不谈普列汉诺夫分子和护党派孟什维克,那么,对于这种行为方式,我们将随时随地加以揭露。

《真理报》说,对于全会以后发生的冲突,它"不能也不想参加讨论",第一,因为"没有据以作出正确判断所必需的实际材料"。

对此我们回答说:如果国外的《真理报》直到现在还没有从呼声派-取消派的所作所为中找到足够的"材料",那它将**永远**找不到这种材料。要看到真理,就不怕正视真理。

"……第二(而且这是最重要的),因为组织冲突所要求的是组织干预,而不是报刊干预。"

这个原则是正确的。但是护党派孟什维克"干预"的(这是每一个党员应该做到的)正是如何评价原则冲突,而不是如何评价组织冲突。《真理报》的做法恰恰相反,它提出了原则,实际上却不遵守。事实上,《真理报》这篇文章的整个第一段谈的恰恰是对**组织**冲突的"干预"。不仅如此,《真理报》在叙述**组织**冲突时,还给取消派打气:它说我们的文章是"最激烈的",而对呼声派的反党行为却不加评论;它说**党的中央机关报**同孟什维克当中的**反党分子**(即呼声派)的斗争是**派别**冲突,**这是扯谎**;它避而不谈《社会民主党人呼声报》四个编辑所发表的分裂主义宣言,这是讲了**一半实话**;如此等等。

工人的报纸应当是:要么不谈"组织"冲突,要么就全面地谈,老老实实地谈。

为掩盖《呼声报》的反党性质所作的种种尝试,这是党的统一的严重障碍之一。对《呼声报》的取消主义保持沉默,或者采取轻率态度,都只会增加取消主义的危险性。

载于1910年4月26日(5月9日)　　　　译自《列宁全集》俄文第5版
《社会民主党人报》第13号　　　　　　　第19卷第236—238页

政论家札记

(1910 年 3 月 6 日和 5 月 25 日〔3 月 19 日和 6 月 7 日〕)

—

论召回主义的拥护者和辩护人的《纲领》

"前进"集团不久前在巴黎出版了一本题为《目前形势和党的任务。一群布尔什维克拟定的纲领》的小册子。这一群布尔什维克就是去年春天《无产者报》扩大编辑部指出正在建立新派别的那些布尔什维克。现在,这个"由 15 个党员——7 个工人和 8 个知识分子组成"的一群人(这是它告诉我们的),企图对自己的特殊"纲领"作一个完整的系统的正面说明。这个纲领的文字显然经过集体精心的仔细推敲,消除了所有不通顺的字句,去掉了尖锐的措辞,强调的与其说是这一群人同党的分歧,不如说是他们同党一致的地方。因此,这个正式阐述一个流派的观点的新纲领,对于我们就更有价值了。

这一群布尔什维克首先叙述它"对我国现时的历史形势的理解"(第 1 节第 3—13 页),然后又叙述它"对布尔什维主义的理解"(第 2 节第 13—17 页)。但是它对这两者的理解都很差。

就拿第一个问题来说吧。布尔什维克的观点(和党的观点)已经在1908年十二月代表会议关于目前形势的决议中阐明了。新纲领的起草人是否同意这个决议所表明的观点呢？如果说同意，那他们为什么不直说呢？如果说同意，那为什么要起草一个特殊的纲领，要阐述自己对时局的特殊"理解"呢？如果说不同意，那为什么又不讲清楚新集团到底在哪方面反对党的观点呢？

原来问题在于这个新集团连自己也不清楚这个决议的意义。新集团不自觉地（或半不自觉地）倾向于同该决议**不调和的**召回派的观点。新集团在它的小册子里作了通俗的阐述，但涉及的不是该决议的全部论点，而只是它的一部分，对该决议的另一部分却不理解（也许根本就没有注意到这部分的意义）。决议说，曾经引起了1905年革命的那些基本因素仍然在起作用。新的革命危机正在成熟（第6条）。斗争的目的仍然是推翻沙皇制度和建立共和国；无产阶级在斗争中应当起"领导"作用并且要努力"夺取政权"（第5条和第1项）。世界市场情况和世界政治情况使"国际局势日益革命化"（第7条）。对**这些**论点，新纲领都作了通俗的阐述，**就这一点来说**，它同布尔什维克，同党，是完全一致的，**就这一点来说**，它表达了正确的观点，作了有益的工作。

可是，不幸的是，必须对**"就这一点来说"**这几个字加以强调。不幸的是，新集团对该决议的**另一些**论点并**不理解**，不理解这些论点同其他论点之间的联系，特别是不理解这些论点同对召回主义持不调和的态度之间的**联系**，而这种不调和的态度正是布尔什维克所具有而为新派别所缺少的。

新纲领的起草人说，革命再度成为不可避免的了，革命再度应该推翻专制制度，而且一定能推翻专制制度。说得对。但是**现代**革命的社会民主党人应当知道和记住的不仅这一点。他应当很懂得：这个革命正以新的方式到来，我们应当以新的方式去迎接它（应当不同于过去，不仅是像过去那样，不仅是采用过去的斗争工具和斗争手段），同时，现在专制制度本身也不是过去的专制制度了。这就是召回主义的辩护人不愿看到的东西！他们顽固地坚持片面的观点，**因而**不管他们是否愿意，也不管他们是否有意识这样做，**都是为**机会主义者和取消派**效劳**，都是以一种片面性来支持另一种片面性。

专制制度已经进入了一个**新的**历史时期。它在转向资产阶级君主制的道路上迈出了一步。第三届杜马是专制制度同一定阶级的联盟。第三届杜马不是什么偶然的东西，而是这个新君主制体系的一个必要的机关。专制制度的新土地政策也不是什么偶然的东西，而是新沙皇政府的政策中一个必要的（对资产阶级来说是必要的，按其资产阶级性质来说也是必要的）组成部分。我们面临的是一个具有引起新的革命的**特殊**条件的**特殊**历史时期。如果只是按照旧的方式来行动，如果不善于利用杜马讲坛等等，那就不能掌握这种特殊性，不能为进行这次新的革命作好准备。

最后的这个论点是召回派弄不懂的。召回主义的辩护人说召回主义是"一种合理的色彩"（上述小册子第28页），他们直到今天还弄不懂这个论点同**整个思想**、同承认目前形势的特殊性、同尽量在自己的策略中**考虑到**这种特殊性之间的**联系**！他们反复地说，我们现在正处于"两次革命之间的时期"（第29页），目前的形势是"民主革命两个浪潮之间的过渡形势"（第32页）。至于这个"**过渡**"的**特点**是什么，他们却无法弄懂。而不懂得这个**过渡**，也就不能使这个过渡有利于革命，不能为新的革命作好准备，不能**过渡**到第二个浪潮！这是因为为新的革命作好准备不能仅限于翻来覆去地说革命不可避免；作准备就必须根据**这个过渡形势的特点**来进行宣传、鼓动和组织工作。

下面的例子可以说明，尽管人们在谈论**过渡**形势，却不懂这个**过渡**的内容究竟是什么。"俄国没有任何真正的宪法，杜马只是宪法的幻影，它没有实权，不起作用，——这一点，不仅居民群众根据经验非常了解，而且现在全世界都知道了。"（第11页）现在请把这段话同十二月决议对第三届杜马的估计对比一下吧。决议说："由于六三政变和第三届杜马的成立，沙皇政府同黑帮地主和上层工商业资产阶级结成的联盟公开地得到承认，固定下来了。"

虽然党的刊物一年来对这个决议翻来覆去讨论了又讨论，但纲领起草人还是不懂这个决议，这难道不是"全世界都知道"的吗？而他们不懂这个决议，当然不是由于脑子不灵，而是由于深受召回主义和整个召回主义思想的影响。

我们的第三届杜马是黑帮-十月党人杜马。说十月党人和黑帮分子在俄国没有"实权"，不起"作用"（纲领起草人就是这样说的），这是很荒谬的。没有"真正的宪法"，专制制度全部实权原封未动，这丝毫不排斥出现下面这种特殊的历史情况：这个政权不得不在全国范围内，在公开进行活动、具有全国意义的机关里组织某些阶级的反革命联盟，而与此同时某些阶级自己也在下面组织反革命联盟来支持沙皇政府。既然沙皇政府同这些阶级的"联盟"（这个联盟竭力为农奴主-地主保住政权和收入）是目前**过渡**时期阶级统治和沙皇及其同伙的统治的特殊形式，是在"第一次革命浪潮"失败的情况下我国的资产阶级演进所产生的形式，——那么不利用杜马讲坛，也就**谈不上**利用过渡时期。所以利用反革命的讲坛来为革命作准备的这一特殊策略，是由**整个**历史环境的特点产生出来的**必要**策略。如果杜马只是宪法的"幻影"而"没有实权,不起作用",那么在资产阶级俄国的发展中,在资产阶级君主制的发展中,在上层阶级的统治形式等等的发展中,就不存在任何**新**阶段,那么召回派当然**原则上**就是正确的了!

不要以为我们上面引用的纲领中的那句话是偶然失言。在专门的一章《关于国家杜马》里(第25—28页),我们一开头就读到:"到目前为止,所有的国家杜马都是没有实力和实权的机关,都不表明国内力量的真正对比。政府在群众运动的压力之下召开国家杜马,其目的一方面是要把群众的激愤情绪从直接斗争的道路引上和平选举的道路,另一方面是要在这些杜马中同能够支持政府反对革命的社会集团进行磋商……" 这真是一派胡言,语无伦次。如果政府召开杜马为的是要同各个反革命的阶级进行磋商,那么从这里得出的结论正好是:第一届和第二届杜马**没有**"实力和实权"(来帮助革命),而第三届杜马**过去和现在都有**"实力和实权"(来帮助反革命)。革命者可以(而且在某些情况下应当)不参加没有力量帮助革命的机关。这是无可争辩的。但纲领起草人把革命时期的这种机关同有力量帮助反革命的、"两次革命之间的时期"的杜马混为一谈,这就犯了天大的错误。他们把布尔什维克的正确见解恰好用到实际上不能用的场合! 因此,这也就是把布尔什维主义歪曲得面目全非。

纲领起草人甚至专门写了一条——第4条(第16页)来概括他们对布尔什维主义的"理解",在这一条里,这种"面目全非的"革命性得到了可以说是最精彩的说明。该条的全文如下:

"(4)在革命完成之前,工人阶级的一切半合法的和合法的斗争方式和方法,包括参加国家杜马在内,都不可能有独立的和决定性的意义,它们仅仅是积聚和准备力量去进行直接的革命斗争即公开的群众斗争的一种手段。"

这就是说，**在"革命完成"之后**，各种合法的斗争方式，包括议会活动"在内"，就**可能有独立的和决定性的意义了**！

错了！到那时候也不可能有独立的和决定性的意义。"前进派"纲领说得十分荒谬。

其次，这就是说，"在革命完成之前"，**除了**合法的和半合法的斗争方式**以外**，一切斗争方式，也就是**一切不合法的**斗争方式，**可能有独立的和决定性的意义**！

错了！有些不合法的斗争方式，无论**在"革命完成"之后**（如秘密宣传小组）或"在革命完成之前"（如夺取敌人的经费，用暴力营救被捕者，或处决密探等等），"**都不**可能有独立的和决定性的意义，它们**仅仅是**……"（如《纲领》条文所述）。

再其次，条文里所谓"革命完成"是指什么样的革命的完成呢？显然**不是**指社会主义革命的完成，因为那时候既然阶级已经根本不存在，工人阶级的斗争也就不会有了。可见这里是指**资产阶级民主**革命的完成。那我们现在就来看看，纲领起草人对于资产阶级民主革命的**完成**究竟是怎样"理解"的吧。

一般说来，这个字眼可以有两种理解。如果用于广义，那这个字眼就是指资产阶级革命的客观历史课题的解决，资产阶级革命的"完成"，也就是指能够产生资产阶级革命的这个基础本身的消除，资产阶级革命的**整个过程**的完成。从这个意义上说，例如法国资产阶级民主革命只有到1871年才算**完成**（它是在1789年开始的）。如果用于狭义，那这个字眼就是指单独的一次革命，指几次资产阶级革命中的一次革命，或者说几个"浪潮"中的一个"浪潮"，它冲击旧制度，但没有冲垮它，没有消除以后的资产阶级革命的基

础。从这个意义上说,德国 1848 年的革命,是在 1850 年或在 50
年代"完成的",但 60 年代革命高涨的基础丝毫没有因此而消除。
法国 1789 年的革命,可以说是在 1794 年"完成的",但 1830 年革
命和 1848 年革命的基础丝毫没有因此而消除。

纲领中的"在革命完成之前"这句话,无论是作广义的解释或
作狭义的解释,其含义都是难以捉摸的。不用说,如果现在试图确
定革命的社会民主党在俄国一切可能爆发的资产阶级革命的整个
时期完成**之前**采取什么策略,那是非常荒谬的。而对于 1905 —
1907 年的革命"浪潮",即俄国第一次资产阶级革命,这个纲领本
身不得不承认:"第一个革命浪潮已经被它〈专制制度〉打下去了"
(第 12 页),我们正处于"两次革命之间的"、即"两个民主革命浪潮
之间的"时期。

"纲领"中的这种没完没了的、不可救药的糊涂观念的根源何
在呢?根源就在于这个纲领虽然用外交手腕同召回主义划清了界
限,但丝毫没有跳出召回主义的思想圈子,没有纠正它的根本性的
错误,甚至没有觉察到这种错误。根源就在于"前进派"认为召回
主义是"一种合理的色彩",**也就是说**,他们认为把布尔什维主义歪
曲得面目全非的召回主义观点是一种**合理的东西**,是一种典范,是
一种无与伦比的典范。谁站在这个斜坡上,谁就会不由自主地滑
下去并且滑到不可救药的糊涂观念的泥潭里;谁就会把一些词句
和口号**重复来重复去**,而不会去**认真考虑**运用这些词句和口号的
条件以及这些词句和口号起作用的范围。

举例来说,布尔什维克为什么在 1906 — 1907 年间总是用革
命没有结束这个口号去反对机会主义者呢?因为在当时的客观条
件下狭义的革命的完成还谈不上。就拿第二届杜马时期来说吧。

那时有世界上最革命的议会和几乎是最反动的专制政府。在这种情况下，除了从上面发动政变或从下面举行起义之外，是没有直接的出路的；不管聪明透顶的学究们现在如何摇头，但是在政变之前，谁也不能担保政府的政变能够成功，政变会进行得很顺利，尼古拉二世不会因此碰得头破血流。"革命没有结束"这个口号在当时具有最现实、最重要、实际上最明显的意义，因为**只有**这个口号才能正确表明实际情况，才能表明按照事变的客观逻辑，局势将向哪方面发展。而现在，当召回派自己承认目前的形势是"两次革命之间的"形势的时候，如果还要认为这种召回主义是"革命派中一种合理的色彩"（"在革命完成之前"），这难道不是不可救药的糊涂观念吗？

要摆脱一连串难以解决的矛盾，就不应当同召回主义玩弄外交手腕，而应当摧毁它的思想基础；应当坚持十二月决议的观点并且对决议作认真的考虑。目前所处的两次革命之间时期，不能解释为偶然情况。我们目前所处的时期无疑是专制制度发展的一个特殊阶段，即资产阶级君主制、资产阶级黑帮议会制和沙皇政府的资产阶级农村政策的发展以及反革命资产阶级对这一切表示支持的一个特殊阶段。这个时期无疑是"两个革命浪潮之间的"**过渡**时期，但是要作好第二次革命的准备，恰恰需要掌握这个过渡的特点，善于使自己的策略和组织适应这个艰难的、困苦的、黑暗的、但却是"运动"进程强加于我们的过渡。利用杜马讲坛，同利用其他一切合法机会一样，不能算什么高级斗争手段，也没有什么"引人注目"可言。然而过渡时期之所以为过渡时期，正是因为这个时期的特殊任务是准备和积聚**力量**，而不是由这些力量去采取直接的决定性的行动。要善于进行这种表面上看来并不显眼的活动，要善于利用黑帮-十月党人杜马时代所特有的一切半合法的机关来进行这种活动,要善于**在这个基础上也能**坚持革命的社会民主党的一切传统,坚持社会民主党不久前在英勇的斗争中提出的一切口号,坚持它的工作的全部精神,坚持它对机会主义和改良主义所采取的决不调和的态度,——这就是**党的任务**,这就是当前的任务。

我们分析了新纲领背离 1908 年十二月代表会议决议中阐明的策略的第一个论点。我们已经看到,这是投向召回主义思想的论点,召回主义思想无论同马克思主义对目前形势的分析,或者同革命社会民主党策略的基本前提,都毫无共同之处。现在,我们来考察一下新纲领的第二个独特的论点。

这就是新集团宣扬的"创造"并"在群众中传播新的无产阶级的"文化的任务:"发展无产阶级的科学,加强无产阶级队伍中的真正的同志关系,研究无产阶级的哲学,引导艺术面向无产阶级的愿望和经验。"(第 17 页)

这就是新纲领用以掩盖问题本质的幼稚的外交手腕的典型!试问,在"科学"和"哲学"**中间**加了个"加强真正的同志关系",这岂不幼稚吗? 新集团把自己假设的种种**委屈**写进了**纲领**,还责备其他集团(正统的布尔什维克首当其冲),说它们破坏"真正的同志关系"。这就是这个滑稽可笑的条文的**真实**内容。

"无产阶级的科学"这个提法在这里显然也"不妥当而且不合适"。第一,我们现在只知道一种无产阶级的科学,那就是马克思主义。纲领起草人不知道为什么总是避开这个唯一确切的说法而到处都用(第 13、15、16、20、21 页)"科学社会主义"一词。大家知道,在我们俄国,甚至直接反对马克思主义的人,也企图盗用"科学社会主义"这个词。第二,如果要在纲领中提出发展"无产阶级的科学"的任务,那就应当说清楚,纲领起草人在这里指的是目前哪种思想理论斗争以及他们站在哪一方面。对这一点避而不谈,那是一种幼稚的狡猾手段,因为凡是读过 1908—1909 年间社会民主党的书刊的人,对**问题的实质**都很清楚。**目前**,在科学、哲学和艺术领域,马克思主义者同马赫主义者[137]的斗争问题已经提出来了。如果闭眼不看这个有目共睹的事实,那至少是可笑的。"纲领"对意见分歧不应当掩饰,而应当加以说明。

上面引用的纲领中的那些话是我们的起草人弄巧成拙的自我暴露。大家都知道,所谓"无产阶级的哲学"**其实**指的就是**马赫主义**,——任何一个头脑清楚的社会民主党人都能立即识破这个"新"化名。杜撰这样的化名是没有用的。用这样的化名打掩护也是没有用的。实际上新集团最有影响的著作家核心就是马赫主义者,在他们看来,非马赫主义的哲学就是非"无产阶级的"哲学。

如果想要在纲领中谈这个问题,那就应当这样说:新集团联合的是哲学和艺术中的非"无产阶级的"即非马克思主义理论的反对者。这才是大家知道的那个**思想流派**的直接的、真实的、公开的表态,这才是该流派对其他各流派的公开的挑战。既然认为思想斗争对党有重要意义,那就应当公开站出来宣战,而不应当躲躲藏藏。

对于纲领同马克思主义暗中进行哲学上的斗争,我们将号召大家作出明确而肯定的回答。**其实**,关于"无产阶级的文化"的词句,正是统统用来掩饰**同马克思主义的斗争**的。新集团的"独特之处",就在于它把**哲学**写进党的纲领,却又不直接说出它**究竟**拥护哪一哲学流派。

然而,也不能说上面所引的纲领中的那些话的实际内容全都不好。在那些话里面也还有可取之处。这个可取之处可以用一个词来表述，那就是：马·高尔基。

的确，我们用不着掩盖资产阶级报刊已经大肆宣扬的（经过他们的歪曲和颠倒的）事实，即马·高尔基是拥护这个新集团的。而高尔基无疑是**无产阶级**艺术的最杰出的代表，他对无产阶级艺术作出了许多贡献，并且还会作出更多贡献。社会民主党的任何一个派别都可以因高尔基参加自己这一派而理所当然地引以自豪，但是根据这一点理由就把"无产阶级的艺术"往**纲领**里塞，这就是这个纲领贫乏的证明，这就是把自己的集团贬成一个著作家**小组**，正好暴露自己"崇拜权威"……　纲领起草人连篇累牍地反对承认权威，而不明说这指的究竟是什么。原来是这样：在他们看来，布尔什维克坚持哲学中的唯物主义和反对召回主义，是个别"权威"（这是对显而易见的事情所作的明显的暗示！）搞出来的，而据说马赫主义的敌人对这些"权威"是"盲目信任"的。这种攻击当然非常幼稚。然而，恰恰是"前进派"没有正确对待权威。高尔基是无产阶级艺术领域的权威，这是无可争辩的。企图"利用"（当然是指在思想方面）**这个**权威来为马赫主义和召回主义撑腰，这正好是一个说明不应当怎样对待**权威**的**例子**。

在无产阶级艺术方面，马·高尔基是一个巨大的**积极因素**，尽管他是同情马赫主义和召回主义的。而在社会民主党的无产阶级运动的发展方面，这个**纲领**（它使召回主义者和马赫主义者集团在党内处于特殊地位并且提出把发展所谓"无产阶级的"艺术作为特殊的派别任务）却是一个**消极因素**，因为这个纲领在一位大权威的活动中所要巩固和利用的恰恰是他的弱点，恰恰是在他对无产阶级所作的巨大贡献中的一个负数。

二

我们党内的"统一的危机"

有的读者看了这个标题,也许不会立刻相信自己的眼睛。"有完没有完! 我们党内的危机已经够多了,——怎么突然又冒出来一个新危机,一个**统一**的危机呢?"

这个听起来很奇怪的说法,我是从李卜克内西那里借过来的。李卜克内西在 1875 年(4 月 21 日)给恩格斯的信中谈到拉萨尔派和爱森纳赫派的统一时曾经这么说过。马克思和恩格斯当时都认为这个统一不会有什么好结果[138]。李卜克内西则认为他们的担心是不必要的,他断言,德国社会民主党已经顺利渡过各种危机,它也一定会渡过"统一的危机"(见古斯塔夫·迈尔《约翰·巴蒂斯特·冯·施韦泽和社会民主党》1909 年耶拿版第 424 页)。

毫无疑问,我们党,俄国社会民主工党,也一定会顺利渡过**自己的统一的危机**。我们党现在正面临统一的危机,凡是读过中央全会的各项决议,了解全会以后发生的事变的人都会看到这一点。如果根据全会的决议来判断,那么这种统一似乎已经完全彻底地解决了。但是如果根据目前即 1910 年 5 月初的情况,根据中央机关报同取消派出版的《社会民主党人呼声报》所作的坚决斗争,根据普列汉诺夫和其他护党派孟什维克同"呼声派"所作的激烈论战,根据"前进"集团对中央机关报最放肆的漫骂(见该集团刚刚出版的传单:《告布尔什维克同志书》)等情况来判断,那么,旁观者就不难看出:**任何统一都是幻影**。

党的公开的敌人欢欣鼓舞,拥护召回主义和替召回主义打掩护的"前进派"破口大骂。取消派的领袖——阿克雪里罗得、马尔丁诺夫、马尔托夫、波特列索夫等人,在他们《对普列汉诺夫〈日志〉的必要补充》[139]中,骂得更加凶狠恶毒。"调和派"则两手一摊,埋怨起来,说些毫无益处的空话(见拥护托洛茨基观点的"维也纳社会民主党俱乐部"1910年4月17日通过的决议)。

但是对于最重要的根本性的**涉及原因**的问题,比如为什么我们党的统一成了这样而不是那样,为什么全会上的(似乎是)全面的统一现在一变而为(似乎是)全面的分裂,以及对于这样的问题,比如根据党内和党外的"力量对比",党今后的发展方向**应当**是怎样的,——对于这样一些根本性的问题,无论是取消派(呼声派),无论是召回派(前进派),无论是调和派(托洛茨基和"维也纳派"),都没有作出任何回答。

漫骂和空谈不是回答。

1. 两种统一观

取消派和召回派情投意合,对布尔什维克百般辱骂(取消派还大骂普列汉诺夫)。是布尔什维克不好,是布尔什维克中央不好,是"列宁和普列汉诺夫的'个人主义的'作风"(见《必要补充》第15页)不好,是"布尔什维克中央原来的成员组成的"那个"不负责任的集团"不好(见"前进"集团的传单)。取消派和召回派在这方面完全一致;他们结成反对正统的布尔什维主义的**联盟**(这个联盟**不止一次**地表现为喜欢在全会上展开斗争,关于这一点下面专门来谈)是一个无可争辩的事实;这两个极端的流派的代表,同样屈从于资产阶级思想,同样反党,他们在党内政策上,在同布尔什维克的斗争和宣布中央机关报是"布尔什维克的"机关报的问题上完全一致起来了。但是阿克雪里罗得和阿列克辛斯基破口大骂,无非是掩饰他们完全不懂得党的统一的含义和意义。托洛茨基(——维也纳派)的决议只是在表面上不同于阿克雪里罗得和阿列克辛斯基的"感情流露"。这个决议写得很"谨慎",力图让人相信它具有"超派别的"公正性。但是它的真正含义是什么呢?就是全都怪"布尔什维克的领袖们"不好,——这同阿克雪里罗得和阿列克辛斯基的"历史哲学"是一回事。

维也纳决议的第一段说道:"……一切派别和思潮的代表……决定〈在全会上〉自觉而慎重地负起责任,**在现有的条件下,通过同现有的个人、集团和机关的合作来贯彻已经通过的决议**。"这里说的是"中央机关报内部的冲突"。在中央机关报内部谁"有责任贯彻"全会的"决议"呢? 显然是中央机关报的多数派即布尔什维克和波兰人,正是他们有责任"通过同现有的个人"即同呼声派和前进派的"合作"来贯彻全会的决议。

我们党内最"棘手的"问题在全会前争论最多,在全会后则应当争论最少,对这些问题,全会主要决议的有关部分是怎样说的呢?

它说:**资产阶级对无产阶级的影响的表现**,一方面是否定秘密的社会民主党,贬低它的作用和意义等等,另一方面是否定社会民主党在杜马中进行工作和利用合法机会,不懂得这两者的重要性等等。

试问,这个决议的意思究竟是什么呢?

是说呼声派应当真心诚意地坚决不再否定秘密的党,不再贬低它的作用等等,应当承认这是一种偏向,应当摆脱这种偏向,同这种偏向势不两立,进行积极的工作;**是说**前进派应当真心诚意地坚决不再否定杜马工作和合法机会等等;**是说**中央机关报的多数派应当**在**呼声派和前进派真心诚意、彻底坚决地放弃全会决议详细指出的"偏向"的**情况下**想方设法同他们"合作"呢?

还是说中央机关报的多数派有责任"通过同**现有的**"呼声派分子(他们仍然**在继续**甚至更加明目张胆地替取消主义辩护)和现有的前进派分子(他们仍然在继续甚至更加明目张胆地坚持说召回主义、最后通牒主义等等是合理的)的"合作"来贯彻决议(关于克服取消主义和召回主义偏向的决议)呢?

只要提出这个问题,就完全可以看出托洛茨基的决议中的那些响亮的词句是多么空洞,就完全可以看出这些词句**事实上**是在维护阿克雪里罗得之流以及阿列克辛斯基之流所坚持的观点。

托洛茨基的决议一开头就充分体现了最恶劣的调和主义精神;这是带引号的"调和主义",是小组庸俗调和主义,看到的只是"现有的个人",而不是现有的路线,不是现有的精神,不是党的工作中的现有的思想政治内容。

要知道,这就是托洛茨基之流的"调和主义"同真正的党性截然不同的地方;托洛茨基之流的"调和主义"实际上是在忠心耿耿地替取消派和召回派效劳,因此它愈是狡猾、愈是巧妙、愈是动听地用所谓护党的和所谓反派别主义的辞藻作掩护,它对党的危害也就愈大,而真正的党性却在于清除党内的取消主义和召回主义。

摆在我们面前的党的任务究竟是什么呢?

是向我们"提出了"对于"现有的个人、集团和机关",不问他们的路线,不问他们的活动内容,不问他们对待取消主义和召回主义的态度,都要把他们"调和起来"呢?

还是向我们提出了党的路线,提出了我们整个工作的思想政治方向和内容,提出了清除我们工作中的取消主义和召回主义的任务,提出了不管那些"个人、集团和机关"是否同意,不顾那些不同意这条路线或不执行这条路线的"个人、机关和集团"的反对而一定要付诸实现的任务呢?

对于实现任何一种党的统一的意义和条件,都有两种观点。了解这两种观点的区别极为重要,因为在我们的"统一的危机"的发展过程中,这两种观点错综复杂地搅在一起,如果不把一种观点同另一种观点区别开来,那就不可能搞清楚这个危机。

一种统一观把"现有的个人、集团和机关"的"调和"放在首位。他们对党的工作、对党的工作的路线的观点一致是次要的事情。意见分歧应当竭力避而不谈,不应当弄清分歧的根源、分歧的意义和分歧的客观条件。把这些个人和集团"调和起来",这才是主要的事情。如果他们在执行共同路线方面意见不一致,那就应当把这条共同路线解释得能为大家所接受。你活,也让别人活。这就是庸俗的"调和主义",它必然会导致玩弄小组外交手腕。这种"调和主义"把注意力主要集中于"堵住"意见分歧的根源,避而不谈这些根源,竭力"调解""冲突",使对立的派别保持中立。很明显,在秘密的党利用国外基地开展活动的情况下,这种小组外交手腕就是向那些尝试搞各种各样的"调和"和"中立"来充当"公平的经纪人"的"个人、集团和机关"大开方便之门。

请看马尔托夫在《呼声报》第19—20号合刊是怎样叙述全会上的这样一种尝试的吧:

"孟什维克、'真理派'和崩得分子曾提出这样一个中央机关报的人员组成,这个人员组成要能够保证党内两个互相对立的思潮保持'**中立**',不让这两个思潮中任何一方拥有稳定的多数，从而**迫使**党的机关报在每个重要问题上都采取能够把多数党的工作者团结起来的**中间路线**。"

　　大家知道，孟什维克的建议没有被通过。托洛茨基提自己为候选人，企图进入中央机关报充当**中和剂**，但是他失败了。一个崩得分子被提名担任这一职务的候选人（这是孟什维克在自己的发言中提出来的），这个提名甚至没有付诸表决。

　　这就是起草维也纳决议的"调和派"（坏的意义上的调和派）所起的**实际**作用，他们的观点反映在我刚才收到的《崩得评论》第4期上约诺夫的文章中。孟什维克**不敢**提出以**他们的**派别占多数的中央机关报人选，——虽然他们承认（从我上面所引的马尔托夫的议论中可以看到）党内存在**两个互相对立的思潮**。孟什维克根本没有想到要提出以**他们的**派别占多数的中央机关报的人选。他们甚至没有打算要建立起有明确方针的中央机关报（很明显，孟什维克在全会上是没有任何方针的，因此当时人们只不过要求他们，只不过希望他们能够真心诚意地彻底放弃取消主义）。孟什维克曾经企图在中央机关报里搞"中立化"，并且提出崩得分子或托洛茨基充当**中和剂**。崩得分子和托洛茨基要起媒人的作用，使"现有的个人、集团和机关"（不管其中的一方是否已经放弃取消主义）"结成配偶"。

　　这种媒人观点就是托洛茨基和约诺夫的调和主义的全部"思想基础"。如果说现在他们埋怨和哭诉，说统一不成功，那么对这种说法的理解就应当有很大的保留。这种说法应当理解为作媒不成功。托洛茨基和约诺夫对统一、对同**"现有的个人、集团和机关"**（不管他们对待取消主义的态度）统一所抱的希望"落空了"，这只是意味着媒人落空了，只是意味着媒人观点不正确、不现实、毫无价值,而完全不意味着党的统一落空了。

还有另一种统一观。这种观点认为,由于许多与"现有的〈应当出席全会的和实际出席全会的〉个人、集团和机关"的这些或那些构成无关的深刻客观原因,俄国社会民主党的两个旧有的主要派别早已发生了变化,并且还在继续不断发生变化,这些变化有时会违反"现有的个人、集团和机关"中一些人的意志甚至违反他们的意识而为统一建立思想基础和组织基础。我们所处的俄国资产阶级发展的时代的特点,资产阶级反革命的时代的特点以及专制制度尝试按照资产阶级君主制类型来改造自己的时代的特点,就是产生这些客观条件的根源。这些客观条件同时使工人运动的性质,工人先锋队社会民主党的构成、形式和面貌以及社会民主运动的思想政治任务发生彼此密切联系的种种变化。因此,资产阶级对无产阶级的影响产生取消主义(=希望把自己算做社会民主党的一部分的半自由主义)和召回主义(=希望把自己算做社会民主党的一部分的半无政府主义),并不是一种偶然现象,也不是某种个人的恶意、愚蠢或错误,而是这些客观原因发生作用的必然结果——和同"基础"分不开的整个现代俄国工人运动的上层建筑。由于认识到这两种偏向的危险性、非社会民主主义性和对工人运动的危害性,各种不同派别的分子接近起来了,从而为"扫除一切障碍"实现党的统一开辟道路。

这种见解认为,统一的进展可能很慢,很困难,可能出现动摇犹豫和不断发生波折,但是统一不可能没有进展。这种见解认为,并不一定要统一"现有的个人、集团和机关",而是不管现有的个人是否愿意,都要让他们服从统一,淘汰"现有的"人当中那些不认识和不想认识客观发展要求的人,而提拔和吸收一些不属于"现有"

之列的新人,使旧的派别、思潮、集团的内部发生变化,重新进行调整和改组。这种见解认为,统一同它的思想基础不能分开,只有在思想接近的基础上统一才能建立起来,统一也是同取消主义和召回主义这些偏向的出现、发展、增大相联系的,这种联系不是这些或那些争论,这种或那种笔仗的偶然联系,而是像因果联系那样的不可分割的内在联系。

2.“两条战线的斗争”和对各种偏向的克服

这就是对于我们党的统一的实质和意义的两种原则上不同的、存在着根本分歧的观点。

现在试问,这两种观点中哪一种观点是全会决议的基础呢? 凡是愿意认真推敲这个决议的人都会看出,第二种观点是它的**基础**。但是在决议的某些地方,显然可以看出根据第一种观点的精神所作的局部“修改”的痕迹,这些“修改”虽然把决议**改坏了**,但是**丝毫没有改掉它的基础**,没有改掉它的贯穿着第二种观点的主要内容。

为了证明这一点,证明根据小组外交手腕的精神所作的“修改”确实只是局部性的修改,证明这些修改并没有改变问题的本质和决议的原则基础,现在我就来谈谈党的报刊上提到的关于党内状况的决议中的几个条文和几个地方。我要从结尾谈起。

约诺夫责备“旧派别的领导者”,说他们极力阻挠统一的实现,说他们在全会上的表现也是这样,“每前进一步都得同他们斗”,他写道:

“列宁同志不愿意通过‘扩大和加深社会民主党的工作’去‘克服各种危险倾向’。为了把‘两条战线的斗争’的理论确定为党的一切事业的中心,他

简直不遗余力。他甚至根本无意于在党内取消'强化的警卫状态'。"（第22页第1条）

　　这是指关于党内状况的决议的第4节第2条。这个决议的草案是我向中央委员会提出的，而决议中的这一条经起草委员会研究后由全会作了改动，这是根据托洛茨基的提议改的，我反对过这个提议，但是没有用。在草案的这一条里，尽管我没有一字不差地写上"两条战线的斗争"，但是至少表达了这个意思。"通过扩大和加深去克服"这句话是根据托洛茨基的提议加的。约诺夫同志提到我反对这个提议的事，给我提供了一个好机会来说明这些"修改"的意义，我很高兴。

　　在全会上"两条战线的斗争"的思想引起了任何其他问题都未曾引起的人们极大的（往往是可笑的）愤怒。一提起这个问题，前进派和孟什维克就大发雷霆。这种愤怒是完全可以从历史上来解释的，因为布尔什维克**实际上**是从1908年8月到1910年1月进行两条战线的斗争，即同取消派和召回派进行斗争的。这种愤怒所以可笑，是因为那些对布尔什维克发脾气的人这样做只是证明他们自己错了，只是证明一切对取消主义和召回主义的指责都在继续刺痛着他们。做贼心虚。

　　托洛茨基提议，不要提两条战线的斗争，而提"通过扩大和加深去克服"，他的提议得到孟什维克和前进派的热烈支持。

　　现在约诺夫也好，《真理报》也好，维也纳决议也好，《社会民主党人呼声报》也好，都在为这个"胜利"而欢欣鼓舞。但是试问，把这一条里关于两条战线的斗争的词句删去，是不是也就把决议承认这个斗争的必要性删去了呢？**绝对不是**，因为既然承认有"偏向"存在，承认它们的"危险性"，承认有"解释"这种危险性的必要，承认这些偏向是"资产阶级对无产阶级的影响的表现",那**实际上**恰恰就是承认两条战线的斗争!把某个地方(使某一位老兄)"不愉快的"字眼改掉,但基本的意思保留下来了!结果一句话就把这一条的一部分搞乱了,冲淡了,搞坏了。

事实上,在这一节里谈什么通过扩大和加深工作去克服,这恰恰是空话和无用的遁词。这里没有任何明确的思想。扩大和加深工作,任何时候都是绝对必要的;这一点在决议的整个**第3节**里,也就是在谈特殊的(不是任何时候都绝对必需的,而是在特殊时期的条件下提出的)"思想政治任务"之前已经详细地谈了。第4节阐明的仅仅是这些特殊任务,这一节的三条的开头直接指出,"**也提出了**"这些思想政治任务。

结果怎样呢?结果是十分荒谬的,似乎扩大和加深工作的任务**也**被提出了!好像**会**有这样的历史"顺序",就是说**这个**任务并不是任何时候都存在!

试问,要怎样才能**通过**扩大和加深社会民主党的工作去克服各种偏向呢?无论进行任何扩大和任何加深,必然会有一个怎样扩大和怎样加深的问题;既然取消主义和召回主义不是偶然现象,而是社会条件产生的思潮,那它们就可能渗透到任何扩大和任何加深的工作中。可以用取消主义的精神去扩大和加深工作,比如《我们的曙光》杂志和《复兴》杂志[140]就是这么办的;也可以用召回主义的精神去办。另一方面,要克服各种偏向,真正地"克服",就必然要花一定的力量、时间和精力,影响到直接扩大和加深正常的社会民主党的工作。例如,就是这位约诺夫在他文章的同一页上写道:

"全会结束了。参加会议的人各奔东西。现在中央委员会在整顿工作的时候不得不克服难以置信的困难,在这些困难中,所谓的〈约诺夫同志! 只是所谓的,而不是真正的,不是实在的吗?〉取消派的行为占有并不是最不重要的地位,而马尔托夫同志是坚决否认有取消派的。"

这个材料字数不多,但很典型,它说明托洛茨基和约诺夫的言论是多么空洞。为了克服米哈伊尔、尤里之流的取消主义行动,中央委员会花费了应当用于直接扩大和加深真正社会民主党的工作的力量和时间。如果没有米哈伊尔、尤里之流的行为,如果那些一直被我们错误地当做自己同志的人没有取消主义,那么扩大和加深社会民主党的工作也就会进行得更加顺利,因为党的力量就不至于为内部斗争所分散。这就是说,如果把扩大和加深社会民主党的工作理解为用真正社会民主党的精神去直接开展宣传鼓动工作和经济斗争等等,那么,克服社会民主党人各种偏离社会民主主义的倾向,对于这一工作就是一个负数,可以说是对"积极活动"打的一个折扣,因此,所谓**通过**扩大什么什么去克服各种偏向的说法,是没有意义的。

实际上这句话是表达了一种模糊的愿望,一种善良的、天真的愿望,就是希望社会民主党人少搞内部斗争! 这句话无非是反映了这种天真的愿望;这是所谓的调和派的一种**叹息**:唉,但愿同取消主义和召回主义少作些斗争!

这种"叹息"的政治意义等于零,甚至比零更糟。既然党内有人觉得"坚决否认"取消派(和召回派)的存在对自己有利,那么这些人就会利用"调和派"的"叹息"来掩盖祸害。《社会民主党人呼声报》就是这样做的。因此,只有那些**所谓的**"调和派"才拥护决议中的那些善意的空话。实际上他们是取消派和召回派的帮凶,实际上他们不是加强社会民主党的工作,而是助长偏离社会民主党工作的倾向,助长祸害,暂时把祸害隐瞒起来,使祸害更难根治。

为了向约诺夫同志说明这种祸害的作用,我提醒他注意《争论专页》第1号上约诺夫同志的文章中的一段话。约诺夫同志恰到好处地把取消主义和召回主义比做**良性脓肿**,这种脓肿"在形成过程中吸收全身的一切毒素,因而也就可以促进身体的康复"。

一点不错。脓肿过程会使身体的"毒素"发出来,得到康复。而阻碍清除身体中的这些毒素,就会有害于身体。希望约诺夫同志对约诺夫同志自己的这个有益的思想考虑考虑!

3. 统一的条件和小组外交手腕

其次,鉴于《呼声报》发表了一篇关于全会的总结的编辑部文章,我们不得不谈谈有关在决议中去掉取消主义和召回主义这两个提法的问题。这篇编辑部文章(第19—20号合刊第18页),以非常的、无比的……勇气(只有我们的呼声派才有这种勇气)声明说,"取消主义者"一词意思含混,它**造成了各种各样的误解**(原文如此!!)等等,所以,"中央委员会才决定从决议中取消这个提法"。

《呼声报》的编辑们不会不知道对中央关于取消这个提法的决定这样叙述不符合事实,既然是这样,那么应当把他们的这种叙述叫做什么呢?编辑当中有两人出席过全会,了解取消这个提法的"原委",他们究竟指望什么呢?难道他们指望别人不揭发他们吗?

在决议起草委员会中,多数人同意保留这个提法。参加委员会的两个孟什维克,一个(马尔托夫)赞成取消这个提法,**另一个**

(他曾经不止一次倾向于普列汉诺夫的立场)则反对取消。出席全会的所有民族代表(两个波兰人＋两个崩得分子＋一个拉脱维亚人)和托洛茨基提出如下声明:

> "我们认为,实质上是完全可以把决议中所指出的、必须与之斗争的那个思潮叫做'取消主义'的,但是鉴于孟什维克同志们发表了声明,**他们也认为必须同这个思潮作斗争**,可是在决议中用这个提法就带有派别性质,是针对他们(孟什维克)的,——因此,我们为了消除任何不利于党的统一的不必要的障碍,建议从决议中去掉这个提法。"

这就是说,中央委员会的多数人,而且是所有的无派别分子,发表书面声明指出,取消主义一词实际上是确切的,同取消主义作斗争是必要的,而《呼声报》编辑部却说,删掉取消主义这个提法是因为它实际上不恰当!!

中央委员会的多数人,而且是所有的无派别分子,发表书面声明指出,大家最后同意取消这个提法,对孟什维克的坚决要求作出让步(确切些说:是对他们的最后通牒作出让步,因为孟什维克曾经声明,不这样,决议就不能一致通过),是因为孟什维克答应"**同这个思潮作斗争**",而《呼声报》编辑部却写道:决议对"所谓'同取消主义作斗争'这个问题给予了明确的回答"(同上,第18页)!!

在全会上,他们答应改正错误,他们请求说:不要使用"针对**我们的提法**",因为我们今后也要同这个思潮作斗争的,——而在全会以后出的头一号《呼声报》上,他们却把对取消主义的斗争宣布为所谓的斗争了。

显然,我们看到,呼声派坚决彻底地转向了取消主义;但是,如果看看在全会以后发生的情况,特别是看看《我们的曙光》杂志、《复兴》杂志和米哈伊尔、尤里、罗曼先生之流的主张,把这些情况看成是一个互相联系的、有因果关系的整体，那么这种转向就是可以理解的了。关于这一点，我们将在下面谈到，并且还要指出托洛茨基的极端肤浅的观点，他喜欢把一切都归咎于"违背道德和政治义务"（维也纳决议）。而我们看到，这里显然不是什么个人或集团的"违背义务"，也不属于道德或法律的行动，而是一种**政治**行动，即俄国的反党的合法派在团结起来。

现在应当谈谈另外一个问题，即全会从决议中删掉取消主义的提法这个措施的原因和意义。把这样做说成仅仅是由于托洛茨基、约诺夫之流的调和分子热心过头了，那也是不正确的。这里还有另外一个因素。这就是全会的大部分决议不是根据少数服从多数这个通常的原则通过的，而是根据布尔什维克和孟什维克两个派别**协商**的原则，经民族代表调停通过的。约诺夫同志在《崩得评论》中所暗示的，看来就是这种情况，他写道："那些现在抓住形式不放的同志们很清楚，如果上次全会采取形式主义的观点，那会产生什么结果。"

约诺夫同志这样说是在暗示。他也像托洛茨基一样，认为这种叙述自己的见解的方式是特别"策略的"，是不带派别性，而且是特别符合党的原则的。其实，这正是小组外交家的做法，这种做法于党、于党的原则有百害而无一利。这种暗示，对一些人不会起什么作用，对另一些人会引起小组好奇心，还有一些人会被挑动起来，去拨弄是非，造谣生事。所以，约诺夫的这种暗示必须戳穿。如果他在这里说的不是全会在许多问题上都尽力做到协商（而不是简单地由多数来决定），那么，我们就请他说得更清楚些，并且不要勾引国外的那些长舌妇。

如果约诺夫在这里说的是全会上各派别的协商，那么，他针对

"现在抓住形式不放的同志们"说的那些话,就明显地向我们表明了那些貌似调和派的人们的又一个特点,实际上他们在暗中帮助取消派。

在全会上,经各派别的**协商**一致通过许多决定。为什么必须这样做呢?因为事实上的派别关系等于分裂,而在任何分裂的情况下,为了部分集体(具体说就是派别)的纪律,总是不可避免地要牺牲整个集体(具体说就是党)的纪律。

在当时俄国的党内关系的条件下,各派别如不进行协商(是一切派别还是主要派别进行协商,是部分派别还是整个派别进行协商,那是另一个问题),就不可能取得一致。因此妥协就是必需的,也就是说,在某些条文上必须作出多数人并不以为然,但少数人却要求作出的让步。去掉决议中取消主义的提法,就是这种带有妥协性的让步之一。布尔什维克把属于他们**派别**的财产**有条件地**交给**第三者**,就是全会的这种妥协性决定的一个特别突出的表现。党的一部分将它的财产有条件地交给第三者(代表国际社会民主党)保管,由第三者决定,这笔款项应给中央委员会还是归还这个派别。在一个正常的、没有分裂的党里达成这个协定是十分反常的,也是不可能的,然而达成的这个协定的性质清楚地表明,布尔什维克是在什么**条件**下实行协商的。布尔什维克发表在中央机关报第11号上的声明说得很清楚:执行"谴责取消主义和召回主义、并承认同这些思潮的斗争是党的政治路线的不可分割的一部分的"决议,就是基本的思想政治条件;而中央机关报的人员组成就是实现这条路线的保证之一;如果孟什维克继续出版派别性的机关刊物并继续奉行派别性的政策,那么布尔什维克就有权"要求款项的保管人归还款项"。中央委员会**接受了**这些条件,并且在关于各派别中心的决议中,直接引用了布尔什维克的这项声明。

试问,应不应当实现这些条件呢? 这些条件是不是形式主义的呢? 约诺夫同志以轻蔑的口吻谈论"形式",却不懂得进行协商和遵守协定的正式条件之间的最根本的区别。前者是达成协定(=布尔什维克交出款项的条件、中央委员会一致通过的关于各派别中心的决议确认的条件)的基础,后者是保持一致的基础。

现在,中央委员会已经一致通过关于各派别中心的决议,而约诺夫同志以轻蔑的态度对待"形式",那么他也就是以轻蔑的态度对待中央委员会关于各派别中心的**整个**决定。约诺夫同志的诡辩无非就是说:中央委员会通过许多决定,其中不仅有根据多数票通过的,而且也有各个互相对立的流派在一些最重要的问题上进行协商而作出的;所以,**今后**也就不一定必须在形式上执行这些决定,而少数派是有权要求协商的! **既然**在中央委员会的决定中有一部分是通过协商作出的,那么,这些决定**就随时**可以撕毁,因为协商是自愿的事情!

这样的诡辩难道不是半明半暗地在为取消派打掩护吗?

但是,约诺夫的诡辩只不过是一种十分可笑的行为,而中央委员会(全会)努力争取最大限度的让步,这个因素在心理上和政治上都是正确的、合理的。孟什维克和召回派一起疯狂攻击布尔什维克中央,最凶狠地责备布尔什维克中央。孟什维克也好,召回派也好,他们都说,使我们同党疏远的,主要是而且首先是布尔什维克中央的"居心叵测",而不是原则性的意见分歧。①

_____

① 请参看约诺夫的评语:"马尔托夫同志在全会上同样坚决地反复强调说,右的'危险倾向'是居心叵测的布尔什维克捏造的,党内唯一的敌人就是布尔什维克中央和它的派别性统治。"(见上引文章,第22页)

　　这个情况十分重要，如果不加以说明，就不能理解为什么我们的统一的危机的进程正是这个样子，而不是另一个样子。过去**不曾有人坚决为取消主义和召回主义进行辩护**，因为无论孟什维克或前进派，都**不敢**采取这样的立场。这里可以看到我们的文献早已指出过的（在反对机会主义者的国际文献中也不止一次地指出过的）马克思主义的现代"批评家"以及真正的马克思主义策略的批评家的一个特点：畏首畏尾，没有原则，把"新"路线隐藏起来，把取消主义和召回主义的坚定代表人物掩护起来。孟什维克叫喊道：我们不是取消派，这是派别性的提法。前进派也随声附和地叫喊，我们不是召回派，这是派别性的夸张。**为了掩饰根本性的政治分歧**，并把这种分歧推到次要地位，他们在各种各样的问题上，直到所谓的"刑事犯罪"（应读做：剥夺）问题上，千百次地指控布尔什维克中央。

　　布尔什维克对此作出回答说：好吧，先生们，让中央委员会审理你们的**一切**指控，并据此加以"判决和执行"吧。有五个民族代表社会民主党人出席了全会，凡是决定，尤其是全体一致的决定，要以他们的意见为转移。让他们充任审理你们的（即孟什维克的和前进派的）指控的"审判官"，决定是否满足你们向布尔什维克中央提出的要求吧。布尔什维克更前进了一步。他们已经同意在决议中作出孟什维克和前进派所要求作出的最大的妥协。

　　在关于党内状况的决议中和关于代表会议的决议中，也作了最大的让步，根据**五个民族代表社会民主党人一致**的决定，审理了一切"指控"，**满足了对布尔什维克中央提出的一切要求**。

　　只有用这样的方法才能够剥夺那些反对党的路线，即反对党的反取消主义路线的人提出**任何借口的可能**，任何回避从原则上

提出问题的可能。而他们的这种可能也确实被剥夺了。

　　如果现在阿克雪里罗得和马尔托夫之流在《必要补充》里,阿列克辛斯基之流在前进派的传单上,企图重新把各种各样对布尔什维克中央的指控、诽谤、诬蔑、捏造和诋毁统统翻出来,那么这些先生们就是自己在给自己宣判了。全会曾经**一致**审理了他们的**一切**指控,作出决议驳回了**一切**指控,并且确认这些指控不能成立,——想要否认这一点是不可能的,无论怎样善于闹无原则纠纷的好手都无法否认这一点。既然如此,所有的人现在都很清楚了:那些重新挑起纠纷的人(阿克雪里罗得、马尔托夫、阿列克辛斯基之流),简直是一些想用诽谤来掩盖原则问题的政治骗子。只要他们不是政治骗子,我们也就不会鄙视他们。只要不涉及党执行反取消主义和反召回主义路线的问题,我们也就可以放手不管,让阿克雪里罗得、马尔托夫和阿列克辛斯基尽兴地在污水里打滚。

　　布尔什维克所以要实行妥协和让步,所以对许多方面都不够彻底的决议表示同意,是因为这对于划清原则界限是十分必要的。布尔什维克满足了孟什维克和召回派所提出的、得到民族代表的多数①认可的**一切**要求,就使一切派别的社会民主党人,使所有的人(职业骗子手除外)看到,当前的问题就是如何执行党的反取消主义和反召回主义路线的问题。在党内无论什么人,无论哪一个人要参加党的工作,执行这条路线,都不受阻拦;根据民族代表社会民主党人的意见作出的这个决定,执行党的路线不存在任何

————————

　　① 别忘了全会上有表决权的是:4个孟什维克、4个布尔什维克、1个前进派分子、1个拉脱维亚人、2个崩得分子、2个波兰人,就是说,布尔什维克甚至加上波兰人和拉脱维亚人也没有占压倒孟什维克和前进派的多数;当时,崩得分子能起决定作用。

障碍,不存在任何别的干扰。既然现在取消派再一次作了表演,而且更加肆无忌惮,那么这就**证明**,别的障碍是捏造,是转移视线,是用造谣中伤的手段来回避问题,是小组阴谋家的手段,如此而已。

所以,划清界限和分类划开只是在全会以后才真正开始的;这种分类划开仅仅是在一个最重要的原则问题上,即在取消我们的党这个问题上进行的。那些"调和派"对在全会以后开始划清界限深感震惊、伤心和奇怪,他们感到奇怪,证明他们不过是当了小组外交手腕的俘虏。小组外交家可能认为,跟马尔托夫和马尔丁诺夫,跟马克西莫夫和第二号前进派分子[141]进行有条件的协商就等于整个划清界限结束,因为这样的外交家是把原则性的意见分歧摆在第二位的。相反,那些把取消主义和召回主义这个原则性问题摆在第一位的人,对于他们来说,**在**满足了马尔托夫、马克西莫夫等人提出的**一切**要求**之后**,**在**组织等等的问题上给他们以最大的让步**之后**,正是这个时候才应当开始真正从原则上划清界限,这没有什么令人感到奇怪的。

全会以后党内发生的事情,并不是党的统一的崩溃,而是那些真正能够并且愿意在党内按党的原则工作的人们统一的开始,是在布尔什维克、护党派孟什维克、民族代表党员、无派别的社会民主党人的真正的护党联盟中清除同党敌对的叛徒、半自由主义者和半无政府主义者的开始。①

---

① 顺便谈一下。下面举一件事实,很能说明呼声派和前进派结成的反对布尔什维克的联盟(这个联盟很像饶勒斯派和爱尔威派结成的反对盖得派的联盟[142]);在《必要补充》中,马尔托夫挖苦普列汉诺夫,说他很重视党校委员会的人员组成。马尔托夫是在撒谎。在全会上,就是这位马尔托夫同全体孟什维克一起,同马克西莫夫一起,在托洛茨基的帮助下,**曾经**为通过一项承认某

4. 关于党内状况的决议的第1条

为了进一步分析全会决议的缺点,我现在要谈谈党内状况的决议的第1条。不错,这一条并不涉及对党的统一的这种或那种理解直接有关的问题,但是,我必须说上几句话,因为对这第一条的解释,在党内已经引起了不少争论。

在我提出的决议草案中,根本没有这一条,所以我(《无产者报》的整个编辑部也是这样)是最坚决地反对这一条的。这一条是孟什维克和波兰人通过的,有部分布尔什维克曾经不厌其烦地再三告诫过他们,对这个含混不清的条文的解释必然会引起误会,或者更糟,会被取消派所利用。

当然,这一条的许多论点空洞无物、意思重复,对此我曾经在全会上提出过批评。只谈社会民主党人的策略的基本原则是始终如一的,而不明确指出这些基本原则是什么,这里谈的究竟是哪些原则(是整个马克思主义呢,还是马克思主义的某个原理),为什么是这些原则;只谈社会民主党人的策略始终着眼于取得最大的成效,而既不确定当前斗争的最近目标(最近可能取得的成效),也不确定当前斗争的特殊方法;只谈策略着眼于各种不同的发展道路,而不具体地明确地指出这些道路;只重复老生常谈,说策略应当有助于积蓄力量,使无产阶级既为迎接公开的斗争,又为利用不稳定

地召回派的学校是党校的**决议而进行过斗争**,要求中央委员会同这个学校**进行协商**! 我们费了很大力气才打破了这个反党联盟。

当然,既然呼声派和前进派都是党的组成部分,他们也就完全**有权**组织联盟。问题不在于是否有权利,问题在于联盟是否有原则性。这是一个反对党和反对原则性的**无原则分子的联盟**。

的制度的种种矛盾作好准备,——所有这些都是一眼就可看出的明显缺点,这一条由于存在这些缺点而完全变成了不必要的毫无用处的累赘。

但是,在这一条中还有更糟糕的地方。这一条给取消派以可乘之隙。这一点,在全会开会期间各种不同的与会者都早就指出过,这些人中不仅有布尔什维克,而且有一个崩得分子,甚至还有托洛茨基。这句话是这样说的:对有觉悟的无产阶级来说,"**第一次**有这样一个机会,可以组成一个群众性的社会民主党,自觉地、有计划地和彻底地运用国际社会民主主义运动的这个策略方法。"(**这是**什么方法? 前面谈的是策略的基本原则,而不是策略方法,更没有谈到某个具体的方法。)

为什么是**第一次**呢? ——在全会上批评这一条的人问道。如果说这是因为国家的每一步发展都会给技术水平和阶级斗争的明确性等等带来某种新的、更高级的东西,那么,这又是一种陈词滥调。任何时期都永远和必然会带来某种同以往的时期相比是**第一次**出现的东西。而我们所处的时期,是反革命走下坡路的时期,是革命高潮后群众和社会民主主义工人运动的力量大大削弱的时期。如果说这样的时期的特点是**第一次**使无产阶级有机会自觉地……运用国际社会民主主义运动的方法,那么,这些话必然导致的结果是:用取消主义的观点来解释第三届杜马时期,用纯自由主义的观点来歌颂这一时期,说它是一个所谓和平的和所谓正常的时期,胜过狂飙突进时期,胜过革命时期,即无产阶级的斗争采取直接革命的形式而自由派斥之为"自发势力的丧失理智"的时期。

用取消主义来解释这个极端含混不清的条文是危险的,为了使大家特别注意这种危险性,我在全会的这次会议上曾经多次提出书面声明，强调了发言者讲话中的许多地方。下面就是我的两个声明：

（1）"列宁要求把梯·同志（波兰社会民主党人）下面的这句话记录在案：'如果把这里的话解释为贬低革命的策略（同反革命相比较），那是非常错误的'。"

（2）"列宁要求把马尔托夫同志对约·（为这一条进行辩护的布尔什维克）的话的赞语（"对！"）记录在案，约·的话是：引起争论的这些话并非贬低了，而是提高了革命的意义和革命的方法的意义（同反革命相比较）。"

这两个声明确认，这位波兰人和这位布尔什维克（得到马尔托夫的赞同），坚决反对任何用取消主义来解释这一条的做法。自然，这两位同志也根本没有作这样解释的意图。

但是，付诸实施的是法律，而不是法律的动机，不是立法者的意图，这是早已人所共知的。这一条在鼓动和宣传中所起的作用，并不取决于它的某些起草人的善良意图，并不取决于他们在全会上的声明，而取决于社会民主党俄国国内力量和各种倾向的客观对比（非俄罗斯的社会民主党人未必会特别注意这个含混不清的条文）。

因此，我怀着特别的兴趣等待着，看看人们现在将怎样在报刊上解释这一条，我不急于表示自己的意见，还是先听听未出席全会的社会民主党人的反应或者听听呼声派的反应为好。

全会后出版的头一号《呼声报》对评价我们关于将来如何解释这一条的争论，提供了充分的材料。

《呼声报》关于全会的总结的编辑部文章说：

"要是认为，中央委员会想用这样一些话〈"第一次"等等〉来表示间接谴责我们过去的策略,那当然是完全不可思议的和荒唐的,**因为这个策略是适合于当时的革命形势的**。"(黑体是原作者用的;第19—20号合刊第18页)

好极了!作者公开宣称,取消主义的解释是不可思议的和荒唐的。但是,我们再往下读就会在同一段中看到下面这样一个论断:

"这些话正式承认,我们过去的政治生活是比较落后的,是同它的革命表现形式背道而驰的,再说,这也是革命遭到失败的主要原因之一;这些话正式承认,我们过去的策略过于幼稚,而这又是为落后的社会关系所决定的;这些话还正式承认,无论将来的政治局势怎样,任何企图在运动中恢复封闭的地下小组的专政以及与此相联系的全部政策的做法,都将是个大倒退。"

真是妙不可言!

真不知应当从何着手来分析这段内容丰富的"高论"。

就从三次提到的"正式承认"开始吧。每当一项决议正式承认对过去、对革命、对资产阶级政党的作用等等所作的评价的时候,这个《呼声报》就会发出多少讥笑声啊!这种反对"正式手续"的叫嚷是否出自真心,请看看下面的例子吧:当呼声派不喜欢党的某项**清楚**的决定时,他们便对"正式"解决一些所谓的复杂的科学问题等等的主张加以嘲笑,就像《社会主义月刊》[143]嘲笑反对机会主义者的德累斯顿决议[144]一样,或者就像当代的比利时内阁主义者嘲笑阿姆斯特丹决议[145]一样。然而,呼声派分子只要发现有取消主义可乘之机,就立刻**三次**对上帝发誓说,这是被"正式承认"的。

但是,当呼声派分子对上帝发誓的时候,那么,这正是他……背弃真理的时候。文章作者自己说**他**的解释"被正式承认"了,这实在是太不明智，因为对这一条的**解释的争论**在中央委员会已经成了一个辩论专题，而且从**正式记录在案的**——是的，是的！这才真是"正式"的！——**引用了**一个波兰人和一个布尔什维克的**那些话**的两份声明中可以清楚地看出，他们根本不认为《呼声报》的解释是正确的。我们这位叫嚷正式承认的作者只不过是丢自己的脸罢了。

"第一次"一词是承认"过去比较落后"，——这样说还过得去，不过一点也看不出为什么这一定是指政治生活，而不是指社会发展的其他方面；可是再加上一句："同革命形式背道而驰"，那就太疏忽大意而露出路标派的马脚了。可以打赌，100个自由派里，至少有90个读了这句话就会去亲吻呼声派，而100个工人里，至少有90个读了这句话就会不再理睬机会主义者了。"再说"，关于"革命失败的原因"的补充使取消派五卷本的参加者露了马脚：他们想在含混的决议的掩护下使他们关于无产阶级在革命中的作用的自由派观点蒙混过去。所以，他们才说"我们过去的策略""幼稚"，而且是——请注意！——**过于幼稚**。策略"过于"幼稚，——这个论断正是根据下面这句话作出的："'第一次'自觉地、有计划地和彻底地〈在群众性的党里〉运用国际社会民主主义运动的方法"①。公开斗争时期的策略，即出版、群众结社和革命党派参加选举相对自由时期的策略，群情激愤、政府政策大起大落时期的策略，对政府取得某些巨大胜利时期的策略，——这个策略较之

---

① 阿恩同志也是用这样的精神来解释中央委员会的决议的（见本号《争论专页》上阿恩的文章《关于高加索来信》）。虽然阿恩同志把这封信叫做"诽谤"，但他自己的文章却证实了《高加索来信》的作者柯·斯大·同志146的极严厉的责难是对的。关于阿恩同志的这篇在许多方面很有意思的文章，我们回头再谈。

1909—1910年的不幼稚的策略,显然是**过于幼稚了**！为了作出这样的解释,叛逆精神要有多强,对于事变的社会民主主义的理解又要有多贫乏啊！

但是,只凭"第一次"这三个字就对"封闭的地下小组的专政〈!!〉"进行谴责,那就荒谬透顶了。请看,实行"过于幼稚的"策略的1905—1907年,这个时期,对工人政党的领导比1909—1910年更加接近"专政",而且更多地是由那些比现时的小组更加"封闭"的"地下"组织即"小组"来实现的！如果要说这种滑稽可笑的深奥见解是合乎情理的,那就不妨举出下述事实:在革命时期,机会主义者和立宪民主党的崇拜者感到自己在工人中间是"封闭的小组",而他们却认为现在,在**为合法性而斗争**(别逗了！)的时候,他们倒不再是"封闭的"了(连米留可夫本人都和我们在一起),他们不再是"小组"(我们有公开背叛的杂志),不再是"地下的"了,如此等等。

无产阶级正在组成一个群众性的社会民主党,**第一次**看到了以无产阶级领导者自居的人们这样**有计划地和彻底地**向往自由主义背叛行为。

在对这个提出**"第一次"**的有名条文进行解释方面,那位波兰同志和那位布尔什维克同志①都不能不记取这个教训,他们都已经正式声明,他们认为用取消主义来解释**他们的**条文是完全错误的。

---

① 在全会上这两位同志对第1条的意思作了解释,认为这一条指出了阶级分化的加剧、工人群众的纯粹的社会主义觉悟的提高、资产阶级反动势力的加强。当然,这些意思都是正确的,但第1条的论点**没有表达**这些意思(表达的并**不是这些意思**)。

5. 十二月(1908 年)各项决议的意义以及
取消派对这些决议的态度

现在来谈谈关于全会决议的缺点的最后一点意见,这涉及第 1 条开头的一句话,这句话是:"为了阐发 1908 年党代表会议各项决议的基本论点,中央委员会决定……" 这种说法是对孟什维克让步的结果。我们所以特别要讲一讲这个情况,是因为这又是一个说明对让步采取极不老实的态度和对党所规定的策略的意义丝毫不理解的典型例子。

得到委员会大多数赞同因而获得全会肯定多数票的决议草案,本来是这样写的:"**为了肯定**和阐发 1908 年 12 月的各项决议……" 在这方面,孟什维克也提出了要求让步的最后通牒,假如保留"为了肯定"的提法,他们就拒绝对整个决议投赞成票,因为他们认为 1908 年 12 月的各项决议是"派别活动"的顶点。我们作了他们所要求的让步,同意去掉肯定一语后对决议投赞成票。如果这种让步能达到目的,也就是说,孟什维克能够老老实实地对待党的这个为共同工作所不可缺少的决定,那对这种让步我丝毫也不会感到惋惜。我们党只是在 1908 年 12 月的各项决议里才规定了党在第三届杜马时期的策略、组织和杜马工作的基本任务,在别的地方是**没有**这方面的规定的。我们承认,当时的派别斗争很激烈,我们现在已经不再坚持当时反对取消派的决议中的个别尖刻用词。但是,这些决议的一些基本论点,我们是一定要坚持的,因为在谈党、党的原则、党的组织的时候,如果我们无视党对一些最重要的根本性问题所作的唯一的并且为一年来的工作所证实了的答案(不回答这些问题,无论是宣传工作、鼓动工作和组织工作,都将寸步难行),那就等于在说空话。我们完全承认必须和大家一起来修改这些决议,根据**一切**派别的同志们的批评,当然其中也包括护党派孟什维克的批评,来重新审查这些决议;我们知道,对这些决议的某些论点可能在相当长的时期党内仍然会有争论,而且不根据少数服从多数的原则,这些争论在最近的将来是不可能得到解决的。但是,**只要**这种重新审查工作仍然没有开始,也没有结束,**只要**对于如何估计第三届杜马时期以及这一时期提出的任务的问题党还没有作出新的答案,我们就**绝对要求**一切护党派社会民主党人,无论他们持什么观点,都必须在自己的活动中遵循这些决议。

看来,这应当是党的原则的起码常识了? 看来,对待党的决定不可能有另一种态度了? 但是,《呼声报》在全会后转向了取消主义,这种转变使它甚至在这个问题上也不是利用党内多数让步的机会转到老老实实的党的立场上来,而是在这个时候立即声明自己对让步的程度不满!(有一点呼声派显然已经忘记了,谁声明对一致通过的妥协性的决议不满,要求新的让步、新的修改,而在这个问题上首先挑起争论,那他也就给了对方提出自己一方的修改要求的权利,而我们自然也就要用这个权利。)

上面我引用过的那篇载于《呼声报》第19—20号合刊上的关于全会的总结的编辑部文章一开始就声明说,决议开头的那句话是一个**妥协**。这是实话,但是,这个妥协是孟什维克的最后通牒逼出来的,是中央委员会的多数放弃直接肯定1908年12月的全部决议(不只是它们的基本论点)的结果,如果避而不谈这个情况,那么,这个实话就变成谎言了!

　　《呼声报》继续写道："我们认为,这句话和决议的各个最重要的条文的明确内容没有什么联系,它标志着党的发展中的一个转折,同时,它当然和俄国社会民主党的全部过去也是有继承性的联系的,然而它和'伦敦遗产'[147]的联系却是最少的〈!!〉。但是,如果我们认为,一下子便可以在我们党内取得绝对的思想上的一致,如果我们出于本位主义而使运动的进程延缓了一大步,那我们就成了不可救药的学理主义者"(!!)。"纠正决议中的这些错误的事情,我们可以交给历史学家去做。"

　　这些话听起来似乎是说出席全会的呼声派由于自己"向布尔什维克让步"而受到了自己的俄国合法派波特列索夫之流的斥责,或者受到了未出席全会的《呼声报》编辑们的斥责,而且似乎他们是在向这些人道歉。他们说,我们不是学理主义者,——让历史学家们去纠正决议中的错误吧!

　　对这个出色的声明我们可以大胆地说,护党派社会民主党人并不是为历史学家制定决议,而是为了**在自己的**宣传、鼓动、组织**工作中实际**贯彻这些决议。党对第三届杜马时期的这一工作任务没有别的规定。对于取消派说来,党的决议当然等于零,因为对他们说来,整个党也等于零,在他们看来,整个党(不仅是党的各项决议)也只有"历史学家"才需要而且才有兴趣去加以研究。但是,无论布尔什维克,无论护党派孟什维克都不愿意而且也不会同取消派在一个组织内工作。至于取消派分子,我们请他们还是到无头派[148]或人民社会党人[149]那边去。

　　如果呼声派对党老老实实,如果他们实际上考虑的是党,而不是波特列索夫之流,如果他们考虑的是革命的社会民主党人的组织,而不是合法派著作家的小组,那么,他们就不会用这种方式来表示自己对 1908 年 12 月的决议的不满了。他们也就不会在现在,即在全会以后,用立宪民主党人特有的不体面的方式对某些"地下的""决定"嗤之以鼻了。他们就会对这些决定进行实事求是的分析,并根据自己的观点,根据他们对 1907—1910 年的经验的看法来修改这些决定。只有这样做才会有利于党的真正的统一,有利于在同一条社会民主党活动的路线上互相接近。呼声派拒绝这样做,实际上就是在执行取消派的纲领。实际上,取消派在这个问题上的纲领是怎样的呢?他们的纲领就是无视地下的、注定要灭亡云云的党的决定,同党的决定背道而驰,去从事自由射手的不定型的"工作",这些自由射手自命为社会民主党人,而在各种合法的杂志上、合法的团体里以及其他各种地方,同自由派、民粹派和无题派一起鬼混。任何决议都不需要,任何"对时局的估计"都不需要,我们斗争的最近目标和我们对资产阶级政党的态度也根本不需要确定,——我们把这一切都叫做(尾随米留可夫!)"封闭的地下小组的专政"(而没有看到,事实上我们由于自己的不定型、无组织和散漫性已经把"专政"奉送给自由派小组了!)。

的确,在对党的决议的态度问题上,除了轻蔑地嘲弄和无视党的决议外,取消派实际上也不可能再向呼声派提出别的要求了。

对于所谓中央委员会关于 1909—1910 年党内状况的决议同伦敦遗产联系"最少"这个观点,是用不着认真分析的,因为这个观点的荒谬是显而易见的。一边嘲弄党,一边又说我们要考虑党的"全部过去",但是不考虑与现在直接有联系的过去,也不考虑现在!换句话说:我们要考虑的是那些不规定我们现在的行为的东西。我们要(在 1910 年)考虑社会民主党的"全部过去",只是不包括过去的下列决定:关于 1907—1908—1909 年时期的立宪民主

党的决定、关于 1907—1908—1909 年时期的劳动派政党的决定
和关于 1907—1908—1909 年时期的斗争任务的决定。我们要考
虑一切,只是有一点除外,这就是不考虑现在要想成为真正的党
员、要进行党的工作、要领导党的工作、要实行党的策略、要按照党
的原则指导第三届杜马中的社会民主党的活动就必须加以考虑的
东西。

　　应当指出,崩得允许在他们的机关报上刊登约诺夫同志的一
篇对伦敦遗产进行了同样的取消主义的嘲笑的文章(第 22 页),这
是崩得应当引以为耻的。约诺夫写道:"请问,伦敦代表大会的决
议同目前的形势和当前必须解决的问题,究竟有什么关系呢? 我
敢说,这一点连列宁同志及其所有的附和者也都不了解。"

　　当然啰,我怎么能了解这么高深的东西呢! 从 1907 年春到
1910 年春,资产阶级政党(黑帮分子、十月党人[150]、立宪民主党
人、民粹派)的各主要集团,它们的阶级构成,它们的政策以及它们
对待无产阶级和对待革命的态度,都没有发生任何本质的变化,我
怎么能了解呢? 在这方面那些可以提出而且必须提出的、不大的、
局部的变化,1908 年 12 月的决议已经指出了,我怎么能了解呢?
我怎么能了解这一切呢?

　　在约诺夫看来,这一切大概都同目前的形势和当前必须解决
的问题没有什么关系。在他看来,党规定什么对非无产阶级政党
的策略都是多此一举。为什么要给自己增加负担呢? 把党要规定
无产阶级策略的这种愿望称之为"强化警卫"等等,不是更简单么?
把社会民主党人变成一些自由射手,变成**一些无拘无束的人**,可以
"自由地"、不需要任何"强化警卫"来解决当前必须解决的问
题——今天在"我们的污水"杂志上同自由派一起,明天在廉价文

人代表大会上同无头派一起,后天在合作社里同波谢分子一起[151]——这样做不是更简单么。不过……不过可爱的大傻瓜,这究竟和合法派-取消派所力求达到的目的有什么区别呢? 毫无区别!

不满意伦敦决定或1908年12月的决议而愿意在党内按党的原则工作的护党派社会民主党人,会在党的刊物上批评这些决议,提修改建议,说服同志们,在党内为自己争取多数。对这样的人的意见我们可以不同意,然而他们对待问题的态度是符合党的原则的,他们**不会**像约诺夫、《呼声报》等等那样去扩大**混乱**。

现在来看看波特列索夫同志吧。

这位向公众表明自己已经脱离社会民主党而独立的"社会民主党人",在《我们的曙光》杂志第2期第59页上大声疾呼:"这些问题真不知道有多少啊! 这些问题不解决就寸步难行,俄国的马克思主义就不可能成为真正汲取了当代革命意识的全部精力和力量的思潮〈可爱的独立派先生,能不能少说些废话呢!〉! 俄国的经济怎样在发展,这种经济发展如何在反动统治下不知不觉地使力量对比发生变化,乡村和城市中在干些什么,这种发展使俄国工人阶级的社会构成等等等等发生了什么样的变化? 这些问题的答案,即使是初步的答案在哪里,俄国马克思主义的经济学派在哪里? 孟什维克派一度全神贯注的政治思想工作现在又怎样呢? 孟什维克派对组织问题的研究、对过去的分析、对现在的评价又是怎样的呢?"

如果这位独立派的这番费劲的话不是信口开河,而是他真正考虑了说的,那么,他就会看到极为简单的东西。如果不解决这些问题一个革命的马克思主义者的确寸步难行(这是真的),那么,就

必须由**社会民主党**来研究如何解决这些问题(不是指追求学术上
的完美无缺和进行学术研究,而是指要决定采取什么步骤和如何
进行)。这是因为,**离开**社会民主党的"革命的马克思主义",只能
是合法派空谈家的沙龙清谈,虽然这位空谈家有时也在人前炫耀
"我们也是"准社会民主党人。社会民主党已经对上述的问题作了
初步的回答,而且**正是在** 1908 年 12 月的**决议中**作出的。

独立派要了一个巧妙的花招:他们在合法刊物上,拍着自己的
胸脯慷慨激昂地问道:"革命的马克思主义者的初步的回答在哪
里?"独立派知道,在合法的刊物上是不可能回答他们的。但在秘
密刊物上,这些独立派的朋友们(呼声派)却又不屑于对这些"不解
决就**寸步**难行的"问题作出回答。独立派(即社会主义的叛徒)需
要的一切都有了:既有响亮的空话,又有脱离社会主义和脱离社会
民主党的事实上的独立。

6. 论独立派–合法派集团

现在我们来谈谈全会以后发生的事。对于这个问题,托洛茨
基和约诺夫给了一个相同的简单答案。维也纳决议说:"无论我们
党的外部政治生活条件,还是我们党的内部关系,**全会以后都没有
发生任何**足以使党的建设工作难以进行的**真正变化……**" 这只
不过是派别性的复发,尚未根除的派别关系的遗毒,如此而已。

约诺夫"绘声绘色地"作了同样的解释。

"全会结束了。参加会议的人各奔东西…… 各个旧派别的
领导人获得了自由,摆脱了一切外部的影响和压力。而且这时又
赶来了有力的援兵:一部分人得到最近大肆鼓吹宣布党内战争状

态的普列汉诺夫同志的援助;另一部分人得到16个'为《社会民主党人呼声报》编辑部非常熟悉的、老的党的工作者'的援助"(见第19—20号合刊上的《公开信》)。"在这种情况下,怎么能不投入战斗? 于是就又干起互相残杀的老'工作'来了。"(《崩得评论》第4期第22页)

派别主义者的"援兵"赶来了,于是又打起仗来了,如此而已。不错,赶来充当布尔什维克的"援兵"的是一个护党派孟什维克——普列汉诺夫,他"赶来"同取消派作战,但这在约诺夫看来是一回事。约诺夫显然不喜欢普列汉诺夫同波特列索夫、同伊·同志(他提议"解散一切")等等的论战。他指责这个论战,这当然是他的权利。但是怎么能把这个论战说成是"宣布**党内**战争状态"呢? 同**取消派**作战,就是宣布**党内**战争状态——让我们记住约诺夫同志的这条"哲理"吧。

国内的孟什维克当了国外孟什维克的援兵。但是这个事实丝毫也没有促使约诺夫同志认真思考。

根据托洛茨基和约诺夫的这种"对时局的估计"应当得出怎样的实际结论,这是很明显的。没有发生什么大不了的事。仅仅是派别的争论。只要拿出新的中和剂就万事大吉了。一切都用小组外交手腕的观点来解释。一切实用药方也就是小组外交手腕。"投入战斗的人"有了,愿意"搞调和"的人也有了:这儿要删去有关"基础"的提法,这又要在"机关"里加进一位某某人,那儿又要在关于召集代表会议的方式问题上对合法派"让步"…… 这就是国外小组习气的老的但又万古常新的故事!

我们对全会后所发生的变化的看法,是与上述看法不同的。

全会既然通过了一致赞成的决议,删去了**一切**"引起争论的"

非难之词,于是取消派就再也无计可施了。现在再不能拿争论作挡箭牌了。再不能拿不让步和"压服"(或者说:强化警卫、战争状态、戒严状态等等)作借口了。他们离开党只能是因为他们搞取消主义(同样,前进派离开党只能是因为他们搞召回主义和反马克思主义哲学)。

取消派无计可施,于是他们就露出了自己的"真面目"。取消派在俄国的中心——是正式的或非正式的,是半公开的(米哈伊尔之流)或完全公开的(波特列索夫之流),反正都一样——**拒绝了**回到党里来的号召。俄国国内的合法派-取消派同党决裂了,他们已联合成一个**独立的社会主义者**集团(当然他们只是脱离社会主义而独立,并非脱离自由主义而独立)。米哈伊尔之流的回答,《我们的曙光》杂志和《复兴》杂志的言论,都表明各个反党的"社会民主党人"(确切些说是所谓的社会民主党人)小组联合成一个**独立的社会主义者**集团了。因此托洛茨基和约诺夫两人坚持搞"调和"的主张**现在**就显得可笑而且可怜了。他们之所以坚持这种主张,只能是因为他们完全不了解正在发生的事情。这种主张现在已经不起坏作用,因为除了国外的那些小组外交家,除了穷乡僻壤的那些不了解情况的人以外,就再也没有市场了。

托洛茨基和约诺夫这类调和派的错误,就在于他们把那些使调和主义的外交手腕在全会上得以大显神通的特殊条件,当做目前党内生活的一般条件。他们的错误,就在于他们把那些在全会上发挥了作用的外交手腕(它之所以能发挥作用是**因为**在当时的条件下两个主要派别都**迫切**要求实行调和即实现党的统一)当成了目的本身,当成了长期在"现有的个人、集团和机关"之间进行周旋的工具。

在全会上外交手腕确实有用武之地,因为当时在护党派布尔什维克和护党派孟什维克中实现党的统一是必要的,而不作让步,不作妥协,就统一不起来。在确定让步的限度时,"公平的经纪人"不可避免地便成了头面人物——之所以说是不可避免地,是因为在护党派孟什维克和护党派布尔什维克看来,只要整个统一的原则基础还起作用,让步的限度问题就是次要的问题。托洛茨基和约诺夫这类调和派,在全会上成了头面人物,有可能起"中和剂"的作用,充当"审判官"来消除争论,来满足反对布尔什维克中央的"要求",于是他们就以为,只要"现有的个人、集团和机关"还存在,他们就永远能起这种作用。这是很可笑的误解。在确定为取得一致所必需的让步的限度时,是需要经纪人的。在已经有了实行统一的明显的共同的原则基础时,是需要确定让步的限度的。至于在作了一切让步之后谁将加入这个统一,这个问题当时还是个悬案,因为,当时在原则上必然会有这样的假设:一切社会民主党人都愿意到党里来,一切孟什维克都愿意忠实地执行反取消主义的决议,一切前进派分子都愿意忠实地执行反召回主义的决议。

现在呢,经纪人已不再需要,他们已经无事可做,因为已经不存在让步的限度问题。而让步的限度问题所以不存在,是因为已经根本不存在让步的问题了。一切让步(甚至超过限度的让步)全会上都已经作出过。现在的问题,纯粹是同取消主义作斗争的原则立场问题,而且不是一般地同取消主义作斗争,而是同一个确定的取消派-独立派集团作斗争,也就是同米哈伊尔之流的集团,同波特列索夫之流的集团作斗争。如果托洛茨基和约诺夫现在企图在党同现有的个人、集团和机关之间搞"调和",那么在我们看来,在一切护党派布尔什维克和护党派孟什维克看来,托洛茨基和约诺夫简直就是在背叛党,如此而已。

调和派外交家所以在全会上"得势",只是因为,只是在于,护党派布尔什维克和护党派孟什维克都希望和平,认为和平的条件问题是从属于党的反取消主义和反召回主义的策略问题的。例如,我当时认为让步超过了限度,并且在让步的限度上作过斗争(对于这一点,《呼声报》第 19—20 号合刊曾经作过暗示,而约诺夫则直截了当地指出来了)。但是我当时表示同意,并且现在也表示甚至同意超过限度的让步,只要这些让步不破坏党的**路线**,只要这些让步不导致否认党的路线,只要这些让步是引导人们脱离取消主义和召回主义、回到党里来的桥梁就行。但是,现在米哈伊尔之流和波特列索夫之流联合起来采取反对党、反对全会的行动,那任何让步我都不愿意谈了,因为现在党必须同这些完全彻底地变成了取消派的独立派决裂,必须同他们坚决斗争。同时,我相信我的话不但代表我个人,而且代表了**一切**护党派布尔什维克的意见。护党派孟什维克也已经通过普列汉诺夫及其他人相当明白地说出了同样的意见。党内的情况既然如此,托洛茨基和约诺夫之类的"调和派"外交家,就只好或者抛弃自己的外交手腕,或者脱离党投奔独立派。

只要综观全会后的事态,只要根据实质,而不是仅仅根据无关紧要的小"冲突"的经过(约诺夫以此为满足是没有道理的)对事态作出评价,就可以确信,合法派已经完全联合成一个独立的社会主义者集团。

(1)米哈伊尔、罗曼、尤里宣称中央(全会)的决议以及中央本身的存在都是有害的。这个事实公布以来,已经将近两个月,到现在这个事实并没有人否认。这个事实显然是确实的了。①

(2)国内16个孟什维克,其中至少有上述三人中的两个和其他几个最有名的孟什维克著作家(切列万宁、柯尔佐夫等等),得到《呼声报》编辑部的赞许,在该报上为孟什维克退出党的行为辩护,发表了一个纯粹是取消主义的宣言。

(3)孟什维克的合法杂志《我们的曙光》登载了波特列索夫先生的一篇纲领性文章。这篇文章公然写道:"作为一个完整的和有组织的机关等级制的党是不存在的"(第2期第61页),又说:不能取消"事实上已经不存在的有组织的整体"(同上)。该杂志的撰稿人有切列万宁、柯尔佐夫、马尔丁诺夫、奥古斯托夫斯基、马斯洛夫、马尔托夫,——这位尔·马尔托夫既能在一个有自己的中心("有组织的整体"都有自己的中心)的秘密党的"有组织的机关等级制"中占据一席之地,同时又是一个合法集团的一员,而这个集团却得到斯托雷平的恩准,宣布这个秘密党是不存在的。

(4)孟什维克的通俗杂志《复兴》(1910年3月30日第5期)——该杂志的撰稿人同上——登载了一篇没有署名的编辑部文章,把《我们的曙光》杂志上刊登的波特列索夫的那篇文章大大吹捧了一番,它引用了我上面引用的那一段话,并且补充道:

"没有什么可取消的,——并且我们〈即《复兴》杂志编辑部〉还要补充一句,幻想恢复这个等级制的旧的秘密的形式,简直是有害的反动的空想。它表明一度最富于现实精神的政党的代表人物失

_____

① 《社会民主党人呼声报》第21号刚出版。在第16页上,马尔托夫和唐恩**证实**确有这个事实,他们谈到"有三位同志〈??〉拒绝加入中央委员会"。同往常一样,在这里他们又把"梯什卡—列宁"痛骂了一顿,借以掩盖米哈伊尔之流的集团完全变成独立派集团的事实。

去了政治嗅觉。"(第51页)

　　谁要是把所有这些事实都看做是偶然现象,谁显然就是不愿正视现实。谁想用"派别性的复发"来解释这些事实,谁就是用空话来安慰自己。试问这同派别性,同米哈伊尔之流的集团或波特列索夫之流的集团都早已不搞的派别斗争有什么关系呢? 毫无关系! 对于不愿故意闭眼不看事实的人来说,这里是不可能有任何怀疑的。全会为护党的合法派回到党里排除了一切(实际上存在的或实际上不存在的)障碍,为建立秘密党排除了一切障碍,同时考虑到利用合法机会的新条件和新形式。四个孟什维克中央委员和两个《呼声报》编辑都承认,**一切**不利于共同的党的工作的障碍已经排除了。国内的合法派集团**已经对全会作了回答**。这是一个**否定的**回答:我们不愿意从事恢复和巩固秘密党的工作,因为这是反动空想。

　　这个回答是社会民主主义运动史上的一个最重要的政治事实。**独立的**(脱离社会主义而独立的)**社会主义者**集团已经完全联合起来并完全脱离社会民主党。至于这个集团的组织程度如何,它是由一个组织构成的,还是由几个彼此间联系十分 lose(松散、不坚固)的单个小组构成的,这一点我们现在还不知道,不过这一点并不重要。重要的是,脱离党而形成独立集团的趋势(这些趋势在孟什维克中间早已存在),现在已经发展到形成新的政治组织了。今后,一切俄国社会民主党人,如果不愿意自己欺骗自己,就应当考虑这个独立派集团的存在的事实。

　　为了说明这个事实的意义,让我们首先回忆一下法国的"独立的社会主义者"。他们在一个最先进的、彻底扫清了一切旧事物的资产阶级国家里,彻底表现出这个政治派别的趋势。米勒兰、维维安尼、白里安属于社会党,但他们的行动一再背离党的决定,违背党的决定,而且米勒兰曾经以挽救共和国和保护社会主义的利益为借口,参加资产阶级内阁,终于导致同党决裂。资产阶级以部长的职位奖赏社会主义的叛徒。这三个法国叛徒继续称自己和自己的集团为独立的社会主义者,继续用工人运动和社会改良的利益来为自己的行动辩护。

当然,资产阶级社会不可能这样迅速地奖赏我国的独立派,因为他们开始活动的条件太落后了,他们得到自由派资产阶级(它早就支持孟什维克的"独立主义"趋势)的称赞和帮助,就应当满足了。但是两个国家的基本趋势是相同的:都是以工人阶级的利益作为自己脱离社会主义政党而独立的借口;都是把"为合法性而斗争"(这是唐恩提出的口号,叛徒的《复兴》杂志曾经热烈地给予支持,见第5期第7页)说成是工人阶级的口号;实际上,资产阶级知识分子(在法国是议员,在我国是著作家)大联合,他们与自由派交替发挥作用;不服从党,无论米勒兰和他的同伙,或者《复兴》杂志和《呼声报》,都宣布党不够"现实";他们说党是"封闭的地下小组的专政"(《呼声报》),说党闭关自守,是一个妨害广泛进步的狭隘的革命会社(米勒兰和他的同伙)。

其次,为了说明我国独立派的立场,可以看看我们俄国的"人民社会党"形成的历史。这段历史将帮助一些人明白事情的实质,不致因我们的独立派和米勒兰及其同伙进行"工作"的外部条件千差万别,便看不见他们的血缘关系。我们的"人民社会党"是小资产阶级民主派的一个合法的和温和的派别,这是大家知道的。在马克思主义者中间,大概谁也不会怀疑这一点。1905年底的社会革命党代表大会上,人民社会党人曾经要求取消小资产阶级民主派革命政党的纲领、策略和组织；1905 年秋和 1906 年春的自由时期，他们和社会革命党人在报纸上结成最紧密的联盟。到 1906 年秋，他们取得合法地位便分离出来成立了一个独立的政党，但这并不妨碍他们在第二届杜马的选举中和在第二届杜马中，有时几乎和社会革命党人合流。

　　1906 年秋，我在《无产者报》上写了一篇关于人民社会党人的文章，我称他们是"社会革命党的孟什维克"。① 事隔三年半，波特列索夫之流已经向护党派孟什维克证明，我当时的话是正确的。不过应当承认一点，甚至彼舍霍诺夫先生们及其同伙的行为，在政治上要比波特列索夫先生和他的集团来得诚实，因为他们在进行了许多次实际上脱离社会革命党的独立政治活动之后，便公开宣布自己脱离社会革命党，单独成立政党。当然，这种"诚实"也是由力量对比决定的：彼舍霍诺夫认为社会革命党软弱无力，并考虑到和社会革命党非正式联合就会使他有所**失**；而波特列索夫则认为，政治上的阿捷夫行为¹⁵²，即继续自称为社会民主党人而实际上脱离社会民主党就会使他有所**得**。

　　波特列索夫先生之流认为目前对自己最有利的，就是用别人的名字作掩护，盗用俄国社会民主工党的威信，从内部破坏它，在实际上反对它，而不是仅仅脱离它而独立。可能我们的独立派集团将设法尽量长期用别人的羽毛来打扮自己；也可能在党受了什么打击之后，在秘密组织遭到大的破坏之后，或遇到特大的诱惑，例如在有可能不靠党就能进入杜马的时候，独立派自己就会扔掉自己的假面具；——我们不可能预见他们的政治骗术的种种细枝末节。

---

① 见本版全集第 13 卷第 391—401 页。——编者注

　　但是,有一点我们现在是很清楚的,这就是:独立派的这种隐蔽活动对于工人阶级的政党俄国社会民主工党是有害的,致命的;因此,我们无论如何要加以揭穿,使独立派原形毕露,宣布他们已经与党断绝一切联系。全会在这条道路上迈出了一大步。尽管乍看起来会觉得这事很奇怪,但恰恰是马尔托夫和马尔丁诺夫的同意(非心甘情愿的或不自觉的同意),恰恰是向他们所作的最大限度的甚至是超过限度的让步,帮助我们揭开了取消主义的脓疮,揭开了我们党内的独立主义的脓疮。任何一个诚实的社会民主党人,任何一个护党派分子,不管他同情哪个派别,现在都不会否认米哈伊尔之流的集团和波特列索夫之流的集团就是**独立派**,都不会否认他们事实上不承认有党,不要党,而是在搞反党活动。

　　独立派分裂出去并成立单独的政党的过程,其成熟的快慢当然是由许多无法估计的原因和情况决定的。人民社会党人在革命前就已经有一个特别的集团,所以这个暂时地和部分地归附社会革命党的集团,分离出来是特别容易的。我们的独立派则还有自己本身的传统,他们个人同党有联系,这就延缓了他们分裂出去的过程,但是这些传统正在日益减弱,而且除此以外,革命和反革命又推出一些不受任何革命的和党的传统的束缚的新人物。同时,周围存在的"路标主义"思想情绪这种环境也非常迅速地推动意志薄弱的知识界走向独立。"老"一代革命者正在退出舞台;斯托雷平用尽全力摧残这一代的代表,因为他们在自由的时期,在革命的年代,大部分已经暴露了他们的全部化名和全部秘密活动。监狱、流放、苦役、流亡国外,使离开战斗行列的人数日益增加,而新一代的成长又很缓慢。在知识界中,尤其是在"习惯于"某种合法活动的知识界中,正滋长着一种完全不相信秘密党,完全不愿意花力气去做现阶段特别困难的和特别不见成效的工作的思想。"患难识朋友"，目前工人阶级正处在新老反革命势力一起发动进攻的困难时期，它必然会看到，它在知识界的许许多多"一时的朋友"，共度节日的朋友，只是革命时期的朋友纷纷离去，这些朋友在革命时期是革命者，但在低落时期就随波逐流，反革命刚一得手，他们就宣布"为合法性而斗争"。

　　在欧洲一些国家，例如1848年以后，反革命势力曾经彻底清除了残存的无产阶级的革命组织和社会主义的组织。青年时代曾经追随社会民主党的资产阶级知识分子，出于他们的市侩心理，这时便心灰意懒了，他们说：过去就这样——将来也如此；捍卫旧的秘密组织是没有希望的事，建立新的秘密组织就更没有希望了；总而言之，我们"夸大了"无产阶级在资产阶级革命中的力量，我们错误地认为无产阶级的作用是"万能的"，——所有这些叛徒的《社会运动》的见解，都直接和间接地推动他们离开秘密的党。站在斜坡上的独立派，他们没有觉察到自己正在不停地往下滑，更没有觉察到自己正在同斯托雷平亲密合作：斯托雷平从肉体上，用警察手段，用绞架和苦役来破坏秘密的党，自由派公开宣传路标主义思想来破坏秘密的党，而社会民主党人中的独立派则间接帮助破坏秘密党，他们叫嚷秘密的党已经"陷于瘫痪"，拒绝帮助它，为脱离党的行为辩护（见《呼声报》第19—20号合刊上16人的信）。真是每况愈下。

　　反革命时期拖得愈长，保卫党的斗争对我们来说便愈艰苦，对此我们是不会视而不见的。护党派不缩小危险，而是正视危险，例如，中央机关报第13号上克·同志的文章就可以证明这一点。但是，坚决坦率地承认党软弱无力，承认组织涣散，承认情况困难，这并没有使克·同志(也没有使任何一个护党派分子)在要不要党，要不要进行恢复党的工作这个问题上产生片刻的动摇。我们的处境愈困难，敌人的数目愈增加(我们的敌人中，前天增加了路标派，昨天增加了人民社会党人，今天又增加了独立派社会民主党人)，一切社会民主党人也就会不分派别愈紧密地团结起来保卫党。许多社会民主党人，在如何带领有革命情绪的、相信社会民主党的群众去冲锋陷阵这个问题上，他们可能产生分歧，但是在是否必须为保存和巩固1895—1910年建立起来的秘密的社会民主工党而斗争这个问题上，他们却不可能不团结一致。

　　至于《呼声报》和呼声派，那他们已经十分清楚地证实了去年7月《无产者报》扩大编辑部的决议对他们所作的估计。这个决议说(见《无产者报》第46号附刊第6页)："在党内孟什维克的营垒中，在该派别的正式机关报《社会民主党人呼声报》完全成了孟什维克取消派的俘虏的情况下，该派别的少数人在彻底看清了取消主义的道路以后，已经毅然决然地声明反对这条道路，正在为自己的活动重新寻找党的基础……"① 实际上离"结束"取消主义道路，比我们当时考虑的还要远些，但是，后来的事实证明上面这段话的基本意思是正确的。《社会民主党人呼声报》已经"成了取消派的俘虏"这个说法，更是得到了证实，这个机关报是不折不扣的取消派的俘虏，它既不敢直接维护取消主义，又不敢直接反对取消主义。他们甚至在全会上一致通过决议的时候，也不是自由人，而是俘虏，他们的"主人"把他们放出来一段短时间，但是全会后的第二天他们又恢复奴隶状态。他们既然不敢维护取消主义，便竭力

_____

① 见本卷第37页。——编者注

强调各种各样的障碍(包括各种虚构的障碍!),这些障碍虽然与原则问题无关,却妨碍他们放弃取消主义。在这一切"障碍"都被清除之后,在他们提出的一切不相干的、个人的、组织方面的和经费方面的要求以及其他种种要求都得到满足之后,他们才违心地"举手赞成"放弃取消主义。这些可怜虫! 他们不知道:此时此刻,16人宣言已经在送往巴黎的途中,而米哈伊尔之流的集团以及波特列索夫之流的集团维护取消主义更是变本加厉! 于是他们又驯服地跟着16个人,跟着米哈伊尔,跟着波特列索夫重新投向取消主义!

　　维护这些人或替这些人辩护的意志薄弱的"调和派",如约诺夫和托洛茨基,他们最大的罪过,就在于他们使这些人更加依赖取消主义,害了这些人。如果说所有无派别的社会民主党人坚决反对米哈伊尔之流和波特列索夫之流的行动(而无论托洛茨基或约诺夫,都是不敢维护**这些**集团的!)能够使被取消主义俘虏的呼声派中的某些人回到党里来的话,——那么"调和派"的装腔作势和矫揉造作是丝毫不能使党与取消派调和的,而只能激起呼声派的"毫无意义的希望"。

　　然而,这种装腔作势和矫揉造作,在相当大的程度上显然是因为不了解情况。正是因为不了解情况,所以约诺夫同志才仅仅提出是否登载马尔托夫的文章的问题,所以维也纳的托洛茨基派才把问题归结为中央机关报内部的"冲突"。无论是马尔托夫的文章(《在正确的道路上》……即在正确地走向取消主义的道路上)或是中央机关报内部的冲突,都只是局部事件,这些局部事件,如果不同全局联系起来是不能理解的。例如,马尔托夫的文章清楚地告诉我们(我们在一年中已经研究透了取消主义和呼声派的各种色彩)，**马尔托夫已经转向了**(或者说别人使他转向了)。同一个马尔托夫是**不能**既在中央关于代表会议的《信》上签名，同时又写出《在正确的道路上》这样的文章的。由于把马尔托夫的文章同一连串事件割裂开，——在这篇文章之前发表的中央委员会的《信》，在这篇文章之后出版的《呼声报》第19—20号合刊、16人宣言、唐恩的文章(《为合法性而斗争》)以及波特列索夫和《复兴》杂志上的一些文章——，由于把中央机关报内部的"冲突"同上述一连串事件割裂开，所以托洛茨基和约诺夫也就无法理解正在发生的事情。①相反，如果把作为**一切事件的基础的东西**——俄国的独立派已经完全联合起来，他们已经同恢复和巩固秘密党这一"反动空想"完全决裂——放在中心位置，那么一切都成为完全可以理解的了。

7. 关于护党派孟什维主义和对它的评价

为了说明我们党内的"统一的危机"，我们应当研究的最后一个问题就是关于所谓护党派孟什维主义以及对它的意义的评价问题。

在这方面，很值得注意的是无派别的(自称为无派别的)约诺夫和托洛茨基的观点(《**真理报**》第12号和维也纳决议)。托洛茨基坚决地固执地无视护党派孟什维主义(中央机关报第13号上已经指出了这一点)②，而约诺夫则泄露了自己同伙的"珍藏的"思想，他宣称，"普列汉诺夫同志"(其他护党派孟什维克根本不在约

---

① 再以在秘密的党内合法的个人"权利平等论"为例。**在米哈伊尔之流、波特列索夫之流的行动之后**，这个理论的含义和作用，就是承认独立派–合法派集团，并且要党服从他们，这难道还不明白吗？
② 见本卷第233—235页。——编者注

诺夫的眼里）所发表的言论的作用无非就是"支援"布尔什维克的派别斗争,鼓吹"宣布党内战争状态"。

事实驳斥了托洛茨基和约诺夫的立场,单凭这一点,他们也应当发现自己的立场的错误。从中央机关报第13号上可以看出,至少国外七个党的协助小组（巴黎、日内瓦、伯尔尼、苏黎世、列日、尼斯、圣雷莫）中,普列汉诺夫分子,更正确些说,护党派孟什维克,已经起来反对《呼声报》了,他们要求执行全会的决定,要求停办《呼声报》,他们指出了《呼声报》第19—20号合刊的思想立场的取消主义性质。在俄国国内的工作者中间现在也开始出现这样的过程,虽然这个过程也许不那么明显。避而不谈这些事实是可笑的。如果不顾这些事实,企图把普列汉诺夫同呼声派的斗争说成是著作家的"派别"斗争,这就等于（**客观上**）站在独立派–合法派集团一边来反对党。

上述"调和派"的立场显然是不正确的,显然是站不住脚的,他们应当从中看到,他们的出发点是错误的:他们认为全会上的统一的政治意义就在于"同现有的个人、集团和机关"进行了协商。不应当被党内事态的表面现象以及这些事态中个人的特点所欺骗,而应当对目前所发生的事情的思想和政治意义作出评价。从表面上看,同某某呼声派分子进行了协商。其实呼声派转到普列汉诺夫的立场上来才是协商的基础和条件。这一点从上面对关于党内状况的决议的分析中可以明显地看出。① 从表面上看,例如,从中

---

① 在参加全会的四个担任中央委员的孟什维克中,有两人想竭力对呼声派作最大限度的让步,从而使他们事实上转到普列汉诺夫的立场上来。这并不是说,这两个人是坚定的护党派,并不是说他们决不会回到呼声派方面去。这只是说,当时,孟什维主义是处在它还不可能**放弃**党的原则的时期。

央机关报的人员组成来看,呼声派当时是党内孟什维主义的代表。事实上,中央机关报在全会之后,便开始转变为护党派布尔什维克和普列汉诺夫派"合作"的机关报,而遭到呼声派的全力的抵制。因此,党的统一的发展经过一段曲折:起初好像是乱糟糟的大调和,没有明确规定统一的思想基础,但是后来各种政治趋向的逻辑充分显示出自己的作用,独立派脱离党的过程因为全会向呼声派作出了最大让步而加速完成了。

当我在全会上听到和在《呼声报》上(第 19—20 号合刊第 18 页)看到有人对"各强大派别进行协商以反对右的和左的取消派"这个口号(《呼声报》把这个口号加上了引号,但是不知为什么它没有直说:在全会前和在全会上我是拥护这个口号的)拼命进行攻击时,我就暗自想道:"abwarten!","wait and see"(过些时候就会见分晓!)。呼声派先生们! 请等一等,你们这是想在"背着主人"结账。问题不在于全会给一切派别(不仅仅是给思想上和政治上的"强大"派别)提出了参与协商的可能性。问题在于你们的"主人",即独立派-合法派集团,是否允许这种可能性变为现实。

几个月已经过去了,现在只有瞎子才会看不见,事实上正是"各强大派别的协商"构成了党的统一,并且"扫除一切障碍"推进这个统一。应当是这样,也只能是这样,因为党内实力的实际对比是这样。毫无疑问,在最近的将来,或者党的一切领导机构正式进行改组,以便反映出这种协商,或者党内生活和党的统一的发展暂时撇开党的领导机构。

当然,把护党派孟什维克称为"强大派别",乍看起来似乎很奇怪,因为目前看来呼声派更强,至少在国外是如此。但是,我们社会民主党人判断力量的强弱,不是根据国外集团发表的意见,不是根据孟什维克著作家如何组合,而要看谁的立场客观上是正确的,谁的立场按照政治形势的逻辑注定要向"独立派"屈服。工人事业派,在1898—1900年,无论在国外,无论在俄国国内都比火星派强大,但是,他们毕竟不是"强大派别"。

现在,呼声派动员一切力量来反对普列汉诺夫,把他们所有的脏水,包括波特列索夫先生,包括重提**1901—1903**(原文如此!)年马尔托夫如何"受委屈",都泼向普列汉诺夫,呼声派的这种虚弱就显得格外明显了。阿克雪里罗得及其同伙于4月在国外出版了一本对普列汉诺夫进行人身攻击的文集,这是他们政治上无法挽回的失误,因为在俄国,2月出版的《我们的曙光》杂志和3月出版的《复兴》杂志,已经把问题完全转到另一方面,而普列汉诺夫在中央机关报第13号上,已从叙述他同呼声派冲突的经过转到反对呼声派现时的政策了。呼声派现在一回忆起过去的(1901年以前的!)"委屈",就激动得手脚乱舞,像还在呼吁好心人来保护他们不受布尔什维克中心的侵犯的前进派一样。

请看我们的"受委屈的人"是如何愈来愈明显地自我暴露的吧。他们在1910年,只要一提起"列宁—普列汉诺夫"(这是他们的专门术语!)的协商就气得发狂,就像一年前马克西莫夫为这件事气得发狂一样。呼声派像马克西莫夫一样竭力把事情说成这样:似乎问题几乎全在于"列宁同普列汉诺夫"个人的协商,而且他们把普列汉诺夫的行动说成是由于他"瞎任性"(《必要补充》第16页),"朝三暮四","反复无常",以及其他等等。马尔托夫提起普列汉诺夫作为孟什维克**"五年来的活动"**(同上)时,力图事后败坏他的名声,说他反复无常,但是马尔托夫没有觉察到,他这样做首先是使自己难堪。

　　在上述的《必要补充》中,《呼声报》的编辑委员会向我们担保说(第32页),普列汉诺夫正是在上述的五年中(1904—1908年)是"伟大的"。请看从这里能得出什么结论吧。孟什维克宣布普列汉诺夫所以"伟大",不是由于他在20年中(1883—1903年)的活动(在这一时期,他忠于自己的主张,他既不是孟什维克,也不是布尔什维克,而是社会民主党的创始人),而恰恰是由于他后来五年中的活动,但是孟什维克自己说,这五年普列汉诺夫是"反复无常"的,就是说,没有坚持彻底的孟什维克路线。结论是:"伟大"就在于他没有完全陷进孟什维主义的泥坑。

　　但是阿克雪里罗得和马尔托夫所回忆的孟什维主义五年来的历史,正好给我们提供了许多事实,有助于**说明**孟什维克的分裂并不是马尔托夫竭力强调的那种微小的、个人的原因造成的。

　　1903年,普列汉诺夫在增补阿克雪里罗得和马尔托夫时,在《火星报》第52号上《不该这么办》这篇文章中宣布:他愿意**和机会主义者进行周旋**,并且通过这种周旋使他们**改正过来**。与此同时,他极尽攻击布尔什维克之能事。1904年底他力图把显然已经滚到自由主义方面去的阿克雪里罗得拖出来(《地方自治运动计划》),但他的做法是,对宣布向地方自治人士示威就是"高级形式的示威"等等这样一些高论,只字不提(见《给中央委员会的信》,这本小册子**仅供党员阅读**)。1905年春,普列汉诺夫看到"周旋"没有希望了,于是脱离了孟什维克,创办了《日志》,宣传与布尔什维克联合。《日志》第3期(1905年11月)已经完全不是孟什维克的刊物了。

　　普列汉诺夫花费了近一年半的时间(从1903年底至1905年春)和党内的机会主义者周旋,他从1906年初起,并且在1907年一年中又同立宪民主党**周旋**。在此期间,他搞的极端机会主义,大大超过了其他的孟什维克。虽然普列汉诺夫在第一届杜马时期宣布了"周旋手段",但是在第一届杜马解散后他就建议(在《日志》第6期上)各革命政党进行协商为召开立宪会议而斗争,这时《**无产者报**》(在1906年8月29日第2号《策略上的动摇》一文中)立刻指出,这个立场完全不是孟什维克的①。

1907年春,在伦敦代表大会上,普列汉诺夫(据切列万宁所述,我在《十二年来》文集的序言②中已经引用过他的话)和孟什维克**组织上的无政府主义**作过斗争。当时他需要"工人代表大会"作为一种周旋手段,**以便**发展党而不是**反对**党。马尔托夫在《必要补充》中说,1907年下半年普列汉诺夫"曾经不得不花费不少口舌",坚持孟什维克必须有秘密的(即党的)机关报,反对阿克雪里罗得(显然,阿克雪里罗得宁愿要合法的、事实上不是党的机关报)。1908年波特列索夫的一篇文章所引起的冲突,是普列汉诺夫与取消派分裂的导火线。

这些事实说明了什么呢?说明孟什维克现在的分裂不是偶然的,而是不可避免的。"周旋手段"不能为周旋者因进行周旋而犯的错误辩护,至于我写的批评普列汉诺夫的错误的那些话,我一句也不打算收回。但是"周旋手段"**说明**为什么一部分孟什维克**容易**走到独立派方面去,而另一部分孟什维克却**很难**甚至不可能这样做。由于进行周旋而带领工人阶级跟着立宪民主党人走的那种社会民主党人,他给工人阶级带来的危害,并不比那种因内心倾向于机会主义而这样做的人带来的危害少。但是,前者可以、能够、来得及在后者掉进陷阱的地方刹车。俄国有句俗语说:让他去祷告

① 见本版全集第13卷第373—377页。——编者注
② 见本版全集第16卷第86—105页。——编者注

上帝，他就磕破头皮。普列汉诺夫也可以这么说：让波特列索夫分子和唐恩分子靠右走去进行周旋，他们却把靠右走当成原则。

某些孟什维克及时刹车，这完全证实他们不愧为"护党派孟什维克"。他们刹车是为了进行维护党、反对独立派-合法派的斗争，波特列索夫先生和《社会民主党人呼声报》编辑部在《必要补充》中企图回避这个简单明了的问题，这是徒劳的。

恩格斯也曾经同社会民主联盟[153]（英国社会民主党人）作过斗争，——波特列索夫这样来支吾搪塞（第 24 页）。可爱的先生，这是诡辩。恩格斯指出了党的错误[154]，而你们可没有说如何纠正党的错误，你们甚至不肯直接说秘密的社会民主党现在是否需要，俄国社会民主工党是否需要。在斯托雷平面前你们说：**不需要**（《我们的曙光》杂志），而在党员面前，在秘密刊物上，你们却不**敢**这么说，而是闪烁其词，支吾搪塞。

编辑部断言："列宁—普列汉诺夫主张向工人运动的新形式宣战"（第 31 页），"我们是从真正的工人运动的状况、条件和要求**出发**的"（第 32 页）。可爱的先生们，这是诡辩。你们自己也承认，全会曾竭尽**全力**肯定这些新形式，而且布尔什维克**在**全会**以前**所进行的斗争也**证明**了这一点。我们的分歧不在于是否需要"新形式"，是否需要进行合法的工作，是否需要建立合法的团体，——我们的分歧完全不在这里。我们的分歧在于：合法派如米哈伊尔之流的集团和波特列索夫之流的集团，他们**已经脱离社会民主党而独立**，对这么干的合法派是否仍允许他们自称为社会民主党人，还是认为社会民主党的党员**必须**承认党，宣传党的必要性，在党内工作，巩固党的组织，在各地方和在一切团体中建立秘密支部以便和党建立正常的联系，等等。你们也很清楚，**现在**，即在全会之后，我们的分歧**正是**在这里。

我们希望同护党派孟什维克接近,希望同他们协商,以便进行维护党、反对独立派的斗争,而呼声派却竭力把我们这种做法说成是"列宁同普列汉诺夫"搞个人联盟。呼声派大骂《**无产者报**》第47—48号合刊上一篇反对波特列索夫的文章的作者,说他带有"佞臣"的腔调,说他利用同普列汉诺夫的"协商来投机"。

我翻开这篇文章,在第7页上有这样一段话:

"当然,普列汉诺夫在革命时期所犯的一切错误的根源,恰恰就在于他**没有**把他自己在旧《**火星报**》上所实行的路线贯彻始终。"

让读者来评一评究竟谁的话更像"谄媚"和"投机"吧:是把布尔什维克所认为的普列汉诺夫的错误直接指出来呢,还是宣布普列汉诺夫恰恰在他作为孟什维克和"反复无常"(按孟什维克的说法)的那个时期是"伟大"的呢?

《社会民主党人呼声报》编辑部写道:"当**重要的**〈黑体是《呼声报》用的〉政治行动的时刻重新到来的时候,普列汉诺夫将会和我们在一起。"(《必要补充》第32页)

这是政治上很无知的说法,但是,"投机"的意思却是很清楚的。其所以很无知,是因为对于旧的领袖们来说,**现在恰恰就是重要的**政治行动时刻,现在的政治行动要比公开斗争时期重要**一百倍**,因为在公开斗争时期,群众自己能更容易找到道路。说"投机"的意思很清楚,是因为这句话表示他们的决心,一旦普列汉诺夫重新开始"周旋",他们就重新承认普列汉诺夫为孟什维克。

我们觉得很奇怪,为什么呼声派不明白:他们的这些攻击同例如阿克雪里罗得说的"我们不愿意卑躬屈节"(在普列汉诺夫面前)

"充当阿谀逢迎的奴仆"(第19页)这些话放在一起,究竟有什么意思。你们的举止恰恰像阿克雪里罗得上面所说的**这种人**,你们对普列汉诺夫的态度,恰恰合乎**这些**人的"公式":"要么飨以老拳,要么握手言欢。"

你们求他伸过"手"来求了五年,现在你们又"飨以老拳"——写出32大页文章来攻击他,而在第32页上却又"表示决心":可以同意重新承认他为孟什维克,再求他伸出"手"来。

至于我们,那我们完全有理由说:普列汉诺夫在"反复无常"的时期,从来就不是布尔什维克。我们现在不认为,将来也永远不会认为他是布尔什维克。但是,普列汉诺夫以及一切能起来反对独立派-合法派集团并能同他们斗争到底的孟什维克,我们都认为是**护党派**孟什维克。在目前的困难时期,在理论上维护马克思主义和在工人运动的实践中维护党的斗争已经提上了日程,因此我们认为竭力接近这样一些社会民主党人,是一切布尔什维克的责无旁贷的义务。

8. 结论。关于布尔什维克的纲领

全会决定召开的党代表会议,不能而且也不应当局限于全会设想在全体孟什维克都转到党的立场上来的条件下安排的那个议事日程。这个条件没有实现,因此我们不应当自己骗自己。

通过同独立派-合法派的斗争**团结护党派**,——这应当作为选举出席这次代表会议的代表的口号,作为召集和准备这次代表会议的口号。根据这个任务并且估计到呼声派的反党立场,我们应当果断地对党的一切领导机构进行改组,使这些机构不再无理取闹(一切呼声派都在准备同领导机构无理取闹而且今后还会准备这样做),而去从事**真正的党的建设工作**。呼声派不愿意建设党,而愿意暗中帮独立派-合法派集团的忙。

布尔什维克为这次代表会议拟定了以下纲领:按照十二月(1908年)决议并根据这些决议的精神建设党;继续完成全会的工作,对全会的决定进行上面提及的种种修改,这也是全会后的整个事态发展提出的要求;竭尽全力系统地、不断地、全面地和坚持不懈地利用所有一切合法机会,以便集聚无产阶级的力量,帮助无产阶级集合起来,团结起来,在斗争中学习本领,放开手脚干,——同时要坚定不移地恢复秘密的支部,秘密的纯粹的党组织,而且主要首先恢复纯粹的无产阶级组织,学会使它们适应新的条件,因为只有这样的组织才能够指导合法组织的一切工作,才能够把革命的社会民主主义精神贯穿到这些工作中去,才能够同叛徒和独立派-合法派作不调和的斗争,才能迎来这样的时刻,那时,我们的党,我们的俄国社会民主工党,由于保持了1905年革命和无产阶级的伟大胜利的一切传统,巩固和扩大了党的无产阶级队伍,因而能够率领这支队伍投入新的战斗,去夺取新的胜利。

载于1910年3月6日(19日)和
5月25日(6月7日)《争论专页》
第1号和第2号

译自《列宁全集》俄文第5版
第19卷第239—304页

致《斗争报》纪念号[155]

（1910年7月）

拉脱维亚边疆区社会民主党中央委员会的代表同志[156]，在俄国社会民主工党中央委员会全体会议上作了关于拉脱维亚边疆区社会民主党的工作情况的报告（这个报告的要点已发表在我们党的中央机关报第12号上），我们得到的印象是，在我们所处的艰难时期，拉脱维亚社会民主党的发展，是特别"正常"和健康的。所以会得出这种印象，是因为拉脱维亚边疆区的社会民主党（成员的构成是最无产阶级化的，并且主要是由工人自己领导的）已经实现了客观情况所要求的、向制定特别的策略和完成持续很久的反革命得势时期的各项组织任务的过渡。在革命时期，拉脱维亚的无产阶级和拉脱维亚的社会民主党在反对专制制度和旧制度的一切势力的斗争中，占有极重要的地位。这里不妨顺便提一提，1905年官方的罢工统计（工商业部出版的）[157]表明，里夫兰省无产阶级罢工斗争的顽强精神是首屈一指的。1905年里夫兰省工厂工人总数为53917人，而罢工者竟达268567人次，也就是说几乎等于工厂工人总数的5倍（4.98倍）！里夫兰省一年中平均每个工厂工人参加罢工5次。除了里夫兰省，还有：巴库省，平均每个工厂工人参加罢工4.56次，梯弗利斯省——4.49次，彼得库夫省——4.38次，彼得堡省——4.19次。1905年莫斯科省参加罢工的工人为276 563人次,略多于里夫兰省,但是莫斯科省的工厂工人总数为里夫兰省的5倍(285 769与53 917之比)。由此可见,拉脱维亚无产阶级表现出的自觉性、团结一致和革命精神要高得多。但是大家也知道,在向专制制度发动进攻时拉脱维亚无产阶级的先锋领导作用并不限于罢工斗争,武装起义中它走在前面,为了把运动推向最高阶段即推向起义它出力最多。为了吸引拉脱维亚的农业无产阶级和拉脱维亚的农民参加反对沙皇制度和地主的伟大革命斗争,它所做的工作超过了所有别的人。

拉脱维亚工人党在革命时期是俄国社会民主党的一支先进部队,在艰难的反革命得势时期也站在前列。我们从上述报告中了解到,拉脱维亚社会民主党既没有因热衷于革命空谈而形成特殊流派(类似我们的"召回派"),也没有因热衷于合法机会而形成特殊流派(类似我们的**取消派**,否定秘密的党,不愿执行恢复和巩固俄国社会民主工党的任务)。拉脱维亚社会民主党的工人们在工作中利用了一切合法机会,如合法的工会、各种工人团体、杜马讲坛等等;同时,他们绝不"取消"秘密的、革命的社会民主党,相反,他们到处都保持了党的秘密工人支部,这些支部将会维护和发扬伟大的革命斗争的传统,坚持不懈地在工人阶级年轻的一代中培养出愈来愈多的有觉悟的战士。

拉脱维亚社会民主党所以能取得成就,无疑原因首先在于:不论城市或农村,资本主义都有了较高的发展;阶级矛盾非常明确;这些矛盾由于民族压迫而更加尖锐;拉脱维亚居民集中,文化发展程度较高。从所有这些方面来看,俄国工人阶级赖以发展和进行活动的环境,就差多了。这种不发达的状况目前正在国内的俄国社会民主工党中造成更为严重的危机。小资产阶级知识分子在我们运动中起的作用很大,他们起好作用也起坏作用:他们在研究理论和策略问题的同时竟"研究"起种种偏离社会民主主义道路、结成特殊"派别"(如"召回主义"和"取消主义")的问题来了。

我们相信,拉脱维亚社会民主党有充分根据可以为自己的成就感到自豪,但是决不会狂妄到对俄国社会民主工党的这些棘手的问题不屑一顾。

无产阶级的觉悟愈高,社会民主主义的目标就愈明确,反对工人运动中任何小资产阶级的歪风邪气就愈坚决,对不很开展的工人同志摆脱小资产阶级机会主义的影响也就愈加关心。

俄国社会民主工党内的取消主义派别是俄国小资产阶级关系的产物。整个自由派资产阶级都反对革命,拒绝革命,咒骂1905年的策略是"血腥的和徒劳的"策略,它对当权者卑躬屈节,号召人民只须采取**合法**斗争的方法。我们党内的小资产阶级知识分子也接受了反革命自由派的影响。五卷本的革命史(马斯洛夫、马尔托夫和波特列索夫编辑的《20世纪初俄国的社会运动》)出版了,这部史书实际上是在宣扬叛徒学说,说什么无产阶级对自己的力量"估计过高",对资产阶级的力量"估计不足",等等。其实是无产阶级群众对资产阶级的背叛行为估计不足,对资产阶级在争取自由的斗争中的力量估计过高,对自己的力量——千百万被压迫和被剥削的人们的进攻力量估计不足。

现在出版的两本合法杂志(《我们的曙光》和《复兴》)宣传说,恢复并巩固秘密的党,恢复并巩固我们原来的经过多年考验的俄国社会民主工党,就是"反动的空想"。持有这种观点的先生们也在孟什维克的秘密机关报《社会民主党人呼声报》上进行申辩,并且提出"为合法性而斗争"的口号。孟什维克派最著名的领袖之一普列汉诺夫退出了该报编辑部,并且不再担任所有这些刊物的撰稿人,他向这些刊物宣战,并号召孟什维克**护党派**起来支持和巩固革命的秘密的无产阶级政党——俄国社会民主工党。

这样,我们的党就开始同独立合法派决战。这些人(即合法派)错误地自命为社会民主党人。实际上他们在破坏社会民主党人的事业,破坏工人阶级的社会民主主义组织,把它化为若干不定型的、没有任何原则的、实际上是使工人阶级成为受自由主义的思想支配和从属于自由主义的政治领导的合法集团。

10年前,我们的党曾经同非常类似现在的"取消主义"的所谓"经济主义"作过斗争。现在,斗争比那时更为困难,因为一切反革命势力——不仅旧的自由派资产阶级反革命势力,而且新的(现代的)自由派资产阶级反革命势力——都力图消灭无产阶级中的1905年的传统,消灭它的秘密的社会民主党。但是,工人阶级既然能成为1905年革命的领袖,无疑也将会克服这一切偏离社会民主主义道路的倾向。

1905年的革命以前,社会民主党人在完全秘密的小组中工作了20年,并建立了领导着数百万人向专制制度冲击的政党。革命以后,我们能够,因此也应该不仅继续进行秘密支部的工作,而且要百倍地加强这一工作,在这些支部的周围建立起重重合法组织的密网,利用黑帮杜马讲坛来进行我们的鼓动,把在革命斗争中取得的教训传播到工人群众中去,并建立一个能够带领千千万万人向专制制度发动新的冲击的社会民主党。

载于1910年7月《斗争报》　　　　译自《列宁全集》俄文第5版
(拉脱维亚文)第100号　　　　　　第19卷第305—309页

哥本哈根代表大会俄国社会民主党代表团关于合作社的决议草案[158]

(1910年8月16—17日〔29—30日〕)

代表大会认为:

(1)无产阶级的合作社通过减少中间剥削、通过影响供货人那里的劳动条件和改善职员的生活状况等,使工人阶级有可能改善自己的生活状况;

(2)无产阶级的合作社由于能在罢工、同盟歇业、政治迫害等期间提供帮助,因此在群众性的经济斗争和政治斗争中具有愈来愈大的重要性;

(3)无产阶级的合作社把工人阶级群众组织起来,训练他们独立管理事务和组织消费,并在这方面把他们培养成未来社会主义社会的经济生活的组织者。

另一方面,代表大会认为:

(1)只要社会主义的主要目的——对掌握生产资料和交换手段的阶级实行剥夺,还没有实现,合作社所争得的一些改善就极为有限;

(2)合作社是纯粹商业性的机构,并且要承受竞争环境的压力,因此有蜕变为资产阶级股份公司的趋势;

(3)合作社不是同资本直接作斗争的组织,有可能造成而且也正在造成一种错觉,似乎合作社是解决社会问题的手段。

因此,代表大会号召各国工人:

(一)加入无产阶级的合作社组织,全面促进它们的发展,并用严格的民主精神来办合作社(收低额的入社金,每人一份股金,等等);

(二)通过联合组织中坚持不懈的社会主义的宣传鼓动,来促进工人群众中阶级斗争思想和社会主义思想的传播;

(三)随着参加合作社的人的社会主义觉悟的提高,逐步建立和加强合作社同社会主义政党以及同工会的有机联系;

(四)同时,代表大会指出,生产合作社只有成为消费合作社的组成部分,才能对工人阶级的斗争产生影响。

载于1929—1930年《列宁全集》
俄文第2、3版第14卷

译自《列宁全集》俄文第5版
第19卷第310—311页

论"前进派分子"的派别组织

(1910 年 8 月 30 日〔9 月 12 日〕)

　　"前进"集团在巴黎出版了一本"当前问题论文集",书名叫《前进》。由于有了萨任同志的小册子(《论党的复兴问题》,由"私人筹资出版",《前进》文集编辑部发行),由于有了"前进"集团印发的单页传单和该集团的纲领,党现在有相当充分的材料来对"前进派"作出判断了。

　　前进派的纲领有以下三个特点:第一,它在我们党的所有的集团和派别中第一个提出了哲学并且打着一块假招牌。"无产阶级的文化"、"无产阶级的哲学",纲领上是这么写的。这块假招牌掩盖的是**马赫主义**,也就是打着各种各样的幌子(如经验批判主义、经验一元论等等)来维护哲学唯心主义。第二,在政治方面,该集团认为召回主义是"一种合理的色彩",并声称该集团中的某些召回派分子不同意党在对待国家杜马方面规定的任务。关于这些规定本身在前进派的纲领里也写得极其含糊不清,因此,只能认为这是为了迁就召回派的思想。最后,第三,纲领坚决谴责派别活动,并且要求各个派别联合起来,实现党内的融合。

　　总的来说,我们看到(如果从后面算起)一个很好的愿望和两块招牌,它们掩护的是那些表明与马克思主义决裂并且要无产阶级屈从于资产阶级的思想和政治的极恶劣的思想政治派别。《前进》文集清楚地表明,这种大杂烩能够提供的是什么样的货色。

文集社论的作者马克西莫夫严格奉行纲领中玩弄的外交手腕,在谈"无产阶级的文化"时,对他指的是什么不加任何说明。在他这篇自诩为写得通俗的文章中,这种捉迷藏的手法是特别显眼的。除了那些**亲自**认识马克西莫夫,或者已经仔细研究过关于马赫主义和由马赫主义引起的**全部**争论的人,**没有一个**读者**能够**理解这种词句的真正含义,这算什么通俗呢? 这位马克西莫夫在文集第4页上还谈论知识分子出身的人"对无产阶级社会主义的危险性",说他们"不加批判地接受和宣传不正确的、对无产阶级有害的资产阶级科学和哲学的观念……",这又算什么通俗呢?

删节号是马克西莫夫加的。话不说完是否意味着不好意思说出口,我们无从知道。但是我们很清楚,谈论"**资产阶级的哲学**"对无产阶级的危害(特别是在一篇"通俗的"文章里谈论这种危害)而不明确说出究竟指的是**什么样**的哲学,这就是玩弄最恶劣的派别外交手腕。既然你们认为资产阶级哲学问题很重要,既然你们在"通俗"文集的社论里提出这个问题,那你们就应当敢于直言不讳,就应当维护自己的观点,而不应当隐藏自己的观点。

大概萨任同志这位"实践家"很不客气地破坏了马克西莫夫玩弄的外交手腕。① 他在自己的小册子第31页上,要求"**保证**""党

---

① 在《前进》文集里,另一位"实践家",彼得堡的"纺织工伊万"也是不大注意外交手腕而失言。他写道:"顺便说一点,别尔托夫的《论一元论历史观之发展》一书尤其可能使人得出这种关于历史唯物主义的不正确的概念。"(文集第57页)当然啰! 只有俄国造神派和马赫主义者的著作才能提供"关于历史唯物主义"的最正确的"概念",这一点哪一个"前进派分子"不知道呢? 因此培养了整整一代俄国马克思主义者的著作也就无法同尤什凯维奇之流、波格丹诺夫之流、瓦连廷诺夫之流和卢那察尔斯基之流的哲学著作相比了……

员"有"**完全的革命思想自由和哲学思想自由**"。

这是彻头彻尾的机会主义的口号。在一切国家的社会主义政党内部,提出这种口号的只有机会主义者,实际上,这个口号无非是宣扬资产阶级思想有腐蚀工人阶级的"自由"。我们向**国家**(而不是向党)要求结社自由,并且同时要求"思想自由"(应读做:出版、言论、信仰自由)。无产阶级的党是一个自由的联盟,建立这个党就**是为了**同资产阶级"思想"(应读做:意识形态)**作斗争**,为了捍卫和实现一种明确的世界观,即马克思主义的世界观。这是起码的常识。马克西莫夫、萨任之流政治上的错误使他们忘记了这个起码的常识。不是由于他们个人虚伪,而是由于他们的政治立场错误,他们才宣传资产阶级的口号。这种错误的表现是,一些"前进派分子"一心想把无产阶级**向后**拖,朝资产阶级哲学观念(马赫主义)一边拖;另一些"前进派分子"对哲学漠不关心,只是要求给马赫主义以……"完全自由"。因此,他们都**不得不**玩弄外交手腕,胡说八道,玩捉迷藏,抓住资产阶级口号不放。

实际上,"完全的革命思想自由"是什么意思呢? 这无非是指给召回派和其他半无政府主义者的思想以**自由**。换句话说,这里所说的也就是前进派"纲领"中写的那句话:承认召回主义是"一种合理的色彩"。这又是在观念上玩弄小小的外交手腕,又是在玩捉迷藏,又是在耍两面派,这完全是他们错误的思想政治立场造成的结果,他们说什么我们不是马赫主义者,但是我们主张给马赫主义以"完全自由"(在党内);我们不是召回派分子,但是主张给召回派或者笼统地说给"革命思想"以"完全自由"! 还有一桩荒唐事:**两个前进派分子以个人名义**(萨任和工人阿尔·)坚决表示,利用各种合法机会和杜马讲坛很重要和很必要。**工人阿尔·**写道:"社会民主党必须同一切鼓动〈阿尔·同志，究竟是谁在进行这种鼓动呢？难道不是你们前进派吗?〉，反对**任何**〈原来如此！〉利用合法机会的人作斗争，因为这不是社会民主党人的做法。"（文集第48—49页）就是这位**阿尔**·一面**重复**《**无产者报**》派布尔什维克的这些言论，一面又破口大骂《**无产者报**》（放马后炮），说它似乎给前进派脸上涂上了令人望而生畏的油彩！这就叫做：一方面实行全线退却，放弃自己的全部阵地，在报刊上谴责（又是拐弯抹角地）那些朋友们，当初接受决议（例如关于抵制工厂医生代表大会的决议）的那些前进派分子，另一方面用鼓声来掩护自己的退却和投降。真是可怜的派别外交手腕！

我们再看看"前进派"关于派别组织和派别活动的问题写了些什么。"纲领"谴责了派别组织并要求把它们解散。萨任猛烈地抨击各派别的中央，"国外的领袖们"等等。前进派为派别活动洒下的泪水可以汇成大海，说的废话简直没完没了。

可是他们的所作所为呢？自1910年1月开"统一"全会时起，"前进"集团的整个历史就是**在国外建立派别组织**的历史。请看一位俄国工作者寄给中央委员会国外局委员的一封信（1910年7月15日）的摘录：

"在彼得堡有委员会，此外还有'前进派'集团，他们设有单独出纳处和秘书。经费是从国外取得的。在莫斯科"——接着他提到一个人的名字，此人同某个最有名的召回派分子过从甚密，并指出这里也在实行同样的政策。

凡是多少了解一点党内情况的人，凡是多少留心"前进"著作家小集团的立场的人，对这个小集团在国外组织派别的活动都不会有任何怀疑。臭名远扬的"某地党校"是新派别的国外中心，这已经在1909年7月①的报刊上公布过了，从那以后，就连最漠不关心和最不了解情况的社会民主党人对这一点也都深信不疑。臭名昭著的"纲领"是由8个知识分子和7个工人学员在国外拟定的。这些工人们匆匆忙忙地同意了"无产阶级的哲学"这一口号并且承认召回主义是"一种合理的色彩"，他们所起的作用极其明显，已经用不着再说什么了。这是一个说明国外著作家集团如何建立派别的最典型的例子。这些著作家们的确很像"可汗"（沃伊诺夫在《前进》文集上的用语），现在他们也感到自己专横无理了，所以他们在公众面前就把自己特别宝贵的东西，即马赫主义和召回主义的资产阶级哲学**掩饰**起来。"前进派"高喊反对"国外的领袖们"，而自己却建立起一个实际上不过是一小撮国外著作家的**附庸**的组织；他们高喊反对派别，而自己却**暗中**建立了一个毫无生命力的、宗派主义的经验一元论的新的小派别。他们这种伪善表现的**政治**原因，就在于他们不可能公开地、直接地表示维护派别的真正领导人的真正宝贵的东西。

现在只举两个尤其令人发指的伪善的例子。在文集的第53页上，**工人阿尔·**说，中央委员会俄国局"什么事也没有做"（这些话当然是强加给一个工人"列宁分子"的，仿佛这个"列宁分子"曾经用这种精神鼓动过这个"前进派分子"。唉，"工人阿尔·"耍的手腕太幼稚可笑了！），他说一个前进派分子（又是同这个"列宁分子"在一起，当然又是受他的教唆）建议"宣布莫斯科组织脱离俄国中央而独立，不服从中央的指令"。

中央委员会俄国局从1910年1月起，**不顾取消派-呼声派的**

---

① 见本卷第38—39页。——编者注

反对(米哈伊尔、罗曼、尤里等人的事是尽人皆知的)和前进派的反对(那时他们在国外建立**自己的小派别反对**中央),就努力恢复中央的组织。而现在这些前进派分子居然因为中央委员会俄国局"毫无作为"而流下鳄鱼的眼泪!这些前进派分子实际上是完全脱离党而"**独立的**",他们是彻头彻尾的反党的派别分子,他们在通俗的文集里竟扬言,有必要宣布地方组织是脱离中央而"独立的"组织。

另一个例子。在该文集里,一位不具名的"党员"冒充内行把中央委员会国外局的财务报告批评了一通。在第60页上这位不具名的假内行写道:"这是些什么'保管人'〈在报告中谈到从保管人那里领取经费〉?为什么他们'现在保管'或'过去也保管'中央的经费?这些经费是派什么'专门用途'的?谁也弄不懂是怎么回事。"

文集上就是这么印的。**谁也弄不懂是怎么回事。**

"前进"集团的成员们写的就是这些东西,而这个集团有两个代表出席过一月全会,在这次全会上通过了关于布尔什维克有条件地把经费交给"保管人"(即三位大家都知道的国际社会民主党的代表[159])保管的声明。是什么经费,从哪儿来的,谁是保管人等等,对这一切,全会,也就是**所有的派别,也包括前进派在内**,是了解得**十分详细**的。而前进派为了欺骗工人却在"通俗的"文集里写道:"谁也弄不懂是怎么回事。"

《前进》文集上写的就是这些东西,而这部文集的头两篇文章的署名是**马克西莫夫和多莫夫**。这两个"前进派分子"**很清楚**布尔什维克获得这笔经费和把经费交给保管人的**全部经过**。他们"不便"亲自出来说话,"不便"自己宣布"谁也弄不懂是怎么回事",所

以他们就物色了一伙本身有反党劣迹而仍自称为"党员"的**不具名
的假内行**来代劳。马克西莫夫和多莫夫利用不具名的假内行在
"通俗的"文集上向工人**公然散布谎言**,说这些"保管"经费的是何
许人,似乎"谁也弄不懂是怎么回事"等等。这些先生们捶胸顿足,
竭力反对"派别组织",反对"国外的领袖们"。

他们通过不具名的"党员"来"批评"中央委员会的财务报告,
而他们自己在文集的第 1 页上却说,以前"缺乏资金"妨碍了他们
的集团出版报纸,而"**现在这个障碍已经排除**"。这就是说,"前进"
集团现在已经获得经费了。当然,这是前进派分子的好消息。最
尊敬的"前进派"先生们,你们一面在"通俗的"文集上利用不具名
的假内行来公然散布关于中央委员会的谎言,硬说这些经费"保管
人"是何许人,经费是从哪儿来的等等,"谁也弄不懂是怎么回事",
同时关于"**前进**"集团收到的究竟是什么经费,**哪些著作家经管这
些款项**,你们无论对中央委员会或对其他派别,都只字不提,这该
要有多么"聪明的头脑"呀?想必是党有义务向前进派汇报,而前
进派没有义务向党汇报吧?

我们要反复指出,前进派为什么要这种两面派,原因并不是在
于某某人的个人品质,而在于他们的整个立场在**政治上**的错误,而
在于马赫主义著作家和召回派分子**不可能直接地、公开地**维护他
们视为宝贝的非社会民主主义思想。懂得这种**政治**情况的人,就
不会因为这些表面现象,因为一大堆个人冲突、纠纷、谩骂等等而
感到惊慌失措、迷茫困惑、忧郁不安。懂得这种政治情况的人,就
不会满意"**不必同召回派进行斗争,而**应当克服召回主义"这种调
和主义言论(托洛茨基之流),因为这些话空空洞洞、毫无内容。目
前是反革命得势时期,是涣散时期,是造神说时期,是马赫主义、召

回主义、取消主义时期，这种客观情况，**使**我们党面临同正在组织各自的派别的著作家小组的斗争。用空话回避这个斗争是不可能的。回避这个斗争就是回避社会民主工党的一项当前任务。

载于 1910 年 8 月 30 日（9 月 12 日）　　　　译自《列宁全集》俄文第 5 版
《社会民主党人报》第 15—16 号合刊　　　　　　第 19 卷第 312—318 页

现代农业的资本主义制度[160]

(1910 年 9 月 15 日〔28 日〕以后)

第一篇文章

　　社会统计,特别是经济统计,最近二三十年来作出了巨大的成绩。有许多问题,而且是涉及现代国家的经济制度和涉及这种制度的发展的最根本问题,过去都是根据一般的估计和粗略的资料来解决的,现在如果不考虑按某一确定的提纲收集并经统计专家综合的关于某一国家的所有地区的大量资料,对这些问题就无从进行比较认真的研究。尤其是对争论最多的农业经济问题,更加需要根据准确的大量资料作出回答,何况在欧洲各国和美国,对全国所有农场作定期统计,已经愈来愈习以为常了。

　　例如在德国,这种统计在 1882 年、1895 年进行过,最近一次是在 1907 年进行的。对于这些统计的意义,我们的书刊已经谈过多次,而探讨现代农业经济的著述或文章,很少有不引用德国的农业统计资料的。关于最近一次统计,无论德国或我国的书刊都在纷纷议论。记得瓦连廷诺夫先生去年曾经在《基辅思想报》上大肆宣扬说,这次统计似乎已经把马克思主义学说和考茨基的观点推翻了,因为它证明了小生产的生命力及其对大生产的优势[161]。不久以前,沃布雷教授先生在《俄国经济学者》杂志[162]上发表了一篇题为《德国农业演进的趋势》的文章(1910 年 9 月 11 日第 36 期),他根据 1907 年的统计资料批驳"马克思提出的关于工业发展的公式",认为这个公式对农业不适用,并且证明,"在农业领域中,小农场在同大农场的斗争中不仅不会灭亡,相反,每一次新的统计都确认了小农场取得的成绩"。

因此我们认为,对 1907 年的统计资料进行详细分析是适时的。固然,这次统计资料的出版工作尚未结束:包括**全部**统计资料的三卷书①已经出版,第 4 卷即关于"整个统计结果的说明"还没有出版,也不知道是否很快会出版。但是,把研究统计**结果**的工作推迟到最后这一卷书出版以后再去进行是没有理由的,因为**全部**材料已经有了,并且经过综合,这些材料已经在书刊上被广泛利用。

我们只想指出一点,照通常的做法,几乎只是限于对不同的年份中不同规模的(按面积划分)农户的数目及其土地数量作比较,这种做法是完全不正确的。马克思主义者和马克思主义的敌人在土地问题上的真正分歧的根源要深得多。为了全面阐明分歧的根源,首先就应当着重对现代农业的资本主义制度有哪些基本特征的问题进行探讨。恰恰在这个问题上,1907 年 6 月 12 日德国的统计资料特别有价值。这次统计在某些问题上不及 1882 年和1895 年的上两次统计那样详细,但是它却第一次提供了空前丰富的有关农业雇佣劳动的资料。而使用雇佣劳动是任何资本主义农业的主要特征。

_____

① 《德意志帝国统计》第 212 卷第 1a、1b 和 2a 分册。1907 年 6 月 12 日职业和企业统计。农业统计资料。1909 年和 1910 年柏林版。

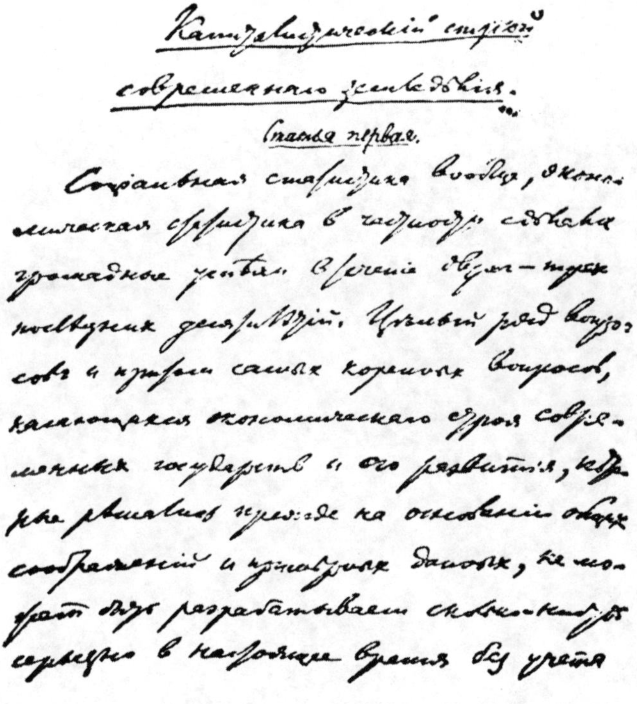

1910 年列宁《现代农业的资本主义制度》一文手稿第 1 页
（按原稿缩小）

　　所以我们要以 1907 年德国的统计资料为主要根据,并以其他国家如丹麦、瑞士、美国最好的农业统计资料和匈牙利最近一次农业统计资料作补充,首先努力提供现代农业的资本主义制度的一个概貌。至于德国大农户(按农业面积)的数目及其土地数量逐渐减少这个事实,只要一接触统计结果就最引人注目,对它的议论也最多,我们准备在本文的结尾部分进行探讨。这是因为这是一个复杂的事实,是其他一系列事实发生作用的结果,不先阐明若干更加重要得多的基本问题,要想弄清楚这个事实的意义是根本不可能的。

一

现代农业经济制度概貌

　　德国的农业统计,像不同于俄国的所有欧洲国家的类似统计一样,都是根据收集关于每个农场的单独材料编写的。而且每作一次统计,收集的材料通常也随之增加。例如,1907 年的德国统计省略了关于用于耕作的牲畜头数这一非常重要的材料(这个材料在 1882 年和 1895 年都收集过),但是却第一次收集了关于种植各类粮食作物的耕地面积、关于本户劳力和雇佣工人人数的材料。这样取得的关于每个农户的材料,从政治经济学上来说明每个农户**是完全足够的**。这一任务的全部问题、全部难处在于,如何**综合**这些资料,才能准确地从政治上经济上说明不同类别或不同类型的农户的整个情况。如果综合得不好,分类不对或不全,那就会产生(这在整理当代统计时经常会出现)一种结果,就是在谈到全国几百万农户的情况的时候,记载每个农场单独的难得的详细的宝贵资料却都消失了,看不见了,不知去向了。农业的资本主义制度的特征体现在业主和工人之间、不同类型的农户之间的**关系**上,因此,如果对这些类型农户的特点抓得不准,选得不充分,那么最好的统计也提供不出现实的政治经济概貌。

由此可见,用什么方法对现代统计资料进行综合或分类,这个问题是非常非常重要的。我们在下面的叙述中将谈到上述各个最好的统计所采用过的相当繁多的**所有**方法。在这里我们暂且指出,德国的统计,也像其他许多国家的统计一样,提供了全面的综合材料,而且仅仅根据每个农户农业面积的数量这一条来进行分类。根据这一条,统计把全体农户(从占有不到$\frac{1}{10}$公顷①农业面积的农户开始,到占有 1 000 公顷以上农业面积的农户为止)划分成18 类。德国统计的编制者们自己也感到,这样详细的分类在统计学上是不必要的,是不符合政治经济学上的要求的,因此他们根据农业面积把所有资料归纳为 6 大类,加上单独分出的一个小类,共为 7 大类。这 7 类的划分如下:占地$\frac{1}{2}$公顷以下的农户,占地$\frac{1}{2}$—2 公顷的农户,占地 2—5 公顷的农户,占地 5—20 公顷的农户,占地 20—100 公顷的农户和占地 100 公顷以上的农户,从最后一类农户中又特别分出了一个小类,即占有 200 公顷以上农业面积的农户。

试问,这种分类在政治经济学上有什么意义呢? 土地无疑是农业的主要生产资料;所以根据土地的数量可以最正确地判定农户的规模,自然也可以判定农户的类型,如判定它是小农户,中等农户,还是大农户,是资本主义农户还是不使用雇佣劳动的农户。

---

① 1公顷等于 0.915 俄亩。通常用缩写 ha 代表公顷。

通常占地 2 公顷以下的农户叫做小农户（有时候叫做所谓小块土地的农户或极小的农户），占地 2—20（有时为 2—100）公顷的叫做农民农户，占地 100 公顷以上的叫做大农户，**也就是**资本主义农户。

1907 年的统计第一次收集了有关雇佣劳动的材料，首先使我们第一次有可能通过大量的资料来检验这个"通常的"假设。统计常规第一次获得了至少是某种（我们在下面就会看到，这是远远不够的）合理因素，也就是第一次对那些在政治经济学上具有最最直接的意义的资料重视起来了。

的确，大家都在谈论小生产。而什么是小生产呢？对这个问题最常见的回答是，小生产是一种不使用雇佣劳动的生产。有这种看法的不只是马克思主义者。例如，爱德华·大卫的《社会主义和农业》这本书称得上是综合资产阶级土地问题理论的最新著述之一，他在该书俄译本第 29 页写道："凡是我们提到小生产的时候，我们指的都是那种不经常依靠外力帮助，也不从事副业而活动的经济范畴。"

1907 年的统计首先完全确定，这类农户的数目是很小的，在现代农业中不雇用工人或者不受雇于人的业主，占相当的少数。在 1907 年的统计所登记的德国 5 736 082 个农户中，只有 1 872 616 个业主即不到⅓以独立经营农业为主并且不搞副业。其中有多少个是雇用工人的呢？没有这方面材料，也就是说，原始卡片上有详细记录，而在综合时丢掉了！编制者不愿意算出（虽然他们做了大量极其详细的、但毫无用处的计算），每一类农户中有多少户是雇固定雇佣工人或临时雇佣工人的。

为了大致确定没有雇佣工人的农户数目，我们把**农户数目少**

于雇佣工人数目的各类农户划分出来。这就是每户土地数量不
到 10 公顷的各类农户。在这类农户中共有 1 283 631 个业主,
他们以从事农业为主并且不搞副业。他们有 1 400 162 个雇佣
工人(假定**只有**以从事农业为主和不搞副业的业主才拥有雇佣
工人)。只有在占有土地 2—5 公顷的各类农户中,不搞副业的
独立农民的数目才**多于**雇佣工人数目,前者为 495 439 户,后者
为 411 311 人。

当然,兼营副业的农民也有雇用工人的;当然,也有不仅雇用
一个而且雇用几个工人的"小"业主。但是,不雇用工人的和不受
雇于人的业主,只占微不足道的少数,这毕竟是肯定无疑的。

根据有关雇佣工人人数的资料,德国农业中立刻可以划分三
个基本类别的农户:

I.**无产者**农户。列入这一类的只有少数业主以独立务农为
主,大多数业主是雇佣工人等等。例如,占有土地不到$\frac{1}{2}$公顷的农
户有 2 084 060 个。其中独立农民只有 97 153 户,而**主要**职业是
雇佣工人的(在国民经济的一切部门中)有 1 287 312 人。占有土
地$\frac{1}{2}$—2 公顷的农户有 1 294 449 个。其中独立农民只有 377 762
户,雇佣工人 535 480 人,小企业主、小手艺人、小商人 277 735 人,
职员以及从事"各种各样不固定"职业者 103 472 人。显然,这两
类大多数都是无产者农户。

II.**农民**农户。我们把大部分是独立农民,并且本户劳力人数
超过雇佣工人人数的农户列入这一类。这是占有土地 2—20 公
顷的各类农户。

III.**资本主义**农户。我们把雇佣工人人数超过本户劳力人数
的各类农户列入这一类。下面是关于这三大类别的全部资料:

农户类别	农户总数	其　中		按工人人数划分的农户			
		独立农民	雇佣工人	这类农户总数	它们的工人数		
					总　计	本户劳力	雇佣工人
I.2公顷以下	3 378 509	474 915	1 822 792	2 669 232	4 353 052	3 851 905	501 147
II.2—20公顷	2 071 816	1 705 448	117 338	2 057 577	7 509 735	5 898 853	1 610 882
III. 20公顷以上	285 757	277 060	737	285 331	3 306 762	870 850	2 435 912
总　计	5 736 082	2 457 423	1 940 867	5 012 140	15 169 549	10 621 608	4 547 941

这张表给我们提供了现代德国农业的经济制度的概貌。金字塔的底层是广大的群众,是几乎占农户总数$\frac{3}{5}$的无产者"农户";顶端是极少数($\frac{1}{20}$)的资本主义农户。我们先指出一点,这个极少数的资本主义农户占有的土地超过全部土地和全部耕地的一半。它们占有$\frac{1}{5}$的从事农业的工人和一半以上的雇佣工人。

二

多数的现代"农户"(无产者"农户")
实际上是怎么样的农户

在占有土地不超过 2 公顷的"业主"中,**多数人**,按其主要职业来说是雇佣工人。农业是他们的副业。在 3 378 509 个这一类农场中,有 2 920 119 个把农业当成副业(Nebenbetriebe)。这一类中的独立农民,即使把那些**除农业外**还经营非农业性副业的农民也计算在内,人数根本不多,仅 475 000 户,只占 340 万户的 14%。

①……指出，雇佣工人人数①……这一类……**超过**独立农民
人数。

这一情况表明，统计资料在这里把在小块土地上进行大规模
经营的为数不多的资本主义农民同大批无产者混为一谈。我们在
下面还要反复谈到这种类型的农民。

试问，这许许多多无产者"业主"在整个农业制度中有什么意
义呢？第一，在他们身上体现了农奴制的社会经济体系和资本主
义的社会经济体系两者之间的联系，体现了这两种体系历史上的
密切关系和血缘关系，体现了资本主义有农奴制的直接残余。举
例说，在德国，尤其是在普鲁士，我们看到有的农场得到小块土地
（所谓 Deputatland），这些土地是地主付给雇农作为工资的，这难
道还不是农奴制的直接残余吗？作为经济体系来说，农奴制和资
本主义的区别正是在于：前者**给予**劳动者土地，后者**使**劳动者**脱离**
土地，前者发给劳动者**实物**（或强迫劳动者本人在自己的"份地"上
生产）作为生活资料，后者发给工人货币工资，作为工人**购买**生活
资料的费用。当然，德国的这种农奴制残余比起我们看到的俄国
有名的地主经济"工役"制度来，那完全是微不足道的，但是这毕竟
是农奴制残余。在 1907 年的统计中，德国有 579 500 个"农场"算
做**农业工人和日工**，其中又有 540 751 个列入占有土地不到 2 公
顷的"业主"这一类。

第二，大批的农业"业主"成了整个资本主义制度的**失业后备
军**的一部分，因为他们所占有的土地数量微乎其微，靠这些土地维
持不了生活，而土地只能当做一种"副业"。按马克思的说法，这是

---

① 此处手稿残缺。——俄文版编者注

这一后备军的**潜在的**形式①。如果以为失业后备军似乎只是由没有工作的工人组成的,那就不对了。依靠自己微不足道的经营维持不了生活而**必须**主要依靠从事雇佣劳动来谋取生活资料的"农民"或"小业主"也属于这一后备军。对于这支贫困大军来说,菜园或种马铃薯的小块土地是补充他们的工资收入的手段或没有工作时的生存手段。而这种"极小的","小块土地的"所谓业主,资本主义很需要,因为无须增加任何开支,手里**随时**都有大批廉价劳动力。根据1907年的统计,在200万个占有土地不到半公顷的"业主"中,624 000人只有菜园地,361 000人只有种马铃薯的土地。这200万个业主的全部耕地为247 000公顷,其中一半以上,也就是166 000公顷**种植马铃薯**。125万个占有土地半公顷到2公顷的"业主"的全部耕地为976 000公顷,其中**三分之一以上**——334 000公顷种植马铃薯。人民的营养愈来愈糟糕(以马铃薯代替面包),企业主雇用劳动力愈来愈便宜,德国农村500万个"业主"中300万人的"经济"情况就是如此。

我们还要补充说明一点,来结束对这些无产者农户的描述,在这些无产者农户中,几乎$\frac{1}{3}$(340万户中有100万户)没有任何牲畜,$\frac{2}{3}$(340万户中有250万户)没有大牲畜,$\frac{9}{10}$以上(340万户中有330万户)没有马。他们在整个农业生产中所占的比重微乎其微:农户总数的$\frac{3}{5}$只占有不到$\frac{1}{10}$的牲畜(把全部牲畜折合成大牲畜计算,在2 940万头中只占有270万头),只占有大约$\frac{1}{20}$的耕地(2 440万公顷中只占120万公顷)。

列入占有土地不到2公顷这一类农户的,有**几百万个**无产者,

① 见《马克思恩格斯文集》第5卷第738—746页。——编者注

有的没有马,有的没有牛,有的仅有一个菜园或一块种马铃薯的土地,还有**几千个**在 1—2 俄亩土地上经营大规模畜牧业或蔬菜业等等的大业主即资本家,统计资料**把**这两者**混为一谈**,可想而知,这种做法把问题搞得多么混乱和虚假。至于这一类农户中有这种业主,那只要看看下面的材料便可一目了然:在 340 万(占有土地不到 2 公顷)个业主中,**15 428 个**业主每人至少有 6 个工人(本户劳力和雇佣工人一起算),而所有这 15 000 个业主共有 123 941 个工人,也就是说,平均每户有 8 个工人。如果注意到农业的技术特点,那么这里的工人人数无疑表明这是大规模的资本主义生产。我曾经根据上一次即 1895 年的统计资料指出(见我的《土地问题》一书,1908 年圣彼得堡版第 239 页[①]),在占有土地不到 2 公顷的大批无产者"业主"中有经营畜牧业的大农户。无论按牲畜头数还是按工人人数的有关资料把这些大农户单独分类,是完全可能的,但是德国统计人员却宁愿让长达**数百页**的篇幅中充斥将占有不到半公顷土地的所有者细分为**5 个更小的**类别的资料!

　　作为社会认识的最有力武器之一的社会经济统计,就这样变成了一种畸形的东西,变成了为统计而统计,变成了儿戏。———

　　多数或者大批农场归入极小的拥有小块土地的无产者农户一类,这一现象是很多欧洲资本主义国家,甚至是多数欧洲资本主义国家的普遍现象,但并**不是所有**资本主义国家的普遍现象。例如在美国,根据 1900 年的统计资料,每户平均土地面积为 146.6 英亩(60 公顷),也就是比德国的多 $6\frac{1}{2}$ 倍。而最小的农户,如果把占有土地不到 20 英亩(即不到 8 公顷)的农户计算在内,那么它们

---

　　① 　见本版全集第 5 卷第 84—244 页。——编者注

也只占农户总数的$\frac{1}{10}$强（11.8％）。甚至占有土地不到 50 英亩（即不到 20 公顷）的农户也只占农户总数的$\frac{1}{3}$。拿这些资料同德国的资料作比较的时候，应当注意到，在美国对于占有土地不到 3 英亩（＝1.2 公顷）的农户，只有总收入达到 500 美元的作统计，也就是说，大量的占有土地不到 3 英亩的农户根本没有登记注册。所以德国统计资料中的那些最小的农户也不应算数。把占有土地不到 2 公顷的所有农户撇开不算，在余下的 2 357 572 个农户中，占有 2—5 公顷土地的农户是 1 006 277 个，也就是说，40％以上的农户是最小的农户。美国的情况就根本不同了。

显然，在没有农奴制传统的情况下（或者在比较坚决地消灭了农奴制一切残余的情况下），在地租对于农业生产的压迫已经不存在（或者已经减轻）的情况下，资本主义在农业中能够生存下去甚至能够特别迅速地发展起来，也不会形成千百万有一份份地的雇农和日工。

三
资本主义制度下的农民农户

列入农民农户这一类别的是这样一些农户，其中大多数农民都是独立业主，而这些农户中本户劳力也多于雇佣工人。这些业主所占有的雇佣工人的绝对数字可观，竟达 160 万之多，占雇佣工人总数的$\frac{1}{3}$以上。显然，在数目庞大的"农民"农户（210 万户）中有不少资本主义农场。我们在下面将看到这种农户的大概数目及其意义，现在先详细地谈一谈本户劳动和雇佣劳动的相互关系。我们看看每户劳力的平均数有多么大：

农户类别	每 户 劳 力 平 均 数		
	总计	本户劳力	雇佣工人
无产者农户…… { 0.5 公顷以下	1.3	1.2	0.1
0.5 — 2 公顷	1.9	1.7	0.2
农 民 农 户…… { 2 — 5 公顷	2.9	2.5	0.4
5 — 10 公顷	3.8	3.1	0.7
10 — 20 公顷	5.1	3.4	1.7
资本主义农户…… { 20 —100 公顷	7.9	3.2	4.7
100 公顷以上	52.5	1.6	50.9
总 计	3.0	2.1	0.9

我们从这里看到,在农业中农场的规模,从劳力人数来看,与工业相比一般要小得多。只有占地超过 100 公顷的,每户才有 50 个以上的雇佣工人:这类农户共计 23 566 个,不到农户总数的 0.5%。他们有 1 463 974 个雇佣工人,比 200 万农民农户所占有的雇佣工人略少一点。

在农民农户中,占地 10—20 公顷的一类农户立刻显得很突出,这里平均每户有 1.7 个雇佣工人。如果单独计算固定雇佣工人,那么我们就会看到,这一类的 412 741 个农户(按工人人数划分为 411 940 户)有 412 702 个固定雇佣工人。这说明没有一个农场不需要**长期**使用雇佣劳动。因此我们把这一类划为"大农"即大农民农户或农民资产阶级。过去通常把占地 20 公顷以上的列入这一类,但是 1907 年的统计证明,农业中使用雇佣劳动的情形要比一般想象的范围广,长期使用雇佣劳动这一界限还要大大往下划。

其次,我们在考察本户劳动和雇佣劳动的相互关系时看到,在无产者农户和农民农户中,本户劳力的平均数总是与雇佣工人人数同时增长的,而在资本主义农户中,在雇佣工人人数增长的同时,本户劳力人数**开始下降**这个现象是很自然的,它证明我们的下述结论是正确的：占地 20 公顷以上的农户属于资本主义农户，在这些农户中，不仅雇佣工人人数超过本户劳力人数，而且每户本户劳力平均数也比农民的本户劳力的平均数低。

在俄国书刊上，早在马克思主义者和民粹派开始辩论的时候就已根据地方自治局统计资料作过定论：农民农户的家庭协作是建立资本主义协作的基础，也就是说，本户劳力特别多的殷实的农民农户，由于使用雇佣劳动愈来愈多，渐渐变成资本主义农户。现在我们看到，涉及整个德国农业的德国统计资料证实了这个结论。

我们来看看德国的农民农户。总的来说，它们是以家庭协作为基础的农场（每户有 2.5—3.4 个本户劳力），不同于无产者农户，不同于单人农场。无产者农户应当叫做单人农户，因为每户的工人平均数还不到两个。农民农户也在进行着一种竞争，就是看谁的雇佣工人多：农民农户的规模愈大，本户劳力人数就愈多，雇佣工人人数增长得就愈快。大农民农户的本户劳力数比小农民农户（占地 2—5 公顷）多 $\frac{1}{2}$ 弱，但是前者的雇佣工人却比后者的多 3 倍。

我们在这里看到，小业主阶级（其中包括小农阶级）与雇佣工人阶级的根本区别为精确的统计所证实，而这个区别，虽然马克思主义者经常指出，资产阶级经济学家和修正主义者却无论如何也不能理解。商品经济的整个环境导致的结果是：小农如果不为巩固和扩大自己的农场而斗争，就无法生存下去，而这种斗争是一种为了更多地使用他人更廉价的劳动力的斗争。因此，每个资本主义国家的广大小农养成了资本主义心理，政治上跟着大地主走，而其中极少数人能够"出人头地"，即成为真正的资本家。资产阶级经济学家(以及跟着他们走的修正主义者)赞赏这种心理;马克思主义者则告诫小农,他们除了和雇佣工人联合起来是没有别的出路的。

　　1907 年的统计中关于固定工人和临时工人人数的对比材料,也非常有意义。总的来看,临时工人恰好占总数的⅓:15 169 549人中有 5 053 726 人。临时工人占雇佣工人的 45%,占本户劳力的 29%。但在不同类型的农户中,这个比例有根本的变化。下面是我们通常划分的各类农户资料:

农户类别	临时工人占劳力总数百分比		
	本户劳力	雇佣工人	总计
I { 0.5 公顷以下	55	79	58
0.5 — 2 公顷	39	78	45
II { 2 — 5 公顷	22	68	29
5 — 10 公顷	11	54	24
10 — 20 公顷	14	42	23
III { 20 —100 公顷	14	32	25
100 公顷以上	11	33	32
平　均	29	45	33

　　我们在这里看到,占地不到½公顷的无产者农户(这类农户共 210 万个!)一栏,无论在本户劳力和雇佣工人中,临时工人都占一半以上。这主要是从事副业的所有者临时性的副业。同样在占地 0.5—2 公顷的无产者农户一栏中,临时工人的百分比也是很高的。这个百分比随着农户规模的扩大而下降,但是有一个例外,这就是在最大的资本主义农户的雇佣工人中,这个百分比略有提高,而由于这类农户的本户劳力人数是微不足道的,所以临时工人在全部工人中占的百分比有了显著的提高,从 25%

提高到 32%。

农民农户和资本主义农户的临时工人总数差别不很大。所有各类农户的本户劳力和雇佣工人的差别是相当大的,如果我们考虑到在临时性的本户劳力中,妇女和儿童的百分比特别高(我们下面就会看到),那么这个差别就会更大。因此,雇佣工人是最活动的因素……

四
农业中的妇女劳动和儿童劳动

……

经营农业。在农民农户中,一般说来,妇女劳动也是主要的,只有在大农民农场和资本主义农场中男子才占多数。

妇女在雇佣工人中所占的比重一般要比在本户劳力中所占的比重小。显然,各类农户中的资本主义农民都是拥有最强劳动力的业主。如果说妇女比男子多是业主处境困难和农户景况不佳,因而不可能使用最佳劳动力的标志之一(根据有关妇女的全部材料必然会作出这种假设……

五
小生产中劳动的浪费

……

六
现代农业中使用机器的资本主义性质

……

七
小生产中的低劳动生产率和过度劳动

经济学书刊常常不够重视关于农业中使用机器的资料的意义。第一，人们往往忽视（如果这是指资产阶级经济学家，那应该说始终忽视）使用机器的资本主义性质，对与之有关的问题不进行研究，不善于或者甚至不愿意**提出**有关的问题。第二，对使用机器的问题往往孤立地看待，不是把它当做不同类型的农户、不同的耕作方法、不同**经济**条件的农户的**标志**来进行考察。

比如我们通常看到：大生产所使用的机器比小生产所使用的机器要多得多，机器大量集中在资本主义农户手中，有时资本主义农户几乎垄断了改良农具，这就表明各类农户**在经营土地上的差别**。德国的统计登记了各种机器，其中有蒸汽犁、条播机、马铃薯栽种机。在资本主义农业中主要使用这些机器，这表明这里**对土地的经营**比较好，耕作技术比较精，劳动生产率比较高。一本关于农业机器的有名的专著[163]的作者本辛格根据专家们关于使用各种机器的经验资料计算出，甚至在田间操作制度不变的情况下，单是使用机器这一项便能使农户的纯收入提高**数十倍**。这种计算谁也没有推翻，从根本上看，也是推不翻的。

没有可能采用改良农具的小生产者，只好仍旧使用旧农具，**在经营土地方面**，落在别人后面，靠在土地上投入更大的劳动，靠更加"勤劳"和靠延长劳动日能够"赶上"大业主的，几百人中也只有几个，几千人中也只有几十个。因此关于使用机器的统计资料正是**表明了**马克思主义者一贯强调指出的小生产中**过度劳动**这一事实。任何统计资料都不可能直接计算出这一事实，但是只要看看统计资料的**经济**意义，那么，在现代社会中，由于采用机器和不能够采用机器，**应当形成**，而且不可能不形成**哪些类型**的农户，这就很清楚了。

匈牙利统计资料为我们提供了这方面的说明。像1907年（以及1882年和1895年）的德国统计、1907年丹麦关于使用机器的统计资料、1909年的法国调查一样，1895年匈牙利统计，第一次在全国范围内收集了准确的资料，表明了资本主义农业的优越性，表明了农户规模愈大，使用机器的百分比也愈高。从这方面来说，在这个统计资料里并没有什么新东西，而只是证实了德国的资料。但是匈牙利统计资料的特点在于，它不仅收集了关于少数改良农具和机器的材料，而且收集了关于**所有**或差不多所有农具的材料，关于最简单的和最必需的农具如犁、耙、大车等等的数字的材料。

根据这种特别详细的资料，就可以准确地断定，关于采用为数不多的农业机器和"稀有"技术（如蒸汽犁）的材料是有典型意义的，它可以说明整个经济制度的特点。我们来看看匈牙利统计资料①中

---

① 见《匈牙利王国各邦农业统计》1900年布达佩斯版第4卷和第5卷。匈牙利统计资料把所有农户分为四大类：（1）极小农户（占地5约赫以下；1约赫＝0.57公顷）；（2）小农户（占地5—100约赫）；（3）中等农户（占地100—1 000约赫）；（4）大农户（占地1 000约赫以上）。很明显，第二类包括了几种完全不同的农户，所以我又把这一类分为4个小类。

有关使用犁的材料(蒸汽犁除外,1895 年整个匈牙利只有 179 部蒸汽犁,其中 120 部是掌握在 3 977 个最大的农户手中的)。

下面是关于犁的**总数**和这一类中最简单、最原始、最不耐用的农具的总数的统计资料(最简单的有木制辕杆单铧犁;其他还有:铁制辕杆单铧犁,双铧犁和三铧犁,中耕机,培土器,深耕犁)。

农户类别	农户总数	犁 总 数	其中 最简单的农具
极小农户(5 约赫以下)	1 459 893	227 241	196 852
5— 10 约赫	569 534	335 885	290 958
10— 20 约赫	467 038	398 365	329 416
20— 50 约赫	235 784	283 285	215 380
50—100 约赫	38 862	72 970	49 312
小农户总数	1 311 218	1 090 505	885 066
中等农户(100—1 000 约赫)	20 797	125 157	55 347
大农户(1 000 约赫以上)	3 977	149 750	51 565
总　计	2 795 885	1 592 653	1 188 830

我们可以看到,在 569 000 个小农户(占地 5 — 10 约赫,即 2.8—5.7 公顷)中有 233 000 个是根本没有犁的,在 467 000 个中等农户中有 69 000 个没有犁,至于极小农户就更不必提了。只有上等类别即大农民农户和资本主义农户才有数量足够的犁,同时只是在占地 100 约赫以上的农户(这样的农户只有 25 000 个,等于农户总数的 0.9％!)中才以使用较好的改良农具**为主**。而在农民农户中则以使用最不耐用、工作效率最差的最简单的农具为主(农户愈小,这种情况也愈明显)。

撇开占农户的多数(52％)而所占土地面积微不足道(7％)的极小农户不谈,我们可以得出这样的结论:

100 多万个小农民农户和中等农民农户(占地 5 — 20 约赫)其

至用来耕种土地的最简单的农具也**不够**。

25万个大农民农户(占地20—100约赫)最简单的农具勉强够用。只有25 000个资本主义农户(诚然它们占有55%的耕地面积)才完全使用改良农具。

另一方面,匈牙利统计资料作了关于每件农具使用于多少约赫耕地的计算,得出如下的数字(我们仅仅列举关于犁、耙、大车的统计材料,并附带说明一下,这几种农具在各农户中的分布情况,和我们前面看到的犁的分布情况是**完全**相同的):

耕地约赫数

农户类别	每一部犁	每一把耙	每一辆大车
极小农户	7	8	7
小农户	12	13	15
中等农户	27	45	40
大农户	28	61	53

这说明,无产者农户和农民农户虽然**所有的**农具都**很缺**,但是同这些农户的全部耕地面积相比,这类农具却**特别多**。农具残缺不全和农具的维修费用极其昂贵,这就是资本主义制度下小生产注定的命运。关于每个大城市中的住宅统计材料告诉我们的情况也完全是这样,居民的底层阶级如工人、小商人、小职员等等,居住条件最坏,他们的住房最窄最差,每一立方英尺的房租却**最贵**。按单位面积计算,任何工厂宿舍或贫民窟的房租都要比涅瓦大街上任何一所华丽住宅的房租昂贵。

从这里可以对德国也是对一切资本主义国家下一个结论。如果关于使用为数不多的改良农具和农业机器的材料向我们表明,这种农具和机器的使用随着农户规模的扩大而增多,那么这就是说,农业中的小生产**所有的**必需的农具都很缺。这就是说,在小生产中有两种现象同时存在:一是为了维修无数陈旧简陋的、只适用于小规模经营的农具而造成**劳动的浪费**;一是由于**极端贫困**农民不得不拼命干,用这些陈旧粗笨的农具耕种自己的一小块土地来勉强维持。

如果好好思考思考这些资料的社会经济意义,那么这些很普通而大家又很熟悉的关于使用农业机器的资料所说明的就是这些问题。

资本主义能提高农业技术和推动农业向前发展,但是它要做到这一点,不可能采取其他方式,只能用欺侮和压榨广大小生产者,使他们破产的办法。

为了清楚地表明这一过程的社会意义及其速度,最后我们把1882年、1895年和1907年德国的三次统计资料作一个比较。整个这一时期,登记注册的有5种农业机器(这5种机器是:蒸汽犁、播种机、割草机和收割机、蒸汽脱粒机和其他脱粒机),为便于比较,有必要列出这些机器**使用次数**的资料,我们得到的情况如下:

每100个农户中最主要的农业机器的使用次数

农户类别		1882年	1895年	1907年
I	2公顷以下	0.5	1.6	3.8
II	2— 5公顷	3.9	11.9	31.2
	5— 10公顷	13.5	32.9	71.1
	10— 20公顷	31.2	60.8	122.1
III	20—100公顷	59.2	92.0	179.1
	100公顷以上	187.1	208.9	271.9
平 均		8.7	16.6	33.9

进步看起来是很大的:在¼世纪中最主要机器的使用次数总的说来几乎增加了3倍。但是仔细察看一下,我们不禁要说:要使那些经常都少不了雇佣劳动的少数农户能够普遍使用哪怕是5种

最主要机器中的一种,也需要整整¼世纪的时间。这是因为所谓
普遍使用,必须是使用次数超过农户数,而我们看到,仅仅资本主
义农户和大农民农户才有这种情形。它们加在一起共占农户总数
的 12%。

　　广大小农和中等农民经过¼世纪的资本主义进步以后的境况
是:前者只有⅓,后者只有⅔在一年之中能够使用上述 5 种机器中
的一种机器。

（第一篇文章完）

载于 1932 年《列宁文集》俄文版　　　　译自《列宁全集》俄文第 5 版
第 19 卷　　　　　　　　　　　　　　第 19 卷第 319—344 页

哥本哈根国际社会党代表大会关于合作社问题的讨论

(1910 年 9 月 25 日〔10 月 8 日〕)

在本文中,我只打算谈谈代表大会对这一问题的探讨过程,评述一下在这个问题上互相斗争的各派社会主义思想。

代表大会开幕前,曾公布了三个关于合作社的决议草案。比利时草案①(载于《社会党国际局定期公报》第 5 号,该报用国际代表大会规定的三种正式文字不定期出版)首先要求工人社会党人警惕某些人所谓合作社是某种独立自在的东西,是某种解决社会问题的手段的论调;接着,比利时党的草案认为利用合作社作为本阶级进行阶级斗争的工具对工人阶级很有好处,同时指出合作社直接带来的好处(防止商人剥削,改善供货人那里的劳动条件等等),并且希望各国社会党同合作社能够建立"日益密切的有机联系"。

法国社会党多数派的草案是根据饶勒斯的精神拟定的。把合作社捧上了天,并且和资产阶级改良主义者唱一个调子,把合作社标榜为"社会改革"的"必要"因素;含含糊糊地说什么要把合作社从个人的联合组织变成团体的总联合会。对无产阶级合作社和小

---

① 参看《列宁文稿》人民出版社版第 12 卷第 569—570 页。——编者注

业主合作社(农业的)不加区别,鼓吹合作社中立,大谈其合作社对社会党承担义务的危害。

最后是法国社会党少数派的草案(即盖得草案),这个草案坚决认为,合作社本身绝不是阶级组织(像工会那样),它的意义取决于对它如何使用。工人大批加入合作社对他们同资本作斗争有好处,他们可以通过实例在一定程度上认清现存制度的矛盾消除以后建立起来的社会主义社会将是什么样子。因此,这个草案强调了合作社的有限的意义,它号召各社会党协助无产阶级的合作社,要求防止对合作社抱幻想,建议合作社内的社会党人同心同德,向群众说明他们的真正任务是夺取政权,变生产资料和交换手段为公有财产。

很明显,这方面反映了两条主要路线:一条是无产阶级阶级斗争的路线,承认合作社对这个斗争具有重要意义,认为它是进行这个斗争的工具,是进行这个斗争的辅助手段之一,并且确定了在什么条件下合作社才真正能起这种作用而不致成为纯粹的商业性的企业。另一条是小资产阶级的路线。它搞乱了合作社在无产阶级阶级斗争中的作用问题,超越这个斗争的范围来谈合作社的意义(即把无产阶级的合作社观和小业主的合作社观混为一谈),合作社的目的规定得很笼统,连资产阶级改良主义者即进步业主和小业主的思想家都能接受。

遗憾的是,上述两条路线在三个事先拟定的草案中只是有所**反映**,而没有清楚明确地形成针锋相对的、通过相互斗争来解决问题的**两派**。因此代表大会的讨论高一阵,低一阵,茫无头绪,好像是自发进行的。时时刻刻都"碰到"分歧,但是没有使分歧完全明朗化,结果通过的决议就显得思想混乱,没有提供社会党代表大会的决议本来可以提供而且应该提供的**一切**。

在合作社问题委员会中很快就出现了两派。一派是饶勒斯和埃尔姆派。埃尔姆是参加合作社问题委员会的四个德国代表之一，作为德国人的代表发言，机会主义腔调十足。另一派是比利时派。中间派、调和派是奥地利合作社运动的著名活动家卡尔珀勒斯，他虽然没有维护明确的原则路线，但是（正确些说，不是"但是"，而是正因为这样）常常更多地倾向于机会主义者。即使是比利时代表，他们同饶勒斯和埃尔姆进行争论也多半是出于他们的以真正无产阶级精神办合作社事业的本能，而不是因为他们清楚地认识到无产阶级和小资产阶级对这一问题的看法势不两立，无法调和。例如安塞尔（合作社问题委员会主席），正因为如此，他在委员会中发表了热情洋溢的精彩演说，反对合作社中立，反对夸大合作社的作用，主张**我们**必须成为**社会党人**合作社工作者，而不是**合作社工作者**社会党人，但是就是这位安塞尔在起草决议的时候，竟然令人大失所望，他向饶勒斯和埃尔姆的提法作了让步，不愿深入研究意见分歧的由来。

还是谈谈委员会的会议情况吧。显然，合作社运动特别发达的国家的代表对工作的进程起着决定性的影响。在这种情况下比利时代表和德国代表之间就立刻暴露出分歧，这对后者很不利。比利时代表毕竟是奉行的无产阶级路线，尽管还不十分彻底，不十分明确。埃尔姆在会议上以道地的机会主义者面貌出现（特别是在分委员会上，下面还要谈到）。自然，领导权是属于比利时代表的。奥地利代表也倾向他们，所以在该委员会工作结束时便宣读了**奥地利比利时**决议，而曾提出德国决议案的埃尔姆就直截了当地宣布说，他的决议案完全可以和饶勒斯的草案取得一致。但是，因为法国代表中有一个强大的反饶勒斯少数派（赞同饶勒斯观点的有代表 202 人，赞同盖得观点的有代表 142 人），而德国代表中大概也会出现一个同样强大的反埃尔姆少数派（如果两种观点的问题明确尖锐地提出来的话），所以奥地利比利时联盟是很有把握取得胜利的。当然这里问题与其说是要取得狭义的"胜利"，不如说是要坚持彻底的无产阶级的合作社观。由于分委员会对饶勒斯和埃尔姆过分让步，这种彻底性没有达到。

至于我们俄国社会民主党人，我们在委员会中曾尽力支持奥地利比利时路线，为此我们还在奥地利比利时的调和草案没有宣布前，就提出了如下的决议草案：

"俄国社会民主党代表团的草案

代表大会认为：

(1)无产阶级的消费协作社能使工人阶级的生活状况得到改善，即能减少一切商业中介人的剥削，影响供货人企业中工人的劳动条件，改善协作社职员的生活状况。

(2)这种协作社由于在发生罢工、同盟歇业、政治迫害以及其他情况时给工人以支持，因此对无产阶级的群众性经济斗争和政治斗争具有重大意义。

另一方面，代表大会指出：

(1)只要目前掌握生产资料的阶级还未被剥夺（非此不可能实现社会主义），通过消费协作社可能取得的改善仅仅是微不足道的；

(2)消费协作社不是同资本直接作斗争的组织，其他阶级也有类似的组织，这可能造成一种错觉，以为单靠这些组织，不用进行阶级斗争和剥夺资产阶级，就可以解决社会问题。

代表大会号召各国工人：

(一)加入无产阶级的消费协作社，千方百计促进它们的发展，同时维护这些组织的民主性；

(二)通过在消费协作社中坚持不懈地进行社会主义宣传，促进工人中阶级斗争思想和社会主义思想的传播；

（三）与此同时，努力使工人运动的一切形式尽可能全面接近；

代表大会同时指出，生产协作社只有成为消费协作社的组成部分，对工人阶级的斗争才有意义。"

所有决议草案都送交分委员会（国际代表大会的各个委员会都很大，每个国家要派 4 个代表参加每个委员会，因此由委员会全体会议来草拟决议全文是根本不可能的）。参加分委员会的共 10 人：比利时代表 2 人（安塞尔和王德威尔得），法国代表 1 人（饶勒斯），奥地利代表 1 人（卡尔珀勒斯），德国代表 1 人（埃尔姆），荷兰代表 1 人（马克思主义者维博），意大利代表、丹麦代表、英国代表、俄国社会民主党代表（沃伊诺夫和我，我们社会民主党代表团没有来得及开会选举代表，因此我们两人都出席了会议，而只有一人参加表决）各 1 人。

分委员会做的就完全是草拟决议案全文的实际工作了。代表大会通过的决议案，也就是分委员会草拟的决议案全文，只是文字上作了一些很小的改动，读者可以在本报这一号的另一个地方看到这个决议全文。分委员会上斗争的焦点（不同于委员会）不是合作社同党的关系问题，而是合作社的意义和作用这个更为原则的问题。关于合作社的作用，比利时代表坚持完全正确的原则提法，即合作社是（在一定条件下）无产阶级为"完全剥夺"（expropriation intégrale）资本家阶级而进行阶级斗争的可能采用的辅助工具之一。得到饶勒斯支持的埃尔姆表示坚决反对，并且把他的机会主义货色和盘托出。他说：一般说来，形势会不会发展到非进行剥夺不可，还很难说，他个人认为这是根本不可能的；这对"大多数人"（！）来说还是一个有争议的问题；德国社会民主党纲领里也没有提到剥夺,应该说"Ueberwindung des Kapitalismus",即"克服资本主义"。倍倍尔在汉诺威同伯恩施坦的争论结束时所说的"es bleibt bei der Expropriation"("我们像以前一样,主张剥夺")[164]这句名言,被德国机会主义的一位领袖忘记了。由于上述争论才提出了"社会化问题"。饶勒斯以提出最后通牒的口吻要求对合作社的意义这样写:"合作社有助于工人〈代表大会通过的决议原文也是这样写的〉为实行生产资料和交换手段的民主化和社会化而作准备"。

这是一种含含糊糊的、模棱两可的、小业主的思想家和资产阶级改良主义理论家都完全可以接受的词句,而饶勒斯最善于玩弄这种词句,也最偏爱这种词句。什么叫"生产资料和交换手段的民主化"?(后来,草案从分委员会又转到委员会,法国代表把资料(moyens)一词改成了力量(forces),但也无济于事。)农民生产(我在委员会曾经说过)比大资本主义生产"更民主些",这是不是说我们社会党人想要建立小生产呢?什么叫"社会化"?这可以理解为收归整个社会所有,但也可以理解为资本主义范围内的任何局部性的措施和任何改良,从农民协作社直到公共澡堂和公共厕所。饶勒斯还在分委员会上以丹麦农业协作社为例,认为这些设施似乎不是资本主义设施,显然这是在重复资产阶级经济学家的论调。

为了对这种机会主义组织反击,我们(俄国和波兰的社会民主党人)曾试图不找埃尔姆而找《新时代》杂志副编辑武尔姆。他也是参加合作社问题委员会的德国代表。武尔姆不赞成"民主化和社会化"的说法,提出(非正式地)一系列修改意见,在马克思主义者和埃尔姆之间斡旋,但是埃尔姆"顽固不化",因此武尔姆一无所获。代表大会闭幕以后,我才在《莱比锡人民报》(1910 年 8 月 31

日第201号附刊3)上看到,在德国代表团里,星期二就提出了合作社问题。该报记者报道说:"理·费舍问,德国代表在合作社问题上是否没有分歧。"**埃尔姆**回答说:"有。这种分歧一两天是消除不了的。代表大会的决定总是妥协性的决定,在这个问题上最终恐怕也得妥协。"**武尔姆**说:"我对合作社问题的看法和冯·埃尔姆的看法完全不同(durchaus andere);但是通过一个共同的决议看来还是办得到的。"代表团认为既然这样,就不必再进行讨论了。

这篇报道证实了在斯图加特国际代表大会上就已经明朗化了的现象。德国代表团的成员由党和工会的代表对等组成。来自工会的几乎全是机会主义者,因为当选的通常都是书记和其他工会"官僚"。总的看来,在历次国际代表大会上,德国代表都不能实行坚定的原则路线,因此有时他们就掌握不住"国际"的领导权。武尔姆对埃尔姆毫无办法,这只不过再次表明了德国社会民主党的危机,这种危机说明坚决同机会主义者分道扬镳已经不可避免,迫在眉睫。

在合作社对党的经费支援问题上,埃尔姆和饶勒斯在分委员会上也搞得比利时代表作了过分的让步,同意了下述条文:"每个国家的合作社有权决定,它们是否应当用自己的资金来直接帮助政治运动和工会运动,应当帮助到什么程度。"

当分委员会的草案又转交委员会最后批准的时候,我们重点研究的正是上述两条。我们和盖得一起提出了两点(主要的)修正:第一,把"(合作社)有助于工人为实行生产资料和交换手段的民主化和社会化而作准备"一句改为:"(合作社)有助于在一定程度上为使生产和交换在资本家阶级被剥夺以后发挥作用而作准备"。这项修正的文字不够通顺,不过它的意思不是说,合作社现在**不能帮助工人**，而是说，合作社现在**正在为之作准备**的未来的生产和交换的作用，**只有在**资本家被剥夺**以后**才能发挥出来。第二项修正是针对合作社同党的关系这一条提出的。我们建议要么增加"这（即对工人斗争的帮助）从社会主义的角度来看总是适当的"一句，要么把整个这一条去掉，另外换一条，直接建议合作社中的**社会党人**宣传和坚持给予无产阶级阶级斗争直接帮助的必要性。

这两条修正意见都被委员会否决了，赞成的只有约15票。社会革命党人投了饶勒斯的票，他们在历次国际代表大会上一贯如此。当着俄国公众的面，他们甚至可以责备倍倍尔搞机会主义，但是当着欧洲公众的面，他们却跟着饶勒斯和埃尔姆跑！武尔姆曾试图修改决议的结尾，把决议的最后三段调整一下。应该先说，把合作社合并成一个联合会是合适的（倒数第二段）。接着说，由合作社决定是否给予党直接帮助（倒数第三段）。最后一段就从"但是"起（**但是**，代表大会认为，党、工会和合作社保持日益亲密的关系是合适的）。这样，从**整个**上下文看就很清楚，代表大会是**主张**合作社给予党以帮助的。埃尔姆连这项修正案也否定了！于是武尔姆收回了这个修正案。接着维博又以自己的名义提出这项修正案，我们投票赞成，但结果仍被否决。

至于在代表大会全体会议上应该采取什么态度的问题，我们同盖得商量过。盖得认为（德国的革命社会民主党人都同意他的意见），在全体会议上不必为局部性的修正大动干戈，一般说应当投票**赞成**决议。决议的缺点是**允许**写了一句修正主义的话，不过这句话并没有取代有关社会主义目标的规定，而是同这个规定**并存**；除此之外，工人合作社应该帮助工人的阶级斗争这一点写得**不够有力**。这些缺点应该努力纠正，但是因此就在全体会议上发动斗争就没有道理了。我们同意盖得的这个意见，所以决议在代表大会全体会议上一致通过了。

在总结代表大会在合作社问题上所做的工作时，我们既不能向自己，也不能向工人们隐瞒决议的缺点，而应当指出，"国际"对无产阶级合作社的任务作了一个基本正确的规定。每一个党员，每一个社会民主主义工人，每一个有觉悟的工人合作社工作者，都应该遵守通过的决议，并且在自己的全部活动中贯彻决议的精神。

哥本哈根代表大会标志着工人运动的一个发展阶段，工人运动可以说走上了一个主要是向广度发展的阶段，并且**开始**把无产阶级合作社纳入阶级斗争的轨道。同修正主义者的分歧已经露出苗头，但是修正主义者要提出独立的纲领还为时尚早。同修正主义者的斗争往后推了，但是这场斗争不可避免地将要到来。

载于 1910 年 9 月 25 日（10 月 8 日）　　　译自《列宁全集》俄文第 5 版
《社会民主党人报》第 17 号　　　　　　　　第 19 卷第 345—354 页

谈谈某些社会民主党人是如何向国际
介绍俄国社会民主工党的情况的

(1910 年 9 月 25 日〔10 月 8 日〕)

由于哥本哈根国际代表大会的召开,最近许多出版物纷纷刊载介绍我们党内情况的文章。这里我们只简要地谈谈党的(更确切些说:反党的)三个不同思潮的代表人物所写的三篇文章。

很遗憾,刊登在我们德国同志的中央机关报(8 月 28 日的《前进报》)上的一篇文章就其放肆程度而言,堪列榜首。这是一篇未署名的文章,只有一个小标题:《本报俄国通讯员来稿》。

读者从这篇文章中获悉,"在我们党内起着无法比拟的巨大作用的俄国侨民,对俄国工人运动的利益和要求从来没有像现在这样大的抵触"。我们党的中央机关报《社会民主党人报》"是根据狭隘的派别精神进行工作的";布尔什维克的特点是"形式上和表面上的激进主义";他们只是由于逐渐演变最后才"承认了"议会活动,等等。我们这位作者对我们党的多数派极为不满。在作者看来,我们党的整个情况非常阴暗。在俄国社会民主工党的生活中,我们的作者只发现了一个光明点,这就是"维也纳出版的……工人报纸《真理报》,它一开始就完全置身于派别争论之外,抱定宗旨只搞政治鼓动",等等。

读者,您已经在猜测这篇文章究竟出自哪位"无派别"人士之手了吧？您当然是不会猜错的。是的，这正是"无派别的"托洛茨基不害臊地公开为本派报纸做广告。这正是他向不很了解情况的德国读者就党内多数派的立场作出像取消派所作的一样的评价①。

在德国修正主义者的机关报上承担诋毁我们党的任务的另一个著作家是**罗·斯特列尔佐夫**。他的文章发表在布洛赫先生主编的《社会主义月刊》上，倍倍尔在马格德堡代表大会上把这位布洛赫公正地称做民族自由党人。一度曾在《同志报》¹⁶⁵与普罗柯波维奇先生共事的罗·斯特列尔佐夫，现在已经公开为取消派辩护了。"再也没有什么比对他们的责难更荒谬的了。"真正的社会民主党人，正该是取消派。至于党内多数派，你们都知道，他们"认为利用所谓合法机会，就是说社会民主党人参加工会、合作社、公开的代表大会等等是多余的"。是的，如果德国读者根据切列万宁的文章来研究俄国革命的历史，而根据斯特列尔佐夫和托洛茨基的文章来研究我们党内的现状和策略斗争，那他倒一定会得到一个正确的概念！……

第三篇文章是最后通牒派（他还是造神派）沃伊诺夫的手笔，发表在比利时同志的机关报《人民报》②¹⁶⁶上。虽然沃伊诺夫给比利时同志的是关于"我们党的策略思潮"（他的文章的标题）的错误

---

① 鉴于这篇文章发表在《前进报》这样的机关报上，所以我们出席哥本哈根代表大会的代表不得不向德国党中央提出抗议。抗议书是由我们中央机关报的代表（格·瓦·普列汉诺夫和阿·瓦尔斯基）和党驻国际局的代表（尼·列宁）递交的。在社会民主党代表团讨论这个问题的时候，托洛茨基就向我们公开了这个秘密，说这篇臭名昭著的文章是他写的。

② 沃伊诺夫经过一番考虑，在这里告诉读者，他是"哥本哈根国际代表大会的代表"。

概念,但是从某方面来看,他的文章也带来很大好处:它给我们又一次揭露了召回派-最后通牒派的策略的实质。"前进"集团中也有一些值得称道的作家,他们公开表明召回派-最后通牒派的目的,而不像"前进派分子"在写文章时那样总是遮遮掩掩。请你们自己听一听吧,哪一个"前进派分子"现在向你们公开承认,召回派-最后通牒派现在正热衷于实现战斗队等的幻想呢?但是坦率的沃伊诺夫直截了当地写道,他和他的朋友们都想"继续和加强我们的战斗准备",而右倾的列宁却否定目前设立"例如,指导员学校的必要性"。哪一个"前进派分子"现在公开说,必须对杜马党团发出"最后通牒"呢? 好心的沃伊诺夫却直言不讳地向我们宣布,他的朋友们需要"重建党",以便"向我们的代表提出最后通牒……" 哪一个"前进派分子"会在报刊上报告你们,为什么召回派-最后通牒派需要办国外"党校"呢? 而健谈的沃伊诺夫却没有忘记告诉,需要"党校"是为了筹备党的"新的代表大会",另选一个中央委员会来代替现在的"右倾的"中央委员会①。沃伊诺夫如此坦率,可是前进派的"外交家们"并不赏识!

　　托洛茨基、沃伊诺夫和斯特列尔佐夫在反对党的路线的斗争中亲如兄弟,伸出手来互相支持……

载于1910年9月25日(10月8日)　　　译自《列宁全集》俄文第5版
《社会民主党人报》第17号　　　　　　第19卷第355—357页

---

① 在这里沃伊诺夫认为说得夸张一些有好处……:"某些中央委员,虽然是代表大会选的,但是他们对中央委员会新方针不满,因此提出了辞呈。"沃伊诺夫同志,这是在哪里? 在什么时候发生的?

俄国党内斗争的历史意义[167]

(1910年9月底—11月)

本文标题所指的问题,就是托洛茨基和马尔托夫发表在《新时代》杂志第50期和第51期上的文章都涉及过的问题。马尔托夫阐述了孟什维主义的观点。托洛茨基吃力地跟着孟什维克跑,用特别响亮的词句打掩护。马尔托夫认为,"俄国的经验"无非是"布朗基主义的和无政府主义的粗野战胜了马克思主义的文明"(应读做:布尔什维主义战胜了孟什维主义)。"俄国社会民主党过分热心地提倡"区别于"**整个欧洲的**"策略手段的"**俄国方式**"。托洛茨基提出同样的"历史哲学"。斗争的原因是"马克思主义知识分子迁就无产阶级的阶级运动"。"宗派主义情绪、知识分子个人主义、思想拜物教"被提到首位。而问题的实质则是一场"**为影响政治上不成熟的无产阶级而进行的斗争**"。

一

认为布尔什维主义同孟什维主义的斗争是一场为影响不成熟的无产阶级而进行的斗争,这种理论并不新鲜。这种理论从1905年起(甚至是从1903年起),我们在**自由派**出版的大量书籍、小册子、文章中就常常见到，马尔托夫和托洛茨基奉送给德国同志的是用马克思主义词句加以点缀的**自由派观点**。

当然，俄国无产阶级政治上远不及西欧无产阶级那样成熟。但是在俄国社会的所有阶级中，正是无产阶级在 1905—1907 年政治上表现得**最**成熟，和 1848 年德国自由派资产阶级一样卑鄙、软弱、愚蠢和阴险的俄国自由派资产阶级之所以仇恨俄国无产阶级，**正因为**俄国无产阶级在 1905 年**政治上已经足够成熟**，才能够夺走这个资产阶级对运动的**领导权**，并且毫不留情地揭露自由派的背叛行为。

托洛茨基说，如果以为孟什维主义和布尔什维主义"在无产阶级当中深深地扎了根"，那是一种"幻想"。这就是我们这位托洛茨基擅长说的响亮空话的典型例子。孟什维克和布尔什维克分歧的**根子**不在"无产阶级当中"，而在俄国革命的**经济内容**之中。马尔托夫和托洛茨基无视这个内容，也就不可能理解俄国党内斗争的历史意义。问题的实质不在于意见分歧的理论表述是不是"深刻地"为无产阶级的这些或那些阶层所理解，而在于 1905 年革命的经济条件**使**无产阶级同自由派资产阶级势不两立，这不仅仅表现在改善工人生活的问题上，而且表现在土地问题以及革命的一切政治问题和其他问题上。谈俄国革命中的派别斗争时，一味给人扣"宗派主义"、"粗野"之类的帽子，而对无产阶级、自由派资产阶级和民主主义农民的基本经济利益只字不提，这就意味着降到了庸俗记者的水平。

举一个例子。马尔托夫写道："在整个西欧，人们认为，只是随着农民群众对农业中的资本主义变革的恶果的了解，他们才能〈同无产阶级〉结成联盟；而在俄国有人却给自己描绘出一幅人数很少的无产阶级同一亿农民联合的图景，这些农民都还没有受过或者几乎没有受过资本主义'教育的'熏陶，因此也没有上过资本主义资产阶级的学校。"

这不是马尔托夫的偶尔失言，这是孟什维主义**全部**观点的核心。在俄国出版了由波特列索夫、马尔托夫和马斯洛夫编辑的机会主义的俄国革命史（《20世纪初俄国的社会运动》），这本书从头到尾贯穿着这些思想。孟什维克马斯洛夫在这部"著作"的总结性论文中把这些思想表达得更加清楚，他写道："无产阶级和农民的**专政是会与经济发展的**总**进程发生矛盾的**。"布尔什维主义和孟什维主义分歧的根源正是要在这里来寻找。

马尔托夫用**资本主义资产阶级的学校偷换了资本主义**学校（附带说一句：世界上除了资本主义的资产阶级，并不存在别的资产阶级）。资本主义学校是什么意思呢？这是说，资本主义使农民摆脱乡村愚昧状态，唤起并**推动**他们**去作斗争**。"资本主义资产阶级的"学校是什么意思呢？这是说，"1848年的德国资产阶级毫无良心地出卖这些农民，出卖自己的天然的同盟者，可是没有农民，它就无力反对贵族"（马克思在1848年7月29日《**新莱茵报**》上发表的文章）[168]。这是说，在1905—1907年俄国自由派资产阶级有步骤地死心塌地地出卖了农民，实质上站到地主和沙皇政府一边反对正在进行斗争的农民，直接阻碍农民斗争的发展。

马尔托夫在资本主义"教育"农民这类"马克思主义的"字眼的掩护下，替自由派（**把农民出卖给贵族的**）"**教育**"农民（**同贵族作革命斗争的农民**）进行辩护。

这就是用自由主义偷换马克思主义。这就是用马克思主义词句点缀的自由主义。倍倍尔在马格德堡说过[169]，在社会民主党人当中有民族自由党人，这句话不仅仅适用于德国。

还必须指出，俄国自由主义的多数思想领袖都受过德国书刊的教育，他们特地把只承认"资本主义学校"而否认革命阶级斗争的学校的**布伦坦诺**和**桑巴特**的"马克思主义"搬到俄国来。俄国一切反革命的自由派如司徒卢威、布尔加柯夫、弗兰克、伊兹哥耶夫之流都拿这类"马克思主义的"词句相炫耀。

马尔托夫把处在反对封建制度的农民起义时代的俄国同早已结束封建制度的"西欧"相提并论。这种歪曲历史面貌的做法实在少见。"在整个西欧"，有没有在自己的纲领中提出"支持农民的革命行动，直到**没收地主土地**"[①]这一要求的社会党人呢？没有。"在整个西欧"，社会党人决不支持小业主为夺取土地占有权而进行的反对大业主的斗争。区别在哪里呢？区别在于，"在整个西欧"，资产阶级制度，包括资产阶级土地关系在内，早已确立并且已最终定型了，而在俄国，目前正在进行革命，**正在为确立这个资产阶级制度而斗争**。马尔托夫又拣起自由派早已过时的老一套，自由派总是把在这个问题上引起革命冲突的时期来同这个问题早已解决因而不存在革命冲突的时期相提并论。

孟什维主义之所以哭笑不得也就在于，它在革命时期**不得不**通过与自由主义绝不相容的提纲。如果我们支持"农民"**没收**土地的斗争，那就是说，我们认为胜利是可能的，而且在经济上和政治上对工人阶级和全体人民都是有利的。而无产阶级领导的"农民"在**没收**地主土地的斗争中取得的胜利也就是**无产阶级和农民的革**

————————
[①] 见俄国社会民主工党第四次（统一）代表大会通过的《关于土地问题的策略决议》（《苏联共产党代表大会、代表会议和中央全会决议汇编》1964年人民出版社版第1分册第150—151页）。——编者注

命专政。（我们可以回想一下，马克思在 1848 年如何论述实行革命专政的必要，以及梅林如何对那些责备马克思，说他想通过专政来实现民主的人发出公正的嘲笑[170]。）

认为这两个阶级的专政"会与经济发展的总进程发生矛盾"这种观点是根本错误的。恰恰相反，**只有这种专政才能够彻底肃清一切封建残余**，才能够保证生产力最迅速的发展。而自由派的政策则是把大权交到俄国的容克手中，任他们把俄国"经济发展的进程"大大**放慢**。

1905—1907 年间，自由派资产阶级与农民之间的矛盾完全暴露了出来。1905 年春秋两季以及 1906 年春季，农民起义波及俄国中部 $\frac{1}{3}$ 到 $\frac{1}{2}$ 的县份。农民捣毁了 2 000 个地主庄园（很遗憾，这还不到应该捣毁的庄园的 $\frac{1}{15}$）。**只有无产阶级曾经忘我地帮助过**这个革命斗争，全面地指导它，领导它，并且通过群众性的罢工使这个斗争联合起来。自由派资产阶级**从来**没有给过革命斗争**一次**帮助，而宁愿"安抚"农民，使他们同地主和沙皇"和解"。这以后，在头两届杜马（1906 年和 1907 年）的议会舞台上，又重复了同样的情形。自由派**一贯**阻碍农民的斗争，出卖农民，而**只有工人代表**才指导并支持农民**反对自由派**。自由派同农民和社会民主党人的斗争贯穿第一和第二两届杜马的**全部**历史。布尔什维主义与孟什维主义的斗争，这场支持或推翻自由派对农民的领导权的斗争，是同这段历史**不可分割地**联系在一起的。因此，认为知识分子的影响和无产阶级不成熟等等是我们分裂的原因，这就像孩子一样天真地重复自由派的神话。

因此，托洛茨基关于在国际社会民主运动中，分裂是由于"社会革命阶级迁就议会活动的受到限制的（狭窄的）条件的过程"等等引起的,而俄国社会民主党内的分裂是由于知识分子迁就无产阶级引起的论调是根本荒谬的。托洛茨基写道:"这个迁就过程的实际政治内容从社会主义的最终目的来看是受到很大限制(狭窄)的,而这个迁就过程的形式不受拘束,所投射的思想阴影也很大。"

这种真正"不受拘束的"空谈只不过是自由主义的"思想阴影"罢了。马尔托夫也好,托洛茨基也好,他们都把不同的历史时期搅混在一起,他们都把正在进行自己的资产阶级革命的俄国同早已结束这种革命的欧洲相提并论。在欧洲,社会民主党工作的实际政治内容是发动无产阶级为夺取政权去同在国内已经建立了完全统治的资产阶级作斗争。在俄国,目前**还仅仅是建立**现代资产阶级国家的问题,或者建立像容克君主国(如果沙皇制度战胜了民主势力)的国家,或者建立像农民的资产阶级民主共和国(如果民主势力战胜了沙皇制度)的国家。而在现代俄国只有在农民群众跟着革命无产阶级走而不是跟着阴险的自由派走的情况下,民主势力才有可能胜利。这个问题在历史上还没有解决。在俄国,资产阶级革命还没有结束,因而**在这个范围内**,也就是在为确立俄国资产阶级制度的**形式**而斗争的范围内,俄国社会民主党人工作的"实际政治内容",比起那些已经根本不存在农民没收地主土地的斗争、资产阶级革命早已结束的国家来,"受到限制"要**小一些**。

为什么资产阶级的阶级利益促使自由派向工人散布,说工人在革命中的作用"受到限制",说派别斗争是知识分子引起的,而不是深刻的经济矛盾引起的,说工人政党应当**"不是解放斗争的领导者,而是**阶级的政党",这一切是很容易理解的。正是这样一种说法最近被取消派-呼声派提出来了(列维茨基在《我们的曙光》杂志上的文章),并且博得了自由派的赞赏。"阶级的政党"这个字眼,他们是照布伦坦诺—桑巴特的意思来理解的,就是说,只关心你们本阶级就行了,把领导人民中的一切革命分子起来同沙皇政府及阴险的自由派作斗争这种"布朗基主义的梦想"丢掉吧。

二

马尔托夫关于俄国革命和托洛茨基关于俄国社会民主党现状的论断,具体地证明了他们的基本观点是不正确的。

我们先谈谈抵制。马尔托夫称抵制是"政治弃权",是"无政府主义者和工团主义者"的手段,而且他谈的**只是**1906年。托洛茨基说:"抵制主义倾向贯穿着布尔什维主义的全部历史,如抵制工会,抵制国家杜马,抵制地方自治等等",他认为这是"害怕消失在群众中的宗派情绪的产物,是不可调和的弃权的激进主义"等等。关于抵制工会和地方自治的事,托洛茨基是在**公开撒谎**。至于说抵制主义贯穿布尔什维主义的全部历史,这同样是撒谎;布尔什维主义完全形成为一个派别,是在1905年的春天和夏天,即**在第一次出现抵制问题之前**。**1906年8月**,布尔什维主义在本派别的正式机关报上宣布,必须实行抵制的历史条件已经成为过去①。

托洛茨基歪曲布尔什维主义,因为关于无产阶级在俄国资产阶级革命中的作用他从来没有能够形成比较固定的观点。

但是,他对这个革命的历史进行的歪曲就更厉害了。如果谈抵制,就应该从头开始,而不是从结尾开始谈。革命的第一次(而

_____

① 见本版全集第13卷第336—343页。——编者注

且是唯一的一次)胜利,是**坚持抵制口号的**群众运动取得的。忘掉这一事实只会对自由派有利。

1905 年 8 月 6 日(19 日)的法令决定建立一个咨议性机关即布里根杜马。自由派,甚至最左的自由派,都决定参加这个杜马。社会民主党以压倒孟什维克的多数决定抵制这个杜马并号召群众直接冲击沙皇制度,举行群众性的罢工和起义。由此可见,抵制问题不是仅仅属于社会民主党内部的问题。这是一个**自由派同无产阶级**斗争的问题。当时所有的自由派报刊表明,自由派害怕革命的发展,因而竭力谋求同沙皇政府达成"协议"。

当时进行直接的群众斗争的客观条件是什么呢?对这个问题,罢工(分为经济的和政治的)和农民运动的统计数字作了最好的回答。我们列出一些主要数字来说明下面的全部论述。

每季度罢工人数(单位千)①

	1905 年				1906 年				1907 年			
	I	II	III	IV	I	II	III	IV	I	II	III	IV
共　计	**810**	**481**	**294**	**1277**	**269**	**479**	**296**	**63**	**146**	**323**	**77**	**193**
其中包括 经济罢工人数	411	190	143	275	73	222	125	37	52	52	66	30
其中包括 政治罢工人数	399	291	151	1002	196	257	171	26	94	271	11	163
农民运动波及的县份的百分比			14.2%	36.9%	49.2%	21.1%						

这些数字告诉我们,无产阶级在革命中能够发挥多么巨大的

---

① 用横线标出的是特别重要的时期:1905 年第一季度——1 月 9 日;1905 年第四季度——革命的高潮,10 月和 12 月;1906 年第二季度——第一届杜马;1907 年第二季度——第二届杜马。数字是从官方所作的罢工统计资料中摘出的**171**,对于这些罢工,我在准备发表的俄国革命史纲要中进行了仔细的研究。(见本卷第 369—396 页。——编者注)

力量。在革命前的整整 10 年中,俄国总共只有 431 000 人参加罢工,平均每年 43 000 人,而在 1905 年一年中,参加罢工的人达 2 863 000 人次——而工厂工人的总数是 1 661 000 人! 这样的罢工运动是世界上前所未有的。1905 年第三季度,也就是第一次出现抵制问题的时候,正是罢工运动(以及随之而来的农民运动)要掀起更加汹涌澎湃的新浪潮的过渡时刻。究竟是帮助这个革命浪潮向前发展并引导它去推翻沙皇政府呢,还是容许沙皇政府玩弄咨议性杜马来转移群众的视线,——这便是当时抵制问题的**实际的历史内容**。所以可以断定,把俄国革命史上的抵制同"政治弃权"、"宗派主义"等等联系起来的这种徒劳的尝试,是多么拙劣,多么像自由派那样愚蠢! 运动坚持了当时**针对**自由派提出的抵制口号,使参加政治罢工的人数从 1905 年第三季度的 151 000 人增加到同年第四季度的 **100 万人**。

马尔托夫宣称 1905 年罢工胜利的"主要原因"是"**在广泛的资产阶级人士中有一股日益增长的反政府潮流**"。"这些广泛的资产阶级阶层的影响很深远,它们一方面直接怂恿工人举行政治罢工",另一方面又促使厂主"**支付工人在罢工期间的工资**"(黑体是马尔托夫用的)。

我们把枯燥的统计数字拿来与这种对资产阶级"影响"的悦耳的恭维作一个对比。1905 年,工人罢工的收获比 1907 年的多。下面就是这一年的资料:1 438 610 个罢工者提出经济要求,其中 369 304 个工人斗争胜利了,671 590 个工人妥协了,397 716 个工人斗争**失败了**。这就是**实际**的(而不是像自由派神话中所说的)资产阶级"影响"。马尔托夫完全自由主义地歪曲了无产阶级对待资产阶级的真正态度。并不是因为资产阶级偶尔支付罢工期间的工资或者有一点反政府的表现，工人才取得胜利（"经济"上的和政治上的），而是**因为**工人胜利了，资产阶级才采取反对派立场，并且支付工资。最可爱的马尔托夫，阶级冲击的**力量**，千百万人罢工、农民暴动、军队起义的力量，才是原因，这才是"**主要原因**"；而资产阶级的"**同情**"则是结果。

马尔托夫写道："10 月 17 日展示了杜马选举的前景，为集会、成立工人联合会、出版社会民主主义报纸创造了可能性，并指出了如何进行工作的方向。"但糟糕的是，"谁也没有想过采用'疲劳战略'的可能性问题。整个运动被人为地推向严重的具有决定性意义的冲突"，也就是被推向十二月罢工和十二月"流血的失败"。

考茨基曾经和罗·卢森堡争论过关于德国在 1910 年春天由"疲劳战略"转向"颠覆战略"的时刻是否已经来临的问题，当时考茨基直接明确地说，在政治危机进一步发展的情况下，这一转变**是不可避免的**。而马尔托夫抓起了考茨基的大旗，竟在事后鼓吹要在革命最激烈的时刻采用"疲劳战略"。不，亲爱的马尔托夫，你这不过是在重弹自由派的老调。10 月 17 日所"展示"的，不是和平立宪的"前景"（这是自由派的神话），而是**国内战争**。这场战争不是某党某派的主观意志的安排，而是 1905 年 1 月以来事态发展酝酿起来的。十月宣言所标志的并不是斗争的终止，而是斗争双方势均力敌：沙皇政府**已经无法**进行治理，而革命**还无法**把它推翻。这种情况客观上必然要导致一场决战。国内战争无论在 10 月或 11 月都已经是**事实**（而和平的"前景"却是自由派的谎话）；表现出这场国内战争的不仅是大屠杀，而且还有对不听话的军队、对俄国 $\frac{1}{3}$ 土地上的农民以及对边疆地区实行的武装镇压。在这种情况下还认为 12 月的武装起义和群众罢工是"人为的"那些人,也只能**人为地**算是社会民主党人。这些人的**天然的**政党就是自由派的政党。

马克思在1848年和1871年曾经说,在革命中常常有这样的时候,不战而降,把阵地交给敌人,会比在斗争中遭到失败更使群众意志消沉[172]。在俄国革命史上,1905年12月还不仅仅是这样的一个时候。12月是全国各地12个月以来愈演愈烈的**群众性的**冲突和战斗的自然而又必然的终结。**甚至枯燥的统计数字也证明**了这一点。单纯的政治罢工(即未曾提出任何经济要求)人数:1905年1月——123 000人,10月——328 000人,12月——**372 000人**。有人却要我们相信,这种发展是"人为的"!有人却给我们编了一则神话,说军队起义**再加上这种**群众政治斗争的发展,有**可能**不是必然转变为武装起义的!不,这不是革命的历史,这是自由派对革命的诬蔑。

三

关于十月罢工马尔托夫写道:"恰好在这个时候,在工人们群情激愤的时候……出现了一种力图把争取政治自由的斗争同经济斗争融合的主张。但是,和罗莎·卢森堡同志的意见相反,这里所表现的并不是运动的优点,而是运动的弱点。"用革命手段实行八小时工作制的尝试以失败告终,并且"瓦解了"工人。"1905年11月邮电职员的总罢工也走向这样的结局。"马尔托夫就是这样来写历史的。

只要看看上面的统计数字,就可以看出这样写的历史在作伪了。在革命的**整个**三年中，**每当政治危机激化的时候**，不仅出现政治罢工斗争的高潮，而且出现经济罢工斗争的高潮。这两种罢工斗争的结合说明的并不是运动的弱小，而是运动的**强大**。自由派资产者的观点与此相反，因为他们正是希望工人参加**不致**吸引广大群众投入革命、投入反对资产阶级斗争这样一种政治。正是在10月17日以后，自由派的地方自治运动彻底分裂了：地主和工厂主公开组织了反革命的"十月"党，残酷镇压罢工者（而"左派"自由主义者即立宪民主党人，则在报刊上指责工人"丧失理智"）。马尔托夫跟着十月党人和立宪民主党人跑，认为工人的"弱点"在于他们恰好在这个时候竭力使经济斗争具有更大的进攻性。而我们认为工人（尤其是农民）的弱点在于他们转入进攻性的经济斗争和武装政治斗争不够坚决、不够广泛、不够迅速，这种斗争是**整个**事态发展的**必然**产物，而根本不是某党某派主观意愿的产物。我们的观点与马尔托夫的观点之间有一条鸿沟，而这种"知识分子"观点之间的鸿沟，与托洛茨基所说的正好相反，只是反映了1905年年底**两个阶级之间实际**存在的鸿沟，也就是战斗的革命无产阶级和背叛成性的资产阶级之间存在的鸿沟。

还应当补充一点，工人在罢工斗争中失败的情况并不是马尔托夫抓住不放的1905年年底才有，这种情况在1906年和1907年还要多一些。统计数字告诉我们，1895—1904年这10年间，51.6％的罢工（按罢工人数计算）工厂主取得胜利；而1905年——29.4％；1906年——33.5％；1907年——57.6％；1908年——68.8％。这是不是意味着1906—1907年的经济罢工是"丧失理智"，是"不合时宜的"，是"运动的弱点"呢？不是的。这是意味着，由于1905年群众革命斗争的攻击力量不够强大，失败（既在政治上又在"经济"上）是必然的，但是，无产阶级如果在这种情况下未能对敌人至少发动**两次新的**攻击（1906 年的第二季度和 1907 年的第二季度，仅仅参加**政治**罢工的人就各有 **25 万**）的话，那么**还要失败得更厉害**；那么政变就不是在 1907 年 6 月发生，而会**提前一年甚至一年多**；那么 1905 年工人的经济胜利果实就会**更快**被夺走。

　　群众革命斗争的这种意义马尔托夫是绝对懂不了的。关于 1906 年初的抵制，他追随自由派说："社会民主党暂时置身于**政治战线之外**了"。单从理论上来看，对 1906 年抵制问题的这种提法是把非常复杂的问题惊人地简单化和庸俗化了。1906 年第二季度**实际**"战线"是什么样的呢？是议会内的还是议会外的呢？请看一看统计数字吧："经济"罢工人数从 73 000 人增加到 222 000 人，政治罢工人数从 196 000 人增加到 257 000 人。农民运动所波及的县份的百分比从 36.9％增加到 49.2％。大家知道，1906 年第二季度的军队起义较之第一季度同样是声势更浩大，次数更频繁了。其次，大家也知道，第一届杜马是世界上（20 世纪初）最革命同时又最无力的议会；它的决议没有一个是付诸实现了的。

　　客观事实就是这样。自由派和马尔托夫在评价这些事实时却说杜马是实际的"**战线**"，而起义、政治罢工、农民和士兵的骚动，那统统是"革命浪漫派"的无谓之举。而思想深刻的托洛茨基则认为，在这种基础上产生的派别分歧是"知识分子""为影响不成熟的无产阶级而进行的斗争"。我们认为，客观的资料证明 1906 年春天真正的**群众**革命斗争出现了如此重要的高潮，所以社会民主党当时**必须**承认只有这样的斗争才是主要的斗争，并且必须全力以赴支持和发展这一斗争。当时沙皇政府似乎用保证召开杜马从欧洲弄到了 20 亿贷款,当时沙皇政府匆忙颁布了反对抵制杜马的法令,我们认为,当时这种特殊政治形势完全证明了无产阶级从沙皇手中夺取俄国第一届议会召开权的尝试是正确的。我们认为,当时"置身于**政治战线之外**"的并不是社会民主党,而是**自由派**。自由派的立宪幻想(自由派正是通过在群众中散布这些幻想而在革命中发迹的),已经最明显不过地被第一届杜马的历史打破了。

在第一、第二两届杜马中,自由派(立宪民主党人)都拥有多数,并且煊赫一时地在政治舞台上占据了最重要的地位。但是自由派的这些"胜利"正好清楚地表明,自由派一直都是置身于"政治战线之外"的,他们是一群深深腐蚀群众民主意识的政治小丑。如果马尔托夫及其伙伴们跟着自由派嚷嚷,说革命的惨重失败是"**不该这么办**"的教训,我们就回答他们说:革命所取得的唯一的真正的胜利,就是无产阶级唾弃了自由派出的主意,不参加布里根杜马,而领导农民群众举行了起义。这是第一。第二,俄国无产阶级在三年(1905—1907 年)中通过自己的英勇斗争为自己、为俄国人民争取到其他国家的人民花费了几十年时间才争取到的东西。俄国无产阶级使工人群众**摆脱了**背叛成性的、软弱得可鄙的**自由主义的影响**。它为**自己**争得了在争取自由、争取民主的斗争中的**领导权**,为争取社会主义的斗争创造了条件。它使俄国的被压迫被剥削阶级获得了进行群众革命斗争的**本领**,不进行这种斗争,人类在世界上任何地方都不能获得丝毫重大的进步。

无论反动势力如何喧嚣一时,自由派如何满怀仇恨、破口大骂、暴跳如雷,无论社会主义机会主义者如何动摇彷徨、缺乏远见、缺乏信心,俄国无产阶级的**这些**胜利果实都是不会丧失的。

四

俄国社会民主党内的派别在革命以后发展起来了，这也不是由于"知识分子迁就无产阶级"，而是由于各阶级之间的关系发生了变化。1905—1907年的革命使得农民和自由派资产阶级在关于俄国资产阶级制度的**形式**问题上的对抗加剧，趋于公开，被提上日程。政治上已经成熟的无产阶级不能不非常积极地投入这场斗争，而布尔什维主义同孟什维主义的斗争就是无产阶级对待新社会各阶级的态度的反映。

1908—1910年这三年的特征是反革命取得胜利，专制制度重整旗鼓以及第三届杜马即黑帮和十月党人的杜马的召开。新制度的形式所引起的资产阶级之间的斗争已经不占舞台主要地位。无产阶级保卫自己的、同反动势力和反革命自由主义势不两立的无产阶级政党这一**起码的**任务就提上了日程。这个任务不是轻而易举可以完成的，因为无产阶级遭到了严重的经济和政治迫害，激起了自由派的极端仇恨，自由派恨社会民主党夺走了他们在革命中对群众的领导权。

社会民主党的危机很严重。组织被破坏。大批老的领导人（特别是知识分子领导人）被逮捕。新型的、担负党的事业的社会民主主义工人脱颖而出，但是他们需要克服种种不寻常的困难。在这种情况下，社会民主党正在失去许多"同路人"。在资产阶级革命中，小资产阶级的同路人投向社会主义者，这是很自然的。现在他们脱离马克思主义和社会民主党而去。这一过程在两个派别中都可以见到：布尔什维克中的"召回派"就是这种情况，这个派别是 1908 年春出现的，在莫斯科代表会议上立即遭到失败，经过长时期的斗争而被布尔什维克派的正式中央否定之后，他们又在国外组织了一个**特别的派别**"前进派"。这个涣散时期的特点在于，聚集在这个派别中的，既有**纲领上**明文规定要同马克思主义作斗争（打着保护"无产阶级的哲学"的招牌）的"马赫主义者"，又有"最后通牒派"即羞羞答答的召回派，还有为各种"引人注目的"口号所迷惑、把这些口号背得烂熟但对马克思主义基础**一窍不通**的形形色色的"自由时期的社会民主党人"。

而孟什维克中，这种小资产阶级"同路人"脱离的过程则由取消派来完成，这个派别现在通过波特列索夫先生的《我们的曙光》杂志、《复兴》与《生活》[173]两杂志以及通过"16 人"和"3 人"（米哈伊尔、罗曼、尤里）的立场已经完全形成，而国外的《社会民主党人呼声报》实际上充当了俄国取消派的**奴仆**，并且在党员群众面前充当了取消派的外交掩护人。

托洛茨基不理解发生在反革命得势时代的这种涣散现象，不理解**非社会民主主义**分子**脱离**社会民主工党这一现象的历史经济意义，而向德国读者大谈其**两个派别**的"**涣散**"、"**党的涣散**"、"**党的解体**"。

这是错误的。这种错误表明，第一，托洛茨基在理论上一窍不通。为什么中央全会认为取消主义**也好**，召回主义**也好**，都是"资产阶级对无产阶级的影响的表现"，这一点托洛茨基是绝对理解不了的。请切实想一想，那些体现**资产阶级**对无产阶级的影响的流派受到党的谴责而分离出去，这究竟是党的涣散和党的解体呢？还是党的巩固和党的纯洁？

第二,这种错误在实践上表明了托洛茨基派的**广告**"政策"。托洛茨基所要干的,就是试图建立一个派别,现在,由于托洛茨基把中央委员会的代表从《真理报》中排挤出去,这一点已被大家识破了。托洛茨基为了替自己的派别做广告,竟大言不惭地对德国人说,"党"在**涣散**,**两个**派别在涣散,而他托洛茨基一个人在拯救一切。事实上,我们大家现在都看到(1910年11月26日以维也纳俱乐部名义发表的),托洛茨基分子的最新决议也特别清楚地表明,**信任托洛茨基的只有**取消派和"前进派"。

托洛茨基在德国人面前贬低党和抬高自己,已经到了多么厚颜无耻的地步,有下面的例子为证。托洛茨基写道,俄国的"工人群众"认为"社会民主党是站在他们的圈子**以外**的〈黑体是托洛茨基用的〉",他还提出"没有社会民主党的社会民主党人"这种说法。

波特列索夫先生及其同伙们听了这些话又怎能不跑去亲吻托洛茨基呢?

但是,不仅**整个**革命史,甚至工人选民团对第三届杜马的选举,已经把这些话驳倒了。

托洛茨基写道,要在合法组织中进行工作,"孟什维克派和布尔什维克派,根据他们从前的思想和组织方式,是完全没有能力的";"社会民主党人的个别集团"倒是做了一些工作,"但所有这一切都是在这两派范围以外进行的,并没有受它们的组织影响"。"甚至孟什维克占优势的极其重要的合法组织,也是在完全不受孟什维克派的监督的情况下进行工作的。"托洛茨基就是这样写的。但事实是:从社会民主党第三届杜马党团成立开始,布尔什维克派就通过享有党中央委员会全权的自己的受托人不断地做工作,推动、帮助在杜马工作的社会民主党人,给他们出主意,对他们进行监督。由两派(作为派别,它们在 1910 年 1 月已自动解散了)的代表组成的党中央机关报编辑部,也做了同样的工作。

托洛茨基向德国同志详细地讲了"召回主义"的愚蠢,把这一流派描绘成整个布尔什维主义所固有的抵制主义的"结晶",然后又简单地提了一句,说布尔什维主义"没有屈服于"召回主义,而是"坚决地,或者确切些说,非常激烈地反对它",德国读者当然不能想象出这种叙述的奸诈用心。托洛茨基狡诈的"保留"就在于他省略了一个小小的、很小很小的"细节"。他"忘了"说,还在 1909 年春天布尔什维克派就在自己正式代表会议上把召回派分子推开了,开除了。但恰恰这个"细节"是托洛茨基不便说的,因为他要说的是布尔什维克派(还有党)的**"涣散"**,而不是说的非社会民主主义分子的**脱离**呀!

我们认为马尔托夫现在是取消派的领袖之一,他愈是"巧妙地"用假马克思主义词句来替取消派辩护,他就愈加危险。但是马尔托夫公开叙述的是那些给 1903—1910 年群众性工人运动中的一个又一个思潮打上了自己的印记的观点,而托洛茨基则仅仅代表个人的动摇而已。1903 年托洛茨基是孟什维克;1904 年他脱离孟什维主义,1905 年又回到孟什维克那里,一味用最最革命的词句相炫耀;1906 年又离开了;1906 年年底他拥护同立宪民主党人达成选举协议(也就是实际上又同孟什维克站在一起),而 1907 年春天在伦敦代表大会上说,他同罗莎·卢森堡的区别,"与其说是政治倾向方面的区别,不如说是个人色彩方面的区别"。托洛茨基今天从这一派的思想里剽窃一点,明天又从那一派的思想里剽窃一点,因此就宣布自己**比**两派都**高明**。托洛茨基在理论上**根本**不同意取消派和召回派,而**在实践中却什么都同意**呼声派和前进派。

因此，如果托洛茨基向德国同志们说，他代表"整个党的倾向"，那我就要说，托洛茨基只代表**自己**那一派，并且**仅仅**享有召回派和取消派的某些信任。下面的事实可以证明我的话是正确的。1910年1月，我们党的中央委员会与托洛茨基的《真理报》建立了密切的联系，并指派了一位中央委员会代表参加编辑部。1910年9月，党中央机关报登载了关于中央委员会的代表因托洛茨基奉行反党政策而与其**断绝关系**的消息。在哥本哈根，普列汉诺夫作为护党派孟什维克的代表和中央机关报编辑部的代表，笔者作为布尔什维克的代表曾同一位波兰同志[174]一起发表联合声明，坚决抗议托洛茨基在德国刊物上这样来描述我们党的情况。

现在让读者来评一评，托洛茨基是代表俄国社会民主党"整个党的"倾向呢，还是代表俄国社会民主党内的"整个**反党的**"倾向。

载于1911年4月29日(5月12日)　　　　译自《列宁全集》俄文第5版
《争论专页》第3号　　　　　　　　　　第19卷第358—376页

论俄国罢工统计[175]

(1910 年 9 月底—11 月)

一

我国书刊已经不止一次地提到工商业部的著名出版物《工厂工人罢工统计》(1895—1904 年和 1905—1908 年)。这些出版物中收集的材料非常丰富,非常宝贵,对这些材料进行充分的研究和全面的分析还需要花很多时间。上述出版物所作的分析,只是这个工作的第一步,是远远不够的。在本文中我们打算向读者介绍一次较为详尽的分析的尝试所得出的初步结论,而在另外的地方再作全面的叙述。

首先,下面的事实完全可以肯定:1905—1907 年的俄国罢工是世界上从来没有过的现象。下面是一些国家每年罢工人数的资料(单位千):

平 均 数	俄国	美国	德国	法国
1895—1904 年	43			
1905 年	2 863			
1906 年	1 108	660	527	438
1907 年	740	1894—1908 年这 15 年的最高数		
1908 年	176			
1909 年	64			

1905—1907年是不寻常的三年。这三年中俄国罢工人数的最低数超过世界上最发达的资本主义国家任何一个时期曾达到过的最高数。当然,这并不是说俄国工人比西方工人更开展或力量更强大。但是这说明,人类迄今尚不清楚,工业无产阶级在这一领域中**能够**发挥出何等巨大的力量。事变的历史进程的特点在于,无产阶级的这一能量破天荒在一个正面临资产阶级革命的落后的国家里大致显示出来了。

要弄清楚在俄国这样一个同西欧相比工厂工人人数并不多的国家,罢工人数怎么会那么多,就应当注意**反复罢工**。下面就是每年反复罢工数以及罢工人数同工人人数的对比资料:

年　份	罢工人数占 工人总数的 百分比	反复罢工占 罢工总次数的 百分比
1805—1904年	1.46%—5.10%	36.2%
1905年	163.8	85.5
1906年	65.8	74.5
1907年	41.9	51.8
1908年	9.7	25.4

我们从这里看到,1905—1907年这三年的罢工人数是不寻常的,反复罢工发生之频繁,罢工人数在工人总数中所占的百分比之高也是引人注目的。

统计材料同时给我们提供了发生罢工的企业和参加罢工的工人的实际数。下面就是每年的数字:

	发生罢工的企业中罢工 参加者在工人总数中 所占的百分比
10 年(1895—1904 年)总计	27.0%
1905 年	60.0
1906 年	37.9
1907 年	32.1
1908 年	11.9

这张表也和上面的表一样，它们都说明，1906—1907 年罢工人数减少的幅度，总的说来要比 1905—1906 年的**小得多**。我们在下面的叙述中还会看到，在某些生产部门和某些地区，1906—1907 年罢工运动不是衰落，而是增强了。现在我们只指出，各省实际参加罢工的工人人数的资料说明了下面的有趣现象。1905—1906 年，绝大多数工业发达的省份参加罢工的工人百分比都下降了；但也有一些省份这个百分比**提高了**，这就是那些工业最不发达的所谓最偏僻的省份。例如远北方诸省：阿尔汉格尔斯克省(11 000 个工厂工人；1905 年参加罢工的工人占 0.4％；1906年——78.6％)，沃洛格达省(6 000 个工厂工人；在这两年分别占26.8％和 40.2％)，奥洛涅茨省(1 000 个工厂工人；0——2.6％)；其次有黑海省(1 000 个工厂工人；42.4％——93.5％)；伏尔加河流域的省份中有辛比尔斯克省(14 000 个工厂工人；10％——33.9％)；中部农业区中有库尔斯克省(18 000 个工厂工人；14.4％——16.9％)；东部边疆地区中有奥伦堡省(3 000 个工厂工人；3.4％——29.4％)。

这些省份 1905—1906 年罢工参加者的百分比上升了，其意义是很明显的：1905 年浪潮还来不及冲击到这里的工人，他们只是在那些比较先进的工人进行了一年之久的世界前所未见的斗争以后才开始被卷入运动的。我们在下面的叙述中,还会一再碰到这个对于了解事变的历史进程十分重要的现象。

相反,在某些工业非常发达的省份1906—1907年罢工参加者的百分比提高了,例如彼得堡省(1906年68.0%;1907年85.7%——几乎同1905年的85.9%相等),弗拉基米尔省(37.1%——49.6%),巴库省(32.9%——85.5%),基辅省(10.9%——11.4%)以及其他许多省。如果说,从许多省份1905—1906年罢工者百分比的增长中,我们看到工人阶级后卫队错过斗争发展高峰时期,那么另一些省份1906—1907年这一百分比的上升则向我们表明,先锋队在奋力重整旗鼓,中止业已开始的退却。

为了使这个正确的结论更加确切,我们把第一和第二类省份的工人人数和罢工实际参加者人数的绝对数字列举如下:

1905—1906年参加罢工的工人的
百分比有提高的省份

这类省份的数目	这些省份的 工厂工人人数	实际参加罢工的工人人数	
		1905年	1906年
10	61 800	6 564	21 484

平均每省有6 000个工厂工人。实际参加罢工的工人共增加15 000人。

1906—1907年参加罢工的工人的
百分比有提高的省份

这类省份的数目	这些省份的 工厂工人人数	实际参加罢工的工人人数	
		1906年	1907年
19	572 132	186 926	285 673

平均每省有3万个工厂工人。实际参加罢工的工人增加10

万人,如果减去1906年未作统计的巴库省石油工人(大约不超过2万—3万人),那么大约增加7万人。

后卫队在1906年和先锋队在1907年所起的作用,在这些资料中是很清楚的。

为了更精确地判断这些罢工的规模,应当列举俄国各地区的资料并且把罢工人数和工厂工人人数作对比。下面就是这些资料的综合数字:

工 业 区	1905年工厂工人人数(单位千)	历年罢工人数(单位千)				
		1895—1904年总和	1905年	1906年	1907年	1908年
Ⅰ. 彼得堡区	298	137	1 033	307	325	44
Ⅱ. 莫斯科区	567	123	540	170	154	28
Ⅲ. 华沙区	252	69	887	525	104	35
Ⅳ—Ⅵ:基辅、伏尔加河流域和哈尔科夫区	543	102	403	106	157[①]	69[①]
总　计	1 660	431	2 863	1 108	740	176

各地区工人参加运动的情况并不平衡。总的来看,166万工人参加罢工2 863 000人次,也就是说,每100个工人参加罢工164人次,或者换句话说,1905年有一半以上的工人平均罢工两次。但这些平均数一方面掩盖了彼得堡区同华沙区的根本区别,另一方面也掩盖了这两个区同其余所有各区的根本区别。彼得堡

---

① 把这些数字和前几年的统计资料比较是不完全合适的,因为1907年第一次把石油工人计算在内,增加大约不超过2万—3万人。

区和华沙区共有占总数⅓的工厂工人（166万人中占55万人），但两个区的罢工者占总数的⅔（2 863 000人中占192万人）。这两个区1905年每个工人平均罢工近四次。其余各区，111万工人参加罢工943 000人次，从比例来看要比上述两个区少¾。由此可见，自由派散布的并且得到我们的取消派共鸣的似乎工人对自己力量估计过高的论调，是多么不正确。相反，事实证明了工人对自己的力量估计不足，因为他们没有充分利用自己的力量。如果整个俄国罢工斗争都像彼得堡区和华沙区的那样干劲十足，那样不屈不挠（我们这里仅仅指这种斗争形式），那么罢工总人数将**多一倍**。换句话说，这个结论应该是：工人在运动的这一领域只估计到自己的一半力量，因为另外一半他们还没有利用过。从地理上看，西部和西北部已经觉醒，但中部、东部和南部有一半还在沉睡中。资本主义的发展对促进落后者的觉醒每天都是有所作为的。

　　根据各区的资料得出的另一个重要结论是：1905—1906年运动低潮是普遍存在的，虽然是不平衡的；1906—1907年，华沙区则出现特大低潮，而莫斯科区、基辅区和伏尔加河流域区稍好一些，但彼得堡区和哈尔科夫区却有**增长**。这些情况说明，从人民当时的觉悟程度和准备程度来看，上面谈到的运动形式在1905年已经完成自己的使命；由于社会政治生活的客观矛盾没有消失，这个运动形式应该过渡到高级形式。而经过一年的休息（如果可以这样说的话）或聚集力量的时期以后，在1906年，新的高潮在我国部分地区已经出现，已经开始了。如果自由派和追随他们的取消派在评价这一时期时，以藐视的口吻说什么这是"浪漫主义者的期待"，那么马克思主义者就要说，自由派拒绝支持这一局部的高潮，他们也就在毁掉保卫民主成果的最后一点可能性。

关于罢工者分布的地区问题,还应当指出,绝大多数集中在**6
个工业高度发达的省**,其中的 5 个省有大城市。这 6 个省是:彼得
堡省、莫斯科省、里夫兰省、弗拉基米尔省、华沙省和彼得库夫省。
这 6 个省 1905 年共有工厂工人 827 000 人,就是说几乎占工厂工
人总数 1 661 000 人的一半。而这些省在 1895—1904 年这 10 年
间罢工者总共 246 000 人,就是说,约占罢工者总数 431 000 人的
60%;1905 年 2 072 000 人,就是说,约占 2 863 000 人的 70%;
1906 年 852 000 人,就是说,约占 1 108 000 人的 75%;1907 年
517 000 人,就是说,约占 74 万人的 70%;1908 年 85 000 人,就是
说,不到总数 176 000 人的一半。[1]

因此,这 6 个省在 1905—1907 年这三年中所起的作用,要比
在此以前和在此以后的时期所起的作用**大**。这就清楚了,大城市
其中包括两个首都,在这三年中发挥的力量比其他地方大得多。
分布在农村以及比较小的城市和工业中心的工人,他们占全国工
人总数的一半,但是 1895—1904 年罢工者只占全国罢工总人数
的 40%,1905—1907 年只占 25%—30%。因此,我们对上述结论
作一点补充,可以说大城市已经觉醒了,而小城市和农村在很大程
度上还在沉睡中。

除此之外,关于一般农村,也就是关于居住在农村的工厂工
人,还可以举出城市中和城市以外的**罢工次数**(不是罢工人数)的
统计资料。下面就是这方面的资料:

---

① 1908 年,巴库省罢工人数很多,计 47 000 人,居各省之冠。真可谓群众性政治
罢工中最后的莫希干人[176]!

	罢工次数		
	城市中	城市以外	总　计
10 年(1895—1904 年)总和	1 326	439	1 765
1905 年	11 891	2 104	13 995
1906 年	5 328	786	6 114
1907 年	3 258	315	3 573
1908 年	767	125	892

　　官方统计的编制者在列举以上资料时还指出,根据波果热夫先生的著名调查,俄国有 40% 的工厂在城市中,60% 在城市以外[177]。因此,如果在平常时期(1895—1904 年)城市的罢工次数比农村的罢工次数多两倍,那么城市的罢工次数占企业总数的百分比就达到农村的 **4½倍**。这个比数在 1905 年大致是 8:1,1906年 9:1,1907 年 15:1,1908 年[①] 6:1。换句话说,城市的工厂工人在罢工运动中所起的**作用**同居住农村的工厂工人相比,1905 年比过去各年要大得多;不仅如此,1906 年和 1907 年这种作用愈来愈大,也就是说,农村的工厂工人参加运动的人数比例愈来愈小了。居住农村的工厂工人在 1895—1904 年这 10 年中,所作的斗争准备最差,1905 年以后最先转入退却,表现得最缺乏坚持性。先锋队,即城市的工厂工人在 1906 年曾经特别作了一番努力,而在1907 年又作了**比 1906 年还要大的**努力,来制止这一退却。

　　下面我们看看罢工者按生产部门分布的情形。为此我们提出以下四种主要的生产类别:(A)五金工人;(B)纺织工人;(C)印刷工人、木材加工工人、皮革工人和化学生产工人;(D)矿产加工工人和食品生产工人。下面是各年的资料:[178]

---

　　①　1908 年的罢工次数包括 228 次油田罢工,而 1907 年包括 230 次油田罢工,这些油田 1906 年才开始接受检查。

生产类别	1904年工厂工人总数	各年罢工人数(单位千)				
		1895—1904年总　和	1905年	1906年	1907年	1908年
A	252	117	811	213	193	41
B	708	237	1 296	640	302	56
C	277	38	471	170	179	24
D	454	39	285	85	66	55
总　计	1 691	431	2 863	1 108	740	176

五金工人在1905年以前的10年中作的准备最充分。这10年在他们中差不多有一半人(252 000人中有117 000人)罢过工。由于他们的准备最充分,他们在1905年也站在最前面。他们的罢工人次超过他们人数的**2倍多**(811比252)。在分析1905年各个月份的统计资料时,这个先锋队的作用更显得突出(要在一篇短文中详细分析这些统计资料是不可能的,我们将在另外的地方再作分析)。1905年的各个月份中,五金工人同**所有**其余生产类别一样,罢工人数的最高峰不是在10月,而是在1月。先锋队以最大的干劲掀起运动,从而"震动了"其他群众。在1905年1月份一个月之中,五金工人有155 000人罢工,就是说,占总数(252 000人)的²/₃;一个月的罢工者人数比在此以前10年的总数还要多得多(155 000人比117 000人)。但是这种几乎是超人的干劲使得先锋队到1905年年底便筋疲力尽了:在1906年五金工人运动衰落的幅度居首位。他们的罢工人数减少最多:从811 000人减少到213 000人,就是说,几乎减少了³/₄。1907年先锋队又重新聚积力量,总的来说罢工人数减少得不多(从213 000人减少到193 000人),而在金属加工这一生产类别的三种最主要的生产部门即机械

制造、造船和铸铁部门中,罢工人数还从 1906 年的 104 000 人**增加到** 1907 年的 125 000 人。

　　纺织工人是俄国工厂工人的主力,占总数的 $\frac{1}{2}$ 弱(1 691 000 人中有 708 000 人)。就 1905 年以前 10 年中所作的准备来说,他们居第二位:他们之中 $\frac{1}{3}$ 的人罢过工(708 000 人中有 237 000 人)。就 1905 年运动的力量来说也居第二位:每 100 个工人中罢工者约有 180 人次。他们卷入斗争要比五金工人晚:1 月份,他们的罢工人数比五金工人的略多一些(164 000 人比 155 000 人),而 10 月份就超过一倍多(256 000 人比 117 000 人)。虽然俄国工厂工人的这个主力卷入运动较晚,但他们在 1906 年坚持得最久:这一年的衰落是普遍的,但是纺织工人的衰落**最小**,只减少了 $\frac{1}{2}$(640 000 人比 1 296 000 人),而五金工人则几乎减少了 $\frac{3}{4}$(213 000 人比 811 000 人),其他工人减少了 $\frac{3}{5}$—$\frac{5}{7}$ 不等。只是到 1907 年,这个主力也筋疲力尽了:1906—1907 年这一生产类别运动的衰落**最厉害**,罢工者减少 $\frac{1}{2}$ 以上(从 640 000 人减少到 302 000 人)。

　　我们对其余各生产部门的资料不作详细分析,仅指出一点,就是 D 类排在最后,他们的准备最差,参加运动的情况也最差。如果以五金工人为标准,那就可以说,D 类在 1905 年一年中就"亏欠"100 多万个罢工者。

　　五金工人和纺织工人的关系很有代表性,类似先进分子和广大群众的关系。由于在 1895—1904 年没有自由的组织、自由的报刊以及议会讲坛等等,群众在 1905 年只可能在斗争的进程中自发地团结起来。这个团结的过程是:罢工的浪潮一浪高一浪,而先锋队在运动的初期为了"震动"广大群众,曾经耗费了巨大的精力,因此在运动高潮到来时他们就显得比较疲惫。1905年1月份共有444 000罢工者,其中五金工人155 000人,即占34%,而在10月份罢工者总数为519 000人,其中五金工人117 000人,即占22%。很明显,运动的这种不平衡性,因力量的分散和不够集中而无异于力量的某种浪费。这种情况说明,第一,高度集中力量,可以提高效率;第二,由于所研究的时期的客观条件,在每一个浪潮的初期进行一系列的摸索即所谓勘探、试验等等,这是必不可少的,是为了取得胜利所必需的。所以,自由派以及追随他们的马尔托夫之流的取消派,从他们的"无产阶级对自己的力量估计过高"的理论出发,责备我们"做了自发的阶级斗争的尾巴"的时候,这班先生正是自己对自己作判决,并且不由自主地对我们大加恭维。

为了结束对每年的罢工统计资料的述评,我们还要列出一些数字,说明罢工的规模和持续的时间以及罢工造成的损失。

罢工参加者的平均数:

10年(1895—1904年)中	244个工人
1905年	205个工人
1906年	181个工人
1907年	207个工人
1908年	197个工人

1905年罢工规模缩小了(指参加人数),是由于大批小企业参加斗争,降低了参加者的平均数。1906年罢工规模的进一步缩小,看来是反映了斗争力量的减弱。1907年在这方面也有一些进步。

如果我们看看纯粹的政治罢工的参加者的平均数,那么得到的各年份的数字就是:1905年——180人;1906年——174人;

1907 年——203 人；1908 年——197 人。这些数字更清楚地表明
了 1906 年斗争力量的减弱和 1907 年新的增长，或（也可能是与此
同时）主要是最大的企业参加了 1907 年的运动。

每个罢工工人的罢工天数：

10 年(1895—1904 年)中	4.8 天
1905 年	8.7 天
1906 年	4.9 天
1907 年	3.2 天
1908 年	4.9 天

这些数字表明，斗争的顽强性以 1905 年为最高，后来就急剧
下降，直到 1907 年，只是 1908 年才又有回升。必须指出，西欧罢
工的不屈不挠的斗争精神相比之下要高得多。在 1894—1898 年
这五年中，每个罢工工人的罢工天数意大利是 10.3 天，奥地利是
12.1 天，法国是 14.3 天，英国是 34.2 天。

如果单独列出纯粹的政治罢工，那我们就得到以下的数字：
1905 年每个罢工者 7 天，1906 年 1.5 天，1907 年 1 天。经济原因
引起的罢工，其特点往往是斗争持续时间较长。

当我们注意到历年罢工斗争的不屈不挠精神程度各不相同
时，我们就得出一个结论：关于罢工者人数的资料还不足以比较出
各年运动的规模。只有下述每年罢工天数才能准确地确定运动的
规模：

		其中属于 纯粹政治罢工的
10 年(1895—1904 年)总和	2 079 408	—
1905 年总和	23 609 387	7 569 708
1906 年总和	5 512 749	763 605
1907 年总和	2 433 123	521 647
1908 年总和	864 666	89 021

这样，仅 1905 年这一年准确算出的运动规模达到以前 10 年

总和的**11倍多**。换句话说：1905年的运动规模达到以前10年运动的**每年平均规模的115倍**。

这个比数告诉我们，在官方的学者中（也不仅仅在他们中）经常可以碰到这样的人，他们把所谓"和平的"、"有机的"、"演进的"时代的社会政治发展速度当做一切时候的标准，当做现代人类可能达到的发展速度的标志，这种人的眼光是何等短浅。实际上所谓"有机的"时代的"发展"速度是最大的停滞的标志、是发展的最大障碍的标志。

根据罢工天数的资料，官方统计的编制者计算出工业所蒙受的损失。这种损失（减产）1895—1904年这10年总共为1 040万卢布，1905年为12 730万卢布，1906年为3 120万卢布，1907年为1 500万卢布，1908年为580万卢布。1905—1907年这三年减产的损失共值17 350万卢布。

工人在罢工期间少领工资而受的损失（按各生产部门日工资平均额确定），在这几年中总计如下（单位千卢布）：

生产类别 （见上面第 18页①）	1905年 工　厂 工人数 （单位千）	罢工使工人受到的损失（单位千卢布）				
		1895— 1904年 总　和	1905年	1906年	1907年	1908年
A	252	650	7 654	891	450	132
B	708	715	6 794	1 968	659	228
C	277	137	1 997	610	576	69
D	454	95	1 096	351	130	22
总　计	1 691	1 597	17 541	3 820	1 815	451

① 见本卷第377页。——编者注

在 1905—1907 年这三年中,工人的损失共 2 320 万卢布,就是说,达到在此以前 10 年期间总数的 14 倍多①。官方统计的编制者算出,工厂工业的在职工人(而不是罢工者),在头 10 年中所受的损失,每人平均每年约 10 戈比,1905 年约 10 卢布,1906 年约 2 卢布,1907 年约 1 卢布。但是这个算法忽略了不同生产部门的工人在这方面的巨大差异。下面就是根据上面表格中的数字作出的比较详细的计算:

生产类别	每个工厂工业工人的罢工损失数额(单位卢布)				
	1895—1904 年 10 年总和	1905 年	1906 年	1907 年	1908 年
A	2.6	29.9	3.5	1.8	0.5
B	1.0	9.7	2.8	0.9	0.3
C	0.5	7.2	2.2	2.1	0.2
D	0.2	2.4	0.7	0.3	0.05
总　计	0.9	10.4	2.3	1.1	0.3

从这里可以看到,每个五金工人(A 类)罢工受到的损失 1905 年几乎达到 30 卢布,比平均数大 2 倍,达矿产加工工人和食品工

---

① 必须注意,在运动最激烈的时期,工人已让这种损失的**一部分**由企业主来负担。统计本来应当说明从 1905 年起罢工的特殊原因(按官方统计编目原因项下的 **3b**):**要求支付罢工期间的工资**。1905 年提出这个要求的有 632 起,1906 年有 256 起,1907 年有 48 起,1908 年有 9 起(1905 年以前根本没有提过这个要求)。工人为这个要求斗争的结果只有 1906 年和 1907 年才有记载,而且**主要**是由上述原因引起的只有两三起事件:1906 年,主要为这个原因而罢工的工人有 10 966 个,其中 2 171 人取得罢工胜利,2 626 人遭到失败,6 169 人以达成妥协结束罢工。1907 年,主要为这个原因而罢工的工人有 93 个,没有一个人取得罢工胜利,52 人遭到失败,41 人以达成妥协结束罢工。根据我们所知道的关于 1905 年罢工的一切情况可以推测,1905 年,由于这一原因而举行的罢工比 1906 年更有成效。

人（D类）损失的平均数的 10 倍多。我们上面作出的关于五金工人在这种形式的运动中到 1905 年年底力量已经耗尽的结论,特别明显地为这一统计表所证实:1905—1906 年,A 类损失数额减少 $7/8$ 强,而其他各类只减少 $2/3$ — $3/4$。

关于罢工的各年份统计资料我们就分析到这里,在下一篇文章中我们将研究按月统计的资料。

二

对于研究波浪式的罢工运动来说,按年分时期显得太长。根据我们所掌握的统计资料,现在可以说,1905—1907 年这三年中,每一个月都抵得上一年。这三年的工人运动抵得上 30 年。1905 年没有一个月罢工数低于 1895—1904 年这 10 年期间**每年**的罢工者最低数,而 1906 年和 1907 年这样的情况每年只有两个月。

很遗憾,无论官方统计按月份整理的资料,还是按省份整理的资料,都非常不能令人满意。许多综合材料必须返工。由于这一原因,同时也考虑到篇幅关系,我们暂时只涉及**各季度**的资料。关于经济罢工和政治罢工的划分问题,我们要指出,官方统计所提供的 1905 年和 1906—1907 年的资料不完全适合于作比较。混合罢工——按官方统计编目即提出经济要求的第 12 项和提出经济要求的第 12 项(b)——在 1905 年算做政治罢工,而以后算做经济罢工。我们把 1905 年的这类罢工也算做经济罢工。

罢工人数（单位千）[179]：

年　份	1905 年				1906 年				1907 年			
季　度	I	II	III	IV	I	II	III	IV	I	II	III	IV
总　计	810	481	294	1 277	269	479	296	63	146	323	77	193
其　中												
经济罢工	604	239	165	430	73	222	125	37	52	52	66	30
政治罢工	206	242	129	847	196	257	171	26	94	271	11	163

用线条框出的时期是出现最大高潮的时期。从表上一眼就会看到，这些时期与这三年中非常突出的重大政治事件是相吻合的。1905 年第一季度——1 月 9 日事件和它的影响；1905 年第四季度——十月和十二月事件；1906 年第二季度——第一届杜马，1907 年第二季度——第二届杜马；1907 年最后一个季度的高潮最不明显，这是由于审讯第二届杜马工人代表而发生的 11 月政治罢工（134 000 个罢工者）造成的。因此，这三年的最后一个时期，也是向俄国历史的另一阶段过渡的时期，恰恰是一个例外，它证明了下面的规律：如果罢工浪潮的高涨在这方面并不意味着普遍的社会政治高涨的话，那么进一步仔细考察就会发现，罢工**浪潮**也不存在，而只有个别孤立的示威性的罢工。

这三年的规律是，罢工浪潮的高涨标志着国家整个社会政治演进的决定性的转折点。罢工统计清楚地向我们指出了这个演进的主要动力。这当然并不意味着，这种运动形式是唯一的或最高的形式——我们知道，不是这样的——这并不意味着，可以从运动的这一形式出发对社会政治演进的局部问题作出直接的结论。但是这意味着，我们看到一幅代表事态总趋势的主要动力的阶级的运动统计图（当然这幅图是很不完整的）。其他阶级的都围绕着这个中心运动，跟着它走，受它指引或由它决定方向（朝积极的方面

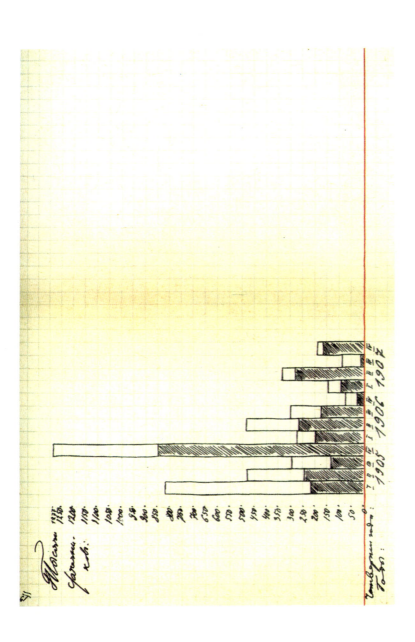

罢工工人人数季度统计表（1910年作）

画黑线的部分是政治罢工人数，没有画线的是经济罢工人数

或朝消极的方面），以它为转移。

只要回忆一下这三年中俄国政治历史的主要时期，就会确信这一结论是正确的。我们来看看1905年的第一季度。我们在这个季度的前夕看到了什么呢？我们看到了有名的地方自治-宴会运动。把工人在这个运动中的行动看做"高级形式的示威"是否正确呢？关于不引起自由派"惊慌"的言论是否正确呢？把这些问题摆到罢工统计的框子里（1903年：87 000人；1904年：25 000人；1905年1月：444 000人，其中有123 000个政治罢工者），那么答案也就清楚了。上述关于地方自治运动的策略的争论，只是反映了自由派运动和工人运动客观上存在的对抗性。

我们在一月[①]高潮以后看到了什么呢？我们看到了有名的二月命令[180]，开始对国家机构实行某些改革。

请大家看一看1905年的第三季度。政治史上居于首要地位的是8月6日法令（所谓布里根杜马）。这个法令能不能付诸实施呢？自由派认为，能付诸实施，并且根据这种看法决定推行自己的行动路线。马克思主义者则持相反的观点，这种观点没有得到那些客观上实践自由主义观点的人们的赞同。1905年最后一个季度的事态解决了争论。

从四个季度的数字来看，似乎1905年年底有一个高潮。事实上却有两个高潮，两个高潮之间是一个短短的运动退潮期。10月份有519 000个罢工者，其中有328 000个纯粹政治罢工者，11月份有325 000个罢工者（其中有147 000个政治罢工者），12月份

①　从季度材料来看，只有一次高潮。事实上有两次高潮：1月有444 000个罢工者，5月有220 000个罢工者。这两个月之间，3月份出现最低数，只有73 000个罢工者。

有 433 000 个罢工者(其中有 372 000 个政治罢工者)。在历史书刊上发表过自由派和我们的取消派(切列万宁之流)的一种观点,他们认为十二月高潮中有"人为的"因素。统计数字驳斥了这种观点,并且表明纯粹政治罢工的人数恰恰以这个月为**最高**,达到了372 000 人。那些迫使自由派作出一定的评价的种种倾向是可以理解的,但是从纯粹科学的观点来看,一个月的纯政治罢工者总数几乎相当于前 10 年罢工者总数的%的规模这样大的运动,即使说它有一点点是"人为的",也都是荒谬的。

最后,我们来看看 1906 年春天和 1907 年春天最后两个高潮①。这两个高潮同 1905 年一月高潮和五月高潮(也是前者超过后者)有一个共同的区别,这两个高潮是退却性的,而 1905 年的两个高潮是进攻性的。一般说来,这也是这三年中后两年和前一年的区别。因此,对于 1906 年和 1907 年的上述两个时期数字提高的正确估价应当是:这种提高标志着退却者中止退却并且尝试重新转入进攻。这些高潮的客观意义就是这样,这一点我们现在从整个"狂飙突进的三年"的最终结果来看,已经清楚了。第一和第二两届杜马无非是当下面中止退却的时候上面进行的政治谈判和政治示威。

由此可以清楚地看到,自由派的目光是多么短浅,他们竟把这些谈判看成是某种孤立的、独立的东西,不取决于这样或那样的中

---

① 应当指出,1895—1904 年这 10 年的俄国罢工历史表明,经济罢工的高潮一般都在每年第二季度。在这 10 年中间,罢工者每年平均为 43 000 人,而按季度计算:第一季度 10 000 人;第二季度 15 000 人;第三季度 12 000 人;第四季度 6 000 人。1906 年春天和 1907 年春天的高潮并非夏季是俄国罢工的高潮这个"一般"原因所能解释,这只要比较上述一些数字就能一目了然。值得注意的是政治罢工人数。

止退却的持续时间的长短和导致结果的好坏。由此可以清楚地看
到,现在轻蔑地谈论退却时"浪漫主义者的期待"的马尔托夫之流
取消派,他们客观上是依附于自由派的。统计数字向我们表明,这
里并不是"浪漫主义者的期待",而是实际上的确存在的退却的中
断、退却的中止。要是没有这种中止,那么这个历史上完全的不可
避免的 1907 年六三事件(因为退却仍然是退却),就可能提前一年
甚至更早发生。

我们联系政治历史的主要时期对罢工运动的历史进行了考
察,现在我们来研究一下经济罢工和政治罢工的相互关系。官方
统计提供了有关这个问题的极有意义的资料。我们先看看这三年
每年的总计数:

	罢工人数(单位千)		
	1905 年	1906 年	1907 年
经济罢工	1 439	458	200
政治罢工	1 424	650	540
总　计	2 863	1 108	740

由此得出的第一个结论是,经济罢工同政治罢工有着极其密
切的联系。它们同时上升同时下降。进攻时代(1905 年)运动强
大的标志是,政治罢工好像是建立在不亚于它的强大的经济罢工
的广泛基础之上,单是这一年的经济罢工就远远超过了 1895—
1904 年这 10 年的总数。

在运动出现低潮的时候,经济罢工人数要比政治罢工人数下
降得快。1906 年,尤其是 1907 年的运动,其弱点无疑是缺少经济
斗争的广泛可靠的基础。另一方面,政治罢工人数一般下降得较
慢,尤其是 1906—1907 年下降得不多,这种情况看来是说明了一

个我们所熟悉的现象：先进阶层以最大干劲来中止退却并且变退却为进攻。

这个结论完全可以用不同生产类别的经济罢工和政治罢工的对比资料来证实。为了避免在本文中罗列五花八门的数字，我们只拿1905年各季度五金工人和纺织工人作一个对比，并且这一次我们将引用官方统计的综合材料①，这一年的混合罢工算做政治罢工，这一点我们上面已经指出。

	1905年各季度	罢工人数（单位千）			
		I	II	III	IV
A 类	经济罢工	120	42	37	31
（五金工人）	政治罢工	159	76	63	283
	总 计	279	118	100	314
B 类	经济罢工	196	109	72	182
（纺织工人）	政治罢工	111	154	53	418
	总 计	307	263	125	600

先进阶层和广大群众的区别极为明显。从年初到年底，先进分子中的纯粹经济罢工者一直是少数。但在第一季度，这一类的纯粹经济罢工者数字也很大（12万），显然，对五金工人中的不少人须要加以"震动"，他们是从提出纯粹的经济要求而开始投身运动的。在纺织工人中我们看到，运动初期（第一季度）纯粹经济罢工者占绝大多数，在第二季度就成了少数，不过在第三季度又成为多数。1905年的最后一个季度，运动达到高潮的时候，五金工人

---

① 根据这个综合材料，1905年经济罢工人数为1 021 000人，政治罢工人数为1 842 000人，也就是说，1905年经济罢工者在总数中所占的比重比1906年的小。我们已经解释过，这是不准确的。

中纯粹经济罢工人数占罢工者总数的 10％，占五金工人总数的 12％；——而在这一时期纺织工人中纯粹经济罢工者占罢工者总数的 30％，占纺织工人总数的 25％。

现在可以完全看清楚了，经济罢工和政治罢工之间究竟是什么样的相互依存关系：如果它们没有密切的联系，那就不可能有真正广泛的、真正群众性的运动；而这种联系的具体形式是，一方面，在运动初期和在吸引新的阶层参加运动的时候，纯粹经济罢工起主要的作用，另一方面，政治罢工唤醒并推动落后者，推广并扩大运动，把运动提高到更高阶段。

仔细研究一下在这三年中新人究竟怎样被卷入运动，是非常有意思的。这方面的统计在基本材料中有，因为对每一次罢工都单独作了资料卡。但是官方统计对这些材料的加工整理非常不能令人满意，卡片上很多极其宝贵的材料都没有加以整理，不知去向。下面这份关于罢工次数在各类企业数中所占的百分比的表格，提供了大致的轮廓：

罢 工 次 数 在 企 业 数 中 所 占 的 百 分 比

企业类别	10 年总和 （1895— 1904 年）	1905 年	1906 年	1907 年	1908 年
20 个工人以下	2.7	47.0	18.5	6.0	1.0
21— 50 工人	7.5	89.4	38.8	19.0	4.1
51— 100 工人	9.4	108.9	56.1	37.7	8.0
101— 500 工人	21.5	160.2	79.2	57.5	16.9
501—1 000 工人	49.9	163.8	95.1	61.5	13.0
1 000 工人以上	89.7	231.9	108.8	83.7	23.0

我们在前面关于不同地区和不同生产类别的资料中见到的先

进阶层,现在出现在关于不同类别企业的资料中。在所有这几年中,有一个一般规律,就是企业的规模愈大,企业参加罢工的百分比就愈高。同时1905年有两个特点,第一,企业愈大,反复罢工的次数也就愈多;第二,1905年同1895—1904年这10年相比,企业**愈小**,百分比提高也愈快。这清楚地表明,吸引新人、吸引从未参加过罢工的阶层的工作进行得特别迅速。这些新人是在运动发展的最大高潮时期被迅速地卷入的,因此他们表现得最不坚决:1906—1907年,企业参加罢工的百分比,以小企业下降得最厉害,而大企业中下降得最少。先锋队力求中止退却,为此作的努力时间最久,态度最坚决。

但是我们还是回过来看看关于经济罢工和政治罢工对比的资料。上面(第19页)①列举的关于这三年中的季度资料首先表明,一切巨大的高潮不仅和政治罢工人数的上升有关,而且也和经济罢工人数的上升有关。只有1907年春季的高潮有点例外,经济罢工者的最高数不是出现在这一年的第二季度,而是出现在第三季度。

在运动初期(1905年第一季度)我们看到经济罢工的人数大大超过政治罢工的人数(604 000人和206 000人)。运动的高峰时期(1905年第四季度)掀起了经济罢工的新浪潮,显然不及一月浪潮大,但政治罢工占很大的优势。第三次高潮即1906年春季的高潮,再一次表明了经济罢工和政治罢工人数都有很大的增加。仅仅举出这些资料就足以驳倒那种认为经济罢工和政治罢工的联合是"运动的弱点"的看法。这种看法自由派讲过很多次;取消派

---

① 见本卷第386页。——编者注

分子切列万宁在谈到 1905 年 11 月时也重复了这种看法；不久前马尔托夫在谈到这个时期时又重复了这种看法。特别是他们经常以争取八小时工作制的斗争遭到失败为例来证明这种观点的正确[181]。

这个失败的事实是不容争辩的，而任何失败都说明运动的弱点，这也是不容争辩的。但是自由主义观点认为经济斗争和政治斗争的联合正是"运动的弱点"；马克思主义观点则认为弱点在于这个联合不够，在于经济罢工者还不够多。统计材料清楚地证实了马克思主义观点的正确，揭示了这三年的"一般规律"：经济斗争增强，运动就增强。而这个"一般规律"同任何资本主义社会的基本特征存在着逻辑联系：资本主义社会中总会有一些很落后的阶层，只有运动达到白热化，才能唤醒他们，而且也只有提出经济要求，他们才能投入斗争。

我们把 1905 年最后一个季度的高潮同在此以前和在此以后的两次高潮作一比较，也就是同 1905 年第一季度和 1906 年第二季度的高潮作一比较，就会清楚地看到，10—12 月的高潮，从经济基础的广度来看，即从经济罢工者占罢工者总数的百分比来看，**不及**前一次高潮和后一次高潮。毫无疑问，八小时工作制的要求赶走了很多能够同情工人的其他意愿的资产阶级分子。但同样毫无疑问的是，这个要求吸引了很多以前还没有被卷入运动的非资产阶级分子，1905 年最后一个季度，他们有 43 万人参加经济罢工，而在 1906 年第一季度这个数字下降到 73 000 人，但 1906 年第二季度又重新上升到 222 000 人。这就说明，弱点不在于缺少资产阶级的同情，而在于缺少或没有及时得到非资产阶级分子的支持。

自由派总是害怕这种形式的运动总会赶跑某些资产阶级分

子。马克思主义者总是指出,这种形式的运动总会吸引广泛的非资产阶级分子。Suum cuique——各有各的看法。

官方关于罢工结果的统计资料是很能说明工人同企业主的斗争波折的问题的。这份统计的总计数如下:

罢工者在罢工中得到的各种结果的百分比

罢工结果	10 年中 (1895— 1904 年)	1905 年	1906 年	1907 年	1908 年
有利于工人	27.1	23.7	35.4	16.2	14.1
互相让步(妥协)	19.5	46.9	31.1	26.1	17.0
有利于业主(不利于工人)	51.6	29.4	33.5	57.6	68.8

由此首先得出的一般结论是,运动威力最大,工人的胜利也就最大。对于工人来说1905年得利最大,因为这一年罢工斗争的冲击力最大。这一年妥协次数也特别多:双方都还不适应新的、不寻常的条件,企业主在此起彼伏的罢工影响下显得惊慌失措,因此罢工以妥协而告终的情况比以往任何时候都多。1906年斗争得愈来愈难分难解,妥协次数就大大减少;但是总的说来工人还是常常取得胜利的:赢得胜利的罢工者所占的百分比超过失败者所占的百分比。从1907年起,妥协的次数减少了,工人失败的情况就不断加多。

我们看看绝对数字,那就清楚了,在1895—1904年这10年中,总共有117 000个工人赢得罢工胜利,而1905年一年就增加了2倍多:369 000人,1906年则增加将近$\frac{1}{2}$:163 000人。

但是,对于研究1905—1907年这三年中罢工斗争的波浪式运动来说,把一年作为一个时期太长了。我们也不列出每个月的资料,以免占用过多篇幅,我们只列出1905年和1906年的季度资料。1907 年可以略去,因为在这一年的罢工结果中我们没有看到间歇、低潮和高潮,只看到工人一味退却,资本家一味进攻,而这些情况在上面列出的年度资料中已经完全反映出来了。

年份	1905 年				1906 年			
季度	I	II	III	IV	I	II	III	IV
罢工结果								
有利于工人	158	71	45	95	34	86	37	6
妥　　协	267	109	61	235	28	58	46	8
有利于业主	179	59	59	100	11	78	42	23
总　计①	604	239	165	430	73	222	125	37

　　从这些资料中可以得出一些很有意义的结论,需要详加研究。总的来说,我们看到工人的冲击力愈大,他们的斗争也就愈有成效。上面的资料能不能证明这一点呢? 1905 年第一季度不及1905 年第二季度对工人有利,虽然第二季度运动减弱了。但是这个结论是错误的,因为第一季度的资料包括一月高潮(321 000 个经济罢工者)和二月低潮(228 000 人)与三月低潮(56 000 人)。单就 1 月这个高潮时期来说,我们看到,工人在这个月胜利了:87 000 个罢工者赢得胜利,81 000 个罢工者失败,152 000 人以达成妥协结束罢工。这一时期的两个低潮的月份(2 月和 3 月)给工人带来了失败。

　　第二时期(1905 年第二季度)是高潮时期,在 5 月达到了顶峰。斗争的高潮意味着工人的胜利:71 000 个罢工者赢得胜利,59 000 人失败,109 000 人以妥协结束罢工。

　　第三时期(1905 年第三季度)是一个低潮时期:罢工人数要比

---

①　官方统计中没有关于这个问题的每月总计数;因此这些总计数是根据各生产部门的资料计算出来的。

第二季度少得多。攻击力的减弱意味着业主的胜利：59 000个工人罢工失败，只有45 000人取得胜利。罢工失败的工人所占的百分比达到35.6％，**也就是比1906年高**。这说明，1905年工人所受到的"普遍同情气氛"（自由派大肆渲染这种气氛，说这是工人胜利的主要原因，马尔托夫不久前也说资产阶级的同情是"主要原因"），**在工人的攻击力减弱的时候**，丝毫没有使他们免遭失败。自由派对工人说，当你们在社会上得到同情时，你们才强大有力。而马克思主义者对工人说，当你们强大有力时，你们才在社会上得到同情。

1905年最后一个季度看来是一个例外：工人在最大高潮时期遭到了失败。但是这个例外是一种表面现象，因为这个季度既包括10月份，即工人在经济上也取得了胜利的高潮时期（＋57 000个工人赢得罢工胜利，－22 000个工人失败），又包括经济斗争走向低潮而工人遭到失败的11月（＋25 000人，－47 000人）和12月（＋12 000人，－31 000人）。而且11月份是一个发生骤变的月份，形势最动荡，对立势力最旗鼓相当的月份，也是对整个俄国历史（其中包括业主同工人关系史）的一般结论和一般动向最难判断的月份，这个月在1905年所有的月份中是妥协次数占百分比**最高**的月份：这个月有179 000个经济罢工者，其中106 000人即59.2％以达成妥协结束了斗争。①

1906年第一季度又出现了一个表面上看来是例外的情况：经济斗争处于最大的低潮，而工人取得的胜利最大（＋34 000人，－11 000人）。这方面也包括了工人失败的整个1月份

_____

① 经济罢工者10月份总计为19万人，11月份179 000人，12月份61 000人。

（＋4 000人，－6 000人）和工人胜利的整个2月份（＋14 000人，－2 000人）和3月（＋16 000人，－2 500人）。经济罢工人数在这一时期一直在下降（1月份为26 600，2月份为23 300，3月份为23 200），但整个运动的高潮已经可以明显地看出（罢工者总数1月份为190 000，2月份为27 000，3月份为52 000）。

1906年的第二季度是运动处于巨大的高潮和工人取得胜利的时期（＋86 000人，－78 000人）；5月和6月取得特大胜利——6月份经济罢工人数为9万人，达到1906年的最高数，——但4月份却是一种例外，尽管运动发展超过3月份，但工人仍旧遭到失败。

从1906年第三季度开始，总的来说经济斗争一直处于低潮，并且持续到年底，而与此相适应的是工人的失败（1906年8月份出现了一个不大显著的例外，在这个月工人最后一次在经济斗争中取得胜利：＋11 300人，－10 300人）。

我们可以用下面的方法对1905年和1906年经济斗争的种种波折作一简短的总结。在1905年，整个罢工斗争包括经济斗争在内，很明显地出现过三次主要的高潮：1月、5月和10月。这三个月经济罢工者总数为667 000人，在全年总数中（1 439 000人）不是占¼，而是占将近½。而所有这三个月中，工人都在经济上取得了胜利，也就是说，在罢工中取得胜利的工人超过在罢工中遭到失败的工人。

1906年总的说来上半年和下半年界限分明：上半年出现过退却的中止和大高潮，下半年则是大低潮。上半年经济罢工者总数为295 000人，而下半年则为162 000人。上半年给工人的经济斗争带来的是胜利，下半年则是失败。

　　这个一般总结充分证实了下面的结论：即使在经济斗争中，起决定作用的也不是"同情的气氛"，不是资产阶级的同情心，而是攻击的力量。

载于1910年12月和1911年1月
《思想》杂志第1期和第2期

译自《列宁全集》俄文第5版
第19卷第377—406页

关于出版《工人报》的通告[182]

(1910 年 10 月 30 日〔11 月 12 日〕以前)

俄国工人运动和社会民主党仍然存在严重危机。党组织涣散,知识分子几乎普遍逃离党组织,在仍然忠实于社会民主党的人中出现混乱和动摇,在先进的无产阶级中相当广泛的一部分人垂头丧气和消极冷漠,对于找到出路摆脱这种处境毫无信心,这就是目前形势的特点。在社会民主党人当中也有不少意志薄弱和信念不坚定的人,他们总是动不动就感到目前的混乱局面难以捉摸,恢复和巩固党,即恢复和巩固肩负着革命任务并具有革命传统的俄国社会民主工党是根本没有希望的,他们决定不再过问,而把自己封闭在个人生活的圈子里或封闭在只是做些"文化"工作的狭隘小组里,等等。

危机虽在继续,但其结局现在已经很清楚,党已明确地指出了出路所在,并且在朝这个方向走,混乱和动摇已表现为出现了相当明确的思潮、倾向和派别,对此党已作出十分明确的评价。而反党思潮的明朗化以及对它们作出明确的评价,也就等于混乱和动摇已经消除了一半。

要不陷入绝望和悲观,就必须了解危机的十分深刻的根源。这次危机是不能逾越不能回避的,只有经过顽强的斗争才能消除,因为这次危机不是偶然的,而是俄国**经济**发展和政治发展的**特殊**

阶段的产物。专制制度的统治仍然原封未动。暴力日益凶残。无权状况日益严重。经济压迫变本加厉。但是，专制制度只靠老办法是不能维持下去的。它**不得不**作新的尝试，尝试在杜马中或通过杜马同黑帮地主-农奴主、十月党人资本家公开结成联盟。凡是没有丧失思考能力的人都明白这种尝试是没有指望的，都明白新的革命危机在增长。但是这种革命危机是在新的情况下酝酿形成的，就是说，现在各阶级和各政党的自觉性、团结性和组织性有了极大的提高，这是1905年革命以前不曾有过的情况。俄国的自由派已经由一个抱有善良愿望的、温和的、充满幻想的、软弱无力的、不成熟的反对派变成一个受过议会活动锻炼的强大的知识分子资产者的政党，而这些知识分子资产者自觉地反对社会主义无产阶级，反对农民群众对农奴主老爷们实行革命镇压。哀求君主制让步，以革命（自由派自己既恨革命又怕革命）相威胁，一贯背叛解放斗争投靠敌人，这就是自由派立宪民主党由其阶级本性所决定的必然归宿。俄国农民证明，只要无产阶级发动群众性的革命斗争，农民是能够参加斗争的，同时也证明了他们本身固有的始终在自由派和社会民主党之间摇摆的特性。俄国的工人阶级证明，在争取自由（即使是资产阶级的自由）的斗争中，它是唯一彻底革命的阶级，是唯一的领导者。现在继续争取自由的伟大任务，也只有在无产阶级引导被剥削劳动群众所进行的革命斗争中才可能完成，而且才一定会完成。工人阶级在新的情况下活动，在更加自觉更加团结的敌人的包围之中，就必须重建自己的党，即俄国社会民主工党。它正在从工人中选拔领导者来代替知识分子出身的领导者。社会民主党新型的工人党员正在成长，他们可以独立主持党的**各项**事业，并且能够团结、联合和组织相当于以往十倍、百倍的无

1910 年 10 月列宁
《关于出版〈工人报〉的通告》一文手稿第 1 页
（按原稿缩小）

产阶级群众。

我们的《工人报》首先就要面向这批新型的工人。这批工人已经长大成人，不再喜欢别人把他们当小孩子哄，也不再喜欢别人给他们喂奶糊了。他们需要了解有关党的政治任务、党的建设和党内斗争的一切情况。他们正在从事党的巩固、恢复和重建的工作，决不害怕党的不加掩饰的真情。他们在《前进》文集或托洛茨基的《真理报》上读到的泛泛的革命词句和令人腻味的调和主义高论，对他们没有好处，只有害处，因为不论是前者还是后者，都没有准确清楚、直截了当地阐述党的路线和党的状况。

党目前的处境是非常困难的，但是主要困难不在于党被严重削弱和组织经常遭到完全破坏，也不在于党内派别斗争激化了，而在于社会民主主义工人中的先进阶层对这一斗争的实质和意义还认识得不够清楚，还没有好好地团结起来卓有成效地进行这一斗争，还不够积极不够主动地干预这一斗争，以便建立、支持和巩固**党的核心**，使俄国社会民主工党摆脱混乱、瓦解和动摇，走上坚定的道路。

1908年十二月代表会议的各项决定（1910年中央全会的各项决定对此作了发挥）完全指明了这条道路。这个核心由正统的布尔什维克（召回主义和资产阶级哲学的反对者）和护党派孟什维克（取消主义的反对者）的联盟组成，这个联盟现在**主持着**，实际上而不仅是形式上主持着俄国社会民主工党的主要工作。

有人对工人说，这个联盟只是助长和激化派别斗争，即向取消派和召回派的斗争，而"不是"去同取消主义和召回主义作斗争。这是空话，这是哄小孩子的，不把工人当成年人，而把他们当小孩子。在党被削弱、组织被破坏、国外基地必不可少的情况下，任何思潮都容易形成事实上完全脱离党而独立的国外派别，这个真相是令人不愉快的，但是对社会民主主义的工人隐瞒这个真相是可笑的（甚至是犯罪的），因为这些工人要根据党的**一定的**、明确的路线来重建**自己的**党。现在最令人厌恶的派别斗争**形式**在我们这里占统治地位，这一点是不容置疑的，但是正因为要改变这种斗争**形式**，先进工人才不应该对改变不愉快的斗争的不愉快形式这个不愉快的（对肤浅的门外汉，对在党内作客的人来说）任务嗤之以鼻，托词回避，而应该**理解**这一斗争的实质和意义，**安排**好各地的工作，以便在有关社会主义宣传、政治鼓动、工会运动、合作社工作等等**每个**问题上都**确定**一个界限（越过这个界限就开始**偏离**社会民主党，而转向自由主义的取消主义或半无政府主义的召回主义、最后通牒主义等等），并且遵循这些界限所确定的正确路线**进行党的工作**。我们提出的《**工人报**》的主要任务之一，就是帮助工人对目前俄国现实生活中的每个最重要的**具体**问题确定这些界限。

有人对工人说，正是1910年1月的中央全会（全体会议）的统一尝试，证明了在党内进行派别斗争是徒劳无益的，是无出路的，他们说党内的派别斗争"破坏了"统一。说这种话的人不是不了解情况，就是根本不善于思考，再不然就是想用这样那样的响亮动听但言之无物的词句**掩饰**自己的真实目的。对全会感到"失望"的只是那些害怕正视现实和以幻想自我安慰的人。不管"调和主义的杂烩"在全会上有时多么厉害，但是结果恰恰达到了唯一可能和唯一需要的统一。如果说取消派和召回派在关于同取消主义和召回主义斗争的决议上**签了字**，而第二天却又"更加卖力地"重操旧业，那么这只是证明了党不能指望这些非护党分子，这只是更清楚地揭穿了这些人的真面目。党是自愿的联盟，只有当实行统一的人们愿意并且能够抱有一点诚意来执行党的总路线的时候,确切些说,只有当他们(在自己的思想上、自己的倾向上)**愿意执行党的总路线**的时候,统一才是可能的和有益的。当统一是企图混淆和模糊对这条路线的认识的时候,当统一是企图用虚假的纽带把那些坚决要把党拖向反党方向去的人联结在一起的时候,统一就是不可能的,就会带来危害。全会使布尔什维主义和孟什维主义各**主要集团**之间达到了统一,并且使统一得到巩固,这即使不是全会的功劳,也是全会的结果。

凡是不愿意让别人把自己当小孩子哄的工人都不会不了解,取消主义和召回主义就像布尔什维主义和孟什维主义一样,绝不是偶然的倾向,它们都有自己很深的根源。只有那些"为工人"编造奇闻的人才说这些不同的派别是"知识分子的"争吵造成的。这两种倾向给俄国革命的全部历史和俄国群众性的工人运动的最初年代(从许多方面来看是最重要的年代)都打上了自己的印记,事实上这些倾向是俄国从农奴制国家转变为资产阶级国家这一经济改造和政治改造过程本身的产物,是各种资产阶级的影响给无产阶级造成的后果,确切些说,是无产阶级所处的存在着资产阶级各阶层的那种环境造成的后果。由此可见,采取只消灭两种倾向中的一种的办法是不可能实现俄国社会民主党的统一的,因为这两种倾向是在工人阶级在革命中活动最公开、最广泛、最有群众性、最自由、最有历史意义的时期形成的。但是由此也可以看出,两个派别实际接近的基础,并不在于说些呼吁统一、呼吁消灭派别等等的好话,而只在于这两个派别的内在发展。1909年春天我们布尔什维克最后埋葬了"召回主义",而以普列汉诺夫为首的护党派孟什维克也开始同取消主义进行同样坚决的斗争,从那时起,工人阶级的政党就在实现这种接近。**两个**派别中的觉悟工人大多数都站在反对召回主义和取消主义的一边,这是无疑的。因此,基于这一点,无论党内斗争怎样严重,有时又是那样困难,而且又总是使人不快,我们都不应该看到现象的**形式**就忘掉现象的**实质**。谁要是看不见在这个斗争(在当时党所处的情况下这个斗争不可避免地表现为派别斗争)的基础上社会民主党的觉悟工人所形成的党的基本核心的**团结**过程,谁就是只见树木不见森林。

我们布尔什维克创办《**工人报**》的目的,也就是为了达到这种真正的社会民主党核心的团结。我们事先已征得护党派孟什维克(以普列汉诺夫为首)的同意,他们答应给予我们支持。本报不得不作为布尔什维克创办的派别刊物、派别事业而问世。也许有人在这里又会是只见树木不见森林,叫嚷这是"**后退**"到派别活动。但是只要我们详细阐明我们对实际上正在进行的、真正重要而又必需的党的统一的实质和意义的看法,我们也就指出了这类反对意见的价值,**事实上这类反对意见只不过意味着混淆**关于统一的问题和**掩饰**这些或那些派别性的目的。我们衷心地希望《**工人报**》能够帮助工人们十分清楚十分透彻地理解党的整个现状和党的各项任务。

《**工人报**》就要出版了,我们希望,我们党的中央委员会也好,地方组织也好,现已与党失去联系的一些觉悟工人小组也好,都给予帮助。我们希望得到中央委员会的帮助,尽管我们知道,好几个月来,它未能在俄国**正常地**安排好自己的工作,之所以未能做到,正是因为除布尔什维克和护党派孟什维克外,它**无从**得到协助,反而常常遭到其他派别的直接反对。中央委员会面临的这个艰难时期是会过去的,为了使这个时期快些过去,我们决不应该一味"等待"中央委员会恢复和巩固等等,而应该根据一些小组和一些地方组织的倡议,**立即**着手安排工作(即使一开始规模很小很小),也就是把巩固党的路线和争取党的**真正的**统一抓起来,为此中央委员会也作了最大的努力。我们希望得到地方组织和一些工人小组帮助,因为唯有他们积极参与办报,唯有他们给予支持,写评论,写文章,提供材料,反映情况和发表意见,才能使《**工人报**》站稳脚跟并保证出版。

载于 1937 年 5 月 5 日《真理报》第 122 号

译自《列宁全集》俄文第 5 版第 19 卷第 407—415 页

革命的教训

(1910 年 10 月 30 日〔11 月 12 日〕)

从 1905 年 10 月俄国工人阶级给沙皇专制制度第一次强大打击到现在,已经有五年了。无产阶级在那些伟大的日子里,发动了千百万劳动者起来进行反对压迫者的斗争。无产阶级在 1905 年的几个月之内就争得了工人等了数十年"上司"还是没有赐给的那些改善。无产阶级为全俄人民争得了(虽然只是暂时地争得了)俄国从来没有过的出版、集会和结社的自由。它从自己的前进道路上扫除了冒牌的布里根杜马,迫使沙皇颁布了立宪宣言,并且一举造成了非由代表机关管理俄国不可的定局。

无产阶级所争得的伟大胜利并不是彻底的胜利,因为沙皇政权尚未被推翻。十二月起义以失败告终,于是沙皇专制政府就在工人阶级的进攻逐步减弱,群众斗争逐步减弱的时候把工人阶级的胜利果实相继夺走了。1906 年工人的罢工、农民和士兵的骚动,虽然比 1905 年减弱了许多,但终究还是很强大的。在第一届杜马时期,人民的斗争又发展了起来,于是沙皇解散了第一届杜马,但不敢马上修改选举法。1907 年工人的斗争更加减弱了,这时沙皇解散了第二届杜马,举行了政变(1907 年 6 月 3 日);沙皇违背了他所许下的非经杜马同意决不颁布法律的一切冠冕堂皇的诺言,修改了选举法,使地主和资本家、黑帮政党及其走狗在杜马

РАБОЧАЯ ГАЗЕТА

JOURNAL OUVRIER

1910 年 10 月 30 日（11 月 12 日）载有列宁《革命的教训》
一文（社论）的《工人报》第 1 号第 1 版
（按原版缩小）

中能够稳占多数。

革命的胜利也好，失败也好，都给了俄国人民以伟大的历史教训。在纪念 1905 年五周年之际，我们要力求弄清楚这些教训的主要内容。

第一个而且是主要的教训是：只有群众的革命斗争，才能使工人生活和国家管理真正有所改善。无论有教养的人们怎样"同情"工人，无论单枪匹马的恐怖分子怎样英勇斗争，都不能摧毁沙皇专制制度和资本家的无限权力。只有工人自己起来斗争，只有千百万群众共同斗争才能做到这一点，而只要**这个**斗争一减弱，工人所争得的成果立刻就要被夺走。俄国革命证实了工人国际歌中的一段歌词：

> "从来就没有什么救世主，
> 也不靠神仙皇帝；
> 要创造人类的幸福，
> 全靠我们自己。"

第二个教训是：仅仅摧毁或限制沙皇政权是不够的，必须把它**消灭**。沙皇政权不消灭，沙皇作出的让步总是不可靠的。沙皇在革命进攻加强的时候就作些让步，进攻减弱的时候他就把这些让步统统收回。只有争得民主共和国，推翻沙皇政权，政权归于人民，才能使俄国摆脱官吏的暴力和专横，摆脱黑帮-十月党人杜马，摆脱农村中地主及其走狗的无限权力。如果说现在，也就是在革命后，农民和工人的灾难比以往更加深重的话，那么这就是当时革命力量薄弱，沙皇政权没有被推翻种下的苦果。1905 年，在此之后的头两届杜马的召开及其被解散，都给人民许多教益，首先教会了他们要用共同斗争来实现政治要求。人民觉醒起来参与政治生活,开始是要求专制政府让步:要沙皇召集杜马,要沙皇撤换大臣,要沙皇"赐予"普选权。但是专制政府没有作出这种让步,也不可能作出这种让步。专制政府用刺刀回答了请求让步的行动。于是人民开始认识到必须进行**斗争**反对专制政权。现在斯托雷平和老爷黑帮杜马,可以说是更加有力地把这种观念灌进农民的脑袋里。他们正在灌而且一定会灌进去。

沙皇专制制度本身也从革命中吸取了教训。它已经知道不能指靠农民对沙皇的信任了。现在它和黑帮地主以及十月党工厂主结成联盟来巩固自己的政权。现在要推翻沙皇专制制度,就要有比1905年强大得多的革命群众斗争的进攻。

这种强大得多的进攻是否可能呢?要回答这个问题,我们就要谈谈**第三个而且是最主要的**革命教训。这个教训就是:我们已经看到俄国人民中的各阶级是**怎样**行动的。在1905年以前,有很多人以为全体人民都同样追求自由,都想得到同样的自由;至少是当时大多数人都没有清楚地认识到俄国人民中的各阶级对争取自由的斗争所持的态度是各不相同的,并且它们所争取的自由也是各不相同的。革命吹散了迷雾。1905年底,以及第一届和第二届杜马时期,俄国社会的**一切**阶级都公开登台了。他们实际上是公开亮相,亮出了他们的真实意图,他们究竟能为什么而斗争,他们斗争的实力、顽强精神和能量究竟有多大。

工厂工人即工业无产阶级,同专制制度进行了最坚决最顽强的斗争。无产阶级1月9日开始了革命,举行了群众性罢工。无产阶级发动了1905年12月武装起义,奋起保护了惨遭枪杀、鞭笞拷打的农民,从而将这场斗争进行到底。1905年罢工工人约**300万**(如加上铁路员工、邮政职工等等大概有400万人),1906

年——100万,1907年——75万。这样强大的罢工运动在世界上还未曾有过。俄国无产阶级表明,在革命危机真正成熟起来的时候,工人群众中蕴藏着多么巨大的力量。世界上最大的1905年罢工浪潮还远远没有消耗尽无产阶级的全部战斗力。例如在莫斯科工厂区,567 000工厂工人罢工54万人次,而在彼得堡工厂区,30万工厂工人罢工达100万人次。可见,莫斯科区的工人还远远没有发挥出像彼得堡工人那样的顽强斗争精神。在里夫兰省(里加市)5万工人罢工达25万人次,就是说,每个工人1905年平均罢工5次以上。目前全俄工厂工人、矿工和铁路工人起码有300万,而且人数逐年都在增加,如果运动有1905年里加那样强大,那他们就能派出**1 500万人次**的罢工大军。

任何沙皇政权也经不起这样的进攻。但是,谁都知道,这样的进攻不可能按照社会党人或先进工人的愿望人为地呼之即出。这样的进攻只有当全国都卷进危机、风潮迭起、爆发革命的时候才可能出现。要为这种进攻作好准备,就必须把最落后的工人阶层都吸引到斗争中来,必须长年累月地进行顽强的、广泛的、坚持不懈的宣传鼓动工作和组织工作,建立并巩固无产阶级的各种团体和组织。

俄国工人阶级的斗争实力是居于俄国人民的其余一切阶级之首的。工人本身的生活条件使工人具备了斗争能力,并推动他们去进行斗争。资本把大批工人集中在大城市,把他们团结在一起,训练他们同心协力。工人经常与他们的主要敌人资本家阶级发生直接冲突。在同这个敌人斗争的过程中,工人也逐渐成为**社会党人**,从而认识到必须彻底改造整个社会,必须彻底消灭一切贫困和一切压迫。工人逐渐成为社会党人,他们奋不顾身地同阻挡他们前进的一切障碍作斗争，首先是反对沙皇政权和农奴主-地主。

　　农民在革命中也起来同地主，同政府作斗争，但是他们的斗争力量太弱了。据统计，工厂工人参加过革命斗争即罢工的占多数（达到$\frac{3}{5}$），而农民参加过革命斗争的无疑只占少数，大概不超过$\frac{1}{5}$或$\frac{1}{4}$。农民斗争不够顽强，比较分散，不够自觉，往往仍然指望慈父沙皇发善心。实际上，1905年和1906年农民只是把沙皇和地主吓唬了一下。应该**消灭**他们，而不是吓唬他们，把**他们的**政府——**沙皇**政府连根拔掉。现在，斯托雷平和地主黑帮杜马竭力把富农培植成为新的地主-独立农庄主，作为沙皇和黑帮的同盟者。但是，沙皇和杜马愈是帮助富农掠夺农民群众，农民群众的觉悟就愈提高，而他们对沙皇的信任（农奴制下奴隶的信任，闭塞无知的人们的信任），也就愈少。农村中农业工人一年比一年多，他们除了与城市工人结成联盟共同斗争外找不到别的自救办法。农村中遭到破产、一贫如洗、忍饥挨饿的农民一年比一年多，——一旦城市无产阶级发动起来，这些农民中就会有千百万人更坚决地、更齐心协力地起来同沙皇和地主作斗争。

　　自由派资产阶级，即自由派地主、工厂主、律师和教授等等，也参加过革命。他们成立了"人民自由"党（立宪民主党）。他们在自己的报纸上向人民大许其愿，高喊自由。他们在第一届和第二届杜马中占有多数代表席位。他们许诺"用和平手段"去争取自由，而责备工农的革命斗争。农民和许多农民代表（"劳动派"）相信了这种许诺，驯服地跟着自由派走，而对无产阶级的革命斗争采取回避态度。这是农民（和许多城里人）在革命时期所犯的一个极大错误。自由派一只手帮助（即使如此，也是很少有的）争取自由的斗争，而将另一只手始终伸给沙皇，向沙皇保证要保持并巩固他的政权,使农民同地主和解,"安抚""好闹事的"工人。

当革命进入同沙皇决战,进入 1905 年十二月起义的时候,自由派就全体一致地卑鄙地背叛了人民的自由,离开了斗争。沙皇专制政府利用自由派这种背叛人民自由的行为,利用对自由派高度信任的农民的无知,击溃了起义的工人。当无产阶级被击溃之后,任何杜马,立宪民主党的任何甜言蜜语,他们的任何许诺都拦不住沙皇去消灭残留的一点点自由,去恢复专制制度和恢复农奴主-地主的无限权力。

自由派受了骗。农民获得了沉痛然而有益的教训。当广大人民群众还信任自由派,还相信可能同沙皇政权"讲和",回避工人的革命斗争的时候,在俄国是不会有自由的。当城市无产阶级群众起来斗争,推开那些动摇和叛变的自由派,领导农业工人和破产农民前进的时候,世界上便没有任何力量能够阻挡俄国自由的到来。

俄国无产阶级一定会奋起进行这种斗争,一定会重新来领导革命,俄国全部经济状况以及革命年代的全部经验就是保证。

五年前,无产阶级给予沙皇专制制度第一次打击。俄国人民见到了第一道自由的曙光。现在,沙皇专制制度又重整旗鼓,农奴主又卷土重来,作威作福,工人和农民依然处处横遭暴力蹂躏,到处可以看到当局亚洲式的专横跋扈和人民惨遭凌辱。然而沉痛的教训是不会不起作用的。俄国人民已经不是 1905 年以前的人民了。无产阶级已经对他们进行了斗争训练。无产阶级将带领他们走向胜利。

载于 1910 年 10 月 30 日(11 月　　　译自《列宁全集》俄文第 5 版
12 日)《工人报》第 1 号　　　　　　第 19 卷第 416—424 页

附　　录

《反革命自由派的意识形态》报告的提纲

（《路标》的成就及其社会意义）

（1909 年 11 月 13 日〔26 日〕以前）

一、《路标》和立宪民主党人卡拉乌洛夫的杜马演说攻击的是什么哲学。

二、被《路标》一笔抹杀的别林斯基和车尔尼雪夫斯基。

三、为什么自由派仇恨俄国"知识分子"革命及其法国的"相当长久的"范例？

四、俄国的《路标》和"左派"。立宪民主党人和十月党人。俄国资产阶级的"神圣事业"。

五、俄国民主革命在失去了自己的自由派资产阶级"同盟者"之后赢得的是什么？

六、《路标》和米留可夫在彼得堡竞选大会上的演说。米留可夫在这些大会上是怎样批评秘密的革命报纸的。

载于 1909 年 11 月关于该报告的海报

译自《列宁全集》俄文第 5 版第 19 卷第 427 页

《哥本哈根国际社会党
代表大会及其意义》报告的提纲

(不晚于 1910 年 9 月 11 日〔24 日〕)

1. 国际资本,它的国际组织,工人运动的国际性。

> "全世界无产者,联合起来"

2. 第一国际

> 1864——1872 年。

3. 第二国际

> 1889 年——巴黎的第一次代表大会

> 1910 年——哥本哈根的第八次代表大会

> 33个国家;约 1 000 名代表。

4. 各次国际代表大会在团结工人阶级和确定其路线方面的意义:阿姆斯特丹[183]。

5. 哥本哈根代表大会:捷克人和奥地利人民族主义和国际主义,资产阶级的政策和无产阶级的政策。

6. **合作社**

> (无产阶级斗争的工具:观点

> (A)无产阶级的和资产阶级的

(B)合作社在实现社会主义事业中的作用：**剥夺**

(C)社会党人在合作社里的所作所为)。

7.**支持波斯革命**运动——抗议对**芬兰**的进攻。

载于 1933 年《列宁文集》俄文版　　　　　　译自《列宁全集》俄文第 5 版
第 25 卷　　　　　　　　　　　　　　　　　第 19 卷第 428 页

《俄国党内斗争的历史意义》一文提纲^①

(1910 年 9 月 23 日或 24 日〔10 月 6 日或 7 日〕)

(1)对待农民的态度。"上资本主义资产阶级学校"。

(2)抵制主义。抵制布里根杜马。

(3)共和国和自由主义。

(4)俄国无产阶级的"特殊任务"及其"起决定作用的力量"(第 909 页)。

(5)法国—布朗基的。

(6)1905 年 12 月武装起义的"人为性"。

(7)卡·考茨基是"孟什维克"等。

　　《呼声报》的马尔丁诺夫。

译自《列宁文集》俄文版第 38 卷
第 37 页

---

① 该文见本卷第 352—370 页。——编者注

注　释

1　这是有关《无产者报》扩大编辑部会议的一组列宁文献。

《无产者报》扩大编辑部会议于1909年6月8—17日(21—30日)在巴黎举行。参加会议的有《无产者报》"小型"编辑部成员列宁、格·叶·季诺维也夫、列·波·加米涅夫、亚·亚·波格丹诺夫,俄国社会民主工党中央委员会委员、候补委员约·彼·戈尔登贝格、约·费·杜勃洛文斯基(这两人也是"小型"编辑部成员)、阿·伊·李可夫、维·康·塔拉图塔、维·列·尚采尔,布尔什维克地方组织代表米·巴·托姆斯基(彼得堡)、弗·米·舒利亚季科夫(莫斯科地区)、尼·阿·斯克雷普尼克(乌拉尔)。出席会议的还有娜·康·克鲁普斯卡娅、阿·伊·柳比莫夫、俄国社会民主工党中央委员会俄国局秘书亚·巴·哥卢勃科夫、第三届国家杜马代表尼·古·波列塔耶夫。这次会议实际上是有地方代表参加的布尔什维克中央的一次全体会议。

会议是根据列宁的倡议召开并且在他的领导下进行的。会议注意的中心是关于召回派和最后通牒派问题,这两派的代表是波格丹诺夫(马克西莫夫)和尚采尔(马拉)。在一些问题上他们得到舒利亚季科夫(多纳特)的支持。季诺维也夫、加米涅夫、李可夫和托姆斯基在一系列问题上采取了调和主义立场。

会议讨论了下列问题:关于召回主义和最后通牒主义;关于社会民主党内的造神说倾向;关于波格丹诺夫(马克西莫夫)就《走的不是一条路》一文(载于《无产者报》第42号)提出的抗议;关于在党的其他方面的工作中对杜马活动的态度;布尔什维克在党内的任务;关于在卡普里岛创办的党校;关于离开党单独召开布尔什维克代表大会或布尔什维克代表会议的鼓动;关于波格丹诺夫(马克西莫夫)同志分裂出去的问题及其他问题。在会议召开的前夕,举行了一次没有召回派和最后通牒派代表参加的非正式的布尔什维克会议,研究了列入议程的各项问题。列宁在这次非正式会议上详细通报了党内和布尔什维克派内的情况,他所提出的论点,构成了扩大编辑部会议通过的决议的基础。

会议坚决谴责了召回主义和最后通牒主义,号召所有布尔什维克同它们作不调和的斗争。会议也坚决谴责了造神说这种背离马克思主义原理的思潮,并责成《无产者报》编辑部同一切修正马克思主义哲学的表现进行斗争。会议谴责了召回派和造神派建立派别性的卡普里党校的行为。会议确认布尔什维克中央同孟什维克护党派接近的路线的正确性。会议提醒布尔什维克不要进行召开"纯布尔什维克代表大会"的鼓动,因为这客观上将导致党的分裂。会议号召不停止同取消主义和修正主义的斗争,同时主张同党的所有组成部分接近,加速召开全党的代表会议和代表大会。由于波格丹诺夫拒绝服从会议决议,《无产者报》编辑部宣布不再对他的政治活动负责任,这实际上意味着把他从布尔什维克的队伍中开除出去。会议决议重申了俄国社会民主工党第五次代表大会关于利用国家杜马讲坛的性质和目的的决议,强调必须把工人阶级的所有合法的和半合法的组织变成由党的秘密支部领导的进行社会民主主义的宣传、鼓动和组织工作的据点。会议还通过了改组布尔什维克中央的决定,在决定中规定了中央的新的结构和任务。

《无产者报》(《Пролетарий》)是俄国布尔什维克的秘密报纸,于1906年8月21日(9月3日)—1909年11月28日(12月11日)出版,共出了50号。该报由列宁主编,在不同时期参加编辑部的有亚·亚·波格丹诺夫、约·彼·戈尔登贝格、约·费·杜勃洛文斯基等。该报的头20号是在维堡排版送纸型到彼得堡印刷的,为保密起见,报上印的是在莫斯科出版。由于秘密报刊出版困难,从第21号起移至国外出版(第21—40号在日内瓦、第41—50号在巴黎出版)。该报是作为俄国社会民主工党莫斯科委员会和彼得堡委员会的机关报出版的,在头20号中有些号还同时作为莫斯科郊区委员会、彼尔姆委员会、库尔斯克委员会和喀山委员会的机关报出版,但它实际上是布尔什维克的中央机关报。该报共发表了100多篇列宁的文章和短评。该报第46号附刊上发表了1909年6月在巴黎举行的《无产者报》扩大编辑部会议的文件。斯托雷平反动时期,该报在保存和巩固布尔什维克组织方面起了卓越的作用。根据俄国社会民主工党中央委员会1910年一月全体会议的决议,该报停刊。——1。

2 达摩克利斯剑出典于古希腊传说:叙拉古暴君迪奥尼修斯一世用一根马尾系着一把利剑挂于自己的宝座上方,命羡慕他的权势和尊荣的达摩克利斯坐在宝座上。达摩克利斯顿时吓得面色苍白,如坐针毡,赶快祈求国王恩准离座。后来人们常用达摩克利斯剑来譬喻时刻存在的威胁或迫在眉睫的危险。——4。

3 指俄国召回派、最后通牒派和造神派于1909年在意大利卡普里岛办的一所党校。

1908年俄国社会民主工党第五次全国代表会议之后,召回派、最后通牒派和造神派就以"给工人办一所党校"为名,着手建立他们自己的派别中心。1909年春,召回派、最后通牒派和造神派的领袖亚·亚·波格丹诺夫、格·阿·阿列克辛斯基和阿·瓦·卢那察尔斯基组成了创办这所"党校"的发起人小组。他们以代表会议关于必须"从工作中培养社会民主主义运动的实际工作和思想工作的领导者"这一指示为由,把马·高尔基和著名工人革命家尼·叶·维洛诺夫拉进他们的小组。

尽管如此,波格丹诺夫派还是利用了那几年工人强烈要求接受党的教育的愿望,通过一些党的中央机关负责人同俄国的一些社会民主党地方组织取得联系,在召回派,特别是召回派在莫斯科的领袖安·弗·索柯洛夫(斯·沃尔斯基)的协助下,由各地方组织给它派了13名学员入校。这所党校于1909年8月开学。在该校讲课的有波格丹诺夫、阿列克辛斯基、卢那察尔斯基、高尔基、马·尼·利亚多夫、米·尼·波克罗夫斯基和瓦·阿·杰斯尼茨基。列宁回绝了该校的组织者要他到卡普里去当讲课人的建议。

1909年11月该校发生了分裂。以党校委员会成员维洛诺夫为首的一部分学员同波格丹诺夫派划清界限,向《无产者报》编辑部揭露该校讲课人的派别性行为,因而被开除。他们于11月底应列宁的邀请来到巴黎,听了一系列讲座,其中有列宁讲的《目前的形势和我们的任务》和《斯托雷平的土地政策》。1909年12月,该校的讲课人和留在卡普里的学员一起组成了反布尔什维克的"前进"集团。

列宁在《论拥护召回主义和造神说的派别》和《可耻的失败》两文(见本卷第73—107、130—132页)中详述了该校的历史,并对它作了评论。——6。

4　造神派是俄国1905—1907年革命失败后在俄国社会民主工党内部分知识分子中形成的宗教哲学派别,主要代表人物是阿·瓦·卢那察尔斯基、弗·亚·巴扎罗夫等人。造神派主张把马克思主义和宗教调和起来,使科学社会主义带有宗教信仰的性质,鼓吹创立一种"无神的"新宗教,即"劳动宗教"。他们认为马克思主义的整个哲学就是宗教哲学,社会民主运动本身是"新的伟大的宗教力量",无产者应成为"新宗教的代表"。马·高尔基曾一度追随造神派。列宁在《唯物主义和经验批判主义》一书以及1908年2—4月、1913年11—12月间给高尔基的信(见本版全集第18、45、46卷)中揭露了造神说的反马克思主义本质。——6。

5　崩得是立陶宛、波兰和俄罗斯犹太工人总联盟的简称,1897年9月在维尔诺成立。参加这个组织的主要是俄国西部各省的犹太手工业者。崩得在成立初期曾进行社会主义宣传,后来在争取废除反犹太特别法律的斗争过程中滑到了民族主义立场上。在1898年俄国社会民主工党第一次代表大会上,崩得作为只在专门涉及犹太无产阶级问题上独立的"自治组织",加入了俄国社会民主工党。在1903年俄国社会民主工党第二次代表大会上,崩得分子要求承认崩得是犹太无产阶级的唯一代表。在代表大会否决了这个要求之后,崩得退出了党。根据1906年俄国社会民主工党第四次(统一)代表大会决议,崩得重新加入了党。从1901年起,崩得是俄国工人运动中民族主义和分离主义的代表。它在党内一贯支持机会主义派别(经济派、孟什维克和取消派),反对布尔什维克。第一次世界大战期间,崩得分子采取社会沙文主义立场。1917年二月革命后,崩得支持资产阶级临时政府。1918—1920年外国武装干涉和国内战争时期,崩得的领导人同反革命势力勾结在一起,而一般的崩得分子则开始转变,主张同苏维埃政权合作。1921 年 3 月崩得自行解散,部分成员加入俄国共产党(布)。——7。

6 这里说的是孟什维克护党派。

孟什维克护党派是孟什维克队伍中的一个在组织上没有完全形成的派别,于 1908 年开始出现,为首的是格·瓦·普列汉诺夫。1908 年 12 月,普列汉诺夫同取消派报纸《社会民主党人呼声报》编辑部决裂;为了同取消派进行斗争,1909 年他恢复出版了《社会民主党人日志》这一刊物。1909 年在巴黎、日内瓦、圣雷莫、尼斯等地成立了孟什维克护党派的小组。在俄国国内,彼得堡、莫斯科、叶卡捷琳诺斯拉夫、哈尔科夫、基辅、巴库都有许多孟什维克工人反对取消派,赞成恢复秘密的俄国社会民主工党。普列汉诺夫派在保持孟什维主义立场的同时,主张保存和巩固党的秘密组织,为此目的而同布尔什维克结成了联盟。他们同布尔什维克一起参加地方党委员会,并为布尔什维克的《工人报》、《明星报》撰稿。列宁的同孟什维克护党派接近的策略,扩大了布尔什维克在合法工人组织中的影响。

1911 年底,普列汉诺夫破坏了同布尔什维克的联盟。他打着反对俄国社会民主工党内部的"派别活动"和分裂的旗号,企图使布尔什维克党同机会主义者和解。1912 年普列汉诺夫派同托洛茨基分子、崩得分子和取消派一起反对俄国社会民主工党布拉格代表会议的决议。——7。

7 《社会民主党人呼声报》(《Голос Социал-Демократа》)是俄国孟什维克的国外机关报,1908 年 2 月—1911 年 12 月先后在日内瓦和巴黎出版,共出了 26 号(另外还于 1911 年 6 月—1912 年 7 月出了《〈社会民主党人呼声报〉小报》6 号)。该报编辑是:帕·波·阿克雪里罗得、费·伊·唐恩、尔·马尔托夫、亚·马尔丁诺夫和格·瓦·普列汉诺夫。《社会民主党人呼声报》从创刊号起就维护取消派的立场。普列汉诺夫于 1908 年 12 月与该报实际决裂,1909 年 5 月 13 日正式退出该报编辑部。此后该报就彻底成为取消派的思想中心。——7。

8 指斯·沃尔斯基(斯坦尼斯拉夫、"叶尔"、安·弗·索柯洛夫)提交莫斯
科委员会的决议案。该决议案表示对《无产者报》编辑部不信任,要求
召开布尔什维克代表会议来选举布尔什维克新的思想中心。他的决议
案遭到了俄国社会民主工党莫斯科委员会"全体一致的反对"(见本卷
第99页)。——11。

9 指俄国社会民主工党第三次代表会议(第二次全国代表会议)。

俄国社会民主工党第三次代表会议(第二次全国代表会议)于
1907年7月21—23日(8月3—5日)在芬兰的科特卡举行。出席会议
的代表共26人,其中布尔什维克代表9人,孟什维克代表5人,波兰社
会民主党代表5人,崩得代表5人,拉脱维亚社会民主党代表2人。列
宁作为北方区的代表出席了代表会议。第五次(伦敦)代表大会选出的
中央委员会委员和候补委员也出席了代表会议。

这次代表会议是在六三政变后的政治形势下紧急召开的。列入会
议议程的有以下问题:参加第三届国家杜马选举问题;同其他政党达成
选举协议问题;选举纲领问题;全俄工会代表大会问题。

关于参加第三届国家杜马选举问题,代表会议听取了3个报告:报
告人分别是代表布尔什维克的列宁(反对抵制)和亚·亚·波格丹诺夫
(赞成抵制)以及代表孟什维克的费·伊·唐恩。在表决中,布尔什维
克抵制派的决议草案有9票赞成,15票反对;孟什维克的反抵制决议
草案有11票赞成,15票反对。布尔什维克中的抵制派在其决议草案
被否决以后投票赞成列宁的决议草案,结果列宁的决议草案有15票赞
成,11票反对。会议最后通过了以列宁的草案为基础的决议,这一决
议号召党参加选举运动,不仅同右派政党而且同立宪民主党人进行斗
争(参看《苏联共产党代表大会、代表会议和中央全会决议汇编》1964
年人民出版社版第1分册第219—220页)。

关于同其他政党达成选举协议的问题,代表会议作了如下决定:社
会民主党人在选举的第一阶段不同其他政党达成任何选举协议;在重
新投票时,允许同一切比立宪民主党左的政党达成协议;在选举的第二
阶段和以后各阶段,允许同一切革命政党和反对党达成协议以反对右
派政党;在工人选民团里,除了同未加入俄国社会民主工党的某些民族

的社会民主党和波兰社会党达成协议外,不得同其他政党达成协议。

会议还就选举纲领问题通过了如下的决议:"代表会议建议中央委员会根据代表会议就参加选举和参加国家杜马问题所通过的决议来制定选举纲领。"(同上书,第 224 页)

会议关于全俄工会代表大会问题的讨论,实际上变成了关于工人阶级政党同工会之间关系问题的讨论。代表会议决定把就这个问题提出的 4 个决议草案都作为资料转交俄国社会民主工党中央委员会。其中布尔什维克的草案即第 3 个草案是以列宁提出的草案为基础拟定的。

这次代表会议的意义在于它制定了党在斯托雷平反动时期条件下的策略原则。会议的决议由中央委员会以《关于 1907 年 7 月 21、22、23 日党的代表会议的通告》形式公布。——12。

10　指《社会民主党人报》。

《社会民主党人报》(《Социал-Демократ》)是俄国社会民主工党秘密发行的中央机关报。1908 年 2 月在俄国创刊,第 2—32 号(1909 年 2 月—1913 年 12 月)在巴黎出版,第 33—58 号(1914 年 11 月—1917 年 1 月)在日内瓦出版,总共出了 58 号,其中 5 号有附刊。根据俄国社会民主工党第五次代表大会选出的中央委员会的决定,该报编辑部由布尔什维克、孟什维克和波兰社会民主党人的代表组成。实际上该报的领导者是列宁。1911 年 6 月孟什维克尔·马尔托夫和费·伊·唐恩退出编辑部,同年 12 月起《社会民主党人报》由列宁主编。该报先后刊登过列宁的 80 多篇文章和短评。在斯托雷平反动时期和新的革命高涨年代,该报同取消派、召回派和托洛茨基分子进行斗争,宣传布尔什维克的路线,加强了党的统一和党与群众的联系。第一次世界大战期间,该报同国际机会主义、民族主义和沙文主义进行斗争,反对帝国主义战争,团结各国坚持国际主义立场的社会民主党人,宣传布尔什维克在战争、和平和革命等问题上提出的口号,联合并加强了党的力量。该报在俄国国内和国外传播很广,影响很大。列宁在《〈反潮流〉文集序言》中写道,"任何一个觉悟的工人,如果想**了解**国际社会主义革命思想的发展及其在 1917 年 10 月 25 日的第一次胜利",《社会民主党人报》

上的文章"是不可不看的"(见本版全集第 34 卷第 116 页)。——12。

11　指俄国社会民主工党第五次全国代表会议。

俄国社会民主工党第五次全国代表会议于 1908 年 12 月 21—27
日(1909 年 1 月 3—9 日)在巴黎举行。出席代表会议的有 24 名代表,
其中有表决权的代表 16 名:布尔什维克 5 名(中部工业地区代表 2 名,
彼得堡组织代表 2 名,乌拉尔组织代表 1 名),孟什维克 3 名(均持高加
索区域委员会的委托书),波兰社会民主党 5 名,崩得 3 名。布尔什维
克另有 3 名代表因被捕未能出席。列宁作为俄国社会民主工党中央委
员会的代表出席代表会议,有发言权。代表会议的议程包括:俄国社会
民主工党中央委员会、波兰社会民主党中央委员会、崩得中央委员会以
及一些大的党组织的工作报告;目前政治形势和党的任务;关于社会民
主党杜马党团;因政治情况变化而发生的组织问题;地方上各民族组织
的统一;国外事务。

在代表会议上,布尔什维克就所有问题同孟什维克取消派进行了
不调和的斗争,也同布尔什维克队伍中的召回派进行了斗争,并取得了
重大胜利。代表会议在关于各个工作报告的决议里,根据列宁的提议
建议中央委员会维护党的统一,并号召同一切取消俄国社会民主工党
而代之以不定形的合法联合体的企图进行坚决的斗争。由于代表会议
须规定党在反动年代条件下的策略路线,讨论目前形势和党的任务就
具有特别重要的意义。孟什维克企图撤销这一议程,但未能得逞。会
议听取了列宁作的《关于目前形势和党的任务的报告》(报告稿没有保
存下来,但其主要思想已由列宁写入《走上大路》一文,见本版全集第
17 卷),并稍作修改通过了列宁提出的决议案。在讨论列宁的决议草
案时,孟什维克建议要在决议里指出,专制制度不是在变成资产阶级君
主制,而是在变成财阀君主制,这一修改意见被绝大多数票否决;召回
派则声明他们不同意决议草案的第 5 条即利用杜马和杜马讲坛进行宣
传鼓动那一条,但同意其他各条,因此投了赞成票。关于杜马党团问题
的讨论集中在是否在决议中指出杜马党团的错误和中央委员会对党团
决定有无否决权这两点上。孟什维克对这两点均持否定态度,并且援
引西欧社会党的做法作为依据。召回派则声称俄国本来不具备社会民

主党杜马党团活动的条件,杜马党团的错误是客观条件造成的,因此不应在决议中指出。列宁在发言中对召回派作了严厉批评,指出他们是改头换面的取消派,他们和取消派有着共同的机会主义基础。代表会议通过了布尔什维克的决议案,对党团活动进行了批评,同时也指出了纠正党团工作的具体措施。在组织问题上代表会议也通过了布尔什维克的决议案,其中指出党应当特别注意建立和巩固秘密的党组织,而同时利用各种各样的合法团体在群众中进行工作。在关于地方上各民族组织统一的问题上,代表会议否定了崩得所维护的联邦制原则。此外,代表会议也否决了孟什维克关于把中央委员会移到国内、取消中央委员会国外局以及把中央机关报移到国内等建议。

俄国社会民主工党第五次全国代表会议的意义在于它把党引上了大路,是在反革命胜利后俄国工人运动发展中的一个转折点。——13。

12　指格·瓦·普列汉诺夫曾坚持工会中立的错误观点。关于这个问题,可参看列宁的《工会的中立》一文(本版全集第16卷)。——13。

13　指1909年2月12日(25日)《无产者报》第42号发表的《走的不是一条路》一文。——13。

14　列宁指的是亚·亚·波格丹诺夫在讨论关于召回主义和最后通牒主义的报告时的发言。由于报告中提到罗莎·卢森堡严厉谴责召回主义和最后通牒主义,波格丹诺夫便在发言中援引1904—1905年卢森堡反对过布尔什维克这一旧事,企图以此诋毁她对召回主义和最后通牒主义的批评。——13。

15　维·列·尚采尔(马拉)和亚·亚·波格丹诺夫(马克西莫夫)都在1907年俄国社会民主工党第五次(伦敦)代表大会上被批准为中央委员会候补委员,并在布尔什维克派代表的会议上当选为布尔什维克中央的成员。——14。

16　新《火星报》是指第52号以后的《火星报》。1903年10月19日(11月1

日)列宁退出《火星报》编辑部以后,该报第52号由格·瓦·普列汉诺夫一人编辑。1903年11月13日(26日)普列汉诺夫把原来的编辑全部增补进编辑部以后,该报由普列汉诺夫、尔·马尔托夫、帕·波·阿克雪里罗得、维·伊·查苏利奇和亚·尼·波特列索夫编辑。1905年5月该报第100号以后,普列汉诺夫退出了编辑部。1905年10月,该报停刊,最后一号是第112号。

关于《火星报》,见注76。——16。

17 指社会民主党杜马党团的代表没有出席俄国社会民主工党第五次代表会议(1908年全国代表会议)一事。报告人约·彼·戈尔登贝格(维什涅夫斯基)把这一缺席解释为出于个人的、偶然的原因。——19。

18 内行人是指在第三届国家杜马社会民主党党团内充当谋士角色的知识分子集团。这些人大多是取消派分子和修正主义分子,如亚·尼·波特列索夫、谢·尼·普罗柯波维奇等。他们利用布尔什维克党的领导人处于地下状态、不能公开参加杜马党团工作的机会,企图把杜马党团的活动引上反党的道路。——19。

19 指组织第三届国家杜马社会民主党党团协助小组一事。会议决定成立杜马党团协助委员会。列宁被选进了这个委员会,并在其中进行了大量工作,如曾为党团写了《关于八小时工作制法令主要根据的草案说明书》(见本卷第158—164页)。——19。

20 列宁指的是俄国社会民主工党杜马党团打算出版的一种报纸。后来,在杜马党团参与下,1910—1912年出版了布尔什维克的合法报纸《明星报》。——20。

21 列宁的决议草案是《无产者报》扩大编辑部会议通过的《关于在党的其他方面的工作中对杜马活动的态度》这一决议(参看《苏联共产党代表大会、代表会议和中央全会决议汇编》1964年人民出版社版第1分册第283—286页)的基础。——21。

22 非正式会议是指《无产者报》扩大编辑部会议前夕在列宁住所里召开的

没有召回派和最后通牒派代表参加的布尔什维克会议。见注1。
——22。

23　这一补充写进了该决议的第1部分第3条(参看《苏联共产党代表大
会、代表会议和中央全会决议汇编》1964年人民出版社版第1分册第
283—284页)。——25。

24　《远方》杂志(《Даль》)是取消派在彼得堡出版的文学和社会政治刊物,
共出了3期。第1期于1908年出版,第2期和第3期于1909年出版。
——26。

25　维·列·尚采尔(马拉)发言反对在中央机关报上刊登哲学文章,认为
"中央机关报不是登载这种文章的地方"。——27。

26　列宁的建议写进了《关于合法出版物的决议》(参看《苏联共产党代表
大会、代表会议和中央全会决议汇编》1964年人民出版社版第1分册
第295页)。——28。

27　这里说的是弗·米·舒利亚季科夫(多纳特)提出的一个决议草案。
草案全文如下:"1.为了使各地方组织能够最大限度地相互了解和协
调,应每月或每两月召开一次有俄国布尔什维克中央成员参加的各区
域代表的协商会议。2.上述协商会议有关策略问题的决定和决议对所
有布尔什维克地方组织均有约束力。3.如俄国布尔什维克中央成员对
这些决定和决议中的某一项提出异议,协商会议应向在国外的布尔什
维克中央执行委员会上诉。4.如果在国外的布尔什维克中央执行委员
会也认为被提出异议的决定不能批准,则应把问题提交所有布尔什维
克地方组织进行全党投票,全党投票的意见为最终决定。"约·彼·戈
尔登贝格(梅什科夫斯基)发言认为这个草案中有两点他不能接受;草
案中谈到决定的约束力和全党投票的地方,由于存在着引起纠纷的土
壤,是完全不能容许的。——29。

28　列宁是在会议讨论米·巴·托姆斯基的草案时提出这个建议的。
——29。

29 列宁的这条建议写在格·叶·季诺维也夫的便条的背面。建议中提到的总务委员会是由布尔什维克中央选举产生的。执行委员会即布尔什维克中央执行委员会。——29。

30 社会革命党人是俄国最大的小资产阶级政党社会革命党的成员。该党是1901年底—1902年初由南方社会革命党、社会革命党人联合会、老民意党人小组、社会主义土地同盟等民粹派团体联合而成的。成立时的领导人有马·安·纳坦松、叶·康·布列什柯-布列什柯夫斯卡娅、尼·谢·鲁萨诺夫、维·米·切尔诺夫、米·拉·郭茨、格·安·格尔舒尼等,正式机关报是《革命俄国报》(1901—1904年)和《俄国革命通报》杂志(1901—1905年)。社会革命党人的理论观点是民粹主义和修正主义思想的折中混合物。他们否认无产阶级和农民之间的阶级差别,抹杀农民内部的矛盾,否认无产阶级在资产阶级民主革命中的领导作用。在土地问题上,社会革命党人主张消灭土地私有制,按照平均使用原则将土地交村社支配,发展各种合作社。在策略方面,社会革命党人采用了社会民主党人进行群众性鼓动的方法,但主要斗争方法还是搞个人恐怖。为了进行恐怖活动,该党建立了事实上脱离该党中央的秘密战斗组织。

在1905—1907年俄国第一次革命中,社会革命党曾在农村开展焚烧地主庄园、夺取地主财产的所谓"土地恐怖"运动,并同其他政党一起参加武装起义和游击战,但也曾同资产阶级的解放社签订协议。在国家杜马中,该党动摇于社会民主党和立宪民主党之间。该党内部的不统一造成了1906年的分裂,其右翼和极左翼分别组成了人民社会党和最高纲领派社会革命党人联合会。在斯托雷平反动时期,社会革命党经历了思想上、组织上的严重危机。在第一次世界大战期间,社会革命党的大多数领导人采取了社会沙文主义的立场。1917年二月革命后,社会革命党中央实行妥协主义和阶级调和的政策,党的领导人亚·费·克伦斯基、尼·德·阿夫克森齐耶夫、切尔诺夫等参加了资产阶级临时政府。七月事变时期该党公开转向资产阶级方面。社会革命党中央的妥协政策造成党的分裂,左翼于1917年12月组成了一个独立政党——左派社会革命党。十月革命后,社会革命党人(右派和中派)公

开进行反苏维埃的活动,在国内战争时期进行反对苏维埃政权的武装
斗争,对共产党和苏维埃政权的领导人实行个人恐怖。内战结束后,他
们在"没有共产党人参加的苏维埃"的口号下组织了一系列叛乱。1922
年,社会革命党彻底瓦解。——34。

31　指全俄国民大学协会工作者第一次代表大会。

全俄国民大学协会工作者第一次代表大会于 1908 年 1 月 3—6 日
(16—19 日)在彼得堡举行。在讨论国民大学的工作和组织问题时,布
尔什维克领导的代表大会工人代表团提出一项决议案,要求给予工人
组织单独派代表参加国民大学理事会的权利,承认工人组织有权决定
课程大纲,有权指定它们所希望的社会科学方面的讲课人,承认每个民
族都有用本民族语言讲课的权利。代表大会以 110 票对 105 票否决了
这些要求,于是工人代表便退出了代表大会。

国民大学是俄国的一种成人教育机构。第一所国民大学是 1897
年在莫斯科开办的普列奇斯坚卡学校。在 1905—1907 年革命期间,各
地普遍成立了国民大学。布尔什维克曾广泛利用这种合法的文化教育
工作方式在工人和农民中宣传马克思主义。——35。

32　指全俄合作社机构第一次代表大会。

全俄合作社机构第一次代表大会于 1908 年 4 月 16—21 日(4 月
29 日—5 月 4 日)在莫斯科举行。出席代表大会的有 824 名代表,其中
约有 50 名是社会民主党人(包括布尔什维克和孟什维克)。代表大会
听取了关于国际合作社运动、关于合作社运动的作用和任务、关于消费
合作社在俄国的法律地位等报告。

在大会上,布尔什维克不顾孟什维克的阻挠,组织了社会民主党党
团,领导了工会组织和工人合作社的代表反对在会上占多数的资产阶
级合作社派的斗争。

在许多工人发言人讲话以后,警察当局下令禁止在代表大会上谈
论阶级斗争、工会、在罢工和同盟歇业期间援助工人、合作社的报刊和
宣传等问题,甚至禁止谈论代表大会常务委员会的选举和代表大会的
例行召开问题,并且命令列席大会的警官立即逮捕所有"发表社会主义

讲话和提出社会主义提案的人"。代表大会为此闭会以示抗议。
——35。

33　指全俄妇女第一次代表大会。

全俄妇女第一次代表大会于1908年12月10—16日(23—29日)
在彼得堡举行。出席代表大会的有大批女工代表和劳动知识妇女的
代表。

来自立宪民主党并在代表大会上占多数的一批代表企图使代表大
会贯彻这样一个口号:"妇女运动应该既是非资产阶级的,也是非无产
阶级的——它对于全体妇女来说是统一的。"参加工人团的一些取消派
和合法派代表支持这一主张,但大多数女工在布尔什维克代表的影响
下坚决加以反对。女工们不顾警察当局和代表大会组织委员会的阻
挠,揭了了无产阶级妇女运动和资产阶级妇女运动之间的阶级对立,号
召劳动妇女和男工们并肩战斗,并且表示,只有在社会主义制度下,妇
女才能摆脱贫困和无权状态。

在女工们的压力下,代表大会通过了关于保护妇女儿童劳动、关于
农村妇女地位、关于手工业合作社、关于犹太人的平等权利、关于反对
酗酒等项决议。在讨论现代社会中妇女的政治地位和公民地位这一主
要问题时,女工们提出了一项决议案,要求在中央立法机关和地方自治
机关选举中均实行普遍、平等、直接和无记名投票的选举制,不分性别、
信仰和民族。代表大会主席团拒绝宣读这个决议案,而代之以按自由
派资产阶级精神草拟的决议案。女工们为此退出了代表大会以示抗
议。——35。

34　指全俄工厂医生和工厂工业代表第一次代表大会。

全俄工厂医生和工厂工业代表第一次代表大会是根据莫斯科工厂
医生协会的倡议,于1909年4月1—6日(14—19日)在莫斯科举行
的。出席代表大会的代表中有52名工人,他们主要是由大工业中心
(彼得堡、莫斯科、基辅、叶卡捷琳诺斯拉夫、巴库、伊万诺沃-沃兹涅先
斯克等)的工会选出的。

按照代表大会组织者的意图,代表大会应当是工人和资本家之间

"和解的节日"。然而在工人代表中占多数的布尔什维克,排除了取消派的干扰,带领工人们在代表大会上执行了无产阶级的阶级路线。工人代表就工厂医疗卫生的具体问题发言时,提出了马克思主义政党的原则性和纲领性的要求。

代表大会没有开完。由于警察当局断然要求在讨论中不得涉及"激起阶级斗争"的问题,禁止表决关于住宅问题的决议(因为"决议案中谈到了社会主义和土地公有化")并且剥夺一些工人代表其中包括国家杜马代表伊·彼·波克罗夫斯基的发言权,所有的工人代表和一部分医生代表离开会场,以示抗议。因此,主席团决定闭会。——35。

35　这封信曾以《合法派的沉醉》为题刊载于 1909 年 5 月 13 日(26 日)《无产者报》第 45 号。该信抗议合法派迷恋于"小事",为了适应斯托雷平制度甚至禁止在工人俱乐部里作经济问题的讲演。——37。

36　六三政变是指俄国沙皇政府在 1907 年 6 月 3 日(16 日)发动的反动政变,史称六三政变。政变前,沙皇政府保安部门捏造罪名,诬陷社会民主党国家杜马党团准备进行政变。沙皇政府随之要求审判社会民主党杜马代表,并且不待国家杜马调查委员会作出决定,就于 6 月 2 日(15日)晚逮捕了他们。6 月 3 日(16 日),沙皇政府违反沙皇 1905 年 10 月 17 日宣言中作出的非经国家杜马同意不得颁布法律的诺言,颁布了解散第二届国家杜马和修改国家杜马选举条例的宣言。依照新的选举条例,农民和工人的复选人减少一半(农民复选人由占总数 44% 减到22%,工人复选人由 4% 减到 2%),而地主和资产阶级的复选人则大大增加(地主和大资产阶级复选人共占总数 65%,其中地主复选人占49.4%),这就保证了地主资产阶级的反革命同盟在第三届国家杜马中居统治地位。新的选举条例还剥夺了俄国亚洲部分土著居民以及阿斯特拉罕省和斯塔夫罗尔省突厥民族的选举权,并削减了民族地区的杜马席位(高加索由 29 席减为 10 席,波兰王国由 37 席减为 14 席)。六三政变标志着 1905—1907 年革命的失败和反革命的暂时胜利,斯托雷平反动时期由此开始。——41。

37　指费·伊·唐恩以《社会民主党人呼声报》编辑部的名义在 1908 年 7

月1日《前进报》第151号上就涅·切列万宁的《革命中的无产阶级》一书发表的声明。

《前进报》(«Vorwärts»)是德国社会民主党的中央机关报(日报),1876年10月在莱比锡创刊,编辑是威·李卜克内西和威·哈森克莱维尔。1878年10月反社会党人非常法颁布后被查禁。1890年10月反社会党人非常法废除后,德国社会民主党哈雷代表大会决定把1884年在柏林创办的《柏林人民报》改名为《前进报》(全称是《前进。柏林人民报》),从1891年1月起作为中央机关报在柏林出版,由李卜克内西任主编。恩格斯曾为《前进报》撰稿,同机会主义的各种表现进行斗争。1895年恩格斯逝世以后,《前进报》逐渐转入党的右翼手中。它支持过俄国的经济派和孟什维克。第一次世界大战期间持社会沙文主义立场。俄国十月革命以后,进行反对苏维埃的宣传。1933年停刊。——43。

38 《20世纪初俄国的社会运动》是孟什维克的文集,由尔·马尔托夫、彼·巴·马斯洛夫和亚·尼·波特列索夫编辑,彼得堡公益出版社于1909—1914年出版。原计划出5卷,实际上出了4卷。格·瓦·普列汉诺夫起初曾参加编辑部,后因不同意把波特列索夫的取消主义文章《革命前时期社会政治思想的演变》编入第1卷而于1908年秋退出。——43。

39 "高加索代表团"是指参加俄国社会民主工党第五次全国代表会议的孟什维克取消派代表帕·波·阿克雪里罗得、费·伊·唐恩和诺·维·拉米什维里。他们都持高加索区域委员会的委托书,故有此称。——44。

40 《崩得评论》(«Отклики Бунда»)是崩得国外委员会的机关刊物(不定期),1909年3月—1911年2月在日内瓦出版,共出了5期。——49。

41 指沙皇尼古拉一世派军队镇压1848—1849年匈牙利资产阶级革命一事。匈牙利当时处在奥地利帝国(哈布斯堡王朝)统治之下,奥地利皇帝就身兼匈牙利国王。争取民族独立和反对封建制度的匈牙利革命以

1848年3月15日佩斯起义为开端,得到全国广泛响应。1849年4月14日,在匈牙利革命军队战胜奥地利帝国的入侵军队之后,匈牙利议会通过了《独立宣言》,正式宣布成立匈牙利共和国。奥地利皇帝弗兰茨-约瑟夫一世于4月21日向俄国求援。5月,俄国干涉军14万人侵入了匈牙利。匈牙利革命受到两面夹击而遭到失败。8月13日,匈牙利军队向俄国干涉军司令伊·费·帕斯凯维奇投降。——50。

42 1909年夏天沙皇尼古拉二世的欧洲之行是为了显示曾协力镇压1905—1907年俄国革命的欧洲反动势力的团结一致,因而引起了欧洲进步舆论的愤慨。首先发难的是瑞典社会党人,他们在议会提出了充满无产阶级团结精神的质询。列宁对此给予高度评价,他于1909年5月26日请求社会党国际局执行委员会对瑞典社会党人的创举予以支持,并号召工人阶级一致抗议沙皇的欧洲之行(见本版全集第45卷附录)。社会党国际局为此发表了呼吁书,号召所有欧洲工人抗议沙皇的访问。呼吁书得到工人群众的广泛响应。在许多国家,群众集会和游行示威此起彼伏,议会中的社会党和工人党党团纷纷向本国政府提出质询。无产阶级的积极行动使尼古拉二世未敢在欧洲各国首都露面,从而实际上挫败了这次访问。——51。

43 指俄国社会民主党代表叶·彼·格格奇柯利在第三届国家杜马讨论73名代表1909年5月12日(25日)就黑帮组织俄罗斯人民同盟在警察协助下成立战斗队并犯下许多罪行一事提出的质询时的发言。格格奇柯利在发言中宣称:"谁要想与同盟以及被雇用的杀人凶手作斗争,谁要想与俄国和俄罗斯生活中存在的无法无天现象作斗争,谁要想刷新俄国,他就应当同疫病和毒害的根源作斗争。只有这样提出问题,才能有所收获。先生们,我们相信,只有当培植杜勃洛文之流、马尔柯夫之流以及其他等等先生们的制度不复存在,只有当专制制度崩溃,并在这个基础上君主制也土崩瓦解的时候……"就在此处,主持会议的弗·米·沃尔康斯基公爵打断了格格奇柯利的发言,并且要他收回最后两句话。——51。

44 社会党国际局是第二国际的常设执行和通讯机关,根据1900年9月巴

黎代表大会的决议成立,设在布鲁塞尔。社会党国际局由各国社会党
代表组成。执行主席是埃·王德威尔得,书记是卡·胡斯曼。俄国社
会民主党人参加社会党国际局的代表是格·瓦·普列汉诺夫和波·
尼·克里切夫斯基。从1905年10月起,列宁代表俄国社会民主工党
参加社会党国际局。1914年6月,根据列宁的建议,马·马·李维诺
夫被任命为社会党国际局俄国代表。社会党国际局在第一次世界大战
开始后实际上不再存在。——52。

45 立宪民主党人是俄国自由主义君主派资产阶级的主要政党立宪民主党
的成员。立宪民主党(正式名称为人民自由党)于1905年10月成立。
中央委员中多数是资产阶级知识分子、地方自治人士和自由派地主。
主要活动家有帕·尼·米留可夫、谢·安·穆罗姆采夫、瓦·阿·马克
拉柯夫、安·伊·盛加略夫、彼·伯·司徒卢威、约·弗·盖森等。立
宪民主党提出一条与革命道路相对抗的和平的宪政发展道路,主张俄
国实行立宪君主制和资产阶级的自由。在土地问题上,主张将国家、皇
室、皇族和寺院的土地分给无地和少地的农民;私有土地部分地转让,
并且按"公平"价格给予补偿;解决土地问题的土地委员会由同等数量
的地主和农民组成,并由官员充当他们之间的调解人。1906年春,曾
同政府进行参加内阁的秘密谈判,后来在国家杜马中自命为"负责任的
反对派"。第一次世界大战期间,支持沙皇政府的掠夺政策,曾同十月
党等反动政党组成"进步同盟",要求成立责任内阁,即为资产阶级和地
主所信任的政府,力图阻止革命并把战争进行到最后胜利。二月革命
后,立宪民主党在资产阶级临时政府中居于领导地位,竭力阻挠土地问
题、民族问题等基本问题的解决,并奉行继续帝国主义战争的政策。七
月事变后,支持科尔尼洛夫叛乱,阴谋建立军事独裁。十月革命胜利
后,苏维埃政府于1917年11月28日(12月11日)宣布立宪民主党为
"人民公敌的党"。该党随之转入地下,继续进行反革命活动,并参与白
卫将军的武装叛乱。国内战争结束后,该党上层分子大多数逃亡国外。
1921年5月,该党在巴黎召开代表大会时分裂,作为统一的党不复存
在。——52。

46　这里说的是俄国作家伊·安·克雷洛夫的寓言《青蛙和犍牛》。一只生性爱忌妒的青蛙要和犍牛比谁的肚子大,就拼命鼓肚子,结果撑破肚皮,送了性命。——52。

47　《莫斯科呼声报》(《Голос Москвы》)是俄国十月党人的机关报(日报),1906 年 12 月 23 日—1915 年 6 月 30 日(1907 年 1 月 5 日—1915 年 7 月 13 日)在莫斯科出版。十月党人领袖亚·伊·古契柯夫是该报的出版者和第一任编辑,也是后来的实际领导者。参加该报工作的有尼·斯·阿夫达科夫、亚·弗·博勃里舍夫-普希金、尼·谢·沃尔康斯基、弗·伊·格里耶、费·尼·普列瓦科、亚·阿·斯托雷平等。该报得到俄国大资本家的资助。——53。

48　赫列斯塔科夫是俄国作家尼·瓦·果戈理的喜剧《钦差大臣》中的主角。他是一个恬不知耻、肆无忌惮地吹牛撒谎的骗子。——53。

49　《俄国报》(《Россия》)是俄国黑帮报纸(日报),1905 年 11 月—1914 年 4 月在彼得堡出版。从 1906 年起成为内务部的机关报。该报接受由内务大臣掌握的政府秘密基金的资助。——53。

50　路标派是指俄国立宪民主党的著名政论家、自由派资产阶级的代表人物尼·亚·别尔嘉耶夫、谢·尼·布尔加柯夫、米·奥·格尔申宗、亚·索·伊兹哥耶夫、波·亚·基斯嘉科夫斯基、彼·伯·司徒卢威和谢·路·弗兰克。1909 年春,他们把自己论述俄国知识分子的一批文章编成文集在莫斯科出版,取名为《路标》,路标派的名称即由此而来。在这些文章中,他们企图诋毁俄国解放运动的革命民主主义传统,贬低维·格·别林斯基、尼·亚·杜勃罗留波夫、尼·加·车尔尼雪夫斯基、德·伊·皮萨列夫等人的观点和活动。他们诬蔑 1905 年的革命运动,感谢沙皇政府"用自己的刺刀和牢狱"把资产阶级"从人民的狂暴中"拯救了出来。列宁在《论〈路标〉》一文中对立宪民主党的这一文集作了批判分析和政治评价(见本卷第 167—176 页)。——53。

51　指俄国社会民主工党第四次代表会议(第三次全国代表会议)。这次会议是在第三届国家杜马选举结束后不久,于1907年11月5—12日(18—25日)在赫尔辛福斯(赫尔辛基)举行的。出席会议的代表共27名,其中布尔什维克代表10名,孟什维克代表4名,波兰社会民主党代表5名、崩得代表5名、拉脱维亚社会民主党代表3名。

　　会议议程包括关于国家杜马中社会民主党党团的策略、关于派别中心和加强中央委员会同地方组织的联系以及关于社会民主党人参加资产阶级报刊等问题。列宁在会上作了关于第三届国家杜马中社会民主党党团策略问题的报告。孟什维克和崩得分子发言不同意列宁对六三制度和党的任务的看法,主张支持杜马中的立宪民主党人和"左派"十月党人。代表会议以多数票通过了以俄国社会民主工党彼得堡市代表会议名义提出的布尔什维克的决议案,规定了社会民主党在杜马中的革命策略。代表会议还通过了布尔什维克提出的不容许社会民主党人参加资产阶级报刊的决议。这项决议是针对孟什维克的政论家们,特别是格·瓦·普列汉诺夫的,他曾在左派立宪民主党人的《同志报》上批评俄国社会民主工党第三次代表会议(第二次全国代表会议)的决议。鉴于孟什维克中心背着党中央委员会同地方委员会直接联系,大会通过了关于派别中心和加强中央委员会同地方组织关系的决议。代表会议还决定,社会民主党在国家杜马中的代表团称为社会民主党党团。

　　这次代表会议在一些基本问题上通过了列宁制定的决议从而在反动时期争取群众的斗争中用马克思主义的策略武装了俄国社会民主工党。——53。

52 国务会议是俄罗斯帝国的最高咨议机关,于1810年设立,1917年二月革命后废除。国务会议审议各部大臣提出的法案,然后由沙皇批准;它本身不具有立法提案权。国务会议的主席和成员由沙皇从高级官员中任命,在沙皇亲自出席国务会议时,则由沙皇担任主席。国家杜马成立以后,国务会议获得了除改变国家根本法律以外的立法提案权。国务会议成员半数改由正教、各省地方自治会议、各省和各州贵族组织、科学院院士和大学教授、工商业主组织、芬兰议会分别选举产生。国务会议讨论业经国家杜马审议的法案,然后由沙皇批准。——54。

53　这篇短评是列宁代表《无产者报》编辑部对马·尼·利亚多夫的信加的
按语。利亚多夫于 1909 年 7 月 6 日(19 日)写信给《无产者报》编辑部,
声称《无产者报》扩大编辑部会议的决议同他的"原则立场"截然相反,
深深地触动了他的"同志伦理和革命伦理"观念,为此他声明:"1. 对新
成立的多数派思想中心不负任何道义上和思想上的责任;2. 今后同《无
产者报》编辑部无任何关系,并且不做这个机关报的撰稿人;3. 不再受
任何派别纪律的约束,因为现在的《无产者报》编辑部正是这种纪律的
支柱。"利亚多夫的信同编辑部的按语一并刊载于 1909 年 7 月 11 日
(24 日)《无产者报》第 46 号。——56。

54　指俄国社会民主工党第五次全国代表会议。见注 11。——57。

55　列宁在这里指的是格·瓦·普列汉诺夫《机会主义、分裂还是为争取在
党内的影响而斗争?》一文。该文载于 1909 年 8 月《社会民主党人日
志》第 9 期。

　　　　《社会民主党人日志》(《Дневник Социал-Демократа》)是格·瓦·
普列汉诺夫创办的不定期刊物,1905 年 3 月—1912 年 4 月在日内瓦出
版,共出了 16 期。1916 年在彼得格勒复刊,仅出了 1 期。在第 1—8
期(1905—1906 年)中,普列汉诺夫宣扬极右的孟什维克机会主义观
点,拥护社会民主党和自由派资产阶级联盟,反对无产阶级和农民联
盟,谴责十二月武装起义。在第 9—16 期(1909—1912 年)中,普列汉
诺夫反对主张取消秘密党组织的孟什维克取消派,但在基本的策略问
题上仍站在孟什维克立场上。1916 年该杂志出版的第 1 期里则明显
地表达了普列汉诺夫的社会沙文主义观点。——57。

56　《真理报》(《Правда》)是托洛茨基派的派别报纸,1908—1912 年出版,
头 3 号在利沃夫出版,以后在维也纳出版,共出了 25 号。除前两号作
为斯皮尔卡(乌克兰社会民主联盟)的机关报出版外,该报不代表俄国
的任何党组织,按照列宁的说法,它是一家"私人企业"。该报编辑是
列·达·托洛茨基。

　　　　该报以"非派别性"的幌子作掩护,从最初几号起就反对布尔什维
主义,维护取消主义和召回主义,宣扬革命者同机会主义者共处于一党

之中的中派理论。1910年中央一月全会后,该报持取消派立场,支持"前进"集团。中央一月全会决定派遣列·波·加米涅夫为中央代表参加该报编辑部。由于该报根本不理会全会决议,双方不断发生摩擦和冲突,加米涅夫被迫于1910年8月退出。1912年,托洛茨基及其报纸成了八月联盟的发起人和主要组织者。——58。

57 指退出孟什维克机关报《社会民主党人呼声报》的格·瓦·普列汉诺夫。随着《呼声报》逐渐转到取消派方面,身为该报编辑之一的普列汉诺夫同编辑部发生了意见分歧。1908年12月,普列汉诺夫实际上就已停止参加《社会民主党人呼声报》的工作。1909年5月13日(26日),他正式退出了该报编辑部。——60。

58 玩偶小人一词出自俄国作家米·叶·萨尔蒂科夫-谢德林的同名讽刺故事。故事说,俄国某县城有一位制造玩偶的能工巧匠,他做的玩偶不仅形象生动,而且能像真人一样串演各种戏剧。这些玩偶小人没有头脑,没有愿望,却能横行霸道,使真正的人听其摆布。作家通过这个故事鞭挞了俄国社会中那种没有灵魂却又作威作福、欺压人民的寄生者。——60。

59 有何吩咐?原来是沙皇俄国社会中仆人对主人讲话时的用语。俄国作家米·叶·萨尔蒂科夫-谢德林在他的特写《莫尔恰林老爷们》中首次把对专制政府奴颜婢膝的自由派报刊称为《有何吩咐报》。——60。

60 奥西普是俄国作家尼·亚·果戈理的讽刺喜剧《钦差大臣》中的人物,该剧主角赫列斯塔科夫的仆人。当赫列斯塔科夫故作姿态,向给他送糖送酒的商人们表示他只收借款,不收任何贿赂时,奥西普则劝主人全都收下,并且代他动手接受"礼物",连捆扎礼品的小绳子也不放过,说"小绳子在路上也用得着"。——63。

61 这篇短评是作为《无产者报》编辑部对《莫斯科郊区委员会执行委员会的公开信》的按语刊印来的,《公开信》发表于1909年9月5日(18日)《无产者报》第47—48号合刊。

俄国社会民主工党莫斯科郊区委员会执行委员会的这封公开信(写信日期注明为1909年8月17日(30日))是在卡普里党校的派别性质暴露出来以后写的。执行委员会在信中提醒学员们必须同莫斯科郊区委员会和党中央保持密切联系,并且要求他们全面汇报党校的活动情况。——65。

62 这里说的是第三届国家杜马代表的补选。国家杜马彼得堡代表、立宪民主党中央委员亚·米·科柳巴金因在立宪民主党萨拉托夫省代表大会上发表所谓反政府讲话而于1908年被萨拉托夫高等法院判处6个月监禁。1909年5月国家杜马通过无记名投票把他除名。补选就是因此而举行的。——67。

63 自由思想党人是指德国自由思想党的成员。德国自由思想党是1884年由德国资产阶级自由派政党进步党同从民族自由党分裂出来的左翼合并而成的。1893年,自由思想党分裂为自由思想同盟和自由思想人民党两个集团。1910年这两个自由思想派组织又合并为进步人民党。自由思想党人以德国社会民主党为主要敌人。他们表面上是帝国政府的反对派,实际上支持它,特别是在涉及国家军国主义化和殖民地掠夺的问题上。1907—1909年,自由思想党人同德国反动政党保守党和民族自由党结成紧密的联盟("霍屯督联盟"即"毕洛联盟")。——68。

64 列宁说的法国激进派是指激进和激进社会共和党。

激进和激进社会共和党(简称激进社会党)是法国最老的资产阶级政党,于1901年6月成立,作为派别则于1869年形成。该党宗旨是一方面保卫议会制共和国免受教权派和保皇派反动势力的威胁,另一方面通过政治改革和社会改革来防止社会主义革命。第一次世界大战以前,它基本代表中小资产阶级的利益。在第一次和第二次世界大战之间,党内大资产阶级的影响加强了。党的领袖曾多次出任法国政府总理。——68。

65 《言语报》(《Речь》)是俄国立宪民主党的中央机关报(日报),1906年2月23日(3月8日)起在彼得堡出版,实际编辑是帕·尼·米留可夫和约·弗·盖森。积极参加该报工作的有马·莫·维纳维尔、帕·德·多尔戈鲁科夫、彼·伯·司徒卢威等。1917 年二月革命后,该报积极支持资产阶级临时政府的对内对外政策,反对布尔什维克。1917 年 10 月 26 日(11 月 8 日)被查封。后曾改用《我们的言语报》、《自由言语报》、《时代报》、《新言语报》和《我们时代报》等名称继续出版,1918 年 8 月最终被查封。——68。

66 劳动派分子是俄国国家杜马中的农民代表和民粹派知识分子代表组成的小资产阶级民主派集团劳动派(劳动团)的成员。劳动派于 1906 年 4 月成立。领导人是阿·费·阿拉季因、斯·瓦·阿尼金等。劳动派要求废除一切等级限制和民族限制,实行自治机关的民主化,用普选制选举国家杜马。劳动派的土地纲领要求建立由官地、皇族土地、皇室土地、寺院土地以及超过劳动土地份额的私有土地组成的全民地产,由农民普选产生的地方土地委员会负责进行土地改革,这反映了全体农民的土地要求,同时它又容许赎买土地,则是符合富裕农民阶层利益的。在国家杜马中,劳动派动摇于立宪民主党和布尔什维克之间。布尔什维克党支持劳动派的符合农民利益的社会经济要求,同时批评它在政治上的不坚定,可是劳动派始终没有成为彻底革命的农民组织。六三政变后,劳动派在地方上停止了活动。第一次世界大战期间,劳动派多数采取沙文主义立场。二月革命后,劳动派积极支持资产阶级临时政府,1917 年 6 月与人民社会党合并为劳动人民社会党。十月革命后,劳动派站在资产阶级反革命势力方面。

　　这里说的左派联盟是指布尔什维克同社会革命党人、人民社会党人和劳动派在第二届国家杜马选举时达成的协议。——70。

67 伊万努什卡是俄罗斯民间故事《十足的傻瓜》里的主人公,他经常说些不合时宜的话,因此而挨揍。——74。

68 指反社会党人非常法。

　　反社会党人非常法(反社会党人法)即《反社会民主党企图危害治安法》,是德国俾斯麦政府从 1878 年 10 月 21 日起实行的镇压工人运动的反动法令。这个法令规定取缔德国社会民主党和一切进步工人组

织,查封工人刊物,没收社会主义书报,并可不经法律手续把革命者逮
捕和驱逐出境。在反社会党人非常法实施期间,有1 000多种书刊被
查禁,300多个工人组织被解散,2 000多人被监禁和驱逐。在工人运
动的压力下,反社会党人非常法于1890年10月1日被废除。——75。

69 列宁指的是1908年10月《工人旗帜报》第5号发表的《一个工人的信
(根据对时局的估计谈谈党的工作计划)》这篇文章。该文说:"党团的
存在好像就是证明革命不是在口头上,就是……在实际上已被埋葬。"
该文是经莫斯科的召回派领袖安·弗·索柯洛夫(斯·沃尔斯基)"校
订"过的。——84。

70 工人事业派是聚集在《工人事业》杂志周围的经济主义的拥护者。《工
人事业》杂志是俄国经济派的不定期杂志,国外俄国社会民主党人联合
会的机关刊物,1899年4月—1902年2月在日内瓦出版,共出了12期
(9册)。该杂志的编辑部设在巴黎,担任编辑的有波·尼·克里切夫
斯基、帕·费·捷普洛夫、弗·巴·伊万申和亚·萨·马尔丁诺夫。该
杂志支持所谓"批评自由"这一伯恩施坦主义口号,在俄国社会民主党
的策略和组织问题上持机会主义立场。工人事业派宣扬无产阶级政治
斗争应服从经济斗争的机会主义思想,崇拜工人运动的自发性,否认党
的领导作用。他们还反对列宁关于建立严格集中和秘密的组织的思
想,维护所谓"广泛民主"的原则。《工人事业》杂志支持露骨的经济派
报纸《工人思想报》,该杂志的编辑之一伊万申参加了这个报纸的编辑
工作。在俄国社会民主工党第二次代表大会上,工人事业派是党内机
会主义极右派的代表。

　　工人思想派是俄国的经济派团体,以出版《工人思想报》得名。该
报于1897年10月—1902年12月先后在彼得堡、柏林、华沙和日内瓦
出版,共出了16号。工人思想派宣传机会主义观点,反对工人阶级的
政治斗争,把工人阶级的任务局限于经济性质的改良。工人思想派反
对建立马克思主义的无产阶级政党,主张成立工联主义的合法组织。
它贬低革命理论的意义,认为社会主义意识可以从自发运动中产生。

　　列宁在《俄国社会民主党中的倒退倾向》和《怎么办?》(见本版全集

第4卷和第6卷)以及在《火星报》上发表的一些文章中批判了工人事业派和工人思想派的观点。——84。

71 《工人旗帜报》(《Рабочее Знамя》)是布尔什维克的秘密报纸,1908年3—12月在莫斯科出版,共出了7号。第1号作为俄国社会民主工党中部工业区区域局机关报出版,第2—6号作为俄国社会民主工党莫斯科委员会和莫斯科郊区委员会的机关报出版,第7号作为俄国社会民主工党中部工业区区域局、莫斯科委员会和莫斯科郊区委员会的机关报出版。先后担任编辑的有索·雅·策伊特林、伊·伊·斯克沃尔佐夫-斯捷潘诺夫、德·伊·库尔斯基和弗·米·舒利亚季科夫(多纳特)。

　　《工人旗帜报》从第5号起就党对杜马和对俄国社会民主党杜马党团的态度问题开展讨论,在第5号上发表了一个召回派分子的信(署名:一工人),在第7号上发表了批评召回派的《一个党的工作者的信》。列宁对这两封信都作了分析(见本版全集第17卷第266—282、340—343页)。——86。

72 《信条》是经济派于1899年写的一个文件。它极其鲜明地反映了经济派的观点。《信条》的作者叶·德·库斯柯娃当时是国外俄国社会民主党人联合会成员。

　　列宁在西伯利亚流放地收到他姐姐安·伊·乌里扬诺娃-叶利扎罗娃从彼得堡寄来的《信条》之后,于1899年8月在米努辛斯克专区叶尔马科夫斯克村召集被流放的马克思主义者开会讨论了经济派的这个文件和他起草的《俄国社会民主党人抗议书》(见本版全集第4卷)。与会者17人一致通过并签署了这个《抗议书》,所以也称17人抗议书。《抗议书》引用了《信条》的全文。——88。

73 这里说的是18世纪末—19世纪初多次任法国外交部长、外交大臣的沙·莫·达来朗-贝里戈尔。据说,1807年,当西班牙驻法国大使提醒他实践曾对西班牙国王查理四世许下的诺言时,他却回答说:"人有舌头是为了隐瞒自己的思想。"——88。

74　伦敦代表大会即俄国社会民主工党第五次代表大会,于 1907 年 4 月 30
日—5 月 19 日(5 月 13 日—6 月 1 日)举行。代表大会原来打算在哥
本哈根或马尔默(瑞典)、布鲁塞尔召开。由于沙皇政府施加压力,丹
麦、瑞典、比利时都禁止在其国土上召开俄国社会民主工党代表大会。
因此已汇集在哥本哈根的大会代表只得转移到马尔默,又从那里动身
前往伦敦。

出席代表大会的代表有 342 名,代表约 15 万名党员,其中有表决
权的代表 303 名,有发言权的代表 39 名。在有表决权的代表中,有布
尔什维克 89 名,孟什维克 88 名,崩得代表 55 名,波兰王国和立陶宛社
会民主党代表 45 名,拉脱维亚边疆区社会民主党代表 26 名。大工业
中心的代表多数是布尔什维克。列宁作为卡马河上游地区(乌拉尔)组
织的代表参加了代表大会并被选入了主席团。马·高尔基作为有发言
权的代表参加了代表大会。

代表大会议程的讨论几乎占用了四次会议。布尔什维克和孟什维
克、崩得分子就是否把主要的具有原则性的理论和政治问题列入代表
大会议程展开辩论。布尔什维克在波兰和拉脱维亚社会民主党人的支
持下,使一个最重要的具有总原则性质的问题即对资产阶级政党的态
度问题列入了议程。大会通过的全部议程是:中央委员会的工作报告;
杜马党团的工作报告和杜马党团组织;对资产阶级政党的态度;国家杜
马;"工人代表大会"和非党工人组织;工会和党;游击行动;失业、经济
危机和同盟歇业;组织问题;斯图加特国际代表大会(五一节,军国主
义);军队中的工作;其他。由于时间和经费的关系,关于国家杜马、关
于工会和党、关于游击行动的问题及组织问题只讨论了以各派名义在
代表大会上提出的提案和决议案。关于失业、关于经济危机和同盟歇
业、关于斯图加特国际代表大会等问题没有来得及讨论。

布尔什维克在代表大会上得到了波兰王国和立陶宛社会民主党及
拉脱维亚边疆区社会民主党的代表的支持。布尔什维克用革命的纲领
团结了他们,因而在代表大会上获得了多数。在一切基本问题上,代表
大会都通过了布尔什维克的决议案。布尔什维克的策略被确定为全党
的统一的策略。关于对资产阶级政党态度的问题通过了列宁起草的决

议。这一决议对所有非无产阶级政党都作了布尔什维主义的评价,并规定了革命社会民主党对它们的策略。代表大会通过的关于国家杜马的决议,规定了社会民主党在杜马中的各项任务,指出社会民主党在杜马内的活动应该服从杜马外的活动,应该首先把杜马作为揭露专制制度和资产阶级妥协政策以及宣传党的革命纲领的讲坛。代表大会就"工人代表大会"问题通过的决议是以列宁为代表大会写的决议草案《关于非党工人组织和无产阶级中的无政府工团主义思潮》为基础写成的。在关于工会的决议中,代表大会批驳了工会"中立"的理论,认为必须做到党对工会实行思想上和政治上的领导。代表大会通过了新的党章。按照修改过的党章,在代表大会上只选举中央委员会,中央机关报编辑部由中央委员会任命并在中央委员会监督下工作。党章规定定期召开党的会议来讨论党内生活中最重要的问题。

代表大会选出了由布尔什维克5人(约·彼·戈尔登贝格、尼·亚·罗日柯夫、约·费·杜勃洛文斯基、伊·阿·泰奥多罗维奇、维·巴·诺根)、孟什维克4人(亚·马尔丁诺夫、诺·尼·饶尔丹尼亚、尼基福尔、约·安·伊苏夫)、波兰社会民主党2人(阿·瓦尔斯基、费·埃·捷尔任斯基)和拉脱维亚社会民主党1人(卡·尤·克·达尼舍夫斯基)组成的中央委员会(另外3名中央委员由崩得和拉脱维亚边疆区社会民主党在代表大会后选派)。代表大会还批准24名候补中央委员,其中有列宁。鉴于新的中央委员会成分不一,中央的领导不可靠,在代表大会结束时,布尔什维克在自己的会议上成立了以列宁为首的布尔什维克中央,《无产者报》编辑部也加入布尔什维克中央。——90。

75 察廖沃科克沙伊斯克是俄国喀山省的一个县城,后称约什卡尔奥拉。——91。

76 《火星报》(《Искра》)是第一个全俄马克思主义的秘密报纸,由列宁创办。创刊号于1900年12月在莱比锡出版,以后各号的出版地点是慕尼黑、伦敦(1902年7月起)和日内瓦(1903年春起)。参加《火星报》编辑部的有:列宁、格·瓦·普列汉诺夫、尔·马尔托夫、亚·尼·波特列索夫、帕·波·阿克雪里罗得和维·伊·查苏利奇。编辑部的秘书起初是因·格·斯米多维奇,1901 年 4 月起由娜·康·克鲁普斯卡娅担任。列宁实际上是《火星报》的主编和领导者。他在《火星报》上发表了许多文章,阐述有关党的建设和俄国无产阶级的阶级斗争的基本问题,并评论国际生活中的重大事件。

《火星报》在国外出版后,秘密运往俄国翻印和传播。《火星报》成了团结党的力量、聚集和培养党的干部的中心。在俄国许多城市成立了俄国社会民主工党列宁火星派的小组和委员会。1902 年 1 月在萨马拉举行了火星派代表大会,建立了《火星报》俄国组织常设局。

《火星报》在建立俄国马克思主义政党方面起了重大的作用。在列宁的倡议和亲自参加下,《火星报》编辑部制定了党纲草案,筹备了俄国社会民主工党第二次代表大会。这次代表大会宣布《火星报》为党的中央机关报。

根据俄国社会民主工党第二次代表大会的决议,《火星报》编辑部改由列宁、普列汉诺夫、马尔托夫三人组成。但是马尔托夫坚持保留原来的六人编辑部,拒绝参加新的编辑部,因此《火星报》第 46—51 号是由列宁和普列汉诺夫二人编辑的。后来普列汉诺夫转到了孟什维主义的立场上,要求把原来的编辑都吸收进编辑部,列宁不同意这样做,于 1903 年 10 月 19 日(11 月 1 日)退出了编辑部。因此,从第 52 号起,《火星报》变成了孟什维克的机关报。人们将第 52 号以前的《火星报》称为旧《火星报》,而把孟什维克的《火星报》称为新《火星报》。——101。

77 鹅拯救过罗马出自古代传说:公元前 390 年高卢人夜袭罗马城南的卡皮托里城堡时,神殿里的鹅群首先被惊动;它们的叫声唤醒了守兵,罗马城才得以保住。——102。

78 《前进报》(《Вперед》)是列宁领导的布尔什维克的群众性工人报纸,1906 年 9 月 10 日(23 日)—1908 年 1 月 19 日(2 月 1 日)由《无产者报》编辑部在维堡秘密出版,共出了 20 号。从第 2 号起作为俄国社会民主工党莫斯科委员会、彼得堡委员会和莫斯科郊区委员会的机关报出版,有些号同时作为彼尔姆委员会、库尔斯克委员会、喀山委员会或乌拉尔区域委员会的机关报出版。《前进报》用广大工农读者易懂的通俗语言宣传俄国社会民主工党的纲领,阐述第五次党代表大会(伦敦)以及党的全国代表会议和市、区代表会议的决议,解释布尔什维克的策略,同时揭露孟什维克和社会革命党的机会主义策略的危害。该报同工人读者联系密切。它广泛地阐述工人问题,同时也用相当的篇幅来解释布尔什维克在农民问题上的策略。《前进报》刊载过列宁的多篇文章。——102。

79 幼年的罪孽一语出自《旧约全书·约伯记》,意指年轻时由于幼稚而犯的错误和过失。——102。

80 列宁写的《召回主义-最后通牒主义的工贼》一文已经失落。——116。

81 列宁引用的是 B.O.沃洛谢维奇从彼得堡寄给《无产者报》编辑部的信。沃洛谢维奇是社会民主党人,布尔什维克,曾在俄国许多地方做过党的工作。1909 年是彼得堡瓦西里耶夫岛区责任组织员、彼得堡委员会委员。——117。

82 《彼得堡选举》一文是论述 1909 年 9 月举行的第三届国家杜马的补选结果的,载于 1909 年 10 月 3 日(16 日)《无产者报》第 49 号,没有署名。这条按语是针对尼·伊·约尔丹斯基的《走投无路》一文而写的,该文载于 1909 年 8 月 24 日(9 月 6 日)《新的一日报》第 6 号。——123。

83 《新的一日报》(《Новый День》)是一份合法报纸(周报),1909 年 7 月 20 日(8 月 2 日)—12 月 13 日(26 日)在彼得堡出版,共出了 15 号。这份报纸起初属于一批非党人士。1909 年 8 月,布尔什维克约·彼·戈尔登贝格和亚·尤·芬-叶诺塔耶夫斯基买下了这家报纸的出版权。除他们两人外,普列汉诺夫派孟什维克尼·伊·约尔丹斯基和一个叫 K.Л.魏德弥勒的人也参加了编辑委员会。但实际上报纸是由戈尔登贝格和约尔丹斯基两人编辑的。1909 年 10 月约尔丹斯基退出后,戈尔登贝格决定另组编辑委员会。

　　《新的一日报》是作为社会民主党报纸出版的,它实际上是社会民

主党第三届国家杜马党团的机关报。布尔什维克在彼得堡第三届国家
杜马补选运动中利用了这个报纸。列宁在该报发表过两篇文章:《再论
党性和非党性》和《论〈路标〉》(见本卷第 108—110、167—176 页)。该
报还刊登过社会民主党第三届国家杜马党团成员伊·彼·波克罗夫斯
基、尼·古·波列塔耶夫以及弗·德·邦契-布鲁耶维奇、奥里明斯基
的文章。该报第 16 号已准备就绪,但因被警察当局查封而未能出版。
——123。

84　指发表于《新时代》杂志的恩格斯 1895 年 4 月 1 日给卡·考茨基的信
和同年 4 月 3 日给保·拉法格的信(见《马克思恩格斯文集》第 10 卷第
699、700 页)。

　　《新时代》杂志(«Die Neue Zeit»)是德国社会民主党的理论刊物,
1883—1923 年在斯图加特出版。1890 年 10 月前为月刊,后改为周刊。
1917 年 10 月以前编辑为卡·考茨基,以后为亨·库诺。1885—1895
年间,杂志发表过马克思和恩格斯的一些文章。恩格斯经常关心编辑
部的工作,帮助它端正办刊方向。为杂志撰过稿的还有威·李卜克内
西、保·拉法格、格·瓦·普列汉诺夫、罗·卢森堡、弗·梅林等国际工
人运动活动家。《新时代》杂志在介绍马克思主义基本理论、宣传俄国
1905—1907 年革命等方面做了有益的工作。随着考茨基转到机会主
义立场,1910 年以后,《新时代》杂志成了中派分子的刊物。第一次世
界大战期间,杂志持中派立场,实际上支持社会沙文主义者。——123。

85　《关于巩固党和党的统一的决议草案》是列宁在 1909 年 10 月 21—22
日(11 月 3—4 日)召开的中央机关报《社会民主党人报》编辑部会议上
提出的。鉴于布尔什维克和孟什维克护党派之间为反对取消主义已经
开始接近,列宁建议把自己的《关于巩固我们党和党的统一的办法》一
文(这篇文章没有找到)作为编辑部文章刊登出去。《社会民主党人报》
编辑部成员阿·瓦尔斯基在 1909 年 11 月 20 日给波兰社会民主党总
执行委员会的信中谈到上述编辑部会议时说,列宁在文章中要求对取
消主义进行坚决斗争,并坚持必须维护和巩固独立的布尔什维克组织。
编辑部的多数(格·叶·季诺维也夫、列·波·加米涅夫、尔·马尔托

夫和瓦尔斯基)不同意将列宁这篇文章作为编辑部文章发表,而建议署上作者的名字,作为争论文章发表。于是,列宁把关于巩固党和党的统一的总问题提交编辑部讨论,并提出了这个决议草案。草案当时也被否决。——124。

86 列宁作为参加社会党国际局的俄国社会民主工党的正式代表,在1909年11月7日国际局第十一次常会上发了言。关于这次会议的详细情况,见列宁的《社会党国际局第十一次常会》一文(本卷第185—189页)。

在《列宁全集》俄文第2、3版和第4版中,这个发言是按《社会党国际局定期公报》第2号发表的报告刊印的。在本版依据的俄文第5版中,发言是按1909年11月24日《莱比锡人民报》第264号附刊4发表的更完整的记录刊印的。

《莱比锡人民报》(《Leipziger Volkszeitung》)是德国社会民主党的报纸(日报),1894—1933年出版。该报最初属于该党左翼,弗·梅林和罗·卢森堡曾多年担任它的编辑。1917—1922年是德国独立社会民主党的机关报,1922年以后成为右翼社会民主党人的机关报。——125。

87 博勃里科夫分子是指沙皇政府芬兰总督尼·伊·博勃里科夫1898—1904年间在芬兰推行的警宪制度的拥护者。——126。

88 这里说的是1906年7月爆发的斯维亚堡起义和喀琅施塔得起义。

斯维亚堡起义是指1906年7月17日(30日)深夜在赫尔辛福斯附近的斯维亚堡要塞开始的起义。这次起义在很大程度上是由于社会革命党人的挑动而过早地自发爆发的。俄国社会民主工党彼得堡委员会获悉斯维亚堡可能爆发武装起义的消息后,曾于7月16日(29日)通过了列宁起草的决定,试图说服群众推迟行动(见本版全集第13卷第324—327页)。布尔什维克在确信自发行动已不能制止之后,便领导了起义。俄国社会民主工党军事组织的两名布尔什维克阿·彼·叶梅利亚诺夫少尉和叶·李·科汉斯基少尉担任起义的领导人。积极参加起义的有7个炮兵连(共有10个)。起义者提出了推翻专制政府、给人民自由、把土地交给农民等口号。芬兰工人曾举行罢工支持起义。起义坚持了三天,终于因为准备不足,在7月20日(8月2日)被镇压下去。起义参加者被交付法庭审判。43人被判处死刑,数百人被送去服苦役或被监禁。

喀琅施塔得起义是指1906年7月19日(8月1日)爆发的喀琅施塔得水兵和士兵的起义。1906年春天和夏天,喀琅施塔得的布尔什维克在俄国社会民主工党彼得堡委员会的直接领导下,一直在进行武装起义的准备。1906年7月9日(22日)俄国社会民主工党军事和工人组织大部分成员被捕,使武装起义的准备受到影响,但是准备工作并未停止。7月18日(31日),斯维亚堡起义的消息传来,在喀琅施塔得积极活动的社会革命党人主张立即起义,布尔什维克鉴于起义的准备尚未完成而表示反对。在已不可能劝阻群众推迟行动时,布尔什维克根据彼得堡委员会的指示把领导士兵和水兵的起义的任务担当起来。1906年7月19日(8月1日)夜24时左右,按照规定的信号,地雷连、工兵连、电雷连的士兵(1 000余人)与海军第1和第2总队的水兵(约6 000人)几乎同时展开了斗争。部分武装的工人(约400人)也参加了起义。但是政府通过奸细已侦知起义的日期并预先作好了镇压起义的准备,社会革命党的干扰也阻碍了起义的顺利进行。到7月20日(8月2日)晨,起义就被镇压下去了。起义参加者有3 000多人被捕(其中有80名非军人)。根据战地法庭判决,36人被枪决,130人服苦役,1 251人被判处不同期限的监禁。

俄国社会民主工党彼得堡委员会于7月20日(8月2日)通过了关于举行政治总罢工来支持喀琅施塔得、斯维亚堡起义的决定。在得知起义已被镇压下去的消息后,取消了这一决定。——129。

89　列宁在本文中只分析了孟什维克和《社会民主党人呼声报》的立场,而没有分析他提到的列·达·托洛茨基的文章。由此看来,本文是列宁打算写的一篇论文的第一部分;论文的第二部分已经失落。

这里说的托洛茨基的文章,是指载于1909年8月波兰《社会民主党评论》杂志第14—15期合刊的《外部困难和内部困难》一文。

关于文中说的来信,参看《论俄国社会民主党内思想上的涣散和混乱》一文(本卷第155—157页)。——133。

90 指俄国社会民主工党第五次(伦敦)代表大会通过的《关于对非无产阶级政党的态度的决议》(参看《苏联共产党代表大会、代表会议和中央全会决议汇编》1964年人民出版社版第1分册第206—207页)。——134。

91 布伦坦诺式的、桑巴特式的、司徒卢威式的马克思主义是指资产阶级对马克思主义的一种歪曲,这种歪曲的要害是,"承认"马克思"关于资本主义的学说"而否定他关于革命的阶级斗争的学说。

德国资产阶级经济学家路约·布伦坦诺宣扬资本主义社会里的"社会和平"以及不通过阶级斗争克服资本主义社会矛盾的可能性,认为可以通过组织改良主义的工会和进行工厂立法来解决工人的问题,调和工人和资本家的利益。

另一个德国庸俗经济学家韦尔纳·桑巴特在自己的活动初期是一个"淡淡涂了一层马克思主义色彩的社会自由主义"的典型思想家,随后便以资本主义的直接辩护士出现。他歪曲马克思主义理论,抽掉其中的革命实质,掩饰资本主义剥削,否定资本主义制度下发生经济危机的必然性,把资本主义描绘为一种和谐的经济制度,把资产阶级社会描绘为"各阶级的和谐一致"。

在俄国传播类似布伦坦诺和桑巴特的理论的是合法马克思主义的主要代表彼·伯·司徒卢威。司徒卢威企图利用马克思主义为资产阶级利益服务。他抽取马克思主义中可以为自由派资产阶级接受的一切,而抛弃马克思主义的活的灵魂——它的革命性。他同国外庸俗政治经济学的代表人物沆瀣一气,认为资本主义的目的是无微不至地满足人的一切要求,号召"向资本主义学习",公开宣扬马尔萨斯主义。司徒卢威是叛变行为的大师,他从机会主义,从"批评马克思"开始,在几年时间里就滑到反革命资产阶级的民族自由主义上去了。——136。

92 这句话引自孟什维克取消派费·伊·唐恩在1908年俄国社会民主工党第五次全国代表会议上关于目前局势和党的任务问题的发言。——137。

93　这里引用的是俄国民粹派分子彼·尼·特卡乔夫给《前进》杂志编辑的
信,1874 年 4 月在伦敦用俄文出版了单行本,书名为《俄国的革命宣传
的任务》。书中这句话是:"……我们不允许有任何耽误,任何延宕。不
是**现在**就干,就得很久以后再干,也许是**永远不干!**"(见《马克思恩格斯
文集》第 3 卷第 384 页)——139。

94　指由沙皇政府大臣会议主席彼·阿·斯托雷平主持拟定、沙皇政府于
1906 年 11 月颁布的土地法令,包括 1906 年 11 月 9 日(22 日)《关于农
民土地占有和土地使用现行法令的几项补充决定》(这个法令由国家杜
马和国务会议通过后称为 1910 年 6 月 14 日法令)和 1906 年 11 月 15
日(28 日)《关于农民土地银行以份地作抵押发放贷款的法令》。根据
这两个法令,农民可以退出村社,把自己的份地变成私产,也可以卖掉
份地。村社必须为退社农民在一个地方划出建立独立田庄或独立农庄
的土地。独立田庄主或独立农庄主可以从农民土地银行取得优惠贷款
来购买土地。沙皇政府制定这些土地法令的目的是,在保留地主土地
私有制和强制破坏村社的条件下,建立富农这一沙皇专制制度在农村
的支柱。

　　列宁称 1906 年斯托雷平土地法令是继 1861 年改革以后俄国从农
奴主专制制度变为资产阶级君主制的第二步。尽管沙皇政府鼓励农民
退出村社,但在欧俄部分,九年中(1907—1915 年)总共只有 250 万农
户退出村社。首先使用退出村社的权利的是农村资产阶级,因为这能
使他们加强自己的经济。也有一部分贫苦农民退出了村社,其目的是
为了出卖份地,彻底割断同农村的联系。穷苦的小农户仍旧像以前一
样贫穷和落后。斯托雷平的土地政策并没有消除全体农民和地主之间
的矛盾,只是导致了农民群众的进一步破产,加剧了富农和贫苦农民之
间的阶级矛盾。——139。

95　农民协会(全俄农民协会)是俄国 1905 年革命中产生的群众性的革命
民主主义政治组织,于 1905 年 7 月 31 日—8 月 1 日(8 月 13—14 日)
在莫斯科举行了成立大会。据 1905 年 10—12 月的统计,协会在欧俄
有 470 个乡级和村级组织,会员约 20 万人。根据该协会成立大会和

1905年11月6—10日(19—23日)举行的第二次代表大会通过的决议,协会的纲领性要求是:实现政治自由和在普选基础上立即召开立宪会议,支持抵制第一届国家杜马;废除土地私有制,由农民选出的委员会将土地分配给自力耕作的农民使用,同意对一部分私有土地给以补偿。农民协会曾与彼得堡工人代表苏维埃合作,它的地方组织在农民起义地区起了革命委员会的作用。农民协会从一开始就遭到警察镇压,1907年初被解散。——139。

96　这里说的是彼·阿·斯托雷平在1908年12月5日(18日)第三届国家杜马会议讨论有关土地问题的法案时的声明。他说:"政府按照第87条提出1906年11月9日法令,使自己负起了巨大的责任,它指靠的不是穷汉和醉汉,而是有钱的强者。"——140。

97　指1906年4月10—25日(4月23日—5月8日)在斯德哥尔摩举行的俄国社会民主工党第四次(统一)代表大会通过了列宁的党章第1条条文,摒弃了尔·马尔托夫的机会主义条文。——143。

98　指涅·切列万宁在1909年8—9月《社会民主党人呼声报》第16—17号合刊上发表的《谈谈我的取消主义》一文和该报编者对该文加的按语。参看《〈社会民主党人呼声报〉与切列万宁》一文(本卷第150—152页)。——145。

99　这是取消派诋毁列宁的话。
　　索巴开维奇是俄国作家尼·瓦·果戈理的小说《死魂灵》中的一个地主。他粗暴蛮横,厚颜无耻,嗜财如命,是愚蠢贪婪的农奴主的典型。——147。

100　列宁撰写此文时,使用了他在涅·切列万宁的《当前的形势和未来的展望(土地问题和斗争中的政党解决这个问题的办法。第三届杜马、它出现的原因和它的前途)》一书上作的批注,特别是他在该书封底上写的重要论点汇集。这些批注见本版全集第59卷第270—307页。——150。

101　本文是列宁对资产阶级报纸散布的关于马·高尔基被开除出俄国社会
民主工党的无稽之谈的回答。1909 年 11 月 15 日,莫斯科工业家的机
关报《俄国晨报》首先登出了《马·高尔基被开除出社会民主党》这条无
署名消息。11 月 20 日,该报又刊载了列宁提到的那篇以《安·巴·契
诃夫对高尔基的评论》为题的访问记。在访问记中,艺术剧院导演列·
安·苏列尔日茨基说,契诃夫对高尔基的入党感到惋惜。后来,高尔基
在给苏列尔日茨基的信中反驳了这种捏造,他说:"安东·巴甫洛维奇
根本不可能知道我入党的事,我是在他逝世一年以后入党的。"(见《高
尔基全集》(30 卷本)1955 年俄文版第 29 卷第 100 页)——153。

102　《闪电报》(«L'Eclair»)是法国报纸,1888—1925 年在巴黎出版。
　　　《激进报》(«Le Radical»)是法国报纸,1881 年起在巴黎出版。
　　　《柏林每日小报》即《柏林每日小报和商业日报》(«Berliner Tage-
blatt und Handelszeitung»),是德国资产阶级报纸,1872—1939 年出
版。——153。

103　《俄国晨报》(«Утро России»)是俄国报纸(日报),1907 年 9 月—1918
年 4 月在莫斯科出版(1908 年未出版)。该报自称"非党民主派报刊",
实际上代表俄国帝国主义资产阶级的利益。它曾是进步党人的机关
报,接受里亚布申斯基家族银行的津贴。1918 年 4 月初,该报因诽谤
苏维埃政权而被查封。1918 年 4 月中旬—6 月底曾以《俄国曙光报》的
名称出版。
　　　《俄罗斯言论报》(«Русское Слово»)是俄国报纸(日报),1895 年起
在莫斯科出版(第 1 号为试刊号,于 1894 年出版)。出版人是伊·德·
瑟京,撰稿人有弗·米·多罗舍维奇(1902 年起实际上为该报编辑)、
亚·瓦·阿姆菲捷阿特罗夫、彼·德·博博雷金、弗·阿·吉利亚罗夫
斯基、瓦·伊·涅米罗维奇-丹琴科等。该报表面上是无党派报纸,实
际上持资产阶级自由派立场。1917 年后完全支持资产阶级临时政府,
并曾拥护科尔尼洛夫叛乱。十月革命后不久被查封,其印刷厂被没收。
1918 年 1 月起,该报曾一度以《新言论报》和《我们的言论报》的名称出
版,1918 年 7 月最终被查封。

《新时报》(《Новое Время》)是俄国报纸,1868—1917年在彼得堡出版。出版人多次更换,政治方向也随之改变。1872—1873年采取进步自由主义的方针。1876—1912年由反动出版家阿·谢·苏沃林掌握,成为俄国最没有原则的报纸。1905年起是黑帮报纸。1917年二月革命后,完全支持资产阶级临时政府的反革命政策,攻击布尔什维克。1917年10月26日(11月8日)被查封。——153。

104　这个文献是列宁于1909年11月底写的一篇文章的开头,它的结尾部分已经失落。本文是为《无产者报》第50号写的,但没有刊登出来。1909年11月28日(12月11日)《无产者报》第50号刊登的是列宁另写的《论目前思想混乱的某些根源》一文的第一部分(见本卷第133—141页)。同一号的"工人运动消息"栏刊登了列宁在本文中分析和引证的"一位旧火星派分子和老布尔什维克"署名"特拉"的彼得堡来信。——155。

105　这里说的是沙皇俄国莫斯科保安处处长、宪兵上校谢·瓦·祖巴托夫采取的一套对付革命的工人运动的策略。祖巴托夫分子建立亲政府的合法工人组织,诱使工人脱离反对专制制度的政治斗争,力图把工人运动引入纯粹经济要求的轨道。——159。

106　本文发表以前,列宁曾于1909年10月29日在法国列日以《反革命资产阶级的意识形态》为题作过公开报告;11月26日在巴黎又作过题为《反革命自由派的意识形态(《路标》的成就及其社会意义)》的报告;这个报告的提纲见本卷第417页。——167。

107　《莫斯科新闻》(《Московские Ведомости》)是俄国最老的报纸之一,1756年开始由莫斯科大学出版。1842年以前每周出版两次,以后每周出版三次,从1859年起改为日报。1863—1887年,由米·尼·卡特柯夫等担任编辑,宣扬地主和宗教界人士中最反动阶层的观点。1897—1907年由弗·安·格林格穆特任编辑,成为黑帮报纸,鼓吹镇压工人和革命知识分子。1917年10月27日(11月9日)被查封。——169。

108 指四原则选举制。

四原则选举制是包括有四项要求的民主选举制的简称,这四项要求是:普遍的、平等的、直接的和无记名投票的选举权。——173。

109 发财吧一语出自法国七月王朝(1830—1848年)政府首脑弗·皮·纪·基佐的一次讲话。七月王朝时期掌握政权的是资产阶级中的金融贵族集团,它规定了很高的选民财产资格,不仅工人和农民,而且小资产阶级和部分资产阶级也被剥夺了选举权。在人们要求进行选举改革时,基佐回答说:"不会有改革的,发财吧,先生们,你们会成为选民的。"——174。

110 《莫斯科周刊》(《Московский Еженедельник»)是俄国和平革新党的机关刊物,1906—1910年在莫斯科出版,编辑是叶·尼·特鲁别茨科伊公爵;经常撰稿人有尼·尼·李沃夫、瓦·阿·马克拉柯夫、格·尼·特鲁别茨科伊等,参加杂志工作的有路标派分子尼·亚·别尔嘉耶夫、米·奥·格尔申宗、彼·伯·司徒卢威等。——181。

111 《论坛报》(《De Tribune》)是荷兰社会民主工党左翼的报纸,1907年在阿姆斯特丹创刊。从1909年起是荷兰社会民主党的机关报。从1918年起是荷兰共产党的机关报。1940年停刊。——187。

112 指斯图加特国际社会党代表大会。

斯图加特国际社会党代表大会(第二国际第七次代表大会)于1907年8月18—24日举行。出席代表大会的有来自25个国家的886名社会党和工会的代表,其中英国123名,奥地利75名,匈牙利25名,波希米亚41名,意大利13名,波兰23名,法国78名,美国20名,德国289名,俄国65名。德国代表团中工会代表占多数。俄国代表团包括社会民主党人37名、社会革命党人21名和工会代表7名。俄国代表团共有20张表决票,分配情形是:社会民主党人10票(布尔什维克4 ½票,孟什维克2 ½票,崩得、拉脱维亚社会民主党人和亚美尼亚社会民主党人各1票),社会革命党人7票,工会代表3票。参加这次代表大会的布尔什维克代表有列宁、亚·亚·波格丹诺夫、约·彼·戈尔登贝格(维什科夫斯基)、波·米·克努尼扬茨、马·马·李维诺夫、阿·瓦·卢那察尔斯基、尼·亚·谢马什柯、米·格·茨哈卡雅等人。列宁是第一次出席第二国际的代表大会。

代表大会审议了下列问题：军国主义和国际冲突；政党和工会的相互关系；殖民地问题；工人的侨居；妇女选举权。

在代表大会期间，列宁为团结国际社会民主党的左派力量做了大量工作，同机会主义者进行了坚决的斗争。代表大会的主要工作是在起草代表大会决议的各个委员会中进行的。列宁参加了军国主义和国际冲突问题委员会的工作。在这个委员会讨论奥·倍倍尔提出的决议草案时，列宁同罗·卢森堡和尔·马尔托夫一起对它提出了许多原则性的修改意见，其中最重要的是对决议草案的最后一段的修改意见："只要存在战争的威胁，各有关国家的工人及其在议会中的代表就有责任各尽所能，以便利用相应的手段来阻止战争的爆发。这些手段自然是根据阶级斗争和一般政治形势的尖锐化程度的不同而改变和加强。如果战争仍然爆发了的话，他们的责任是迅速结束战争，并竭尽全力利用战争引起的经济危机和政治危机唤醒各阶层人民的政治觉悟，加速推翻资产阶级的统治。"在代表大会正式通过的决议中，这条修改意见除了个别文字改动外被完全采纳。这条修改意见末尾的著名论点还为1910年哥本哈根代表大会所重申并写进了1912年巴塞尔代表大会的决议。列宁在1916年12月写的一篇关于对倍倍尔这一决议案的修改的短文中谈到了这一修改意见提出的经过(见本版全集第28卷第301页)。

代表大会在殖民地问题上也展开了尖锐的斗争。以荷兰社会民主党人亨利克·范科尔为首的殖民地问题委员会中的多数派，不顾少数派的抗议，提出了一份决议草案，认为代表大会不应在原则上谴责一切殖民政策，因为殖民政策在社会主义制度下可以起传播文明的作用。范科尔把荷兰的殖民政策说成典范，宣称即使在将来，社会党人也不但要带着机器和其他文化成就，而且要手持武器到"野蛮民族"那里去。这一机会主义决议草案得到德国代表团多数的支持。只是由于俄国、波兰的代表，德国、法国、英国的部分代表以及没有殖民地的各小国的代表的共同努力,才推翻了委员会的决议,通过了在实质上改变了决议内容的修正案。代表大会通过的关于殖民地问题的决议谴责了一切殖民政策。

　　在草拟工人侨居问题决议案的委员会中,一部分机会主义者反映了美国和澳大利亚工人贵族的狭隘行会利益,要求禁止中国和日本的无产者移居这些国家,说他们没有组织能力。持这种观点的人在全体会议上没有公开发言。因此,代表大会就这一问题通过的决议符合革命的社会民主党的要求,也符合对各国工人进行国际主义教育的要求。

　　在关于工会和工人阶级政党相互关系问题委员会中,卢那察尔斯基捍卫了关于工会应具有党性的列宁主义路线。代表大会就此问题通过了确认工会的党性原则的决议。

　　列宁在两篇题为《斯图加特国际社会党代表大会》的文章中对这次代表大会及其意义作了扼要的介绍和评述(见本版全集第16卷)。——187。

113　英国社会民主党原称英国社会民主联盟。参看注153。——188。

114　美国社会主义工人党是由第一国际美国支部和美国其他社会主义团体合并而成的,1876年7月在费城统一代表大会上宣告成立,当时称美国工人党,1877年起改用现名。绝大多数党员是侨居美国的德国社会主义运动参加者,同本地工人联系很少。19世纪70年代末,党内领导职务由拉萨尔派掌握,他们执行宗派主义和教条主义政策,不重视在美国工人群众组织中开展工作,一部分领导人热衷于议会选举活动,轻视群众的经济斗争,另一些领导人则转向工联主义和无政府主义。党的领导在思想上和策略上的摇摆削弱了党。90年代初,以丹·德莱昂为首的左派领导该党,党的工作有一些活跃。从90年代末起,宗派主义和无政府工团主义倾向又在党内占了上风,表现在放弃争取实现工人局部要求的斗争,拒绝在改良主义工会中进行工作,致使该党更加脱离群众性的工人运动。第一次世界大战期间,该党倾向于国际主义。在俄国十月革命的影响下,党内一部分最革命的分子退出了党,积极参加建立美国共产党。此后美国社会主义工人党成了一个人数很少、主要和知识分子有联系的集团。——188。

115　独立工党(I.L.P.)是英国改良主义政党,1893年1月成立。领导人有基·哈第、拉·麦克唐纳、菲·斯诺登等。党员主要是一些新、旧工联的成员以及受费边派影响的知识分子和小资产阶级分子。独立工党从建党时起就采取资产阶级改良主义立场,把主要注意力放在议会斗争和同自由主义政党进行议会交易上。1900年,该党作为集体党员加入英国工党。在第一次世界大战期间,独立工党领袖采取资产阶级和平主义立场。1932年7月独立工党代表会议决定退出英国工党。1935年该党左翼成员加入英国共产党,1947年许多成员加入英国工党,独立工党不再是英国政治生活中一支引人注目的力量。——188。

116　波兰社会党是以波兰社会党人巴黎代表大会(1892年11月)确定的纲领方针为基础于1893年成立的。这次代表大会提出了建立独立民主共和国、为争取人民群众的民主权利而斗争的口号,但是没有把这一斗争同俄国、德国和奥匈帝国的革命力量的斗争结合起来。该党右翼领导人约·皮尔苏茨基等认为恢复波兰国家的唯一道路是民族起义,而不是以无产阶级为领导的全俄反对沙皇的革命。从1905年2月起,以马·亨·瓦列茨基、费·雅·柯恩等为首的左派逐步在党内占了优势。1906年11月在维也纳召开的波兰社会党第九次代表大会把皮尔苏茨基及其拥护者开除出党,该党遂分裂为两个党:波兰社会党"左派"和波兰社会党"革命派"("右派",亦称弗腊克派)。

　　波兰社会党"左派"反对皮尔苏茨基分子的民族主义及其恐怖主义和密谋策略,主张同全俄工人运动密切合作,认为只有在全俄革命运动胜利的基础上才能解决波兰劳动人民的民族解放和社会解放问题。在1908—1910年期间,主要通过工会、文教团体等合法组织进行活动。该党不同意孟什维克关于在反对专制制度斗争中的领导权属于资产阶级的论点,可是支持孟什维克反对第四届国家杜马中的布尔什维克代表。第一次世界大战爆发后,该党持国际主义立场,参加了1915年的齐美尔瓦尔德会议和1916年的昆塔尔会议。该党欢迎俄国十月革命。1918年12月,该党同波兰王国和立陶宛社会民主党一起建立了波兰共产主义工人党(1925 年改称波兰共产党,1938 年解散)。

波兰社会党"革命派"于 1909 年重新使用波兰社会党的名称,强调通过武装斗争争取波兰独立,但把这一斗争同无产阶级的阶级斗争割裂开来。从第一次世界大战开始起,该党的骨干分子参加了皮尔苏茨基站在奥德帝国主义一边搞的军事政治活动(成立波兰军团)。1917年俄国二月革命后,该党转而对德奥占领者采取反对立场,开展争取建立独立的民主共和国和进行社会改革的斗争。1918 年该党参加创建独立的资产阶级波兰国家,1919 年同原普鲁士占领区的波兰社会党和原奥地利占领区的加利西亚和西里西亚波兰社会民主党合并。该党不反对地主资产阶级波兰对苏维埃俄国的武装干涉,并于 1920 年 7 月参加了所谓的国防联合政府。1926 年该党支持皮尔苏茨基发动的政变,同年 11 月由于拒绝同推行"健全化"的当局合作而成为反对党。1939年该党解散。——188。

117　美国社会党是由美国社会民主党(尤·维·德布兹在 1897—1898 年创建)和以莫·希尔奎特、麦·海斯为首的一批原美国社会主义工人党党员联合组成的,1901 年 7 月在印第安纳波利斯召开代表大会宣告成立。该党社会成分复杂,党员中有美国本地工人、侨民工人、小农场主、城市小资产阶级和知识分子。该党重视同工会的联系,提出自己的纲领,参加选举运动,在宣传社会主义思想和开展反垄断的斗争方面作出了贡献。后来机会主义分子(维·路·伯杰、希尔奎特等)在党的领导中占了优势,他们强使 1912 年该党代表大会通过了摒弃革命斗争方法的决议。以威·海伍德为首的一大批左派分子退党。第一次世界大战期间,社会党内形成了三派:支持美国政府帝国主义政策的社会沙文主义派;只在口头上反对帝国主义战争的中派;站在国际主义立场上反对帝国主义战争的革命少数派。1919 年,退出社会党的左派代表建立了美国共产党和美国共产主义工人党。社会党的影响下降。——189。

118　"前进"集团是俄国社会民主党内的一个反布尔什维主义的集团。它是在亚·亚·波格丹诺夫和格·阿·阿列克辛斯基的倡议下,由召回派、最后通牒派和造神派于 1909 年 12 月在它们的派别活动中心卡普里党

校的基础上建立的。该集团出版过《前进》文集等刊物。前进派在
1910年一月中央全会上与取消派-呼声派以及托洛茨基分子紧密配合
行动。他们设法使全会承认"前进"集团为"党的出版团体",并得到中
央委员会对该集团刊物的津贴,在全会以后却站在召回派-最后通牒派
的立场上尖锐抨击并且拒绝服从全会的决定。1912年党的布拉格代
表会议以后,前进派同孟什维克取消派和托洛茨基分子联合起来反对
这次党代表会议的决议。由于得不到工人运动的支持,"前进"集团于
1913年实际上瓦解,1917年二月革命后正式解散。——190。

119 俄国社会民主工党统一全会1910年1月2—23日(1月15日—2月5
日)在巴黎举行。列入会议日程的有17个问题;通过13项决议。但全
会的主要目的——把俄国各社会民主主义组织统一起来——没能达
到。全会的会议记录未能保存下来。全会的各项决议参看《苏联共产
党代表大会、代表会议和中央全会决议汇编》1964年人民出版社版第1
分册第297—311页。

格·叶·季诺维也夫和列宁起草的关于派别中心的决议草案(列
宁修改的文字为黑体)在全会上未能通过。决议的最终文本参看《苏联
共产党代表大会、代表会议和中央全会决议汇编》1964年人民出版社
版第1分册第307—308页。——192。

120 指1910年1月2—23日(1月15日—2月5日)在巴黎举行的俄国社
会民主工党中央委员会全体会议,即所谓"统一的"全体会议。

关于巩固党及其统一的途径和方法问题,1909年秋天就特别尖锐
地提出来了。1909年11月,列宁根据《无产者报》扩大编辑部会议的
决定,提出布尔什维克同孟什维克护党派接近和结成联盟以便共同反
对取消派和召回派的计划。调和派格·叶·季诺维也夫、列·波·加
米涅夫、阿·伊·李可夫违抗列宁的计划,力图使布尔什维克同孟什维
克呼声派(取消派)和托洛茨基分子联合,这实际上就意味着取消布尔
什维克党。中央委员约·费·杜勃洛文斯基和维·巴·诺根也表现出
调和主义的动摇。由于党内和俄国国内的既成局势迫切要求解决与联
合党的力量有关的各项问题,布尔什维克于1909年11月1日(14日)

致函中央委员会国外局,声明必须在最近期间召开党中央委员会全体会议。

出席这次全体会议的有布尔什克、孟什维克取消派、波兰王国和立陶宛社会民主党、崩得、拉脱维亚社会民主党、前进派等派别和集团的代表。列·达·托洛茨基代表维也纳《真理报》出席。格·瓦·普列汉诺夫托词有病没有到会,因此,会上没有孟什维克护党派的代表。

全会的议程是:中央委员会俄国局的工作报告;中央委员会国外局的工作报告;中央机关报编辑部的工作报告;各民族社会民主党中央委员会的工作报告;党内状况;关于召开下届全党代表会议;俄国社会民主工党中央委员会章程;其他问题。

在这次全会上,反对列宁立场的人占多数。列宁和他的拥护者经过紧张斗争,在有些问题上达到了目的,但由于调和派搞妥协,也不得不作一些局部的让步,包括组织问题上的让步。会议的决议最终具有折中性质。

在讨论党内状况问题时,孟什维克呼声派同前进派结成联盟并在托洛茨基分子支持下,竭力维护取消主义和召回主义。列宁在会议上与机会主义和调和派进行了顽强斗争,坚决谴责取消派和召回派,贯彻布尔什维克同孟什维克护党派接近的路线。在列宁的坚持下,全会通过的《党内状况》这一决议,乃是1908年十二月代表会议关于谴责取消主义、无条件地要求承认社会民主党的杜马工作和利用合法机会的决议的继续。尽管调和派和各民族组织的代表因受孟什维克呼声派、前进派和托洛茨基分子的压力而同意不在决议中提取消派和召回派的名称,全会决议仍然谴责了取消主义和召回主义,承认这两个派别的危险性和同它们斗争的必要性。

全会关于召开全党代表会议的决议反映了一些取消派的观点,但是承认必须召开代表会议,因此仍具有重要意义。布尔什维克根据这个决议展开了筹备召开代表会议的工作。

在全会上,调和派违反列宁的意旨同托洛茨基结成联盟,把孟什维克呼声派(取消派)而不是把孟什维克护党派安排进党的中央机关。全会还决定资助托洛茨基的维也纳《真理报》,并派中央委员会的代表加米涅夫参加该报编辑部,担任第三编辑。全会决定解散布尔什维克中央,《无产者报》停刊,布尔什维克将自己的部分财产移交中央委员会,其余部分交第三者(卡·考茨基、弗·梅林和克·蔡特金)保管,并由第三者在两年内移交给中央会计处,条件是孟什维克呼声派取消自己的派别中心并停止出版自己的派别机关报。在《关于派别中心》的决议中,全会指出"党的利益和党的统一的利益要求在最近停办《社会民主党人呼声报》",然而全会也只限于得到呼声派和前进派的口头允诺而已。

孟什维克呼声派、前进派和托洛茨基分子我行我素,拒绝服从全会的决议。因此,1910年秋天,布尔什维克宣布他们不受一月全会上各派通过的协议的约束,开始出版自己的机关报《工人报》,争取召开新的全体会议并要求归还交由中央暂时支配的、属于他们自己的财产和资金。

一月全会的记录未找到。关于全会的工作以及会上同取消派、前进派、托洛茨基分子和调和派的斗争,详见列宁《政论家札记》一文(本卷第236—300页)。——195。

121　《反党的取消派的〈呼声报〉》一文是列宁为《社会民主党人报》第12号写的编辑部文章,1910年3月下半月印了单行本,然后刊印于《社会民主党人报》。——203。

122　《争论专页》(《Дискуссионный Листок》)是俄国社会民主工党中央机关报《社会民主党人报》的附刊,根据俄国社会民主工党中央委员会1910年一月全会的决议创办,1910年3月6日(19日)—1911年4月29日(5月12日)在巴黎出版,共出了3号。编辑部成员包括布尔什维克、孟什维克、最后通牒派、崩得分子、普列汉诺夫派、波兰社会民主党和拉脱维亚边疆区社会民主党的代表。《争论专页》刊登过列宁的《政论家札记》、《俄国党内斗争的历史意义》、《合法派同反取消派的对话》等文章。——203。

123　这里说的是俄国社会民主工党中央委员会国外局给国外全体同志的信,1910年3月3日(16日)曾印成单页。

中央委员会国外局是由 1908 年 8 月俄国社会民主工党中央委员会全体会议批准成立的,是从属于中央委员会俄国局的全党的国外代表机构,由 3 人组成。其任务是与在俄国国内活动的中央委员会和在国外工作的中央委员保持经常联系,监督俄国社会民主工党国外各协助小组以及代表它们的国外中央局的活动,收纳国外组织上缴中央会计处的钱款,并为中央委员会募捐。1910 年中央委员会一月全会改组了中央委员会国外局,限定它的职能为领导党的一般事务,同时相应地加强了中央委员会俄国局的权力。中央委员会国外局改由 5 人组成,其中有各民族组织中央委员会的代表 3 人,布尔什维克代表 1 人和孟什维克代表 1 人。起初组成中央委员会国外局的是:阿·伊·柳比莫夫(布尔什维克)、波·伊·哥列夫(孟什维克)、扬·梯什卡(波兰社会民主党)、约诺夫(崩得)和扬·安·别尔津(拉脱维亚社会民主党)。但不久布尔什维克的代表改为尼·亚·谢马什柯,崩得代表改为米·伊·李伯尔,拉脱维亚社会民主党代表改为施瓦尔茨,后二人是取消派。这样,取消派就在中央委员会国外局的成员中取得了稳定的多数。他们极力破坏党中央机关的工作,阻挠召开中央委员会全会。布尔什维克代表谢马什柯被迫于 1911 年 5 月退出中央委员会国外局。

1911 年 6 月在巴黎召开的俄国社会民主工党中央委员会会议作出了谴责中央委员会国外局政治路线的决议,指出国外局走上了反党的、维护派别策略的道路,决定把国外局是否继续存在的问题提交最近召开的中央委员会全会解决。1911 年 11 月,波兰社会民主党从中央委员会国外局召回了自己的代表,随后拉脱维亚社会民主党也召回了自己的代表。1912 年 1 月,中央委员会国外局自行撤销。——208。

124 赫罗斯特拉特是公元前 4 世纪希腊人。据传说,他为了扬名于世,在公元前 356 年纵火焚毁了被称为世界七大奇观之一的以弗所城阿尔蒂米斯神殿。后来,赫罗斯特拉特的名字成了不择手段追求名声的人的通称。——208。

125 在这封宣扬取消派观点的公开信上署名的孟什维克是:谢·奥·策杰尔包姆(奥古斯托夫斯基)、马·绍·马卡久布(安东)、弗·康·伊科夫

（瓦季姆）、柳·尼·拉德琴柯(弗·彼得罗娃)、波·索·策伊特林(格
奥尔吉)、弗·奥·策杰尔包姆(格奥尔格)、维·阿·古托夫斯基(叶夫
根·哈—阿兹)、格·英·普里戈尔内(克拉莫尔尼科夫)、波·阿·金
兹堡(德·柯尔佐夫)、罗·萨·哈尔贝施塔特(娜塔·米哈伊洛娃)、
康·米·叶尔莫拉耶夫(罗曼)、米·列·黑辛(罗慕尔)、斯·伊·波尔
土盖斯(索洛蒙诺夫)、费·安·利普金(切列万宁)、彼·阿·勃朗施坦
(尤里)、K.A.皮列茨基(K.皮—基)。——208。

126　俄国社会民主工党中央委员会俄国局是中央委员会的一部分,其任务
是领导俄国国内地方党组织的实际工作,1903年俄国社会民主工党第
二次代表大会以后建立,最初在基辅,1904年设在莫斯科,从1905年
起设在彼得堡。俄国局下设组织组、技术组、财务后勤组、军事组和一
个协调各组工作的执行委员会。1905年11月,由于领导中央国外部
分的列宁回国,俄国局的职能改由俄国社会民主工党中央委员会执行。
从1908年起,俄国局由在俄国活动的中央委员会俄国委员会全体会议
选出,在两次全体会议之间负责处理俄国委员会的一切事务。1910—
1911年间,即在1910年中央委员会一月全会之后,俄国局由布尔什维
克方面的中央委员和候补中央委员组成,起初是约·彼·戈尔登贝格
(梅什科夫斯基)和约·费·杜勃洛文斯基(英诺森),他们被捕以后是
维·巴·诺根(马卡尔)和加·达·莱特伊仁(林多夫)。孟什维克取消
派方面的中央委员和候补中央委员不参加俄国局的工作,约·安·伊
苏夫(米哈伊尔)、彼·阿·勃朗施坦(尤里)和康·米·叶尔莫拉耶夫
(罗曼)不仅拒绝参加工作,而且宣称他们认为中央委员会存在的本身
是有害的。俄国局尽一切努力召集俄国委员会,但始终未能成功。
1911年3月,在诺根和莱特伊仁被捕以后,俄国局即不复存在。列宁
对俄国局整顿国内工作和召集俄国委员会的尝试给予积极评价,同时
对俄国局成员的调和立场给予了尖锐的批评。

　　1912年,俄国社会民主工党第六次(布拉格)全国代表会议选出的
中央委员会重新建立了俄国局,其成员有中央委员格·康·奥尔忠尼
启则、雅·米·斯维尔德洛夫、苏·斯·斯潘达良、斯大林,候补中央委
员米·伊·加里宁、叶·德·斯塔索娃等。第一次世界大战时期,俄国

局做了大量工作,把布尔什维克团结在列宁的反对帝国主义战争的口号周围。1917 年二月革命时期,俄国局和彼得格勒布尔什维克一起领导了劳动群众的革命运动。二月革命后,它又领导了消灭旧制度和巩固革命成果的斗争。二月革命时期,参加俄国社会民主工党中央委员会俄国局的有彼·安·扎卢茨基、维·米·莫洛托夫和亚·加·施略普尼柯夫。3 月上旬陆续参加俄国局的有:安·伊·叶利扎罗娃、康·斯·叶列梅耶夫、弗·尼·扎列日斯基、加里宁、米·斯·奥里明斯基、亚·米·斯米尔诺夫、斯塔索娃、玛·伊·乌里扬诺娃、姆·伊·哈哈列夫、康·马·施韦奇科夫和 К.И.舒特科。3 月 12 日(25 日),格·伊·博基、马·康·穆拉诺夫和斯大林进入俄国局。1917 年 4 月,俄国社会民主工党(布)第七次代表会议选出了在俄国公开活动的新的中央委员会以后,俄国局不再存在。——209。

127 指维·巴·诺根。——209。

128 俄国委员会是俄国社会民主工党中央委员会在俄国活动的机构,其成员是第五次(伦敦)代表大会选出的中央委员会委员和候补委员。俄国委员会起初于 1908 年 8 月在俄国社会民主工党中央全会上成立,由 5 人组成(1 名孟什维克、1 名布尔什维克、3 名民族组织代表)。根据 1910 年中央一月全会通过的中央委员会章程,俄国委员会改由 7 人组成(4 名中央委员和 3 名民族组织代表)。章程还规定,俄国委员会拥有中央委员会的全部权力和自行增补委员的权利,中央一月全会后,由布尔什维克组成的中央俄国局尽一切努力召集俄国委员会,但由于孟什维克取消派的怠工而始终未能成功。——209。

129 解放派是俄国自由派资产阶级反对派,因其主要代表资产阶级知识分子和地方自治自由派人士于 1902 年 6 月创办《解放》杂志而得名。解放派以《解放》杂志为基础,于 1904 年 1 月在彼得堡成立解放社,领导人是伊·伊·彼特龙凯维奇和尼·费·安年斯基。解放社的纲领包括实行立宪君主制和普选制,保护"劳动群众利益"和承认各民族的自决权。1905 年革命开始后,它又要求将一部分土地强制转让并分给少地农民、实行八小时工作制,并主张参加布里根杜马选举。1905 年 10 月立宪民主党成立以后,解放社停止活动。解放社的左翼没有加入立宪民主党,另外组成了伯恩施坦主义的无题派。——213。

130　恩格斯于1892年在《〈社会主义从空想到科学的发展〉英文版导言》中写道:"哪怕只是为了获得那些当时已经成熟而只待采摘的资产阶级的胜利之果,也必须使革命远远超越这一目的,就像法国在1793年和德国1848年那样。"(见《马克思恩格斯文集》第3卷第511页)——214。

131　1904年的宴会运动是指1904年秋天解放社组织的一次地方自治自由派和资产阶级知识分子的反政府运动。俄国国内已经成熟的革命危机和沙皇政府在1904—1905年日俄战争中的失利加剧了自由派地主和资产阶级分子中的反政府风潮。在实行诉讼法规40周年之际,彼得堡、莫斯科和其他大城市在当局允许下纷纷举行宴会,自由主义反对派的代表在这些宴会上发表演说,大谈实行自由和立宪的必要性。在宴会上还通过决议,请求政府实行某些政治改革来防止革命。布尔什维克揭露了宴会运动的反对革命的性质和孟什维克打算利用宴会运动的机会主义策略(参看列宁《地方自治运动和〈火星报〉的计划》一文(本版全集第9卷))。——214。

132　可怜的民族,奴隶的民族是俄国作家尼·加·车尔尼雪夫斯基的长篇小说《序幕》中主人公沃尔根的话,见该书第1卷第7章。——215。

133　3月31日声明是俄国报纸对大臣会议主席彼·阿·斯托雷平在1910年3月31日(4月13日)第三届国家杜马会议上的讲话的称呼。这个讲话是为答复社会民主党杜马党团就沙皇政府1909年8月24日(9月6日)颁布的关于应用根本法第96条的程序的《细则》所提质询(由32名代表签署)而发表的。该《细则》禁止杜马过问有关陆军和海军部门的一切问题。——223。

134　指阿·亚·鲍勃凌斯基伯爵在1910年3月14—20日(3月27日—4月2日)于彼得堡召开的贵族联合会第六次代表大会上作的"关于国家杜马中发生的对社会制度和贵族的攻击"的报告。鲍勃凌斯基在这个报告中似乎不反对人民代表制的原则本身,但却指出必须从国家杜马中清除"污秽",亦即从杜马讲坛上清除一切"扰乱人心"的演说,并立即摘引了一系列左派代表的演说,作为"污秽"的典型。3月26日(4月8日),在国家杜马会议上讨论对沙皇政府1909年8月24日(9月6日)颁布的关于应用根本法第96条的程序的《细则》的质询时,社会民主党代表叶·彼·格格奇柯利从杜马讲坛上抨击了贵族联合会代表大会主席的这个报告。

贵族联合会于1906年5月在各省贵族协会第一次代表大会上成立,存在到1917年10月。列宁称贵族联合会为"农奴主联合会"。——224。

135 青年土耳其党人是19世纪末20世纪初土耳其资产阶级革命运动参加者的泛称,也专指1889年在伊斯坦布尔成立的土耳其资产阶级革命者的政治组织"统一与进步"的成员。青年土耳其党人主张限制苏丹的专制权力,把土耳其从封建帝国变为资产阶级的君主立宪国家,加强土耳其资产阶级在国家的政治生活和经济生活中的地位,以挽救陷于瓦解的奥斯曼帝国和防止帝国主义列强瓜分它的领土。1908年7月,青年土耳其党人在军队的支持下发动了一场上层资产阶级革命,迫使土耳其苏丹阿卜杜尔-哈米德二世签署了召开议会的诏书。1909年4月忠于苏丹的军队发动的叛乱被粉碎后,青年土耳其党人组成了新政府。青年土耳其党人执政后很快就失去了革命性。青年土耳其党人的政府保存了君主政体,并执行反动政策。它与封建势力、买办阶级和帝国主义相勾结,成为他们的利益的代表者。土耳其在第一次世界大战中失败后,1918年11月,"统一与进步"党(由"统一与进步"组织改组而成)在自己的代表大会上宣布自行解散。——226。

136 俄国社会民主工党巴黎第二协助小组的决议于1910年3月30日(4月12日)通过,并印成单页。决议谴责取消派企图破坏中央一月全会(1910年)的各项决议,号召全体护党的社会民主党人,包括孟什维克护党派,切实实现全会的决议,为争取统一和反对分裂派和取消派而斗争。决议要求召回主义和最后通牒主义的拥护者履行全会的决定和取消反党的"前进"集团。

　　俄国社会民主工党巴黎第二协助小组(也称俄国社会民主工党巴黎支部)于1908年11月5日(18日)成立。它是布尔什维克从与孟什维克合组的巴黎小组退出后组成的。后来孟什维克护党派和前进派分子也加入了这个小组。——233。

137 马赫主义者即经验批判主义者。列宁在《唯物主义和经验批判主义》一书里说:"马赫主义者这个名词比较简短,而且在俄国的著作中已经通用,我将到处把它作为'经验批判主义者'的同义语来使用。"(见本版全集第18卷第13页)

　　经验批判主义是一种主观唯心主义的哲学流派,19世纪末—20世纪初在西欧广泛流行,创始人是奥地利物理学家、哲学家恩斯特·马赫和德国哲学家理查·阿芬那留斯。在斯托雷平反动年代,俄国社会民主党内有一部分知识分子接受经验批判主义的影响,出现了一些马赫主义者,其代表人物是孟什维克中的尼·瓦连廷诺夫、帕·索·尤什凯维奇和布尔什维克中的弗·亚·巴扎罗夫、亚·亚·波格丹诺夫、阿·瓦·卢那察尔斯基等人。俄国马赫主义者以发展马克思主义为幌子,实际上在修正马克思主义哲学原理。列宁在《唯物主义和经验批判主义》一书中揭露了经验批判主义的实质,捍卫了马克思主义哲学免遭修正主义者的歪曲,在新的历史条件下发展了辩证唯物主义和历史唯物主义。——247。

138 指马克思和恩格斯在1875年给威·白拉克和奥·倍倍尔的信中就爱森纳赫派和拉萨尔派合并问题发表的意见(参看《马克思恩格斯全集》第1版第34卷第129—133、119—126页;《马克思恩格斯文集》第10卷第404—406页)。

　　拉萨尔派和爱森纳赫派是19世纪60年代和70年代初期德国工人运动中的两个派别。

　　拉萨尔派是全德工人联合会的成员,德国小资产阶级社会主义者斐·拉萨尔的拥护者,主要代表人物是约·巴·冯·施韦泽、威·哈森克莱维尔、威·哈赛尔曼等。全德工人联合会在1863年于莱比锡召开的全德工人代表大会上成立；拉萨尔是它的第一任主席，他为联合会制定了纲领和策略基础。拉萨尔派反对暴力革命，认为只要进行议会斗争，争取普选权，就可以把普鲁士君主国家变为"自由的人民国家"；主张在国家帮助下建立生产合作社，把资本主义和平地改造为社会主义；支持俾斯麦所奉行的在普鲁士领导下"自上而下"统一德国的政策。马克思和恩格斯曾多次尖锐地批判拉萨尔派的理论、策略和组织原则，指出它是德国工人运动中的机会主义派别。

爱森纳赫派是德国社会民主工党的成员。该党是在奥·倍倍尔和威·李卜克内西领导下，于1869年在爱森纳赫代表大会上成立的，曾参加第一国际。由于经常接受马克思和恩格斯的指导，爱森纳赫派执行了比较彻底的革命政策，尤其是在德国统一的问题上一贯坚持民主的和无产阶级的道路。

拉萨尔派和爱森纳赫派于1875年在哥达代表大会上合并为统一的德国社会主义工人党。——249。

139　《对格·瓦·普列汉诺夫〈日志〉的必要补充》是孟什维克取消派的一份反对普列汉诺夫的传单，1910年4月由《社会民主党人呼声报》编辑部印发。——250。

140　《我们的曙光》杂志（《Наша Заря》）是俄国孟什维克取消派的合法的社会政治刊物（月刊），1910年1月—1914年9月在彼得堡出版。领导人是亚·尼·波特列索夫，撰稿人有帕·波·阿克雪里罗得、费·伊·唐恩、尔·马尔托夫、亚·马尔丁诺夫等。围绕着《我们的曙光》杂志形成了俄国取消派中心。第一次世界大战一开始，该杂志就采取了社会沙文主义立场。

《复兴》杂志（《Возрождение》）是俄国孟什维克取消派的合法刊物（双周刊），1908年12月—1910年7月在莫斯科出版。为该杂志撰稿的有费·伊·唐恩、亚·尼·波特列索夫、亚·马尔丁诺夫等。接替《复兴》杂志出版的是《生活》杂志。——258。

141　指维·列·尚采尔（马拉）。——267。

142　饶勒斯派是19世纪末20世纪初法国社会主义运动中以让·饶勒斯为首的右翼改良派。饶勒斯派以要求"批评自由"为借口,修正马克思主义基本原理,宣传无产阶级同资产阶级的阶级合作。他们认为社会主义的胜利不会通过无产阶级同资产阶级的阶级斗争而取得,这一胜利将是民主主义思想繁荣的结果。他们还赞同蒲鲁东主义关于合作社的主张,认为在资本主义条件下合作社的发展有助于逐渐向社会主义过渡。在米勒兰事件上,饶勒斯派竭力为亚·埃·米勒兰参加资产阶级内阁的背叛行为辩护。

　　　　爱尔威派是20世纪初法国社会主义运动中以古·爱尔威为首的"极左"派。在斯图加特国际社会党代表大会(1907年)上,爱尔威提出用罢工和起义来回答任何战争。列宁尖锐地批评了爱尔威主义的半无政府主义观点,指出它"在理论上是荒谬可笑的"(见本版全集第16卷第73页)。第一次世界大战前夜,爱尔威开始向右转化,1914年公开转向资产阶级沙文主义立场。

　　　　盖得派是19世纪80年代至20世纪初法国社会主义运动中以茹·盖得为首的一个派别,基本成员是19世纪70年代末期团结在盖得创办的《平等报》周围的进步青年知识分子和先进工人。1879年组成了法国工人党。1880年11月在勒阿弗尔代表大会上制定了马克思主义纲领。在米勒兰事件上持反对加入资产阶级内阁的立场。1901年与其他反入阁派一起组成法兰西社会党。盖得派为在法国传播马克思主义作出过重要贡献,但它的一些领导人对马克思主义的认识犯有片面性和教条主义的错误。——265。

143　《社会主义月刊》(《Sozialistische Monatshefte》)是德国机会主义者的主要刊物,也是国际修正主义者的刊物之一,1897—1933年在柏林出版。编辑和出版者为右翼社会民主党人约·布洛赫。撰稿人有爱·伯恩施坦、康·施米特、弗·赫茨、爱·大卫、沃·海涅、麦·席佩耳等。第一次世界大战期间,该刊持社会沙文主义立场。——271。

144　指德国社会民主党德累斯顿代表大会(1903年9月13—20日)通过的《关于党的策略》这一决议。决议是以288票对11票的压倒多数通过的,其中说:"党的代表大会最坚决地谴责修正主义者力图改变我们固有的、久经考验的、战无不胜的、建立在阶级斗争基础上的策略,这就是用对现存制度让步的政策来取代推翻我们的敌人以夺取政权的政策。"——271。

145　指阿姆斯特丹国际社会党代表大会(1904 年 8 月)通过的《社会党策略的国际准则》决议。决议禁止社会党人参加资产阶级政府,谴责掩盖现存的阶级矛盾从而促成同资产阶级政党接近的任何尝试。关于阿姆斯特丹国际社会党代表大会,见注 183。——271。

146　《高加索来信》的作者柯·斯大·同志即斯大林。他的这封尖锐批评梯弗利斯取消派的信写于 1909 年 12 月(见《斯大林全集》第 2 卷第 178—185 页),由于《社会民主党人》编辑部的孟什维克成员拒绝在党中央机关报上刊登,后来同高加索孟什维克的领袖诺·尼·饶尔丹尼亚(阿恩)对这封信的答复一起刊登在 1910 年 5 月 25 日(6 月 7 日)《争论专页》第 2 号上。——272。

147　指俄国社会民主工党第五次(伦敦)代表大会《关于对非无产阶级政党的态度的决议》(参看《苏联共产党代表大会,代表会议和中央全会决议汇编》1964 年人民出版社版第 1 分册第 206—207 页)。——276。

148　无头派是列宁对无题派的蔑称。在俄语里"无头"和"无题"谐音:"无头"的本意是头脑迟钝。

　　　无题派是指 1906 年在彼得堡出版的《无题》周刊的组织者和参加者——谢·尼·普罗柯波维奇、叶·德·库斯柯娃、瓦·雅·鲍古查尔斯基、维·韦·波尔土加洛夫、瓦·瓦·希日尼亚科夫等人。无题派是一批原先信奉合法马克思主义和经济主义,后来参加了解放社的俄国资产阶级自由派知识分子,他们公开宣布自己是西欧"批判社会主义"的拥护者,支持孟什维克和立宪民主党人。列宁称无题派为孟什维克化的立宪民主党人或立宪民主党人化的孟什维克。无题派在《无题》周刊停刊后集结在左派立宪民主党的《同志报》周围。——276。

149 人民社会党人是1906年从俄国社会革命党右翼分裂出来的小资产阶级政党人民社会党的成员。人民社会党的领导人有尼·费·安年斯基、韦·亚·米雅柯金、阿·瓦·彼舍霍诺夫、弗·格·博哥拉兹、谢·雅·叶尔帕季耶夫斯基、瓦·伊·谢美夫斯基等。人民社会党提出"全部国家政权应归人民",即归从无产者到资产阶级知识分子的全体劳动者,主张对地主土地进行赎买和实行土地国有化,但不触动份地和经营"劳动经济"的私有土地。在俄国1905—1907年革命趋于低潮时,该党赞同立宪民主党的路线,六三政变后,因没有群众基础,实际上处于瓦解状态。第一次世界大战期间,持社会沙文主义立场。二月革命后,该党开始恢复组织。1917年6月,同劳动派合并为劳动人民社会党。这个党代表富农利益,积极支持资产阶级临时政府,十月革命后参加反革命阴谋活动和武装叛乱,1918年后不复存在。——276。

150 十月党人是俄国十月党的成员。十月党(十月十七日同盟)代表和维护大工商业资本家和按资本主义方式经营的大地主的利益,属于自由派的右翼。该党于1905年11月成立,名称取自沙皇1905年10月17日宣言。十月党的主要领导人是大工业家和莫斯科房产主亚·伊·古契柯夫、大地主米·弗·罗将柯,活动家有彼·亚·葛伊甸、德·尼·希波夫、米·亚·斯塔霍维奇、尼·阿·霍米亚科夫等。十月党完全拥护沙皇政府的对内对外政策,支持政府镇压革命的一切行动,主张用调整租地、组织移民、协助农民退出村社等办法解决土地问题。第一次世界大战期间,号召支持政府,后来参加了军事工业委员会的活动,曾同立宪民主党等结成"进步同盟",主张把帝国主义战争进行到最后胜利,并通过温和的改革来阻止人民革命和维护君主制。二月革命后,该党参加了资产阶级临时政府。十月革命后,十月党人反对苏维埃政权,在白卫分子政府中担任要职。——278。

151 "我们的污水"杂志是列宁对取消派的《我们的曙光》杂志(见注140)的蔑称。

廉价文人代表大会是对全俄作家和新闻记者第二次代表大会的蔑称。这个代表大会于1910年4月21—28日(5月4—11日)在彼得堡举行,出席的有来自《我们的曙光》杂志和《现代世界》杂志的孟什维克取消派的代表。代表大会原定要讨论争取出版自由的决议,可是警察当局一提出要求,它就立即把这一议程撤销了。

波谢分子是指俄国新闻工作者和社会活动家弗·亚·波谢的追随者。波谢曾主张在俄国成立对社会民主党独立的工人合作社组织。——279。

152 阿捷夫行为意为叛卖。叶·菲·阿捷夫是社会革命党领袖之一,曾领导该党的从事恐怖活动的战斗组织,同时充当奸细,与警察司合作,多次出卖该党党员和战斗组织成员,保护沙皇政府的首脑人物免遭暗杀。1908年被揭露。——288。

153 社会民主联盟(S.D.F.)是英国的社会主义组织,于1884年8月在民主联盟的基础上成立。参加联盟的除改良主义者(亨·迈·海德门等)和无政府主义者外,还有一批革命的社会民主党人即马克思主义的拥护者(哈·奎尔奇、汤·曼、爱·艾威林、爱琳娜·马克思等),他们构成了英国社会主义运动的左翼。恩格斯曾尖锐地批评社会民主联盟有教条主义和宗派主义倾向,脱离英国群众性的工人运动并且忽视这一运动的特点。1884年秋联盟发生分裂,联盟的左翼在1884年12月成立了独立的组织——社会主义同盟。1907年,社会民主联盟改称英国社会民主党。1911年,该党与独立工党中的左派一起组成了英国社会党。1920年,社会党的大部分党员参加了创立英国共产党的工作。——299。

154 指恩格斯的《伦敦的五月四日》以及他1886年11月29日和1889年5月11日给弗·阿·左尔格的两封信(参看《马克思恩格斯全集》第1版第22卷第69—76页;《马克思恩格斯文集》第10卷第557—559页;《马克思恩格斯全集》第1版第37卷第193—194页)。——299。

155 这篇文章是为《斗争报》第100号写的。

《斗争报》(«Zihna»、«Cina»)是拉脱维亚社会民主党的秘密的中央机关报,1904年3月创刊。1909年8月以前在里加出版(经常中断),

以后在国外出版。该刊登过列宁1910年为该报出版100号而写的祝贺文章以及列宁起草的一些党的文件。该报撰稿人中有拉脱维亚共产党的组织者彼·伊·斯图契卡、拉脱维亚人民诗人扬·莱尼斯等。1917年4月起,《斗争报》成为合法报纸,先后在彼得堡、里加和其他城市出版。1919年8月起,因反革命在拉脱维亚暂时得势而再次在里加秘密出版。1940年6月,苏维埃政权在拉脱维亚取得胜利后,该报成为拉脱维亚共产党中央委员会和拉脱维亚苏维埃社会主义共和国最高苏维埃的机关报。——303。

156 指马丁·奥佐林。奥佐林是工人,在1908年拉脱维亚边疆区社会民主党第三次代表大会上当选为该党中央委员会委员。作为该党的代表于1910年参加了俄国社会民主工党中央委员会一月全会。——303。

157 指俄国经济学家和统计学家、工厂监察员瓦·叶·瓦尔扎尔编的《1905年工厂工人罢工统计》一书。该书由沙皇俄国政府工商业部于1908年出版。——303。

158 列宁写的这个决议草案是俄国社会民主工党代表团向哥本哈根国际社会党代表大会合作社委员会提出的关于合作社的决议草案(见本卷第307—308页)的基础。

哥本哈根国际社会党代表大会(第二国际第八次代表大会)于1910年8月28日—9月3日举行。出席代表大会的有来自欧洲、南北美洲、南部非洲和澳洲33个国家的896名代表。同奥地利、英国、德国、法国一样,俄国在大会上拥有20票,其中社会民主党(包括立陶宛和亚美尼亚社会民主党)10票,社会革命党7票,工会3票。代表俄国社会民主工党出席代表大会的有列宁、格·瓦·普列汉诺夫、亚·米·柯伦泰、阿·瓦·卢那察尔斯基等。

代表大会的主要议题是反对军国主义和战争、合作社与党的关系、国际团结和工会运动的统一等问题。为了预先讨论和草拟各项问题的决议,大会成立了5个委员会——合作社问题委员会;工会、国际团结和奥地利工会运动统一委员会;反战委员会;工人立法和失业问题委员会;关于社会党统一、关于死刑、关于芬兰、阿根廷、波斯等各种问题的决议制定委员会。

　　列宁参加了合作社问题委员会的工作。代表大会就合作社在无产阶级革命斗争中的作用和任务以及合作社与社会主义政党之间的相互关系问题展开了争论，并通过了一项决议，"对无产阶级合作社的任务作了一个基本正确的规定"（见本卷第348页）。

　　代表大会通过的《仲裁法庭和裁军》这一反战问题的决议重申了1907年斯图加特代表大会的《军国主义与国际冲突》决议，要求各国社会党人利用战争引起的经济危机和政治危机来推翻资产阶级。决议还责成各国社会党及其议员在议会中提出下列要求：必须把各国间的一切冲突提交国际仲裁法庭解决；普遍裁军；取消秘密外交；主张各民族都有自决权并保护它们不受战争侵略和暴力镇压。决议号召各国工人反对战争的威胁。

　　为了团结各国革命马克思主义者，列宁在大会期间倡议召开了出席代表大会的各国左派社会民主党人的会议，与会者有法国的茹·盖得和沙·拉波波特，比利时的路·德·布鲁凯尔，德国的罗·卢森堡和埃·武尔姆，波兰的尤·马尔赫列夫斯基（卡尔斯基），西班牙的巴·伊格莱西亚斯，奥地利的阿·布劳恩，俄国的普列汉诺夫等人。

　　代表大会期间，还举行了俄国社会民主工党代表——布尔什维克、孟什维克护党派和社会民主党杜马党团代表——的会议。参加会议的有列宁、普列汉诺夫和尼·古·波列塔耶夫等。在会议上达成了关于出版合法的和秘密的机关报以及孟什维克护党派为两者撰稿的协议。——307。

159　指卡·考茨基、弗·梅林和克·蔡特金。——314。

160　《现代农业的资本主义制度》一文是列宁的一部关于德国资本主义农业的巨著的一部分。根据列宁写在另纸上的目录，文章计分7章。文章于1932年按照当时发现的部分手稿在《列宁文集》俄文版第19卷以及《布尔什维克》杂志第9期上初次发表。此后又发现了原缺的第1章（《现代农业经济制度概貌》）的结尾和第2章（《多数的现代"农户"（无产者"农户"）实际上是怎么样的农户》）的开头，以及署名"弗·伊林"的文章结尾。这样,《列宁全集》俄文第 4 版第 16 卷便首次全文刊载了第 1、2、7 章,并根据列宁原拟的目录加上了各章的标题。

本文迄今尚未找到的部分是:第 3 章(《资本主义制度下的农民农户》)的结尾,第 4 章(《农业中的妇女劳动和儿童劳动》)的开头和结尾,以及第 5 章(《小生产中劳动的浪费》)和第 6 章(《现代农业中使用机器的资本主义性质》)。

本文的部分草稿收入《列宁文稿》人民出版社版第 12 卷第 578 页。——317。

161 列宁指的是取消派分子尼·瓦连廷诺夫的《关于最近一次德国统计》一文。该文发表于 1909 年 9 月 7 日(20 日)《基辅思想报》第 308 号。

《基辅思想报》(《Киевская Мысль》)是俄国资产阶级民主派的政治文学报纸(日报),1906—1918 年在基辅出版。1915 年以前,该报每周出版插图附刊一份;1917 年起出晨刊和晚刊。该报的编辑是 А.尼古拉耶夫和 И.塔尔诺夫斯基。参加该报工作的社会民主党人主要是孟什维克,其中有亚·马尔丁诺夫、列·达·托洛茨基等。在第一次世界大战中,该报采取护国主义立场。——317。

162 《俄国经济学者》杂志(《Экономист России》)是资产阶级的经济和金融问题刊物(周刊),1909—1912 年在彼得堡出版。——318。

163 指奥·弗·本辛格的《农业机器对国民经济和私有经济的影响》一书。对本辛格这部学术专著,列宁在《土地问题和"马克思的批评家"》中曾有比较详细的论述(见本版全集第 5 卷第 110—113 页)。——334。

164 这句话引自奥·倍倍尔在德国社会民主党汉诺威代表大会(1899 年 10 月 9—14 日)上就大会议程中的主要问题"对党的基本观点和策略的攻击"所作的报告。——345。

165 《同志报》(《Товарищ》)是俄国资产阶级报纸(日报),1906 年 3 月 15 日(28 日)—1907 年 12 月 30 日(1908 年 1 月 12 日)在彼得堡出版。该报打着"无党派"的招牌,实际上是左派立宪民主党人的机关报。参加该报工作的有谢·尼·普罗柯波维奇和叶·德·库斯柯娃。孟什维克也为该报撰稿。——350。

166　《人民报》(《Le Peuple》)是比利时工人党的中央机关报(日报),1885年起在布鲁塞尔出版。在比利时工人党改称为比利时社会党后,是比利时社会党的机关报。——350。

167　《俄国党内斗争的历史意义》是针对1910年9月德国社会民主党机关刊物《新时代》杂志上刊载的尔·马尔托夫的《普鲁士的争论和俄国的经验》和列·达·托洛茨基的《俄国社会民主党发展的趋势》这两篇文章而写的。他们的这些文章歪曲了党内斗争的真实意义和俄国1905—1907年革命的历史。

列宁原来打算在《新时代》杂志上答复马尔托夫和托洛茨基,并为此写信给该杂志的编辑卡·考茨基。但是考茨基和该杂志另一领导人埃·武尔姆不肯在他们的杂志上刊登列宁的文章,而建议由该杂志的经常撰稿人之一尤·马尔赫列夫斯基(卡尔斯基)出面写文章回答马尔托夫。列宁得知这一消息时,这篇文章已写了一半。他认为仍应由他来答复托洛茨基,于是又写了一篇专门针对托洛茨基的文章寄给了考茨基。他在写给考茨基的一封信里说:"您尊敬的夫人在您生病期间写信给我,甚为感谢。我曾想给她写信,但又想我与其在信里叙述自己对托洛茨基文章的意见,倒不如把自己的文章寄上。这篇文章我不仅是寄给您的,也是寄给您夫人的,作为对她的信的答复。"(这封信的末页影印件登载于1928年12月12日柏林《前进报》的《晚报》附刊)但这篇文章《新时代》杂志仍拒绝刊登。

《俄国党内斗争的历史意义》直到1911年4月29日(5月12日)才在《争论专页》第3号上发表。

有关这篇文章的问题,参看列宁1910年9月17日(30日)给卡·拉狄克的信,1910年9月24日(10月7日)给马尔赫列斯基的信和1910年9月26日(10月9日)给拉狄克的信(本版全集第45卷第210、213、214号文献)。

本卷《附录》里收有《〈俄国党内斗争的历史意义〉一文提纲》。

——352。

168 这句话引自马克思在1848年7月29日《新莱茵报》上发表的《废除封建义务的法案》一文(参看《马克思恩格斯全集》第1版第5卷)。

　　《新莱茵报》(«Neue Rheinische Zeitung»)是德国和欧洲革命民主派中无产阶级一翼的日报,1848年6月1日—1849年5月19日在科隆出版。马克思任该报的主编,编辑部成员恩格斯、恩·德朗克、斐·沃尔弗、威·沃尔弗、格·维尔特、斐·弗莱里格拉特、亨·毕尔格尔斯等都是共产主义者同盟的盟员。报纸编辑部作为无产阶级革命运动的领导核心,实际履行了共产主义者同盟中央委员会的职责。该报揭露反动的封建君主派和资产阶级反革命势力,主张彻底解决资产阶级民主革命的任务和用民主共和国的形式统一德国。该报创刊不久,就遭到反动报纸的围攻和政府的迫害,1848年9—10月间曾一度停刊。1849年5月,普鲁士政府借口马克思没有普鲁士国籍而把他驱逐出境,并对其他编辑进行迫害,该报于5月19日被迫停刊。——354。

169 列宁指的是奥·倍倍尔在德国社会民主党马格德堡代表大会(1910年9月18—24日)上就巴登社会民主党人投票表决国家预算问题发表的演说。倍倍尔在演说中尖锐批评党内机会主义派别的同时,宣称:"我认为,我们是社会民主党人,而如果我们当中有民族自由党人,他们就应当离开,他们不能留在党内。"关于这次代表大会,参看《两个世界》一文(本版全集第20卷)。

　　民族自由党是德国资产阶级政党,容克—资产阶级联盟的支柱之一,积极支持德国政府殖民扩张和军备竞赛以及镇压工人运动的政策。——354。

170 这里说的是马克思以《危机和反革命》为题的一组文章中的第3篇(见《马克思恩格斯文集》第2卷)。列宁提到"梅林对那些责备马克思,说他想通过专政来实现民主的人发出公正的嘲笑",是指弗·梅林为他自己编辑的《卡尔·马克思、弗里德里希·恩格斯和斐迪南·拉萨尔的遗著》第3卷写的引言。——356。

171　指 1910 年沙皇俄国政府工商业部出版的《1906—1908 年三年内工厂
　　　工人罢工统计》一书。书中的材料是俄国经济学家和统计学家、工厂监
　　　察员瓦·叶·瓦尔扎尔整理和编写的。——359。

172　列宁指的是恩格斯在《普鲁士制宪议会。国民议会》一文中阐述的原理
　　　（见《马克思恩格斯文集》第 2 卷第 424—428 页）。马克思在 1871 年 4
　　　月 17 日致路德维希·库格曼的信中表达了类似的思想（见《马克思恩
　　　格斯文集》第 10 卷第 353—354 页）。

　　　　　《普鲁士制宪议会。国民议会》是恩格斯在马克思参与下所写《德
　　　国的革命和反革命》这组文章中的一篇。这组文章最初于 1851—1852
　　　年由马克思署名登载在《纽约每日论坛报》上，直至 1913 年马克思和恩
　　　格斯的来往书信发表后，才知道是恩格斯写的。——362。

173　《生活》杂志（《Жизнь》）是俄国孟什维克取消派的合法的社会政治刊
　　　物，1910 年 8 月和 9 月在莫斯科出版，共出了两期。——367。

174　指阿·瓦尔斯基（阿·绍·瓦尔沙夫斯基）。——370。

175　《论俄国罢工统计》一文是列宁对大量罢工统计材料进行独立研究的成
　　　果。列宁曾在 1910 年 9 月底直接从事罢工运动统计材料的研究工作
　　　（见列宁《俄国罢工统计》笔记，载《列宁文集》俄文版第 25 卷第 130—
　　　154 页）。列宁打算根据收集到的材料，写成一本 300 页左右的有关俄
　　　国革命史的书，然后把它译成德文。这一设想未能实现。

　　　　　这篇文章刊载于在莫斯科出版的布尔什维克合法刊物《思想》杂
　　　志第 1 期和第 2 期。——371。

176　最后的莫希干人一语出自美国作家詹·费·库珀的小说《最后一个莫
　　　希干人》。小说描写北美印第安土著中的莫希干人在欧洲殖民主义者
　　　奴役和欺骗下最终灭绝的故事。后来人们常用"最后的莫希干人"来比
　　　喻某一社会集团或某一组织、派别的最后的代表人物。——377。

177　指亚·瓦·波果热夫著的《俄国工人的数量和成分统计》一书。
　　　——378。

178 下表内工厂工人人数的资料引自瓦·叶·瓦尔扎尔编的《1895—1904
年十年间工厂工人罢工统计资料》一书(1905年圣彼得堡版,第27页),
是1901年的,而不是1904年的。根据《1905年工厂工人罢工统计》一书
(1908年圣彼得堡版),1904年工厂工人总数为1 651 957人(第17页)。
这一数字上的差异不致给基本结论带来实质变化。——378。

179 这张表列宁在《俄国党内斗争的历史意义》一文中也引用过(见本卷第
359页),但在那里,列宁按照政府统计汇编把混合罢工算做政治罢工,
而在本文中,列宁纠正了官方统计的不确切性,把混合罢工算做经济罢
工。因此,在两表中表示1905年各季度经济罢工和政治罢工的人数不
同,而其总数则相等。——386。

180 指1905年2月18日(3月3日)颁布的两个诏令:尼古拉二世给内务大
臣亚·格·布里根的关于吸引从居民中选出的人士参加立法提案的制
定和讨论的圣谕;责成大臣会议审议个人和机关关于涉及增进国家福
祉和人民福利问题的请愿书的致参议院的署名上谕。——387。

181 列宁指的是孟什维克取消派分子涅·切列万宁的《革命中的无产阶级》
一书(1907年莫斯科版),亦即弗·哥尔恩、弗·梅奇和切列万宁合著
的《俄国革命中各种社会力量的斗争》一书的第2编。在这本书中,切
列万宁把争取"以夺取手段实行八小时工作制"称为"只会给革命带来
危害的不幸想法"。他说,"本来能够早些预见到,用强制手段规定八小
时工作制会遇到资本家的拼命抵抗,在这种基础上同他们斗争会把他
们推到反动派的怀抱里,这种斗争会加强政府的立场,无产阶级会在这
种斗争中耗费大量力量而只有极少取胜的机会。"尔·马尔托夫在
1910年7月《我们的曙光》杂志第7期和1910年9月16日《新时代》杂
志第15期发表的两篇文章中也表达了类似的思想。——393。

182 这是列宁起草的《工人报》出版通告。
    《工人报》(《Рабочая Газета》)是俄国布尔什维克的秘密通俗机关
报,1910年10月30日(11月12日)—1912年7月30日(8月12日)
在巴黎不定期出版,共出了9号。创办《工人报》的倡议者是列宁。出

版《工人报》则是在 1910 年 8 月哥本哈根国际社会党代表大会期间举行的俄国社会民主工党代表(包括布尔什维克、孟什维克护党派、社会民主党杜马党团代表等)的联席会议上正式决定的。出席这次会议的有列宁、格·瓦·普列汉诺夫、格·叶·季诺维也夫、列·波·加米涅夫、亚·米·柯伦泰、阿·瓦·卢那察尔斯基、尼·古·波列塔耶夫、伊·彼·波克罗夫斯基等。

列宁是《工人报》的领导者。参加该报编辑部的有列宁、季诺维也夫和加米涅夫。积极为该报撰稿的有谢·伊·霍普纳尔、普·阿·贾帕里泽、尼·亚·谢马什柯、斯·格·邵武勉等。娜·康·克鲁普斯卡娅是编辑部秘书。马·高尔基曾给该报巨大的物质帮助。在国外的各布尔什维克团体中成立的《工人报》协助小组给予该报极大的物质支援,并协助运送报纸到俄国。该报很受俄国工人欢迎,印数达 6 000 份。工人们纷纷为该报募捐,并积极给该报写稿。该报在"党的生活"、"各地来信"两栏经常刊登工人和地方党组织的来信和通讯。该报登载过列宁的 11 篇文章。

《工人报》为筹备召开俄国社会民主工党第六次(布拉格)全国代表会议进行了大量工作。这次代表会议在特别决定中指出《工人报》坚定不移地捍卫了党和党性,并宣布《工人报》为俄国社会民主工党中央委员会正式机关报。——399。

183 列宁指的是 1904 年 8 月 14—20 日在阿姆斯特丹举行的第二国际第六次代表大会。出席这次大会的有各国社会党代表 476 人。大会谴责当时正在进行的日俄战争,指出它从双方来说都是掠夺性的战争。大会讨论了社会党策略的国际准则、党的统一、总罢工、殖民政策等问题。大会通过了茹·盖得提出的谴责修正主义和米勒兰主义的决议。但是,大会通过的关于每一个国家的社会党人必须统一的重要决议中,没有包含承认革命的马克思主义是统一的原则基础和防止革命派受制于机会主义派的必要条件等内容;大会关于殖民主义问题的决议没有谈到争取民族自决的斗争,而建议社会党人努力使殖民地人民获得符合他们发展程度的自由和独立;在关于群众罢工的决议中把群众罢工而不是把武装斗争看做"极端手段"。——418。

人 名 索 引

A

阿德勒，维克多（Adler, Victor 1852—1918）——奥地利社会民主党创建人和领袖之一。早年是资产阶级激进派，19 世纪 80 年代中期参加工人运动。1883 年和 1889 年曾与恩格斯会晤，1889—1895 年同恩格斯有通信联系。是 1888 年 12 月 31 日—1889 年 1 月 1 日奥地利社会民主党成立大会上通过的党纲的主要起草人之一。在克服奥地利社会民主主义运动的分裂和建立统一的党方面做了许多工作。在党的一系列重要政策问题上（包括民族问题）倾向改良主义立场。1886 年创办《平等》周刊，1889 年起任奥地利社会民主党中央机关报《工人报》编辑。1905 年起为议员。第一次世界大战期间持中派立场，鼓吹阶级和平，反对工人阶级的革命发动。1918 年 11 月短期担任奥地利资产阶级共和国外交部长。——125、188。

阿恩——见饶尔丹尼亚，诺伊·尼古拉耶维奇。

阿克雪里罗得，帕维尔·波里索维奇（Аксельрод, Павел Борисович 1850—1928）——俄国孟什维克领袖之一。19 世纪 70 年代是民粹派分子。1883 年参与创建劳动解放社。1900 年起是《火星报》和《曙光》杂志编辑部成员。这一时期在宣传马克思主义的同时，也在一系列著作中把资产阶级民主制和西欧社会民主党议会活动理想化。1903 年在俄国社会民主工党第二次代表大会上是《火星报》编辑部有发言权的代表，属火星派少数派，会后是孟什维主义的思想家。1905 年提出召开广泛的工人代表大会的取消主义观点。1906 年在党的第四次（统一）代表大会上代表孟什维克作了关于国家杜马问题的报告，宣扬无产阶级同资产阶级实行政治合作的机会主义思想。斯托雷平反动时期和新的革命高涨年代是取消派的思想领袖，参加孟什维克取消派《社会民主党人呼声报》编辑部。1912 年加入"八月联

盟"。第一次世界大战期间表面上是中派,实际持社会沙文主义立场;曾参
加齐美尔瓦尔德代表会议和昆塔尔代表会议,属于右翼。1917 年二月革
命后任彼得格勒苏维埃执行委员会委员,支持资产阶级临时政府。十月革
命后侨居国外,反对苏维埃政权,鼓吹武装干涉苏维埃俄国。——13、43、
98、203、210、250、251、252、266、296、297、298、300。

阿列克辛斯基,格里戈里·阿列克谢耶维奇(Алексинский,Григорий Алек-
сеевич 1879 — 1967)——俄国社会民主党人,后蜕化为反革命分子。
1905—1907 年革命期间是布尔什维克。第二届国家杜马彼得堡工人代
表,社会民主党党团成员,参加了杜马的失业工人救济委员会、粮食委员会
和土地委员会,并就斯托雷平在杜马中宣读的政府宣言,就预算、土地等问
题发了言。作为社会民主党杜马党团代表参加了俄国社会民主工党第五
次(伦敦)代表大会的工作。斯托雷平反动时期是召回派分子、派别性的卡
普里党校(意大利)的讲课人和"前进"集团的组织者之一。第一次世界大
战期间是社会沙文主义者,曾为多个资产阶级报纸撰稿。1917 年加入孟
什维克统一派,持反革命立场;七月事变期间伙同特务机关伪造文件诬陷
列宁和布尔什维克。1918 年逃往国外,投入反动营垒。—— 65、85、93、
94、103、119、130—131、251、252、266。

埃尔姆,阿道夫(Elm,Adolf 1857—1916)——德国社会民主党人,合作社活
动家和工会活动家,改良主义者,全德社会民主主义工会联合会(通称德国
自由工会)领袖之一;职业是烟草工人。1894—1906 年为帝国国会议员。
曾为德国机会主义者刊物《社会主义月刊》撰稿,攻击社会民主党的革命纲
领和策略。1910 年出席国际社会党哥本哈根代表大会,是代表大会的合
作社委员会委员及其小组委员会委员。—— 342、343、344、345 —
346、347。

爱德华七世(Edward Ⅶ 1841—1910)——英国国王(1901—1910)。——51。

爱尔威,古斯塔夫(Hervé,Gustave 1871 — 1944)——法国社会党人,政论家
和律师。1905—1918 年是工人国际法国支部成员。1906 年创办《社会战
争报》,宣传半无政府主义的反军国主义纲领。1907 年在第二国际斯图加
特代表大会上坚持这一纲领,提出用罢工和起义来反对一切战争。第一次
世界大战期间是社会沙文主义者。俄国十月革命后反对苏维埃国家和布

尔什维克党。30年代拥护民族社会主义,主张法国同法西斯德国接近。
——267。

安东——见马卡久布,马尔克·绍洛维奇。

安东尼·沃伦斯基(**赫拉波维茨基,阿列克谢·巴甫洛维奇**)(Антоний
Волынский(Храповицкий,Алексей Павлович)1863—1936)——俄国黑帮
分子,沙皇反动政治最著名的鼓吹者之一,俄国正教教会的极右派头目。
1902年起在沃伦当主教,后为哈尔科夫的大主教。外国武装干涉和国内
战争时期与邓尼金勾结。反革命势力被粉碎后逃往国外,成为流亡国外的
君主派首领之一。——53、173、175。

安塞尔,爱德华(Anseele,Eduard 1856—1938)——比利时工人党创建人和
领袖之一,比利时合作社运动著名活动家;持机会主义立场。1910年出席
了哥本哈根国际社会党代表大会,任大会合作社委员会主席。曾参加第二
国际社会党国际局执行委员会。1918—1921年任比利时公共工程大臣,
1925—1927年任交通大臣。——340、342。

奥古斯托夫斯基——见策杰尔包姆,谢尔盖·奥西波维奇。

B

白里安,阿里斯蒂德(Briand,Aristide 1862—1932)——法国国务活动家,外
交家;职业是律师。19世纪80年代参加法国社会主义运动,1898年加入
法国独立社会党人联盟,一度属社会党左翼;1902年参加改良主义的法国
社会党,同年被选入议会。1906年参加资产阶级政府,任教育部长,因此
被开除出社会党;后同阿·白里安、勒·维维安尼等人一起组成独立社会
党人集团(1911年取名"共和社会党")。1909—1911年任"三叛徒(白里
安、米勒兰、维维安尼)内阁"的总理。1910年宣布对铁路实行军管,残酷
镇压铁路工人的罢工。1913年任总理,1915—1917年、1921—1922年任
总理兼外交部长,1924年任法国驻国际联盟代表。1925年参与签订洛迦
诺公约。1925—1931年任外交部长。1931年竞选总统失败后退出政界。
——150、287。

鲍勃凌斯基,阿列克谢·亚历山德罗维奇(Бобринский,Алексей Алексан-
дрович 1852—1927)——俄国大地主和大糖厂主,伯爵,反动的政治活动

家。1884年起多年任彼得堡省贵族代表。1906年当选为农奴主-地主组织"贵族联合会"主席。第三届国家杜马基辅省代表。1912年起为国务会议成员,1916年任农业大臣。十月革命后参加君主派的俄国国家统一委员会,1919年起为白俄流亡分子。——224。

倍倍尔,奥古斯特(Bebel, August 1840—1913)——德国工人运动和国际工人运动活动家,德国社会民主党和第二国际的创建人和领袖之一,马克思和恩格斯的朋友和战友;旋工出身。19世纪60年代前半期开始参加政治活动,1867年当选为德国工人协会联合会主席,1868年该联合会加入第一国际。1869年与威·李卜克内西共同创建了德国社会民主工党(爱森纳赫派),该党于1875年与拉萨尔派合并为德国社会主义工人党,后又改名为德国社会民主党。多次当选国会议员,利用国会讲坛揭露帝国政府反动的内外政策。1870—1871年普法战争期间持国际主义立场,在国会中投票反对军事拨款,支持巴黎公社,为此曾被捕和被控叛国,在狱中断断续续度过近六年时间。在反社会党人非常法施行时期,领导了党的地下活动和议会活动。90年代和20世纪初同党内的改良主义和修正主义进行斗争,反对伯恩施坦及其拥护者对马克思主义理论的歪曲和庸俗化。是出色的政论家和演说家,对德国和欧洲工人运动的发展有很大影响。马克思和恩格斯高度评价了他的活动。——345、347、350、354。

本辛格,奥古斯特·弗兰茨(Bensing, August Franz 生于1870年)——德国经济学家,海德堡大学教授,《农业机器对国民经济和私有经济的影响》一书的作者。——334。

彼得罗娃,弗·——见拉德琴柯,柳博芙·尼古拉耶夫娜。

彼舍霍诺夫,阿列克谢·瓦西里耶维奇(Пешехонов, Алексей Васильевич 1867—1933)——俄国社会活动家和政论家。19世纪90年代为自由主义民粹派分子。《俄国财富》杂志撰稿人,1904年起为该杂志编委;曾为自由派资产阶级的《解放》杂志和社会革命党的《革命俄国报》撰稿。1903—1905年为解放社成员。小资产阶级政党"人民社会党"的组织者(1906)和领袖之一,该党同劳动派合并后(1917年6月),参加劳动人民社会党中央委员会。1917年二月革命后任彼得格勒工兵代表苏维埃执行委员会委员,同年5—8月任临时政府粮食部长,后任预备议会副主席。十月革命后反对苏维埃政权,参加了反革命组织"俄罗斯复兴会"。1922年被驱逐出境,成为白俄流亡分子。——288。

别尔嘉耶夫,尼古拉·亚历山德罗维奇（Бердяев, Николай Александрович 1874—1948）——俄国唯心主义哲学家和神秘主义者。学生时代参加社会民主主义运动。19世纪90年代末曾协助基辅的工人阶级解放斗争协会,因协会案于1900年被逐往沃洛格达省。在早期著作中倾向合法马克思主义,用新康德主义修正马克思的学说,后来公开反对马克思主义。1905年加入立宪民主党。斯托雷平反动时期是宗教哲学流派——寻神说的代表人物之一。曾参与编撰《路标》文集。十月革命后成为封建主义和中世纪经院哲学的辩护士。1922年因进行反革命活动被驱逐出境,在国外继续鼓吹哲学神秘主义,是白俄流亡分子的思想家。——165。

别列佐夫斯基,亚历山大·叶利扎罗维奇（别列佐夫斯基第一）（Березовский, Александр Елизарович（Березовски 1-й）生于1868年）——俄国地主,立宪民主党人,地方自治运动活动家;职业是农艺师。第三届国家杜马辛比尔斯克省代表,在杜马中是粮食、土地等委员会委员。1918年起从事农艺专业工作。——176。

别林斯基,维萨里昂·格里戈里耶维奇（Белинский, Виссарион Григорьевич 1811—1848）——俄国革命民主主义者,文学批评家和政论家,唯物主义哲学家;对俄国社会思想的进一步发展和解放运动产生了巨大影响。1833—1836年为《望远镜》杂志撰稿,1838—1839年编辑《莫斯科观察家》杂志,1839—1846年主持《祖国纪事》杂志文学批评栏。1847年起领导《同时代人》杂志批评栏,团结文学界进步力量,使这家杂志成为当时俄国最先进的思想阵地。是奋起同农奴制作斗争的农民群众的思想家,在思想上经历了由唯心主义到唯物主义、由启蒙主义到革命民主主义的复杂而矛盾的发展过程。是俄国现实主义美学和文学批评的奠基人。在评论普希金、莱蒙托夫、果戈理的文章中,以及在1840—1847年间发表的对俄国文学的评论中,揭示了俄国文学的现实主义和人民性,肯定了所谓"自然派"的原则,同反动文学和"纯艺术"派进行了斗争。1847年赴国外治病,于7月3日写了著名的《给果戈理的信》,提出了俄国革命民主派的战斗纲领,是他一生革命文学活动的总结。——169—170、417。

波别多诺斯采夫,康斯坦丁·彼得罗维奇（Победоносцев, Константин
Петрович 1827—1907）——俄国国务活动家。1860—1865 年任莫斯科大
学法学教授。1868 年起为参议员,1872 年起为国务会议成员,1880—1905
年任俄国正教会最高管理机构——正教院总监。给亚历山大三世和尼古
拉二世讲授过法律知识。一贯敌视革命运动,反对资产阶级改革,维护极
权专制制度,排斥西欧文化,是 1881 年 4 月 29 日巩固专制制度宣言的起
草人。80 年代末势力减弱,1905 年 10 月 17 日宣言颁布后引退。——
172、175。

波尔土盖斯,斯捷潘·伊万诺维奇（索洛蒙诺夫）（Португейс, Степан
Иванович（Соломонов）1880—1944）——俄国孟什维克,政论家。俄国社会
民主工党第五次（伦敦）代表大会敖德萨组织的代表。斯托雷平反动时期
和新的革命高涨年代是取消派分子,为《社会民主党人呼声报》、《我们的曙
光》杂志等孟什维克取消派报刊撰稿。第一次世界大战期间是社会沙文主
义者。十月革命后反对苏维埃政权,为南方白卫分子的报刊撰稿,后移居
国外。——209—211。

波格丹诺夫（**马林诺夫斯基**）,亚历山大·亚历山德罗维奇（马克西莫夫,
恩·）（Богданов（Малиновский）, Александр Александрович（Максимов,
Н.）1873—1928）——俄国社会民主党人,哲学家,社会学家,经济学家;职
业是医生。19 世纪 90 年代参加社会民主主义小组。1903 年成为布尔什
维克。在党的第三、第四和第五次代表大会上被选入中央委员会。曾参加
布尔什维克机关报《前进报》和《无产者报》编辑部,是布尔什维克《新生活
报》的编辑。在对待布尔什维克参加第三届国家杜马的问题上持抵制派立
场。1908 年是反对布尔什维克在合法组织里工作的最高纲领派的领袖。
斯托雷平反动时期和新的革命高涨年代背离布尔什维主义,领导召回派,
是"前进"集团的领袖。在哲学上宣扬经验一元论。1909 年 6 月因进行派
别活动被开除出党。第一次世界大战期间持国际主义立场。十月革命后
是共产主义科学院院士,在莫斯科大学讲授经济学。1918 年是无产阶级
文化派的思想家。1921 年起从事老年医学和血液学的研究。1926 年起任
由他创建的输血研究所所长。主要著作有《经济学简明教程》(1897)、《经
验一元论》(第 1—3 卷,1904—1906)、《生动经验的哲学》(1913)、《关于社

会意识的科学》(1914)、《普遍的组织起来的科学(组织形态学)》(1913—
1922)。——2、5—6、8、10、11、12、13、14、16—17、18、38、39—40、65、73、
106、111、113—115、118、119—120、122、130—131、142、143—144、145、
146、147、148、149、267、296、310、311、314。

波果热夫，亚历山大·瓦西里耶维奇（Погожев，Александр Васильевич
1853—1913）——俄国保健医生，工人生活问题和工人立法问题的评论
家。因写有许多关于工厂卫生和工业企业卫生状况方面的著作而闻名。
1902年起任彼得堡《工业与健康》杂志编辑。——378。

波克罗夫斯基，米哈伊尔·尼古拉耶维奇（多莫夫）（Покровский，Михаил
Николаевич（Домов）1868—1932）——1905年加入俄国社会民主工党，历
史学家。曾参加1905—1907年革命，任党的莫斯科委员会委员。1907年
在党的第五次（伦敦）代表大会上当选为候补中央委员。1908—1917年侨
居国外。斯托雷平反动时期参加召回派和最后通牒派，后加入"前进"集
团，1911年与之决裂。第一次世界大战期间持国际主义立场，从事布尔什
维克书刊的出版工作，曾编辑出版列宁的《帝国主义是资本主义的最高阶
段》一书。1917年8月回国，参加了莫斯科武装起义，是莫斯科河南岸区
革命司令部的成员。1917年11月—1918年3月任莫斯科苏维埃主席。
布列斯特和约谈判期间是第一个苏俄代表团的成员，一度持"左派共产主
义者"立场。1918年5月起任俄罗斯联邦副教育人民委员。1923—1927
年积极参加反对托洛茨基主义的斗争。在不同年代曾兼任共产主义科学
院、共产主义科学院历史研究所、红色教授学院、中央国家档案馆、马克思
主义历史学家协会等单位的领导人。1929年起为科学院院士。1930年起
为党中央监察委员会委员。多次当选为全俄中央执行委员会和苏联中央
执行委员会委员。写有《俄国古代史》（五卷本，1910—1913）、《俄国文化
史概论》（上下册，1915—1918）、《俄国历史概要》（上下册，1920）等著作。
——111、312。

波克罗夫斯基，伊万·彼得罗维奇（Покровский，Иван Петрович 1872—
1963）——俄国社会民主党人；职业是医生。第三届国家杜马库班州、捷列
克州和黑海省代表，参加社会民主党杜马党团的布尔什维克派。1910年
以第三届杜马社会民主党党团代表的身份参加布尔什维克报纸《明星报》

编辑部。——224—225、229。

波列塔耶夫,尼古拉·古里耶维奇(Полетаев, Николай Гурьевич 1872—
1930)——俄国第一批工人社会民主党人之一,布鲁斯涅夫小组和彼得堡
工人阶级解放斗争协会成员,1904 年加入俄国社会民主工党,布尔什维
克。多次被捕和流放。1905 年任彼得堡工人代表苏维埃执行委员会委
员。第三届国家杜马彼得堡省代表,参加社会民主党杜马党团的布尔什维
克派。1910 年代表布尔什维克出席哥本哈根国际社会党代表大会。曾参
加布尔什维克《明星报》和《真理报》的出版工作。十月革命后从事出版和
经济工作。——19。

波斯托洛夫斯基,德米特里·西蒙诺维奇(瓦季姆)(Постоловский, Дмитрий
Симонович(Вадим)1876—1948)——俄国社会民主党人。1895 年参加社
会民主主义运动。曾在彼得堡、维尔纽斯和梯弗利斯做党的工作。1904
年起是党中央代办员,调和派分子。1905 年 3 月被任命为俄国社会民主
工党中央委员会驻党总委员会的代表。在党的第三次代表大会上是西北
委员会的代表,当选为中央委员。曾任俄国社会民主工党中央委员会驻彼
得堡工人代表苏维埃执行委员会的正式代表。斯托雷平反动时期脱离政
治活动。1917 年二月革命后在彼得格勒苏维埃法律委员会工作。十月革
命后在人民委员会国家立法提案委员会工作。1932 年起是特种退休金领
取者。——20。

波特列索夫,亚历山大·尼古拉耶维奇(Потресов, Александр Николаевич
1869—1934)——俄国孟什维克领袖之一。19 世纪 90 年代初参加马克思
主义小组。1896 年加入彼得堡工人阶级解放斗争协会,后被捕,1898 年流
放维亚特卡省。1900 年出国,参与创办《火星报》和《曙光》杂志。在俄国
社会民主工党第二次代表大会上是《火星报》编辑部有发言权的代表,属火
星派少数派,会后是孟什维克刊物的主要撰稿人和领导人。斯托雷平反动
时期和新的革命高涨年代是取消派思想家,在《复兴》杂志和《我们的曙光》
杂志中起领导作用。第一次世界大战期间是社会沙文主义者。1917 年在
反布尔什维克的资产阶级《日报》中起领导作用。十月革命后侨居国外,为
克伦斯基的《白日》周刊撰稿,攻击苏维埃政权。——13、43、44、45、60、
61—62、63、98、101、102、104、105—106、136、138、145、147、152、250、276、

279—280、281、282、283、285、286、288、289、292、293、296、298、299、300、305、354、367、368。

波谢，弗拉基米尔·亚历山德罗维奇（Поссе, Владимир Александрович 1864—1940）——俄国新闻工作者和自由派资产阶级社会活动家。合法马克思主义者的《新言论》杂志和《生活》杂志编辑。《生活》杂志被沙皇政府查封后，1902年在国外继续出版该杂志。1906—1907年主张在俄国建立独立于社会民主党的工人合作社组织。1909—1917年出版和编辑《大众生活》杂志。十月革命后从事写作。1922年起为《全俄中央执行委员会消息报》撰稿。写有一系列有关历史、文学等问题的著作。——278。

伯恩施坦，爱德华（Bernstein, Eduard 1850—1932）——德国社会民主党和第二国际右翼领袖之一，修正主义的代表人物。1872年加入社会民主党，曾是欧·杜林的信徒。1879年和卡·赫希柏格、卡·施拉姆在苏黎世发表《德国社会主义运动的回顾》一文，指责党的革命策略，主张放弃革命斗争，适应俾斯麦制度，受到马克思和恩格斯的严厉批评。1881—1890年任党的中央机关报《社会民主党人报》编辑。从90年代中期起完全同马克思主义决裂。1896—1898年以《社会主义问题》为题在《新时代》杂志上发表一组文章，1899年发表《社会主义的前提和社会民主党的任务》一书，从经济、政治和哲学方面对马克思主义的理论和策略作了全面的修正。1902年起为国会议员。第一次世界大战期间持中派立场。1917年参加德国独立社会民主党，1919年公开转到右派方面。1918年十一月革命失败后出任艾伯特—谢德曼政府的财政部长助理。——4、186、345。

勃朗施坦，彼得，阿布拉莫维奇（尤里）（Бронштейн, Петр Абрамович（Юрий）1881—1944）——俄国社会民主党人，孟什维克。20世纪初参加社会民主主义运动，在敖德萨工作。俄国社会民主工党第二次代表大会后加入孟什维克。斯托雷平反动时期和新的革命高涨年代是取消派分子，任取消派《生活事业》杂志编辑，并为《涅瓦呼声报》、《光线报》及孟什维克取消派的其他报纸撰稿。1917年是彼得格勒孟什维克的领导人之一，孟什维克中央机关报《工人报》编委。十月革命后在南方进行反革命活动，后移居国外，为孟什维克《社会主义通报》杂志撰稿。——209—211、235、259、261、284、314、367。

博勃里科夫,尼古拉·伊万诺维奇（Бобриков, Николай Иванович 1839—1904）——沙俄将军,1898 年起任芬兰总督,在芬兰推行沙皇政府的俄罗斯化政策:规定俄语为芬兰的公务语言,实际上废除了宪法,残酷镇压民族解放运动的任何举动。1904 年 6 月 3 日(16 日)被芬兰恐怖分子刺死。——126—127。

布尔加柯夫,谢尔盖·尼古拉耶维奇（Булгаков, Сергей Николаевич 1871—1944）——俄国经济学家、哲学家和神学家。19 世纪 90 年代是合法马克思主义者,后来成了"马克思的批评家"。修正马克思关于土地问题的学说,企图证明小农经济稳固并优于资本主义大经济,用土地肥力递减规律来解释人民群众的贫困化;还试图把马克思主义同康德的批判认识论结合起来。后来转向宗教哲学和基督教。1901—1906 年和 1906—1918 年先后在基辅大学和莫斯科大学任政治经济学教授。1905—1907 年革命失败后追随立宪民主党,为《路标》文集撰稿。1918 年起是正教司祭。1923 年侨居国外。1925 年起在巴黎的俄国神学院任教授。主要著作有《论资本主义生产条件下的市场》(1897)、《资本主义和农业》(1900)、《经济哲学》(1912)等。——165、172、212、216、355。

布兰亭,卡尔·亚尔马（Branting, Karl Hjalmar 1860—1925）——瑞典社会民主党和第二国际创建人和领袖之一,持机会主义立场。1887—1917 年(有间断)任瑞典社会民主党中央机关报《社会民主党人报》编辑。1896 年起为议员。1907 年当选为党的执行委员会主席。第一次世界大战期间是社会沙文主义者。1917 年参加埃登的自由党—社会党联合政府,支持武装干涉苏维埃俄国。1920 年、1921—1923 年、1924—1925 年领导社会民主党政府,1921—1923 年兼任外交大臣。曾参与创建和领导伯尔尼国际。——51。

布朗基,路易·奥古斯特（Blanqui, Louis-Auguste 1805—1881）——法国革命家,空想共产主义的代表人物。曾参加巴黎 1830—1870 年间的各次起义和革命,组织并领导四季社以及其他秘密革命团体。在从事革命活动的 50 多年间,有 30 余年是在狱中度过的。1871 年巴黎公社时期被反动派囚禁在凡尔赛,缺席当选为公社委员。憎恨资本主义制度,但不懂得组织工人革命政党和依靠广大群众的重要意义,认为只靠少数人密谋,组织暴动,即可推翻旧社会,建立新社会。——420。

布伦坦诺,路约(Brentano,Lujo 1844—1931)——德国经济学家,讲坛社会主义代表人物。1891年起任慕尼黑大学政治经济学教授。鼓吹放弃阶级斗争,主张通过组织改良主义的工会和工厂立法解决资本主义的社会矛盾,调和工人和资本家的利益。在土地问题上维护小农经济稳固论和土地肥力递减规律。晚年成了公开的帝国主义辩护士。——136、355、358。

布洛赫,约瑟夫(Bloch,Joseph 1871—1936)——德国社会民主党人,著作家。1897—1933年是德国机会主义者的主要刊物《社会主义月刊》的编辑兼出版人。1933年法西斯上台后移居捷克斯洛伐克。——350。

C

策杰尔包姆,谢尔盖·奥西波维奇(奥古斯托夫斯基)(Цедербаум,Сергей Осипович(Августовский)1879—1939)——1898年参加俄国社会民主主义运动,在彼得堡工人旗帜社工作。后被捕,在警察公开监视下被逐往波尔塔瓦。曾担任从国外运送《火星报》的工作。1904年秋侨居国外,加入孟什维克。1905年4月参加了在日内瓦召开的孟什维克代表会议。不久回国,在孟什维克彼得堡组织中工作,1906年编辑孟什维克合法报纸《信使报》。斯托雷平反动时期和新的革命高涨年代是取消派分子,参加孟什维克取消派报刊的工作,是取消派彼得堡"发起小组"的领袖之一。第一次世界大战期间是护国派分子。1917年为孟什维克的《前进报》撰稿。十月革命后脱离政治活动。——208—211、285。

策伊特林,波里斯·索洛蒙诺维奇(格奥尔吉)(Цейтлин,Борис Соломонович(Георгий)1879—1920)——俄国社会民主党人,孟什维克。19世纪90年代末参加革命运动,在维捷布斯克和克列缅丘格工作。1903年流放东西伯利亚,从流放地回来后加入孟什维克。曾参加俄国社会民主工党第四次(统一)代表大会的工作。斯托雷平反动时期和新的革命高涨年代是取消派分子,《复兴》、《生活》、《生活事业》等取消派杂志的编辑部成员;参加了《涅瓦呼声报》、《光线报》及孟什维克取消派其他报纸的工作。1917年二月革命后为孟什维克中央机关报《工人报》编辑部成员。——209—211。

查苏利奇,维拉·伊万诺夫娜(Засулич,Вера Ивановна 1849—1919)——俄

国民粹主义运动和社会民主主义运动活动家。1868 年在彼得堡参加革命
小组。1878 年 1 月 24 日开枪打伤下令鞭打在押革命学生的彼得堡市长
费·费·特列波夫。1879 年加入土地平分社。1880 年侨居国外,逐步同
民粹主义决裂,转到马克思主义立场。1883 年参与创建劳动解放社。
80—90 年代翻译了马克思的《哲学的贫困》和恩格斯的《社会主义从空想
到科学的发展》,写了《国际工人协会史纲要》等著作;为劳动解放社的出版
物以及《新言论》和《科学评论》等杂志撰稿,发表过一系列文艺批评文章。
1900 年起是《火星报》和《曙光》杂志编辑部成员。在俄国社会民主工党第
二次代表大会上是《火星报》编辑部有发言权的代表,属火星派少数派,会
后成为孟什维克领袖之一,参加孟什维克的《火星报》编辑部。1905 年回
国。斯托雷平反动时期和新的革命高涨年代是取消派分子。第一次世界
大战期间是社会沙文主义者。1917 年是孟什维克统一派分子。对十月革
命持否定态度。——98。

车尔尼雪夫斯基,尼古拉·加甫里洛维奇(Чернышевский, Николай Гаврил-
　ович 1828—1889)——俄国革命民主主义者和空想社会主义者,作家,文
　学评论家,经济学家,哲学家;俄国社会民主主义先驱之一,俄国 19 世纪
　60 年代革命运动的领袖。1853 年开始为《祖国纪事》和《同时代人》等杂志
　撰稿,1856—1862 年是《同时代人》杂志的领导人之一,发扬别林斯基的民
　主主义批判传统,宣传农民革命思想,是土地和自由社的思想鼓舞者。因
　揭露 1861 年农民改革的骗局,号召人民起义,于 1862 年被沙皇政府逮捕,
　入狱两年,后被送到西伯利亚服苦役。1883 年解除流放,1889 年被允许回
　家乡居住。著述很多,涉及哲学、经济学、教育学、美学、伦理学等领域。在
　哲学上批判了贝克莱、康德、黑格尔等人的唯心主义观点,力图以唯物主义
　精神改造黑格尔的辩证法。对资本主义作了深刻的批判,认为社会主义是
　由整个人类发展进程所决定的,但作为空想社会主义者,又认为俄国有可
　能通过农民村社过渡到社会主义。所著长篇小说《怎么办?》(1863)和《序
　幕》(约 1867—1869)表达了社会主义理想,产生了巨大的革命影响。——
　169、215、417。

茨哈卡雅,米哈伊尔·格里戈里耶维奇(米哈)(Цхакая, Михаил Григорьевич
　(Миха)1865—1950)——1880 年参加俄国革命运动,1898 年加入俄国社

会民主工党。曾在高加索、哈尔科夫和叶卡捷琳诺斯拉夫做党的工作,是党的高加索联合会委员会领导人之一。参加了党的第二次代表大会的筹备工作;是高加索联合会出席党的第三次代表大会的代表。积极参加1905—1907年革命。屡遭沙皇政府迫害。1907—1917年流亡国外;是党的第五次(伦敦)代表大会的代表。1917年二月革命后随列宁回国。1917—1920年任俄国社会民主工党(布)梯弗利斯委员会委员。1920年起为格鲁吉亚共产党(布)中央委员。1921年格鲁吉亚建立苏维埃政权后担任苏维埃和党的领导工作,1923—1930年任外高加索联邦中央执行委员会主席、苏联中央执行委员会主席团委员、格鲁吉亚中央执行委员会主席。是共产国际第二次至第七次代表大会的代表。1920年起为共产国际执行委员会委员,1931年起为共产国际监察委员会委员。——12。

D

大卫,爱德华(David,Eduard 1863—1930)——德国社会民主党右翼领袖之一,经济学家;德国机会主义者的主要刊物《社会主义月刊》创办人之一。1893年加入社会民主党。公开修正马克思主义关于土地问题的学说,否认资本主义经济规律在农业中的作用。1903年出版《社会主义和农业》一书,宣扬小农经济稳固,维护所谓土地肥力递减规律。1903—1918年和1920—1930年为国会议员,社会民主党国会党团领袖之一。第一次世界大战期间是社会沙文主义者;在《世界大战中的社会民主党》(1915)一书中为德国社会民主党右翼在第一次世界大战中的机会主义立场辩护。1919年2月任魏玛共和国国民议会第一任议长。1919—1920年任内务部长,1922—1927年任中央政府驻黑森的代表。——323。

德涅夫尼茨基,普·恩·(策杰尔包姆,费多尔·奥西波维奇;普·)(Дневн-ицкий,П.Н.(Цедербаум,Федор Осипович,П.)生于1883年)——俄国社会民主党人,孟什维克,政论家。1909年起住在国外,追随孟什维克护党派,为普列汉诺夫的《社会民主党人日志》撰稿,参加布尔什维克《明星报》和《真理报》的工作。十月革命后反对苏维埃政权。——147。

杜勃罗留波夫,尼古拉·亚历山德罗维奇(Добролюбов,Николай Алексан-дрович 1836—1861)——俄国革命民主主义者,文学评论家,唯物主义哲

学家,车尔尼雪夫斯基最亲密的朋友和战友。1857年参加《同时代人》杂
志的编辑工作,1858年开始主持杂志的书评栏,1859年又创办了杂志附刊
《哨声》。1859—1860年发表了一系列论文:《什么是奥勃洛摩夫性格?》、
《黑暗的王国》、《真正的白天什么时候到来?》、《黑暗王国的一线光明》等,
这些论文是战斗的文学批评的典范。一生坚决反对专制制度和农奴制度,
热情支持反对专制政府的人民起义。与赫尔岑、别林斯基和车尔尼雪夫斯
基同为俄国社会民主主义的先驱。——169。

杜勃洛文斯基,约瑟夫·费多罗维奇(英诺森;约·)(Дубровинский,Иосиф
　　Федорович(Иннокентий,И.)1877—1913)——1893年参加俄国革命运动,
　　起初加入民意党人小组,后同民粹派决裂,成为马克思主义者。莫斯科工
　　人协会领导人之一。1902年起为《火星报》代办员。俄国社会民主工党第
　　二次代表大会后是布尔什维克,被增补进中央委员会。1905年是莫斯科
　　武装起义的组织者和领导人之一。1907年在党的第五次(伦敦)代表大会
　　上当选为中央委员。1908年进入《无产者报》编辑部。斯托雷平反动时期
　　对取消派采取调和主义态度。屡遭沙皇政府迫害。1913年死于图鲁汉斯
　　克流放地。——205、270。

多莫夫——见波克罗夫斯基,米哈伊尔·尼古拉耶维奇。

E

恩格斯,弗里德里希(Engels,Friedrich 1820—1895)——科学共产主义创始
　　人之一,世界无产阶级的领袖和导师,马克思的亲密战友。——78、123、
　　214、249、299。

F

法利埃,克莱芒·阿尔芒(Fallières,Clément Armand 1841—1931)——法国
　　政治活动家;职业是律师。1876—1890年为众议员,在议会中属温和资产
　　阶级共和派。历任数届内阁部长。1890年起为参议员,1899—1906年为
　　参议院议长。1906—1913年任共和国总统。——51。

范科尔,亨利克(Van Kol,Henrik 1851—1925)——荷兰社会民主工党创建
　　人(1894)和领袖之一。建党几年后即滑向改良主义和机会主义。在第二

国际阿姆斯特丹代表大会(1904)和斯图加特代表大会(1907)上维护关于殖民地问题的机会主义决议,该决议在执行所谓"传播文明的使命"的幌子下为帝国主义奴役殖民地各国人民进行辩护。敌视俄国十月革命和苏维埃国家。——187、189。

"纺织工伊万"——见瑟索耶夫,伊万·B.。

弗拉索夫——见李可夫,阿列克谢·伊万诺维奇。

弗兰克,谢苗·路德维霍维奇(Франк,Семен Людвигович 1877—1950)——俄国唯心主义哲学家和资产阶级经济学家。曾撰文批评马克思的价值理论。1906年主编立宪民主党右翼的《自由和文化》杂志。1909年参加《路标》文集的工作。1912年起任彼得堡大学讲师,1917年起在其他高等院校任教。1922年被驱逐出境。——165、172、355。

弗谢沃·;弗谢沃洛德——见杰尼索夫,瓦列里安·彼得罗维奇。

G

盖得,茹尔(巴西尔,马蒂厄)(Guesde,Jules(Basile,Mathieu)1845—1922)——法国工人运动和国际工人运动活动家,法国工人党创建人之一,第二国际的组织者和领袖之一。19世纪60年代是资产阶级共和主义者。拥护1871年的巴黎公社。公社失败后流亡瑞士和意大利,一度追随无政府主义者。1876年回国。在马克思和恩格斯影响下逐步转向马克思主义。1877年11月创办《平等报》,宣传社会主义思想,为1879年法国工人党的建立作了思想准备。1880年和拉法格一起在马克思和恩格斯指导下起草了法国工人党纲领。1880—1901年领导法国工人党,同无政府主义者和可能派进行坚决斗争。1889年积极参加创建第二国际的活动。1893年当选为众议员。1899年反对米勒兰参加资产阶级内阁。1901年与其拥护者建立了法兰西社会党,该党于1905年同改良主义的法国社会党合并,盖得为统一的法国社会党领袖之一。20世纪初逐渐转向中派立场。第一次世界大战一开始即采取社会沙文主义立场,参加了法国资产阶级政府。1920年法国社会党分裂后,支持少数派立场,反对加入共产国际。——160、162、267、343、346、347—348。

高尔基,马克西姆(彼什科夫,阿列克谢·马克西莫维奇)(Горький,Максим

(Пешков,　Алексей Максимович)1868—1936)——苏联作家和社会活动家,社会主义现实主义文学的奠基人,苏联文学的创始人。出身于木工家庭,当过学徒、装卸工、面包师等。1892 年开始发表作品。1901 年起因参加革命工作屡遭沙皇政府迫害。1905 年夏加入俄国社会民主工党,同年 11 月第一次与列宁会面,思想上受到很大影响。1906 年发表反映俄国无产阶级革命斗争的长篇小说《母亲》,被认为是第一部社会主义现实主义作品。1906—1913 年旅居意大利,一度接受造神说。第一次世界大战爆发后坚决谴责帝国主义战争,揭露战争的掠夺性,但也曾向资产阶级爱国主义方面动摇。十月革命后,积极参加社会主义文化建设工作。1934 年发起成立苏联作家协会,担任协会主席,直到逝世。—— 119、153—154、248。

戈尔登贝格,约瑟夫・彼得罗维奇(梅什科夫斯基;维什涅夫斯基)(Гольденберг, Иосиф Петрович(Мешковский, Вишневский)1873—1922)——俄国社会民主党人。俄国社会民主工党第二次代表大会后是布尔什维克。国外俄国社会民主党人联合会成员。在 1905—1907 年革命期间起过重要作用,参加了布尔什维克所有报刊编辑部的工作,是俄国社会民主工党中央委员会负责同其他党派和组织联系的代表。1907 年在党的第五次(伦敦)代表大会上当选为中央委员。1910 年进入中央委员会俄国局,对取消派采取调和主义态度。第一次世界大战期间是护国派分子,普列汉诺夫的拥护者。1917—1919 年参加新生活派。1920 年重新加入布尔什维克党。——19、28、29。

哥尔特,赫尔曼(Gorter, Herman 1864—1927)——荷兰左派社会民主党人,诗人和政论家。1897 年加入荷兰社会民主工党。1907 年是荷兰社会民主工党左翼刊物《论坛报》创办人之一,1909 年起是荷兰社会民主党领导人之一。第一次世界大战期间是国际主义者,齐美尔瓦尔德左派的拥护者。1918 年参与创建荷兰共产党,曾参加共产国际的工作,采取极左的宗派主义立场。1921 年退出共产党,组织了荷兰共产主义工人党。1922 年脱离政治活动。——187。

哥列夫(**戈尔德曼**),波里斯・伊萨科维奇(伊・)(Горев(Гольдман), Борис Исаакович(И.)1874—1937)——俄国社会民主党人。19 世纪 90 年代中

期参加革命运动,彼得堡工人阶级解放斗争协会会员。1897年被捕并被流放到奥廖克明斯克。1905年是俄国社会民主工党彼得堡委员会委员,布尔什维克。1907年转向孟什维克。在俄国社会民主工党第五次(伦敦)代表大会上代表孟什维克当选为候补中央委员。曾为孟什维克取消派的《社会民主党人呼声报》和《我们的曙光》杂志撰稿。1910—1911年为党中央委员会国外局成员和书记。1912年参加了托洛茨基在维也纳召开的反布尔什维克的八月代表会议,在会上被选入组委会。1917年二月革命后为孟什维克《工人报》编辑之一、孟什维克中央委员会委员和第一届中央执行委员会委员。1920年8月声明退出孟什维克组织。后在高等院校从事教学工作。——281。

哥列梅金,伊万·洛金诺维奇(Горемыкин, Иван Логгинович 1839—1917)——俄国国务活动家,君主派分子。1895—1899年任内务大臣,推行削弱和取消1861年改革的反动政策(所谓"反改革"政策),残酷镇压工人运动。1899年起为国务会议成员。1906年4月被任命为大臣会议主席(同年7月由斯托雷平接替),维护专制制度,解散第一届国家杜马。1914年1月—1916年1月再次出任大臣会议主席,执行以格·叶·拉斯普廷为首的宫廷奸党的意志。敌视第四届国家杜马和进步同盟。——182。

格奥尔格——见列维茨基,弗拉基米尔·奥西波维奇。

格奥尔吉——见策伊特林,波里斯·索洛蒙诺维奇。

格尔申宗,米哈伊尔·奥西波维奇(Гершензон, Михаил Осипович 1869—1925)——俄国政论家,文学史家。曾为《俄国思想》杂志、《俄罗斯新闻》、《欧洲通报》杂志等撰稿。1909年在《路标》文集上发表了《创造的自我意识》一文,反对俄国先进知识分子的民主传统。1914年同路标派断绝关系。十月革命后在国民教育部门和全俄作家协会工作。——165。

格—格——见列维茨基,弗拉基米尔·奥西波维奇。

格格奇柯利,叶夫根尼·彼得罗维奇(Гегечкори, Евгений Петрович 1881—1954)——格鲁吉亚孟什维克。第三届国家杜马库塔伊西省代表,社会民主党杜马党团领袖之一。1917年二月革命后任临时政府外高加索特别委员会委员。1917年11月起任外高加索反革命政府——外高加索委员会主席,后为格鲁吉亚孟什维克政府的外交部长和副主席。1921年格鲁吉亚建立苏维埃政权后为白俄流亡分子。——224。

格里戈里——见季诺维也夫,格里戈里·叶夫谢耶维奇。

工人阿尔·——见加里宁,费多尔·伊万诺维奇。

古契柯夫,亚历山大·伊万诺维奇(Гучков, Александр Иванович　1862—
1936)——俄国大资本家,十月党的组织者和领袖。1905—1907年革命期
间支持政府镇压工农。1907年5月作为工商界代表被选入国务会议,同
年11月被选入第三届国家杜马;1910年3月—1911年3月任杜马主席。
第一次世界大战期间是中央军事工业委员会主席和国防特别会议成员。
1917年3—5月任临时政府陆海军部长。同年8月参与策划科尔尼洛夫
叛乱。十月革命后反对苏维埃政权,1918年起为白俄流亡分子。——
127、212。

果戈理,尼古拉·瓦西里耶维奇(Гоголь, Николай Васильевич 1809—
1852)——俄国作家,俄国批判现实主义文学的奠基人之一。在《钦差大
臣》(1836)、《死魂灵》(1842)等作品中展现了一幅农奴制俄国地主和官吏
生活与习俗的丑恶画面。抨击专制农奴制的腐朽,同情人民群众的悲惨命
运,以色彩鲜明的讽刺笔调描绘庸俗、残暴和欺诈的世界。但是他的民主
主义是不彻底的,幻想通过人道主义、通过道德的改进来改造社会,后期更
陷入博爱主义和宗教神秘主义。1847年发表《与友人书信选》,宣扬君主
制度,为俄国专制制度辩护,这本书在别林斯基《给果戈理的信》中受到严
厉的批判。——63、169、170。

H

哈—阿兹,叶夫根·——见马耶夫斯基,叶夫根尼。

哈尔贝施塔特,罗莎丽亚·萨姆索诺夫娜(米哈伊洛娃,纳塔·)(Гальбер-
штадт, Розалия Самсоновна(Михайлова Нат.)1877—1940)——1896年在
日内瓦加入普列汉诺夫领导的社会民主主义小组。回到俄国后,在敖德
萨、哈尔科夫等地的社会民主党组织中工作,加入《火星报》组织。1903年
2月被选入筹备召开俄国社会民主工党第二次代表大会的组织委员会,作
为组织委员会有发言权的代表出席了代表大会。在会上属火星派少数派,
会后成为孟什维克骨干分子,1905年12月代表孟什维克进入统一的中央

委员会。斯托雷平反动时期和新的革命高涨年代持取消派立场。第一次
世界大战期间持护国主义立场。1917 年二月革命后脱离政治活动。——
209—211。

黑辛,米奈·列昂季耶维奇(罗慕尔)(Хейсин, Миней Леонтьевич(Ромул)
1871—1924)——俄国社会民主党人,孟什维克;职业是医生。1900 年在
彼得堡从事社会民主党的工作,1903 年到国外,加入孟什维克。1905—
1907 年革命期间先后在克拉斯诺亚尔斯克委员会和彼得堡维堡区工作。
斯托雷平反动时期和新的革命高涨年代是取消派分子,为《复兴》杂志、《我
们的曙光》杂志、《光线报》及孟什维克取消派的其他报刊撰稿。十月革命
后在合作社组织中工作。——209—211。

霍米亚科夫,尼古拉·阿列克谢耶维奇(Хомяков, Николай Алексеевич
1850—1925)——俄国大地主,十月党人。1886—1896 年是斯摩棱斯克省
贵族代表。1896—1902 年任农业和国家产业部农业司司长。1906 年被
选为国务会议成员。第二届、第三届和第四届国家杜马代表;1910 年 3 月
前任第三届国家杜马主席。与银行资本有联系,在东部铁路实行租让时入
了股。——14。

J

基斯嘉科夫斯基,波格丹·亚历山德罗维奇(Кистяковский, Богдан Алексан-
дрович 1868—1920)——俄国立宪民主党人,政论家;职业是律师。1906
年起在莫斯科商业学院任教,后为莫斯科大学讲师。1908—1909 年任莫
斯科《批判评论》杂志编辑,1913—1917 年编辑莫斯科法学会会刊《法学通
报》杂志。1917 年任基辅大学国家法教授。——165。

吉布拉泽,西尔韦斯特尔·B.(西·)(Джибладзе, Сильвестр В.(С.)1859—
1922)——俄国社会民主党人,孟什维克。19 世纪 90 年代加入格鲁吉亚
第一个社会民主主义团体"麦撒墨达西社"。90 年代末至 20 世纪初为俄
国社会民主工党梯弗利斯委员会委员,参加了 1905—1907 年革命。斯托
雷平反动时期参加取消派,是孟什维克外高加索区域委员会委员。孟什维
克在格鲁吉亚执政时期为孟什维克党中央委员。——59、60。

季诺维也夫(**拉多梅斯尔斯基**),格里戈里·叶夫谢耶维奇(格里戈里)

（Зиновьев（Радомысльский），Григорий Евсеевич（Григорий）1883 —
1936）——1901 年加入俄国社会民主工党，党的第二次代表大会后是布尔
什维克。在党的第五至第十四次代表大会上当选为中央委员。1908 —
1917 年侨居国外，参加布尔什维克《无产者报》编辑部和党的中央机关报
《社会民主党人报》编辑部。斯托雷平反动时期对取消派、召回派和托洛茨
基分子采取调和主义态度。1912 年后和列宁一起领导中央委员会俄国
局。第一次世界大战期间持国际主义立场。1917 年 4 月回国，进入《真理
报》编辑部。十月革命前夕反对举行武装起义的决定。1917 年 11 月主张
成立有孟什维克和社会革命党人参加的联合政府，遭到否决后声明退出党
中央。1917 年 12 月起任彼得格勒苏维埃主席。1919 年共产国际成立后
任共产国际执行委员会主席。1919 年当选为党中央政治局候补委员，
1921 年当选为中央政治局委员。1925 年参与组织"新反对派"，1926 年与
托洛茨基结成"托季联盟"。1926 年被撤销中央政治局委员和共产国际的
领导职务。1927 年 11 月被开除出党，后来两次恢复党籍，两次被开除出
党。1936 年 8 月 25 日被苏联最高法院军事审判庭以"参与暗杀基洛夫、
阴谋刺杀斯大林及其他苏联领导人"的罪名判处枪决。1988 年 6 月苏联
最高法院为其平反。——205。

加布里洛维奇，列昂尼德·叶夫根尼耶维奇（加利奇，列·）（Габрилович，
Леонид Евгеньевич（Галич，Л.）生于 1878 年）——俄国立宪民主党人，政论
家。曾任彼得堡大学讲师，为自由派报纸《俄罗斯言论报》、立宪民主党机
关报刊《俄国思想》杂志和《言语报》以及其他资产阶级报刊撰稿。——70。

加里宁，费多尔·伊万诺维奇（工人阿尔·）（Калинин，Федор Иванович
（Рабочий Ар.）1882—1920）——俄国织布工人，1903 年加入俄国社会民主
工党。1905 年领导弗拉基米尔省亚历山德罗夫斯克市的武装起义，后在
党的莫斯科委员会工作。斯托雷平反动时期和新的革命高涨年代参加派
别性的卡普里党校和博洛尼亚党校（意大利）的工作，加入"前进"集团。
1912 年起侨居巴黎。1917 年二月革命后回国，在彼得格勒五金工会工作。
十月革命后任教育人民委员部部务委员，是无产阶级文化协会的领导人之
一。——311—312、313。

加利奇，列·——见加布里洛维奇，列昂尼德·叶夫根尼耶维奇。

加米涅夫（**罗森费尔德**），列夫·波里索维奇（Каменев（Розенфельд），Лев
Борисович 1883—1936）——1901 年加入俄国社会民主工党,党的第二
次代表大会后是布尔什维克。是高加索联合会出席党的第三次代表
大会的代表。1905—1907 年在彼得堡从事宣传鼓动工作,为党的报
刊撰稿。1908 年底出国,任布尔什维克的《无产者报》编委。斯托雷平
反动时期对取消派、召回派和托洛茨基分子采取调和主义态度。1914 年
初回国,在《真理报》编辑部工作,曾领导第四届国家杜马布尔什维克党
团。1914 年 11 月被捕,在沙皇法庭上宣布放弃使沙皇政府在帝国主义
战争中失败的布尔什维克口号,次年 2 月被流放。1917 年二月革命后反
对列宁的《四月提纲》。从党的第七次全国代表会议(四月代表会议)起
多次当选为中央委员。十月革命前夕反对举行武装起义的决定。在全
俄苏维埃第二次代表大会上当选为全俄中央执行委员会第一任主席。
1917 年 11 月主张成立有孟什维克和社会革命党人参加的联合政府,遭
到否决后声明退出党中央。1918 年起任莫斯科苏维埃主席。1922 年起
任人民委员会副主席,1924—1926 年任劳动国防委员会主席。1923 年
起为列宁研究院第一任院长。1919—1925 年为党中央政治局委员。
1925 年参与组织“新反对派”,1926 年 1 月当选为中央政治局候补委员,
同年参与组织“托季联盟”,10 月被撤销政治局候补委员职务。1927 年
12 月被开除出党,后来两次恢复党籍,两次被开除出党。1936 年 8 月 25
日被苏联最高法院军事审判庭以“参与暗杀基洛夫、阴谋刺杀斯大林及
其他苏联领导人”的罪名判处枪决。1988 年 6 月苏联最高法院为其平
反。——20。

杰尼索夫,瓦列里安·彼得罗维奇（弗谢沃·；弗谢沃洛德）（Денисов,
Валериан Петрович（Всев.,Всеволод)生于 1876 年）——19 世纪 90 年代参
加俄国社会民主主义运动,多次被捕。俄国社会民主工党第二次代表大会
后加入布尔什维克。1907 年代表彼得堡组织出席党的第五次(伦敦)代表
大会,1908 年 12 月代表该组织出席党的第五次代表会议。曾参加召回
派。1909 年被捕,并被终身流放伊尔库茨克省。十月革命后在西伯利亚
从事教育工作。——11、85。

K

卡尔珀勒斯，本诺（Karpeles，Benno）——奥地利社会民主党人，奥地利合作
社运动的著名活动家。1900 年代表工会组织出席了巴黎国际社会党代表
大会。1910 年出席了哥本哈根国际社会党代表大会，参加大会合作社委
员会及其小组委员会。后脱离政治活动。——342、344。

卡拉乌洛夫，米哈伊尔·亚历山德罗维奇（Караулов，Михаил Александрович
1878—1917）——沙俄哥萨克军队上尉，第二届和第四届国家杜马捷列克
州代表，君主派分子。曾编辑《哥萨克一周》杂志。在杜马中为土地地方公
有化进行辩护。1917 年为国家杜马临时委员会委员。十月革命后是捷列
克的反革命头目之一。捷列克哥萨克部队的第一任阿塔曼（统领），竭力反
对苏维埃政权。——176、415。

卡特柯夫，米哈伊尔·尼基福罗维奇（Катков，Михаил Никифорович
1818—1887）——俄国地主，政论家。开始政治活动时是温和的贵族自由
派的拥护者。1851—1855 年编辑《莫斯科新闻》，1856—1887 年出版《俄
罗斯通报》杂志。60 年代初转入反动营垒，1863—1887 年编辑和出版《莫
斯科新闻》，该报从 1863 年起成了君主派反动势力的喉舌。自称是"专制
制度的忠实警犬"，他的名字已成为最无耻的反动势力的通称。——175。

考茨基，卡尔（Kautsky，Karl 1854—1938）——德国社会民主党和第二国际
的领袖和主要理论家之一。1875 年加入奥地利社会民主党，1877 年加入
德国社会民主党。1881 年与马克思和恩格斯相识后，在他们的影响下逐
渐转向马克思主义。从 19 世纪 80 年代到 20 世纪初写过一些宣传和解释
马克思主义的著作：《卡尔·马克思的经济学说》（1887）、《土地问题》
（1899）等。但在这个时期已表现出向机会主义方面摇摆，在批判伯恩施坦
时作了很多让步。1883—1917 年任德国社会民主党理论刊物《新时代》杂
志主编。曾参与起草 1891 年德国社会民主党纲领（爱尔福特纲领）。1910
年以后逐渐转到机会主义立场，成为中派领袖。第一次世界大战前夕提出
超帝国主义论，大战期间打着中派旗号支持帝国主义战争。1917 年参与
建立德国独立社会民主党，1922 年拥护该党右翼与德国社会民主党合并。
1918 年后发表《无产阶级专政》等书，攻击俄国十月革命，反对无产阶级专

政。——4、105、119、317、361、420。

柯·斯大·——见斯大林，约瑟夫·维萨里昂诺维奇。

柯尔佐夫，德·（**金兹堡，波里斯·阿布拉莫维奇**）(Кольцов, Д. (Гинзбург,
Борис Абрамович) 1863—1920)——俄国社会民主党人，孟什维克。19世
纪80年代前半期参加民意党人运动，80年代末转向社会民主主义。1893
年初侨居瑞士，接近劳动解放社。1895—1898年任国外俄国社会民主党
人联合会书记。1900年联合会分裂后，退出该组织。曾参加第二国际伦
敦代表大会(1896)和巴黎代表大会(1900)的工作。作为有发言权的代表
出席了俄国社会民主工党第二次代表大会，属火星派少数派；会后成为孟
什维克骨干分子，为孟什维克报刊《社会民主党人报》、《开端报》等撰稿。
1905—1907年革命期间在彼得堡参加工会运动，1908年起在巴库工作。
斯托雷平反动时期和新的革命高涨年代持取消派立场。第一次世界大战
期间是社会沙文主义者。1917年二月革命后任彼得格勒工兵代表苏维埃
劳动委员。敌视十月革命。1918—1919年在合作社组织中工作。——
209—211、285。

克·——见斯切克洛夫，尤里·米哈伊洛维奇。

克拉莫尔尼科夫(**普里戈尔内**)，格里戈里·英诺森耶维奇(Крамольников
(Пригорный), Григорий Иннокентьевич　1880—1962)——1898年加入俄
国社会民主工党，在党的西伯利亚联合会组织中开始革命活动，先后在鄂
木斯克、托木斯克、萨马拉、莫斯科、彼得堡、喀山等城市开展工作，屡遭沙
皇政府迫害。是萨马拉组织出席党的第三次代表大会的代表。1905—
1906年为党中央巡视员。1907年倒向孟什维克，代表伊尔库茨克孟什维
克组织出席党的第五次(伦敦)代表大会。斯托雷平反动时期追随取消派，
1910年起不再积极参加党的工作。1919年加入俄共(布)，在莫斯科一些
高等院校从事党史的科研和教学工作。1924—1941年在马克思恩格斯列
宁研究院工作。1943年起是特种退休金领取者。——209—211。

克拉辛，列昂尼德·波里索维奇(尼古拉耶夫)(Красин, Леонид Борисович
(Николаев)1870—1926)——1890年代参加俄国社会民主主义运动，是布
鲁斯涅夫小组成员。1895年被捕，流放伊尔库茨克三年。流放期满后进
入哈尔科夫工艺学院学习，1900年毕业。1900—1904年在巴库当工程

师,与弗·扎·克茨霍韦利一起建立《火星报》秘密印刷所。俄国社会民主工党第二次代表大会后加入布尔什维克党,被增补进中央委员会;在中央委员会里一度对孟什维克采取调和主义态度,帮助把三名孟什维克代表增补进中央委员会,但不久即同孟什维克决裂。俄国社会民主工党第三次代表大会的参加者,在会上当选为中央委员。1905年是布尔什维克第一份合法报纸《新生活报》的创办人之一。1905—1907年革命期间参加彼得堡工人代表苏维埃,领导党中央战斗技术组。在党的第四次(统一)代表大会上代表布尔什维克作了关于武装起义问题的报告,并再次当选为中央委员,在第五次(伦敦)代表大会上当选为候补中央委员。1908年侨居国外。一度参加反布尔什维克的"前进"集团,后脱离政治活动,在国内外当工程师。十月革命后是红军供给工作的组织者之一,任红军供给非常委员会主席、最高国民经济委员会主席团委员、工商业人民委员、交通人民委员。1919年起从事外交工作。1920年起任对外贸易人民委员,1920—1923年兼任驻英国全权代表和商务代表,参加了热那亚国际会议和海牙国际会议。1924年任驻法国全权代表,1925年起任驻英国全权代表。在党的第十三次和第十四次代表大会上当选为中央委员。——73—78、97—99、101、111。

克里切夫斯基,波里斯·尼古拉耶维奇(Кричевский, Борис Николаевич 1866—1919)——俄国社会民主党人,政论家,经济派领袖之一。19世纪80年代末参加社会民主主义小组的工作。90年代初侨居国外,加入劳动解放社,参加该社的出版工作。90年代末是国外俄国社会民主党人联合会的领导人之一。1899年任该会机关刊物《工人事业》杂志的编辑,在杂志上宣扬伯恩施坦主义观点。1903年俄国社会民主工党第二次代表大会后不久脱离政治活动。——14、87。

克鲁平斯基,帕维尔·尼古拉耶维奇(Крупенский, Павел Николаевич 生于1863年)——俄国大地主,第二届、第三届和第四届国家杜马比萨拉比亚省代表,霍京的贵族代表。在第三届国家杜马中是民族主义者政党的创建人之一,在第四届国家杜马中是中派领袖之一。在杜马中参加土地委员会、预算委员会、陆海军事务委员会和管理委员会。1910—1917年为宫廷高级侍从官。十月革命后曾协助俄国南部的外国武装干涉活动。

——127。

克努森，彼得·克里斯蒂安（Knudsen，Peter Christian 1848—1910）——丹麦社会民主党领袖之一，丹麦工会运动的著名活动家；职业是手套制作工人。1875—1903年任手套制作工人工会主席，1898—1908年任丹麦全国工会联合会副主席。出席过第二国际一系列代表大会。多次当选议员。——185。

库斯柯娃，叶卡捷琳娜·德米特里耶夫娜（Кускова，Екатерина Дмитриевна 1869—1958）——俄国社会活动家和政论家，经济派代表人物。19世纪90年代中期在国外接触马克思主义，与劳动解放社关系密切，但在伯恩施坦主义影响下，很快走上修正马克思主义的道路。1899年所写的经济派的纲领性文件《信条》，受到以列宁为首的一批俄国马克思主义者的严厉批判。1905—1907年革命前夕加入自由派的解放社。1906年参与出版半立宪民主党、半孟什维克的《无题》周刊，为左派立宪民主党人的《同志报》撰稿。呼吁工人放弃革命斗争，力图使工人运动服从自由派资产阶级的政治领导。十月革命后反对苏维埃政权。1921年进入全俄赈济饥民委员会，同委员会中其他反苏维埃成员利用该组织进行反革命活动。1922年被驱逐出境。——144。

库特列尔，尼古拉·尼古拉耶维奇（Кутлер，Николай Николаевич 1859—1924）——俄国立宪民主党领袖之一。曾任财政部定额税务司司长，1905—1906年任土地规划和农业管理总署署长。第二届和第三届国家杜马代表，立宪民主党土地纲领草案的起草人之一。1917年二月革命后与银行界和工业界保持密切联系，代表俄国南部企业主的利益参加了工商业部下属的各个委员会。十月革命后在财政人民委员部和国家银行管理委员会工作。——69、109。

库兹明-卡拉瓦耶夫，弗拉基米尔·德米特里耶维奇（Кузьмин-Караваев，Владимир Дмитриевич 1859—1927）——俄国军法官，将军，立宪民主党右翼领袖之一。第一届和第二届国家杜马代表。在镇压1905—1907年革命中起了重要作用。第一次世界大战期间是地方自治运动活动家和军事工业委员会委员。十月革命后极力反对苏维埃政权。外国武装干涉和国内战争时期是白卫分子，尤登尼奇的政治会议成员。1920年起为白俄流亡分子。——109。

L

拉德琴柯，柳博芙·尼古拉耶夫娜（彼得罗娃，弗·）（Радченко，Любовь
Николаевна（Петрова，В.）1871—1962）——19 世纪 80 年代末参加俄国民
粹派小组，90 年代初参加社会民主主义小组；曾是彼得堡工人阶级解放斗
争协会会员。1896 年被捕，1898 年流放普斯科夫三年。1900 年 8 月加入
波尔塔瓦《火星报》协助小组，是《火星报》代办员。俄国社会民主工党第二
次代表大会后成为孟什维克，在莫斯科、顿河畔罗斯托夫和敖德萨工作。
在党的第四次（统一）代表大会上代表孟什维克当选为中央委员。曾在第
二届国家杜马秘书处工作，是第三届国家杜马社会民主党党团秘书。斯托
雷平反动时期和新的革命高涨年代是取消派分子。1917 年二月革命后参
加孟什维克的莫斯科委员会。1918 年起脱离政治活动，在一些机关当统
计员。——209—211。

拉林，尤·（卢里叶，米哈伊尔·亚历山德罗维奇）（Ларин，Ю.（Лурье，
Михаил Александрович）1882—1932）——1900 年参加俄国社会民主主义
运动，在敖德萨和辛菲罗波尔工作。1904 年起为孟什维克。1905 年是俄
国社会民主工党彼得堡孟什维克委员会委员。1906 年进入党的统一的彼
得堡委员会；是党的第四次（统一）代表大会有表决权的代表。维护孟什维
克的土地地方公有化纲领，支持召开"工人代表大会"的取消主义思想。党
的第五次（伦敦）代表大会波尔塔瓦组织的代表。斯托雷平反动时期和新
的革命高涨年代是取消派领袖之一，参加了"八月联盟"。第一次世界大战
期间是中派分子。1917 年二月革命后领导出版《国际》杂志的孟什维克国
际主义派。1917 年 8 月加入布尔什维克党。在彼得格勒参加十月武装起
义。十月革命后主张成立有孟什维克和社会革命党人参加的联合政府。
在苏维埃和经济部门工作，曾任最高国民经济委员会主席团委员、国家计
划委员会主席团委员等职。1920—1921 年工会问题争论期间先后支持布
哈林和托洛茨基的纲领。——147。

拉萨尔，斐迪南（Lassalle，Ferdinand 1825—1864）——德国工人运动活动家，
小资产阶级社会主义者，德国工人运动中的机会主义——拉萨尔主义的代

表人物。积极参加德国1848年革命。曾与马克思和恩格斯有过通信联系。1863年5月参与创建全德工人联合会，并当选为联合会主席。在联合会中推行拉萨尔主义，把德国工人运动引上了机会主义道路。宣传超阶级的国家观点，主张通过争取普选权和建立由国家资助的工人生产合作社来解放工人。曾同俾斯麦勾结并支持在普鲁士领导下"自上而下"统一德国的政策。在哲学上是唯心主义者和折中主义者。——249。

李卜克内西，威廉(Liebknecht，Wilhelm 1826—1900)——德国工人运动和国际工人运动活动家，德国社会民主党的创建人和领袖之一，马克思和恩格斯的朋友和战友。积极参加德国1848年革命，革命失败后流亡国外，在国外结识马克思和恩格斯，接受了科学共产主义思想。1850年加入共产主义者同盟。1862年回国。第一国际成立后，成为国际的革命思想的热心宣传者和国际的德国支部的组织者之一。1868年起任《民主周报》编辑。1869年与倍倍尔共同创建了德国社会民主工党(爱森纳赫派)，任党的中央机关报《人民国家报》编辑。1875年积极促成爱森纳赫派和拉萨尔派的合并。在反社会党人非常法施行期间与倍倍尔一起领导党的地下工作和斗争。1890年起任党的中央机关报《前进报》主编，直至逝世。1867—1870年为北德意志联邦国会议员，1874年起多次被选为德意志帝国国会议员，利用议会讲坛揭露普鲁士容克反动的内外政策。因革命活动屡遭监禁。是第二国际的组织者之一。——249。

李可夫，阿列克谢·伊万诺维奇(弗拉索夫)(Рыков，Алексей Иванович(Власов)1881—1938)——1899年加入俄国社会民主工党。曾在萨拉托夫、莫斯科、彼得堡等地做党的工作。1905年党的第三次代表大会起多次当选为中央委员。斯托雷平反动时期对取消派、召回派和托洛茨基分子采取调和主义态度。曾多次被捕流放并逃亡国外。1917年二月革命后被选进莫斯科苏维埃主席团，同年10月在彼得格勒参与领导武装起义。十月革命后参加第一届人民委员会，任内务人民委员。1917年11月主张成立有孟什维克和社会革命党人参加的联合政府，遭到否决后声明退出党中央和人民委员会。1918年2月起任最高国民经济委员会主席，1921年夏起任人民委员会和劳动国防委员会副主席。1923年当选为党中央政治局委员。1924—1930年任苏联人民委员会主席。1929年被作为"右倾派别集团"领袖之一受到批判。1930 年 12 月被撤销政治局委员职务。1931—
1936 年任苏联交通人民委员。1934 年当选为候补中央委员。1937 年被
开除出党。1938 年 3 月 13 日被苏联最高法院军事审判庭以"参与托洛茨
基的恐怖、间谍和破坏活动"的罪名判处枪决。1988 年平反昭雪并恢复党
籍。——21、26。

利亚多夫(**曼德尔施塔姆**),马尔丁·尼古拉耶维奇(Лядов(Мандельштам),
Мартын Николаевич 1872 — 1947)——1891 年参加俄国民粹派小组。
1893 年参与创建莫斯科工人协会。1895 年被捕,1897 年流放上扬斯克,
为期五年。从流放地返回后在萨拉托夫工作。在俄国社会民主工党第二
次代表大会上是萨拉托夫委员会的代表,属火星派多数派;会后是党中央
代办员。1904 年 8 月参加了在日内瓦举行的 22 个布尔什维克的会议,被
选入多数派委员会常务局。是布尔什维克出席第二国际阿姆斯特丹代表
大会的代表和俄国社会民主工党第三次代表大会有发言权的代表。积极
参加 1905—1907 年革命,为党的莫斯科委员会委员。斯托雷平反动时期
是召回派分子,卡普里党校(意大利)的讲课人,曾加入"前进"集团(1911
年退出)。1917 年二月革命后任巴库工兵代表苏维埃副主席,持孟什维克
立场。1920 年重新加入俄共(布),在最高国民经济委员会工作。1923 年
起先后任斯维尔德洛夫共产主义大学校长,科学机构、博物馆及艺术科学
部门总管理局局长,十月革命档案馆馆长,列宁研究院和党史委员会学术
委员会委员等职。写有党史方面的著作。——11、14、56、65、87、93、119、
130—131。

列宁,弗拉基米尔·伊里奇(**乌里扬诺夫,弗拉基米尔·伊里奇;列宁,尼·**)
(Ленин,Владимир Ильич(Ульянов,Владимир Ильич,Ленин,Н.)1870 —
1924)——10、12、13、14 — 15、21 — 22、97 — 98、115 — 116、119、133、257、
268、269 — 270、284、285、288、295、296、298、300、328、344、345、346、350、
351、359、370。

列维茨基(**策杰尔包姆**),弗拉基米尔·奥西波维奇(格奥尔格;格—格)
(Левицкий(Цедербаум),Владимир Осипович(Георг,Г—г)生 于 1883
年)——俄国社会民主党人,孟什维克。19 世纪 90 年代末参加革命运动,
在德文斯克崩得组织中工作。1906 年初是俄国社会民主工党的统一的彼

得堡委员会委员;彼得堡组织出席党的第四次(统一)代表大会的代表。在第二届国家杜马选举期间主张同立宪民主党结盟。斯托雷平反动时期和新的革命高涨年代是取消派领袖之一;加入孟什维克中央,在关于取消党的"公开信"上签了名;编辑《我们的曙光》杂志并为《社会民主党人呼声报》、《复兴》杂志以及孟什维克取消派的其他定期报刊撰稿。炮制了"不是领导权,而是阶级的政党"的"著名"公式。第一次世界大战期间是社会沙文主义者,支持护国派极右翼集团。敌视十月革命,反对苏维埃政权。1920年因"战术中心"案受审。后从事写作。——146、209—211、357。

卢那察尔斯基,阿纳托利·瓦西里耶维奇(沃伊诺夫)(Луначарский,Анатолий Васильевич(Воинов)1875—1933)——19世纪90年代初参加俄国社会民主主义运动。俄国社会民主工党第二次代表大会后是布尔什维克。曾先后参加布尔什维克的《前进报》、《无产者报》和《新生活报》编辑部。代表《前进报》编辑部出席了党的第三次代表大会,受列宁委托,在会上作了关于武装起义问题的报告。党的第四次(统一)代表大会和第五次(伦敦)代表大会的参加者,布尔什维克出席第二国际斯图加特代表大会(1907)和哥本哈根代表大会(1910)的代表。斯托雷平反动时期脱离布尔什维克,参加"前进"集团;在哲学上宣扬造神说和马赫主义。第一次世界大战期间持国际主义立场。1917年二月革命后参加区联派,在俄国社会民主工党(布)第六次代表大会上随区联派集体加入布尔什维克党。十月革命后到1929年任教育人民委员,以后任苏联中央执行委员会学术委员会主席。1930年起为苏联科学院院士。在艺术和文学方面著述很多。——13、65、93、94、119、130、142、145—146、310、313、345、350—351。

卢森堡,罗莎(Luxemburg,Rosa 1871—1919)——德国、波兰和国际工人运动活动家,德国社会民主党和第二国际左翼领袖和理论家之一,德国共产党创建人之一。生于波兰。19世纪80年代后半期开始革命活动,1893年参与创建和领导波兰王国社会民主党,为党的领袖之一。1898年移居德国,积极参加德国社会民主党的活动,反对伯恩施坦主义和米勒兰主义。曾参加俄国第一次革命(在华沙)。1907年参加俄国社会民主工党第五次(伦敦)代表大会,在会上支持布尔什维克。斯托雷平反动时期和新的革命高涨年代对取消派采取调和主义态度。1912年波兰王国和立陶宛社会民主党分裂后,曾谴责最接近布尔什维克的所谓分裂派。第一次世界大战期间持国际主义立场,是建立国际派(后改称斯巴达克派和斯巴达克联盟)的发起人之一。参加领导了德国 1918 年十一月革命,同年底参与领导德国共产党成立大会,作了党纲报告。1919 年 1 月柏林工人斗争被镇压后,于 15 日被捕,当天惨遭杀害。主要著作有《社会改良还是革命》(1899)、《俄国社会民主党的组织问题》(1904)、《资本积累》(1913)等。——13、105、361、362、369。

罗兰-霍尔斯特,罕丽达(Roland Holst, Henriette 1869—1952)——荷兰左派社会党人,女作家。曾从事组织妇女联合会的工作。1907—1909 年属于论坛派。第一次世界大战初期持中派立场,后转向国际主义,曾参加齐美尔瓦尔德左派理论刊物《先驱》杂志的工作。1918—1927 年是荷兰共产党党员,参加共产国际的工作。1927 年退出共产党,后转向基督教社会主义的立场。——125、145、150、187。

罗曼——见叶尔莫拉耶夫,康斯坦丁·米哈伊洛维奇。

罗曼诺夫王朝(Романовы)——俄国皇朝(1613 — 1917)。—— 51、69、179、229。

罗慕尔——见黑辛,米奈·列昂季耶维奇。

罗扎诺夫,瓦西里·瓦西里耶维奇(Розанов, Василий Васильевич 1856 — 1919)——俄国宗教哲学家,文艺批评家和政论家。宣扬唯心主义和神秘主义。19 世纪 90 年代末起是晚期斯拉夫派记者,《俄罗斯通报》杂志和《俄罗斯评论》杂志撰稿人,《新时报》的主要政论家之一。他的文章维护专制制度和东正教,受到革命马克思主义者的尖锐批评。——173。

M

马尔丁诺夫,亚历山大(**皮凯尔,亚历山大·萨莫伊洛维奇**)(Мартынов, Александр(Пиккер, Александр Самойлович)1865—1935)——俄国经济派领袖之一,孟什维克著名活动家,后为共产党员。19 世纪 80 年代初参加民意党人小组,1886 年被捕,流放东西伯利亚十年;流放期间成为社会民主党人。1900 年侨居国外,参加经济派的《工人事业》杂志编辑部,反对列宁的《火星报》。在俄国社会民主工党第二次代表大会上是国外俄国社会

民主党人联合会的代表，反火星派分子，会后成为孟什维克。1907 年作为
叶卡捷琳诺斯拉夫组织的代表参加了党的第五次（伦敦）代表大会的工作，
在代表大会上当选为中央委员。斯托雷平反动时期和新的革命高涨年代
是取消派分子，参加取消派的机关报《社会民主党人呼声报》编辑部。第一
次世界大战期间持中派立场。1917 年二月革命后为孟什维克国际主义
者。十月革命后脱离孟什维克。1918—1922 年在乌克兰当教员。1923
年加入俄共（布），在马克思恩格斯研究院工作。1924 年起任《共产国际》
杂志编委。——43、87、103、138—140、203、210、250、267、285、289、420。

马尔托夫，尔·（策杰尔包姆，尤利·奥西波维奇）（Мартов，Л.（Цедербаум，
Юлий Осипович）1873—1923）——俄国孟什维克领袖之一。1895 年参与
组织彼得堡工人阶级解放斗争协会。1896 年被捕并流放图鲁汉斯克三
年。1900 年参与创办《火星报》，为该报编辑部成员。在俄国社会民主工
党第二次代表大会上是《火星报》组织的代表，领导机会主义少数派，反对
列宁的建党原则；从那时起成为孟什维克中央机关的领导成员和孟什维克
报刊的编辑。曾参加党的第五次（伦敦）代表大会的工作。斯托雷平反动
时期和新的革命高涨年代是取消派分子，编辑《社会民主党人呼声报》，参
与组织"八月联盟"。第一次世界大战期间是中派分子，参加齐美尔瓦尔德
代表会议和昆塔尔代表会议。曾参加孟什维克组织委员会国外书记处，为
书记处编辑机关刊物。1917 年二月革命后领导孟什维克国际主义派。十
月革命后反对镇压反革命和解散立宪会议。1919 年当选为全俄中央执行
委员会委员，1919—1920 年为莫斯科苏维埃代表。1920 年 9 月侨居德国。
参与组织第二半国际，在柏林创办和编辑孟什维克杂志《社会主义通报》。
——10、12、13、14、43、61、136、137—139、145、147、152、203、204、205、210、
231、250、253—254、260、266、267、270、285、289、292—293、296、297、298、
305、352—355、357、358、360—361、362—365、369、381、389、393、396。

马卡久布，马尔克·绍洛维奇（安东）（Макадзюб，Марк Саулович（Антон）生
于 1876 年）——俄国社会民主党人，孟什维克。1901—1903 年在俄国南
部社会民主党组织中工作。在俄国社会民主工党第二次代表大会上是克
里木联合会的代表，属火星派少数派。1905 年 5 月参加了在日内瓦召开
的孟什维克代表会议，被选入孟什维克领导中心——组织委员会。支持阿

克雪里罗得关于召开广泛的工人代表大会的取消主义观点。斯托雷平反
动时期和新的革命高涨年代是取消派分子,为孟什维克取消派的《我们的
曙光》杂志撰稿。1917 年二月革命后任彼得格勒工兵代表苏维埃执行委
员会委员。十月革命后脱离政治活动。1921 年起在苏联驻国外的木材出
口机关工作。1931 年起侨居国外。——209—211。

马克拉柯夫,瓦西里·阿列克谢耶维奇(Маклаков, Василий Алексеевич
1870—1957)——俄国立宪民主党领袖之一,地主。1895 年起为律师,曾
为多起政治诉讼案出庭辩护。1906 年起为立宪民主党中央委员。第二
届、第三届和第四届国家杜马代表。1917 年二月革命后任国家杜马临时
委员会驻司法部委员;支持帕·尼·米留可夫,主张把帝国主义战争进行
到"最后胜利"。同年 7 月起任临时政府驻法国大使。十月革命后为白俄
流亡分子。——54。

马克思,卡尔(Marx, Karl 1818—1883)——科学共产主义的创始人,世界无
产阶级的领袖和导师。——78、249、326、354、356、362。

马克西莫夫,恩·——见波格丹诺夫,亚历山大·亚历山德罗维奇。

马拉——见尚采尔,维尔吉利·列昂诺维奇。

马斯洛夫,彼得·巴甫洛维奇(Маслов, Петр Павлович 1867—1946)——俄
国经济学家,社会民主党人。写有一些土地问题著作,修正马克思主义政
治经济学原理。曾为《生活》、《开端》和《科学评论》等杂志撰稿。俄国社会
民主工党第二次代表大会后是孟什维克;曾提出孟什维克的土地地方公有
化纲领。在俄国社会民主工党第四次(统一)代表大会上代表孟什维克作
了关于土地问题的报告,被选入中央机关报编辑部。斯托雷平反动时期和
新的革命高涨年代是取消派分子。第一次世界大战期间是社会沙文主义
者。十月革命后脱离政治活动,从事教学和科研工作,研究社会主义政治
经济学问题。1929 年起为苏联科学院院士。——61、134、135—136、137、
138—139、145、152、285、305、354。

马耶夫斯基,叶夫根尼(**古托夫斯基,维肯季·阿尼采托维奇**;哈—阿兹,叶夫
根·)(Маевский, Евгений(Гутовский, Викентий Аницетович, Га—аз, Евг.)
1875—1918)——俄国社会民主党人,孟什维克。19 世纪 90 年代末参加
社会民主主义运动,是俄国社会民主工党西伯利亚联合会组织者之一。

1905年出席了在日内瓦召开的孟什维克代表会议。斯托雷平反动时期和新的革命高涨年代是取消派分子,为《我们的曙光》杂志、《光线报》及孟什维克取消派的其他报刊撰稿。第一次世界大战期间是护国派分子。十月革命后反对苏维埃政权。——209—211。

迈尔,古斯塔夫(Mayer,Gustav 1871—1948)——德国历史学家,反法西斯主义者;布鲁塞尔大学、布雷斯劳大学和柏林大学教授,拉萨尔遗著的出版人。写有恩格斯传记以及社会主义史和工人运动史方面的著作。——249。

梅林,弗兰茨(Mehring,Franz 1846—1919)——德国工人运动活动家,德国社会民主党左翼领袖和理论家之一,历史学家和政论家,德国共产党创建人之一。19世纪60年代末起是资产阶级民主主义政论家,1877—1882年持资产阶级自由主义立场,后向左转化,逐渐接受马克思主义。曾任民主主义报纸《人民报》主编。1891年加入德国社会民主党,担任党的理论刊物《新时代》杂志撰稿人和编辑,1902—1907年任《莱比锡人民报》主编,反对第二国际的机会主义和修正主义,批判考茨基主义。第一次世界大战爆发后坚决谴责帝国主义战争和社会沙文主义者的背叛政策;是国际派(后改称斯巴达克派和斯巴达克联盟)的组织者和领导人之一。1918年参加建立德国共产党的准备工作。欢迎俄国十月革命,撰文驳斥对十月革命的攻击,维护苏维埃政权。在研究德国中世纪史、德国社会民主党史和马克思主义史方面作出重大贡献,在整理出版马克思、恩格斯和拉萨尔的遗著方面也做了大量工作。主要著作有《莱辛传奇》(1893)、《德国社会民主党史》(1897—1898)、《马克思传》等。——356。

梅什科夫斯基——见戈尔登贝格,约瑟夫·彼得罗维奇。

米·托·——见托姆斯基,米哈伊尔·巴甫洛维奇。

米哈——见茨哈卡雅,米哈伊尔·格里戈里耶维奇。

米哈伊尔——见维洛诺夫,尼基福尔·叶弗列莫维奇。

米哈伊尔——见伊苏夫,约瑟夫·安德列耶维奇。

米哈伊洛娃,纳塔·——见哈尔贝施塔特,罗莎丽亚·萨姆索诺夫娜。

米勒兰,亚历山大·埃蒂耶纳(Millerand,Alexandre Étienne 1859—1943)——法国政治家和国务活动家,法国社会党和第二国际的机会主义代表人

物。1885 年起多次当选议员。原属资产阶级激进派,90 年代初参加法国
社会主义运动,领导运动中的机会主义派。1898 年同让·饶勒斯等人组
成法国独立社会党人联盟。1899 年参加瓦尔德克-卢梭内阁,任工商业部
长,是有史以来社会党人第一次参加资产阶级政府,列宁把这个行动斥之
为"实践的伯恩施坦主义"。1904 年被开除出法国社会党,此后同阿·白
里安、勒·维维安尼等前社会党人一起组成独立社会党人集团(1911 年取
名为"共和社会党")。1909—1915 年先后任公共工程部长和陆军部长,竭
力主张把帝国主义战争进行到底。俄国十月革命后是武装干涉苏维埃俄
国的策划者之一。1920 年 1—9 月任总理兼外交部长,1920 年 9 月—1924
年 6 月任法兰西共和国总统。资产阶级左翼政党在大选中获胜后,被迫辞
职。1925 年和 1927 年当选为参议员。——286—287。

米留可夫,帕维尔·尼古拉耶维奇(Милюков, Павел Николаевич 1859—
1943)——俄国立宪民主党领袖,俄国自由派资产阶级思想家,历史学家和
政论家。1886 年起任莫斯科大学讲师。90 年代前半期开始政治活动,
1902 年起为资产阶级自由派的《解放》杂志撰稿。1905 年 10 月参与创建
立宪民主党,后任该党中央委员会主席和中央机关报《言语报》编辑。第三
届和第四届国家杜马代表。第一次世界大战期间为沙皇政府的掠夺政策
辩护。1917 年二月革命后任第一届临时政府外交部长,推行把战争进行
到"最后胜利"的帝国主义政策;同年 8 月积极参与策划科尔尼洛夫叛乱。
十月革命后同白卫分子和武装干涉者合作。1920 年起为白俄流亡分子,
在巴黎出版《最新消息报》。著有《俄国文化史概要》、《第二次俄国革命史》
及《回忆录》等。——53、54、68、70、177—182、228、273、277、417。

缅施科夫,米哈伊尔·奥西波维奇(Меньшиков, Михаил Осипович 1859—
1919)——俄国政论家,黑帮报纸《新时报》撰稿人。十月革命后反对苏维
埃政权,1919 年被枪决。——173。

莫尔加利,奥迪诺(Morgari, Oddino 1865—1929)——意大利社会党人,新闻
工作者。曾参加意大利社会党的创建工作和活动,采取中派立场,加入所
谓整体派。1897 年起为议员。1906—1908 年领导意大利社会党中央机
关报《前进报》。第一次世界大战期间主张恢复社会党的国际联系。曾参
加齐美尔瓦尔德代表会议,在会上持中派立场。1919—1921 年为社会党

N

P

主张参加布里根杜马,坚持同立宪民主党人搞交易。斯托雷平反动时期脱离俄国社会民主工党,后移居德国。第一次世界大战期间是社会沙文主义者和德国帝国主义的代理人。1915 年起在柏林出版《钟声》杂志。1918 年脱离政治活动。——162。

潘涅库克,安东尼(Pannekoek, Antonie 1873—1960)——荷兰工人运动活动家,天文学家。1907 年是荷兰社会民主工党左翼刊物《论坛报》创办人之一。1909 年参与创建荷兰社会民主党。1910 年起与德国左派社会民主党人关系密切,积极为该党的报刊撰稿。第一次世界大战期间是国际主义者,曾参加齐美尔瓦尔德左派理论刊物《先驱》杂志的出版工作。1918—1921 年是荷兰共产党党员,参加共产国际的工作。20 年代初是极左的德国共产主义工人党领袖之一。1921 年退出共产党,不久脱离政治活动。——187。

皮—基,Я.——见皮列茨基,Я.А.。

皮列茨基,Я.А.(皮—基,Я.)(Пилецкий, Я.А.(П—ий, Я.)生于 1876 年)——俄国社会民主党人。1898 年参加莫斯科工人阶级解放斗争协会的活动。1905—1907 年革命的参加者。斯托雷平反动时期和新的革命高涨年代是取消派分子,为孟什维克取消派的《复兴》杂志和《我们的曙光》杂志撰稿。1917 年站在孟什维克一边参加有关立宪会议选举的宣传工作。后加入布尔什维克。——209—211。

普·——见德涅夫尼茨基,普·恩·。

普列汉诺夫,格奥尔吉·瓦连廷诺维奇(Плеханов, Георгий Валентинович 1856—1918)——俄国早期的马克思主义理论家,后来成为孟什维克和第二国际机会主义领袖之一。19 世纪 70 年代参加民粹主义运动,是土地和自由社成员及土地平分社领导人之一。1880 年侨居瑞士,逐步同民粹主义决裂。1883 年在日内瓦创建俄国第一个马克思主义团体——劳动解放社。翻译和介绍了马克思和恩格斯的许多著作,对马克思主义在俄国的传播起了重要作用;写过不少优秀的马克思主义著作,批判民粹主义、合法马克思主义、经济主义、伯恩施坦主义、马赫主义。20 世纪初是《火星报》和《曙光》杂志编辑部成员。曾参与制定俄国社会民主工党纲领草案和参加党的第二次代表大会的筹备工作。在代表大会上是劳动解放社的代表,属火星派多数派,参加了大会常务委员会,会后逐渐转向孟什维克。1905—1907年革命时期反对列宁的民主革命的策略,后来在孟什维克和布尔什维克之间摇摆。在俄国社会民主工党第四次(统一)代表大会上作了关于土地问题的报告,维护马斯洛夫的孟什维克方案;在国家杜马问题上坚持极右立场,呼吁支持立宪民主党人的杜马。斯托雷平反动时期和新的革命高涨年代反对取消主义,领导孟什维克护党派。第一次世界大战期间持社会沙文主义立场。1917年二月革命后支持资产阶级临时政府。对十月革命持否定态度,但拒绝支持反革命。最重要的理论著作有《社会主义与政治斗争》(1883)、《我们的意见分歧》(1885)、《论一元论历史观之发展》(1895)、《唯物主义史论丛》(1896)、《论个人在历史上的作用》(1898)、《没有地址的信》(1899—1900),等等。——7、11、12、13、14、19、43、44、45、57—64、97、98、103—104、143、144—145、147、148—149、152、195—196、204、206、207、208、210、232、236、249、250、261、267、281、284、294—295、296、297—298、300、301、306、350、370、405—406。

普罗柯波维奇,谢尔盖·尼古拉耶维奇(Прокопович, Сергей Николаевич 1871—1955)——俄国经济学家和政论家。曾参加国外俄国社会民主党人联合会,是经济派的著名代表人物,伯恩施坦主义在俄国最早的传播者之一。1904年加入资产阶级自由派解放社,为该社骨干分子。1905年为立宪民主党中央委员。1906年参与出版半立宪民主党、半孟什维克的《无题》周刊,为左派立宪民主党人的《同志报》积极撰稿。1917年8月任临时政府工商业部长,9—10月任粮食部长。1921年在全俄赈济饥民委员会工作,同反革命地下活动有联系。1922年被驱逐出境。——88、102、350。

Q

恰达耶夫,彼得·雅柯夫列维奇(Чаадаев, Петр Яковлевич 1794—1856)——俄国唯心主义哲学家。1821年加入十二月党人北方协会。写过八篇《哲学书信》,尖锐地批判专制农奴制度。1836年第一篇《哲学书信》发表在《望远镜》杂志上,该杂志因此被查封,他被宣布为狂人。1837年写了《狂人的辩护》一文,进一步阐述自己的观点。他反对沙皇制度和农奴制度的活动,对19世纪30—40年代先进社会思想的形成起了革命性的推动作用;但世界观是极其矛盾的,他的先进思想同神秘主义,同对天主教的赞美交织在一起。——169。

切列万宁,涅·(利普金,费多尔·安德列耶维奇)(Череванин, Н.(Липкин, Федор Андреевич)1868—1938)——俄国政论家,"马克思的批评家",后为孟什维克领袖之一,取消派分子。俄国社会民主工党第四次(统一)代表大会和第五次(伦敦)代表大会的参加者,取消派报刊撰稿人,16 个孟什维克关于取消党的"公开信"的起草人之一。1912 年反布尔什维克的八月代表会议后是孟什维克领导中心——组委会成员。第一次世界大战期间是社会沙文主义者。1917 年是孟什维克中央机关报《工人报》编辑之一和孟什维克中央委员会委员。敌视十月革命。—— 43、44、135、138、145、147、150—152、209—211、285、298、350、388、393。

R

饶尔丹尼亚,诺伊·尼古拉耶维奇(阿恩)(Жордания, Ной Николаевич(Ан)1869—1953)——俄国社会民主党人。19 世纪 90 年代开始政治活动,加入格鲁吉亚第一个社会民主主义团体"麦撒墨达西社",领导该社的机会主义派。1903 年在俄国社会民主工党第二次代表大会上是有发言权的代表,属火星派少数派,会后为高加索孟什维克的领袖。1905 年编辑孟什维克的《社会民主党人报》(格鲁吉亚文),反对布尔什维克在资产阶级民主革命中的策略。第一届国家杜马代表,社会民主党党团领袖。1907—1912年为俄国社会民主工党中央委员(代表孟什维克)。斯托雷平反动时期和新的革命高涨年代形式上参加孟什维克护党派,实际上支持取消派。1914年为托洛茨基的《斗争》杂志撰稿。第一次世界大战期间是社会沙文主义者。1917 年二月革命后任梯弗利斯工人代表苏维埃主席。1918—1921年是格鲁吉亚孟什维克政府主席。1921 年格鲁吉亚建立苏维埃政权后成为白俄流亡分子。——272。

饶勒斯,让(Jaurès, Jean 1859—1914)——法国社会主义运动和国际社会主义运动活动家,法国社会党领袖,历史学家和哲学家。1885 年起多次当选议员。原属资产阶级共和派,19 世纪 90 年代初开始转向社会主义。1898年同亚·米勒兰等人组成法国独立社会党人联盟。1899 年竭力为米勒兰

参加资产阶级政府的行为辩护。1901年起为社会党国际局成员。1902年
与可能派、阿列曼派等组成改良主义的法国社会党。1903年当选为议会
副议长。1904年创办《人道报》，主编该报直到逝世。1905年法国社会党
同盖得领导的法兰西社会党合并后，成为统一的法国社会党的主要领导
人。在理论和实践问题上往往持改良主义立场，但始终不渝地捍卫民主主
义，反对殖民主义和军国主义。由于呼吁反对临近的帝国主义战争，于
1914年7月31日被法国沙文主义者刺杀。写有法国大革命史等方面的
著作。——52、267、340、342、343、344、345、346—347。

S

萨任，尔·（桑茹尔，伊万·阿列菲耶维奇）（Сажин，Л.（Санжур，Иван
　Арефьевич）1878—1910）——俄国社会民主党人，曾在叶卡捷琳诺斯拉夫、
　下诺夫哥罗德、北高加索开展工作。屡遭警察当局迫害。1909年出国，加
　入反布尔什维克的"前进"集团。——309、310—311、312。

桑巴特，韦尔纳（Sombart，Werner 1863—1941）——德国经济学家和社会学
　家。1890年起任布雷斯劳大学教授，1906年起任柏林大学教授。早期著
　作受到马克思主义的影响，后来反对历史唯物主义和马克思的经济学说，
　否认社会发展的一般规律，强调精神的决定性作用，把资本主义描绘成一
　种协调的经济体系。晚年吹捧希特勒法西斯独裁制度，拥护反动的民族社
　会主义。主要著作有《19世纪的社会主义和社会运动》（1896）、《现代资本
　主义》（1902）、《德国社会主义》（1934）。——136、358。

瑟索耶夫，伊万·B.（"纺织工伊万"）（Сысоев，Иван В.（"Ткач И—н"）1888—
　1912）——俄国社会民主党人，工人。1906年加入俄国社会民主工党，靠
　近布尔什维克，先后任党的瓦西里耶夫岛区委员会委员和彼得堡委员会委
　员。斯托雷平反动时期是彼得堡召回派—最后通牒派的领导人之一。
　1909年侨居国外，加入反布尔什维克的"前进"集团。1911年在越过俄国
　边境时被捕，死在狱中。——310。

尚采尔，维尔吉利·列昂诺维奇（马拉）（Шанцер，Виргилий Леонович
　（Марат）1867—1911）——俄国社会民主党人，布尔什维克；职业是律师。
　1901年起在莫斯科做党的工作。1902年流放西伯利亚，1904年回到莫斯

科。1905 年任党中央委员会驻中部工业区代表、莫斯科委员会领导人之一、党的秘密报纸《工人报》编辑；积极参加了莫斯科武装起义的准备工作。1905 年 12 月被捕，1906 年流放叶尼塞斯克省。从流放地逃出后，在鄂木斯克和彼得堡从事地下工作。在动身前往参加俄国社会民主工党第五次（伦敦）代表大会之前再次被捕，流放图鲁汉斯克，流放途中逃往国外。在党的第五次（伦敦）代表大会上当选为候补中央委员。1908 年 12 月参加了党的第五次代表会议的工作，任布尔什维克《无产者报》编委。在国外参加最后通牒派，加入"前进"集团。1910 年因病被送回莫斯科，不久去世。——3、6、13、14、18、27、90。

舒宾斯基（**舒宾斯科伊**），尼古拉·彼得罗维奇（Шубинский（Шубинской），Николай Петрович 生于 1853 年）——俄国地主，十月党人。曾任莫斯科高等法院律师，特维尔省卡利亚津县地方自治局和特维尔省地方自治局议员。1900 年起为莫斯科市杜马议员。当过卡利亚津县贵族代表。第三届和第四届国家杜马特维尔省代表。在杜马中发表过黑帮反动演说。——227。

司徒卢威，彼得·伯恩哈多维奇（Струве，Петр Бернгардович 1870—1944）——俄国经济学家，哲学家，政论家，合法马克思主义主要代表人物，立宪民主党领袖之一。19 世纪 90 年代编辑合法马克思主义者的《新言论》杂志和《开端》杂志。1896 年参加第二国际第四次代表大会。1898 年参加起草《俄国社会民主工党宣言》。在 1894 年发表的第一部著作《俄国经济发展问题的评述》中，在批判民粹主义的同时，对马克思的经济学说和哲学学说提出"补充"和"批评"。20 世纪初同马克思主义和社会民主主义彻底决裂，转到自由派营垒。1902 年起编辑自由派资产阶级刊物《解放》杂志，1903 年起是解放社的领袖之一。1905 年起是立宪民主党中央委员，领导该党右翼。1907 年当选为第二届国家杜马代表。第一次世界大战爆发后鼓吹俄国的帝国主义侵略扩张政策。十月革命后敌视苏维埃政权，是邓尼金和弗兰格尔反革命政府成员，后逃往国外。——53、70、136、140、165、172、181、355。

斯大林（**朱加施维里**），约瑟夫·维萨里昂诺维奇（柯·斯大·）（Сталин（Джугашвили），Иосиф Виссарионович（К.Ст.）1879—1953）——苏联共产

党和国家领导人,国际共产主义运动活动家。1898年加入俄国社会民主
工党,党的第二次代表大会后是布尔什维克。曾在梯弗利斯、巴统、巴库和
彼得堡做党的工作。多次被捕和流放。1912年1月在党的第六次(布拉
格)全国代表会议选出的中央委员会会议上,被缺席增补为中央委员并被
选入中央委员会俄国局;积极参加布尔什维克《真理报》的编辑工作。1917
年二月革命后从流放地回到彼得格勒,参加党中央委员会俄国局。在党的
第七次全国代表会议(四月代表会议)以及此后的历次代表大会上当选为
中央委员。在十月革命的准备和进行期间参加领导武装起义的彼得格勒
军事革命委员会和党总部。在全俄苏维埃第二次代表大会上当选为全俄
中央执行委员会委员;参加第一届人民委员会,任民族事务人民委员。
1919年3月起兼任国家监察人民委员,1920年起为工农检查人民委员。
国内战争时期任共和国革命军事委员会委员和一些方面军的革命军事委
员会委员。1922年4月起任党中央总书记。1941年起同时担任苏联人民
委员会主席,1946年起为部长会议主席。1941—1945年卫国战争时期任
国防委员会主席、国防人民委员和苏联武装力量最高统帅。1919—1952
年为中央政治局委员,1952—1953年为苏共中央主席团委员。1925—
1943年为共产国际执行委员会委员。——272。

斯切克洛夫,尤里·米哈伊洛维奇(克·)(Стеклов,Юрий Михайлович(К.)
1873—1941)——1893年参加俄国社会民主主义运动,是敖德萨第一批社
会民主主义小组的组织者之一。1903年俄国社会民主工党第二次代表大
会后是布尔什维克。斯托雷平反动时期和新的革命高涨年代为布尔什维
克的《社会民主党人报》、《明星报》、《真理报》和《启蒙》杂志撰稿。参加过
第三届和第四届国家杜马社会民主党党团的工作。是隆瑞莫党校(法国)
的讲课人。1917年二月革命后当选为彼得格勒苏维埃执行委员会委员;
最初持"革命护国主义"立场,后转向布尔什维克。十月革命后任全俄中央
执行委员会和苏联中央执行委员会主席团委员、《全俄中央执行委员会消
息报》和《苏维埃建设》杂志的编辑。1929年起任苏联中央执行委员会学
术委员会副主席。写有不少革命运动史方面的著作。——19、290。

斯坦·;斯坦尼·;斯坦尼斯拉夫——见沃尔斯基,斯坦尼斯拉夫。

斯特列尔佐夫,罗曼·叶菲莫维奇(Стрельцов,Роман Ефимович 生于1875

年)——俄国著作家和政论家。1900—1914年侨居国外,大部分时间住在德国,曾为《社会主义月刊》、《莱比锡人民报》、《前进报》等外国社会民主党报刊撰稿,并为在俄国出版的左派立宪民主党人的《同志报》撰稿。回国后在彼得格勒市自治机关的一些委员会中工作。十月革命后在莫斯科和雅罗斯拉夫尔的经济部门工作。——350、351。

斯托雷平,彼得·阿尔卡季耶维奇(Столыпин, Петр Аркадьевич 1862 — 1911)——俄国国务活动家,大地主。1884年起在内务部任职。1902年任格罗德诺省省长。1903—1906年任萨拉托夫省省长,因镇压该省农民运动受到尼古拉二世的嘉奖。1906—1911年任大臣会议主席兼内务大臣。1907年发动"六三政变",解散第二届国家杜马,颁布新选举法以保证地主、资产阶级在杜马中占统治地位,残酷镇压革命运动,大规模实施死刑,开始了"斯托雷平反动时期"。实行旨在摧毁村社和培植富农的土地改革。1911年被社会革命党人 Д. Г. 博格罗夫刺死。——54、68—69、70、71、109、127、138、139、140、150、159、179、182—183、200、215、218、226、228—230、285、289—290、299、412、414。

斯托雷平,亚历山大·阿尔卡季耶维奇(Столыпин, Александр Аркадьевич 生于1863年)——俄国黑帮政论家,《新时报》撰稿人,十月党人,国务活动家彼·阿·斯托雷平的弟弟。十月革命后移居国外。——173。

梭恩,威廉(Thorne, William 1857—1946)——英国工人运动活动家。1884年起参加英国社会民主联盟的工作,1889年起任全国煤气工人及壮工联合会总书记。1906年被选入议会,担任议员直到1945年。第一次世界大战期间是护国派分子。俄国1917年二月革命后,到俄国鼓动继续进行帝国主义战争。后来一直站在英国工人运动的右翼。——52。

索柯洛夫,尼古拉·德米特里耶维奇(Соколов, Николай Дмитриевич 1870—1928)——俄国社会民主党人,著名的政治诉讼案律师。曾为《生活》、《教育》等杂志撰稿。1909年在彼得堡补选第三届国家杜马代表时,被提名为俄国社会民主工党的候选人;同情布尔什维克。1917年二月革命后任彼得格勒苏维埃执行委员会委员,主张同资产阶级联合。十月革命后在一些苏维埃机关担任法律顾问。——70、109、110。

索洛蒙诺夫——见波尔土盖斯,斯捷潘·伊万诺维奇。

索洛维约夫，弗拉基米尔·谢尔盖耶维奇（Соловьев，Владимир Сергеевич 1853—1900）——俄国唯心主义哲学家，非理性主义者和神秘主义者。力图复活新柏拉图主义者的思想，把"精神本原"——神置于一切存在之上，把神看成是世界"完全统一"的基础。反对唯物主义，主张从哲学上来论证基督教，宣传普世教会和以宗教"复兴"人类的思想。主要著作有《西方哲学危机》（1874）、《完整知识的哲学基础》（1877）、《抽象原理批判》（1877—1880）等。——169。

T

唐恩（古尔维奇），费多尔·伊里奇（Дан（Гурвич），Федор Ильич 1871—1947）——俄国孟什维克领袖之一；职业是医生。1894年参加社会民主主义运动，加入彼得堡工人阶级解放斗争协会。1896年8月被捕，监禁两年左右，1898年流放维亚特卡省，为期三年。1901年夏逃往国外，加入《火星报》柏林协助小组。1902年作为《火星报》代办员参加了俄国社会民主工党第二次代表大会的筹备会议，会后再次被捕，流放东西伯利亚。1903年9月逃往国外，成为孟什维克。俄国社会民主工党第四次（统一）代表大会和第五次（伦敦）代表大会及一系列代表会议的参加者。斯托雷平反动时期和新的革命高涨年代在国外领导取消派，编辑取消派的《社会民主党人呼声报》。第一次世界大战期间是社会沙文主义者。1917年二月革命后任彼得格勒苏维埃执行委员会委员和第一届中央执行委员会主席团委员，支持资产阶级临时政府。十月革命后反对苏维埃政权，1922年被驱逐出境，在柏林领导孟什维克进行反革命活动。1923年参与组织社会主义工人国际。同年被取消苏联国籍。——10、12、13、19、43、58、61、94、203、206—207、210、285、287、293、298。

特卡乔夫，彼得·尼基季奇（Ткачев，Петр Никитич 1844—1886）——俄国革命民粹派思想家，政论家和文艺批评家。1861年起参加学生运动，曾为许多进步杂志撰稿，屡遭沙皇政府迫害。1873年流亡国外；一度为彼·拉·拉甫罗夫的《前进》杂志撰稿，1875—1881年同一些波兰流亡者出版《警钟》杂志。70年代中期同法国布朗基派有密切接触，1880年为布朗基的报纸《既没有上帝也没有老板》撰稿。领导革命民粹派中接近布朗基主义的派别。认为政治斗争是革命的必要前提,但对人民群众的决定性作用估计不足;主张由少数革命者组织密谋团体和采用恐怖手段去夺取政权,建立新国家,实行有益于人民的革命改革,而人民只须坐享其成;错误地认为,专制国家在俄国没有社会基础,也不代表任何阶级的利益。恩格斯在《流亡者文献》中批判了他的小资产阶级观点。1882 年底身患重病,在巴黎精神病院度过余年。——138—139。

特列波夫,德米特里·费多罗维奇(Трепов,Дмитрий Федорович 1855 —1906)——沙俄少将(1900)。毕业于贵族子弟军官学校,曾在禁卫军供职。1896—1905 年任莫斯科警察总监,支持祖巴托夫的"警察社会主义"思想。1905 年 1 月 11 日起任彼得堡总督,4 月起任副内务大臣兼独立宪兵团司令,10 月起先后任彼得戈夫宫和冬宫警卫长。1905 年 10 月全国政治大罢工期间发布了臭名昭著的"不放空枪,不惜子弹"的命令,是武装镇压1905—1907 年革命的策划者。——213、215。

特鲁尔斯特拉,彼得·耶莱斯(Troelstra,Pieter Jelles 1860—1930)——荷兰工人运动活动家,右派社会党人。荷兰社会民主党创建人和领袖之一。1897—1925 年(有间断)任该党议会党团主席。20 世纪初转向极端机会主义立场,反对党内的左派论坛派,直至把论坛派开除出党。第一次世界大战期间是亲德的社会沙文主义者。1918 年 11 月在荷兰工人运动高潮中一度要求将政权转归社会主义者,但不久放弃这一立场。列宁曾严厉批判他的机会主义政策。——125、186—187、189。

梯·——见梯什卡,扬。

梯什卡,扬(约吉希斯,莱奥;梯·)(Tyszka,Jan(Jogiches,Leo,T.)1867 —1919)——波兰和德国工人运动活动家。1893 年参与创建波兰王国社会民主党(1900 年改组为波兰王国和立陶宛社会民主党),1903 年起为该党总执行委员会委员。曾积极参加俄国 1905—1907 年革命。1907 年出席俄国社会民主工党第五次(伦敦)代表大会,当选为候补中央委员。斯托雷平反动时期和新的革命高涨年代谴责取消派,但往往采取调和主义态度。1912 年反对布拉格代表会议的决议。列宁尖锐地批评了他在这一时期的活动。第一次世界大战期间在德国,参加德国社会民主党的工作,持国际主义立场;是斯巴达克联盟的组织者和领导人之一。1916 年被捕入狱,

1918年十一月革命时获释。积极参与创建德国共产党,在该党成立大会上当选为中央委员会书记。1919年3月被捕,于柏林监狱遇害。——270、285。

托洛茨基(**勃朗施坦**),列夫·达维多维奇(Троцкий(Бронштейн),Лев Давидович 1879—1940)——1897年参加俄国社会民主主义运动。在俄国社会民主工党第二次代表大会上是西伯利亚联合会的代表,属火星派少数派。1905年同亚·帕尔乌斯一起提出和鼓吹"不断革命论"。斯托雷平反动时期和新的革命高涨年代,打着"非派别性"的幌子,实际上采取取消派立场。1912年组织"八月联盟"。第一次世界大战期间持中派立场。1917年二月革命后参加区联派,在党的第六次代表大会上随区联派集体加入布尔什维克党,当选为中央委员。参加十月武装起义的领导工作。十月革命后任外交人民委员,1918年初反对签订布列斯特和约,同年3月改任共和国革命军事委员会主席、陆海军人民委员等职。参与组建红军。1919年起为党中央政治局委员。1920年起历任共产国际执行委员会候补委员、委员。1920—1921年挑起关于工会问题的争论。1923年起进行派别活动。1925年初被解除革命军事委员会主席和陆海军人民委员职务。1926年与季诺维也夫结成"托季联盟"。1927年被开除出党,1929年被驱逐出境,1932年被取消苏联国籍。在国外组织第四国际。死于墨西哥。——101、131、133、250、251、252、254、257、259、261、262、267、269、280、281—284、292、293、294、315、350、351、352—353、356—357、358、363、364、367—370、403。

托姆斯基(**叶弗列莫夫**),米哈伊尔·巴甫洛维奇(米·托·)(Томский(Ефремов),Михаил Павлович(М.Т.)1880—1936)——1904年加入俄国社会民主工党。1905—1906年在党的雷瓦尔组织中工作,开始从事工会运动。1907年当选为党的彼得堡委员会委员,任布尔什维克的《无产者报》编委。曾参加党的第五次(伦敦)代表大会的工作。多次被捕和流放。1917年二月革命后任党的彼得堡委员会执行委员会委员。十月革命后任莫斯科工会理事会主席。1919年起任全俄工会中央理事会主席团主席。1920年参与创建红色工会国际,1921年工会国际成立后担任总书记。在党的第八至第十六次代表大会上当选为中央委员,1923—1930年为中央政治局委员。1920 年起任全俄中央执行委员会主席团委员，1922 年 12 月起任苏联中央执行委员会主席团委员。支持"民主集中派"，坚持工会脱离党的领导的"独立性"。1929 年被作为"右倾派别集团"领袖之一受到批判。1934 年当选为候补中央委员。1936 年因受政治迫害自杀。1988 年恢复党籍。——6。

陀思妥耶夫斯基，费多尔·米哈伊洛维奇（Достоевский，Федор Михайлович 1821—1881）——俄国作家。19 世纪 40 年代开始文学活动。他的第一部中篇小说《穷人》曾得到以别林斯基为代表的进步批评界的高度评价。1847 年加入彼得拉舍夫斯基革命小组。1849 年被捕并被判处死刑，后改判服苦役，刑满后当兵。1859 年返回彼得堡，重新开始文学活动。作品《死屋手记》（1861—1862）、《罪与罚》（1866）、《白痴》（1868）等的特点，是现实主义地描写现实生活、人的各种感受以及个人对人类尊严遭到戕害的反抗。同时，在他的作品中，对社会不平的抗争同逆来顺受的说教和对苦难的崇尚交织在一起。在长篇小说《群魔》中，公开反对唯物主义和无神论，反对革命运动。——169。

W

瓦尔斯基，阿道夫（瓦尔沙夫斯基，阿道夫·绍洛维奇）（Warski，Adolf（Варшавский，Адольф Саулович）1868 — 1937）——波兰革命运动活动家。1889 年是波兰工人联合会组织者之一。先后参加波兰王国社会民主党以及波兰王国和立陶宛社会民主党的建党工作。1893 年侨居国外，与罗·卢森堡等人一起出版波兰社会民主党人最早的报纸《工人事业报》，后又出版《社会民主党评论》杂志。是波兰王国和立陶宛社会民主党出席俄国社会民主工党第四次（统一）代表大会的有发言权的代表，会后进入俄国社会民主工党中央委员会。在党的第五次（伦敦）代表大会上当选为中央委员。1909—1910 年是俄国社会民主工党中央机关报《社会民主党人报》编辑之一。第一次世界大战期间是国际主义者，参加了齐美尔瓦尔德代表会议和昆塔尔代表会议。1916 年回到波兰，因进行反战宣传被德国人逮捕。1917 年获释后成为波兰王国和立陶宛社会民主党领导成员。1918 年参与创建波兰共产党，是波共中央委员（1919—1929）和政治局委员（1923—

1929)。曾被选为波兰议会议员,是议会共产党党团主席。1929年移居苏
联,在马克思恩格斯列宁研究院从事波兰工人运动史的研究工作。——
350、370。

瓦季姆——见波斯托洛夫斯基,德米特里·西蒙诺维奇。

瓦季姆——见伊科夫,弗拉基米尔·康斯坦丁诺维奇。

瓦连廷诺夫,尼·(沃尔斯基,尼古拉·弗拉基斯拉沃维奇)(Валентинов,Н.
　　(Вольский,Николай Владиславович)1879—1964)——俄国孟什维克,新
　　闻工作者,马赫主义哲学家。1898年参加革命运动。俄国社会民主工党
　　第二次代表大会后站在布尔什维克一边,1904年底转向孟什维克,编辑孟
　　什维克的《莫斯科日报》,参加孟什维克的《真理》、《我们的事业》和《生活事
　　业》等杂志的工作,为资产阶级的《俄罗斯言论报》撰稿。斯托雷平反动时
　　期是取消派分子。在土地问题上,维护土地地方公有化。在哲学上,用马
　　赫和阿芬那留斯的主观唯心主义观点来修正马克思主义。列宁在《唯物主
　　义和经验批判主义》一书中批评了他的哲学观点。十月革命后在最高国民
　　经济委员会的《工商报》任副编辑,后在苏联驻巴黎商务代表处工作。1930
　　年侨居国外。主要著作有《马克思主义的哲学体系》(1908)、《马赫和马克
　　思主义》(1908)等。——11、310、317。

瓦扬,爱德华·玛丽(Vaillant,Édouard-Marie 1840—1915)——法国工人运
　　动活动家,布朗基主义者。1866—1867年加入第一国际。1871年为巴黎
　　公社执行委员会委员,领导教育委员会。公社失败后流亡伦敦,被选为第
　　一国际总委员会委员。曾被缺席判处死刑,1880年大赦后返回法国,1881
　　年领导布朗基派革命中央委员会。参与创建第二国际,是第二国际1889
　　年巴黎和1891年布鲁塞尔代表大会代表。1893年和1897年两度当选为
　　议员。在反对米勒兰主义斗争中与盖得派接近,是1901年盖得派与布朗
　　基派合并为法兰西社会党的发起人之一。1905—1915年是法国社会党
　　(1905年建立)的领导人之一。第一次世界大战期间持社会沙文主义立
　　场。——186。

王德威尔得,埃米尔(Vandervelde,Émile 1866—1938)——比利时政治活动
　　家,比利时工人党领袖,第二国际的机会主义代表人物。1885年加入比利
　　时工人党,90年代中期成为党的领导人。1894年起多次当选为议员。

1900 年起任第二国际常设机构——社会党国际局主席。第一次世界大战
爆发后成为社会沙文主义者,是大战期间欧洲国家中第一个参加资产阶级
政府的社会党人。1918 年起历任司法大臣、外交大臣、公共卫生大臣、副
首相等职。俄国 1917 年二月革命后到俄国鼓吹继续进行战争。敌视俄国
十月革命,支持武装干涉苏维埃俄国。曾积极参加重建第二国际的活动,
1923 年起是社会主义工人国际书记处书记和常务局成员。——344。

威廉二世(**霍亨索伦**)(Wilhelm II (Hohenzollern) 1859—1941)——普鲁士国
王和德国皇帝(1888—1918)。——51。

维博,弗洛伦齐乌斯·马里乌斯(Wibaut, Florentinus Marinus 1859—
1936)——荷兰社会民主党人,新闻工作者。曾为《经济学家》杂志撰稿。
1910 年 3 月退出机会主义的社会民主工党,加入马克思主义的社会民主
党。1910 年出席哥本哈根国际社会党代表大会,参加大会的合作社委员
会及其小组委员会。第一次世界大战期间为中派分子,后滑向公开的改良
主义。当过大商人,是金融界驻阿姆斯特丹市自治机关的代表。——
344、347。

维洛诺夫,尼基福尔·叶弗列莫维奇(米哈伊尔)(Вилонов, Никифор Ефремо-
вич(Михаил)1883—1910)——俄国社会民主党人,布尔什维克。1901 年
在卡卢加铁路工场当工人时开始革命活动,1902 年加入基辅社会民主党
组织。1903 年被捕,流放叶卡捷琳诺斯拉夫,参加当地的火星派委员会,
是 1903 年 8 月总罢工的组织者之一。俄国社会民主工党第二次代表大会
后为布尔什维克。在伏尔加河流域和乌拉尔积极参加 1905—1907 年革
命,被选为萨马拉工人代表苏维埃主席。1906 年 3 月被捕,7 月越狱潜逃,
在莫斯科做党的工作。再次被捕后流放阿斯特拉罕省,1908 年底从那里
出国。是卡普里党校(意大利)的组织者之一,因学校的派别性质而离开,
带领一批列宁派学员应列宁的邀请到了巴黎。1910 年在俄国社会民主工
党中央全会上被布尔什维克提名为增补中央委员的候选人。因患结核病
于 1910 年 5 月 1 日在瑞士去世。——119。

维什涅夫斯基——见戈尔登贝格,约瑟夫·彼得罗维奇。

维特,谢尔盖·尤利耶维奇(Витте, Сергей Юльевич 1849—1915)——俄国国
务活动家。1892 年 2—8 月任交通大臣,1892—1903 年任财政大臣,1903

年8月起任大臣委员会主席,1905年10月—1906年4月任大臣会议主席。在财政、关税政策、铁路建设、工厂立法和鼓励外国投资等方面采取了一系列措施,促进了俄国资本主义的发展。同时力图通过对自由派资产阶级稍作让步和对人民群众进行镇压的手段来维护沙皇专制制度。1905—1907年革命期间派军队对西伯利亚、波罗的海沿岸地区、波兰以及莫斯科的武装起义进行了镇压。——215。

维维安尼,勒奈(Viviani,René 1863—1925)——法国政治活动家;职业是律师。19世纪80年代加入共和社会主义者同盟,后成为独立社会党人。1893年起多次当选议员。1898年加入法国独立社会党人联盟。1902年参加改良主义的法国社会党。1906年退出社会党,同亚·米勒兰和阿·白里安等人组成独立社会党人集团(1911年取名为"共和社会党")。1906—1910年先后在克列孟梭内阁和白里安内阁任劳工部长。1913—1914年任教育部长。1914年6月任总理兼外交部长,1914—1915年组成"神圣同盟"内阁。1915—1917年任司法部长。1920—1921年为法国驻国际联盟代表,1921—1922年出席华盛顿会议。——286—287。

沃布雷,康斯坦丁·格里戈里耶维奇(Воблый,Константин Григорьевич 1876—1947)——苏联经济学家和统计学家,1906年起先后任基辅大学和商业学院讲师和教授。写有一系列有关经济学和统计学方面的研究性著作。十月革命后任乌克兰苏维埃社会主义共和国科学院院士和副院长。——318。

沃多沃佐夫,瓦西里·瓦西里耶维奇(Водовозов,Василий Васильевич 1864—1933)——俄国经济学家和自由主义民粹派政论家。1904年起任《我们的生活报》编委,1906年为左派立宪民主党人的《同志报》撰稿。第二届国家杜马选举期间参加劳动派。1912年在立宪民主党人、人民社会党人和孟什维克取消派撰稿的《生活需要》杂志上发表文章。1917年参加《往事》杂志编辑部,并为自由派资产阶级的《日报》撰稿。敌视十月革命。1926年移居国外,参加白卫报刊的工作。——69。

沃尔斯基,斯坦尼斯拉夫(索柯洛夫,安德列·弗拉基米罗维奇;斯坦·;斯坦尼·;斯坦尼斯拉夫;"叶尔")(Вольский,Станислав(Соколов,Андрей Владимирович,Ст.,Стан.,Станислав,"Ер")生于1880年)——俄国社会民

主党人。俄国社会民主工党第二次代表大会后加入布尔什维克。1904—
1905 年在莫斯科做党的工作,参加过十二月武装起义。斯托雷平反动时
期和新的革命高涨年代是召回派领袖之一,曾参与组织派别性的卡普里和
博洛尼亚党校(意大利)的工作,加入"前进"集团。1917 年二月革命后任
《新生活报》编委,在彼得格勒苏维埃军事部工作。敌视十月革命,反对苏
维埃政权。一度侨居国外,但很快回国。曾在林业合作社、国家计划委员
会和商业人民委员部工作。1927 年起从事著述。——2、11、85、87、93、
98—99、103。

沃伊诺夫——见卢那察尔斯基,阿纳托利·瓦西里耶维奇。

武尔姆,埃马努埃尔(Wurm, Emanuel 1857—1920)——德国社会民主党人,
化学家。1890 年起为帝国国会议员。1902—1917 年是《新时代》杂志编
辑之一。1910 年出席哥本哈根国际社会党代表大会。第一次世界大战期
间为中派分子。德国 1918 年十一月革命后任粮食部长。——345、
346—347。

X

西·——见吉布拉泽,西尔韦斯特尔·B.。

席佩耳,麦克斯(Schippel, Max 1859—1928)——德国经济学家和政论家,
1886 年起为社会民主党人。1887—1890 年编辑《柏林人民论坛报》,1897
年起参与领导德国机会主义者的刊物《社会主义月刊》。1890—1905 年担
任国会议员期间,为德国帝国主义的扩张政策辩护。第一次世界大战期间
是社会沙文主义者。1923—1928 年任德累斯顿工学院教授。——160。

辛格尔,保尔(Singer, Paul 1844—1911)——德国社会民主党领袖之一,第二
国际中马克思主义派的著名活动家。1878 年加入德国社会民主党。1887
年起任德国社会民主党执行委员会委员,1890 年起任执行委员会主席。
1884—1911 年是帝国国会议员,1885 年起为社会民主党党团主席。1900
年起是社会党国际局成员,属于左翼,始终不渝地同机会主义进行斗争。
列宁称他是为无产阶级事业而斗争的不妥协的战士。——125、188。

血腥的尼古拉——见尼古拉二世(罗曼诺夫)。

Y

"叶尔"——见沃尔斯基,斯坦尼斯拉夫。

叶尔莫拉耶夫,康斯坦丁·米哈伊洛维奇(罗曼)(Ермолаев, Константин
　　Михайлович(Роман)1884 — 1919)——俄国社会民主党人,孟什维克。
　　1904—1905 年在彼得堡和顿涅茨煤田工作。俄国社会民主工党第五次
　　(伦敦)代表大会代表,代表孟什维克被选入中央委员会。斯托雷平反动时
　　期是取消派分子,1910 年是在关于取消党的"公开信"上签名的 16 个孟什
　　维克之一。1917 年当选为孟什维克党中央委员,参加第一届全俄中央执
　　行委员会。——209—211、235、261、284、314、367。

叶罗金,米哈伊尔·米哈伊洛维奇(Ерогин, Михаил Михайлович 生于 1856
　　年)——俄国地主,在格罗德诺省当过地方官,后为该省比亚韦斯托克县的
　　贵族代表;沙皇政府反动政策最热心的执行者之一。第一届国家杜马格罗
　　德诺省代表。为了使国家杜马中的农民代表不受革命影响,他为这些代表
　　开设了一个旅馆,企图使他们接受君主制思想。但农民代表识破他的意图
　　后,便离开了这个旅馆。——91、92、94、105、119。

伊·——见哥列夫,波里斯·伊萨科维奇。

伊科夫,弗拉基米尔·康斯坦丁诺维奇(瓦季姆)(Иков, Владимир
　　Константинович(Вадим)生于 1882 年)——俄国社会民主党人,孟什维克。
　　作为维尔纳省斯莫尔贡组织的代表参加了俄国社会民主工党第五次(伦
　　敦)代表大会的工作。支持召开"工人代表大会"的机会主义思想。曾为
　　《复兴》杂志、《社会民主党人呼声报》及孟什维克取消派的其他报刊撰稿。
　　第一次世界大战期间是护国派分子。十月革命后在合作社系统工作。
　　1931 年因"俄国社会民主工党联合常务局"案被判罪。——209—211。

伊苏夫,约瑟夫·安德列耶维奇(米哈伊尔)(Исув, Иосиф Андреевич
　　(Михаил)1878—1920)——俄国社会民主党人,孟什维克。1903 年任俄
　　国社会民主工党叶卡捷琳诺斯拉夫委员会委员,党的第二次代表大会后加
　　入孟什维克,在莫斯科和彼得堡工作。1907 年代表孟什维克参加中央委
　　员会。斯托雷平反动时期和新的革命高涨年代是取消派分子,为《我们的
　　曙光》杂志及取消派其他刊物撰稿。第一次世界大战期间是护国派分子。

1917年任孟什维克的莫斯科委员会委员,进入莫斯科苏维埃执行委员会和第一届中央执行委员会。十月革命后在劳动博物馆工作。——210—211、235、259、261、282、283—285、286、289、292、293、299、314、367。

伊兹哥耶夫(**兰德**),亚历山大·索洛蒙诺维奇(Изгоев(Ланде),Александр Соломонович 1872—1935)——俄国政论家,立宪民主党思想家。早年是合法马克思主义者,一度成为社会民主党人,1905年转向立宪民主党。曾为立宪民主党的《言语报》《南方札记》和《俄国思想》杂志撰稿,参加过《路标》文集的工作。十月革命后为颓废派知识分子的《文学通报》杂志撰稿。因进行反革命政论活动,于1922年被驱逐出境。——70、165、172、174、181、355。

英诺森——见杜勃洛文斯基,约瑟夫·费多罗维奇。

尤里——见勃朗施坦,彼得·阿布拉莫维奇。

尤什凯维奇,帕维尔·索洛蒙诺维奇(Юшкевич,Павел Соломонович 1873—1945)——俄国社会民主党人,孟什维克;数学家。在哲学上是马赫主义者,拥护实证论和实用主义;斯托雷平反动时期对马克思主义哲学进行修正,企图用马赫主义的一个变种——"经验符号论"代替马克思主义哲学。著有《从经验符号论观点看现代唯能论》一文(收入《马克思主义哲学论丛》)(1908)及《唯物主义和批判实在论》(1908)、《新思潮》(1910)、《一种世界观与种种世界观》(1912)等书。十月革命后反对苏维埃政权,1917—1919年在乌克兰为孟什维克—社会革命党人的《联合》杂志和其他反布尔什维克的报刊撰稿,后脱离政治活动。1930年起在马克思恩格斯研究院从事哲学著作的翻译工作。——310。

约·——见杜勃洛文斯基,约瑟夫·费多罗维奇。

约尔丹斯基,尼古拉·伊万诺维奇(Иорданский,Николай Иванович 1876—1928)——1899年参加俄国社会民主主义运动。1903年俄国社会民主工党第二次代表大会后是孟什维克。1904年为孟什维克《火星报》撰稿人,1905年进入彼得堡苏维埃执行委员会。1906年是党的第四次(统一)代表大会有发言权的代表、俄国社会民主工党统一的中央委员会(孟什维克的)代表。斯托雷平反动时期接近孟什维克护党派。第一次世界大战期间支持战争。1917年二月革命后是临时政府派驻西南方面军多个集团军的委员。1921年加入俄共(布)。1922年在外交人民委员部和国家出版社工作,1923—1924年任驻意大利全权代表。1924年起从事写作。——123。

约诺夫(科伊根,费多尔·马尔科维奇)(Ионов(Койген,Федор Маркович) 1870—1923)——俄国社会民主党人,崩得领袖之一,后为布尔什维克。1893年起在敖德萨社会民主主义小组工作。1903年当选为崩得中央委员,1906年代表崩得出席俄国社会民主工党第四次(统一)代表大会。1907年是党的第五次(伦敦)代表大会的代表。1908年12月参加俄国社会民主工党第五次代表会议的工作,在基本问题上支持孟什维克护党派的纲领,后对取消派采取调和主义态度。第一次世界大战期间加入接近中派立场的崩得国际主义派。十月革命后加入俄共(布),在党的沃佳基地区委员会工作。——254、256—257、258—259、260、262、264、278—279、280—281、282、283—284、292—294。

Z

祖巴托夫,谢尔盖·瓦西里耶维奇(Зубатов,Сергей Васильевич 1864—1917)——沙俄宪兵上校,"警察社会主义"(祖巴托夫主义)的炮制者和鼓吹者。1896—1902年任莫斯科保安处处长,组织政治侦查网,建立密探别动队,破坏革命组织。1902年10月到彼得堡就任警察司特别局局长。1901—1903年组织警方办的工会——莫斯科机械工人互助协会和圣彼得堡俄国工厂工人大会等,诱使工人脱离革命斗争。由于他的离间政策的破产和反内务大臣的内讧,于1903年被解职和流放,后脱离政治活动。1917年二月革命初期自杀。——159。

文 献 索 引

阿德勒, 弗·[《在社会党国际局会议上提出的决议案》](Adler, F. [Die Reso-
lution, vorgeschlagen auf der Sitzung des Internationalen sozialistischen
Büros]. —« Leipziger Volkszeitung », 1909, Nr. 264, 13. November. 4.
Beilage zu Nr. 264 der «Leipziger Volkszeitung», S. 2)——188—189。

阿恩——见饶尔丹尼亚, 诺·尼·。

阿克雪里罗得, 帕·波·《不得不作的说明》(Аксельрод, П. Б. Вынужденное
объяснение. —В кн.: Необходимое дополнение к «Дневникам» Г. В.
Плеханова. Изд. ред. «Голоса Социал-Демократа». [Paris, кооп. тип.
«Союз», апрель 1910], стлб. 16 — 21. (РСДРП))——250、251、266、
297、300。

安东尼·沃伦斯基《给〈路标〉文集作者们的公开信》(Антоний Волынский.
Открытое письмо авторам сборника «Вехи». 1 мая 1909 г. —«Слово»,
Спб., 1909, №791, 10(23) мая, стр. 3)——53、173、175。

本辛格, 弗·《农业机器对国民经济和私有经济的影响》(Bensing, F. Der
Einfluß der landwirtschaftlichen Maschinen auf Volks- und Pri-
vatwirtschaft. Breslau, 1898. IX, 205 S.)——332。

别尔嘉耶夫, 尼·亚·《哲学的真谛和知识分子的实况》(Бердяев, Н. А.
Философская истина и интеллигентская правда. —В кн.: Вехи. Сборник
статей о русской интеллигенции. М., [тип. Саблина, март] 1909, стр. 1 —
22)——167—169、170、172、417。

别尔托夫——见普列汉诺夫, 格·瓦·。

别林斯基, 维·格·《给果戈理的信》(Белинский, В. Г. Письмо к Гоголю)——
169、170。

[波格丹诺夫, 亚·]《不要遮遮掩掩》([Богданов, А.] Не надо затемнять. —В

листовке: Ко всем товарищам! [Paris, кооп. тип. «Союз», 1909], стр. 1 — 5. (РСДРП). Подпись: Н. Максимов) —— 143、144、146、147。

— 《虔诚的编辑部》(Благочестивая редакция. — В листовке: Ко всем товарищам! [Paris, кооп. тип. «Союз», 1909], стр. 8. (РСДРП). Подпись: Н. Максимов) —— 88、89、90、93。

— 《无产阶级为社会主义而斗争》(Пролетариат в борьбе за социализм. — В кн.: Вперед. Сборник статей по очередным вопросам. Изд. гр. «Вперед». [Paris, кооп. тип. «Союз»], июль 1910, стлб. 2 — 8. (РСДРП). Подпись: Максимов) —— 310、314 — 315。

波果热夫,亚·瓦·《俄国工人的数量和成分统计》(Погожев, А. В. Учет численности и состава рабочих в России. Материалы по статистике труда. Изд. Академии наук. С прилож. табл. и 18 карто-диагр. (Доложено в заседании историко-филологического отделения Академии наук 18 января 1906 г.). Спб., 1906. XXVI, 114, 224 стр.) —— 378。

[波克罗夫斯基,米·尼·]《芬兰问题》([Покровский, М. Н.] Финляндский вопрос. — В кн.: Вперед. Сборник статей по очередным вопросам. Изд. гр. «Вперед». [Paris, кооп. тип. «Союз»], июль 1910, стлб. 9 — 15. (РСДРП). Подпись: Домов) —— 314 — 315。

波特列索夫,亚·尼·《革命前时期社会政治思想的演变》(Потресов, А. Н. Эволюция общественно-политической мысли в предреволюционную эпоху. — В кн.: Общественное движение в России в начале XX-го века. Под ред. Л. Мартова, П. Маслова и А. Потресова. Т. I. Предвестники и основные причины движения. Спб., тип. «Общественная Польза», 1909, стр. 538 — 640) —— 43、61 — 62、145、298。

— [《给尔·马尔托夫的信》(1909 年 8 月 18 日)]([Письмо Л. Мартову. 18 августа 1909 г.]. — «Голос Социал-Демократа», [Париж], 1909, № 16 — 17, август — сентябрь, стр. 15 — 16, в ст.: Мартов, Л. Дополнение к «поправке») —— 145、152。

— 《批判的提纲(论为什么微不足道的东西取胜了)》(Критические наброски. О том, почему пустяки одолели. — «Наша Заря», Спб., 1910, № 2, стр.

50 — 62)—— 279 — 280、285、286、293、296、299。

——《让孟什维克同志们去评判》(На суд тт. меньшевиков. — В кн.: Необходимое дополнение к «Дневникам» Г. В. Плеханова. Изд. ред. «Голоса Социал-Демократа». [Paris, кооп. тип. «Союз», апрель 1910], стлб. 21 — 26. (РСДРП). Подпись: А. Потресов-Старовер)—— 250、281、299。

布尔加柯夫,谢·尼·《革命和反动》(Булгаков, С. Н. Революция и реакция. (Неполитические размышления о политике). — «Московский Еженедельник», 1910, №8, 20 февраля, стлб. 23 — 36)—— 212、216。

——《英雄主义和献身精神》(Героизм и подвижничество. (Из размышлений о религиозной природе русской интеллигенции). — В кн.: Вехи. Сборник статей о русской интеллигенции. М., [тип. Саблина, март] 1909, стр. 23 — 69)—— 167 — 168、169、170、171、172、175、429。

[策杰尔包姆,谢·奥·]《"立宪"制度和工人运动》[Цедербаум, С. О.] «Конституционный» режим и рабочее движение. — «Возрождение», М., 1910, №5, 30 марта, стлб. 1 — 8. Подпись: В. Ежов)—— 287。

车尔尼雪夫斯基,尼·加·《序幕》(Чернышевский, Н. Г. Пролог)—— 215。

大卫,爱·《社会主义和农业》(Давид, Э. Социализм и сельское хозяйство. Спб., типолит. «Энергия», 1906. 75 стр. (Задачи социалистической культуры. Изд. Б. Ревзина и И. Постмана в Берлине. V))—— 321。

[德涅夫尼茨基,普·恩·]《谈点儿工作》([Дневницкий, П. Н.] Кое-что о работе. — «Голос Социал-Демократа», [Париж], 1909, №16 — 17, август — сентябрь. Приложение к 16-му №«Голоса Соц.-Дем.», стр. 4 — 5. Подпись: П.)—— 149。

多莫夫——见波克罗夫斯基,米·尼·。

恩格斯,弗·《德国的革命和反革命》(Энгельс, Ф. Революция и контрреволюция в Германии. Август 1851 — сентябрь 1852 г.)—— 362。

——《弗·恩格斯关于法国工人政党的几封信》(Engels, F. Briefe von F. Engels über die französische Arbeiterpartei. Vorbemerkung. — «Die Neue Zeit», Stuttgart, 1900 — 1901, Jg. XIX, Bd. I, Nr. 14, S. 420 — 427)—— 123。

——《给奥·倍倍尔的信[关于哥达纲领]》(1875 年 3 月 18 — 28 日)(Письмо

А. Бебелю［по поводу Готской программы］.18 — 28 марта 1875 г.)——249。

——《给弗·阿·左尔格的信》(1886 年 11 月 29 日)(Письмо Ф. А. Зорге. 29 ноября 1886 г.)——299。

——《给弗·阿·左尔格的信》(1889 年 5 月 11 日)(Письмо Ф. А. Зорге. 11 мая 1889 г.)——299。

——[《给卡·考茨基的信》(1895 年 4 月 1 日)]([Brief an K. Kautsky. 1. April 1895].—«Die Neue Zeit», Stuttgart, 1908, Jg. 27, Bd. 1, Nr. 1, S. 7)——123。

——《[卡·马克思〈1848 年至 1850 年的法兰西阶级斗争〉一书]导言》(1895 年 3 月 6 日)(Введение［к работе К. Маркса «Классовая борьба во Франции с 1848 по 1850 г.»].6 марта 1895 г.)——123。

——《伦敦的 5 月 4 日》(1890 年 5 月 5 日和 21 日之间)(4 мая в Лондоне. Между 5 — 21 мая 1890 г.)——299。

——《[〈社会主义从空想到科学的发展〉小册子]英文版导言》(1892 年 4 月 20 日)(Введение к английскому изданию［брошюры：«Развитие социализма от утопии к науке»].20 апреля 1892 г.)——214。

"纺织工伊万"——见瑟索耶夫,伊·В.。

弗兰克,谢·路·《虚无主义伦理学》(Франк, С. Л. Этика нигилизма.(К характеристике нравственного мировоззрения русской интеллигенции).—В кн.：Вехи. Сборник статей о русской интеллигенции. М.,［тип. Саблина, март] 1909, стр. 146 — 181)——167 — 168、170、172。

盖得,茹·《问题及其解决。众议院里的八小时工作制》(Guesde, J. Le Problème et la Solution. Les huit heures à la Chambre. Lille, Delory, s. d. 31 p.(Bibliothèque du Parti Ouvrier))——160、161、162。

哥尔恩,弗·、梅奇,弗·和切列万宁,涅·《俄国革命中各种社会力量的斗争》(Горн, В., Меч, В. и Череванин, Н. Борьба общественных сил в русской революции. Вып. II. Череванин. Пролетариат в революции. М., типолит. Русского т-ва печ. и изд. дела, 1907. 120 стр.)——150、393。

[哥列夫,波·伊·]《普列汉诺夫同志警惕的眼睛》([Горев, Б. И.]

Недреманое око т. Плеханова. — В кн.: Необходимое дополнение к «Дневникам» Г. В. Плеханова. Изд. ред. «Голоса Социал-Демократа». [Paris, кооп. тип. «Союз», апрель 1910], стлб. 26 — 28. (РСДРП). Подпись: И.) —— 281。

格—格——见列维茨基,弗·。

格尔申宗,米·奥·《创作自觉》(Гершензон, М.О. Творческое самосознание. — В кн.: Вехи. Сборник статей о русской интеллигенции. М., [тип. Саблина, март] 1909, стр. 70 — 96) —— 167 — 168、169、174、175。

——《[〈路标〉]序言》(Предисловие [к «Вехам»]. — В кн.: Вехи. Сборник статей о русской интеллигенции. М., [тип. Саблина, март] 1909, стр. I—II) —— 169。

格里鲍耶陀夫,亚·谢·《智慧的痛苦》(Грибоедов, А. С. Горе от ума) —— 121。

工人阿尔·——见加里宁,费·伊·。

果戈理,尼·瓦·《钦差大臣》(Гоголь, Н. В. Ревизор) —— 63、64。

基斯嘉科夫斯基,波·亚·《捍卫权利》(Кистяковский, Б. А. В защиту права. (Интеллигенция и правосознание). — В кн.: Вехи. Сборник статей о русской интеллигенции. М., [тип. Саблина, март] 1909, стр. 97 — 126) —— 167 — 168。

[吉布拉泽,西·西·]《怎样开展党的新工作?》(高加索来信)([Джибладзе, С. С.] Как вести новую партийную работу? (Письмо с Кавказа). — «Голос Социал-Демократа», [Париж], 1909, №15, июнь, стр. 9 — 10. Подпись: С.) —— 49、59 — 60、104。

[加里宁,费·伊·]《莫斯科来信》([Калинин, Ф. И.] Из Москвы. — В кн.: Вперед. Сборник статей по очередным вопросам. Изд. гр. «Вперед». [Paris, кооп. тип. «Союз»], июль 1910, стлб. 48 — 53. (РСДРП). Подпись: Рабочий Ар.) —— 311 — 312、313 — 315。

考茨基,卡·《现在怎么办?》(Kautsky, K. Was nun? — «Die Neue Zeit», Stuttgart, 1910, Jg. 28, Bd. 2, Nr. 28, S. 33 — 40; Nr. 29, S. 68 — 80) —— 361。

——《在巴登和卢森堡之间》(Zwischen Baden und Luxemburg.—«Die Neue Zeit»,Stuttgart,1910,Jg.28,Bd.2,Nr.45,S.652—667)——361。

[考茨基,卡·]《考茨基[给卡普里学校组织者]的信》(1909 年 8 月 20 日) ([Каутский, К.] Письмо Каутского [к организаторам Каприйской школы].20 августа 1909 г.—В листовке：К вопросу о партийной школе. (Четыре документа).Изд.парт.школы.Б. м., 1909, стр.1—2.(РСДРП)) ——119。

柯·斯大·——见斯大林,约·维·。

[科伊根,费·马·]《党的统一有可能吗?》([Койген, Ф. М.] Возможно ли партийное единство? —«Дискуссионный Листок»,[Париж],1910,№1, 6(19)марта,стр.3—6.Подпись：Ионов)——260。

——《反党派别》(Фракции против партии.—«Отклики Бунда»,[Женева]. 1910,№4,апрель,стр.19—23.Подпись：И—ов)——254—255、256— 257、258、259—260、262—263、264、278、280—281、282、283、284、 292—294。

——《怎样摆脱党内危机》(Как изжить партийный кризис.—«Отклики Бунда»,[Женева], 1909, №2, июль, стр. 19—24. Подпись：И—ов) ——49。

克·——见斯切克洛夫,尤·米·。

克雷洛夫,伊·安·《青蛙和犍牛》(Крылов, И.А.Лягушка и Вол)——52。

库兹明-卡拉瓦耶夫,弗·《是党的候选人,还是个人的候选人?》(给编辑部的 信)(Кузьмин-Караваев, В.Партийная кандидатура или индивидуальная? (Письмо в редакцию).—«Биржевые Ведомости».Вечерний выпуск,Спб., 1909,№11292,2(15)сентября,стр.3)——109。

李卜克内西,威·[《给弗·恩格斯的信》](1875 年 4 月 21 日)(Liebknecht, W.[Brief an F.Engels].21.April 1875.—In：Mayer, G.Johann Baptist von Schweitzer und die Sozialdemokratie.Ein Beitrag zur Geschichte der deut- schen Arbeiterbewegung.Jena,Fischer,1909,S.424)——249。

利亚多夫,马·尼·《给编辑部的信》(Лядов, М. Н. Письмо в редакцию.— «Пролетарий»,[Париж],1909,№46,11(24)июля,стр.8)——56。

［列宁，弗·伊·］《布尔什维克在党内的任务》（［Ленин, В. И.］ Задачи
　　большевиков в партии. ［Резолюция Совещания расширенной редакции
　　«Пролетария»］.—«Пролетарий», ［Париж］, 1909, №46. Приложение к
　　№46 газеты «Пролетарий», 16（3）июля, стр. 6 — 7）—— 3、6、7、41、
　　238、291。

——《策略上的动摇》（Тактические колебания.—«Пролетарий», ［Выборг］,
　　1906, №2, 29 августа, стр. 2 — 3. На газ. место изд. : М.）——298。

——《党的统一的障碍之一》（Одно из препятствий партийному единству.—
　　«Социал-Демократ», ［Париж］, 1910, №13, 26 апреля（9 мая）, стр. 9 —
　　10）——293。

——《党在国外的统一》（Партийное объединение за границей.—«Социал-
　　Демократ», ［Париж］, 1910, №13, 26 апреля（9 мая）, стр. 9）——294。

——《［俄国社会民主工党圣彼得堡组织代表会议关于第三届国家杜马的］决
　　议》［1907 年 10 月 27 日（11 月 9 日）］（Резолюция ［о III Государственной
　　думе конференции с.-петербургской организации РСДРП. 27 октября（9
　　ноября）1907 г.］.—«Пролетарий», ［Выборг］, 1907, №19, 5 ноября, стр. 7.
　　На газ. место изд. : М. Загл. : Резолюция конференции Спб. организации
　　РСДРП）——54。

——《反党的取消派的〈呼声报〉（答《社会民主党人呼声报》）》（«Голос»
　　ликвидаторов против партии. (Ответ « Голосу Соц.-Демократа »).—
　　«Социал-Демократ», ［Париж］, 1910, №12, 23 марта（5 апреля）, стр. 5 —
　　6）——235、236。

——《给组织问题委员会的指示》（Директивы для ком［иссии］ по организа-
　　ционному вопросу.—В кн.: Извещение Центрального Комитета
　　Российской с.-д. рабочей партии о состоявшейся очередной общепартийной
　　конференции. ［Изд. ЦК РСДРП. Paris, 1909］, стр. 6. (РСДРП). Под общ.
　　загл. : Организационный вопрос)—— 194 — 195、196 — 197。

——［《关于党内状况的决议草案（在 1910 年 1 月俄国社会民主工党中央委
　　员会全体会议上提出）》］（［Проект резолюции о положении дел в
　　партии, внесенный на пленуме ЦК РСДРП в январе 1910 г.］)——

256—257、258、268、274。

—《关于[第三届]国家杜马中社会民主党党团的策略的决议》(Резолюция о тактике с.-д. фракции в [III] Г [осударственной] думе.—«Пролетарий», [Выборг], 1907, №20, 19 ноября, стр. 4, в отд.: Из партии. Под общ. загл.: Резолюции 3-й общероссийской конференции. На газ. место изд.: М.)——53—54。

—《关于离开党单独召开布尔什维克代表大会或布尔什维克代表会议的鼓动》[《无产者报》扩大编辑部会议决议](Об агитации за отдельный от партии большевистский съезд или б [ольшевистс] кую конференцию. [Резолюция Совещании расширенной редакции «Пролетария».—«Пролетарий», [Париж], 1909, №46. Приложение к №46 газеты «Пролетарий», 16 (3) июля, стр. 7)——41。

—《关于两封来信》(По поводу двух писем.—«Пролетарий», Женева, 1908, №39, 26 (13) ноября, стр. 3—6)——42、45。

—《关于〈论迫切问题〉一文》——见列宁，弗·伊·《〈无产者报〉编辑部的话》。

—《关于马克西莫夫同志分裂出去的问题》[《无产者报》扩大编辑部会议决议](Об отколе т. Максимова. [Резолюция Совещания расширенной редакции «Пролетария».—«Пролетарий», [Париж], 1909, №46. Приложение к №46 газеты «Пролетарий», 16 (3) июля, стр. 7)——5—6、41、73、99、111、118。

—《关于〈无产者报〉扩大编辑部会议公报》(Извещение о Совещании расширенной редакции «Пролетария».—«Пролетарий», [Париж], 1909, №46. Приложение к №46 газеты «Пролетарий», 16 (3) июля, стр. 1—3)——41、47、73、112—113。

—《关于在国外某地创办的党校》[《无产者报》扩大编辑部会议决议](О партийной школе, устраиваемой за границей в N. N. [Резолюция Совещания расширенной редакции «Пролетария».—«Пролетарий», [Париж], 1909, №46. Приложение к №46 газеты «Пролетарий», 16 (3) июля, стр. 7)——6、41、130、312—313。

—《关于召回主义和最后通牒主义》[《无产者报》扩大编辑部会议决议] (Об отзовизме и ультиматизме. [Резолюция Совещания расширенной редакции « Пролетария »]. —« Пролетарий », [Париж], 1909, №46. Приложение к №46 газеты «Пролетарий», 16(3) июля, стр.3—4)——2、3、5、41、47、73、99、111、238。

—《论抵制》(О бойкоте. —«Пролетарий», [Выборг], 1906, №1, 21 августа, стр.2—3. На газ. место изд.: М.)——101、358。

—《论俄国罢工统计》(О статистике стачек в России. —«Мысль», М., 1909, №1, декабрь, стр.12—23; 1911, №2, январь, стр.19—29)——359。

—《论拥护召回主义和造神说的派别》(О фракции сторонников отзовизма и богостроительства. —« Пролетарий », [Париж], 1909, №47 — 48. Приложение к №47—48 газеты «Пролетарий», 11(24) сентября, стр.1—10)——111—112。

—《面目全非的布尔什维主义》(Карикатура на большевизм. —«Пролетарий», [Париж], 1909, №44. Приложение к №44 газ. «Пролетарий», 4 (17) апреля, стр.1—2)——42、56。

—《取消取消主义》(Ликвидация ликвидаторства. —« Пролетарий », [Париж], 1909, №46, 11(24) июля, стр.1—2)——73、111、150。

—《社会革命党的孟什维克》(Эсеровские меньшевики. —«Пролетарий», [Выборг], 1906, №4, 19 сентября, стр.3 — 6. На газ. место изд.: М.) ——288。

—《社会民主党在民主革命中的两种策略》(Две тактики социал-демократии в демократической революции. Изд. ЦК РСДРП. Женева, тип. партии, 1905. VIII, 108 стр. (РСДРП). Перед загл. авт.: Н. Ленин) ——138。

—《十二年来》文集(第 1 卷)(За 12 лет. Собрание статей. Т.1. Два направления в русском марксизме и русской социал-демократии. Спб., тип. Безобразова, [1907]. XII, 471 стр. Перед загл. авт.: Вл. Ильин. На тит. л. и обл. год изд.: 1908)——298。

—《[〈十二年来〉文集]序言》(Предисловие [к сборнику «За 12 лет»]. —В

кн.：〔Ленин，В. И.〕За 12 лет. Собрание статей. Т. 1. Два направления в русском марксизме и русской социал-демократии. Спб. , тип. Безобразова，〔1907〕，стр. III—XII. Перед загл. авт.：Вл. Ильин. На тит. л. и обл. год изд.：1908)——298。

—《土地问题》（Аграрный вопрос. Ч. I. Спб. ，〔«Зерно»，январь〕1908. 263 стр. Перед загл. авт.：Вл. Ильин)——328。

—《土地问题和"马克思的批评家"》（Аграрный вопрос и «критики Маркса». —В кн.：〔Ленин，В. И.〕Аграрный вопрос. Ч. I. Спб. ，〔«Зерно»，январь〕1908，стр. 164—263. Перед загл. авт.：Вл. Ильин)——328。

—《〈无产者报〉编辑部的话》〔《关于〈论迫切问题〉一文》〕（От редакции «Пролетария». 〔По поводу статьи « К очередным вопросам ». —«Пролетарий»，Париж，1909，№42，12(25)февраля，стр. 3—4)——42。

—《召回主义-最后通牒主义的工贼》（Отзовистски-ультиматистские штрейк- кбрехеры)——116。

—〔《致卡普里学校组织者》〕(1909 年 8 月 5 日（18 日))（〔Письмо организаторам каприйской школы〕. 5(18) августа 1909 г. —В листовке：К вопросу о партийной школе. (Четыре документа). Изд. парт. школы. Б. м. ，1909，стр. 2. (РСДРП). Под загл.：Письмо Н. Ленина)——119。

—《走上大路》（На дорогу. —«Социал-Демократ»，Париж，1909，№2，28 января(10 февраля)，стр. 1—2)——194—195。

列维茨基,弗·《答维堡区工人同志们》》（给编辑部的信）（Левицкий，В. Ответ товарищам выборщикам. (Письмо в редакцию). —« Голос Социал- Демократа»，〔Париж〕，1909，№16—17，август—сентябрь. Приложение к 16-му №«Голоса Соц.-Дем.»，стр. 7. Подпись： Г—г)——146。

—《取消还是复兴?》（Ликвидация или возрождение? —«Наша Заря»，Спб. ，1910，№7，стр. 91—103，в отд.：На темы дня)——357—358。

〔卢那察尔斯基,阿·瓦·〕《对无产阶级事业的背叛》（〔Луначарский，А. В.〕Измена пролетарскому делу. (Энрико Ферри). —В кн.：Вперед. Сборник статей по очередным вопросам. Изд. гр. « Вперед ». 〔Paris，кооп. тип. «Союз»〕，июль 1910，стб. 32—37. (РСДРП). Подпись： Воинов)

——313。

—《俄国社会民主党的策略思潮》([Lunacharsky, A.] Les courants tactiques dans le parti socialdémocrate Russe.—«Le Peuple», Bruxelles, 1910, le 23 août. Signature: Woinoff)——349、350—351。

—《谈谈我的"造神说"》(Несколько слов о моем «богостроительстве».—В листовке: Ко всем товарищам! [Paris, кооп. тип. «Союз», 1909], стр. 7—8. (РСДРП))——145—146。

卢森堡，罗·《理论和实践》(Luxemburg, R. Die Theorie und die Praxis.—«Die Neue Zeit», Stuttgart, 1910, Jg. 28, Bd. 2, Nr. 43, S. 564—578; Nr. 44, S. 626—642)——361。

—《是表示疲劳还是起来战斗?》(Ermattung oder Kampf? —«Die Neue Zeit», Stuttgart, 1910, Jg. 28, Bd. 2, Nr. 35, S. 257—266)——361。

[罗兰-霍尔斯特，罕·《给社会党国际局成员的信》](Roland-Holst, H. Brief an die Mitglieder des Internationalen sozialistischen Büros].—«Leipziger Volkszeitung», 1909, Nr. 264, 13. November. 4. Beilage zu Nr. 264 der «Leipziger Volkszeitung», S. 1)——125。

—《[为安·切列万宁〈无产阶级和俄国革命〉写的]序言》(Vorrede [von A. Tscherewanin «Das Proletariat und die russische Revolution»].—In: Tscherewanin, A. Das Proletariat und die russische Revolution. Mit einer Vorrede von H. Roland-Holst und einem Anhang vom Übersetzer S. Lewitin. Stuttgart, Dietz, 1908, S. IX—XVI)——145、150。

罗扎诺夫，瓦·《梅列日科夫斯基反对〈路标〉》(Розанов, В. Мережковский против «Вех». (Последнее религиозно-философское собрание).—«Новое Время», Спб., 1909, № 11897, 27 апреля (10 мая), стр. 3)——173。

—《在阿捷夫和〈路标〉之间》(Между Азефом и «Вехами».—«Новое Время», Спб., 1909, № 12011, 20 августа (2 сентября), стр. 3—4)——173。

马尔丁诺夫，亚·《党内状况》(中央全会的总结)(Мартынов, А. Положение дел в партии. (Итоги пленума ЦК).—«Голос Социал-Демократа», [Париж], 1910, № 19—20, январь—февраль, стр. 17—19)——260—

261、270—271、272—276、277、287、295、296。

——《反革命杜马中的土地问题》（Аграрный вопрос в контрреволюционной Думе.—«Голос Социал-Демократа», ［Женева］, 1908, №10 — 11, ноябрь—декабрь, стр. 5 — 14)——138—140。

——《寻找原则性》（В поисках за принципиальностью.（См. Г. В. Плеханов. «Комедия ошибок». «Дневник Соц.-Дем.». Февраль, №10).—В кн.: Необходимое дополнение к «Дневникам» Г. В. Плеханова. Изд. ред. «Голоса Социал-Демократа». ［Paris, кооп. тип. «Союз», апрель 1910］, стлб. 1 — 8.(РСДРП))——250。

马尔托夫, 尔 •《大委屈的小原因》（Мартов, Л. Маленькие причины великой обиды.—В кн.: Необходимое дополнение к «Дневникам» Г. В. Плеханова. Изд. ред. «Голоса Социал-Демократа». ［Paris, кооп. тип. «Союз», апрель 1910］, стлб. 8 — 16.(РСДРП))—— 250、266、267、296、297、298。

——《德国工人党内的冲突》（Конфликты в германской рабочей партии.— «Наша Заря», Спб., 1910, №7, стр. 76 — 90, в отд.: Иностранное обозрение)——361、393、396。

——《对"修改"的补充》（Дополнение к «поправке».—«Голос Социал-Демократа», ［Париж］, 1909, №16 — 17, август—сентябрь, стр. 15 — 16)——144—145、152。

——《格 • 瓦 • 普列汉诺夫反对"组织上的机会主义"》（Г. В. Плеханов против «организационного оппортунизма».—«Голос Социал-Демократа», ［Париж］, 1909, №16 — 17, август—сентябрь, стр. 9 — 11)——144。

——《论"取消主义"》（О «ликвидаторстве».—«Голос Социал-Демократа», ［Париж］, 1909, №16 — 17, август—сентябрь, стр. 1 — 4)—— 142、143、146、147。

——《普鲁士的争论和俄国的经验》（Martoff, L. Die preuß ische Diskussion und die russische Erfahrung.—«Die Neue Zeit», Stuttgart, 1910, Jg. 28, Bd. 2, Nr. 51, S. 907 — 919)——352、353 — 354、355、357、358、360 — 361、362、363、364、365、393。

—《向何处去?》(Куда идти? —«Голос Социал-Демократа», [Париж], 1909, №13, апрель, стр. 2—5)——137—139。

—《在正确的道路上》(На верном пути.—«Голос Социал-Демократа», [Париж], 1910, №19—20, январь—февраль, стр. 19—20)——203、204、205—206、253—254、292—293。

—《政治发展的总结》(Итоги политического развития.—В кн.: Общественное движение в России в начале XX-го века. Под ред. Л. Мартова, П. Маслова и А. Потресова. Т. I. Предвестники и основные причины движения. Спб., тип. «Общественная Польза», 1909, стр 663 — 667. Подпись: Л. М.)——138。

马克思, 卡·《废除封建义务的法案》——见马克思, 卡· 科隆, 7月29日。

—《哥达纲领批判。对德国工人党纲领的几点意见》(Маркс, К. Критика Готской программы. Замечания к программе германской рабочей партии. 5 мая 1875 г.)——249。

—《给路·库格曼的信》(1871 年 4 月 17 日)(Письмо Л. Кугельману. 17 апреля 1871 г.)——362。

—《给威·白拉克的信》(1875 年 5 月 5 日)(Письмо В. Бракке. 5 мая 1875 г.)——249。

—《危机和反革命。二(1848 年 9 月 12 日)》——见马克思, 卡·《柏林的反革命》。

—《资本论》(第 1 卷)(Капитал. Критика политической экономии, т. I. 1867 г.)——326。

[马克思, 卡·]《柏林的反革命》([Marx, K.] Berliner Gegenrevolution.—In: Aus dem literarischen Nachlaß von K. Marx, F. Engels und F. Lassalle. Hrsg. von F. Mehring. Bd. III. Gesammelte Schriften von K. Marx und F. Engels. Von Mai 1848 bis Oktober 1850. Stuttgart, Dietz, 1092, S. 192—196)——356。

—科隆, 7月 29 日。(Köln, 29. Juli.—«Neue Rheinische Zeitung», Köln, 1848. Nr. 60, 30. Juli, S. 1—2)——354。

马克西莫夫, 恩·——见波格丹诺夫, 亚·。

马斯洛夫，彼·巴·《俄国土地问题》（第 2 卷）（Маслов，П. П. Аграрный вопрос в России. Т. II. Кризис крестьянского хозяйства и крестьянское движение. Спб. , тип. «Общественная Польза» , 1908. VIII, 457, 135 стр. ; 4 л. карт）——134—135、136、137—138。

——《[〈俄国土地问题〉一书第 2 卷]序言》（Предисловие [ко 2-му тому книги «Аграрный вопрос в России»].—В кн. : Маслов，П. П. Аграрный вопрос в России. Т. II. Кризис крестьянского хозяйства и крестьянское движение. Спб. , тип. « Общественная Польза» , 1908，стр. VII—VIII）——134。

——《19 世纪国民经济的发展及其对阶级斗争的影响》（Развитие народного хозяйства и влияние его на борьбу классов в XIX веке.—В кн. : Общественное движение в России в начале XX-го века. Под ред. Л. Мартова，П. Маслова и А. Потресова. Т. I. Предвестники и основные причины движения. Спб. , тип. «Общественная Польза» , 1909，стр. 643—662，в отд. : Итоги）——136、305、354、356。

——《1905—1907 年的农民运动》（Крестьянское движение 1905—7 г.—В кн. : Общественное движение в России в начале XX-го века. Под ред. Л. Мартова，П. Маслова и А. Потресова. Т. II，ч. 2. a）Массовое движение. b）Главнейшие моменты в истории русского марксизма. Спб. , тип. «Общественная Польза» , 1910，стр. 203—282）——356。

迈尔，古·《约翰·巴蒂斯特·冯·施韦泽和社会民主党》（Mayer，G. Johann Baptist von Schweitzer und die Sozialdemokratie. Ein Beitrag zur Geschichte der deutschen Arbeiterbewegung. Jena, Fischer, 1909. VII, 448, VI S.）——249。

[梅林，弗·]《[出版者为〈卡·马克思、弗·恩格斯和斐·拉萨尔的遗著〉一书加的]序言》（[Mehring, F.]Einleitung[des Herausgebers zum Buch: Aus dem literarischen Nachlaß von K. Marx, F. Engels und F. Lassalle].—In: Aus dem literarischen Nachlaß von K. Marx, F. Engels und F. Lassalle. Hrsg. von F. Mehring. Bd. III. Gesammelte Schriften von K. Marx und F. Engels. Von Mai 1848 bis Oktober 1850. Stuttgart, Dietz, 1092, S. 3—86）

——356。

米留可夫,帕·尼·《我国国内和杜马内的政党》(Милюков, П. Н. Наши политические партии в стране и в Думе.—«Речь», Спб., 1909, №324 (1204), 25 ноября (8 декабря). стр. 2; №325 (1205), 26 ноября (9 декабря), стр. 2; №330(1210), 1 (14) декабря, стр. 2; №351(1231), 22 декабря 1909(4 января 1910), стр. 2)——177—183。

米罗夫,弗·——见伊科夫,弗·康·。

莫尔肯布尔,赫·《是发给养老金还是给以施舍?》(Molkenbuhr, H. Rente oder Almosen? —«Die Neue Zeit», Stuttgart, 1909, Jg. 27, Bd. 2, Nr. 41, S. 500—505)——189。

帕尔乌斯《商业危机与工会。附:八小时标准工作制法案》(Parvus. Die Handelskrisis und die Gewerkschaften. Nebst Anhang: Gesetzentwurf über den achtstündigen Normalarbeitstag. München, 1901. 64 S.)——162。

佩尔佐夫,П.《高尔基——资产者》(Перцов, П. Горький—буржуй.—«Новое Время», Спб., 1909, №12107, 24 ноября (7 декабря), стр. 3—4. Под общ. загл.: Попутные заметки)——153。

普·——见德涅夫尼茨基,普·奥·。

普列汉诺夫,格·瓦·《必要的更正》(Плеханов, Г. В. Необходимая поправка.—«Дневник Социал-Демократа», [Женева], 1909, №9, август, стр. 19—20)——60、61—62、104、144、145。

—《不该这么办》(Чего не делать.—«Искра», [Женева], 1903, №52, 7 ноября, стр. 1—2)——297。

—《给编辑部的信》(Письмо в редакцию.—«Голос Социал-Демократа», [Париж], 1909, №14, май, стр. 14)——7。

—《共同的灾难》(«Общее горе».—«Дневник Социал-Демократа», [Женева], 1906, №6, август, стр. 1—12)——297—298。

—《机会主义、分裂还是为争取在党内的影响而斗争?》(Оппортунизм, раскол или борьба за влияние в партии? —«Дневник Социал-Демократа», [Женева], 1909, №9, август, стр. 2—16)——57、58—59、60、62、104、143、195—196。

—《论"彻底划清界限"的好处》(Нечто о выгодах «генерального межевания».—«Дневник Социал-Демократа», [Женева], 1909, №9, август, стр. 16—19)——60—61、62、63、64、97、147。

—《论我们对待自由派资产阶级反沙皇制度斗争的策略》(给中央委员会的信)(О нашей тактике по отношению к борьбе либеральной буржуазии с царизмом. (Письмо к Центр. Комитету). Изд. РСДРП. Женева, тип. партии, 1905. 31 стр. (РСДРП. Только для членов партии))——297。

—《论一元论历史观之发展》(К вопросу о развитии монистического взгляда на историю. Ответ гг. Михайловскому, Карееву и комп. Спб., 1895. 287 стр. Перед загл. авт. : Бельтов)——310。

—《谈几件小事, 特别是谈谈波特列索夫先生》(О пустяках, особенно о г. Потресове.—«Социал-Демократ», [Париж], 1910, №13, 26 апреля (9 мая), стр. 3—6)——296。

—《托洛茨基先生的派别和党内状况》(Фракция г. Троцкого и партийное положение.—«Социал-Демократ», [Париж], 1910, №15—16, 12 сентября (30 августа), стр. 8—9)——370。

—《维护"地下活动"》(В защиту «подполья».—«Социал-Демократ», [Париж], 1910, №12, 23 марта (5 апреля), стр. 1—2)——204。

—《我党中央委员会最近一次全体会议》(Последнее пленарное собрание нашего Центрального Комитета.—«Дневник Социал-Демократа», [Женева], 1910, №11, март, стр. 1—20)——204、205—206、207。

[切列万宁, 安·]《无产阶级和俄国革命》([Tscherewanin, A.] Das Proletariat und die russische Revolution. Mit einer Vorrede von H. Roland-Holst und einem Anhang vom Übersetzer S. Lewitin. Stuttgart, Dietz, 1908. XVI, 170 S.)——43、145、150。

切列万宁, 涅·《当前的形势和未来的展望(土地问题和斗争中的政党解决这个问题的办法。第三届杜马、它出现的原因和它的前途)》(Череванин, Н. Современное положение и возможное будущее. Аграрная проблема и ее решение борющимися партиями. 3-я Дума, причины ее появления и ее будущее. М., тип. «Русский Труд», 1908. VII, 248 стр.)——150—152。

—《革命中的无产阶级》(Пролетариат в революции.—В кн.: Горн, В.,
Меч, В. и Череванин, Н. Борьба общественных сил в русской революции.
Вып. II. М., типолит. Русского т-ва печ. и изд. дела, 1907, стр. 5—120)——
150、393。

—《谈谈我的取消主义》(Несколько слов о моем ликвидаторстве. (Письмо в
редакцию).—«Голос Социал-Демократа», [Париж], 1909, №16 — 17,
август—сентябрь, стр. 16)——145、150。

[饶尔丹尼亚, 诺·尼·]《关于〈高加索来信〉》([Жордания, Н. Н.] По поводу
«Письма с Кавказа».—«Дискуссионный Листок», [Париж], 1910, №2,
25 мая (7 июня), стр. 28 — 30. Подпись: Ан. На газ. дата: 24/7 июня)
——272。

萨尔蒂科夫-谢德林, 米·叶·《时代特征》(Салтыков-Щедрин, М. Е.
Признаки времени)——300—301。

—《玩偶小人》(Игрушечного дела людишки)——60、61、148。

萨任, 尔·《论党的复兴问题》(Сажин, Л. К вопросу о возрождении партии.
(Мысли практика). Париж, кооп. тип. «Союз», 1910. 32 стр. (РСДРП))
——309、310—311、312。

[瑟索耶夫, 伊·B.]《当代工人的情趣和需求》([Сысоев, И. В.] О
настроениях и запросах современного рабочего. (Из Петербурга).—В кн.:
Вперед. Сборник статей по очередным вопросам. Изд. гр. «Вперед». [Paris,
кооп. тип. «Союз»], июль 1910, стлб. 53 — 59. (РСДРП). Подпись: Ткач
И—н.)——310。

[尚采尔, 维·列·]马拉和[波格丹诺夫, 亚·]马克西莫夫[《在〈无产者报〉
扩大编辑部会议上表决"关于召回主义和最后通牒主义"的决议时提交
的书面声明》]([Шанцер, В. Л.] Марат и [Богданов, А.] Максимов.
[Письменное заявление, поданное при голосовании резолюции «Об
отзовизме и ультиматизме» на Совещании расширенной редакции
«Пролетария»])——2。

司徒卢威, 彼·伯·《知识分子和反革命》(Струве, П. Б. Интеллигенция и
революция.—В кн.: Вехи. Сборник статей о русской интеллигенции. М.,

〔тип.Саблина,март〕1909,стр.127—145)──167—168、169、171、173、174、417。

〔斯大林,约·维·〕《高加索来信》(〔Сталин, И. В.〕Письмо с Кавказа.—«Дискуссионный Листок»,〔Париж〕,1910,№2,25 мая(7 июня),стр.26—28.Подпись: К.Ст.На газ.дата：24/7 июня)──272。

〔斯切克洛夫,尤·米·〕《怎么办?》(俄国来信)(〔Стеклов, Ю. М.〕Что делать? (Письмо из России).—«Социал-Демократ»,〔Париж〕,1910,№13,26 апреля(9 мая),стр.7—8.Подпись：К.)──290。

斯坦尼斯拉夫──见沃尔斯基,斯·。

斯特列尔佐夫,罗·《俄国社会主义小组的当前政策》(Streltzow, R. Die gegenwärtige Politik der sozialistischen Gruppen in Ruß land.—«Sozialistische Monatshefte»,〔Berlin〕,1910, 16. bis 18. Hft., 11. August, S. 1061—1064)──349、350、351。

〔斯托雷平,彼·阿·〕《大臣会议主席彼·阿·斯托雷平的讲话〔在 1910 年 3 月 31 日国家杜马会议上〕》(〔Столыпин, П. А.〕Речь председателя Совета министров П. А. Столыпина 〔на заседании Государственной думы 31 марта 1910 г.〕.—«Речь»,Спб.,1910,№89(1327),1(14)апреля,стр.4—5,в отд.：Государственная дума)──223、228—229、230。

斯托雷平,亚·《知识分子论知识分子》(Столыпин, А. Интеллигенты об интеллигентах.—«Новое Время»,Спб., 1910, №11893, 23 апреля (6 мая),стр.4)──173。

唐恩,费·伊·《谈谈通俗机关刊物和党的出版物问题》(Дан,Ф.И.К вопросу о популярном органе и партийной литературе.—« Голос Социал-Демократа»,〔Париж〕,1909,№15,июнь,стр.10—12)──58。

　—《为合法性而斗争》(Борьба за легальность.—« Голос Социал-Демократа»,〔Париж〕,1910,№19 — 20, январь—февраль, стр. 1 — 3)──206—207、233、287、290、293、305。

唐恩,费·伊·和马尔托夫,尔·《给编辑部的信》(Дан,Ф.И. и Мартов,Л. Письмо в редакцию.—« Голос Социал-Демократа»,〔Париж〕,1910,№21,апрель,стр.16)──285。

［唐恩，唐·］《声明》（［Dahn，Th.］Erklärung.—«Vorwärts»，Berlin，1908 Nr.
151，1.Juli，S.3.Unter der Rubrik：Aus der Partei）——43、150。

特卡乔夫，彼·尼·《俄国的革命宣传任务》（Ткачев，П.Н.Задачи революци-
онной пропаганды в России. Письмо к редактору журнала «Вперед».Б.
м.，апрель 1874.IX，43 стр.）——138—139。

托洛茨基，列·《俄国社会民主党》（Trotzky，L. Die russische Sozialde-
mokratie.（Von unserem russischen Korrespondenten）.—«Vorwärts»，
Berlin，1910，Nr.201，28.August，S.4）——349—350、351、370。

—《俄国社会民主党发展的趋势》（Die Entwicklungstendenzen der rus-sis-
chen Sozialdemokratie.—«Die Neue Zeit»，Stuttgart，1910，Jg.28，Bd.2，
Nr.50，S.860—871）——352、353、356—357、358、364、365、367、368、
369—370。

—《外部困难和内部困难》（Kłopoty zewnętrzne i wewnętrzne.—«Przegląd
Sozjaldemokratyczny»，［Kraków］，1909，Nr.14—15，sierpień-wrzesień，s.
338—350）——133。

［托洛茨基，列·达·］《扫除一切障碍，走向统一！》（［Троцкий，Л.Д.］К
единству—через все препятствия！—«Правда»，［Вена］，1910，№12，3
（16）апреля，стр.2—3）——235、236、293、294。

—《我们的政治任务》（策略问题和组织问题）（Наши политические задачи.
（Тактические и организационные вопросы）.Изд.РСДРП.Женева，тип.
партии，1904.XI，107 стр.（РСДРП）.Перед загл.авт.：Н.Троцкий）
——101。

瓦尔扎尔，瓦·叶·《1895—1904 年十年间工厂工人罢工统计资料》
（Варзар，В.Е.Статистические сведения о стачках рабочих на фабриках и
заводах за десятилетие 1895—1904 года.Спб.，тип.Киршбаума，1905.79
стр.（М.Т.и П.Отдел пром-ти））——371—395。

—《1905 年工厂工人罢工统计》（Статистика стачек рабочих на фабриках и
заводах за 1905 год.Спб.，тип.Киршбаума，1908.65，111 стр.с табл.（М.Т.
и П.Отдел пром-ти））——303—304、359—360、362—364、371—397。

—《1906—1908 年三年间工厂工人罢工统计》（Статистика стачек рабочих

на фабриках и заводах за трехлетие 1906 — 1908 гг. Спб., тип. Киршбаума,1910.72,220 стр.с табл.(М. Т. и П.Отдел пром-ти))——359—360、362—364、371—398。

瓦连廷诺夫,尼·《关于最近一次德国统计》(Валентинов, Н. По поводу последней германской переписи.—«Киевская Мысль», 1909, №308, 7 (20)сентября)——317—318。

沃布雷,康·《德国农业演进的趋势》(Воблый, К. Тенденции в аграрной эволюции Германии.—«Экономист России», Спб., 1910, №36, 11 (24) сентября,стр.1—3)——318。

沃多沃佐夫,瓦·瓦·[《给〈言语报〉编辑部的信》](Водовозов, В. В.[Письмо в редакцию газеты «Речь»].—«Речь», Спб., 1909, №213(1097), 6(19) августа,стр.4.Под общ.загл.: Письма в редакцию)——70。

[沃尔斯基,斯·]"叶尔"[《关于不信任〈无产者报〉的决议草案(向俄国社会民主工党莫斯科委员会提出)》]([Вольский, С.] «Ер». [Проект резолюции о недоверии «Пролетарию», внесенный в Московский комитет РСДРП])——11、98—99。

沃伊诺夫——见卢那察尔斯基,阿·瓦·。

西·——见吉布拉泽,西·。

席佩耳,麦·《社会民主党帝国国会问题手册》(Schippel, M. Sozialdemokratisches Reichstags-Handbuch.Ein Führer durch die Zeit-und Streitfragen der Reichsgesetzgebung. Berlin, Expedition der Buchh. « Vorwärts », [1902].X,1174 S.)——160、161—162。

辛格尔,保·[《在社会党国际局会议上提出的决议》](Singer, P.[Die Resolution, vorgeschlagen auf der Sitzung des Internationalen sozialistischen Büros].—« Leipziger Volkszeitung », 1909, Nr. 264, 13. November. 4. Beilage zu Nr.264 der «Leipziger Volkszeitung», S.2)——188。

"叶尔"——见沃尔斯基,斯·。

叶若夫,弗·——见策杰尔包姆,谢·奥·。

伊·——见哥列夫,波·伊·。

[伊科夫,弗·康·]《杂志评论(〈我们的曙光〉杂志第 2 期,3 月份的〈现代世

界〉杂志和〈俄国财富〉杂志)》(［Иков, В. К.］Журнальное обозрение. («Наша Заря» №2; «Соврем. Мир» и «Русск. Богатство»—март).— «Возрождение», М., 1910, №5, 30 марта, стлб. 47 — 52) —— 285、293、296。

伊兹哥耶夫, 亚·索·《精英》(Изгоев, А. С. «Соль земли».—«Московский Еженедельник», 1909, №46, 21 ноября, стлб. 5 — 10) —— 181。

—《论知识青年》(Об интеллигентской молодежи. (Заметки об ее быте и настроениях).—В кн.: Вехи. Сборник статей о русской интеллигенции. М., ［тип. Саблина, март］ 1909, стр. 182 — 209) —— 167 — 168、172、174。

［尤金］《谈谈我们的工作问题》(［Юдин］. К вопросу о нашей работе. (Из №2 «Stimme vun Bund»).—«Отклики Бунда», ［Женева］, 1909, №3, ноябрь, стр. 11 — 16. Подпись: Ю. Дин) —— 143。

约尔丹斯基, 尼·伊·《走投无路》(Иорданский, Н. И. Без выхода.—«Новый День», ［Спб.］, 1909, №6, 24 августа (6 сентября), стр. 1) —— 123。

约诺夫——见科伊根, 费·马·。

*　　　*　　　*

《阿姆斯特丹国际社会党代表大会》(1904 年 8 月 14—20 日) (Internationaler Sozialistenkongreß zu Amsterdam. 14. bis 20. August 1904. Berlin, Expedition der Buchh. «Vorwärts», 1904. 78 S.) —— 271。

《安·巴·契诃夫论高尔基》(Отзыв А. П. Чехова о Горьком. (Интервью с режиссером Художественного театра Л. А. Сулержицким).—«Утро России», М., 1909, №38 — 5, 20 ноября, стр. 3. Под общ. загл.: К отлучению Максима Горького. Подпись: Old Boy) —— 153。

《崩得评论》［日内瓦］(«Отклики Бунда», ［Женева］) —— 278。

—1909, №2, июль, стр. 19 — 24. —— 49。

—1909, №3, ноябрь, стр. 11 — 16. —— 143。

—1910, №4, апрель, стр. 19 — 23. —— 254、256 — 257、258、259 — 260、262 — 263、264、278、280 — 281、282、283、284、292 — 294。

《彼得堡布尔什维克代表［在〈无产者报〉扩大编辑部会议上的］声明》

（Заявление, внесенное представителем б〔ольшеви〕ков из Петербурга 〔на Совещании расширенной редакции «Пролетария»〕.—«Пролетарий», 〔Париж〕,1909,№46. Приложение к №46 газеты «Пролетарий»,16(3) июля,стр.7)——6。

〔《彼得堡来信》〕（〔Письмо из Петербурга〕.—«Пролетарий»,〔Париж〕,1909, №50,28 ноября(11 декабря),стр.7,в отд.: Из рабочего движения. Под общ. загл.: Письма из Петербурга. Подпись: Тр.)——133、155—157。

《彼得堡选举》（Петербургские выборы.—«Пролетарий»,〔Париж〕,1909, №49,3(16)октября,стр.1—2)——123。

《编辑部的话》（От редакции.—В кн.: Вперед. Сборник статей по очередным вопросам. Изд. гр. «Вперед». 〔Paris, кооп. тип. «Союз»〕, июль 1910, стлб. 1. (РСДРП))——315。

《编辑部的话》〔关于切列万宁的一封信〕（От редакции. 〔По поводу письма Череванина.—«Голос Социал-Демократа»,〔Париж〕,1909,№16—17, август—сентябрь,стр.16)——150、151、152。

《编辑部的话》〔为瓦·瓦·沃多沃佐夫给《言语报》编辑部的信加的按语〕 （От редакции. 〔Примечание к письму В.В.Водовозова в редакцию газеты «Речь»〕.—«Речь»,Спб.,1909,№213(1097),6(19)августа,стр.4. Под общ. загл.: Письма в редакцию)——70。

〔《编辑部文章》〕（〔Редакционная статья〕.—«Речь»,Спб.,1910,№89(1327), 1(14)апреля,стр.1)——228。

《别墅生活》（Дачная жизнь.—«Речь»,Спб.,1909,№213(1097),6(19) августа,стр.4. Подпись: М.Ф.)——70。

《波兰王国和立陶宛社会民主党第六次代表大会报告》（Sprawozdanie z VI Zjazdu Socjaldemokracji Królestwa Polskiego i Litwy. Kraków, 1910. 2, XXII, 180 s.)——85、103—104。

《柏林每日小报和商业日报》（«Berliner Tageblatt und Handelszeitung»)——153。

《不来梅市民报》（«Bremer Bürgerzeitung»)——189。
　　—1909,11. November.——189。

[《布尔什维克的声明(1910 年 1 月俄国社会民主工党中央全会通过)》]
（[Декларация большевиков,принятая на пленуме ЦК РСДРП в январе
1910 г.].—«Социал-Демократ»,[Париж],1910,№11,26 (13) февраля,
стр.11,в резолюции: О фракционных центрах,в отд.: Из партии)——
263—264。

《党的策略》[德国社会民主党德累斯顿代表大会的决议]（Die Taktik der
Partei.[Die Resolution des Parteitages der Sozialdemokratischen Partei
Deutschlands,abgehalten zu Dresden].—In: Protokoll über die Verhand-
lungen des Parteitages der Sozialdemokratischen Partei Deutschlands.
Abgehalten zu Dresden vom 13. bis 20. September 1903.Berlin,Expedition
der Buchh. «Vorwärts»,1903,S.418—419)——271。

《党内状况》[1910 年 1 月俄国社会民主工党中央全会通过的决议]
（Положение дел в партии. [Резолюция,принятая на пленуме ЦК
РСДРП в январе 1910 г.].—«Социал-Демократ»,[Париж],1910,№11,
26(13) февраля, стр. 10,в отд.: Из партии)—— 196、197 — 201、235、
251—252、256—257、258、259、260、261、262、263、265、268—270、271、
272、273—274、275、276、277、294、367。

《党校委员会的决议》(1909 年 8 月 26 日)（Резолюция Совета парт.школы.26
августа 1909 г.—В листовке: К вопросу о партийной школе. (Четыре
документа).Изд.парт.школы.Б.м.,1909,стр.2.(РСДРП))——119。

《德国社会民主党爱尔福特代表大会会议记录》(1891 年 10 月 14 — 20 日)
（Protokoll über die Verhandlungen des Parteitages der Sozialdemokratis-
chen Partei Deutschlands. Abgehalten zu Erfurt vom 14. bis 20. Oktober
1891.Berlin,die Exped.des «Vorwärts»…,1891.368 S.)——345。

《德国社会民主党德累斯顿代表大会会议记录》(1903 年 9 月 13 — 20 日)
（Protokoll über die Verhandlungen des Parteitages der Sozialdemokratis-
chen Partei Deutschlands. Abgehalten zu Dresden vom 13. bis 20.
September 1903.Berlin,Expedition der Buchh.«Vorwärts»,1903.448 S.)
——271。

《德国社会民主党纲领(1891 年爱尔福特代表大会通过)》（Programm der Sozialdemokratischen Partei Deutschlands, beschlossen auf dem Parteitag zu Erfurt 1891.—In: Protokoll über die Verhandlungen des Parteitages der Sozialdemokratischen Partei Deutschlands. Abgehalten zu Erfurt vom 14. bis 20. Oktober 1891. Berlin. die Exped. des «Vorwärts» ···, 1891, S. 3—6)——345。

《德国社会民主党汉诺威代表大会会议记录》(1899 年 10 月 9—14 日)(Protokoll über die Verhandlungen des Parteitages der Sozialdemokratischen Partei Deutschlands. Abgehalten zu Hannover vom 9. bis 14. Oktober 1899. Berlin, Expedition der Buchh. «Vorwärts», 1899. 304 S.)——345。

《德国社会民主党马格德堡代表大会会议记录》(1910 年 9 月 18—24 日)(Protokoll über die Verhandlungen des Parteitages der Sozialdemokratischen Partei Deutschlands. Abgehalten zu Magdeburg vom 18. bis 24. September 1910. Berlin, Buchh. «Vorwärts», 1910. 504 S.)——350、354。

《德意志帝国统计》(第 212 卷)(Statistik des Deutschen Reichs. Bd. 212. T. 1a, 1b u. 2a. Berufs-und Betriebszählung vom 12. Juni 1907. Landwirtschaftliche Betriebsstatistik. Berlin, 1909 — 1910)—— 317、318、321—322、323—327、328、329—332、334、335、338。

《德意志帝国统计》(皇家统计局编。第 112 卷)(Statistik des Deutschen Reichs. Hrsg. vom Kaiserlichen Statistischen Amt. Neue Folge. Bd. 112. Die Landwirtschaft im Deutschen Reich. Nach der landwirtschaftlichen Betriebszählung vom 14. Juni 1895. Berlin, 1895. VIII, 70, 500 S.)——317、318、335、338。

《帝国法令公报》(柏林)(«Reichsgesetzblatt», Berlin, 1878, Nr. 34, S. 351—358)——75。

《[第三届国家杜马]第 85 次会议[1910 年 3 月 31 日(4 月 13 日)]》(Заседание 85 -е [III Государственной думы. 31 марта (13 апреля) 1910 г.].—«Речь», Спб., 1910, №89(1327), 1(14) апреля, стр. 3—5. Под общ. загл.: Государственная дума)——225、229。

《调查报告》(Census reports. Vol. V. Twelfth Census of the United States, taken in the year 1900. Agriculture. P. I. Washington, 1902)—— 321、

322、328。

《斗争报》[布鲁塞尔]（«Zihņa», [Bruxelles], 1910, N 100, Julija. 24 S.)
——303。

《对格·瓦·普列汉诺夫〈日志〉的必要补充》（Необходимое дополнение к
«Дневникам» Г. В. Плеханова. Изд. ред. «Голоса Социал-Демократа».
[Paris, кооп. тип. «Союз», апрель 1910]. 32 стлб. (РСДРП)) —— 250、
251、266、267、281、296——297、298、299、300——301。

《对摩洛哥的远征》[社会党国际局的决议]（L'Expédition du Maroc.
[Résolution du Bureau socialiste International].—«Bulletin Périodique du
Bureau Socialiste International», Bruxelles, [1910], N 2, p. 38) —— 186。

《俄国报》（圣彼得堡）（«Россия», Спб.）—— 53。
　—1909, №1099, 23 июня (6 июля), стр. 1. —— 53。

《俄国晨报》（莫斯科）（«Утро России», М.）—— 153。
　—1909, №31—1, 15 ноября, стр. 6. —— 153。
　—1909, №35—2, 17 ноября, стр. 1. —— 153。
　—1909, №38—5, 20 ноября, стр. 3. —— 153。
　—1909, №39—6, 21 ноября, стр. 3—4. —— 153。

《俄国代表在英国（6 月 19 日（7 月 2 日）伦敦市长早餐会上的讲话）》
（Русские депутаты в Англии. Речи на завтраке у лорд-мэра. Лондон, 19
июня (2 июля).—«Речь», Спб., 1909, №167 (1045), 21 июня (4 июля),
стр. 3) —— 53、54、70、183。

《俄国经济学者》杂志（圣彼得堡）（«Экономист России», Спб., 1910, №36, 11
(24) сентября, стр. 1—3) —— 318。

《俄国社会民主工党巴黎第二协助小组的决议》（1910 年 3 月 30 日）
（Резолюция 2-й Парижской группы содействия РСДРП. 30 марта 1910
г. [Листовка]. Б. м., 1910. 1 стр. (РСДРП)) —— 233。

[《俄国社会民主工党彼得堡委员会执行委员会关于国家杜马选举问题的决
议》]（[Резолюция Исполнительной комиссии Петербургского комитета
РСДРП по вопросу о выборах в Государственную думу].—
«Пролетарий», [Париж], 1909, №49, 3 (16) октября, стр. 5, в ст.: Беседа

с петербургскими большевиками)——146。

《俄国社会民主工党第二次(例行)代表大会》(记录全文)(Второй очередной съезд Росс. соц.-дем. рабочей партии. Полный текст протоколов. Изд. ЦК. Genève, тип. партии, [1904]. 397, II стр. (РСДРП))—— 36、101、159、161。

[《俄国社会民主工党第四次代表会议("第三次全国代表会议")通过的决议》]([Резолюции, принятые на Четвертой конференции РСДРП («Третьей Общероссийской»).—«Пролетарий», [Выборг], 1907, №20, 19 ноября, стр. 4 — 5, в отд.: Из партии. Под загл.: Резолюции 3-й общероссийской конференции. На газ. место изд.: М.)——158—159。

[《俄国社会民主工党第五次代表会议(1908年全国代表会议)通过的决议》]([Резолюции, принятые на Пятой конференции РСДРП (Общероссийской 1908 г.).—В кн.: Извещение Центрального Комитета Российской с.-д. рабочей партии о состоявшейся очередной общепартийной конференции. [Изд. ЦК РСДРП. Paris, 1909], стр. 4 — 7. (РСДРП))—— 32、41、42、142、159、190、194、274、275、276、278、279、280、302、403。

[《俄国社会民主工党第五次(伦敦)代表大会通过的决议》]([Резолюции, принятые на V (Лондонском) съезде РСДРП].—В кн.: Лондонский съезд Российской соц.-демокр. раб. партии (состоявшийся в 1907 г.). Полный текст протоколов. Изд. ЦК. Paris, 1909, стр. 420 — 442. (РСДРП))——158—159、278。

《俄国社会民主工党纲领(党的第二次代表大会通过)》(Программа Российской соц.-дем. рабочей партии, принятая на Втором съезде партии.—В кн.: Второй очередной съезд Росс. соц.-дем. рабочей партии. Полный текст протоколов. Изд. ЦК. Genève, тип. партии, [1904], стр. 1 — 6. (РСДРП))——36、159、161。

《俄国社会民主工党伦敦代表大会(1907年召开)》(记录全文)(Лондонский съезд Российской соц.-демокр. раб. партии (состоявшийся в 1709 г.). Полный текст протоколов. Изд. ЦК. Paris, 1909. 486 стр. (РСДРП))——134、158—159、177、277、278、369。

《俄国社会民主工党莫斯科郊区委员会执行委员会的公开信》——见《莫斯科
　　郊区委员会关于社会民主党杜马党团的活动》。

《俄国社会民主工党莫斯科市代表会议关于对杜马党团的态度的决议》
　　（ Резолюция Московской общегородской конференции РСДРП об
　　отношении к думской фракции. —«Пролетарий», Женева, 1908, №31, 17
　　（4）июня, стр.5—6）——46、86、120。

《［俄国社会民主工党莫斯科市代表会议］"召回派"的决议》［1908 年 5 月］
　　（ Резолюция « отзовистов » ［Московской общегородской конференции
　　РСДРП. Май 1908 г.］.—«Пролетарий», Женева, 1908, №31, 17（4）
　　июня, стр.6）——86、120。

《俄国社会民主工党莫斯科委员会会议简报》（Из отчета о заседании Моско-
　　вского комитета РСДРП.—Отдельный оттиск из №50 газеты
　　«Пролетарий», ［Париж, 28 ноября（11 декабря）1909］, стр.2）——131。

《俄国社会民主工党全国代表会议》（1908 年 12 月）（Всероссийская конфе-
　　ренция Росс. соц.-дем. рабочей партии. （В декабре 1908 года）. Изд. газ.
　　«Пролетарий». ［Paris, 1909］.47 стр.（РСДРП））——43、137。

《俄国社会民主工党全国代表会议》（载于 1909 年 2 月 12 日（25 日）《无产者
　　报》第 42 号）（Всероссийская конференция РСДРП.—«Пролетарий»,
　　Париж, 1909, №42, 12（25）февраля, стр.2—6）——43。

《俄国社会民主工党统一代表大会的决定和决议》（Постановления и
　　резолюции Объединительн. съезда Российской социал-демократической
　　рабочей партии.［Листовка. Спб.］, тип. Центрального Комитета, ［1906］.4
　　стр.（РСДРП））——355。

［《俄国社会民主工党中央委员会关于工会工作的决议》］（［Резолюция ЦК
　　РСДРП о работе в профессиональных союзах］.—«Социал-Демократ»,
　　［Вильно—Спб.］, 1908, №1, февраль, стр. 38 — 39, в отд.: Из партии）
　　——36。

《［俄国社会民主工党］中央委员会关于合作社的决议》（Резолюция ЦК
　　［РСДРП］ о кооперативах.—« Социал-Демократ », ［Вильно—Спб.］,
　　1908, №1, февраль, стр.37—38, в отд.: Из партии）——36。

[《俄国社会民主工党中央委员会关于社会民主党杜马党团就杜马国防委员会不公开活动问题……的发言的决议》]([Резолюция ЦК РСДРП по поводу выступления социал-демократической фракции в Думе по вопросу о закрытии дверей думской комиссии по государственной обороне…].—《Социал-Демократ》,[Вильно—Спб.], 1908, №1, февраль, стр. 35. Под общ. загл.: Деятельность Центрального Комитета, в отд.: Из партии) ——36。

《俄国社会民主工党中央委员会关于已召开的全党例行代表会议的公报》(Извещение Центрального Комитета Российской с.-д. рабочей партии о состоявшейся очередной общепартийной конференции.[Изд. ЦК РСДРП. Paris, 1909]. 8 стр. (РСДРП)) —— 32、41、42、57、137、142、143、159、177、178、190、194—195、196—197、221、238—239、241、245、246、274、275—276、277、278、279、280、302、403。

《俄罗斯帝国法律汇编》(Свод законов Российской империи. Т. 1. Ч. I. Свод основных государственных законов. Изд. 1906 года. Спб., гос. тип., б. г. 78 стр.) ——223、225—227、230。

《俄罗斯言论报》(莫斯科)(《Русское Слово》, М.) ——153。

—1909, №264, 17(30) ноября, стр. 3. ——153。

《20世纪初俄国的社会运动》(第1—4卷)(Общественное движение в России в начале XX-го века. Под ред. Л. Мартова, П. Маслова и А. Потресова. Т. I—IV. Спб., тип. «Общественная Польза», 1909—1904. 5 т.) ——43、61—62、64、136、138、145、146、272、298、305、354、356。

—第1卷:《运动的征兆和根本原因》(Т. I. Предвестники и основные причины движения. 1909. 676 стр.) ——43、61—62、136、138、145、298、305、354、356。

—第2卷第2册(Т. II. Ч. 2. a) Массовое движение. b) Главнейшие моменты в истории русского марксизма. 1910. 339 стр.) ——356。

《法国农业统计》(《Statistique Agricole de la France». (Résultats généraux de l'enquête Décennale de [1909])) ——335。

《反对因种种原因尤因政治原因判处死刑》[社会党国际局的决议](Contre la

peine de mort en toute matière et particulièrement en matière politique. [Résolution du Bureau socialiste International].—«Bulletin Périodique du Bureau Socialiste International», Bruxelles, [1910], N 2, p. 38)——186。

《反对在罗马尼亚的迫害》[社会党国际局的决议] (Contre les persécutions en Roumanie. [Résolution du Bureau socialiste International].—«Bulletin Périodique du Bureau Socialiste International», Bruxelles, [1910], N 2, p. 38)——186。

《反社会民主党企图危害治安法》(1878 年 10 月 21 日) (Gesetz gegen gemeingefährlichen Bestrebungen der Sozialdemokratie. Vom 21. October 1878.—«Reichsgesetzblatt», Berlin, 1878, Nr. 34, S. 351—358)——75。

《复兴》杂志(莫斯科)(«Возрождение», М.)—— 258、262、282、285、287、305、367。

—1910, №5, 30 марта. 94 стлб.——285、287、293、296。

《告布尔什维克同志书》[传单] (K товарищам большевикам. [Листовка. Paris, кооп. тип. «Союз», 1910]. 2 стр. (РСДРП))—— 249 — 250、252、266、296、309。

《给大臣会议主席、大臣彼·阿·斯托雷平的圣谕》(1909 年 4 月 27 日) (Рескрипт, данный на имя председателя Совета министров, статс-секретаря П. А. Столыпина. 27 апреля 1909 г.—«Правительственный Вестник», Спб., 1909, №91, 28 апреля (11 мая), стр. 1)——226 — 227。

《给各党组织的信》[第一封信。传单] (Письмо к партийным организациям. [Письмо 1-е. Листовка]. Б. м., [ноябрь 1904]. 4 стр. (Только для членов партии))——297。

《给各党组织的信》(关于党的例行代表会议) (Письмо к партийным организациям. (Об очередной партийной конференции).—«Социал-Демократ», [Париж], 1910, №11, 26 (13) февраля, стр. 11 — 12. Подпись: Центральный Комитет РСДРП)——205、206、293。

《给工会、教育团体、学校、合作社和其他合法工人组织中的社会民主党同志们的信》(Письмо к товарищам социал-демократам, работающим в профессиональных союзах, обществах образования, школах, кооперативах

и　других　легальных　рабочих　организациях.—«Голос　Социал-
Демократа»,〔Париж〕,1909,№14,май,стр.15—16,в отд.: Из партии)
——57—58、146。

〔《给内务大臣亚·格·布里根的圣谕》(1905年2月18日)〕(〔Рескрипт,
данный на имя министра внутренних дел А.Г.Булыгина.18 февраля 1905
г.〕.—«Правительственный Вестник», Спб., 1905, №40, 19 февраля（4
марта）,стр.1)——387。

《给同志们的信》〔传单〕(Письмо к товарищам!〔Листовка. Paris, кооп. тип.
«Союз»,1910].2 стр.（РСДРП))——203、206、207、208、210、211、231、
235—236。

《给执政参议院的命令〔关于农民退出村社和把份地确定为私人财产〕》〔1906
年11月9日（22日)〕(Указ правительствующему Сенату〔о выходе
крестьян из общин и закреплении в собственность надельных участков.9
（22）ноября 1906 г.〕.—«Правительственный Вестник», Спб., 1906,
№252,12(25)ноября,стр.1)——139。

《给执政参议院的命令〔关于修改与补充国家杜马的选举条例〕》〔1905年12
月11日（24日)〕(Указ правительствующему Сенату〔об изменениях и
дополнениях в положении о выборах в Государственную думу.11(24)
декабря 1905 г.〕.—«Правительственный Вестник»,Спб.,1905,№268,13
(26)декабря,стр.1,в отд.: Действия правительства)——408。

《给执政参议院的命令〔关于选举国务会议和国家杜马的暂行规定〕》〔1906
年3月8日（21日)〕(Указ правительствующему Сенату〔о временных
правилах в связи с проведением выборов в Государственный совет и
Государственную думу. 8（21）марта 1906 г.〕.—«Правительственный
Вестник», Спб., 1906, №57, 11（24）марта, стр. 1, в отд.: Действия
правительства)——364—365。

《给执政参议院的命令〔关于允许个人和机关提出改善国家福祉问题的提
案〕》〔1905年2月18日（3月3日)〕(Указ правительствующему Сенату
〔о предоставлении частным лицам и учреждениям права вырабатывать
предложения по вопросам государственного благоустройства. 18 февраля

(3 марта)1905 г.].—«Правительственный Вестник», Спб.,1905, №39,18 февраля(3 марта), стр.1)——387。

《工人报》[巴黎]（«Рабочая Газета»,[Париж]）——399、403、404、406—407。

《工人旗帜报》（莫斯科）（«Рабочее Знамя», М.）——120。

——1908, №5, октябрь, стр.4—5——84、86。

《工人事业》杂志（日内瓦）（«Рабочее Дело», Женева）——84、87、98。

《工人思想报》[彼得堡—柏林—华沙—日内瓦]（«Рабочая Мысль», [Петербург—Берлин—Варшава—Женена]）——84。

《关于颁布有关芬兰的全国性法令和决定的程序法案》（Законопроект о порядке издания касающихся Финляндии законов и постановлений общегосударственного значения.—«Новое Время», Спб.,1910, №12217, 17(30)марта, стр.3）——218。

《关于党的中央机关报》[俄国社会民主工党第二次代表大会通过的主要决议]（О Центральном Органе партии.[Главнейшие резолюции, принятые на Втором съезде РСДРП].—В кн.: Второй очередной съезд Росс. соц.-дем. рабочей партии. Полный текст протоколов. Изд. ЦК. Geneve, тип. партии,[1904], стр.12,146—147）——101。

《关于党校的问题》（К вопросу о партийной школе.（Четыре документа). [Листовка].Изд. парт. школы. Б. м.,1909.2 стр.（РСДРП））——94、119。

《关于对非无产阶级政党的态度的决议》[俄国社会民主工党第五次(伦敦)代表大会通过]（Резолюция об отношении к непролетарским партиям, [принятая на V（Лондонском）съезде РСДРП].—В кн.: Лондонский съезд Российской соц.-демокр. раб. партии（состоявшийся в 1907 г.). Полный текст протоколов. Изд. ЦК. Paris, 1909, стр. 454 — 455. （РСДРП））——134、177、277、278。

《关于各个工作报告的决议》[俄国社会民主工党第五次代表会议(1908年全国代表会议)通过]（Резолюция по отчетам,[принятая на Пятой конференции РСДРП（Общероссийской 1908 г.)].—В кн.: Извещение Центрального Комитета Российской с.-д. рабочей партии о состоявшейся очередной общепартийной конференции.[Изд. ЦК РСДРП. Paris,1909], стр.4.(РСДРП))——143。

《关于国家杜马选举》(载于 1909 年 8 月 1 日(14 日)《言语报》第 208 号)(К выборам в Гос.думу.—«Речь», Спб., 1909, №208(1092), 1(14)августа, стр.2, в отд.：Московская хроника)——70。

《关于国家杜马选举》(载于 1909 年 8 月 9 日(22 日)《言语报》第 216 号)(К выборам в Гос.думу.—«Речь», Спб., 1909, №216(1100), 9(22)августа, стр.3)——70。

《关于国家杜马选举》(载于 1909 年 8 月 13 日(26 日)《言语报》第 220 号)(К выборам в Гос.думу.—«Речь», Спб., 1909, №220(1104), 13(26)августа, стр.4)——71。

《关于国家根本法第 96 条的实施程序》(О порядке применения статьи 96 основных государственных законов. [Положение Совета министров, утвержденное Николаем II. 24 августа 1909 г.].—«Правительственный Вестник», Спб., 1909, №189, 3(16)сентября, стр.1)——226—227。

《[关于建立国家杜马的]诏书》[1905 年 8 月 6 日(19 日)](Манифест [об учреждении Государственной думы. 6 (19) августа 1905 г.].—«Правительственный Вестник», Спб., 1905, №169, 6(19)августа, стр.1)——359、387。

《关于马克西莫夫同志因〈走的不是一条路〉一文提出的抗议》[《无产者报》扩大编辑部会议决议](По поводу протеста т.Максимова в связи со статьей «Не по дороге». (№42 «Прол.»). [Резолюция Совещания расширенной редакции «Пролетария»].—«Пролетарий», [Париж], 1909, №46. Приложение к №46 газеты «Пролетарий», 16(3)июля, стр.5)——88。

《关于某地党校的报道》(Отчет о школе в NN.—«Пролетарий», [Париж], 1909, №50. Приложение к №50 газеты «Пролетарий», ноябрь, стр.1—7)——130—131。

《关于目前形势和党的任务》[俄国社会民主工党第五次代表会议(1908 年全国代表会议)通过的决议](О современном моменте и задачах партии. [Резолюция, принятая на Пятой конференции РСДРП(Общероссийской 1908 г.)].—В кн.：Извещение Центрального Комитета Российской с.-д.

рабочей партии о состоявшейся очередной общепартийной конференции. [Изд. ЦК РСДРП. Paris, 1909], стр. 4—5. (РСДРП)) —— 41、137、177、178、194、196—197、221、238—239、241、245、246。

《关于派别中心》[1910 年 1 月俄国社会民主工党中央全会通过的决议](О фракционных центрах. [Резолюция, принятая на пленуме ЦК РСДРП в январе 1910 г.]. — «Социал-Демократ», [Париж], 1910, №11, 26 (13) февраля, стр. 11, в отд.: Из партии) —— 196、197、207、231、263—264、314、368。

[《关于取消派》](孟什维克护党派 1910 年 4 月 13 日在圣雷莫会议上通过的决议）]([О ликвидаторах. Резолюция, принятая меньшевиками-партийцами на собрании в Сан-Ремо 13 апреля 1910г.]. — В листовке: Резолюции, принятые в Сан-Ремо 13 апр. 1910 г. Б. м., [1910], стр. 2. (РСДРП)) —— 233、295。

《关于社会民主党杜马党团》[俄国社会民主工党第五次代表会议（1908 年全国代表会议）通过的决议](О думской с.-д. фракции. [Резолюция, принятая на Пятой конференции РСДРП (Общероссийской 1908 г.)]. — В кн.: Извещение Центрального Комитета Российской с.-д. рабочей партии о состоявшейся очередной общепартийной конференции. [Изд. ЦК РСДРП. Paris, 1909], стр. 5—6. (РСДРП)) —— 195、196—197。

《关于社会民主党人中的造神主义倾向》[《无产者报》扩大编辑部会议决议](О богостроительских тенденциях в соц.-дем. среде. [Резолюция Совещания расширенной редакции «Пролетария».—«Пролетарий», [Париж], 1909, №46. Приложение к №46 газеты «Пролетарий», 16 (3) июля, стр. 4—5.) —— 73、88、89、99。

[《关于土地问题的策略决议（俄国社会民主工党第四次（统一）代表大会通过)》]([Тактическая резолюция по аграрному вопросу, принятая на IV (Объединительном) съезде РСДРП]. — В листовке: Постановления и резолюции Объединительн. съезда Российской социал-демократической рабочей партии. [Спб.], тип. Центрального Комитета, [1906], стр. 1. (РСДРП). Под загл.: Аграрная программа) —— 355。

《关于在党的其他方面的工作中对杜马活动的态度》[《无产者报》扩大编辑部
　　会议决议］(Об отношении к думской деятельности в ряду других
　　отраслей парт［ийной］ работы.［Резолюция Совещания расширенной
　　редакции « Пролетария ».—« Пролетарий »,［Париж］, 1909, №46.
　　Приложение к №46 газеты «Пролетарий», 16(3)июля, стр.5—6)——6、
　　8、25、73。

《关于召开全党例行代表会议》[1910年1月俄国社会民主工党中央全会通
　　过的决议](О созыве очередной общепарт［ийной］ конференции.
　　［Резолюция, принятая на пленуме ЦК РСДРП в январе 1910 г.].—
　　«Социал-Демократ»,［Париж］, 1910, №11, 26 (13) февраля, стр. 10, в
　　отд.: Из партии)——196、197、201—202、206、265、301—302。

《关于中央机关报》[1910年1月俄国社会民主工党中央全会通过的决议](О
　　Центр［альном］ Органе.［Резолюция, принятая на пленуме ЦК РСДРП
　　в январе 1910 г.].—«Социал-Демократ»,［Париж］, 1910, №11, 26(13)
　　февраля, стр.10, в отд.: Из партии)——203。

《国际歌》(Интернационал)——411。

《国际社会党代表大会》(Internationaler Sozialistenkongreß.—« Leipziger
　　Volkszeitung», 1910, Nr. 201, 31. August. 3. Beilage zu Nr. 201 der
　　«Leipziger Volkszeitung», S.1)——346。

《国家杜马的建立》(Учреждение Государственной думы.［6(19)августа 1905
　　г.].—«Правительственный Вестник», Спб., 1905, №169, 6 (19) августа,
　　стр.1—2)——359、387。

《[国家杜马的]速记记录》(1906年第1次常会。第1卷)(Стенографические
　　отчеты［Государственной думы]. 1906 год. Сессия первая. Т. I. Заседания
　　1— 18(с 27 апреля по 30 мая). Спб., гос. тип., 1906. XXII, 866 стр.
　　(Государственная дума))——139—140。

《[国家杜马的]速记记录》(1908年第2次常会。第1册)(Стенографические
　　отчеты［Государственной думы]. 1908 г.Сессия вторая. Ч. I.Заседания 1—
　　35(с 15 октября по 20 декабря).Спб., гос. тип., 1908. XIV стр.; 3152 стлб.
　　(Государственная дума. Третий созыв))——140、174、175—176。

《[国家杜马的]速记记录》(1909 年第 2 次常会。第 3 — 4 册)
(Стенографические отчеты [Государственной думы]. 1909 г. Сессия
вторая. Ч. III—IV. Спб. , гос. тип. , 1909. 2 т. (Государственная дума. Третий
созыв)

—第 3 册(Ч. III. Заседания 71 — 100(с 6 марта по 24 апреля 1909 г.). XII
стр. , 2956 стлб.)——176。

—第 4 册(Ч. IV. Заседания 101 — 126(с 27 апреля по 2 июня 1909 г.).
XXXVII стр. , 3476 стлб.)——51。

《[国家杜马的]速记记录》(1909 — 1910 年第 3 次常会。第 1 — 3 册)
(Стенографические отчеты [Государственной думы]. 1909 — 1910 гг.
Сессия третья. Ч. I—III. Спб. , гос. тип. , 1910. 3 т. (Государственная дума.
Третий созыв)

—第 1 册(Ч. I. Заседания 1 — 32(с 10 октября по 18 декабря 1909 г.). XVI
стр. , 3796 стлб.)——223、224、225、230。

—第 2 册(Ч. II. Заседания 33 — 64(с 20 января по 6 марта 1910 г.). 3164
стлб.)——212—213。

—第 3 册(Ч. III. Заседания 65 — 94(с 8 марта по 9 апреля 1910 г.). 3244
стлб.)——218—219、220—221、223、224—225、227—228。

[《国家杜马 32 名代表就颁布关于根本法第 96 条的实施程序的 1909 年 8 月
24 日细则向大臣会议主席提出的质询》]([Запрос 32-х членов
Государственной думы председателю Совета министров по поводу
издания правил 24 августа 1909 г. о порядке применения ст. 96 Основных
законов].—В кн. : Стенографические отчеты [Государственной думы].
1909 г. Сессия третья. Ч. I. Заседания 1 — 32(с 10 октября по 18 декабря
1909 г.). Спб. , гос. тип. , 1910, стр. 162 — 166. (Государственная дума.
Третий созыв))——223、224、225、230。

《国家杜马选举条例》(载于 1905 年 8 月 6 日(19 日)《政府通报》第 169 号)
(Положение о выборах в Государственную думу.—«Правительственный
Вестник», Спб. , 1905, No169, 6(19)августа, стр. 2—4)——359、387。

《国家杜马选举条例(附执政参议院和内务部的说明)》(Положение о

выборах в Государственную думу. С разъяснениями правительствующего Сената и министерства внутренних дел. Спб., сенатская тип., 1907. 188 стр.; 2 схемы. (Изд. м-ва внутр. дел)) —— 68、69、174、408。

《国家根本法第 96 条》——见《俄罗斯帝国法律汇编》。

《合法派的沉醉》(Похмелье легалистов. [Письмо меньшевиков Выборгского района Спб.]. —«Пролетарий», [Париж], 1909, №45, 13 (26) мая, стр. 2) —— 37、57、146。

《合作社和社会党》[哥本哈根第五次国际社会党代表大会决议] (Кооперативы и социалистические партии. [Резолюция VIII международного социалистического конгресса в Копенгагене]. —« Социал-Демократ», [Париж], 1910, №17, 25 сентября (8 октября), стр. 11) —— 344、345、346、347—348。

《合作社和政党的关系》[比利时工人党在哥本哈根国际代表大会上提出的决议草案](Relations entre les coopératives et les partis politiques. [Projet d'une résolution proposé par le Parti Ouvrier de Belgique au Congrès International de Copenhague]. —«Bulletin Périodique du Bureau Socialiste International», Bruxelles, 1910, N 5, p. 137) —— 340、341。

《合作社和政党的关系》(社会党(法国)[向哥本哈根国际代表大会提出]的决议)(Relations entre les coopératives et les partis politiques. Résolution du P.S. (France) [proposée sur le Congrès International de Copenhague]. —«Bulletin Périodique du Bureau Socialiste International», Bruxelles, 1910, N 5, p. 139) —— 340—341、342。

《火星报》(旧的、列宁的)[莱比锡—慕尼黑—伦敦—日内瓦](«Искра» (старая, ленинская), [Лейпциг—Мюнхен—Лондон—Женева]) —— 101、102、103。

《火星报》(新的、孟什维克的)[日内瓦](«Искра» (новая, меньшевистская), [Женева]) —— 101、102。

　—1903, №52, 7 ноября, стр. 1—2. —— 297。

《基辅思想报》(«Киевская Мысль», 1909, №308, 7 (20) сентября) —— 317。

《激进报》[巴黎](«Le Radical», [Paris]) —— 153。

《交易所新闻》(圣彼得堡)(1909 年 9 月 2 日(15 日),晚上版)(«Биржевые Ведомости». Вечерний выпуск, Спб., 1909, №11292, 2(15) сентября, стр. 3)——109。

[《决议——俄国社会民主工党彼得堡委员会因选举运动通过的纲领》] ([Резолюция—платформа, принятая Петербургским комитетом РСДРП в связи с избирательной кампанией]. —«Пролетарий», [Париж], 1909, №49, 3(16) октября, стр. 8—9, в отд.: Хроника)——112、116—117。

《卡·马克思、弗·恩格斯和斐·拉萨尔的遗著》(Aus dem literarischen Nachlaß von K. Marx, F. Engels und F. Lassalle. Hrsg. von F. Mehring. Bd. III. Gesammelte Schriften von K. Marx und F. Engels. Von Mai 1848 bis Oktober 1850. Stuttgart, Dietz, 1902. VI, 491 S.)——356。

《[卡普里]党校教学大纲》(Программа занятий школы [на Капри]. —В листовке: К вопросу о партийной школе. (Четыре документа). Изд. парт. школы. Б. м., 1909, стр. 1. (РСДРП))——94、119。

《可悲的旧病复发》(Печальный рецидив. —В кн.: Необходимое дополнение к «Дневникам» Г. В. Плеханова. Изд. ред. «Голоса Социал-Демократа». [Paris, кооп. тип. «Союз», апрель 1910], стлб. 28—32. (РСДРП))——296—297、299、300—301。

《拉脱维亚边疆区党的工作状况》(Положение партийной работы в Латышском крае. (Из отчета представителя с.-д. Лат. края на пленуме ЦК РСДРП. —«Социал-Демократ», [Париж], 1910, №12, 23 марта (5 апреля), стр. 11. Подпись: М.)——303、304。

《莱比锡人民报》(«Leipziger Volkszeitung»)——189。

—1909, Nr. 295, 8. November. 4 S.——189。

—1909, Nr. 264, 13. November. 4. Beilage zu Nr. 264 der «Leipziger Volkszeitung», S. 1—2.——125、188—189。

—1910, Nr. 201, 31. August. 3. Beilage zu Nr. 201 der «Leipziger Volkszeitung», S. 1.——346。

《路标(关于俄国知识分子的论文集)》(Вехи. Сборник статей о русской интеллигенции. М., [тип. Саблина, март] 1909. II, 209 стр.)——53、70、

167—169、170—176、417。

《路标(关于俄国知识分子的论文集)》(第 2 版)(Вехи. Сборник статей о
русской интеллигенции. 2-е изд. М.,[типолит. Кушнерева],1909.III,210
стр.)——167。

《路标(关于俄国知识分子的论文集)》(第 3 版)(Вехи. Сборник статей о
русской интеллигенции. 3-е изд. М.,[типолит. Кушнерева],1909,III,210
стр.)——167。

《路标(关于俄国知识分子的论文集)》(第 4 版)(Вехи. Сборник статей о
русской интеллигенции. 4-е изд. С прил. «Библиографии Вех». М.,
[типолит. Кушнерева],1909.III,211 стр.)——167。

《路标(关于俄国知识分子的论文集)》(第 5 版)(Вехи. Сборник статей о
русской интеллигенции. 5-е изд. С прил. «Библиографии Вех». М.,
[типолит. Кушнерева],1910.III,219 стр.)——213。

《论坛报》(阿姆斯特丹)(«De Tribune», Amsterdam)——187。

《马·高尔基被开除出社会民主党》(Исключение М. Горького из партии с.-
д.—«Утро России», М.,1909,№34—1,15 ноября,стр.6,в отд.:Москва)
——153。

《马克西姆·高尔基》(Максим Горький.(По телеграфу от нашего корре-
спондента).Париж,16(29),XI.—«Русское Слово», М.,1909,№264,17
(30)ноября,стр.3)——153。

《孟什维克护党派在巴黎孟什维克协助小组会议上(1910 年 4 月 4 日)提出
的决议》[传单](Резолюция, предложенная на собрании меньшевистской
группы содействия в Париже (4 апреля 1910 г.) меньшевиками-
партийцами.[Листовка].Б. м.,[1910].1 стр.(РСДРП))——232、294。

《孟什维克护党派在俄国社会民主工党列日第一协助小组会议上提出的决
议》[传单](Резолюция, предложенная на собрании 1-ой Льежской
группы содействия РСДРП меньшевиками-партийцами.[Листовка].Б.
м.,[1910].1 стр.(РСДРП))——233、294。

《孟什维克护党派在 1910 年 4 月 19 日俄国社会民主工党日内瓦第一小组会
议上提出的决议》[传单](Резолюция, предложенная на собрании 1-ой

Женевской группы РСДРП 19 апреля 1910 г. меньшевиками-партийцами.[Листовка].Б.м.,[1910].1 стр.(РСДРП))——232、294。

《莫斯科呼声报》(«Голос Москвы»)——53。

——1909,№141,21 июня,стр.2——53。

《莫斯科郊区委员会关于社会民主党杜马党团的活动》[俄国社会民主工党莫斯科郊区委员会执行委员会的公开信](Московский окружной комитет о деятельности с.-д.думской фракции.[Открытое письмо Исполнительной комиссии Московского окружного комитета РСДРП].—«Пролетарий», [Париж],1909,№47—48,5(18)сентября,стр.8)——65。

《莫斯科郊区组织代表会议》(Конференция Московской окружной организации.—«Пролетарий»,[Париж],1909,№47—48,5(18)сентября,стр. 6—8,в отд.：Из партии)——120。

《莫斯科新闻》(«Московские Ведомости»)——169—170、173。

——1910,№76,3(16)апреля,стр.1.——229—230。

《莫斯科委员会委员来信摘录》(Из письма члена Моск. комитета.—Отдельный оттиск из №50 газеты «Пролетарий»,[Париж, 28 ноября (11 декабря)1909],стр.2)——131。

《莫斯科周刊》(«Московский Еженедельник»,1909,№46,21 ноября,стлб.5—10)——181。

——1910,№8,20 февраля,стлб.23—36.——212—213、216。

《墨西哥局势》[社会党国际局的决议](La Situation au Mexique.[Résolution du Bureau Socialiste International].—«Bulletin Périodique du Bureau Socialiste International»,Bruxelles,[1910],N 2,p.44)——186。

《目前形势和党的任务。一群布尔什维克拟定的纲领》(Современное положение и задачи партии. Платформа, выработанная группой большевиков.Изд. группы «Вперед». Paris, кооп. тип. «Союз», [1909]. 32 стр.(РСДРП))——196、238—244、245、246—248。

《农民协会代表大会的决定(1905 年 7 月 31 日—8 月 1 日成立大会和 11 月 6—10 日代表大会)》(Постановления съездов крестьянского союза (Учредительного 31 июля—1· августа и 6—10 ноября 1905 г.).Изд.

Северного обл. бюро содействия крестьянскому союзу (в С.-Петербурге).
Спб., тип. Клобукова, 1905. 16стр. (Всероссийский крестьянский союз))
——139。

《欧洲和革新后的俄国》(Европа и обновленная Россия. — «Голос Москвы»,
1909, №141, 21 июня, стр. 2. Под общ. загл.: Москва, 21-го июня)
——53。

《前进报》(柏林)(«Vorwärts», Berlin)——349、350。

——1908, Nr.151, 1.Juli, S.3.——43、150。

——1909, Jg. 26, Nr. 281, 2. Dezember. 1. Beilage des «Vorwärts», S. 2.
——153。

——1910, Nr.201, 28.August, S.4.——349—350、351、370。

《前进报》[维堡](«Вперед», [Выборг])——102。

《前进》文集(Вперед. Сборник статей по очередным вопросам. Изд. гр.«Вперед».
[Paris, кооп. тип. «Союз»], июль 1910. 64 стлб. (РСДРП))——309—
310、311—312、313—315、403。

《人民报》(布鲁塞尔)(«Le Peuple», Bruxelles, 1910, le 23 août)——349、
350—351。

《33省贵族协会第六次代表大会文件汇编》(1910 年 3 月 14—20 日)(Труды
VI съезда уполномоченных дворянских обществ 33 губерний. С 14 марта
по 20 марта 1910 г. Спб., тип. Александрова, 1910. VIII, 511 стр.)
——224。

《3 月 31 日声明》[社论](Декларация 31 марта. [Передовая]. — «Московские
Ведомости», 1910, №76, 3 (16) апреля, стр. 1. Под общ. загл.: Москва 2
апреля)——230。

《闪电报》[巴黎](«L'Eclair», [Paris])——153。

《社会党策略的国际准则》(Internationale Regeln der sozialistischen Taktik.
[Die Resolution des Internationalen Sozialistenkongresses zu Amster-
dam]. — In: Internationaler Sozialistenkongreß zu Amsterdam. 14. bis 20.
August 1904. Berlin, Expedition der Buchh. «Vorwärts», 1904, S.31—32)
——271。

Стенографировал Оль д'Ор.）——153。

《生活》杂志（莫斯科）（«Жизнь»，М.）——367。

圣彼得堡，1909 年 6 月 22 日。[社论]（载于 1909 年《俄国报》第 1099 号）
（С.-Петербург，22-го июня. [Передовая.—« Россия »，Спб.，1909，
№1099，23 июня(6 июля)，стр.1)——53。

圣彼得堡，1909 年 8 月 1 日。[社论]（载于 1909 年《言语报》第 208 号）（С.-
Петербург，1 августа.[Передовая].—«Речь»，Спб.，1909，№208(1092)，1
(14)августа，стр.1)——68、69、70。

圣彼得堡，1910 年 4 月 1 日。[社论]（载于 1910 年《言语报》第 89 号）（С.-
Петербург，1 апреля. [Передовая].—«Речь»，Спб.，1910，№89(1327)，1
(14)апреля，стр.1)——228。

《圣彼得堡"召回派"在全党代表会议之前向彼得堡委员会扩大会议提出的决
议》（Резолюция СПБ «отзовистов»，предложенная ими расширенному
заседанию Пет. ком. перед общепартийной конференцией.—
« Пролетарий »，[Париж]，1909，№44. Приложение к №44 газ.
«Пролетарий»，4(17)апреля，стр.1)——86。

《圣雷莫通过的决议》（1910 年 4 月 13 日）（Резолюции，принятые в Сан-Ремо.
13 апр.1910 г.Б.м.，[1910].2 стр.(РСДРП))——233、294。

《[16 个俄国孟什维克取消派分子的]公开信》（Открытое письмо [16-ти
русских меньшевиков-ликвидаторов].—« Голос Социал-Демократа »，
[Париж]，1910，№19 — 20，январь—февраль，стр. 23 — 24)——208 —
209、210 — 211、280 — 281、285、290、291 — 292、293、367。

《思想》杂志（莫斯科）（«Мысль»，М.，1910，№1，декабрь，стр.12 — 23；1911，
№2，январь，стр.19 — 29)——359。

《斯图加特国际社会党代表大会》（1907 年 8 月 18 — 24 日）（Internationaler
Sozialistenkongreß zu Stuttgart. 18. bis 24. August 1907. Berlin, Buchh.
«Vorwärts»，1907.132 S.)——187。

《耸人听闻的消息》（Eine Sensationsnachricht.—«Vorwärts»，Berlin，1909，Nr.
281，2.Dezember.1.Beilage des «Vorwärts»，S. 2. Unter der Rubrik：Aus
der Partei)——153。

《谈谈马·高尔基被开除出社会民主党》(Об исключении М. Горького из с.-д. партии.—«Речь»,Спб.,1909,№317(1197),18 ноября(1 декабря),стр.2) ——153。

《谈谈应该怎样编制财务报告》(О том, как не надо составлять денежные отчеты.(По поводу отчета ЗБЦК).—В кн.: Вперед. Сборник статей по очередным вопросам. Изд. гр. «Вперед». [Paris, кооп. тип. «Союз»], июль 1910, стлб.59—64.(РСДРП).Подпись: Член партии)——314—315。

《谈谈有组织的"辩论"》(По поводу организационной «дискуссии».—«Голос Социал-Демократа», [Париж], 1909, №16 — 17, август—сентябрь. Приложение к 16-му №«Голоса Соц.-Дем.», стр.1—2)——146、147。

[《提交第二届国家杜马全体会议的资料》]([Материалы, поступившие в Общее собрание Государственной думы 2-го созыва]. Б. м., [1907].1040 л.)——139—140。

《同志报》(圣彼得堡)(«Товарищ», Спб.)——350。

《[土地法]基本条例草案[由104个国家杜马代表提出]》(Проект основных положений [земельного закона, внесенный 104 членами I Государственной думы].—В кн.: Стенографические отчеты [Государственной думы].1906 год. Сессия первая. Т. I. Заседания 1—18(с 27 апреля по 30 мая).Спб., гос. тип., 1906, стр. 560—562.(Государственная дума))——139—140。

《[土地改革]基本条例草案[以劳动团和农民协会的名义向第二届国家杜马提出]》(Проект основных положений [земельной реформы, внесенный во II Государственную думу от имени Трудовой группы и Крестьянского союза].—В кн.: [Материалы, поступившие в Общее собрание Государственной думы 2-го созыва].Б. м., [1907], л. 17—19, 37)——139—140。

《"维堡区"孟什维克的信》——见《合法派的沉醉》。

《维也纳社会民主党俱乐部全体会议通过的决议(1910年11月26日)》[传单](Резолюция, принятая на общем собрании партийного социал-демократического клуба в Вене 26-го ноября 1910 года. [Листовка].Б. м.,

—1909，№46．Приложение к №46 газеты «Пролетарий»，16（3）июля．7 стр.

———1—2、3—4、5、6、7、8、25、39、41、47、48—49、56、65—66、73、88、89、99、111、112—113、118、130、238、291、312—313、369。

—1909，№47—48，5（18）сентября．8 стр.——— 65 — 66、101、111、116、120、300。

—1909，№47—48．Приложение к №47—48 газеты «Пролетарий»，11（24）сентября，стр.1—10.———111。

—1909，№49，3（16）октября．10 стр.———111、112、116、123、146。

—1909，№50，28 ноября（11 декабря）．8 стр.———133、155—157。

—1909，№50．Приложение к №50 газеты «Пролетарий»，ноябрь，стр.1—7.———130—131。

《〈无产者报〉第 50 号抽印本》（Отдельный оттиск из №50 газеты «Пролетарий».［Париж，28 ноября（11 декабря）1909］.2 стр.）———131。

《〈无产者报〉扩大编辑部被撤职的成员给布尔什维克同志们的报告书》》（4 页本）（Отчет тов.большевикам устраненных членов расширенной редакции «Пролетария». 3 （16）июля 1909. Б. м.，［1909］. 4 стр. Подпись: Н. Максимов и Николаев，Гект）———65—66。

《〈无产者报〉扩大编辑部被撤职的成员给布尔什维克同志们的报告书》》（16 页本 ）（ Отчет тов. большевикам устраненных членов расширенной редакции «Пролетария».3（16）июля ［1909 г.］.Б.м.，［1909］.16 стр.）———73—77、78—84、85、87、88—89、90—92、93—94、95—101、103、104、106—107、111—112、113—115、116、118—119、122、147—148。

［《〈无产者报〉扩大编辑部会议的决议》］（［Резолюции Совещания расширенной редакции «Пролетария»］.—«Пролетарий»，［Париж］，1909，№46. Приложение к №46 газеты «Пролетарий»，16（3）июля，стр.3—7）———1—2、4、5、6、8、39、41、48—49、56、73、113、118、369。

《〈无产者报〉扩大编辑部会议记录》（1909 年 6 月）（Протоколы Совещания расширенной редакции «Пролетария».Июнь 1909 г.）———1—2、3、5—6、11、12、13、14—15、16、18、19、21、25、27、28、29、39—40。

《向瑞典社会党人致敬》［社会党国际局的决议］（Hommage aux socialistes

suédois [Résolution du Bureau socialiste International].—《Bulletin Périodique du Bureau Socialiste International》,Bruxelles,[1910],N 2,p. 38)——186。

《新的一日报》[圣彼得堡]（《Новый День》,[Спб.],1909,№6,24 августа(6 сентября),стр.1)——123。

《新莱茵报》(科隆)（《Neue Rheinische Zeitung》,Köln,1848,Nr.60,30.Juli,S. 1—2)——354。

《新时报》(圣彼得堡)（《Новое Время》,Спб.)——153、173。

—1909,№11893,23 апреля(6 мая),стр.4.—173。

—1909,№11897,27 апреля(10 мая),стр.3.——173。

—1909,№12011,20 августа(2 сентября),стр.3—4.——173。

—1909,№12107,24 ноября(7 декабря),стр.3—4.——153。

—1910,№12217,17(30)марта,стр.3.——218。

《新时代》杂志(阿姆斯特丹)（《Nieuwe Tijd》,Amsterdam)——187。

《新时代》杂志(斯图加特)（《Die Neue Zeit》,Stuttgart)——345。

—1900—1901,Jg.XIX,Bd.I,Nr.14,S.420—427.——123。

—1908,Jg.27,Bd.1,Nr.1,S.7.——123。

—1909,Jg.27,Bd.2,Nr.41,S.500—505.——189。

—1910,Jg.28,Bd.2,Nr.28,S.33—40;Nr.29,S.68—80.——361。

—1910,Jg.28,Bd.2,Nr.35,S.257—266.——361。

—1910,Jg.28,Bd.2,Nr.43,S.564—578;Nr.44,S.626—642.——361。

—1910,Jg.28,Bd.2,Nr.45,S.652—667.——361。

—1910,Jg.28,Bd.2,Nr.50,S.860—871.——352、353、356—357、358、364、 365、367、368、369—370。

—1910,Jg.28,Bd.2,Nr.51,S.907—919.——352、353—354、355、357、358、 360—361、362、363、364、365、393。

[《信条》]([Credo].—В кн.:[Ленин,В.И.].Протест российских социал- демократов.С послесл. от ред.《Рабочего Дела》.Изд. Союза русских социал-демократов.Женева,тип.《Союза》,1899,стр.1 — 6.(РСДРП. Оттиск из №4—5 《Рабочего Дела》))——88。

《匈牙利王国各邦农业统计》(«Landwirtschaftliche Statistik der Länder der ungarischen Krone». Bd. IV—V. Budapest, 1900. 2 Bd.) —— 321、322、333—338。

《宣言》(1905 年 10 月 17 日 (30 日)) (Манифест. 17 (30) октября 1905 г.— «Правительственный Вестник», Спб., 1905, №222, 18 (31) октября, стр. 1) —— 361、408。

《言论报》(圣彼得堡) («Слово», Спб., 1909, №791, 10 (23) мая, стр. 3) —— 53、173、175。

《言语报》(圣彼得堡) («Речь», Спб.) —— 153、228。
—1909, №167 (1045), 21 июня (4 июля), стр. 3. —— 53、54、70、183。
—1909, №208 (1092), 1 (14) августа, 4 стр. —— 68—69、70。
—1909, №213 (1097), 6 (19) августа, стр. 4. —— 70。
—1909, №216 (1100), 9 (22) августа, стр. 33. —— 70。
—1909, №220 (1104), 13 (26) августа, стр. 4. —— 71。
—1909, №317 (1197), 18 ноября (1 декабря), стр. 2. —— 153。
—1909, №318 (1198), 19 ноября (2 декабря), стр. 3. —— 153。
—1909, №324 (1204), 25 ноября (8 декабря), стр. 2; №325 (1205), 26 ноября (3 декабря), стр. 2; №330 (1210), 1 (14) декабря, стр. 2; №351 (1231), 22 декабря 1909 (4 января 1910), стр. 2. —— 177—183。
—1910, №89 (1327), 1 (14) апреля. 8 стр. —— 223、225、228—229、230。

《一个工人的信(根据对时局的估计谈谈党的工作计划)》(Письмо рабочего. (О плане партийной работы в связи с оценкой текущего момента). — «Рабочее Знамя», [М.], 1908, №5, октябрь, стр. 4—5) —— 84、86。

《1905 年土地占有情况统计》(Статистика землевладения 1905 г. Свод данных по 50-ти губерниям Европейской России. Спб., тип. Минкова, 1907. 199 стр.; L стр. табл. (Центр. стат. ком. м-ва внутр. дел)) —— 179。

《1906 年在斯德哥尔摩举行的俄国社会民主工党统一代表大会记录》(Протоколы Объединительного съезда РСДРП, состоявшегося в Стокгольме в 1906 г. М., тип. Иванова, 1907. VI, 420 стр.) —— 143。

《1906 年 11 月 9 日法令》—— 见《给执政参议院的命令(关于农民退出村社

—1906，№57，11(24)марта，стр.1.——364—365。

—1906，№252，12(25)ноября，стр.1.——139。

—1909，№91，28 апреля(11 мая)，стр.1.——226。

—1909，№189，3(16)сентября，стр.1.——226—227。

《致全体同志！》［传单］(Ко всем товарищам！［Листовка. Paris，кооп. тип. «Союз»，1909］.8 стр.(РСДРП))——88、89、90、93—94、142、143、144、145、146、147。

《致〈无产者报〉扩大编辑部》(第一封信)(В расш. ред. «Пролетария». Письмо 1-ое.—Отдельный оттиск из №50 газеты «Пролетарий»，［Париж，28 ноября(11 декабря)1909］，стр.1—2)——131。

《致〈无产者报〉扩大编辑部》(第二封信)(В расш. ред. «Пролетария». Письмо 2-ое.—Отдельный оттиск из №50 газеты «Пролетарий»，［Париж，28 ноября(11 декабря)1909］，стр.2)——131。

《致在国外的全体同志们》(1910 年 3 月 16 日)［传单］(Ко всем товарищам за границей.16 марта 1910 г.［Листовка］，Б. м.，1910.1 стр.(РСДРП))——208、232。

《中央委员会国外局给各小组的信》——见《致在国外的全体同志们》。

《中央委员会章程［1910 年 1 月俄国社会民主工党中央全会通过］》(Устав Ц［ентрального］К［омитета，принятый на пленуме ЦК РСДРП в январе 1910 г.].—«Социал-Демократ»，［Париж］，1910，№11，26(13)февраля，стр.10，в отд.：Из партии)——233。

《周刊》(阿姆斯特丹)(«Weekblad»，Amsterdam)——187。

《走的不是一条路》(Не по дороге.—«Пролетарий»，Париж，1909，№42，12(25)февраля，стр.6—7)——89、90、93。

《组织问题》［俄国社会民主工党第五次代表会议(1908 年全国代表会议)通过的决议］(Организационный вопрос.［Резолюция，принятая на Пятой конференции РСДРП(Общероссийской 1908 г.)].—В кн.：Извещение Центрального Комитета Российской с.-д. рабочей партии о состоявшейся очередной общепартийной конференции.［Изд. ЦК РСДРП. Paris，1909］，стр.6.(РСДРП))——194—195、196—197。

《组织章程[俄国社会民主工党第四次(统一)代表大会通过]》(Органи-
зационный устав, [принятый на IV (Объединительном) съезде
РСДРП].—В кн.: Протоколы Объединительного съезда РСДРП,
состоявшегося в Стокгольме в 1906 г.М., тип. Иванова, 1907, стр. 419—
420)——143。

年　表

(1909 年 6 月—1910 年 10 月底)

1909 年

1909 年 6 月—1910 年 10 月

列宁侨居巴黎。

不晚于 6 月 7 日(20 日)

主持《无产者报》编辑部成员和各地社会民主党组织代表的非正式会议，在会上通报了党内和布尔什维克派内的状况。列宁提出的基本论点成了《无产者报》扩大编辑部会议决议的基础。

6 月 8—17 日(21 日—30 日)

主持《无产者报》扩大编辑部会议；在讨论中发言谈召回主义、最后通牒主义以及对杜马活动的态度等问题；对某些决议提出修正案，并针对一系列主要问题提出决议草案。

6 月 8 日(21 日)

出席《无产者报》扩大编辑部会议第一次会议，在会上被选为主席；在讨论《关于离开党单独召开布尔什维克代表大会或布尔什维克代表会议的鼓动》决议时两次发言。

6 月 9 日(22 日)

主持《无产者报》扩大编辑部会议第二次会议，在讨论关于召回主义和最后通牒主义问题时两次发言；在维·列·尚采尔发言时，要求将他关于召回主义和无政府主义的联系的话记入记录；提出《关于召回主义和最后通牒主义》的决议草案。

同中央机关报——《社会民主党人报》编辑部成员阿·瓦尔斯基(阿·绍·瓦尔沙夫斯基)谈《无产者报》扩大编辑部会议的工作。

6 月 10 日（23 日）

上午，出席《无产者报》扩大编辑部会议第三次会议，在讨论造神说问题时发言。会议通过了列宁起草的《关于召回主义和最后通牒主义》的决议草案。列宁提出《关于在国外某地创办的党校》的决议草案。

晚上，出席扩大编辑部会议第四次会议，在讨论关于卡普里党校问题时发言。会议通过了列宁的《关于在国外某地创办的党校》的决议草案。

6 月 11 日（24 日）

出席《无产者报》扩大编辑部会议第五次会议，在讨论布尔什维克在党内的任务问题时发言。

6 月 12 日（25 日）

出席《无产者报》扩大编辑部会议第六次会议，在讨论布尔什维克派的统一问题时发言。

晚上，出席扩大编辑部会议第七次会议，在讨论关于布尔什维克在杜马活动方面的任务时发言。会议通过了列宁的关于布尔什维克在党内的任务的决议草案。

6 月 13 日（26 日）

上午，出席《无产者报》扩大编辑部会议第八次会议，在会议讨论关于布尔什维克在杜马活动方面的任务时再次发言，提出关于这个问题的决议草案，建议公布关于布尔什维克在杜马活动方面的任务的决议提纲，并被选入该决议起草委员会。

晚上，出席扩大编辑部会议第九次会议，建议解决关于杜马党团协助委员会的问题，并提出关于出版中央委员会的通俗机关报的决议草案。

6 月 13 日和 15 日（26 和 28 日）之间

对《关于在党的其他方面的工作中对杜马活动的态度》的决议作补充。

6 月 15 日（28 日）

出席《无产者报》扩大编辑部会议第十次会议，在讨论关于党的刊物问题和关于在中央机关报上发表哲学文章问题时发言；被选进杜马党团协助委员会；就调解委员会的报告两次发表意见。

6月16日(29日)以前

在给罗·卢森堡的复信中告知,由于知识出版社完全落到马赫主义者手中,布尔什维克同它断绝了一切关系。

6月16日(29日)

晚上,出席《无产者报》扩大编辑部会议第十一次会议,建议延长调解委员会职权期限,紧缩布尔什维克中央的预算,给社会民主党杜马党团报纸拨款;对阿·伊·李可夫提出的关于改组布尔什维克中央的决议草案进行修改,并在讨论这个草案时发言。

6月17日(30日)

上午,出席《无产者报》扩大编辑部会议第十二次会议,在讨论关于改组布尔什维克中央的决议草案时发言,建议对建立《无产者报》扩大编辑部国外执行委员会这一条进行表决,还对关于布尔什维克中央国外书记处的人数和任命办法提出建议;再次被选入《无产者报》编辑部。

6月17日和7月3日(6月30日和7月16日)之间

写《关于〈无产者报〉扩大编辑部会议公报》。

6月17日(30日)以后

收到卡·胡斯曼1909年6月30日(公历)从布鲁塞尔的来信,信中要求把给戈尔的短信寄去,并附上《每日邮报》的剪报。

6月18日(7月1日)

把出席《无产者报》扩大编辑部会议的莫斯科地区代表、身患重病的弗·米·舒利亚季科夫送到巴黎郊区的疗养院,布尔什维克尼·亚·谢马什柯在那里当医生。

6月18日和7月11日(7月1日和24日)之间

以《无产者报》编辑部的名义,为发表马·尼·利亚多夫1909年7月1日(公历)的来信写按语,利亚多夫在这封信中反对《无产者报》扩大编辑部会议的决议。

6月20日(7月3日)

给布尔什维克中央经济委员会写收到给病人弗·米·舒利亚季科夫30法郎的收据。

6月22日(7月5日)

写收到布尔什维克中央经济委员会200法郎的收据。

6 月 23 日和 7 月 11 日(7 月 6 日和 24 日)之间

写《评沙皇的欧洲之行和黑帮杜马某些代表的英国之行》一文。

6 月 26 日(7 月 9 日)以前

写信给在莫斯科省米赫涅沃的弟弟德·伊·乌里扬诺夫,谈妹妹玛·伊·乌里扬诺娃得病和即将手术治疗一事,并征求他对此事的意见;建议不要把动手术的事告诉母亲玛·亚·乌里扬诺娃和姐姐安·伊·乌里扬诺娃-叶利扎罗娃。

6 月 29 日和 7 月 7 日(7 月 12 日和 20 日)之间

收到卡·胡斯曼 1909 年 7 月 12 日(公历)从布鲁塞尔的来信,信中请求把寄给列宁的俄国社会民主工党纲领的法译文看一遍,并请他把党章的译文寄去。胡斯曼通知说,社会党国际局准备出版的第二国际各党的纲领和章程汇编要用这些文件。

6 月底—7 月

同中央委员会俄国局书记亚·巴·哥卢勃科夫谈话,就同混入党内的奸细进行斗争的问题作指示。

1909 年上半年

在索邦图书馆进行研究工作,阅读哲学和自然科学书籍。

7 月 3 日(16 日)

列宁写的《关于〈无产者报〉扩大编辑部会议公报》同会议决议一并发表在《无产者报》第 46 号的附刊上。

7 月 3 日和 11 日(16 日和 24 日)之间

写《取消取消主义》一文。

7 月 6 日(19 日)

收到母亲玛·亚·乌里扬诺娃从阿卢普卡寄来的印有克里木风景的明信片。

写信给在阿卢普卡的母亲玛·亚·乌里扬诺娃,说妹妹玛·伊·乌里扬诺娃的手术做得很成功,告知打算去布列塔尼休养,并附上自己的新住址。

7 月 7 日(20 日)

用法文致函在布鲁塞尔的社会党国际局书记卡·胡斯曼,批评社会党国际局所搞的俄国社会民主工党纲领的译文很不完善,说已把它交给沙·拉波波特去校订和修改;建议社会党国际局在11月开会;附上自己的新住址。

7月11日(24日)

列宁的文章《评沙皇的欧洲之行和黑帮杜马某些代表的英国之行》(社论)、《取消取消主义》和《为〈无产者报〉编辑部发表马·利亚多夫的信加的按语》发表在《无产者报》第46号上。

7月12日(25日)以前

同来到巴黎的俄国社会民主工党莫斯科委员会委员菲·伊·戈洛晓金谈话,了解戈洛晓金对《无产者报》政治路线的态度、对召回主义和最后通牒主义的态度。

7月14日(27日)

警察局在科洛姆纳进行搜查时,发现并没收了列宁的《土地问题和"马克思的批评家"》、《社会民主党在民主革命中的两种策略》和《告贫苦农民》等著作。

7月15日或16日(28日或29日)

收到卡·胡斯曼1909年7月27日(公历)从布鲁塞尔的来信,信中请求寄去第三届国家杜马社会民主党党团成员的名单和他们的地址。

7月16日(29日)

用法文致函在布鲁塞尔的卡·胡斯曼,将第三届国家杜马社会民主党党团成员名单通知社会党国际局,并附上杜马的地址。

7月17日(30日)

用法文致函在布鲁塞尔的卡·胡斯曼,向他介绍出狱的布尔什维克季·博格达萨良,并请求给他找工作。

7月21日(8月3日)左右—9月1日(14日)

列宁偕全家(娜·康·克鲁普斯卡娅、她的母亲伊丽莎白·瓦西里耶夫娜以及列宁的妹妹玛·伊·乌里扬诺娃)在距离巴黎50公里的邦邦村(塞纳-马恩省)休养。

　　在休养期间继续进行工作,审阅寄到《社会民主党人报》编辑部来的材料。

8 月 5 日（18 日）以前

收到卡普里党校组织者的来信,信中邀请列宁去卡普里岛（意大利）为这个学校的学员讲课。

8 月 5 日（18 日）

从法国邦邦村致函卡普里党校组织者,回绝去该校讲课的邀请;告知在《无产者报》第 46 号附刊和第 46 号发表的《无产者报》扩大编辑部会议《关于在国外某地创办的党校》的决议和《取消取消主义》一文反映了他对党校的态度;邀请党校学员到巴黎来听布尔什维克讲演人的讲演。

致函在巴黎的阿·伊·柳比莫夫,告知给列瓦（米·康·弗拉基米罗夫）寄去自己给卡普里党校组织者的信;坚决反对资助列·达·托洛茨基在维也纳出版法文《真理报》,反对在《无产者报》印刷所印刷《真理报》。

8 月 10 日（23 日）

收到母亲玛·亚·乌里扬诺娃从叶卡捷琳诺斯拉夫省锡涅利尼科沃车站寄来的信,信中询问玛·伊·乌里扬诺娃手术后的情况,并询问一个月后她能否回俄国。

8 月 10 日和 13 日（23 日和 26 日）之间

收到卡·胡斯曼 1909 年 8 月 23 日（公历）从布鲁塞尔寄来的信,信中附有波·赫尔齐克信件的抄件,信中还建议在 8 月 17—18 日（30—31 日）胡斯曼来巴黎参加国际工会代表会议期间讨论赫尔齐克被指控充当奸细的案件问题。

8 月 11 日（24 日）

致函在巴黎的格·叶·季诺维也夫,告知收到了《社会民主党人报》第 7—8 号;拟定《无产者报》下一号（47—48 号合刊）的计划;说明他打算为下一号报纸写哪些文章;对列·达·托洛茨基的行为表示愤慨,认为托洛茨基的行为表明他是一个最卑鄙的野心家和派别活动者。

致函在锡涅利尼科沃车站的母亲玛·亚·乌里扬诺娃,告知玛·伊·乌里扬诺娃的健康状况和自己在邦邦村的休养情况。

8 月 11 日和 16 日（24 日和 29 日）之间

写《谈谈彼得堡的选举（短评）》一文。

8月12日和17日（25日和30日）之间

　　收到阿·伊·柳比莫夫1909年8月25日（公历）寄来的信,信中附有卡普里党校委员会给《无产者报》编辑部的信的抄件。

　　　　阅读卡普里党校委员会1909年8月16日（公历）给《无产者报》扩大编辑部的信,信中请求布尔什维克中央在教材和经费方面对党校给予支援,并说委员会将毫不反对布尔什维克中央对党校的思想监督。

　　　　列宁在布尔什维克中央给卡普里党校委员会的信的草稿中指出,党校委员会应寄来关于党校组织和经费、讲课人和学员的组成、教学大纲和学习期限等情况的详细而准确的报告,只有在这种情况下才能解决布尔什维克中央对党校实行"思想监督"的问题;说给党校委员会寄去了《无产者报》第39—46号、布尔什维克中央的决议和布尔什维克中央关于党校的铅印的信。

8月13日（26日）

　　用法文复函在布鲁塞尔的卡·胡斯曼,告知收到了他1909年8月23日（公历）的来信以及波·赫尔齐克信件的抄件,说明自己对赫尔齐克的案件以及对他在审判后的行为的态度;对8月17日（30日）和18日（31日）不能在巴黎会见卡·胡斯曼表示遗憾。

8月13日和17日（26日和30日）之间

　　收到卡普里党校委员会1909年8月26日（公历）以党校学员和讲课人的名义写给俄国社会民主工党中央委员会的信的抄件。

8月14日（27日）

　　致函在法国阿尔卡雄的列·波·加米涅夫,告知收到了他的两封信和他给《无产者报》的文章,指出这篇文章需要删节;告知自己打算给《无产者报》写一篇关于彼得堡选举的文章;说打算在9月2日（15日）以后返回巴黎;建议加米涅夫来巴黎并恢复《无产者报》俱乐部的工作。

8月16日和9月5日（8月29日和9月18日）之间

　　写《谈谈彼得堡的选举（短评）》一文的附言。

8月17日（30日）

　　从邦邦村复函卡普里党校学员,告知收到了他们寄来的党校的教学大纲和两封信,指出这个党校的反党性质和派别性质,说明党校的讲课人是召回派和造神派,重申自己拒绝去党校讲课,而邀请学员来巴黎。

8月17日和9月5日(8月30日和9月18日)之间

写《被揭穿了的取消派》一文。

　　写短评《关于莫斯科郊区委员会执行委员会的公开信》。

8月20日—25日(9月2日—7日)

写《论拥护召回主义和造神说的派别》一文。

8月20日和25日(9月2日和7日)之间

致函在巴黎的阿·伊·柳比莫夫,同意发表给卡普里党校学员的复信和柳比莫夫在报告中引用它;告知正在写《论拥护召回主义和造神说的派别》一文,批驳亚·亚·波格丹诺夫(马克西莫夫)等召回派。

8月21日和26日(9月3日和8日)之间

从邦邦村致函在巴黎的阿·伊·柳比莫夫,提醒柳比莫夫把写作《被揭穿了的取消派》一文所需的《社会民主党人日志》第9期寄来,并说必须从以布尔什维克中央执行委员会名义写给卡普里人的复信草稿中删掉关于邀请代表的那一节。

8月25日(9月7日)

致函在巴黎的中央机关报编辑部秘书,告知把自己的《论拥护召回主义和造神说的派别》一文的最后一部分寄给了《无产者报》编辑部,并说打算写论普列汉诺夫的文章。

8月29日(9月11日)

收到卡·胡斯曼1909年9月10日(公历)从布鲁塞尔寄来的信,信中询问俄国社会民主工党纲领和章程尚未译成的原因,请求尽快翻译出来。

　　用法文致函在布鲁塞尔的卡·胡斯曼,答应尽快寄去俄国社会民主工党纲领和章程的译文,说明自己对波·赫尔齐克案件的意见,并寄去俄国社会民主工党中央委员会国外局的地址。

8月31日(9月13日)

列宁寄赠彼得堡公共图书馆一批书刊,其中有38种社会民主党的小册子和传单,以及第43号《无产者报》和《黎明报》。

8月下半月

写《召回主义-最后通牒主义的工贼》一文(该文没有找到)。

不早于 8 月

　　收到帕维尔·瓦西里耶维奇(扬·安东诺维奇·别尔津)从瑞士寄来的信,信中谈对俄国社会民主工党拉脱维亚国外委员会的机关刊物《社会民主党通报》第 1 期的反应,告知再过半月他将迁到巴黎来,请求寄去俄国社会民主工党第五次(伦敦)代表大会的记录。

夏天

　　列宁和娜·康·克鲁普斯卡娅去巴黎附近的德拉韦尔拜访保尔·拉法格和劳拉·拉法格。列宁同保·拉法格谈自己的《唯物主义和经验批判主义》一书。

　　　　将《唯物主义和经验批判主义》一书寄给在叶卡捷琳堡的伊·阿·泰奥多罗维奇。

不晚于 9 月 1 日(14 日)

　　从邦邦村回到巴黎。

9 月 1 日和 4 日(14 日和 17 日)之间

　　出席布尔什维克的非正式会议。会议讨论关于布尔什维克中央对卡普里党校的态度、关于维也纳《真理报》、关于中央机关报创办通俗报纸的条件等问题。

9 月 1 日和 7 日(14 日和 20 日)之间

　　复函在莫斯科的米·巴·托姆斯基,尖锐批判卡普里岛的召回派党校,强调必须引导该校学员来巴黎听课,揭露列·达·托洛茨基的派性。

9 月 2 日和 14 日(15 日和 27 日)之间

　　写《再论党性和非党性》一文。

9 月 3 日—4 日(16 日—17 日)

　　收到卡·胡斯曼 1909 年 9 月 15 日(公历)从布鲁塞尔寄来的信,信中感谢列宁催促沙·拉波波特翻译俄国社会民主工党纲领和章程,说书已经大致准备好,但还需要写篇评论。

9 月 4 日(17 日)

　　以《无产者报》编辑部名义,就召回派在国外散发署名"萨沙"的传单一事,致函俄国社会民主工党中央委员会。这份传单对布尔什维克中央进行了粗暴的、诽谤性的攻击。列宁要求审查传单中提出的诬告,并对这些诬告作出正式决议。

　　用法文致函在布鲁塞尔的卡·胡斯曼,说写评论的事过几天就能完成。

9 月 5 日(18 日)以前

收到自彼得堡的来信,信中说彼得堡布尔什维克撤销了 1909 年 8 月俄国社会民主工党彼得堡委员会执行委员会通过的关于当前选举运动的最后通牒派的决议。

9 月 5 日(18 日)

列宁的《谈谈彼得堡的选举(短评)》、《被揭穿了的取消派》和《关于莫斯科郊区委员会执行委员会的公开信》三篇文章发表在《无产者报》第 47—48 号合刊上。

9 月 7 日(20 日)

警察局在卢茨克中学进行搜查时,没收了列宁的《关于俄国社会民主工党统一代表大会的报告》小册子。

9 月 11 日(24 日)

列宁的《论拥护召回主义和造神说的派别》一文发表在《无产者报》第 47—48 号合刊附刊上。

不早于 9 月 11 日(24 日)

收到卡·胡斯曼 1909 年 9 月 23 日(公历)从布鲁塞尔寄来的信,信中说社会党国际局大多数成员组织寄来了他们的纲领和章程的法译文,还谈到给译者稿酬的问题和俄国议会小组在社会党国际局中的代表问题,要求提交给哥本哈根代表大会的报告不要迟于 1910 年 2 月。

9 月 11 日和 17 日(24 日和 30 日)之间

致函第三届国家杜马代表、社会民主党党团代表伊·彼·波克罗夫斯基,说卡·胡斯曼提出关于议会小组在社会党国际局中的代表问题(这封信没有找到)。

9 月 11 日和 10 月 3 日(9 月 24 日和 10 月 16 日)之间

写《寄语彼得堡布尔什维克》一文。

9 月 14 日(27 日)

列宁的《再论党性和非党性》一文发表在《新的一日报》第 9 号上。

9月17日（30日）

用法文致函在布鲁塞尔的卡·胡斯曼，告知给他寄去了俄国社会民主工党纲领和章程的译文；对胡斯曼提出关于议会小组在社会党国际局的代表问题表示惊讶，说已就这件事致函第三届国家杜马社会民主党党团的代表；答应尽一切可能准备好提交哥本哈根代表大会的报告。

9月19日（10月2日）

在巴黎作关于彼得堡第三届国家杜马补选（9月选举）的专题报告。

不早于9月19日（10月2日）

阅读卡普里党校委员会1909年9月28日（公历）的来信，信中答复布尔什维克中央执行委员会提出的请卡普里党校学员来巴黎的建议。列宁在信上作记号。

在答复卡普里党校委员会9月28日（公历）来信的复信草稿中，对来信的口气表示不能容忍，这封来信的目的是要反对《无产者报》编辑部提出的建议：组织和领导在国外建立宣传员学校的工作移交给党中央委员会或《无产者报》扩大编辑部。列宁在信中说，感到没有必要答复卡普里人，建议他们把来信刊登出来。

致函马尔克（阿·伊·柳比莫夫），请他给《无产者报》编辑部寄一封公开信来，谴责多莫夫（米·尼·波克罗夫斯基）的取消派立场。

9月21日和10月3日（10月4日和16日）之间

写《〈彼得堡选举〉一文的按语》，该文是为阐明彼得堡第三届国家杜马补选结果而写的。

9月27日（10月10日）

收到犹太工人总联盟（崩得）国外委员会1909年10月7日（公历）的来信，信中邀请列宁去日内瓦参加法庭审判工作（大概是审理波·赫尔齐克案件）。列宁在复信中以工作忙为由回绝了这一邀请。

复函约诺夫（费·马·科伊根），告知自己不能参加崩得国外委员会组织的法庭，建议吸收英诺森（约·费·杜勃洛文斯基）或其他人参加法庭。

9月下半月—10月5日（18日）以前

致函在日内瓦的维·阿·卡尔宾斯基，询问格·阿·库克林图书馆从日内瓦迁至巴黎的问题是怎样决定的,请求把弗·德·邦契-布鲁耶维奇组织的布尔什维克图书馆的目录寄来,责备维克多(维·康·塔拉图塔)迁居日内瓦。

10 月以前

在准备回俄国进行党的工作的工人小组里,领导学习土地问题。

10 月 2 日(15 日)

写便函给布尔什维克中央经济委员会,请求付给沙·拉波波特翻译俄国社会民主工党纲领补充部分的稿酬。

10 月 3 日(16 日)

列宁的《寄语彼得堡布尔什维克》一文和《〈彼得堡选举〉一文的按语》发表在《无产者报》第 49 号上。

10 月 4 日或 5 日(17 日或 18 日)

同娜·康·克鲁普斯卡娅一起参加 10 万人游行示威,抗议处死被指控策划巴塞罗那起义的西班牙无政府主义者弗朗西斯科·费雷尔。

10 月 6 日(19 日)

收到维·阿·卡尔宾斯基 1909 年 10 月 18 日(公历)从日内瓦寄来的信,信中告知同意将格·阿·库克林图书馆迁往巴黎,条件是图书馆保持其独立性,不隶属于中央机关报《社会民主党人报》编辑部,而是将它并入巴黎的一个图书馆。

10 月 10 日和 31 日(10 月 23 日和 11 月 13 日)之间

写《沙皇对芬兰人民的进攻》一文。

10 月 12 日(25 日)

收到妹妹玛·伊·乌里扬诺娃从莫斯科寄来的信,信中说她和母亲玛·亚·乌里扬诺娃仍然没有租到寓所,还说自己身体不好,打算治病。

写信给在莫斯科的母亲玛·亚·乌里扬诺娃,告知已收到她和妹妹的来信、《批判评论》杂志以及出版人给他的汇款,请求德·伊·乌里扬诺夫告知妹妹玛丽亚·伊里尼奇娜的健康情况。

10 月 15 日(28 日)

在列日给一些社会民主党小组的党员作《论党内状况》的报告。

不晚于 10 月 16 日(29 日)

在列日逗留期间同布尔什维克 Д.И.查索夫尼科夫谈话,告诉他卡普里党校分裂、米哈伊尔(尼·叶·维洛诺夫)及其他5名学员被学校开除，反对同孟什维克在原则问题上作任何妥协。

10月16日(29日)

在列日作公开报告,题为《反革命资产阶级的意识形态》。

10月21日(11月3日)以前

写《关于巩固我们的党和党的统一的方法》一文(这篇文章没有找到)。

10月21日(11月3日)

起草关于巩固党和党的统一的决议。

10月21日—22(11月3日—4日)

参加中央机关报《社会民主党人报》编辑部会议。

由于中央机关报编辑部拒绝把列宁的《关于巩固我们的党和党的统一的方法》一文作为编辑部文章发表,列宁提出关于巩固党和党的统一的决议草案。草案被编辑部中的取消派和调和派以多数票否决。

10月22日(11月4日)

由于中央机关报《社会民主党人报》编辑部拒绝把列宁的《关于巩固我们的党和党的统一的方法》一文作为编辑部文章发表,还否决了他就这个问题提出的决议草案,列宁发表关于退出中央机关报《社会民主党人报》编辑部的声明。

致函中央机关报编辑部,要求在最近一号《社会民主党人报》上刊登他的关于退出中央机关报编辑部的声明及关于巩固党和党的统一的决议案,并要求告知,中央机关报编辑部是否在最近一期上将采用他的关于巩固党和党的统一的方法问题的供讨论的文章。

写信给在莫斯科的母亲玛·亚·乌里扬诺娃,告知收到了妹妹玛·伊·乌里扬诺娃的信和一套《俄国报》,询问他们新居安排得怎样,告知即将去布鲁塞尔几天,并说已经收到伊·伊·斯克沃尔佐夫-斯捷潘诺夫的来信。

10月23日(11月5日)

从巴黎去布鲁塞尔出席社会党国际局第十一次常会会议。

在布鲁塞尔收到布尔什维克中央执行委员会通过卡·胡斯曼转给他的电报,电报要求在共同讨论之前暂缓发表关于退出中央机关报编辑部的声明。

10月23日和26日（11月5日和8日）之间

在布鲁塞尔会见伊·费·波波夫。波波夫将自己的一篇关于比利时工人党的内阁主义的文章交给列宁，以便在《无产者报》或《社会民主党人报》上发表。

10月24日（11月6日）

通知《社会民主党人报》编辑部，收回自己关于退出编辑部的声明。

参加在布鲁塞尔举行的社会党新闻工作者第三次国际代表会议的工作，发布关于俄国社会民主工党成立新闻工作者组织的消息。

10月25日（11月7日）

在社会党国际局第十一次常会会议上就荷兰社会民主工党分裂问题发言，赞成吸收从该党机会主义多数派中分裂出来并采用"社会民主党"作为名称的革命派加入第二国际。

10月26日（11月8日）

参加社会党国际局国际议会委员会第四次会议的工作。

10月26日（11月8日）以后

从布鲁塞尔返回巴黎。

10月31日（11月13日）

列宁于10月25日（11月7日）在社会党国际局会议上作的关于荷兰社会民主工党分裂问题的发言发表在《莱比锡人民报》（德文）第264号附刊4上。

列宁的《沙皇对芬兰人民的进攻》一文作为社论发表在《社会民主党人报》第9号上。

10月

代表《无产者报》编辑部给卡普里党校部分学员复信，告知收到了他们寄来的两封谈到党校中发生分裂的信，表示欢迎部分学员同波格丹诺夫分子划清界限，对脱离召回派的学员提出许多建议和指示，答应对他们在巴黎继续学习给以物质帮助和其他方面的帮助。

同派往敖德萨的工人布尔什维克 B.A.杰戈季谈话，请他向敖德萨的同志们转告一系列指示，说工人稿件对《无产者报》和《社会民主党人报》是很重要的。

不早于 10 月

就准备 1909 年 6—9 月份决算问题给布尔什维克中央经济委员会写书面指示,拟制决算概算表。

10 月和 1911 年 4 月之间

读格·瓦·普列汉诺夫的《尼·加·车尔尼雪夫斯基》(1909 年圣彼得堡版)一书,在书上作记号,并将该书同普列汉诺夫 1890 年在文学政治评论杂志《社会民主党人》上发表的论车尔尼雪夫斯基的文章作比较。

读尤·米·斯切克洛夫的《尼·加·车尔尼雪夫斯基及其生平和活动(1828—1889)》(1909 年圣彼得堡版)一书,并在书上作记号。

11 月 1 日(14 日)

同英诺森(约·费·杜勃洛文斯基)以及其他一些中央委员一起提出必须在近期召开俄国社会民主工党中央全会的问题。

11 月 3 日(16 日)

同工人布尔什维克米哈伊尔(尼·叶·维洛诺夫)谈话,他是在卡普里党校发生分裂后来巴黎的。

致函在卡普里岛的阿·马·高尔基,告知自己同尼·叶·维洛诺夫在巴黎会见和谈话的情况;感谢高尔基用自己的艺术天才给俄国(不仅仅是俄国)的工人运动带来了巨大的益处;希望他摆脱沉重的心情;表示深信俄国社会民主党的力量。

不早于 11 月 3 日(16 日)

在《无产者报》编辑部同被卡普里党校开除而来到巴黎的伊·伊·潘克拉托夫等人结识并同他们谈话,向他们了解俄国各个组织的工作情况、工人的情绪,同他们一起安排讲课和座谈的日程。

11 月 3 日和 28 日(11 月 16 日和 12 月 11 日)之间

写短评《可耻的失败》。

11 月 3 日(16 日)以后

收到阿·马·高尔基的回信,信中邀请列宁去卡普里岛。高尔基在信中对卡普里党校的活动以及布尔什维克同召回派、造神派分裂的原因作了错误的估价。

11 月 6 日（19 日）

审阅《无产者报》扩大编辑部出纳员的决算。

不早于 11 月 7 日（20 日）

致函在卡普里岛的阿·马·高尔基,认为高尔基对布尔什维克同召回派和造神派分裂的原因和性质的看法是错误的,指出导致分裂的起因是对目前整个形势的看法不同;拒绝接受去卡普里岛的邀请。

11 月 13 日（26 日）以前

写《〈反革命自由派的意识形态〉报告的提纲（《路标》的成就及其社会意义）》。

11 月 13 日（26 日）

在巴黎作题为《〈反革命自由派的意识形态〉（《路标》的成就及其社会意义）》的报告。

11 月 17 日和 21 日（11 月 30 日和 12 月 4 日）之间

阅读刊登在《柏林每日小报》上的一篇诽谤性的文章《高尔基被开除出社会民主党》和在巴黎的《闪电报》上的同一题目的通讯。

11 月 19 日（12 月 2 日）

复函在彼得堡的伊·伊·斯克沃尔佐夫-斯捷潘诺夫,简要说明党内的状况,指出新的一般民主主义对沙皇制度的冲击是不可避免的,联系这个问题分析了俄国革命的道路和农民在革命中的作用,分析了斯托雷平的土地政策。

11 月 19 日或 20 日（12 月 2 日或 3 日）

阅读刊载在 1909 年 11 月 19 日（12 月 2 日）《前进报》上的《耸人听闻的消息》一文,该文驳斥了资产阶级报纸编造的阿·马·高尔基被俄国社会民主党开除的谣言。

不晚于 11 月 20 日（12 月 2 日）

出席巴黎布尔什维克会议;发言批判米·尼·波克罗夫斯基维护亚·亚·波格丹诺夫的观点。

11 月 21 日（12 月 4 日）以前

给被卡普里党校开除的学员讲课,题目是《目前的形势和我们的任务》和《斯托雷平的土地政策》。

11 月 21 日(12 月 4 日)

写信给在莫斯科的妹妹玛·伊·乌里扬诺娃,谈国外和俄国资产阶级报刊凭空捏造的关于阿·马·高尔基被社会民主党开除的谣言;询问家里的情况和母亲的健康;说自己常去图书馆,娜·康·克鲁普斯卡娅在学习法文;请妹妹把列宁留在萨布林诺的书寄来。

出席俄国社会民主工党巴黎第二协助小组的会议,作关于社会党国际局第十一次常会的报告;被选为小组委员会委员。

11 月 24 日或 25 日(12 月 7 日或 8 日)

写信给在莫斯科的母亲玛·亚·乌里扬诺娃,说收到了她和妹妹玛·伊·乌里扬诺娃的信;担心住所寒冷会影响母亲的健康;请妹妹给他弄到一份莫斯科省 1907—1909 年农业的新统计资料。

11 月 24 日和 28 日(12 月 7 日和 11 日)之间

写短评《资产阶级报界关于高尔基被开除的无稽之谈》。

11 月 26 日(12 月 9 日)

致函俄国各地方自治机关、市政机关和政府机关的统计工作者,请求给寄一些统计资料,以便继续研究土地问题特别是俄国农业资本主义问题。

11 月 26 日和 12 月 24 日(12 月 9 日和 1910 年 1 月 6 日)之间

写《俄国自由主义的新发明》一文。

11 月 27 日或 28 日(12 月 10 日或 11 日)

写信给妹妹玛·伊·乌里扬诺娃,请她利用即将在莫斯科召开俄国自然科学家和医生第十二次代表大会的机会,通过熟人弄到他所需要的统计出版物:关于农民经济和地主经济,特别是目前的统计和按户调查的材料;关于手工业者和工业的材料;关于 1906 年 11 月 9 日的法令和份地分配的材料。

11 月 28 日(12 月 11 日)以前

阅读涅·切列万宁的《当前的形势和未来的展望》(1908 年莫斯科版)一书,并在书上作记号、画着重线和写批语;在《〈社会民主党人呼声报〉与切列万宁》一文中批判了切列万宁的书和《社会民主党人呼声报》对他的偏袒。

读谢·伊·古谢夫的来信。古谢夫受《无产者报》编辑部的委派,去彼得堡、敖德萨和其他城市向各地的布尔什维克传达《无产者报》扩大编辑部会议的决议。列宁在《论俄国社会民主党内思想上的涣散和混乱》一文中引用了这封信。

写《论俄国社会民主党内思想上的涣散和混乱》一文。

11 月 28 日（12 月 11 日）

列宁的《论目前思想混乱的某些根源》、《取消派的手法和布尔什维克的护党任务》、《〈社会民主党人呼声报〉与切列万宁》、《资产阶级报纸关于高尔基被开除的无稽之谈》等文章发表在《无产者报》第 50 号上。

列宁的《可耻的失败》一文以《无产者报》第 50 号抽印本的形式发表。

11 月下半月—12 月 13 日（26 日）

写《论〈路标〉》一文。

11 月—12 月

列宁在国立图书馆里从事研究工作。

秋天

积极参加第三届国家杜马社会民主党党团协助小组的工作,为党团写《关于八小时工作制法令主要根据的草案说明书》。

12 月 2 日（15 日）以后

收到伊·费·波波夫 1909 年 12 月 15 日（公历）从布鲁塞尔寄来的信,信中请求回答为什么《无产者报》或《社会民主党人报》没有刊登他在布鲁塞尔交给列宁的关于比利时工人党的内阁主义的文章。

12 月 3 日（16 日）

复函在彼得堡的伊·伊·斯克沃尔佐夫-斯切潘诺夫,详细分析俄国现阶段资本主义农业发展两条道路斗争的问题。

12 月 11 日（24 日）

出席欢迎第二批来巴黎的卡普里党校学员的会议。

12 月 12 日（25 日）

警察局在梯弗利斯进行搜捕时,发现了列宁的《修改工人政党的土地纲领》和《社会民主党和杜马选举》小册子。

12月12日和30日（12月25日和1910年1月12日）之间

给第二批来巴黎的卡普里党校学员讲课,题为《论目前形势》和《斯托雷平的土地政策》。

12月13日（26日）

列宁的《论〈路标〉》一文发表在《新的一日报》第15号上。

12月20日（1910年1月2日）以前

收到自梁赞寄来的关于统计资料的信,这封信是对列宁寄往莫斯科给各地方自治机关、市政机关和政府机关的统计工作者的信的回答。

列宁同娜·康·克鲁普斯卡娅一起参观博物馆和蜡像陈列馆并去看戏。

12月20日（1910年1月2日）

写信给在莫斯科的妹妹玛·伊·乌里扬诺娃,向她祝贺新年,说自己在学习法语,感谢寄来莫斯科市的统计资料,请求再寄来有关莫斯科市的第一、二、三届杜马选举的统计资料。

12月20日（1910年1月2日）以后

去巴黎近郊观看飞行表演。

12月24日（1910年1月6日）

列宁的《俄国自由主义的新发明》和《社会党国际局第十一次常会》等文章发表在《社会民主党人报》第10号上。

12月25日和29日（1910年1月7日和11日）之间

在巴黎观看保尔·布尔热的剧本《街垒》。

12月30日（1910年1月12日）

写信给在莫斯科的妹妹玛·伊·乌里扬诺娃,说即将召开俄国社会民主工党中央全会,过几天就要忙起来;感谢寄来关于统计资料的书籍。

12月底

同原卡普里党校学员就党的任务和"前进"集团在党内的地位问题进行总结性的谈话。

写短评的大纲《论"前进"集团》。

复信在莫斯科的妹妹玛·伊·乌里扬诺娃,说从瑞维西回来时出了车祸,正同肇事者打官司。

12 月

为召开俄国社会民主工党中央全会做准备工作,出席布尔什维克和孟什维克每周的联席会议,参加讨论并发言。

年底

收到母亲作为纪念品送给他的象棋,这副象棋是列宁的父亲伊·尼·乌里扬诺夫制作的。

同从巴库来到巴黎的罗·萨·捷姆利亚奇卡谈话,听她讲述关于巴库、关于巴拉哈内工人、关于同取消派进行斗争等情况。

在巴黎会见爱沙尼亚小提琴家——布尔什维克爱德华·尤利乌斯·瑟尔姆斯,建议他继续学习音乐,以自己的艺术为革命事业服务。

1909 年

同娜·康·克鲁普斯卡娅结识伊·费·阿尔曼德。从那时起就开始了他们之间的友谊。

1910 年

1 月 2 日—23 日(1 月 15 日—2 月 5 日)

参加在巴黎召开的俄国社会民主工党中央委员会全体会议的工作,在中央全会上多次发言;提出谴责取消主义和召回主义的《关于党内状况》的决议;批判全会上孟什维克对这个决议提出的修正,并就此提出一系列的书面声明;被全会选为中央机关报《社会民主党人报》编辑部委员和俄国社会民主工党驻社会党国际局的代表。

1 月 9 日(22 日)以前

收到古斯塔夫·迈尔的来信,信中建议列宁为《社会政治科学手册》写一篇俄国社会民主主义运动史概述。

1 月 9 日(22 日)

用德文复函古斯塔夫·迈尔,说由于繁忙,无法写俄国社会民主主义运动史概述;介绍有关这个问题的参考材料;指出俄国社会民主工党内存在着布尔什维克和孟什维克两个派别,而托洛茨基则站在中派立场。

1 月 17 日或 18 日(30 日或 31 日)以前

收到弟弟德·伊·乌里扬诺夫的来信,得知弟弟摔伤腿的不幸消息。

1月17日或18日（30日或31日）

写信给在莫斯科的妹妹玛·伊·乌里扬诺娃,告知收到了她的几封来信和莫斯科市的统计资料;谈到巴黎发大水的情况;关心母亲和弟弟的身体。

1月19日（2月1日）

写信给在莫斯科的姐姐安·伊·乌里扬诺娃-叶利扎罗娃,告知俄国社会民主工党一月中央全会工作的结果。

1月23日和2月1日（2月5日和14日）之间

出席中央机关报《社会民主党人报》编辑部在俄国社会民主工党一月中央全会后举行的第一次会议,会议委托列宁写一篇评价中央全会的文章。

写《论统一》一文,阐述俄国社会民主工党一月中央全会的工作。

1月23日和2月17日（2月5日和3月2日）之间

在俄国社会民主工党巴黎第二协助小组会议上作关于一月中央全会的报告,会议就报告展开了热烈的讨论。

1月23日和4月22日（2月5日和5月5日）之间

致函俄国社会民主工党巴库组织,建议把全体护党派的力量联合起来。

不早于1月28日（2月10日）

抄录关于《俄国和其他一些国家农业经济统计资料汇编》和《财政部年鉴》的书目资料。

1月31日（2月13日）以前

会见参加俄国社会民主工党巴黎第二协助小组工作的奥·巴·涅夫佐罗娃。

1月31日（2月13日）

写信给在莫斯科的母亲玛·亚·乌里扬诺娃,告知收到了她和姐姐安·伊·乌里扬诺娃-叶利扎罗娃寄来的信和象棋,建议母亲离开莫斯科去度夏。

1月底

在《社会民主党人报》编辑部讨论尔·马尔托夫的《在正确的道路上》一文时,坚决反对文章的取消主义内容,建议在报上刊登这篇文章时要加编辑部按语或将文章转给《争论专页》。

2月1日(14日)

出席《社会民主党人报》编辑部会议。会议讨论列宁的《论统一》一文,同取消派发生激烈争论。

2月4日(17日)

写信给在米赫涅沃车站的弟弟德·伊·乌里扬诺夫,说他寄来的棋题很容易就解开了,建议他解一盘有趣的排局;探问他的健康情况。

2月9日(22日)

同俄国社会民主工党其他中央委员和中央机关报编辑部的其他成员一起在祝贺奥古斯特·倍倍尔70寿辰的信上签名。

2月13日(26日)以前

阅读"前进"集团1909年出版的小册子《目前形势和党的任务》,并在小册子上作记号和画着重线。

对娜·康·克鲁普斯卡娅翻译的罗·卢森堡的《奥古斯特·倍倍尔》一文作修改。

对俄国社会民主工党一月中央全会通过的关于出版不定期争论专集的决议作文字加工。

2月13日(26日)

列宁评论俄国社会民主工党一月中央全会决议的文章《论统一》发表在《社会民主党人报》第11号上。

不早于2月24日(3月9日)

审阅《俄国资本主义的发展》一书的第2版(1908年版)。

2月—3月初

在《给"保管人"(卡·考茨基、弗·梅林和克·蔡特金)的一封信的草稿》中,提到1906—1909年党内斗争中的最重要的阶段和事件,说明布尔什维克和孟什维克在一月中央全会后对待党的统一问题所持的立场,提出同孟什维克合作的条件。

3月2日和11日(15日和24日)之间

阅读中央委员会俄国局以及中央委员维·巴·诺根从俄国寄来的信,这些来信谈到俄国社会民主工党中央委员会的三个委员(取消派分子)拒绝参加中央委员会的工作。

3 月 4 日(17 日)

以俄国社会民主工党参加社会党国际局的代表的身份收到社会党国际局书记卡·胡斯曼的来信,信中通知说,俄国政府要求比利时引渡一个叫 В.И.加伊瓦斯的人,此人被控告在俄国犯了抢劫罪;来信还强调了加伊瓦斯案件的政治性质。

3 月 5 日(18 日)

将社会党国际局书记卡·胡斯曼的信转寄中央委员会国外局,并写信给中央委员会国外局和巴黎所有的俄国社会民主工党协助小组执委会,要求搜集证明 В.И.加伊瓦斯案件属于政治性案件的材料。

签署布尔什维克机关报《无产者报》撰稿人参加在彼得堡出版合法报纸的合同草案。文件强调指出,这一报纸必须执行党的路线。

3 月 6 日(19 日)

列宁的《政论家札记》一文的第一部分《论召回主义的拥护者和辩护人的〈纲领〉》发表在《争论专页》第 1 号上。

3 月 7 日(20 日)

在俄国社会民主工党巴黎第二协助小组讨论一月中央全会的会议上,发言批判取消派和召回派分子,主张和孟什维克护党派联合,争取党的统一。

3 月 8 日(21 日)

用法文致函在布鲁塞尔的社会党国际局书记卡·胡斯曼,说没有关于 В.И.加伊瓦斯的材料,答应打听有关他的消息,并将所得到的情况转告加伊瓦斯的律师。

致函在维也纳的列·波·加米涅夫,说在一月中央全会后,由于孟什维克编委的派性行为,在中央机关报编辑部内造成了困难局面;请他尽快写好俄国社会民主工党提交哥本哈根代表大会的报告;告知拟于近期着手出版合法杂志;严厉批判列·达·托洛茨基发表在《真理报》第 10 号上的文章。

3 月 11 日(24 日)以前

读格·瓦·普列汉诺夫的《我们中央委员会最近的一次全体会议》一文,

该文刊登在 1910 年《社会民主党人日志》第 11 期上。

3 月 11 日(24 日)

出席《社会民主党人报》编辑部布尔什维克编委的会议。会议研究关于组织反击孟什维克取消派对中央机关报和党的统一的攻击问题。列宁在这次会议上写《反党的取消派的〈呼声报〉(答《社会民主党人呼声报》)》一文。

3 月 12 日(25 日)

出席《社会民主党人报》编辑部会议,会议研究他的文章《反党的取消派的〈呼声报〉(答《社会民主党人呼声报》)》。在讨论文章时,同孟什维克编委尔·马尔托夫和费·伊·唐恩发生尖锐冲突。

3 月 12 日—14 日(25 日—27 日)

列宁的《反党的取消派的〈呼声报〉(答《社会民主党人呼声报》)》一文载于《社会民主党人报》第 12 号的抽印本。

3 月 14 日(27 日)

致函在瑞士达沃斯的尼·叶·维洛诺夫,认为必须加强布尔什维克同反对取消派的护党派孟什维克的联合,因此提出开展宣传鼓动,使普列汉诺夫分子退出取消派,并以普列汉诺夫分子代替中央委员会国外局中的取消派分子;随信寄去刊载《反党的取消派的〈呼声报〉(答《社会民主党人呼声报》)》一文的《社会民主党人报》第 12 号的抽印本。

3 月 15 日(28 日)以前

同阿·瓦尔斯基一起写信给中央委员会,认为必须更换中央机关报《社会民主党人报》编辑部的成员。

3 月 15 日(28 日)

拜访阿·瓦尔斯基,同他谈话时,念扬·梯什卡赞扬列宁的《反党的取消派的〈呼声报〉(答《社会民主党人呼声报》)》一文的来信。

致函在柏林的扬·梯什卡,坚决反对波兰和立陶宛社会民主党总执行委员会派弗·列德尔代替阿·瓦尔斯基任该党驻中央机关报编辑部的代表;告知收到了罗·卢森堡的几篇文章。

3 月 16 日(29 日)

致函在意大利圣雷莫的格·瓦·普列汉诺夫,表示赞同普列汉诺夫在

《社会民主党人日志》第 11 期中所提出的关于在反对取消主义和召回主义的斗争中一切真正的社会民主党人必须联合起来的主张;建议同普列汉诺夫会面,商谈党内状况。

3 月 16 日和 23 日(3 月 29 日和 4 月 5 日)之间

出席《社会民主党人报》编辑部会议。会议决定把从梯弗利斯收到的文章(指约·维·斯大林的《高加索来信》)和对这篇文章的答复交付《争论专页》刊印。

3 月 20 日(4 月 2 日)以后

收到格·瓦·普列汉诺夫的来信,信中同意会见列宁(由于普列汉诺夫生病,这次会见没有举行)。

3 月 23 日(4 月 5 日)以前

同《社会民主党人报》编辑部的其他布尔什维克代表共同致函俄国社会民主工党中央委员会国外局,询问国外局有多大权限解决由于孟什维克取消派编委尔·马尔托夫和费·伊·唐恩的派性行为而引起的中央机关报编辑部的内部冲突。

3 月 23 日(4 月 5 日)

签署并寄出致俄国社会民主工党中央委员会国外局的关于中央机关报编辑部内部冲突问题的声明。

列宁的《反党的取消派的〈呼声报〉(答《社会民主党人呼声报》)》和《为什么而斗争?》两篇文章发表在《社会民主党人报》第 12 号上。

3 月 24 日(4 月 6 日)

复函在维也纳的列·波·加米涅夫,认为布尔什维克同护党派孟什维克在思想上联合起来是重要的;对列·波·加米涅夫 3 月 18 日(31 日)在维也纳《真理报》上发表的《为统一而斗争!》一文提出批评意见。

3 月 25 日(4 月 7 日)

致函在瑞士达沃斯的尼·叶·维洛诺夫,告知给他寄去了巴黎护党派孟什维克根据俄国社会民主工党一月中央全会的决定通过的必须停止出版取消派报纸《社会民主党人呼声报》的决议;对他脱离马赫主义表示高兴。

不晚于 3 月 26 日(4 月 8 日)

出席俄国社会民主工党巴黎第二协助小组的秘密会议,提出关于将拒绝参加中央委员会俄国局的三名孟什维克取消派分子开除出党的决议案。决议案被通过。

3 月 27 日（4 月 9 日）

同波兰王国和立陶宛社会民主党的代表们就反对取消派的护党斗争问题交换意见。

3 月 28 日（4 月 10 日）

签署给波兰社会民主党总执行委员会的信，信中斥责波兰社会民主党的代表在同中央委员会国外局取消派分子的斗争中所表现的动摇立场。

致函阿·伊·柳比莫夫，批评他自觉或不自觉地在支持中央委员会国外局中的取消派分子。

签署给阿·伊·柳比莫夫的信，信中对前一封信不公正地指责他支持中央委员会国外局中的取消派分子表示歉意。

写信给在莫斯科的母亲玛·亚·乌里扬诺娃，非常高兴同她以及妹妹玛·伊·乌里扬诺娃在斯德哥尔摩会面，并就去斯德哥尔摩的旅行路线提出建议，同时告知自己在巴黎的生活情况。

3 月 29 日（4 月 11 日）

复信给在卡普里岛的阿·马·高尔基，认为必须同孟什维克中的普列汉诺夫分子联合起来反对取消派和召回派；强调指出，党将不断认真地克服各种危险倾向，清除取消主义和召回主义。

列宁将载有他的《政论家札记》一文第一部分的 1910 年《争论专页》第 1 号寄给在卡普里岛的阿·马·高尔基。

3 月

致函扬·梯什卡，谈中央机关报编辑部内的分歧问题。

4 月 4 日（17 日）

出席《社会民主党人报》编辑部会议。会议委托列宁为下一号报纸撰写文章，评论杜马关于基本法第 96 条的辩论。列宁在《他们在为军队担忧》一文中阐述了这一问题。

4 月 7 日（20 日）以前

在寄往俄国给妹妹玛·伊·乌里扬诺娃的信中，通知维·巴·诺根说：很快将以中央机关报编辑部三名编委的名义给俄国社会民主工党中央委员会寄去正式信件,建议改选编辑部,因为孟什维克取消派分子在编辑部内进行反党活动。

4月8日(21日)

出席中央机关报《社会民主党人报》编辑部会议。会议讨论格·瓦·普列汉诺夫为下一号——第13号报纸所写的文章。

4月13日(26日)

出席《社会民主党人报》编辑部会议。会议讨论列宁为下一号——第13号报纸所写的一篇文章。

4月14日(28日)以后

阅读由扬·梯什卡寄来的罗·卢森堡和安·潘涅库克论总罢工在德国工人运动中的作用的文章。

4月17日(30日)以前

得知尼·叶·维洛诺夫病重的消息后,向俄国社会民主工党中央委员会俄国局提出申请,要求为维洛诺夫的治疗提供物质帮助。

4月17日(30日)

致函在达沃斯的玛·米·佐林娜,告知正在为她的丈夫尼·叶·维洛诺夫治病,争取党内补助;建议维洛诺夫留在达沃斯直到痊愈。

4月19日(5月2日)以前

在巴黎会见布尔什维克米·费·弗拉基米尔斯基。

4月19日(5月2日)左右

以中央机关报三名编委的名义写信给俄国社会民主工党中央委员会,说编辑部内取消派分子的反党行为给编辑部造成了困难,主张以护党派孟什维克来代替取消派分子,以建立有工作能力的党的编委会。

4月19日(5月2日)

写信给在萨拉托夫的姐姐安·伊·乌里扬诺娃-叶利扎罗娃,谈自己在巴黎的生活和工作情况,说由于党内斗争激化自己的写作工作大大减慢;还谈到俄国侨民的困难状况。

4月23日(5月6日)以前

致函在俄国国内的维·巴·诺根,谈党内工作问题。

4月26日(5月9日)

列宁的《对芬兰的进攻》、《他们在为军队担忧》、《党在国外的统一》、《党的统一的障碍之一》等文章发表在《社会民主党人报》第 13 号上。

4 月 27 日（5 月 10 日）

《社会民主党人报》的一名编委受列宁委托,写声明交给出席俄国社会民主工党一月中央全会的布尔什维克代表团代表约·费·杜勃洛文斯基、维·巴·诺根、列·波·加米涅夫,声明中揭露孟什维克破坏全会通过的同布尔什维克达成协议的条件。

4 月—5 月 8 日以前

列宁和娜·康·克鲁普斯卡娅参加议会竞选活动的集会,听法国统一社会党活动家让·饶勒斯和爱德华·瓦扬等人的讲演。

5 月 13 日（26 日）

出席《社会民主党人报》编辑部会议。会议讨论下一号报纸的有关事宜。

签署证言记录,证明没有任何根据指控布尔什维克中央成员维·康·塔拉图塔（维克多）从事奸细活动。

5 月 24 日（6 月 6 日）

用法文致函在布鲁塞尔的卡·胡斯曼,告知俄国社会民主工党的报告和第八次国际社会党代表大会的决议草案和就大会议题提出的建议尚未拟好;随信给卡·胡斯曼寄去两份关于举行 5 月 1 日游行示威的号召书,一份是在俄国出版的,另一份是在国外出版的。

5 月 25 日（6 月 7 日）

列宁的《政论家札记》一文的第二部分《我们党内的"统一的危机"》发表在《争论专页》第 2 号上。

6 月 2 日（15 日）

收到卡·胡斯曼的来信,信中要求寄去有关被指控犯有抢劫罪的俄国社会民主党人于 1907 年初在国外被捕的文件和材料。

用法文致函在布鲁塞尔的卡·胡斯曼,告知无法找到有关俄国社会民主党人于 1907 年初在国外被捕的文件和材料,说他可以托一个同志帮助解决这个问题。

6 月 5 日（18 日）

写短信给在莫斯科省米赫涅沃的母亲玛·亚·乌里扬诺娃,说自己和娜·康·克鲁普斯卡娅一起骑自行车去巴黎近郊郊游,并向母亲以及姐姐和弟弟问候。

　　写信给在芬兰的妹妹玛·伊·乌里扬诺娃,告知收到她的来信并将给她写信和寄去新出的书刊。

6月10日(23日)以前

拟定党的中央机关报《社会民主党人报》编辑部出席哥本哈根代表大会的代表名单,这个名单经报纸编辑部中的布尔什维克通过,以后交孟什维克编委表决。

6月15日(28日)

自巴黎启程去卡普里岛会见阿·马·高尔基。

6月15日和18日(6月28日和7月1日)之间

自马赛乘轮船去那不勒斯。

6月18日(7月1日)

从那不勒斯写信给母亲玛·亚·乌里扬诺娃,讲述乘船旅行情况,告知自己要去卡普里岛。

6月18日—30日(7月1日—13日)

在卡普里岛住在阿·马·高尔基处,同高尔基谈话,指出马赫主义召回派分子的观点的派别性质;讨论高尔基出版杂志的问题;会见阿·瓦·卢那察尔斯基、亚·亚·波格丹诺夫等人。此外,还详细了解了关于渔民生活、学校、宗教等各种社会问题。

7月1日(14日)

自卡普里岛启程返回巴黎。

7月6日或7日(19日或20日)

在巴黎出席中央机关报《社会民主党人报》编辑部布尔什维克代表举行的会议。会议讨论俄国社会民主工党中央委员会俄国局由于三名布尔什维克委员在俄国被捕而造成的严重局势。

7月7日(20日)

致函在柏林的扬·梯什卡,说俄国社会民主工党中央委员会俄国局由于三名布尔什维克委员被捕而形势危急;请求派一个波兰人中央委员和雅·斯·加涅茨基一起到俄国去召集中央委员会俄国局。

7月9日—8月10日(7月22日—8月23日)

列宁同娜·康·克鲁普斯卡娅和岳母在比斯开湾沿岸小城波尔尼克

休养。

7 月 15 日（28 日）

写信给在芬兰的妹妹玛·伊·乌里扬诺娃,询问母亲的健康情况,询问能否在斯德哥尔摩或哥本哈根同她们会面;告知自己在波尔尼克休养。

7 月 19 日（8 月 1 日）

从波尔尼克致函在巴黎的中央机关报《社会民主党人报》发行部主任 Д. M.科特利亚连科,请求为该报编辑部预订下列书籍:《人民自由党党团在第三届国家杜马第三次会议(1909 年 10 月 10 日—1910 年 6 月 5 日)上．总结报告和代表发言》和《纪念尼·加·车尔尼雪夫斯基》;指出用平信寄俄国社会民主工党提交哥本哈根代表大会的报告是不谨慎的;询问这个报告的附录的出版情况。

通过 Д.M.科特利亚连科给中央委员会国外局寄去组织委员会关于召开哥本哈根代表大会的材料和信件,信中请求把代表大会的消息通知崩得中央委员会和拉脱维亚社会民主党人(列宁的这封信没有找到)。

7 月 20 日（8 月 2 日）

从波尔尼克致函在巴黎的阿·伊·柳比莫夫,请求转告中央委员会国外局秘书:关于准备提交代表大会报告的问题可以直接同卡·胡斯曼联系。

7 月 23 日（8 月 5 日）以前

校订弗·姆格拉泽(特里亚)的报告,这篇报告将作为俄国社会民主工党提交哥本哈根代表大会的报告的附件。

7 月 26 日（8 月 8 日）以前

从波尔尼克致函在巴黎的 Д.M.科特利亚连科,指出务必在 8 月 23 日(公历)以前出版俄国社会民主工党提交哥本哈根代表大会的报告的法文本。

7 月 26 日（8 月 8 日）

致函在巴黎的 Д.M.科特利亚连科,请求给他寄来俄国社会民主工党提交哥本哈根代表大会的报告的校样。列宁随信给 Д.M.科特利亚连科寄去自己的《论"前进派分子"的派别组织》一文,以便在下一号《社会民主党人报》上发表。

从波尔尼克致函在哥本哈根的米·韦·科别茨基,告知想趁参加代
表大会之便在哥本哈根国立图书馆或大学图书馆研究丹麦农业问题的
资料。

7月27日或28日(8月9日或10日)

收到卡·胡斯曼的来信,信中提出要尽快把俄国社会民主工党提交第二
国际第八次国际社会党代表大会的报告寄去。

7月28日(8月10日)

用法文复函在布鲁塞尔的卡·胡斯曼,告知已采取必要措施及时出版俄
国社会民主工党提交国际社会党代表大会的报告,并在代表大会开会之
前将报告寄到哥本哈根;感谢他提供情况和寄来社会党国际局公报第
3号。

7月28日和8月10日(8月10日和23日)之间

致函在巴黎的 Д.М.科特利亚连科,告知没有收到俄国社会民主工党提
交给哥本哈根代表大会的报告的条样,请求把报告的校样寄来。

7月30日和8月10日(8月12日和23日)之间

收到米·韦·科别茨基从哥本哈根寄来的信,信中告知关于哥本哈根图
书馆的情况,并说愿意帮忙。

致函在哥本哈根的米·韦·科别茨基,感谢他提供的情况和愿意给
予帮助,说自己将于8月26日(公历)晨抵达哥本哈根并打算同他会见;
请他代租一间便宜的房间;还谈到想去斯德哥尔摩。

7月底

收到《社会民主党人报》编辑部的来信,信中就列宁关心的弗·姆格拉泽
(特里亚)的报告问题通知说,这个报告已经中央机关报编委通过、译成
法文,并将作为俄国社会民主工党提交给哥本哈根代表大会的报告的附
件刊印出来。

7月

列宁的《致〈斗争报〉纪念号》一文发表在拉脱维亚社会民主党机关报《斗
争报》第100号上。

8月1日(14日)

致函在卡普里岛的玛·费·安德列耶娃,说中央机关报决定把弗·姆格

拉泽的报告作为俄国社会民主工党提交哥本哈根代表大会的报告的附件刊印出来;向阿·马·高尔基等人问好。

8 月 10 日(23 日)

从波尔尼克去哥本哈根出席第二国际第八次代表大会。

8 月 11 日(24 日)

在去哥本哈根的途中,在巴黎会见格·瓦·普列汉诺夫。

8 月 13 日(26 日)

抵达哥本哈根出席第二国际第八次代表大会;出席社会党国际局会议。

用法文给从俄国来的伊·彼·波克罗夫斯基开证明,证明他是第三届杜马社会民主党党团参加社会党国际局的代表。

8 月 13 日—15 日(26 日—28 日)

用德文在代表证上填写格·瓦·普列汉诺夫的名字,证实他是俄国社会民主工党出席哥本哈根代表大会的代表;给其他代表也办了同样的证明。

参加代表大会俄国社会民主工党分组的工作,审查新提出的委托书;以第二国际第八次代表大会俄国组代表的身份,签署给雷瓦尔党委会出席哥本哈根代表大会代表 M.马尔特拉的委托书。

写信给米·韦·科别茨基,随信寄去两张出席哥本哈根代表大会会议的出入证:一张是给米·韦·科别茨基的,另一张请他填上伊涅萨·阿尔曼德的姓名。

8 月 13 日和 30 日(8 月 26 日和 9 月 12 日)之间

在哥本哈根皇家公共图书馆进行工作,主要是研究有关丹麦农业生产方面的书刊。

8 月 15 日—21 日(8 月 28 日—9 月 3 日)

参加第二国际哥本哈根代表大会的工作,参加代表大会的主要委员会之一合作社问题委员会,出席各次全体会议,同大会代表交谈。

参加代表大会俄国社会民主工党分组的工作,分组会讨论代表大会全体会议的许多问题:俄国社会民主工党关于合作社的决议、关于工会运动统一的决议的修正案、关于仲裁法庭和裁军决议等。

8 月 15 日和 21 日(8 月 28 日和 9 月 3 日)之间

同第二国际中的社会民主党左派(茹·盖得、罗·卢森堡、格·瓦·普列汉诺夫等人)进行磋商,以便团结国际工人运动中的革命分子,同国际机会主义进行斗争。

同普列汉诺夫、尼·古·波列塔耶夫、伊·彼·波克罗夫斯基等人商谈创办《工人报》和《明星报》的问题。

同代表大会俄国组内机会主义派别的代表进行斗争。

参加为大会代表组织的郊游和其他游览活动。

8月16日(29日)

出席哥本哈根代表大会的各国小组代表会议,会议议程包括下列问题:(1)审查代表委托书;(2)任命各委员会。

8月16日—19日(8月29日—9月1日)

参加代表大会合作社问题委员会的工作;参加合作社问题委员会下设的小组委员会的工作;拟关于合作社的决议草案;对代表大会合作社问题委员会的决议草案提出修改意见。

列宁和阿·瓦·卢那察尔斯基同茹·盖得商谈表决关于合作社的决议的问题。

8月19日(9月1日)

在代表大会上参加俄国社会民主工党分组会议。会议通过决议:请格·瓦·普列汉诺夫作为党的代表之一参加社会党国际局。

8月20日(9月2日)

函告社会党国际局:根据1910年俄国社会民主工党中央委员会一月全会决定,俄国社会民主工党参加社会党国际局的代表,除列宁外,还有格·瓦·普列汉诺夫。

同普列汉诺夫和阿·瓦尔斯基一起,向德国社会民主党执行委员会发出抗议书,抗议《前进报》第201号发表列·达·托洛茨基关于俄国社会民主工党党内情况的诽谤性文章。

出席俄国社会民主工党参加哥本哈根代表大会的代表举行的会议,参加对这一问题的讨论。

8月21日(9月3日)

参加在哥本哈根市政大厅内为庆祝代表大会工作结束而举行的聚餐;同部分马克思主义者代表共同签署致保加利亚社会民主主义妇女运动的

女活动家季娜·基尔科娃的贺信。

8 月 21 日和 30 日(9 月 3 日和 12 日)之间

读 1910 年 9 月 3 日刊登在《莱比锡人民报》第 204 号上的关于哥本哈根代表大会的文章,并在上面作记号。

在哥本哈根写《哥本哈根国际社会党人代表大会关于合作社问题的讨论》一文,并将文章寄给娜·康·克鲁普斯卡娅,以便刊登在《社会民主党人报》第 17 号上。

8 月 22 日(9 月 4 日)

写信给在芬兰的母亲玛·亚·乌里扬诺娃,说哥本哈根代表大会已经结束,告知在斯德哥尔摩会见的时间。

不晚于 8 月 29 日(9 月 11 日)

在启程去斯德哥尔摩之前,收到斯德哥尔摩社会民主党小组一个布尔什维克组员的地址。列宁利用这个地址同社会民主党小组建立了联系。

8 月 30 日(9 月 12 日)

列宁的《论"前进派分子"的派别组织》一文发表在《社会民主党人报》第 15—16 号合刊上。

8 月 30 日—9 月 1 日(9 月 12 日—24 日)

在斯德哥尔摩出席俄国社会民主工党协助小组会议,并在会上作关于哥本哈根代表大会的报告。会议请列宁为斯德哥尔摩社会民主党人作关于党内情况的报告和关于哥本哈根代表大会的公开报告。

8 月 30 日—9 月 12 日(9 月 12 日—25 日)

在斯德哥尔摩同母亲玛·亚·乌里扬诺娃和妹妹玛·伊·乌里扬诺娃会见,同她们一起游览该市名胜古迹和郊区。

在斯德哥尔摩皇家图书馆研究有关农业合作社问题的书籍并写书评。

8 月 31 日(9 月 13 日)

在码头迎接从芬兰亚波坐轮船来斯德哥尔摩的母亲和妹妹。

9 月 2 日(15 日)

在斯德哥尔摩社会民主党各小组联席会议上作关于党内状况的报告,批判取消派。

9 月 3 日(16 日)

从斯德哥尔摩致函米·韦·科别茨基,说自己将于 9 月 26 日(公历)抵哥本哈根,请求为他在当日晚组织一次关于哥本哈根代表大会的公开的或党内的报告会。

不晚于 9 月 11 日(24 日)

写《哥本哈根国际社会党代表大会及其意义》报告的提纲。

9 月 11 日(24 日)

作《关于哥本哈根国际社会党代表大会》的公开报告。

不晚于 9 月 12 日(25 日)

从斯德哥尔摩致函罗·卢森堡,这封信涉及到正在德国社会民主党报刊上展开讨论的关于政治总罢工的问题(这封信没有找到)。

9 月 12 日(25 日)

送母亲和妹妹乘轮船从斯德哥尔摩去芬兰;列宁启程去哥本哈根。

9 月 13 日(26 日)

清晨抵达哥本哈根。晚上给俄国侨民工人小组作关于第八次国际社会党代表大会的报告。

9 月 14 日(27 日)

从哥本哈根启程前往巴黎。

9 月 15 日(28 日)

返抵巴黎。

9 月 15 日(28 日)以后

利用德国农业统计资料写《现代农业的资本主义制度》一文。

9 月 17 日(30 日)以前

致函卡·考茨基,询问能否在《新时代》杂志上刊登列宁的一篇批驳尔·马尔托夫和列·达·托洛茨基在报刊上进行诽谤的文章(这封信没有找到)。

9 月 17 日(30 日)

致函卡·伯·拉狄克,答应在《社会民主党人报》编辑部内讨论下一号报纸刊登他关于哥本哈根代表大会文章的问题;指出拉狄克在《莱比锡人民报》上发表的几篇文章有理论错误,告知自己打算写一篇文章驳斥

尔·马尔托夫和列·达·托洛茨基,回答他们最近在关于俄国革命运动
的几篇文章中所进行的无耻诽谤(列宁就这一问题写了《俄国党内斗争
的历史意义》一文)。

9 月 20 日(10 月 3 日)

出席俄国社会民主工党巴黎第二协助小组会议。会议讨论同普列汉诺
夫派共同出版《工人报》的问题。列宁在发言中号召研究党内斗争的阶
级根源和联合社会民主党的革命力量。列宁和会议的多数参加者赞成
出版《工人报》。

9 月 21 日(10 月 4 日)

致函在法国巴黎近郊夏提荣的中央委员会国外局布尔什维克代表尼·
亚·谢马什柯,提议同他会面,商谈尽快召开布尔什维克会议,以便解决
出版《工人报》的问题。

9 月 23 日(10 月 6 日)

收到尤·约·马尔赫列夫斯基的来信,信中说布尔什维克必须在《新时
代》杂志上发表文章,批判尔·马尔托夫。列宁于同日收到《新时代》杂
志编辑艾·武尔姆的来信和他转来的马尔赫列夫斯基准备在杂志上发
表的批判尔·马尔托夫的文章。

9 月 23 日或 24 日(10 月 6 日或 7 日)

对尤·约·马尔赫列夫斯基批判尔·马尔托夫的文章写补充意见。

9 月 23 日(10 月 6 日)以后

收到卡·胡斯曼的来信,信中要求把参加社会党国际局国际议会委员会
的第三届国家杜马社会民主党代表的名单寄去,并要求向社会党国际局
交纳党费。

致函在彼得堡的伊·彼·波克罗夫斯基,说社会党国际局书记卡·
胡斯曼要求把参加社会党国际局国际议会委员会的第三届国家杜马社
会民主党代表名单寄去。

9 月 24 日(10 月 7 日)

致函在柏林的尤·马尔赫列夫斯基,告知收到了他的来信和文章;说自
己正在写一篇长文章(《俄国党内斗争的历史意义》)驳斥尔·马尔托夫
和列·达·托洛茨基;说打算写一本关于俄国革命及其教训、关于阶级

斗争的小册子;询问能否在德国出版这本小册子;对马尔赫列夫斯基的
文章提出补充意见;激烈批判马尔托夫歪曲无产阶级在1905年革命中
的历史作用和任务。

9月24日(10月7日)以后

就尔·马尔托夫和列·达·托洛茨基的关于俄国革命运动的几篇荒谬
文章致函在柏林的卡·考茨基,说希望能在《新时代》杂志上发表文章驳
斥托洛茨基(这封信没有找到)。

9月25日(10月8日)

列宁的《哥本哈根国际社会党代表大会关于合作社问题的讨论》和《谈谈
某些社会民主党人是如何向国际介绍俄国社会民主工党的情况的》两篇
文章发表在《社会民主党人报》第17号上。

9月26日(10月9日)

用德文致函卡·拉狄克,告知《俄国党内斗争的历史意义》一文已经写了
约三分之一或者一半了;询问能否在《莱比锡人民报》发表这篇文章或就
这个题目发表几篇小品文。

9月底—11月

研究俄国罢工统计;研究俄国经济学家和统计学家瓦·叶·瓦尔扎尔编
写的一些著作。

　　写《俄国党内斗争的历史意义》和《论俄国罢工统计》两篇文章。

9月—10月30日(11月12日)

会见从俄国来的谢·伊·霍普纳尔,向她了解敖德萨、尼古拉耶夫和叶
卡捷琳诺斯拉夫党的工作情况和工人革命斗争情况;建议霍普纳尔在布
尔什维克报刊上阐述这几个问题。

9月—11月

同瓦·瓦·沃罗夫斯基和伊·伊·斯克沃尔佐夫-斯捷潘诺夫商谈在莫
斯科安排出版合法的布尔什维克杂志——《思想》杂志的问题。

不早于9月

对列·波·加米涅夫和格·叶·季诺维也夫给尼·亚·罗日柯夫的信
作补充,批判罗日柯夫在建立合法政党的设想中所反映的取消主义
观点。

1910 年 9 月—1913 年

从有关俄国、德国和匈牙利土地统计和俄国罢工统计的书籍中作摘录。

10 月 1 日(14 日)

致函在伯尔尼的格·李·什克洛夫斯基,表示完全赞成同孟什维克普列汉诺夫派接近;告知同格·瓦·普列汉诺夫商谈出版通俗报纸的情况;说正在竭尽全力在俄国创办合法杂志,以及自己打算到瑞士一些城市去作报告。

10 月 4 日(17 日)

用法文致函卡·胡斯曼,谈俄国社会民主工党和参加国际议会委员会的杜马代表向社会党国际局交纳党费的问题。

10 月 11 日(24 日)以前

收到布尔什维克尼·古·波列塔耶夫从彼得堡寄来的信,信中要求寄去出版合法报纸的钱款。

10 月 11 日(24 日)

把尼·古·波列塔耶夫信中关于要求寄款出版合法报纸的一段摘录出来转寄中央委员会国外局。

10 月 13 日(26 日)

签署给中央委员会国外局的信,声明支持尼·古·波列塔耶夫根据社会民主党杜马党团的委托所提出的关于寄钱办报的要求,并且表示布尔什维克同意为此拨出 1 000 卢布。

出席《社会民主党人报》编辑部会议。会议讨论下一号——第 18 号报纸的内容。会议委托列宁写《为穆罗姆采夫去世而举行的游行示威》一文。

10 月 15 日和 11 月 7 日(10 月 28 日和 11 月 20 日)之间

写《两个世界》一文。

10 月 16 日和 25 日(10 月 29 日和 11 月 7 日)之间

写《为穆罗姆采夫去世而举行的游行示威》一文。

10 月 24 日(11 月 6 日)

在巴黎会见从俄国来的社会民主党人 A. A. 里亚比宁(彼得罗夫),向他了解农民的状况和情绪;委托里亚比宁转交给卡·胡斯曼一封信,信中要求把各党交给哥本哈根代表大会的报告各转来一份,以便在俄国散发这些报告。

10 月 25 日(11 月 7 日)

出席《社会民主党人报》编辑部会议。会议讨论列宁的《为穆罗姆采夫去世而举行的游行示威》一文。列宁反对尔·马尔托夫和费·伊·唐恩对文章提出的修改;退出会场;在致中央机关报编辑部会议主席弗·列德尔的声明中说,退出会场的原因是马尔托夫发表反党的诽谤性的言论,支持召回派分子。

10 月 26 日(11 月 8 日)

出席《社会民主党人报》编辑部会议。会议讨论第 18 号报纸。

致函在彼得堡的弗·德·邦契-布鲁耶维奇,说听到了关于筹备出版《明星报》的消息,但没有收到他本人寄来的任何消息;主张报纸应该刊登布尔什维克作者从国外寄去的全部材料;请他更加经常地、详细地报告有关出版报纸的消息。

10 月 28 日(11 月 10 日)

在《社会民主党人报》编辑部给尼·古·波列塔耶夫的信上写附言,告知寄去出版《明星报》的钱款,并对出版报纸作了一系列具体指示。

致函弗·德·邦契-布鲁耶维奇,对拖延出版《明星报》表示不安;谈编辑部的组成问题;请他协助组织出版《思想》杂志。

致函《明星报》编辑部,就编辑部组成问题发表自己的意见。

10 月 30 日(11 月 12 日)以前

写《关于出版〈工人报〉的通告》。

10 月 30 日(11 月 12 日)

列宁的《革命的教训》一文作为社论发表在《工人报》第 1 号上。

《列宁全集》第二版第19卷编译人员

译文校订：高叔眉　黄有自　韩振华　周忠和　梅锡铭　郭天相
　　　　　王树春
资料编写：丁世俊　张瑞亭　王　澍　王丽华　刘方清　王锦文
　　　　　刘彦章
编　　辑：杨祝华　许易森　项国兰　江显藩　钱文干　孔令钊
　　　　　李京洲　李桂兰　刘京京
译文审订：胡尧之　何宏江

《列宁全集》第二版增订版编辑人员

李京洲　高晓惠　翟民刚　张海滨　赵国顺　任建华　刘燕明
孙凌齐　门三姗　韩　英　侯静娜　彭晓宇　李宏梅　付　哲
戢炳惠　李晓萌

审　　定：韦建桦　顾锦屏　柴方国

本卷增订工作负责人：任建华　赵国顺

项目统筹：崔继新
责任编辑：毕于慧
装帧设计：石笑梦
版式设计：周方亚
责任校对：吕 飞

图书在版编目(CIP)数据

列宁全集.第19卷/(苏)列宁著;中共中央马克思恩格斯列宁斯大林著作编译局编译.
　—2版(增订版)-北京:人民出版社,2017.3
ISBN 978-7-01-017102-9

Ⅰ.①列… Ⅱ.①列… ②中… Ⅲ.①列宁著作-全集 Ⅳ.①A2

中国版本图书馆 CIP 数据核字(2016)第 320343 号

书 名	**列宁全集**
	LIENING QUANJI
	第十九卷
编 译 者	中共中央马克思恩格斯列宁斯大林著作编译局
出版发行	人民出版社
	(北京市东城区隆福寺街 99 号　邮编 100706)
邮购电话	(010)65250042　65289539
经 销	新华书店
印 刷	北京新华印刷有限公司
版 次	2017 年 3 月第 2 版增订版　2017 年 3 月北京第 1 次印刷
开 本	880 毫米×1230 毫米 1/32
印 张	20.5
插 页	3
字 数	546 千字
印 数	0,001—3,000 册
书 号	ISBN 978-7-01-017102-9
定 价	50.00 元

ISBN 978-7-01-017102-9

9 787010 171029 >